말, 바퀴, 언어

THE HORSE, THE WHEEL, AND LANGUAGE

말, 바퀴, 언어
유라시아 초원의 청동기 기마인은 어떻게 근대 세계를 형성했나

초판 1쇄 인쇄일 2015년 11월 10일   **초판 1쇄 발행일** 2015년 11월 20일

지은이 데이비드 W. 앤서니 | **옮긴이** 공원국
펴낸이 박재환 | **편집** 유은재 | **관리** 조영란
펴낸곳 에코리브르 | **주소** 서울시 마포구 동교로 15길 34 3층(04003) | **전화** 702-2530 | **팩스** 702-2532
이메일 ecolivres@hanmail.net | **블로그** http://blog.naver.com/ecolivres
출판등록 2001년 5월 7일 제10-2147호
종이 세종페이퍼 | **인쇄 · 제본** 상지사 P&B

ISBN 978-89-6263-141-8 93900

책값은 뒤표지에 있습니다.   잘못된 책은 구입한 곳에서 바꿔드립니다.

말,

바퀴,

언어

유라시아 초원의 청동기 기마인은 어떻게 근대 세계를 형성했나

데이비드 W. 앤서니 지음 | 공원국 옮김

에코리브르

차례

감사의 글 ○ 006

1부 언어와 고고학

2부 유라시아 초원의 개방

감사의 글

나의 어머니 로라 앤서니와 아버지 데이비드 앤서니의 사랑과 지원이 아니었으면 이 책을 쓸 수 없었을 것이다. 어머니는 특히 모든 장을 읽고 조언해줬다. 버나드 웨일즈(Bernard Wailes)는 나를 펜실베이니아 대학교로 인도해주었고, 첫 번째 고고학 발굴지로 이끌어주었으며, 고고학적 사실을 존중할 것을 가르쳐주었다. 나는 도르카스 브라운(Dorcas Brown)을 내 파트너이자 편집자이자 비평가, 고고학 동료이자 현장 발굴 공동 책임자, 실험실 책임자이자 삽화가, 배우자 그리고 궂은 날이든 좋은 날이든 최고의 친구로 맞이하는 축복을 얻었다. 이 책의 모든 지도와 그림은 아내가 그린 것이다. 10장과 16장의 대부분 내용은 우리가 오랫동안 발표해온 공동 연구의 결과물이다.

　도르카스의 형제 벤 브라운 박사(Dr. Ben Brown) 또한 원고를 읽고 편집하는 데 도움을 줬다. 이 책 10장에서 설명한 말 재갈-마모(bit-wear) 연구와 16장의 사마라 강 하곡 프로젝트(Samara Valley Project)는 하트윅 대학과 프리드먼·포티스 재단(Freedman and Fortis Foundations), 미국철학회(American Philosophical Society), 웨너-그렌 재단(Wenner-Gren Foundation), 미국지리학회(National Geographic Society), 러시아 고고학연구소(Russian

Institute of Archaeology, 모스크바), 볼가 역사 및 고고학 연구소(Institute for the History and Archaeology of the Volga, 사마라) 그리고 국립과학재단(National Science Foundation, 미국)의 장려금 지원을 받았으며, 10장의 내용은 뉴욕 주립대학교 코블스킬 캠퍼스의 도움을 받아 작성했다. 우리는 특히 국립 과학재단에 감사를 표한다.

미국인문학재단(National Endowment for the Humanities)은 1999~2000년 이 책을 쓰는 데 도움을 주기 위해 장학금을 제공했으며, 뉴저지의 프린 스턴에 있는 고등연구소(Institute for Advanced Study, IAS)는 2006년 역사학 회 회원 자격을 부여했다. 고등연구소의 니콜라 디코스모(Nicola DiCosmo) 와 퍼트리샤 크론(Patricia Crone)은 우릴 반겨줬다. 그곳에서 지낸 기간은 결정적으로 중요했다.

온갖 다른 방법으로 나에게 도움을 준 사람들은 다음과 같다.

근동과 동아시아 분야: Kathy Linduff, Victor Mair, Oscar Muscarella, Karen Rubinson, Chris Thornton, Lauren Zych, C. C. Lamberg-Karlovsky, Fred Hiebert, Phil Kohl, Greg Possehl, Glenn Schwartz, David Owen, Mitchell Rothman, Emmy Bunker, Nicola DiCosmo, Peter Golden.

말과 바퀴 달린 수레 분야: Dexter Perkins, Pat Daly, Şandor Bökönyi, Sandra Olsen, Mary Littauer, Joost Crouwel(나에게 고대 운송 수단에 관해 가르쳐주었다), Peter Raulwing, Norbert Benecke, Mindy Zeder.

말 재갈 마모 및 승마 실험: Mindy Zeder, Ron Keiper, 네바다의 위 네무카 토지국, 코넬 대학의 수의학 센터, 펜실베이니아 대학의 뉴 볼튼 센터, 애서티그 섬의 야생동물대피소, 뉴욕 주립대학교의 코블스킬 캠퍼 스, Steve MacKenzie, Stephanie Skargensky, Michelle Beyea.

언어학: Ward Goodenough, Edgar Polome, Richard Diebold, Winfred Lehmann, Alexander Lubotsky, Don Ringe, Stefan Zimmer, Eric Hamp. 5장을 편집하는 데 도움을 준 Johanna Nichols와 초고를 검토해준 Bill Darden, Jim Mallory에게 특별히 감사드린다.

동유럽 고고학: (내게 러시아어 자료를 읽을 수 있다는 믿음을 준) Petar Glumac, Peter Bogucki, (11장을 검토해준) Douglass Bailey, (나에게 첫 동유럽 발굴 경험을 안겨준) Ruth Tringham, (우리의 첫 러시아 안내자인) Victor Shnirelman, (초원 고고학에 관한 내 자료의 첫 번째 원천인) Dimitri Telegin, Natalya Belan, Oleg Zhuravlev, Yuri Rassamakin, Mikhail Videiko, Igor Vasiliev, Pavel Kuznetsov, Oleg Mochalov, Aleksandr Khokhlov, Pavel Kosintsev, Elena Kuzmina, Sergei Korenevskii, Evgeni Chernykh, R. Munchaev, Nikolai Vinogradov, Victor Zaibert, Stanislav Grigoriev, Andrei Epimakhov, Valentin Dergachev, Ludmila Koryakova. 이 중에서도 나의 첫 번째 안내자인 Telegin과 사마라의 동료 학자 Vasiliev, Kuznetsov, Mochalov, Khokhlov 그리고 명예 사마라 시민인 Kosintsev에게 가장 큰 빚을 졌다.

이 책에서 내가 저질렀을 오류는 오롯이 내 잘못일 뿐 이분들은 최선을 다했다.

1부

언어와 고고학

모어(母語)의 약속과 정치

조상들

•

거울을 볼 때 당신은 자기 얼굴뿐 아니라 하나의 박물관을 보고 있는 셈이다. 얼굴은 자신의 것이지만 한편으론 당신의 부모, 조부모, 증조부모 그리고 그 위의 선조들로부터 물려받은 특성의 콜라주로 이루어져 있다. 당신을 성가시게 하고 기쁘게 만들기도 하는 눈과 입술은 당신 혼자만의 것이 아니라 선조들의 특성이기도 하다. 그들은 개인으로서는 이미 죽은 지 오래일지 몰라도 당신의 일부로서 여전히 살아 있다. 심지어 균형 감각, 음악적 재능, 대중 앞에 설 때의 수줍음 혹은 질병에 대한 민감성 등 복잡한 특성도 예전부터 존재했다. 우리는 단지 몸에서뿐만 아니라 우리 주위에서도 항상 과거를 거느리고 다닌다. 과거는 관습 속에서도 살아 있는데, 여기엔 말을 하는 우리의 방식도 포함된다. 과거는 우리가 항상 끼고 다니지만 보이지 않는 렌즈 세트다. 아울러 이 렌즈를 통해 우리는 세상을 인식하고, 세상은 우리를 인식한다. 우리가 아래를 내려다보며 그들의 존재를 인정하든 않든 우리는 언제나 조상들의 어깨 위에 서 있다.

우리 대부분이 알아볼 수 있거나, 심지어 이름이나마 부를 수 있는 조상이 얼마나 적은지 깨달으면 당황스럽다. 당신에게는 4명의 증조모가 있는데, 그들은 유전적으로 당신과 충분히 가까워 당신이 얼굴을 비춰볼 때마다 그들의 얼굴·피부·머리카락 등의 요소들을 본다. 그들 각자에게는 수천 번이나 불린 혼전의 성(maiden name)이 있지만 당신은 아마도 그런 혼전의 성들을 하나도 떠올리지 못할 것이다. 운이 좋으면 우리는 가계도나 문서에서 그들의 성을 발견할 수도 있다. 비록 많은 미국인이 전쟁, 이민, 문서 파괴 등으로 인해 그럴 수 없겠지만 말이다. 4명의 우리 증조모는 온전한 삶을 누리고 가정을 꾸렸으며 우리의 가장 개인적인 특성의 많은 부분을 전해주었다. 그러나 우리는 이런 조상을 너무나 완벽하게 잃어버려서 그들의 이름조차 모른다. 우리 중 얼마나 많은 사람이 지금부터 겨우 3세대 후에 우리 후손들이 우리에 대해 전혀 기억하지 못하고 심지어 이름조차 모를 거라는 걸 상상할 수 있을까?

삶이 여전히 가족, 확장된 친족 그리고 마을 중심으로 구성된 전통적 사회에서 사람들은 종종 자신이 조상들로부터 진 빚과 심지어 조상들의 귀신 및 혼령의 힘에 대해 한층 더 의식한다. 마다가스카르 농촌 지역의 자피마니리(Zafimaniry) 부족 여성들은 어머니나 숙모로부터 배운 방식으로 복잡한 문양의 모자를 짠다. 문양은 마을마다 상당히 다르다. 어떤 마을의 여인들은 인류학자 모리스 블로흐(Maurice Bloch)에게 자신들의 디자인을 "조상들로부터 받은 진주"라고 말했다. 심지어 자피마니리족의 일반 민가(民家)도 그것을 만든 사람들의 영혼을 위한 사원처럼 보인다.[1] 이렇게 예전에 살았던 사람들 영혼의 힘을 계속 인정하는 것은 대부분의 현대적 소비문화의 사고방식에서는 없는 것이다. 우리는 새로운 것들을 끊임없이 적용하고 소비하는 데 경제적 생존을 의지하는 세계에 살고 있다. 아울러 고고학, 역사학, 계보학, 기도문(prayer) 등의 서랍에 이전 세대들에 관한 생각을 던져 넣어 넘치게 만들었다.

고고학은 우리 이전에 살았던 사람들의 인간성과 중요성을 그리고 간접적으로는 우리 자신의 인간성과 중요성을 인식하는 하나의 방법이다. 또한 기록으로 남지 않은 과거 사람들의 일상의 짜임새를 탐구하는 유일한 학문이다. 사실상 대다수 사람은 기록으로 남지 않은 삶을 살았다. 고고학자들은 기록 이전 시대의 말 없는 유물로부터 놀랄 만큼 친밀한 세부 정보를 얻어내지만, 자신의 의견과 대화 및 이름을 문자 기록으로 남기지 않은 사람들에 대해 우리가 알 수 있는 것에는 한계가 있다.

우리가 이러한 한계를 극복하고 선사 시대 사람들이 실제 살아가는 데 핵심 역할을 했던 가치와 신념을 복원할 방법이 있을까? 그들은 어떤 다른 매개체에 단서를 남겼을까? 많은 언어학자들은 그렇다고 믿는다. 그리고 그 매개체는 바로 우리가 매일 사용하는 언어다. 우리의 언어는 수많은 화석, 즉 놀랄 만큼 오래된 화자들이 남긴 유산을 간직하고 있다. 선생님들은 우리에게 이 언어적 화석은 '불규칙적인' 형태이며, 우리는 아무런 생각 없이 그저 이것을 습득할 뿐이라고 말한다. 누구나 과거 시제는 대개 동사에 '-t'나 '-ed'를 붙여서 만든다는 걸 알고 있으며(예컨대 kick-kicked, miss-missed), 어떤 동사의 경우엔 어간(stem)에서 모음의 교체가 필요하다는 걸 알고 있다(예컨대 run-ran, sing-sang). 그러나 보통 우리는 모음 교체가 더 오래되었으며, 과거 시제를 만드는 원래 방법이었다는 얘기를 듣지 못한다. 사실상 어간의 모음을 바꾸는 것은 약 5000년 전에 과거 시제를 만드는 일반적 방식이었다. 그럼에도 불구하고 이것이 그때 사람들의 생각에 대해 많은 걸 말해주지는 않는다.

오늘날 우리가 쓰고 있는 말들이 정말로 약 5000년 전 사람들이 쓰던 어휘의 화석일까? 어휘 목록이 있다면 모호한 과거의 많은 부분을 밝게 비춰줄 것이다. 언어학자 에드워드 사피어(Edward Sapir)가 관찰한 대로 "어떤 언어의 완전한 어휘는 사실상 그 언어를 쓰는 공동체의 관심을 끈 모든 관념과 관심사 및 직업의 종합 재고 목록으로 간주할 수 있다".[2] 사실 5000년 전에 쓰였던 언어 중 하나의 어휘 목록은 상당할 정도로 복원되었다. 그 언어는 여타 많은 현대 및 고대 언어들의 조상일 뿐 아니라 현대 영어의 조상이기도 하다. 이 하나의 모어에서 시작해 내려온 수많은 언어는 한 어족, 즉 인도·유럽어군(Indo-European languages)에 속한다. 오늘날 인도·유럽어를 쓰는 인구는 약 30억 명에 이르는데, 다른 어떤 어족보다 많은 사람을 포함한다. '인도·유럽 공통조어(共通祖語)'라고 부르는 모어의 어휘에 대해서는 약 200년에 걸쳐 연구를 진행해왔으며, 그동안 인도·유럽어 연구의 거의 모든 측면에서 맹렬한 의견 충돌이 이어졌다.

그러나 의견 충돌은 열과 동시에 빛도 만들어낸다. 이 책은 인도·유럽 공통조어를 둘러싼 핵심 퍼즐, 곧 누가 어디에서 언제 그 언어를 썼는가 하는 문제를 푸는 게 이제 가능하다고 주장한다. 고고학자와 언어학자들은 몇 세대 동안 '공통조어의 고향' 문제를 두고 격렬한 논쟁을 벌여왔다. 많은 사람들은 이 문제를 왜 추적해야 하는지 그 타당성마저 의심한다. 과거에는 민족주의자와 독재자들이 그 '고향'은 자기 나라 안에 있으며, 우수한 자기 '종족'의 것이라고 주장했다. 그러나 오늘날 인도·유럽어 언어학자들은 연구 방법을 계속 개선해 새로운 사실들을 발견하고 있다. 그들은 인도·유럽 공통조어의 어휘로부터 수천 개 단어의 기본 형태와 의미를 복원해냈는데, 이것 자체로도 놀라운 성과다. 이러한 단어를 분석

함으로써 우리는 그것을 사용하던 사람들의 생각, 가치, 관심사, 가족 관계 그리고 종교적 신념 등을 묘사할 수 있다. 하지만 그러려면 먼저 그들이 언제 어디서 살았는지 밝혀야 한다. 우리가 인도·유럽 공통조어를 특정한 일련의 고고학적 유적과 결합할 수 있다면, 고고학적 지식의 일반적 한계를 넘어 이들 특정 조상에 관해 훨씬 풍부하게 알 수 있을 것이다.

나도 다른 많은 사람들처럼 인도·유럽 공통조어의 고향은 오늘날 우크라이나와 러시아가 차지하고 있는 흑해와 카스피 해 북쪽의 초원 지대라고 믿는다. 초원 고향설은 과거보다 오늘날 더 강해졌는데, 그 이유의 일부는 초원 지대에서 극적인 새로운 고고학적 발견이 있었기 때문이다. 인도·유럽어 초원 고향설의 중요성을 이해하기 위해서는 복잡하고 환상적인 초원의 고고학으로 뛰어들 필요가 있다. 러시아 농경 국가의 언어에 따르면 **초원**은 '황무지'를 뜻한다. 초원은 거대하고 드라마틱한 하늘 아래 펼쳐진 단조로운 풀의 바다, 곧 북아메리카의 프레리(prairie)를 닮았다. 초원의 띠는 서쪽의 동유럽(이 띠는 오데사와 부쿠레슈티 사이에서 끝난다)에서 시작해 동쪽으로는 중국의 만리장성까지 유라시아 대륙의 중심을 7000킬로미터 길이로 가로지르며 하나의 건조한 회랑을 형성하고 있다. 이 거대한 초지는 수천 년 동안 생각과 기술이 전파되는 것을 효과적으로 가로막는 장벽이었다. 북아메리카의 프레리와 마찬가지로, 이 초원도 도보로 여행하는 이들에게는 비우호적인 환경이었다. 그리고 북아메리카와 똑같이 초원을 열어젖힌 열쇠는 말(horse)이었다. 유라시아 초원에서 말은 풀을 인간에게 유용한 생산품으로 바꾸기 위해 길들인 동물, 곧 양 및 소와 결합했다. 말을 타고 소와 양 떼를 방목하던 사람들은 마침내 바퀴를 얻었고, 그때부터 그들은 무거운 수레에 천막과 보급 물자를 싣고 가축을 따라 어디든 갈 수 있었다. 말이 가축화하고 덮개 씌운 수레를 발명한 이후에야 격절되어 있던 중국과 유럽의 선사 사회는 서로의 존재를 희미하게 감지할 수 있었다. 동시에 운송 방면의 이 두 가지 혁신은 유라시아 초원 사람들의 삶을 예측 가능하고 생산적인 것으로 만들었다. 초원의 개방, 곧 적대적인 생태적 장벽에서 대륙을 가로지르는 소통 통로로의 전환은 유라시아 역사 발전의 역학을 항구적으로 바꾸었으며, 필자는 이런 전환이 인도·유럽어군의 첫 번째 확산 과정에서 중요한 역할을 했다고 주장한다.

언어학자와 국수주의자

•

인도·유럽어 문제는 1786년 영국령 인도에서 판사 생활을 하던 윌리엄 존스 경(Sir William Jones)의 유명한 문장 하나에 의해 확립되었다. 존스는 이러한 발견 이전에도 이미 상당히 널리 알려진 인물이었다. 15년 전인 1771년 출간한 그의 《페르시아어 문법(Grammar of the Persian Language)》은 페르시아 왕들의 언어에 관한 영어로 된 최초의 안내서였고, 이로 인해 존스는 25세의 나이에 유럽에서 가장 존경받는 언어학자 중 한 명으로 명성을 얻었다. 그의 중세 페르시아 시 번역은 바이런(G. Byron), 셸리(P. Shelley) 및 유럽 낭만파 운동에 영감을 주었다. 웨일스의 존경받는 법정 변호사에서 대영제국을 이끄는 지도자들의 친구이자 교사 그리고 통신원으로 부상한 그는 서른일곱 살의 나이에 초대 벵골 대법원의 세 판사 중 한 명으로 임명되었다. 존스가 그 나이 또래 영국인에게는 가공할 정도로 생소한 캘커타에 도착하면서, 중요하지만 무책임한 상인 식민지에 왕권 통치를 구현하는 움직임이 시작되었다. 존스는 영국 상인들의 방종 및 인도인들의 권리와 의무를 동시에 규제하는 임무를 맡았다. 그러나 영국 상인들은 최소한 그의 법적 권위를 인정한 반면, 인도인들은 기존에 작동하던 고대 힌두 법률 체계를 따랐다. 이러한 힌두 법은 힌두 법률학자, 즉 판디트〔pandit: 영어 'pundit(권위자)'의 어원〕에 의해 법정에서 자주 인용되었다. 영국인 판사들은 판디트들이 인용한 법률이 실제로 존재하는지 판단할 수 없었다. 산스크리트어는 힌두 법률 텍스트를 적은 고대 언어였다. 이는 영국의 법을 기록하는 데 라틴어를 사용한 것과 마찬가지였다. 이 두 법률 체계를 통합하려면 새로운 대법원 판사 중 한 명은 산스크리트어를 배워야 했는데, 그가 바로 존스였다.

그는 나디야(Nadiya)의 유서 깊은 힌두 대학교로 가서 휴양 오두막을 하나 구입했다. 그리고 교수들 중에서 존경받고 의욕도 넘치는 판디트 한 사람〔라말로카나(Rámalocana)〕을 찾아내 힌두 문헌 연구에 몰두했다. 이 문헌 중에는 고대의 종교적 작품으로서 힌두교의 뿌리인 베다도 있었다. 베다 문헌 중 가장 오래된 《리그베다(Rig Veda)》는 붓다의 생애보다 훨씬 이전에 작성해온 것으로, 아무도 그 정확한 연대를 몰랐다. 그는 산스크리트 문헌을 연구하면서 페르시아어나 영어뿐만 아니라 18세기 대학 교육의 대들보였던 라틴어와 그리스어 그리고 가장 오래된 독일어 문어(文語)로서 자신이 이미 배운 고트어, 켈트어의 한 갈래로서 자신이 소년 시절 사용했고 아직도 잊지 않고 있던 웨일스어 등과 산스크리트어를 비교해나갔다. 캘커타에 온 지 3년 후인 1786년 놀랄 만한 결론에 도달한 존스는 자신이 처음 도착해서 설립한 벵골 아시아 협회(Asiatic Society of Bengal)의 세 번째 연례 강연에서 이것을 발표했다. 그 핵심 문장은 지금도 모든 역사언어학 소개 문헌들이 인용하고 있다(구두점은 필자).

산스크리트어는 — 얼마나 오래된 것이건 — 놀라운 구조로 이루어져 있다. 즉 그리스어보다 완벽하고 라틴어보다 어휘가 풍부하며, 이 두 언어보다 우아하게 정제되어 있다. 그런데 이들 언어는 동사의 어근이나 문법의 형태가 우연의 일치로 만들어졌다고 보기에는 너무도 강한 유사성을 지니고 있다. 정말 너무도 강해서, 어떤 언어학자라도 이 세 언어 모두를 고찰하면서 이들이 아마도 지금은 존재하지 않는 어떤 공통적인 근원으로부터 갈라져 나왔다고 믿을 수밖에 없다.

존스는 산스크리트어는 유럽 문명의 고전 언어인 그리스어 및 라틴어와 같은 근원에서 유래했다고 결론지었다. 아울러 페르시아어, 켈트어 및 독일어도 같은 어족에 속한다고 부언했다. 유럽 학자들은 깜짝 놀랐다. 아시아적 이국성의 전형으로 여겨지던 인도 주민들이 오랫동안 잃어버린 사촌으로 판명된 것이다. 만약 그리스어·라틴어 및 산스크리트어가 친척 관계이고, 고대의 어떤 조어(祖語)에서 기원한 것이라면 그 조어는 무엇일까? 어디서 누가 말했을까? 그리고 어떤 역사적 환경이 스코틀랜드와 인도에 걸쳐 사용하는 지배적 언어인 이 파생 언어들(daughter tongues)을 만들어냈을까?

이런 문제는 주로 독일에서 깊은 반향을 일으켰는데, 그곳에서는 독일어의 역사와 독일 전통에 대한 대중적 관심이 낭만파 운동으로 성장하고 있었다. 낭만파는 계몽주의의 차갑고 인위적인 논리를 거부하고, 직접적 경험과 공동체에 기초한 단순하고도 진정한 삶의 뿌리로 돌아가고자 했다. 토마스 만은 한때 낭만파 철학자 슐레겔(F. Schlegel)에게 자신의 사고는 이성에 의해 너무 많이 오염되었기 때문에 스스로를 불순한 낭만파라고 말한 적이 있다. 윌리엄 존스가 이 운동에 영감을 보탠 것은 역설적이다. 왜냐하면 그 자신의 철학은 상당히 달랐기 때문이다. 그는 이렇게 말했다. "인류는 덕성 없이 오랫동안 행복할 수 없으며, 자유 없이 적극적으로 덕스러울 수 없으며, 이성적 지식 없이 확고하게 자유로울 수 없다."[3] 그러나 존스는 고대 언어에 관한 연구를 활성화시켰으며, 고대 언어는 진정한 경험(authentic experience)에 관한 낭만파 이론의 중심 역할을 했다. 1780년대에 헤르더(J. G. Herder)는 언어가 범주와 구분(categories and distinctions)을 만들어내고, 인간은 이를 통해 세계에 의미를 부여한다는 이론을 제창했다. 이 이론은 나중에 훔볼트에 의해 발전하고 20세기에는 비트겐슈타인이 정교하게 다듬었다. 그러므로 각각의 특정한 언어는 하나의 닫힌 사회적 공동체, 즉 '포크(folk: 특정한 지역에서 특정한 생활 방식을 가진 사람들—옮긴이)'에서 발생하고 그것에 얽혀 있는데, 이 포크는 근본적으로 이방인에게는 의미가 없다. 헤르더와 훔볼트는 언어를 공동체와 민족의 정체성을 형성하는 그릇으로 간주했다. 그림(Grimm) 형제는 언어와 민속 문화(folk culture)가 깊이 연결되어 있다는 낭만파적 확신을 좇아 독일어를 연구하는 동시에 '진정한' 독일의 민간 설화(folk tales)를 찾아 나섰다. 이런 배경 아래 불가사의한 언어, 즉 인도·유럽 공통조어는 단순히 하나의 언어가 아니라 서구 문명 최초의 기원이 들어 있는 일종의 도가니로 여겨졌다.

1859년 다윈이 《종의 기원》을 출간한 후, 언어가 민족적 정체성을 규정하는 결정적 요소라는 낭만파적 확신은 진화와 생물학에 관한 새로운 생각들과 결합했다. 자연선택이 제시한 과학적 이론은 민족주의자들에 의해 왜 어떤 인종, 곧 '포크'가 다른 인종을 지배하는지, 어떤 이들이 왜 다른 이들보다 더 '적합한지' 합리화하는 도구로 쓰였다. 다윈 자신은 적자생존과 자연선택 이론을 인종이나 언어 같은 모호한 단위에 한 번도 적용한 적이 없지만, 그것만으로는 비과학적 기회주의자들이 덜 '적합한' 인종은 유전적 열악함의 근원이며 더 '적합한' 인종의 우수한 특성을 오염시키고 희석하는 야만의 저수지라고 주장하는 것을 막을 수 없었다. 사이비 과학과 낭만주의의 유독성 혼합물은 곧 자신만의 새로운 이데올로기를 만들어냈다. 언어, 문화 그리고 다원주의적 인종 해석을 한 덩어리로 묶어 이런 자화자찬식 연구를 수행한 북유럽인 자신들의 더 우수한 생물학적·정신적·언어적 정수를 설명하는 데 이용한 것이다. 그들의 저술과 강연은 사람들로 하여금 자신이 오래전 확립된 생물학적·언어적 민족의 일원이라고 생각하도록 고무했으며, 유럽에서 새로 부상하던 민족 국가의 새로운 민족적 학교 시스템과 민족적 신문들이 이를 광범위하게 홍보했다. 웨일스 사람들에게 영어를 강요하고 브르타뉴 사람들에게 프랑스어를 쓰도록 강제한 정책은 각 신생 국가들에 적용할 고대의 '순수한' 민족적 유산에 대한 정치가들의 필요성에 뿌리를 두고 있었다. 인도·유럽 공통조어를 사용한 고대인들은 곧 이러한 인종적·언어적·민족적 고정관념의 먼 조상으로 짜맞춰졌다.[4]

인도·유럽 공통조어, 곧 언어적 문제는 자신만의 정신과 개성을 지닌 생물학적 인간, 곧 '원시 인도·유럽 사람들'과 어울린다. 이들은 "늘씬하고, 키가 크고, 피부 빛이 밝고, 금발을 가진 인종으로서 다른 어떤 인간들보다 우수하며, 성격은 안정감 있고 확고하며, 끊임없이 분투하고 지적으로 뛰어나며, 세상과 삶 일반에 대해 거의 이상적인 태도를 갖고 있다".[5] 이들은 '아리안(Aryan)'이라는 이름으로 불리기 시작했는데, 이는 가장 오래된 산스크리트어 및 페르시아어 텍스트인《리그베다》와《아베스타(Avesta)》의 저자들이 스스로를 아리안이라 불렀기 때문이다. 이들 아리안은 이란과 그 동쪽의 아프가니스탄, 파키스탄, 인도에 걸쳐 살았다.

아리안이란 용어는 인도·유럽어족의 인도·이란 분파에만 한정해야 한다. 그러나 베다 문헌은 19세기에 발견한 신비주의적 매력의 새 원천이었고, 곧이어 빅토리아 시대의 응접실에서 아리안이라는 이름은 적절한 언어적·지리적 한계선을 넘어 퍼져나갔다. 미국에서 베스트셀러가 된 매디슨 그랜트(Madison Grant)의 《위대한 인종의 소멸(The Passing of the Great Race)》(1916)은 우수한 미국의 '아리안' 혈통(이는 브리튼·스코틀랜드·아일랜드·독일계 이민자를 지칭하는 말이다)이 "열등한 인종"인 이민자들과의 이종 교배에 의해 옅어지는 것에 대한 맹렬한 경고였다. 그에게 열등한 인종이란 폴란드인, 체코인, 이탈리아인, 유대인들이었으며 그들은 모두 인도·유럽계 언어를 사용했다. 〔이디시어(Yiddish: 중동부 유럽의 유대인 언어─옮긴이)는 기본적인 문법과 형태론(morphology)에서 볼 때 게르만계 언어다.〕[6]

아리안이란 단어가 이란과 인도 아대륙을 탈출할 틈을 준 것은 《리그베다》 자체였다. 일부 학자들이 《리그베다》에서 베다 시기 아리안(Vedic Aryan)을 정복을 통해 펀자브 지방으로 들어온 침략자로 묘사하는 것처럼 보이는 구절을 발견한 것이다.[7] 하지만 어디에서? '아리안의 고향' 찾기 열기가 고조되었다. 윌리엄 존스 경은 그곳을 이란으로 지목했다. 19세기 초에는 히말라야 산맥이 인기 있는 선택이었지만, 곧 다른 지역들이 활기찬 토론 주제가 되었다. 아마추어와 전문가들이 함께 조사에 참가했는데, 많은 사람이 그들 자신의 나라가 아리안의 탄생지라는 걸 증명하고자 했다. 1920년대에 독일 학자 구스타프 코신나(Gustav Kossinna)는 고고학적 기반 아래 아리안의 고향이 북유럽, 사실은 독일임을 밝히려 했다. 코신나는 깔끔한 검은색 화살로 무장하고 그가 추정한 고향(독일─옮긴이)을 출발해 동·서·남쪽을 휩쓴 '인도·게르만' 아리안들의 선사 시대 이주를 보여주었다. 독일 군대는 30년이 채 안 되어 이 선사학자의 펜을 따랐다.[8]

인도·유럽어의 기원 문제는 거의 처음부터 정치적 문제였다. 이는 민족주의자 및 국수주의자의 주장과 얽혀 아리안의 인종적 우수성이라는 살인적 판타지를 키워냈으며, 실제로 나치 친위대가 자금을 대는 발굴은 이 주제에 대한 탐구를 계속 추진했다. 여신 운동(Goddess movement)을 주창하는 책들〔마리야 김부타스(Marija Gimbutas)의 《여신의 문명(Civilization of the Goddess)》과 라이앤 아이슬러(Riane Eisler)의 《성배와 칼(The Chalice and the Blade)》〕에서 고대 '인도·유럽인들'은 고고학적 드라마의 금발 영웅이 아니라 여성적 평화와 아름다움의 유토피아적 선사 세계를 파괴하는 가부장적이고 호전적인 침입자 역할을 맡는다. 러시아에서 일부 현대적 민족주의 정치 집단과 신이교도(neo-Pagan) 운동가들은 슬라브인으로서 그들이 고대 '아리안들'과 직접 연결되어 있다고 주장한다. 미국에서는 백인 우월주의자 집단이 자신들을 아리안이라 부른다. 실제로 역사상 아리안, 즉 《리그베다》와 《아베스타》를 편찬한 이들이 있었다. 하지만 그들은 청동기 시대의 부족민으로서 이란, 아프가니스탄, 인도 아대륙 북부에 살았다. 그들이 금발에 푸른 눈이었는지는 대단히 의심스럽고, 현대의 광신자들이 벌이는 인종적 판타지 대결과 그들은 아무런 관련이 없다.[9]

모호한 언어적 미스터리를 인종 학살로 분출시킨 잘못들은 애처로울 정도로 단순해서 누구든지 피할 마음만 있으면 피할 수 있다. 이런 잘못은 인종과 언어를 등치시키는 것, 어떤 특정 언어·인종 집단에 우월성을 부여하는 것이다. 저명한 언어학자들은 항상 이러한 두 가지 관념에 반대하며 호소했다. 마르틴 하이데거(Martin Heidegger)가 어떤 언어들(독일어와 그리스어)이 좀더 우수한 부류의 생각을 담는 유일한 그릇이라고 주장할 때, 언어학자이자 인류학자였던 프란츠 보아스(Franz Boas)는 객관적 기준에 기초해 어떤 언어도 다른 언어에 대해 더 우수하다고 말할 수는 없다고 반박했다. 일찍이 1872년 위대한 언어학자 막스 뮐러(Max Müller)는 아리안의 두상(Aryan skull)이라는 개념은 비과학적일 뿐만 아니라 반(反)과학적이라고 말했다. 요컨대 언어는 하얀 피부나 긴 얼굴을 갖고 있지 않다는 것이다. 그런데 어떻게 산스크리트어를 하나의 두상과 연결할 수 있을까? 그리고 아리안들은 어떻게 자신을 '아리안'이라고 규정했을까? 그들 자신의 문헌에 의하면, 그들은 '아리안다움(Aryan-ness)'을 **종교적·언어적** 범주로 인식했다. 산스크리트어를 쓰는 일부 족장 그리고 심지어 《리그베다》의 시인 중에도 산스크리트어에는 낯선 발부타(Balbūtha)나 브르부(Bṛbu) 등의 이름을 가진 이들이 있었다. 이들은 비(非)아리안계 기원을 가지고 있지만 여전히 아리안의 지도자였다. 따라서 《리그베다》의 아리안조차도 유전적으로 '순수하지' 않았다. '순수하다'는 게 무엇을 의미하든 말이다. 《리그베다》는 의례 법규집(ritual canon)이지 인종 선언서가 아니었다. 당신이 적절한 방법으로 적절한 신에게 희생을 바치면 아리안이고, 그렇지 않으면 아리안이 아닌 것이다. 이 희생 의례에는 전통적 언어로 된 대단히 전통적인 기도문 낭송이 필요했다. 《리그베다》는 **의례적** 및 **언어적** 장벽을 명확히 했지만, 인종적 순수성을 요구하거나 심지어 고려조차 하지 않았다.[10]

인도·유럽어 문제를 해결하기 위한 모든 시도는 인도·유럽 공통조어라는 말이 하나의 언어 공동체에 대한 호칭임을 인정하는 것에서 시작해 외연을 넓혀나가야 한다. 인종은 사실상 어떤 예측 가능한 방법으로도 언어와 연결될 수 없으며, 따라서 우리는 언어에서 인종으로 작업해나가거나 인종에서 언어로 작업해나갈 수 없다. 인종은 정의하기 어렵다. 다시 말해 인종 간 경계는 여러 집단에 의해 다르게 정의되며, 이러한 정의는 문화적인 것이기 때문에 과학자들은 어떤 두 인종 간의 '진정한' 경계를 묘사할 수 없다. 또한 고고학자들도 인종에 대해 나름의 꽤나 다른 정의를 갖고 있는데, 이는 두개골과 치아의 특성에 기초한 것으로서 종종 살아 있는 사람에게서는 확인할 수 없다. 인종을 어떻게 정의하든 언어는 보통 인종에 의해 분류되지 않는다. 모든 인종적 집단은 매우 다양한 언어를 쓴다. 그래서 두개골 모양은 언어 문제와 거의 관련이 없다. 언어와 유전자는 단지 예외적 환경에서만 상관관계가 있는데, 보통 엄청난 규모의 산맥이나 바다 등 명확한 장벽에 의해 격절된 경우 그렇다. 물론 이런 곳에서도 항상 그런 것은 아니지만 말이다.[11] 이주민은 비록 그들이 거의 전적으로 하나의 언어를 쓰는 집단으로 이뤄졌다 하더라도 유전적으로 동일할 필요는 없었다. 지리적 고립이나 여타 특정한 환경을 언급하지 않고 그저 언어와 유전자 간의 단순한 관련을 **가정하는** 이들은 누구든지 애초부터 잘못 생각한 것이다.

모어의 유혹

인도·유럽어 문제의 여러 측면 중에서 많은 사람의 의문을 만족시킨 유일한 것은 어족을 정의하는 방법과 어떤 언어는 인도·유럽어에 속하고 어떤 언어는 그렇지 않은지를 결정하는 방법이다. 언어학이라는 분과는 19세기에 이러한 문제를 풀고자 했던 사람들에 의해 생겨났다. 그들의 주요 관심사는 비교 문법(comparative grammar)과 음성 체계(sound systems) 그리고 구문론(syntax)이었는데, 이런 것들이 언어를 분류하고 유형별로 묶거나 혹은 인간의 언어들 사이의 관계를 정의하는 기반을 제공했다. 이전에는 아무도 이런 작업을 하지 않았다. 그들은 인도·유럽어족을 12개 주요 지파로 나누었다. 아울러 이들 지파는 음운론·발음·형태론, 곧 각 지파 언어의 뿌리에서 나타나 그 지파에 속하는 모든 언어가 간직한 어형(word form)에 의해 구분된다(그림 1.1). 인도·유럽어의 12개 지파는 유럽의 대부분 언어를 포함한다(바스크어, 핀란드어, 에스토니아어, 마자르어 제외). 이란의 페르시아어, 인도의 산스크리트어와 그 수많은 파생어(가장 중요한 것으로는 힌디어와 우르두어), 아나톨리아(오늘날 터키)의 히타이트어와 신장(新疆: 중국 서북부)의 사막 지대에서 사용한 토하라어를 비롯해 수많은 사라진 언어가 여기에 포함된다. 현대 영어는 이디시어 및 스웨덴어처럼 게르만어 지파에 속한다. 19세기 언어학자들이 고안한 분석 방법이 오늘날 세계의 다양한 언어를 묘사, 분류, 설명하는 데 사용된다.

역사언어학은 우리에게 단지 정태적 분류법뿐만 아니라 어떤 기록 근거도 남기지 못한 채 사라진 언어들의 최소 일부라도 재구성하는 능력을 제공한다. 이를 가능케 한 방법은 인간의 입안에서 음성이 변하는 방식의 규칙성에 의존한다. 가령 당신이 인도·유럽어족의 여러 지파에서 '100(hundred)'을 의미하는 단어들을 모아 서로 비교한다면, 이 모든 단어가 모든 지파에 뿌리를 둔 하나의 가상적인 단어에서 규칙적 변화에 의해 파생되어 나올 수 있는지 알아내기 위해 수많은 음성 변화의 법칙을 적용할 수 있다. 이탈리아어 지파에 속하는 라틴어의 *kentum*(100)과 발트어 지파에 속하는 리투아니아어의 *shimtas*(100)가 발생학적으로 연결된 친척이라는 증거는 고대의 어근 *k'ṃtom-*에 있다. 파생된 형태를 각각의 지파에 속하는 각각의 단어의 각각의 음과 하나하나 비교하면서 이 단어가 유일한 하나의 음들의 배열(sequence of sounds)로 수렴될 수 있는지, 즉 잘 알려진 법칙에 의해 지금의 형태로 진화해왔을 원래의 단어로 수렴될 수 있는지 알아본다. (다음 장에서 그 방법을 설명할 것이다.) 그것을 발견할 수 있

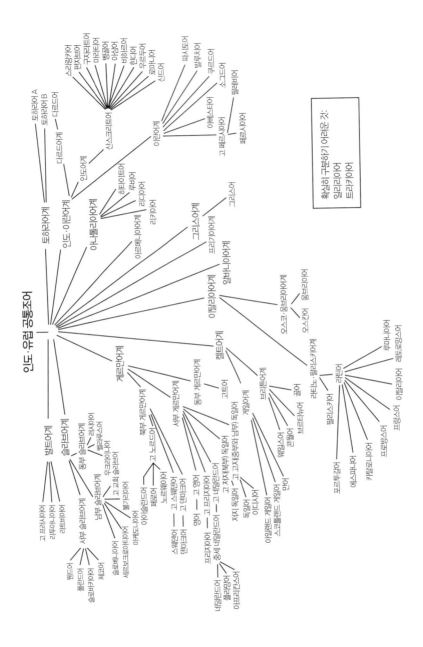

인도·유럽 공통조어

토하라어계
　토하라어 A
　토하라어 B

다른어계　다른어

인도어계　산스크리트어
　　　　　스리랑카어
　　　　　펀자브어
　　　　　구자라트어
　　　　　마라티어
　　　　　벵골어
　　　　　아삼어
　　　　　비하르어
　　　　　힌디어
　　　　　우르두어
　　　　　신드어

인도·이란어계

이란어계
　파사토어
　발루치어
　쿠르드어
　소그드어
　　오세트어
　이베스타어
　　　　　　옴레토어
고페르시아어
페르시아어

아나톨리아어계
　흥티트어
　루비어
　리디아어
　리키아어
　이르메니아어계

그리스어계
　그리스어

프리기아어계
　일바니아어계

이틀리아어계
　오스크·움브리아어계
　　오스크어
　　움브리아어

라틴·팔리스카어계
　라틴어
　　루마니아어
　　이틀리아어
　　레토로망스어
　　프랑스어
　　　프로방스어
　　　카틸로니아어
　　　에스파냐어
　　　포르투갈어
　　　　　　몰다비아어

켈트어계
　갈어
　고어
　브리튼어계
　　웨일스어
　　콘월어
　　브르타뉴어
　　아일랜드 게일어
　　스코틀랜드 게일어

게르만어계

북부 게르만어계
　고 노르드어
　아이슬란드어
　페로어
　노르웨이어
　스웨덴어
　　고 스웨덴어
　덴마크어
　　고 덴마크어

동부 게르만어계
　고트어

서부 게르만어계
　영어 — 고 영어
　프리지아어
　　고 프리지아어
　독일어
　　고지 독일어 — 고 고지(중부와 남부) 독일어
　　저지 독일어 — 고 저지(북부) 독일어
　네덜란드어
　　중세 네덜란드어

슬라브어계

동부 슬라브어계
　러시아어
　우크라이나어
　벨라루스어

남부 슬라브어계
　고 교회 슬라브어
　불가리아어
　마케도니아어
　세르보크로아티아어
　슬로베니아어

서부 슬라브어계
　웬드어
　폴란드어
　슬로바키아어
　체코

발트어계
　고 프러시아어
　리투아니아어
　라트비아어

획실히 구분하기 어려운 것:
일리리아어
트라키아어

다면, 이 어근의 음 배열은 비교 대상인 단어가 발생학적으로 연결된 동일 어원(cognate)이라는 증거다. 성공적인 비교 결과, 하나의 재구성된 뿌리(파생되기 이전의 어근—옮긴이)가 남는다.

언어학자들은 1500개 넘는 인도·유럽어 어근의 음을 복원(reconstruct)했다.[12] 복원한 단어들은 신뢰도에서 차이가 있는데, 왜냐하면 이것들은 살아남은 언어적 근거에 의존하기 때문이다. 한편 고고학 발굴을 통해 지금껏 한 번도 본 적 없는 히타이트어·미케네 그리스어(Mycenaean Greek)·고 독일어(archaic German)로 된 비문들을 발견했고, 여기에 적힌 단어들은 비교언어학자들이 이미 복원한 소리들을 정확히 펼쳐 보였다. 언어학자들이 고대의 비문에서 나중에 발견한 음과 글자를 정확히 예측했다는 사실은 그들의 복원 작업이 완전히 이론적인 것에만 그치지 않았음을 확인해준다. 우리가 복원된 인도·유럽어를 문자 그대로 '실제'의 것이라고 간주할 수는 없더라도 이는 최소한 선사 시대 실제 언어의 근사치다.

인도·유럽 공통조어를 썼던 사람들이 수천 년 전의 문맹인으로서 어떤 기록도 남기지 않았다는 것을 감안하면, 그 언어의 일부라도 되살리는 것은 대단한 업적이다. 비록 인도·유럽 공통조어의 문법과 형태론이 유형론적 연구에서 가장 중요하겠지만, 고고학자들에게 가장 큰 전망을 제시하는 것은 복원한 어휘, 즉 사전(lexicon)이다. 복원한 사전은 인도·유럽 공통조어를 쓰던 사람들이 처한 환경, 그들의 사회적 삶과 신앙을 들여다보는 창이다.

그림 1.1 인도·유럽어족의 12개 지파. 발트어와 슬라브어는 인도·이란어처럼 때로 하나의 지파로 분류하기도 하며, 프리기아어는 일리리아어나 트라키아어처럼 우리가 그 언어에 대해 아는 게 너무나 적기 때문에 제외되기도 한다. 이 두 가지 변화를 감안하면 10개 지파가 되는데, 수용할 만한 대안이다. 나뭇가지 모양의 도표는 대략의 관계를 묘사하기 위한 것으로, 이 언어들의 완전한 역사를 보여주지는 않는다.

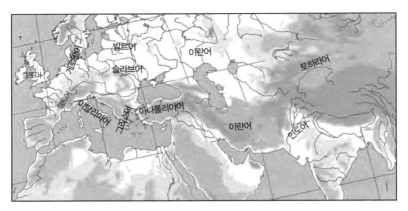

그림 1.2 서기전 400년 무렵 주요 인도·유럽어 지파들의 개략적인 지리적 분포

　예를 들어, 합리적으로 믿을 만한 어휘의 복원 결과에 의하면 인도·유럽 공통조어에는 수달, 비버, 늑대, 살쾡이, 엘크, 붉은사슴, 말, 쥐, 토끼, 고슴도치 등의 야생 동물이 포함되었다. 아울러 거위·두루미·오리·독수리 등의 조류, 벌과 꿀, 소(또한 암소, 황소, 수송아지)·양(또한 양모와 직조)·돼지(또한 수돼지, 암돼지, 새끼 돼지)·개 등의 가축이 포함되었음을 알 수 있다. 말은 인도·유럽 공통조어를 쓰는 사람들에게 확실히 알려져 있었지만, 어휘 복원을 통해 말을 길들였는지 여부를 결정하기는 불충분하다. 또한 이 모든 어휘적 근거는 인도·유럽 공통조어를 사용하던 세계의 환경, 경제, 생태를 복원하기 위해 고고학적 유물에 의해 인증되고 그것들과 비교할 수도 있다.

　그러나 공통조어 사전에는 훨씬 많은 것들이 실려 있다. 즉 인도·유럽 공통조어를 쓰던 사람은 그들의 권리와 의무를 단지 아버지의 혈통(부계 자손)을 통해서만 상속하고, 아마도 결혼 후에는 남편의 가족을 따라 살고(시집살이), 후견인(patron)으로 행세하며 피후견인(client)에게 호의를 베푸는 역할을 하는 족장들의 권위를 인정하고, 아마도 정식으로 제도화한 군대를 보유하고, 소와 말을 잡아 희생 의식을 거행하고, 수레를 몰고, 남성 하느님(male sky deity)을 인정하고, 아마도 의례적인 이유에서 곰의 이름을 부르는 것을 회피하고, 신성함(sacred)의 두 가지 의미('성스러움에 물든 것'과 '금지된 것'이라는 의미)를 인정했다는 점 등의 사실을 암시하는 단어들이 포함되어 있다. 이러한 관행 및 신념 다수는 고고학을 통해서는 전혀 복원할 수 없다. 공통조어 사전은 일반적으로 고고학적 증거만으로는 복원할 수 없는 일상적 의식과 관습의 복원이라는 희망을 제공한다. 이 때문에 인도·유럽어 문제의 해결은 고고학자는 물론 우리 선조를 좀더 잘 이해하고자 하는 데 관심 있는 모든 이에게 중요하다.

오래된 문제의 새로운 해법

●

언어학자들은 인도·유럽 공통조어의 문화적·어휘적 복원에 거의 200년 동안 매진해왔다. 고고학자들은 인도·유럽 공통조어 공동체의 정체성을 두고 최소한 100년을 논쟁했지만, 아마도 언어학자들보다 진척이 없는 듯하다. 인도·유럽어의 기원 문제는 한 세기 넘게 유럽의 지적·정치적 역사와 서로 얽혀왔다. 그동안 왜 고고학적 근거와 언어학적 근거 사이에 수용할 만한 광범위한 결합이 없었던 것일까?

주요한 6개 문제가 그 길을 가로막고 있다. 첫 번째 문제는 최근 서방 학계의 풍토가 수많은 진지한 사람들로 하여금 조어(proto-language)라는 개념 자체에 의문을 품게 만들었다는 점이다. 현대 세계는 음악[블랙 레이디스미스 몸바사(Black Ladysmith Mombasa)와 폴 사이먼(Paul Simon), 파바로티

(Pavarotti)와 스팅(Sting)〕, 미술〔포스트모던 절충주의(Post-Modern eclecticism)〕, 정보 서비스(뉴스와 가십), 인구의 혼합(전대미문 규모의 국제 이주), 언어(세계 대부분의 인구는 두 가지 혹은 세 가지 언어를 사용한다) 등의 분야에서 점증하는 문화적 융합을 목도하고 있다. 문화적 수렴 현상에 관한 흥미가 고조되던 1980년대에 사려 깊은 학자들은 한때 개별적이고 독자적인 단위로 해석하던 언어와 문화에 대해 다시 생각하기 시작했다. 심지어 표준 언어(standard language)들도 복수의 기원을 가진 혼성어(creole language)로 여겨지기 시작했다. 이러한 조류는 인도·유럽어 연구 분야에서 어족과 그것을 형상화한 나뭇가지 모형(모어에서 파생어가 갈라져 나온 것을 형상화한 도표—옮긴이) 개념 자체에 대한 의심을 불러일으켰고, 일부는 공통조어를 찾는 것은 망상일 뿐이라고 선언했다. 많은 이들이 인도·유럽어 간의 유사성은 서로 다른 역사적 기원을 가진 인접 언어들 간의 수렴 현상 때문으로 돌렸는데, 이는 하나의 공통조어가 존재한 적이 없었다는 것을 암시한다.[13]

그중 상당 부분은 창조적이지만 모호한 추론이다. 오늘날 언어학자들은 인도·유럽어 간의 유사성은 혼성이나 수렴에 의한 유사성과는 다른 종류라는 것을 증명했다. 인도·유럽어 중 어떤 언어도 전혀 혼성어로 보이지 않는다. 인도·유럽어는 비인도·유럽어와 만나 혼성되는 대신 그 언어들을 대체한 것이 틀림없다. 물론 언어 간 차용이 있었지만, 그것은 모든 혼성어에서 볼 수 있는 극단적 수준의 혼합이나 구조적 단순화에는 미치지 못했다. 윌리엄 존스 경이 언급한 인도·유럽어 사이의 유사성은 그 언어들이 **오직** 하나의 공통조어에서 기원했을 경우에만 만들어질 수 있다. 이 점에 대해서는 대부분의 언어학자가 동의한다.

그래서 우리는 언제 어디서 인도·유럽 공통조어가 쓰였는지에 관한 실마리의 원천으로서 복원한 인도·유럽 공통조어 어휘를 사용할 수 있다.

하지만 이럴 경우 두 번째 문제가 발생한다. 요컨대 많은 고고학자들은 믿을 만한 인도·유럽 공통조어 사전의 일부를 복원할 수 있다는 가능성을 명시적으로 믿지 않는다. 그들은 복원한 어휘를 실제의 것으로 받아들이지 않는다. 이런 견해는 인도·유럽어의 기원을 찾는 근본적 이유 자체와 연구 과정에서 가장 중요한 도구 중 하나를 제거한다. 다음 장에서 나는 비교언어학을 옹호하고, 그것이 어떻게 작동하는지 간단히 설명한 다음, 복원한 어휘를 해석하는 지침을 제시할 것이다.

세 번째 문제는 고고학자들이 인도·유럽 공통조어의 연대에 대해 의견 일치를 보지 못하고 있다는 점이다. 어떤 이들은 서기전 8000년에 사용했다고 하고, 어떤 이들은 서기전 2000년까지 쓰였다고 말한다. 또 다른 이들은 인도·유럽 공통조어를 언어학자들의 머릿속에만 존재하는 추상적 개념으로 간주해 어떤 시기를 부여할 수 없다고 말한다. 이는 물론 어떤 특정한 시기에 초점을 맞추는 것을 불가능하게 만든다. 그러나 연대에 대한 의견 불일치의 핵심적 이유는 고고학자들이 언어학에 그다지 관심을 갖지 않았기 때문이다. 어떤 이들은 대부분의 언어학적 근거와 모순되는 해법을 제시했다. 두 번째 문제, 곧 신뢰성과 실제성에 관한 문제를 해결함으로써 우리는 세 번째 문제, 곧 그 언어를 사용한 연대의 문제로 상당히 나아갈 수 있을 것이다. 연대 문제는 3장과 4장에서 서술한다.

네 번째 문제는 인도·유럽 공통조어의 기원 연구를 위해 가장 중요한 분야 자체에 대한 고고학적 탐구 방법을 그다지 개발하지 못했다는 점이다. 대부분의 고고학자는 선사 시대의 언어 집단을 고고학적 인공 유물과 등치시키는 게 불가능하다고 믿는데, 이는 언어가 어떤 일관성 있는 방식으로 물질문화를 반영하지 않기 때문이다. 다른 언어를 사용하는 사람들도 비슷한 집과 토기를 쓸 수 있고, 같은 언어를 사용하는 사람들도 다른 방식으로 집과 토기를 만들 수 있다. 그러나 내가 보기에 언어와 문화는 어떤 환경 아래서 예측 가능하리만큼 상호 연관되어 있는 것 같다. 우리가―몇 세기 혹은 몇천 년 동안 **지속된**―매우 **명백한** 물질문화 영역(이를테면 단지 다른 유형의 토기뿐만 아니라 다른 유형의 집, 무덤, 공동묘지, 마을, 아이콘, 식단, 의상 디자인)을 목도하는 곳 또한 하나의 언어 영역인 경향이 있다. 어디서나 이런 현상이 일어나는 것은 아니다. 사실 이러한 **종족 언어적**(ethno-linguistic) 영역은 드물게 생기는 것 같다. 그러나 확고한 물질문화 영역이 수백 년 심지어 수천 년 동안 지속되는 곳에서 언어는 그 물질문화와 상관관계를 갖는 경향이 있다. 이러한 통찰은 우리가 최소한 몇몇 언어 영역을 순수한 고고학적 문화 지도 위에 위치시키는 것을 허락하는데, 이는 인도·유럽 공통조어의 고향을 찾는 데 매우 중요한 단계다.

당대 고고학 이론이 갖고 있는 또 하나의 약점은 고고학자들이 일반적으로 이주(migration)를 그다지 잘 이해하지 못한다는 점이다. 이주는 언어 변화의 중요한 벡터로써 확실히 유일한 원인은 아니더라도 중요한 원인이다. 제2차 세계대전 이전에 고고학자들은 선사 문화에서 변화를 관찰할 때마다 단순히 이주를 갖고 그 원인을 설명했다. 요컨대 만약 첫 번째 층에서 발견한 항아리 유형 A가 두 번째 층에서 발견한 유형 B로 대체되었다면 B형 항아리를 쓰는 사람들이 이주해 그러한 변화를 일으켰다는 것이다. 이런 단순한 가정은 수많은 **내재적** 변화 요인을 알아챈 후대 고고학자들에 의해 매우 적절하지 않은 것으로 판명되었다. 인공 유물 유형의 전환은 사회적 모임의 규모와 복잡성의 변화, 경제의 전환, 수공예품을 관리하는 방식의 재구성, 수공예품의 사회적 기능 변화, 기술 혁신, 새로운 교역 및 교환 물품의 도입 등등으로 인해 발생할 수 있다는 것이 밝혀졌다. "토기는 사람이 아니다(Pots are not people)"는 1960년대 이래 서방의 고고학과 학생들 모두가 배운 법칙이다. 1970년대와 1980년대 서방 고고학자들의 설명 도구 목록에서 이주는 완전히 사라졌다. 그러나 이주는 대단히 중요한 인간의 행위이며, 이를 무시하거나 과거에 그것이 중요하지 않았던 것처럼 여긴다면 인도·유럽어 문제를 이해할 수 없다. 나는 선사시대의 이주와 언어 변화 과정에서 이주가 담당했음직한 역할을 이해하기 위해 현대의 이주 이론을 적용해보았다. 이 문제는 6장에서 논의할 것이다.

다섯 번째 문제는 내가 이 책에서 옹호하는 것, 즉 러시아와 우크라이나 초원 지대에 위치한 인도·유럽 공통조어의 구체적 고향과 관련한 것이다. 최근의 초원 지대 선사고고학은 이해하기 어려운 정기 간행물과 책으로 출판되고 있다. 아울러 거기서 사용하는 언어도 비교적 소수의 서방 고고학자들만 이해할 수 있으며, 서술 방식에서도 종종 서방 고고학자들에게 50년 전 고고학의 오래된 "토기는 사람이다"라는 명제를 떠올리게 한다. 나는 25년 동안 이런 문헌을 이해하려 노력했으나 단지 부분적으로만 성공했을 뿐이다. 그러나 나는 소비에트 및 소비에트 이후 시대의 고고학이 결코 서방 고고학이 밟아온 어떤 단계의 단순한 반복은 아니라고 말할 수 있다. 그들의 고고학은 자신만의 독특한 역사와 주된 가설을 지니고 있다. 이 책 후반부에서 나는 선별적이고 불가피하게 불완전하지만 러시아·우크라이나·카자흐스탄 초원 지대의 신석기, 동석기, 청동기 시대 고고학의 종합을 시도할 것이다. 이곳은 일찍이 인도·유럽어를 사용했던 사람들의 기질 및 정체성과 직접적으로 관련 있는 지역이다.

말(horse)이 마지막 여섯 번째 문제를 소개하기 위해 무대 위로 달려 나온다. 학자들은 100여 년 전부터 최고(最古) 문헌으로 잘 남아 있는 인도·유럽어(히타이트어, 미케네 그리스어 그리고 가장 오래된 형태의 산스크리트어, 즉 고 인도어)가 재빠른 말들이 모는 전차를 끌고 고대 세계로 밀고 들어온 군사적 사회에서 쓰였다는 점에 주목했다. 아마도 인도·유럽어 사용자들이 전차를 발명했을 것이다. 그리고 아마도 그들은 최초로 말을 길들인 사람이었을 것이다. 이런 사실이 최초의 인도·유럽어 확산을 설명할 수 있을까? 서기전 1700년부터 서기전 700년까지 약 1000년 동안 전차는 그리스에서 중국에 이르기까지 고대 세계를 통틀어 파라오와 왕들이 가장 선호한 무기였다. 궁전의 무기고 목록, 전투 장면 묘사, 전쟁을 통해 얻은 자랑할 만한 약탈품 목록에서 수십 대 심지어 수백 대까지 엄청난 양의 전차를 언급한다. 서기전 800년 이후 전차는 점점 중요성을 상실했다. 전차가 말 위에서 활을 쏘는 훈련받은 군대, 즉 최초의 기병대가 수행하는 새로운 형태의 전쟁에 취약점을 드러내기 시작했기 때문이다. 만약 인도·유럽어 사용자들이 최초로 전차를 가진 이들이었다면, 이것으로 그들의 초기 팽창을 설명할 수 있다. 요컨대 그들이 최초로 말을 길들였다면 고대 인도 아리안인, 그리스인, 히타이트인 및 여타 인도·유럽어를 사용하는 이들의 의식(儀式)에서 말이 힘과 권력의 상징으로써 수행한 핵심 역할을 설명할 수 있을 것이다.

그러나 최근까지 언제 어디서 말을 길들였는지 판단하기 어렵거나 불가능했다. 초기의 말 길들이기 과정은 말의 해골에 거의 흔적을 남기지 않았고, 우리가 갖고 있는 것은 고대의 말이 남긴 뼈가 전부다. 나는 10년 넘게 내 연구 파트너이자 아내인 도르카스 브라운과 함께 이 문제는 연구해왔으며, 이제 언제 어디서 인간이 길들인 말 무리를 보유했는지 알게 되었다고 믿는다. 또한 우리는 비록 고대의 조직화한 국가와 왕국 사이의 전쟁에서 기병대보다 전차대를 먼저 사용했지만, 말 등에 올라타는 것은 전차를 발명하기 훨씬 이전 초원에서 시작되었다고 생각한다.

언어의 소멸과 사고(思考)

●

인도·유럽 공통조어를 쓰던 사람들은 전략적 장소에서 결정적 시기를 살았다. 그들은 운송의 혁신을 통해 이익을 얻는 위치에 있었는데, 그러한 혁신 중 가장 중요한 것은 기마와 바퀴 달린 수레의 발명이었다. 그들은 이웃보다 어떤 면에서도 결코 우월하지 않았다. 사실, 남아 있는 증거는 그들의 경제, 국내 기술, 사회 조직이 서쪽 및 남쪽의 이웃들보다 단순했음을 보여준다. 언어의 확산은 일회성 사건이 아니었고, 단 하나의 원인만 있는 것도 아니었다.

그럼에도 불구하고 그 언어는 확산하고 다양해졌으며 — 영어를 포함해 — 그 파생 언어들은 오늘날에도 계속 퍼지고 있다. 다른 많은 어족들은 인도·유럽어군이 퍼짐에 따라 멸종했다. 그 결과 생겨난 언어적 다양성의 손실은 현대 세계의 인식 습관을 좁히고 경로화했다. 예를 들어 모든 인도·유럽어는 어떤 행동에 관해 말할 때, 시제(tense)와 수(number)에 주의를 기울일 것을 요구한다. 당신은 그 행동이 과거·현재·미래 중 어떤 것인지 특정**해야만** 하고, 그 행위자가 단수인지 복수인지 특정**해야만** 한다. 이런 항목을 결정하지 않고 인도·유럽어 동사를 사용하는 것은 불가능하다. 그 결과 인도·유럽어를 쓰는 화자는 습관적으로 모든 사건을 언제 일어났으며 복수의 행위자와 연관이 있는가라는 틀에 맞춘다. 다른 많은 어족에서는 어떤 행동을 언급할 때 화자에게 이런 항목을 언급하라고 **요구하지** 않으므로 시제와 수가 특정되지 않은 채로 남는다.

한편, 어떤 어족에서는 현실의 다른 측면들을 끊임없이 사용하고 확인할 것을 요구한다. 예컨대 어떤 사건이나 상황을 묘사할 때 호피어(Hopi)에서는 우리가 직접 그 사건을 목격했는지 아니면 다른 누군가에게서 들었는지, 즉 그것을 바뀔 수 없는 진실로 여기고 있는지 특정해주는 문법적 표지(grammatical marker)를 **반드시** 사용해야 한다. 호피어 화자는 모든 현실을 묘사할 때 호피어 문법에 의해 습관적으로 그 정보의 근원 및 신뢰성이라는 틀에 맞추도록 강요받는다. 이러한 범주의 지속적이고 자동적인 사용은 세계를 인지하고 틀에 맞추는 습관을 만들어내며, 근본적으로 다른 문법을 쓰는 사람들은 대체로 이런 습관도 다르다.[14] 그런 의미에서 인도·유럽어 문법의 확산은 아마도 인간의 인식 습관의 다양성을 줄였을 것이다. 마찬가지로 이는 필자가 이 책을 쓸 때 5000년 이상 된 옛 유라시아 서부 초원에 살던 작은 인간 집단의 인식 습관과 범주를 되풀이하는 방식으로 관찰의 틀을 맞추도록 했을 수도 있다.

02

어떻게 죽은 언어를 복원할 것인가

인도·유럽 공통조어는 구어(口語)로서는 이미 4500년 전에 죽은 언어이다. 그 언어를 쓰던 이들은 문맹이라서 남겨진 문자 기록도 없다. 그러나 1868년 아우구스트 슐라이허(August Schleicher)는 복원한 인도·유럽 공통조어로 이른바 '양과 말(The Sheep and the Horses)', 곧 *Avis akvasas ka*라는 이야기를 전할 수 있었다. 1939년 헤르만 히르트(Herman Hirt)는 이 이야기의 개작판에서 인도·유럽 공통조어의 음운 구조에 관한 새로운 해석을 주창했는데, 그 제목은 *Owis ek'woses-kʷe*였다. 1979년 윈프레드 레만(Winfred Lehmann)과 라디슬라브 즈구스타(Ladislav Zgusta)는 약간만 손을 본 버전으로 *Owis ekwoskʷe*를 내놓았다. 언어학자들이 이와 같은 연습 문제에서 발음상의 세세한 사항을 놓고 점점 더 열띤 논쟁을 한 반면, 대부분의 사람들은 기록도 없이 죽은 언어에 대해 무엇이든 말할 수 있다는 사실에 놀랐다. 놀람은 물론 회의(懷疑)의 가까운 사촌이다. 언어학자들은 환상을 갖고 주장을 늘어놓는 것 아닐까? 확증적 문헌 증거가 없는 상황에서 어떻게 복원한 인도·유럽 공통조어의 정확성을 확신할 수 있단 말인가?[1]

실물을 파내는 것에 익숙한 많은 고고학자들은 단지 가상의 음소―이른바 '언어적 선사 시대(linguistic prehistory)'―를 복원하는 이들을 평가 절하한다. 이런 회의주의에는 이유가 있다. 언어학자나 고고학자 모두 자기들 이외에는 알아들을 수 없는 빡빡한 전문 용어로 말함으로써 학제 간 소통을 거의 불가능하게 만들었다. 두 학문 분과 모두 전혀 단순하지 않으며, 양자는 해석이 필요한 수많은 주요 질문을 놓고 수많은 분파로 벌집처럼 나뉘어 있다. 유익한 의견 불일치도 외부인에게는 혼돈으로 비칠 수 있는데, 나를 포함한 대부분의 고고학자는 언어학 분야의 외부인이다. 고고학 대학원 과정에서 역사언어학을 정규 과정으로 가르치지 않으므로 대부분의 고고학자는 이 학문에 대해 거의 아는 게 없다. 언어학 대학원 학생들 또한 고고학을 배우지 않는다. 언어학자들이 간간이 고고학에 관해 하는 언급은 고고학자들이 보기에 지나치게 단순하고 순진하게 들려서, 우리 중 일부는 역사언어학 전체가 과도하게 단순하고 순진한 가정투성이라고 의심하기도 한다.

이 책의 처음 몇 장의 목적은 고고학과 역사언어학을 갈라놓은 전인미답의 땅에 길을 내는 것이다. 나는 상당한 불확실성을 감수하면서 이 작업을 수행할 것인데, 나 역시 대부분의 고고학자보다 언어학에 대한 정규 훈련을 많이 받지 못했다. 다행스럽게도 짐 맬러리(Jim Mallory)가 부분적으로 길을 닦아놓았는데, 그는 아마도 인도·유럽어 연구에서 고고학과 언어학 두 분야의 자격을 갖춘 유일한 학자일 것이다. 인도·유럽어의 기원을 둘러싼 질문은 근본적으로 언어적 증거에 관한 것이다. 가장 기초적인 언어학적 문제는 언어가 시간에 따라 어떻게 변하는지 이해하는 것이다.[2]

시간에 따른 언어의 변화

●

타임머신을 가지고 있다고 가정해보자. 당신이 나와 같다면 방문하고 싶은 시대와 장소가 상당히 많을 것이다. 그런데 그런 곳 대부분에서는 영어를 쓰지 않는다. 6개월짜리 집중 언어 연수 프로그램에 참여할 여유가 없다면(예컨대 고대 이집트의 경우처럼) 당신이 쓸 수 있는 언어가 통용되는 시대와 장소로 한정해 여행할 수밖에 없을 것이다. 가령 잉글랜드로 떠나는 여행을 생각해보자. 의사소통이 가능한 범위에서 얼마나 오래전 시대까지 여행할 수 있을까? 1400년의 런던으로 가보자.

타임머신에서 나올 때, 말하기에 가장 좋고 마음을 진정시키며 이해도 할 수 있는 구문은 '주기도문' 도입부일 것이다. 현대 표준 영어의 전통적인 구닥다리 주기도문 도입부는 **"하늘에 계신 우리 아버지, 그 이름이 거룩하시며**(Our Father, who is in heaven, blessed be your name)"이다. 이것을 초서(G. Chaucer)가 사용한 것과 같은 1400년의 영어로 말하면 *"Oure fadir that art in heuenes, halwid be thy name"*이다. 다이얼을 다시 400년 뒤로 돌려 1000년의 고 영어, 즉 앵글로색슨어 시절로 가면 이렇게 말할 것이다. *"Fæder ure thu the eart on heofonum, si thin nama gehalgod."* 말할 것도 없이 앨프리드 대왕과의 대화는 불가능하다.

대부분의 구어는 1000년이 경과하면 밀레니엄의 양끝에 있는 화자들이 대화를 시도해도 의사소통이 어려울 만큼 충분히 바뀐다. 교회 라틴어나 고 인도어(산스크리트어의 가장 오래된 형태)처럼 의례에 고정되어 있는 언어가 1000년 넘는 과거에 살던 사람들과 효과적인 의사소통을 하는 유일한 희망일 것이다. 1000년 동안 미미하게 변화를 겪은 언어의 예로 아이슬란드어를 종종 거론한다. 그러나 이 언어는 북대서양의 고립된 섬에서 자신들의 오랜 영웅 전설(saga)과 시가(poetry)를 거의 종교적으로 신봉하는 사람들이 사용하던 것이다. 대부분의 언어는 1000년보다 훨씬 짧은 기간에 아이슬란드어보다 훨씬 큰 변화를 겪는데, 그 이유는 두 가지다. 먼저 어떤 두 사람도 정확하게 똑같이 말하지 않는다. 그리고 대부분의 사람은 자신과 다르게 말하는 이들을 아이슬란드인보다 훨씬 더 많이 만난다. 다른 언어로부터 어휘와 구문을 많이 차용하는 언어는 차용률이 낮은 언어보다 한층 더 급격하게 변한다. 아이슬란드어는 세계에서 가장 차용률이 낮은 언어 중 하나다.[3] 우리가 다른 발화 방식에 많이 노출된다면 우리 자신의 발화 방식도 한층 더 빠르게 바뀔 것이다. 그러나 언어의 변화 속도는 상당히 다르지만 다행히 언어 변화의 구조와 순서는 그렇지 않다.

언어의 변화는 무규칙적이지 않다. 언어는 다수가 따르고 싶어 하고 모방하는 억양과 구문을 좇아 변화한다. 일단 표적 억양을 선택하면, 화자들로 하여금 자신의 발화 방식을 떠나 표적으로 이동하게끔 만드는 음성 구조의 변화는 규칙의 지배를 받는다. 똑같은 규칙이 우리의 마음, 입, 귀에도 명백히 존재한다. 단지 언어학자들이 그것을 처음으로 인식했을 뿐이다. 만약 발음상의 주어진 혁신이 기존의 발화 체계에 영향을 주는 방식을 규칙이 규정한다면, 즉 음성의 변화를 예측할 수 있다면 우리는 이것을 거꾸로 재생해 사실상 더 이른 시기의 언어 상태에 대해 알 수 있다. 이것이 인도·유럽 공통조어를 복원하는 대략적인 방식이다.

음성 변화의 가장 놀라운 점은 그 규칙성인데, 변화가 규칙에 부합한다는 사실을 아무도 의식하지 못한다. 초기 중세 프랑스어에서는 '100'을 뜻하는 *tsent'm*이 단지 '100'을 뜻하는 라틴어 *kentum*의 방언 발음으로 들린 적이 있을 것이다. 이 두 단어의 음 차이는 **이음**(異音, allophone), 즉 소리는 다르지만 의미는 같은 것이었다. 그러나 또 다른 라틴어 발화 방식의 변화로 인해 [ts-]는 [k-]와 구별되는 음소로서 단어의 의미를 바꿀 수 있는 것으로 들리기 시작했다. 그 시점에서 사람들은 *kentum*을 [k-]로 발음할지 [ts-]로 발음할지 결정해야 했다. 프랑스어 화자들이 [ts-]를 쓰기로 결정했을 때, 그들은 단지 *kentum*만을 위한 게 아니라 -*e*-와 같은 전모음(front vowel) 앞에 *k*-가 있는 라틴어 단어 전체에 이 발음을 적용했다. 이런 변화가 일어나자 *ts*-는 초성 *s*와 혼동되었고 사람들은 다시 *tsentum*을 [ts-]로 발음할지 [s-]로 발음할지 결정해야 했다. 그들은 [s-]를 선택했다. 이런 변화의 순서는 인식할 수 있는 수준으로 내려와서 마치 바이러스처럼 이와 같은 순서로 음이 배열된 모든 전 프랑스어(pre-French) 단어로 확산되었다. 라틴어로 '왁스'를 뜻하는 *cera*(발음: kera)는 프랑스어에서 *cire*(발음: seer)로 바뀌었고, '공동체'를 뜻하는 *civitas*(발음: kivitas)는 *cité*(발음: seetay)가 되었다. 그 밖에 음성의 변화도 일어났지만, 모두 무언/무의식(unspoken/unconscious)의 규칙을 따랐다. 즉 음성의 변화는 해당 언어의 어떤 특정한 단어에 한정된 게 아니라 모든 유사한 음을 가진 단어들로 체계적으로 확산되었다. 인간의 귀는 대단한 구별 능력이 있어서 단어가 이 유추 관계에 들어맞는지 않는지 확인할 수 있다. 라틴어의 *k*-에 -*o*와 같은 후설모음이 따르면 그 음은 라틴어의 *costa*(늑골)가 프랑스어에서 *côte*가 된 것처럼 *k*-로 그대로 남는다.

음의 변화가 규칙의 지배를 받는 것은 아마도 모든 인간이 본능적으로 언어 안에서 질서를 추구하기 때문일 것이다. 이는 모든 인간의 뇌에 내장되어 있는 게 틀림없다. 우리는 위원회 회의, 사전 혹은 심지어 읽고 쓰기 없이도 이 작업(음성 법칙에 따라 음을 바꾸는 일—옮긴이)을 할 수 있지만 우리가 하고 있는 일을 인식하지는 못한다(우리가 언어학자가 아닌 한). 인간의 언어는 규칙에 의해 규정된다. 규칙은 문장의 구조(구문론), 단어의 음성들 사이의 관계(음운론 및 형태론) 그리고 의미를 지배한다. 이런 규칙을 배움으로써 우리의 의식은 유아의 의식에서 제 기능을 수행하는 인간 종족 일원의 의식으로 바뀐다. 언어는 인간의 진화, 문화, 사회적 정체성의 중심에 있기 때문에 인간 종족의 각 구성원은 새로운 변화를 언어 체계의 정규적인 한 부분으로 전환시키는 데 서로 협력하는 생물학적 능력을 갖추고 있다.[4]

역사언어학은 19세기 학자들이 처음으로 우리가 말하고 들을 때 따르는 규칙을 드러내 보이고 분석함으로써 하나의 분과 학문으로 탄생했다. 나는 이런 규칙에 대해 지나치게 아는 체하지 않을 것이고, 설령 안다고 할지라도 이것들을 하나하나 설명하지 않을 것이다. 내가 바라는 것은 일반적 방식으로 어떻게 이런 규칙 중 일부가 작동해 우리로 하여금 그 가능성과 한계를 얼마간 인식하면서 '복원한 인도·유럽 공통조어 어휘'를 이용할 수 있도록 하는지 보여주는 것이다.

우리는 음운론에서 시작한다. 모든 언어는 서로 맞물린 몇몇 체계로 분해할 수 있는데, 이때 각 체계는 자체의 규칙을 품고 있다. 어휘는 하나의 체계를 구성한다. **구문론**, 즉 어순 및 문장의 구조도 또 다른 체계를 이룬다. **형태론**, 즉 우리가 '문법'이라고 부르는 많은 부분을 포함해 단어의 형태가 세 번째 체계를 이룬다. 그리고 **음운론**, 즉 음성을 받아들이고 의미 있게 하는 규칙이 네 번째 체계를 이룬다. 비록 한 체계(예를 들면 음성론)에서 벌어지는 변화가 다른 체계(예를 들면 형태론)의 변화를 초래할 수 있지만, 각 체계는 자신만의 특정한 경향을 갖는다.[5] 우리는 음운과 어휘를 가장 자세히 살펴볼 것이다. 인도·유럽 공통조어 어휘의 복원 방식을 이해하는 데 이것들이 가장 중요하기 때문이다.

음운론: 어떻게 죽은 음을 복원할 것인가

음운론, 즉 언어학적 음(sound)에 관한 연구는 역사언어학의 주요한 도구 중 하나다. 음운론은 역사적 도구로서 유용한데, 사람들이 발화하는 음은 시간에 따라 각기 다른 곳이 아니라 어떤 특정한 방향으로 변하는 경향이 있기 때문이다.

발음 변화의 방향은 두 종류의 제약에 지배를 받는다. 즉 모든 언어를 통틀어 일반적으로 적용되는 규칙과 어떤 특정 언어 혹은 그와 관련한 언어군에만 적용되는 규칙이다. 일반적 제약은 인간 발성 기관의 기계적 한계, 청자가 구분하고 알아들을 수 있는 음을 내야 할 필요성, 발음하기 어려운 음의 조합을 단순화하고자 하는 경향 등에 의해 부과된다. 아울러 특정 언어 안에서의 제약은 그 언어에서 받아들이고 의미를 가질 수 있는 음의 제한적 범위에 의해 부과된다. 종종 특정 언어에만 있는 소리는 인지하기 쉽다. 예컨대 코미디언은 프랑스어나 이탈리아어 음운 특유의 우스갯소리를 함으로써 우리를 웃길 수 있다. 언어학자는 발음 변화 방향의 **일반적** 경향과 주어진 언어군 **특유의** 음성적 전통에 대한 지식으로 동시에 무장해 발음상의 여러 형태 중 어떤 게 먼저 것이고 뒤의 것인지 믿을 만한 결론에 도달할 수 있다. 이것이 어떤 언어의 음운론적 역사를 복원하는 첫걸음이다.

우리는 프랑스어가 역사적으로 300~400년 무렵 기울어가는 로마 제국의 속주인 골(Gaul: '갈리아'라고도 함. 지금의 이탈리아 북부, 프랑스, 벨기에 일대—옮긴이)에서 사용하던 라틴어 방언에서 발전해왔다는 것을 알고 있다. 1500년대로 내려오면 토착 프랑스어는 학자들 사이에서 낮은 평판을 받았는데, 이는 프랑스어를 라틴어의 타락한 형태에 지나지 않는다고 생각했기 때문이다. 이런 역사에 대해 전혀 모른다 할지라도 우리는 '100'을 뜻하는 라틴어 *centum*(발음: kentum)과 프랑스어 *cent*(발음: sohnt)를 검토해 전자의 발음이 더 오래된 형태라는 것을 밝힐 수 있고, 현대 프랑스어의 형태는 음성 변화의 규칙으로 알려진 것에 의해 라틴어에서 발전해왔으며 또 현대의 형태가 나타나기 전에 아마도 매개 단계의 [tsohnt]라는 발음이 있었을 것이라고 말할 수 있다. 그리고 우리의 예측은 들어맞을 것이다.

언어 변화의 몇 가지 기본 규칙: 음운론과 유추

일반적 음성 규칙 2개가 이를 결정한다. 하나는 초성에서 *k*나 강한 *g* 같은 경자음(硬子音, hard consonant)은 만약 변동한다면 *s*나 *sh* 같은 연음으로 변하는 경향이 있으며, *s*에서 *k*로의 변동은 일반적으로 흔치 않다는 사실이다. 다른 하나는 입 뒤쪽에서 폐쇄음으로 발음되는 자음(*k*)이 입 앞쪽에서 발음되는 모음(*e*) 앞에 있을 경우, 특히 입 앞부분에서 발음되는 음(*t* 혹은 *s*)으로 옮겨가기 쉽다는 점이다. [ke-]와 [se-]를 발음하고 혀의 위치를 주목해보라. *k*는 혀 뒤쪽(뿌리 쪽―옮긴이)을 써서 발음하지만 *e*와 *s*는 모두 혀 중간을 써서 발음한다. 그 때문에 분절음 *ke*-보다 *se*-를 발음하기가 쉽다. 전설모음 -*e* 앞에서 *k*-가 앞으로 움직여 [ts-]가 되고 다시 [s-]로 바뀌지, 그 반대 방향으로 변하지는 않는다고 예측할 수 있다.

이것은 일반적 음운 변화의 경향으로 **동화**(assimilation)라고 부른다. 즉 단어 내에서 어떤 음은 인접한 음으로 동화되어 혀의 움직임을 단순화하는 경향이 있다. 여기서 볼 수 있는 구체적 동화 형태는 **구개음화**(palatalization)다. 요컨대 프랑스어에서는 후설자음(*k*)이 전설모음(*e*) 앞에 오면 동화해 입천장 앞으로 가서 [s]로 바뀌었다. 라틴어의 [k](입천장 뒤에서 혀 뒷부분으로 발음)와 현대 프랑스어의 [s](입천장 앞에서 혀끝으로 발음) 사이에는 과도기적 매개 발음인 [ts](입천장 중간에서 혀 중앙을 사용해 발음)가 있었을 것이다. 이런 순서는 역사언어학자들로 하여금 문서로 남아 있지 않은 언어 진화상의 매개 단계를 복원할 수 있도록 했다. 라틴어에서 프랑스어로 발전하는 과정에서 구개음화는 체계적으로 일어났다. 구개음화는 프랑스어 특유의 음운 체계를 상당 부분 설명해준다.

대개 동화는 소리의 질을 바꾸고 가끔씩 단어 안에서 두 음을 연이어 흐릿하게 발음함으로써 음을 제거하기도 한다. 그 반대 과정은 단어 안에 새로운 음을 **추가하는** 것이다. 이런 종류의 혁신과 관련해 좋은 예는 영어 *athlete*의 다양한 발음법에서 드러난다. 많은 영어 화자는 이 단어에 [-uh] 발음을 추가해 [ath-uh-lete]라고 발음하지만 대다수는 자신들이 그렇게 발음하는 것을 알아차리지 못한다. [-uh]처럼 삽입된 음절은 항상 정확히 똑같은 방식으로 발음하는데, 이는 이어지는 -*l*을 발음하기 위해 필요한 혀의 위치로 동화되기 때문이다. 언어학자들은 어떤 화자가 -*thl*처럼 발음하기 어려운 자음 덩어리에 모음을 삽입하고〔이른바 **삽입**(epenthesis) 현상〕, *athlete*에 삽입한 모음을 동화 규칙에 의해 항상 [-uh]로 발음했을 것이라고 추측했다.

또 다른 유형은 유추(analogy)에 의한 변화로, 이는 문법에 상당히 직접적인 영향을 미치는 경향이 있다. 예컨대 영어 복수 명사의 어미 -*s* 혹은 -*es*는 원래 고 영어 명사의 한 부류에 제한적인 것이었다. 예컨대 *stone*을 의미하던 주격 단수 *stān*의 주격 복수는 *stānas*였다. 그러나 일련의 음 변화(주 5 참조)로 인해 한때 명사의 부류를 구분해주는 역할을 하던 음소가 탈락하자 어미 -*s*를 명사의 복수형을 나타내는 **보편적** 구분자로 해석하기 시작해 모든 명사 끝에 붙였다. -*n* 형태의 복수형(oxen), 변화가 없는 복수형(sheep), 어간의 모음이 바뀐 복수형(women) 등이 고 영어의 유산으로 남아 있지만 800년 동안 어미 *-s*가 이 **비정상적인** 형태들을 구축 (驅逐)해왔다. 이와 유사한 유추 변화는 동사에 영향을 주었다. 예컨대 *-ed* 가 동사 과거형의 일반적 어미로 재해석되면서 *help/helped*가 고 영어 의 *help/holp*를 대체한 것처럼 한때 모음 변화로 과거형을 표시하던 강 변화 동사가 줄어들었다. 또한 유추 변화는 오래된 것과의 비교를 통해 새로운 단어나 형태를 만들어낼 수 있다. 영어에 어미 *-able*이나 *-scape* 로 형성된 단어가 그토록 많은 이유는 이 어미가 처음에는 특정 단어에 붙어 있었으나(*measurable, landscape*), 훗날 떼어내거나 어떤 어간에도 붙 일 수 있는 접미사로 재해석되었기 때문이다(*touchable, moonscape*).

음운적 및 유추적 변화는 새로운 형태가 언어 안에 통합되는 내재적 메 커니즘이다. 시간 순서에 따라 한 언어 계통의 문서를 과거의 몇 시점에 서 검토함으로써, 예컨대 고전 라틴어·후기 세속 라틴어·초기 중세 프랑 스어·후기 중세 프랑스어 그리고 현대 프랑스어 기록을 차례로 검토함으 로써 언어학자들은 라틴어에서 프랑스어로 진화하는 과정에서 벌어진 거 의 모든 음운적 및 유추적 변화를 규명해냈다. 마찬가지로 다른 언어군의 언어에도 적용할 수 있는 일반적·체계적 규칙은 이러한 대부분의 변화 를 설명해준다. 그렇다면 언어학자들은 어떻게 이런 변화 과정을 '역으로' 재생시켜 현대 언어들의 원천을 발견할까? 우리는 어떻게 인도·유럽 공 통조어처럼 남겨진 문서도 **없고** 쓰기를 발명하기도 전에 사용했던 언어의 음성을 복원할 수 있을까?

'hundred': 음성학적 복원의 한 가지 사례

인도·유럽 공통조어의 단어를 복원하는 것은 어휘 사전을 만들기 위해서 가 아니다. 비록 이 방법이 사전 만들기에 대단히 유용하기는 하지만 말

표 2.1 어근 'hundred'를 공유하는 인도·유럽어의 동일어근어

어계	언어	단어	의미
켈트어계	웨일스어	cant	100
	고 아일랜드어	cēt	100
이탈리아어계	이탈리아어	centum	100
토하라어계	토하라어 A	känt	100
	토하라어 B	kante	100
그리스어계	그리스어	ἑκατόν	100
게르만어계	고 영어	hund	100
	고 고지 독일어	hunt	100
	고 고트어	hunda	100, 120
	고 색슨어	hunderod	(120)
발트어계	리투아니아어	šimtas	100
	라트비아어	simts	100
슬라브어계	고 교회 슬라브어	sŭto	100
	불가리아어	sto	100
아나톨리아어계	리키아어	sñta	10 혹은 100 단위
인도·이란어계	아베스타어	satəm	100
	고 인도어	śatám	100

이다. 이러한 복원의 진정한 목표는 일련의 파생어가 '동일어근어'라는 사실, 즉 하나의 모어에서 나왔다는 것을 밝히는 것이다. 모어의 복원은 비교의 부산물로서 모든 파생어의 모든 음은 공통의 부모어(parent word) 소리에서 비롯되었다는 증거다. 첫걸음은 파생어로 여겨지는 것들을 모으는 것이다. 요컨대 인도·유럽어군에서 발견할 수 있는 단어의 모든 이형(variant) 목록을 작성해야 한다(표 2.1). 이 작업이라도 성공적으로 해내

려면 음운 구조 변화의 규칙을 알아야 한다. 왜냐하면 일부 이형은 발음이 상당히 바뀌었을 수도 있기 때문이다. 후보로 뽑을 단어를 인지하고 그럴듯한 목록을 만드는 것도 어려운 일이다. 우리는 인도·유럽 공통조어의 *hundred*라는 단어를 가지고 이 작업을 시도할 것이다. 숫자를 나타내는 인도·유럽어의 어근, 특히 1에서 10, 100 및 1000의 어근은 거의 모든 인도·유럽 파생어에 간직되어 있다.

우리의 목록에는 라틴어 *centum*, 아베스타어 *satəm*, 리투아니아어 *šimtas*, 고 고트어 *hunda-*(영어의 *hundred*로 진화한 *hunda*와 매우 유사한 어근) 등이 포함된다. '100'을 의미하는 것으로 기타 인도·유럽어에서 모양이 비슷한 단어도 추가해야겠지만 논의를 단순하게 하기 위해 4개만 사용하겠다. (이와 관련해 나는 앞서 프랑스어 *cent*를 언급했다.) 내가 선택한 네 단어는 인도·유럽어의 네 지파, 즉 이탈리아어계, 인도, 이란어계, 발트어계 그리고 게르만어계에서 나왔다.

우리가 대답해야 할 문제는 이것이다. 음운학적으로 이 단어들이 하나의 부모어에서 변형된 파생어일까? 만약 대답이 '그렇다'라면, 이 단어들은 동일어근어다. 아울러 이 단어들이 동일어근어라는 것을 증명하기 위해 우리는 잘 알려진 규칙에 따라 기록된 모든 파생음으로 발전했을 원형 단어의 음소 배열 순서를 복원해야 한다. 우리는 이를 단어의 첫 번째 음에서 시작한다.

라틴어 *centum*의 첫 음소 [k]는 부모 단어 역시 [k] 음으로 시작된다면 설명이 가능할 수 있다. 아베스타어 *satəm*과 리투아니아어 *šimtas*의 첫 음소인 연자음 [s]와 [sh]는 라틴어 *centum*처럼 경자음 [k]로 시작하는 인도·유럽 공통조어 단어로부터 발전했을 것이다. 왜냐하면 변화가 있다면 경음은 보통 연음으로 바뀌기 때문이다. 반대로의 변화([s]와 [sh]가 [k]로 바뀌는 경우)는 매우 일어나기 어렵다. 또한 첫 경자음의 구개음화와 치찰음화('s' 또는 'sh'로의 변화)는 인도어계(베다 산스크리트어를 포함)와 발트어계(리투아니아어를 포함)에서 모두 예상할 수 있다. 음성 변화의 일반적 방향과 각 지파의 특정한 전통 덕분에 우리는 3개의 단어가 파생해 나온 인도·유럽 공통조어 단어는 'k'로 시작된다고 말할 수 있다.

*hunda*는 어떤가? 보기에는 모양이 상당히 다르지만 사실 *h*는 예상된 것으로, 모든 게르만어계 시작음 [k]에 영향을 준 규칙을 따르고 있다. 이런 변화는 *k*뿐만 아니라 선 게르만어(Pre-Germanic)의 기타 자음 8개의 변화와도 관련이 있다.[6] 자음 교체는 선사 시대 선 게르만어 공동체 전체로 확산해 새로운 게르만 조어(Proto-Germanic) 음운 구조를 탄생시키는데, 이런 특성은 궁극적으로 영어를 포함한 후대의 모든 게르만어계 언어에 간직된다. 자음 교체에 대해서는 동화를 수집한 야코프 그림이 설명했는데, 그의 이름을 따서 이를 '그림의 법칙'이라고 부른다. 그림의 법칙에서 설명한 한 가지 변화는 고 인도·유럽어의 [k] 음이 대부분의 음성학적 환경에서 게르만어계의 [h]로 교체된다는 것이다. 라틴어 *centum*에 간직되어 있는 고 인도·유럽어의 *k*가 고 고트어 *hunda*에서는 *h*로 교체되고, '머리(head)'를 뜻하는 라틴어 *caput*가 고 영어에서 *hafud*로 바뀐 것처럼 이런 현상([k] 음과 [h] 음의 교체—옮긴이)은 모든 어휘에서 발생했다. (*pater*에서 *fater*로 바뀐 것처럼 *caput*의 *p* 또한 *f*로 바뀌었다.) 따라서 비록 상당히 다르게 보이지만 *hunda*- 역시 규칙에 부합한다. 다시 말해, 첫 음(*h*)은 그림의 법칙에 의해 *k*에서 파생했을 수 있다.

'100'을 뜻하는 인도·유럽 공통조어 단어의 첫 음은 *k*였을 것이다. (첫 음 [k]는 기타 인도·유럽어의 '100'을 뜻하는 동일어근어들에도 들어맞는다.)[7] 두 번째 음은 모음이어야 한다. 그렇다면 어떤 모음일까?

두 번째 음은 지금 영어에서는 존재하지 않는 모음이었다. 인도·유럽 공통조어의 공명음(resonant)은 마치 구어 *fish'n'* 발음의 *n*처럼 모음으로 기능할 수 있었다〔밥은 고기를 잡으러 갔다(*Bob's gone fish'n'*)처럼〕. 두 번째 음은 공명음으로서 **m̥* 혹은 **n̥*일 터인데, 이 두 음은 비교 대상인 파생어들에서도 발견된다('*'은 복원된 형태에서 직접적 증거가 없는 경우에 붙임). *m*은 리투아니아어 동일어근어인 *šimtas*에 붙어 있다. 인도·유럽 공통조어의 *m*이 리투아니아어 *m*을 설명할 수 있을 것이다. 이는 고 인도어, 게르만어 및 기타 어계에서 이어지는 *t* 혹은 *d*에 동화되어 *n*으로 바뀌었을 것이다. *n*과 *t*는 모두 이〔齒〕에서 발음되기 때문이다. 〔같은 이유로 고 에스파냐어에서 '길(path)'을 뜻하는 *semda*는 현대 에스파냐어에서 *senda*로 바뀌었다.〕 *t* 앞에서 원래의 *m*이 *n*으로 바뀌는 것은 설명 가능하지만, 그 역방향의 변화는 훨씬 일어날 가능성이 적다. 그러므로 원래의 두 번째 음은 *m̥*이었을 것이다. 이 자음(*m*)은 완전동화라고 부르는 또 하나의 동화 경향에 의해 산스크리트어 *satam*에서는 완전히 탈락했을 것이다. 요컨대 *m*이 *n*으로 바뀌어 **santam*이 되고, *n*이 뒤의 *t*에 완전히 동화해 *satam*이 된 것이다. 똑같은 과정이 '8(eight)'을 뜻하는 라틴어 *octo*가 현대 이탈리아어 *otto*로 바뀔 때 [k] 음이 탈락하는 것으로 나타났다.

　나는 원시적인 **k'm̥*-에 도달하는 것에서 라틴어 *centum*의 인도·유럽 공통조어 근원을 찾는 논의를 멈추겠다. 받아들일 만한 원래의 어근을 복원하기 위해서는 살아남은 모든 동일어근어에서 입증된 모든 음소를 대상으로 이러한 분석을 계속 진행해야 한다. 모든 동일어근어에 이 규칙을 적용함으로써 언어학자들은 인도·유럽 공통조어 음소의 배열 **k'm̥tom*을 복원할 수 있었는데, 이러한 음소의 배열이 '입증된 모든 파생 언어'에서 '입증된 모든 음소'의 배열로 발전했다. 인도·유럽 공통조어의 어근 **k'm̥tom*

은 성공적인 비교 연구의 결과로서 이는 비교 대상인 파생어들이 실제로 동일어근어라는 증거다. 또한 복원된 이 발음은 최소한 인도·유럽 공통조어에 속하는 어떤 방언의 발음에도 상당히 근접할 것이다.

복원의 한계와 힘

비교 방법은 원시 어근의 **음성**을 복원하고, **단지** 음성 변화의 규칙에 따라 정상적으로 진화한 어떤 동일어근어 집단과의 발생학적 관계를 확정해줄 것이다. 비교 분석으로 발생학적 연관성을 증명하려면, 모든 동일어근어의 모든 음소가 상호 수용 가능한 부모어의 음소에서 파생해 나올 수 있어야 한다. 그렇지 않다면 관계를 **증명할 수** 없다. 많은 경우 인접한 언어에서 음을 빌려올 수 있고, 그 빌려온 음이 예측 가능한 변화를 대체할 가능성이 있다. 비교 방법은 비규칙적인 음성 묶음에 강제로 규칙을 적용해 원래 음을 복원할 수 없다. 인도·유럽 공통조어의 상당히 많은 부분, 아마도 거의 대부분은 영원히 복원할 수 없을 것이다. 규칙적인 동일어근어 묶음으로 우리는 *door*의 어근을 복원할 수 있지만 *wall*은 복원할 수 없다. 아울러 *rain*은 복원할 수 있지만 *river*는 복원할 수 없고, *foot*은 복원할 수 있지만 *leg*는 복원할 수 없다. 인도·유럽 공통조어는 확실히 이런 단어들을 갖고 있지만, 우리는 이 단어들을 어떻게 발음했는지 정확하게 복원할 수 없다.

비교 방법은 두 단어가 연관이 **없다**는 것을 증명하지 못하고, 그것들이 관련이 **있다**는 것을 증명하는 데 실패할 수 있다. 예컨대 그리스의 신 우라노스(Ouranos)와 인도의 신격 바루나(Varuna)는 신화적 속성이 대단히 유사하고 이름도 약간 비슷하게 들린다. 그렇다면 우라노스와 바루나는 이전의 인도·유럽 공통조어 시절 어떤 신의 이름을 반영한 것일까? 그럴 수 있다. 하지만 이 두 이름은 그리스어와 고 인도어에서 작동한 음성 변화 규칙에 따르면 한 부모 단어에서 파생할 수 없다. 이와 유사하게 '신 (god)'이라는 뜻의 라틴어 *deus*와 그리스어 *théos*는 명백한 동일어근어처럼 보이지만, 비교 방법에 따르면 라틴어 *deus*는 그리스어 *Zéus*와 어원이 같다.[8] 만약 그리스어 *théos*가 라틴어 동일어근어를 가지려면 [f] 음으로 시작해야 한다. 〔축제의(festive)'라는 뜻을 가진 *festus*를 제기하기도 하지만, 이 비교에서 그 밖에 일부 음은 의심스러운 점이 있다.〕 그럼에도 *deus*와 *théos*가 어떤 비규칙적인 방법에 의해 역사적으로 관련이 있을 수 있지만 우리는 그것을 증명할 수 없다.

결국, 우리는 어떻게 비교 방법이 언어의 음운론적 역사에서 기록되지 않은 단계를 정확하게 복원한다고 확신할 수 있을까? 언어학자 스스로도 복원한 어휘의 '실제성(reality)'이라는 의문과 관련해 의견이 갈린다.[9] 예컨대 **kʼṃtom-*처럼 8개 인도·유럽어 지파의 동일어근어에 근거한 복원은 단 두 지파의 동일어근어에 근거한 것보다 훨씬 믿을 만하고 한층 더 '정확하다'고 할 수 있다. 고대 지파(아나톨리아어, 그리스어, 아베스타 이란어, 고 인도어, 라틴어, 켈트어의 일부 특성) 하나를 포함한 최소 세 지파 간의 비교는 믿을 만한 복원 결과를 가져올 것이다. 하지만 얼마나 믿을 만할까? 음성 변화의 규칙만을 갖고 로망스어군(Romance language)의 공통 부모어를 복원해낸 로버트 A. 홀(Robert A. Hall)은 시험 방법 하나를 고안하고, 자신의 복원 결과를 라틴어와 비교했다. 로망스어군의 실제 부모어가 세속 라틴어의 몇몇 방언이었다는 사실과 시험에 이용한 라틴어가 키케로와 카이사르가 쓴 고전 라틴어였다는 것을 감안하면, 그 결과는 믿을 만한 것이었다. 홀은 심지어 지금의 파생어들이 그 특성을 간직하고 있지 않음에도 부모어에 있는 두 모음군의 대비점을 복원할 수 있었다. 그는 두 모음군

을 구분하는 특성(라틴어는 장모음과 단모음을 구분했다. 라틴어에서 파생한 모든 로
망스어는 그 특성을 잃어버렸지만 말이다)을 자세히 규명할 수는 없었다. 하지만
2개의 대립되는 모음군을 가진 체계뿐 아니라 라틴어의 형태, 구문, 어휘
구조의 한층 명백한 특성 등 많은 것을 복원했다. 이런 명민한 연구는 차
치하더라도, 복원의 실제성과 관련한 최고의 증거는 언어학자들이 복원
해놓은 것을 훗날 고고학자들이 문자 기록을 찾아내 그 정확성을 확증한
몇몇 경우다.[10]

　　예컨대 '손님'을 뜻하는 말로 기록상 가장 오래된 게르만어 동일어근어
(고트어 gasts, 고 노르드어 gestr, 고 고지 독일어 gast)는 후기 인도·유럽 공통조
어 *ghos-ti-(이 말은 아마도 '주인(host)'과 '손님(guest)'이라는 의미를 동시에 품고 있
어 어떤 일방(주인 혹은 손님 ─옮긴이)의 역할을 가리키는 게 아니라 낯선 사람들 사이의
우호적 관계를 의미했던 듯싶다)에서 출발해 복원한 게르만 조어 *gastiz를 거
쳐 형성된 것으로 생각된다. 이후의 게르만계 언어들에는 마지막 자음 앞
에 i가 붙은 단어는 하나도 없다. 그러나 음성 변화의 규칙에 의하면 이론
적으로는 게르만 조어의 그 자리에 i가 있었을 것으로 여겨진다. 그런데
덴마크의 한 무덤에서 나온 금각(gold horn)에 고대 게르만어의 명문이 적
혀 있다. 명문 "ek hlewagastiz holitijaz (혹은 holtingaz) horna tawido"는
"나, 홀트(혹은 홀팅)의 흘레바가스티가 뿔을 만들었다"로 해석할 수 있다.
이 명문에 있는 인물의 이름 Hlewagastiz는 2개의 어근, 즉 '명성(fame)'
을 뜻하는 Hlewa와 '손님'을 뜻하는 gastiz로 구성되어 있다. 언어학자들
은 이 금각이 금으로 만든 아름다운 세공품이었기 때문이 아니라 명문에
예측 가능한 i가 들어 있어 흥분했다. 이로써 복원한 게르만 조어 형태와
그 조상인 후기 인도·유럽 공통조어 모두의 정확성이 증명되었다.

　　이와 유사하게, 그리스어의 발달을 연구하던 언어학자들은 인도·유럽

공통조어의 순구개음 *k^w([kw]로 발음)를 그리스어 t(전설모음 앞에서)와 p(후설모음 앞에서)로 진화한 선형(先形) 음소로 제시했다. *k^w의 복원은 고전 그리스어 자음이 그 인도·유럽 공통조어 조상과 어떻게 연결되어 있는가 하는 문제에 대한 합리적이지만 복잡한 해결책이었다. 그것은 '미케네 선형문자 B 점토판'을 해독하기 전까지 전적으로 이론적인 문제로 남아 있었다. 하지만 그것을 해독함으로써 그리스어와 미케네어의 가장 초기 형태에는 후대 그리스어에서 전설 혹은 후설 모음 앞에서 t나 p가 들어가는 자리에 예측 가능한 k^w가 있었다는 게 밝혀졌다.[11] 이런 예는 역사언어학에 의한 복원이 단지 추상적인 것 이상이라는 것을 확인해준다.

물론 복원된 어휘는 음성학적으로 이상화한 것이다. 복원된 인도·유럽 공통조어는 언어가 기록 없이 입에서만 살아 있던 시절, 1000년 넘게 존재했을 수많은 방언의 발음을 포착하지 못한다. 그럼에도 불구하고 오늘날 우리가 서기전 2500년 이전의 문맹인들이 사용했던 언어의 단어 수천 개를 비록 뻑뻑하게나마 발음할 수 있다는 것은 괄목할 만한 승리다.

어휘: 어떻게 죽은 의미를 복원할 것인가

●

일단 인도·유럽 공통조어 특정 단어의 **음**을 복원했다면, 그 **의미**가 무엇인지 어떻게 알 수 있을까? 일부 고고학자들은 복원한 인도·유럽 공통조어의 실제성을 의심했는데, 이는 복원한 단어의 원래 음을 결코 정확히 알 수는 없을 거라고 느꼈기 때문이다.[12] 그러나 우리는 복원한 어휘에 믿을 만한 의미를 붙일 수 있다. 그리고 단어들의 의미에서 당시의 물질문화, 생태 환경, 사회적 관계 그리고 정신적 신념의 가장 확실한 증거를 발견한다. 그래서 단어의 의미 하나하나는 노력을 기울일 가치가 있다.

단어에 의미를 부여할 때는 3개의 일반적 규칙을 따른다. 첫째, 가능한 한 가장 오래된 의미를 찾는다. 인도·유럽 공통조어 단어의 원래 의미를 복원하는 게 목적이라면, 기록된 옛날 동일어근어의 의미와 현대의 의미를 대조·검토해야 한다.

둘째, *hundred*의 경우처럼 모든 언어 지파에서 어떤 동일어근어에 한결같은 의미가 부여되었다면, 그것은 분명히 별문제 없이 인도·유럽 공통조어 본래 어근의 의미라고 볼 수 있다. 그것이 원래 어근의 의미가 아니라면 왜 모든 동일어근어에 똑같은 의미가 붙었는지 설명하기 어렵다.

셋째, 만약 단어를 이미 제시한 어떤 어근과 똑같은 의미를 지닌 어근들로 분해할 수 있다면, 그 의미를 가졌을 가능성이 다시 한 번 높아진다. 예컨대 인도·유럽 공통조어의 *kṃtom*은 아마 *dekṃtom*의 축약어로서 '10(ten)'을 의미하는 어근 *dekṃ*을 포함하는 단어였을 것이다. *dekṃ*의 음 배열은 '10'을 의미하는 동일어근어들을 통해 별도로 복원되었고, '10'과 '100'을 의미하는 복원된 인도·유럽 공통조어 단어의 어근이 의미와 소리 양면에서 모두 연결되어 있다는 사실은 복원된 두 단어의 신뢰성을 증명한다. 어근 *kṃtom*은 인도·유럽 공통조어 음소들을 제멋대로 배열한 게 아니라 의미로 충만한 합성어임이 밝혀졌다. 즉 '10개 묶음의 단위(a unit of tens)'라는 뜻이다. 이는 또한 인도·유럽 공통조어 화자가 오늘날 우리처럼 십진법 숫자 체계를 가지고 있었으며 10단위로 100까지 세었다는 것을 말해준다.

대부분의 경우 인도·유럽 공통조어 단어의 의미는 이를 사용하는 여러 언어 공동체가 갈라지고, 수세기가 흐르고, 파생 언어가 진화함에 따라 바뀌고 이동했다. 단어와 의미의 결합은 임의적이므로 여기에는 음성의 변화에서 볼 수 있는 것보다 규칙적인 방향성이 작다. (비록 어떤 방향의 의미론적 변화가 다른 방향보다 더 발생할 가능성이 크긴 하지만 말이다.) 그럼에도 불구하고 일반적 의미는 복원할 수 있다. 아주 좋은 예가 'wheel(바퀴)'이다.

'wheel': 의미 복원의 예

현대 영어의 *wheel*은 $*k^w\acute{e}k^wlos$ 혹은 $*k^wek^wl\acute{o}s$처럼 발음하는 인도·유럽 공통조어 어근에서 내려온 것이다. 그런데 인도·유럽 공통조어에서 $*k^w\acute{e}k^wlos$는 정확히 무슨 의미였을까? $*k^w\acute{e}k^wlos$라는 음소 배열은 인도·유럽어의 5개 지파에서 8개 언어의 동일어근어를 비교함으로써 얻었다. 이 단어를 반영한 것이 고 인도어와 아베스타어(인도·이란어 지파), 고 노르드어, 고 영어(게르만어 지파), 그리스어, 프리기아어, 토하라어 A 및 B에서 살아남았다. '바퀴'라는 뜻은 산스크리트어, 아베스타어, 고 노르드어, 고 영어의 동일어근어에서 입증되었다. 그리스어 동일어근어의 의미는 단수에서 '원(circle)'으로 바뀌었지만 복수에서는 여전히 '바퀴들'을 의미했다. 토하라어와 프리기아어 동일어근어는 '네 바퀴 수레(wagon)' 혹은 '수레(vehicle)'를 의미했다. 그렇다면 원래의 의미는 무엇이었을까?(표 2.2).

$*k^w\acute{e}k^wlos$의 동일어근어 8개 중 5개에서 입증된 의미는 '바퀴' 혹은 '바퀴들'이었고, '바퀴(들)'라는 의미와 차이가 있는 언어(프리기아어, 그리스어, 토하라어 A·B)의 경우에도 의미가 그렇게 많이 달라지지는 않았다('원', '네 바퀴 수레', '수레' 등). 더욱이 '바퀴'라는 의미를 가진 동일어근어들이 지리적으로 서로 격절된 언어에서 동시에 나온다. (고 인도어와 이란의 아베스타어는 이웃이었지만, 이들이 고 노르드어나 고 영어와 접촉했는지는 전혀 알려진 바 없다.) 고 노르드어가 고 인도어로부터 '바퀴'라는 의미를 차용했을 것 같지는 않고, 그 역방향의 차용도 마찬가지다.

어떤 방향의 의미 이동은 일어날 가능성이 적은 반면 어떤 방향의 이동은 흔하다. 토하라어나 프리기아어의 경우에서 볼 수 있듯 가장 특징적인 부분('바퀴')으로 전체('수레', '네 바퀴 수레')를 명명하는 것은 흔하다. 오늘날 영어 비속어에도 똑같은 용법이 있는데, 이를테면 어떤 사람의 차를 'wheels'라 부르거나 의복을 'thread(실)'라고 부르는 식이다. 반면 다른 방향으로의 의미 이동, 즉 원래 전체를 가리키던 말로 부분을 가리키는 것('바퀴'를 가리키기 위해 '수레'라는 말을 쓰는 것)은 일어날 가능성이 훨씬 적다.

*wheel*의 의미는 이 단어가 어근 *k'ṃtom의 경우처럼 인도·유럽어 어원을 갖는다는 점에서 보강된다. 이 말은 또 다른 인도·유럽어 어근, 곧 '돌아간다(to turn)'를 의미하는 동사 *kʷel-에서 만들어졌다. 따라서 *kʷékʷlos는 *wheel*의 동일어근어 비교를 통해 복원한 음소의 임의적 배열에 불과한 게 아니라, 엄연히 '돌아가는 것'이라는 의미를 지니고 있다. 이런 사실은 '원'이나 '수레'라는 의미보다 '바퀴'라는 의미가 더 타당하다는 것을 확인해줄 뿐만 아니라, 인도·유럽 공통조어 사용자들이 바퀴를 의미하는 단어를 스스로 만들어냈다는 것을 보여준다. 다른 이들로부터 바퀴의 발명에 대해 들어 알았다 하더라도 그들은 외래의 용어를 받아들이지 않았다. 그러므로 바퀴가 전해진 당시의 사회적 환경은 간단했고, 사회적으로 거리가 먼 인간 집단 사이에서 전파가 일어났을 것이다. 또 하나 바퀴가 인도·유럽 공통조어 공동체 안에서 발명되었을 가능성은 고고학적 및 역사적 이유로 볼 때 크지 않은 것 같다. 비록 여전히 그럴 가능성은 있지만 말이다(4장 참조).

또 다른 규칙이 복원한 의미를 확인하는 데 도움을 준다. 만약 어떤 단어가 여타 긴밀하게 연관된 복원한 의미를 가진 어근들로 이뤄진 어떤 의미 영역에 잘 들어맞는다면, 우리는 최소한 상대적으로 그런 단어가 인

표 2.2 수레의 부위를 의미하는 인도·유럽 공통조어 단어의 뿌리

인도·유럽 공통조어 뿌리 단어	수레의 부위	파생 언어
*kʷékʷlos	바퀴(wheel)	고 노르드어 hvēl(바퀴); 고 영어 hweohl(바퀴); 중세 네덜란드어 wiel(바퀴); 아베스타 이란어 čaxtra-(바퀴); 고 인도어 cakrá(바퀴, 햇무리); 그리스어 kuklos(원. 복수형 kukla(바퀴들)); 토하라어 A kukal(바퀴); 토하라어 B kokale(네 바퀴 수레)
*rot-eh₂-	바퀴(wheel)	고 아일랜드어 roth(바퀴); 웨일스어 rhod(바퀴); 라틴어 rota(바퀴); 고 고지 독일어 rad(바퀴); 리투아니아어 rātas(바퀴); 라트비아어 rats(바퀴. 복수형 rati(수레)); 알바니아어 rreth(고리, 테, 마차 바퀴의 테두리); 아베스타 이란어 ratha(전차, 네 바퀴 수레); 고 인도어 rátha(전차, 네 바퀴 수레)
*ak*s-, or	축(axle)	라틴어 axis(차축, 축); 고 영어 eax(차축); 고 고지 독일어 *h₂ek*s- ahsa(차축); 고 프러시아어 assis(차축); 리투아니아어 ašis(차축); 고 교회 슬라브어 osĭ(차축); 미케네 그리스어 a-ko-so-ne(차축); 고 인도어 áks*a(차축)
*ei-/*oi-, or	끌채(thill)	고 영어 ār(노); 러시아어 vojë(굴대); 슬로베니아어 oje(굴대); 히타이트어 h₂ih₃s 혹은 hiššа(기둥, 말을 매는 채); 그리스어 oisioi*(끌채, 키 버팀대); 아베스타 이란어 aēša(굴대 한 쌍, 쟁기 기둥); 고 인도어 īs*a(기둥, 굴대)
*wéĝheti-	타다(ride)	웨일스어 amwain(이리저리 몰다); 라틴어 vehō(가지다, 나르다); 고 노르드어 vega(가져오다, 움직이다); 고 고지 독일어 wegan(움직이다, 무게가 나가다); 리투아니아어 vežù(몰다); 고 교회 슬라브어 vezo(몰다); 아베스타 이란어 vazaiti(운송하다, 이끌다); 고 인도어 váhati(운송하다, 옮기다, 나르다). 파생 명사는 그리스어, 고 아일랜드어, 웨일스어, 고 고지 독일어, 고 노르드어에서 '네 바퀴 수레'를 뜻한다.

도·유럽 공통조어에 존재했다고 확신할 수 있다. '바퀴'는 **네 바퀴 수레나 두 바퀴 수레(cart)의 부위를 설명하는 단어들**로 구성된 의미 영역의 한 부분이다(표 2.2). 다행히 적어도 이런 단어 4개를 인도·유럽 공통조어로 복원할 수 있다. 그 단어들은 다음과 같다.

1. *rot-eh$_2$-: '바퀴'를 의미하는 제2용어(second term)로서 고 인도어와 아베스타어 동일어근는 '전차'를 의미하고 라틴어, 고 아일랜드어, 고 고지 독일어, 리투아니아어 동일어근는 '바퀴'를 의미한다.

2. *aks-(또는 *h$_2$eks-): 수천 년 동안 의미가 변하지 않은 동일어근어들에 의해 입증된 것으로 '축'을 의미한다. 고 인도어, 그리스어, 라틴어, 고 노르드어, 고 영어, 고 고지 독일어, 리투아니아어 그리고 고 교회 슬라브어 동일어근어도 여전히 '축'을 뜻한다.

3. *h$_2$ih$_3$s-: '끌채'를 의미하며 히타이트어와 고 인도어 동일어근어를 통해 입증할 수 있다.

4. *wégheti: '수레에 실어 가다', 혹은 수레로 '옮기다'는 뜻의 동사로서 고 인도어, 아베스타어, 라틴어, 고 영어 및 고 교회 슬라브어 동일어근어를 통해 입증할 수 있으며 고 아일랜드어, 고 영어, 고 고지 독일어, 고 노르드어에서 '네 바퀴 수레'를 뜻하는 어미 *-no-로 끝나는 동일 어원–파생 명사를 통해서도 입증할 수 있다.

추가된 이 네 단어는 문헌으로 잘 기록된 의미 영역(바퀴, 축, 끌채, 네 바퀴 수레, 수레로 옮기다)을 구성하고 있어 우리가 *k^{w}ék^{w}los의 의미를 '바퀴'로 복원할 때 확신을 보태준다. 이 의미 영역에 있는 다섯 용어 중 '끌채'를 제외하고 각자 독립적으로 복원한 나머지 어근은 분명 인도·유럽어 어원을 가지고 있다. 인도·유럽 공통조어 화자들은 바퀴와 네 바퀴 달린 수레에 익숙했고, 이것을 표현하는 독자적인 단어를 개발했다.

미세한 차이, 뉘앙스 그리고 인도·유럽 공통조어 시가(poetry)들을 풍성하게 했던 단어의 결합은 영원히 복원할 수 없겠지만, '10'을 뜻하는 *dekm-의 경우와 같은 기본적인 어근을 가진 최소 1500개의 인도·유럽 공통조어 단어와 '100'을 뜻하는 *kṃtom-처럼 기본적 어근에서 다시 파생된 추가적인 단어 수천 개의 전체적 의미는 복원할 수 있다. 이 복원된 의미들은 인도·유럽 공통조어 화자들의 삶과 사고를 들여다보는 창이다.

구문론 및 어형론: 죽은 언어의 모양
●

나는 인도·유럽어군 사이의 문법적 관계를 자세히 묘사하지 않겠다. 우리 목적을 위해서는 복원한 어휘가 가장 중요하다. 그러나 문법은 언어 분류의 기반으로서 언어군을 나누고 그들 사이의 관계를 결정하는 기본 근거를 제공한다. 문법은 두 분야로 나뉜다. 하나는 **구문론**으로서 문장에서 어순을 지배하는 규칙이며, 또 하나는 **형태론**으로서 단어가 특정한 방식으로 쓰일 때 취해야 하는 형태를 지배한다.

인도·유럽 공통조어는 모든 인도·유럽어에 어느 정도 흔적을 남겼다. 모든 인도·유럽어 지파에서 명사는 격 변화를 한다. 다시 말해, 문장에서 어떻게 쓰이냐에 따라 명사의 형태가 바뀐다. 영어는 앵글로색슨어에서 진화하며 대부분의 격 변화를 잃었지만 게르만어 지파의 다른 모든 언어는 이를 간직하고 있다. 영어 사용자는 일부 사용 의존적(use-dependent) 대명사(남성: he, his, him / 여성: she, hers, her)를 유지하고 있다. 더욱이 대부분의 인도·유럽어 명사는 비슷한 방식으로 격 변화를 한다. 즉 발생적으로 동일 어원인 어미, 똑같은 방식으로 똑같은 세 가지 성(여성, 남성, 중성)과 교차하는 똑같은 격 형식 체계(주격, 소유격, 직접목적격 등)를 갖고 있다. 그리고 비슷한 명사 형식 분류, 즉 특정한 방식으로 변화하는 어형 변화군(declension)을 갖고 있다. 인도·유럽어 동사는 또한 유사한 인칭 활용(일인칭, 이인칭 혹은 친칭(familiar), 삼인칭 혹은 경칭, 단수, 복수, 과거 시제, 현재 시제 등〕, 유사한 어간 교체(run-ran, give-gave) 그리고 유사한 어미를 공유한다. 이러한 인도·유럽 공통조어의 특수한 형식적 항목, 구조, 어형 변화, 어미 등은 인간의 모든 언어에 적용되는 보편적인 것이 결코 아니다. 이것은 하나의 체계로서 독특한 것이며, 오직 인도·유럽어군에서만 발견할 수 있다. 이 문법 체계를 공유하는 언어는 이 체계를 물려준 어떤 단일 언어의 파생 언어임이 분명하다.

인도·유럽어군이 우연적으로 이런 문법적 특성을 공유할 가능성이 얼마나 적은지를 보여주는 예가 있다. 동사 *to be*는 일인칭 단수에서 하나의 형태(〔I〕 am)를 갖고 삼인칭 단수에서 또 다른 형태(〔he/she/it〕 is)를 갖는다. 영어의 동사 형태는 원시 게르만어의 *im, ist*에서 파생한 것이다. 게르만어 형태는 정확하고 증명된 고 인도어 동일어근어 *ásmi*와 *ásti*, 그리스어 *eimí*와 *estí*, 고 교회 슬라브어 *jesmĭ*와 *jestŭ*를 갖고 있다. 이 모든 단어는 복원 가능한 인도·유럽 공통조어 쌍인 *h_1e'smi*와 *h_1e'sti*에서 파생해 나왔다. 언어군 전체가 똑같은 동사 분류 체계(일인칭, 이인칭 혹은 친칭, 삼인칭)를 공유하고, 이런 분류를 드러내기 위해 똑같은 기본 어근과 어미를 쓴다는 사실은 이들이 발생학적으로 관련 있는 언어라는 것을 확증한다.

결론: 죽은 언어 되살리기

●

인도·유럽 공통조어 연구는 언제나 어렵다. 우리가 갖고 있는 버전은 형태론적 세부 항목 다수에서 불명확할뿐더러, 음운론적으로 이상화한 것이며 파편적이고 해독하기 어렵다. 어떤 단어의 의미는 영원히 이해할 수 없을 테고, 어떤 단어는 단지 근사치만 규정할 수 있다. 그러나 복원한 인도·유럽 공통조어는 실제로 존재했던 한 언어의 핵심 부분을 포착해낸다.

어떤 이들은 복원한 인도·유럽 공통조어를 그저 가설에 불과한 것으로 치부한다. 그러나 전 세계적으로 고대의 위대한 유산으로 인정받는 이집트와 메소포타미아의 모든 문자 언어에도 인도·유럽 공통조어가 직면한 한계는 똑같이 적용된다. 아시리아 기록물 큐레이터라면 어느 누구도 니네베의 문서고가 불완전하다거나, 우리가 수많은 용어의 정확한 음과 의미를 모른다거나, 궁정의 문자 언어가 어떤 식으로 거리에서 사람들이 말하는 '실제' 언어와 연관되는지 확신할 수 없다는 이유 등으로 그것을 폐기해야 한다고 주장하지 않을 것이다. 그러나 이와 똑같은 문제점이 많은 고고학자들로 하여금 인도·유럽 공통조어 연구는 어떤 실질적인 역사적 가치를 산출하기엔 지나치게 추측에 근거한 것이라고 확신하게끔 만들었다.

복원한 인도·유럽 공통조어는 기록물을 남기지 않은 사람들이 일상에서 사용하던 어휘의 길고 파편적인 목록이다. 이것이 바로 복원한 인도·유럽 공통조어가 중요한 이유다. 어디서 나왔는지 판단할 수 있다면 그 목록은 유용하다. 이 작업을 수행하기 위해 우리는 인도·유럽 공통조어의 고향을 정해야 한다. 그러나 먼저 인도·유럽 공통조어를 사용한 시점을 결정하지 않고 인도·유럽 공통조어의 고향을 결정할 수는 없다. 우리는 **언제** 그 말을 사용했는지 알아야 한다. 그러면 어디서 그것을 사용했는지 말할 수 있을 것이다.

03

언어와 시간 1
인도·유럽 공통조어 최후의 사용자

시간은 모든 것을 바꾼다. 아이들에게 내가 어릴 적 좋아하던 이야기를 읽어주면서, 나는 문장 중간에 문득 내게는 구식이 된 것처럼 보이는 단어들을 편집하거나 다른 단어로 교체하기 시작했다는 것을 알아챘다. 로버트 루이스 스티븐슨(Robert Louis Stevenson)이나 쥘 베른(Jules Verne)의 언어는 지금 상당히 어색하고 멀게 느껴진다. 그리고 셰익스피어의 영어를 읽으려면 우리 모두 용어 사전이 필요하다. 오늘날 언어에 적용되는 사실은 선사 시대 언어에도 적용된다. 시간이 지나면서 그 언어들도 변했다. 그렇다면 '인도·유럽 공통조어'라는 말의 의미는 무엇일까? 언어가 시간에 따라 변하는 것이라면, 그것은 이동 표적 아닌가? 우리가 어떻게 정의하든 인도·유럽 공통조어는 얼마 동안 쓰였는가? 기록을 남기지 않은, 즉 한 번도 문자로 쓰이지 않고 사멸한 언어에 어떻게 시기를 부여할 수 있는가? 문제를 부분으로 쪼개는 게 도움을 주는데, 이 경우엔 쉽게 2개로 나눌 수 있다. 인도·유럽 공통조어의 출생일과 사망일이 그것이다.

이번 장은 사망일, 곧 **그날 이후로** 인도·유럽 공통조어가 더 이상 쓰이지 않은 시기에 집중한다. 그러나 먼저 사망하기 전에 얼마만큼의 시간이 있었는지 고려하는 것이 유용하다. 출생일과 사망일 사이가 무한할 수 없다면, 그 기간은 정확히 얼마나 길었을까? 살아 있고 변화하는 존재로서 언어에는 기대 수명이 있을까?

연대기적 창의 크기: 언어는 얼마 동안 지속되는가

앞장에서 언급한 것처럼 마법을 부려 우리가 1000년 전의 영어 사용자와 대화한다면 서로의 말을 이해할 수 없을 것이다. 자연적인 언어, 즉 고향에서 익히고 말하는 언어일지라도 1000년 이후에도 충분히 변하지 않고 '똑같은 언어'로 인식되는 것은 극히 일부다. 그 변동률을 어떻게 측정할 수 있을까? 일반적으로 언어에는 방언—지역적 억양—이 있으며, 어떤 지역이건 혁신적 사회 분파(연예인, 군인, 상인)와 보수적 사회 분파(엄청난 부자, 극빈자)가 있게 마련이다. 당신이 누구인지에 따라 당신의 언어는 매우 급격히 변하기도 하고 느리게 변하기도 한다. 불안정한 상황, 곧 침략이나 기근 혹은 기존 고위 집단의 몰락과 새 집단의 흥기 등은 언어의 변동률을 높인다. 언어의 특정 부분은 좀더 일찍 좀더 빠르게 변하는 반면, 어떤 부분은 좀더 늦고 좀더 느리게 변한다. 이러한 관찰 결과에 착안해 언어학자 모리스 스와데시(Morris Swadesh)는 가장 느리게 변하는 어휘, 곧 세상의 대부분 언어에서 심지어 침략이나 점령 이후에도 바뀌지 않고 그대로 간직되는 경향이 있는 어휘에서 뽑은 표준 목록을 개발했다. 그는 오랜 시간에 걸쳐 이렇게 변화에 저항성이 있는 어휘의 평균적 교체율을 관찰하면 믿을 만하고 표준화한 언어 변화 속도를 측정할 수 있을 거라고 기대했다. 스와데시는 이것을 **언어연대학**(glottochronology)이라고 불렀다.[1]

1950~1952년 스와데시는 100단어 및 200단어의 **기본 핵심 어휘**(basic core vocabulary), 즉 변화에 저항성이 있는 용어의 표준 목록을 출판했다. 그에 따르면 모든 언어는 어떤 종류의 의미에 대해서는 고유의 단어를 갖는 경향이 있다. 여기에는 인체의 부분(피, 발), 작은 숫자 단위(하나, 둘, 셋), 일부 친연 관계 용어(어머니, 아버지), 기본적 욕구(먹다, 자다), 기본적 자연물(해, 달, 비, 강), 일부 동식물상(나무, 가축), 일부 대명사(이것, 저것, 그, 그녀), 접속사(그리고, -거나, -다면) 등이 포함된다. 이 목록의 내용은 여러 다른 언어의 어휘에 맞춰 변경될 수 있고 또한 변경되어왔다. 실제로, 영어에서 뽑은 '200개의 의미 목록'에는 215개의 단어가 수록되어 있다. 영어의 핵심 어휘는 변화에 대한 저항성이 매우 큰 것으로 밝혀졌다. 영어는 **일반 어휘**(general vocabulary)의 50퍼센트를 로망스어군, 특히 프랑스어(프랑스어를 쓰는 노르만인에 의한 앵글로색슨 잉글랜드 점령을 반영)와 라틴어(궁정, 교회 및 학교에서 수세기 동안 이어진 기술 및 직업 어휘 교육 때문)에서 빌려온 반면, 단 4퍼센트의 **핵심** 어휘만을 로망스어에서 빌려왔다. 핵심 어휘에서 영어는 여전히 게르만계 언어, 즉 로마 제국이 멸망한 후 북유럽에서 브리튼 섬으로 이주한 앵글로색슨인이 쓰던 언어의 기원에 충실한 채로 남아 있다.

스와데시는 오랜 역사적 기록을 가진 언어들의 옛날 및 지금 단계(고 영어/현대 영어, 중세 이집트어/콥트어, 고대 중국어/현대 표준 중국어, 후기 라틴어/현대 프랑스어를 비롯한 아홉 쌍)의 핵심 어휘 비교를 통해 평균 교체율이 '100단어 핵심 어휘 목록'의 경우는 14퍼센트, '200단어 핵심 어휘 목록'의 경우는 19퍼센트라고 계산했다. 아울러 19퍼센트는 모든 언어에 적용 가능한 평균치(일반적으로 약 20퍼센트)라고 주장했다. 이 수치에 따르면 이탈리아어와 프랑스어는 200단어 핵심 어휘 중 서로 관련 없는 각 언어 고유의 단어가 20퍼센트를 차지하고, 에스파냐어와 포르투갈어의 경우는 15퍼센트를 나타낸다. 일반적으로 두 방언의 핵심 어휘가 10퍼센트 이상 서로 다르다면, 쌍방의 언어를 서로 알아들을 수 없거나 그런 수준으로 다가가고 있다고 볼 수 있다. 다시 말해, 이 두 언어는 서로 다른 언어이거나 새로 부상하는 언어다. 따라서 1000년 동안 평균 14~19퍼센트의 핵심 어휘가 교체된다면, 1000년 후의 후손들은 대부분의 언어를 알아들을 수 없다.

스와데시는 핵심 어휘의 교체율을 문자로 남지 않은 언어의 분기 시점 및 지파의 나이를 확정하는 표준 시계로 활용하고자 했다. 그 자신의 연구는 선사 시대 북미의 아메리카 인디언어족의 분기와 관련한 것인데, 이전까지는 어떤 방법으로도 그 시기를 비정(比定)할 수 없었다. 하지만 그의 표준 교체율에 관한 신뢰는 비난 속에서 시들어갔다. 아이슬란드어(1000년 동안 3~4퍼센트의 매우 낮은 교체율)나 영어(1000년 동안 26퍼센트의 매우 높은 교체율) 같은 극단적인 예가 '평균 교체율'의 유용성을 시험대에 올렸다.[2] 만약 어떤 언어가 어휘 목록상의 한 가지 의미에 복수의 단어를 갖고 있다면 계산법이 영향을 받는다. 많은 경우 언어연대학에 의해 주어진 언어 분기 시점은 잘 알려진 역사적 시점과 맞지 않았다. 요컨대 일반적으로 언어연대학은 실제로 갈라진 것보다 훨씬 전기의 시점을 제시했다. 이런 오류의 방향성(실제보다 분기점을 빠르게 보는 오류―옮긴이)은 실제 언어의 변화는 종종 스와데시 모델이 제시하는 것보다 느리다는 것, 즉 1000년 동안 19퍼센트 미만으로 바뀌었다는 것을 나타낸다. 스와데시의 계산법에 대한 크레티앙(C. Chretien)의 파괴적인 비판(1962년)은 언어연대학의 심장에 말뚝을 박은 것처럼 보였다.

그러나 1972년 크레티앙의 비판 자체가 부정확한 것으로 밝혀졌으며 1980년대 이후 샌코프(Sankoff)와 세일라 엠블턴(Sheila Embleton)은 교체율, 다른 언어와의 지리적 경계, 비교 언어들 간의 유사성 지수(왜냐하면 이질적 언어들보다는 유사한 언어들 간의 핵심 어휘 차용이 한층 더 쉽기 때문이다)를 중요한 값으로 간주하는 방정식을 제시했다. 복수의 동의어 각각에는 부분 점수를 부과했다. 이런 개선된 방법을 통합한 연구는 역사적 사실에 부합하는, 잘 알려진 언어의 분기점을 제시하는 데 한층 성공했다. 더 중요하게, 대부분의 인도·유럽어 간 비교에 의하면 핵심 어휘의 교체율은 1000년 동안 여전히 10~20퍼센트로 나타났다. 크러스컬(Kruskal)과 블랙(Black)은 인도·유럽어의 95개 핵심 어휘 비교를 통해 인도·유럽 공통조어의 최초 분기 시점으로 가장 많이 도출되는 시기는 서기전 3000년 무렵이라는 것을 발견했다. 비록 절대적으로 믿을 수는 없지만, 이 추정치는 아마도 '예상 범위 내'에 있으며 결코 무시해서는 안 될 것이다.[3]

이러한 논쟁에서 하나의 단순한 관점을 추출할 수 있다. 즉 인도·유럽 공통조어 핵심 어휘가 1000년에 10퍼센트(낮은 예상 범위) 넘게 바뀐다면, 인도·유럽 공통조어는 1000년 동안 동일한 문법과 어휘를 가진 동일한 언어로 존재하지 않았던 셈이다. 1000년을 거치는 동안 인도·유럽 공통조어의 문법과 어휘는 분명 상당히 바뀌었을 것이다. 그러나 언어학자들이 복원한 바에 따르면 인도·유럽 공통조어의 문법은 형태 및 음운 면에서 매우 동질적이다. 인도·유럽 공통조어의 명사와 대명사는 격, 성 그리고 수십 개 동일어근어 음운 어미를 관통하는 어형 변화를 공유했다. 동사는 공통의 시제와 상(相, aspect: 완료, 진행 등을 나타내는 동사의 형태―옮긴이)을 가졌으며, 공통의 음운론적 모음 교체(run-ran)와 어미를 가졌다. 이런 공통의 문법적 구조와 그에 따른 음운 체계로 볼 때 인도·유럽 공통조어는 하나의 언어처럼 보인다. 이는 복원된 인도·유럽 공통조어가 아마도 1000년 미만의 변동을 겪은 언어라는 것을 암시한다. 후기 세속 라틴어가 7개 로망스어로 진화하는 데 1000년이 걸리지 않았고, 인도·유럽 공통조어는 7개의 독자적 문법을 나타낸다고 하기엔 충분할 정도의 내부적인 문법적 다양성을 갖고 있지 않다.

그러나 인도·유럽 공통조어가 하나의 실제적 언어가 아니라 파편적으로 복원된 것이라는 점을 고려하면, 우리 지식의 편차를 설명하기 위해 더 시간을 할애해야 한다(여기에 관해서는 5장 참조). 복원된 인도·유럽 공통조어가 대표하는 언어의 역사적 단계에 2000년이라는 명목적 시간을 부여해보자. 영어의 역사에서 2000년이라면 게르만 조어를 규정한 음 변동(sound shift)의 기원까지 내내 거슬러 올라가야 하는데, 여기에는 '홀트'의 '흘레바가스티'에서 힙합 스타 퍼프 대디(Puff Daddy)까지 지금껏 말해진 적 있는 모든 게르만계 언어의 모든 변종이 포함될 것이다. 인도·유럽 공통조어는 그와 같은 수많은 변종 형태를 보유하지 않은 것처럼 보이며, 따라서 2000년은 아마도 너무나 긴 시간이라고 할 수 있다. 그러나 고고학적 목표를 위해서는 우리가 규명하고자 하는 기간이 2000년 이하라는 게 큰 도움을 준다.

2000년이라는 시간의 창에서 마지막 날은 언제였을까?

인도·유럽 공통조어 최후의 날: 모어가 파생어로 바뀌다
•

복원된 인도·유럽 공통조어 최후의 날―그날 이후로 시대착오적인 언어가 되어 더 이상 쓰이지 않던 시점―은 인도·유럽 공통조어의 가장 오래된 파생어가 태어난 날이어야 한다. 인도·유럽 공통조어는 모든 인도·유럽 파생 언어의 체계적 비교를 통해 복원되었다. 모어는 파생어 뒤에 위치할 수 없다. 물론 가장 오랜 파생어가 분리된 후에도 인도·유럽 공통조어는 살아남았을 테지만, 시간이 지남에 따라 그 파생 방언이 인도·유럽 공통조어 사용 공동체와 격절된 채로 남았다면 각자는 고유의 혁신을 겪었을 것이다. 각 파생어에 남아 있는 모어의 형상이 바로 그 파생어 분파가 떨어져 나오기 **이전** 모어의 모습이다. 그러므로 각 파생어는 서로 약간씩 다른 모어의 형상을 간직하고 있다.

언어학자들은 인도·유럽 공통조어 안의 연대기적 단계(phase)를 규명하기 위해 내부적 변형의 이런저런 측면을 이용해왔다. 단계의 수는 언어학자에 따라 셋(초기, 중기, 후기)에서 여섯까지 다양하다.[4] 그러나 우리가 인도·유럽 공통조어를 모든 인도·유럽 파생어의 선형 언어로 간주한다면, 우리가 말하고 있는 것은 복원 가능한 **가장 오래된** 형태이자 **가장 초기** 단계의 인도·유럽 공통조어다. 이후의 파생어들은 이런 초기의 인도·유럽 공통조어로부터 직접 파생해 진화하지 않고 일종의 매개적 단계의 언어, 즉 후기 인도·유럽 공통조어의 진화한 형태로서 모어(초기 단계의 인도·유럽 공통조어—옮긴이)의 측면을 간직하고 전해진 언어들로부터 진화했다.

그렇다면 언제 가장 오래된 파생어가 갈라져 나왔을까? 이 질문에 대한 대답은 주로 우연히 살아남은 기록에 달려 있다. 그리고 문자 기록 안에 남아 있는 가장 오랜 파생어는 너무나 이상해서 차라리 2차 파생어군(second set of daughters)에 간직된 모어의 형상에 의존하는 게 더 안전할 것 같다. 가장 오래된 파생어에 무슨 문제가 있는 걸까?

가장 오래되고 가장 이상한 딸(혹은 사촌?): 아나톨리아어

인도·유럽어 중 가장 오래된 기록 언어는 아나톨리아어 지파에 속한다. 아나톨리아어 지파에는 초기의 세 분파가 있는데 바로 히타이트어 (Hittite), 루비어(Luwian), 팔라어(Palaic)다.[5] 이 세 언어는 모두 사멸했지만 한때 고대 아나톨리아, 곧 오늘날 터키의 넓은 지역에서 사용되었다(그림 3.1). 그중 히타이트어가 가장 잘 알려져 있는데, 그것은 바로 히타이트 제국의 궁정 및 행정 언어였기 때문이다.

기록에 의하면 히타이트어 사용자들이 아나톨리아에 있던 시기는 서기전 1900년으로 소급되지만, 제국은 서기전 1650~서기전 1600년에야 탄생했다. 히타이트의 군사 지도자들이 오늘날의 카이세리(Kayseri) 부근인 중앙 아나톨리아의 독립적인 몇몇 토착 하티족(Hattic) 왕국을 점령하고 통합하면서 제국을 만든 것이다. '히타이트'라는 말은 히타이트 왕들과 그들에게 점령당한 '하티족' 왕들을 구분하지 못한 이집트 및 시리아 필경사들에게서 비롯된 것이다. 히타이트인들은 스스로를 그들이 세력을 확보한 아나톨리아의 도시 카네시(Kanesh)를 본 따 '네시테스(Neshites)'라고 불렀다. 그러나 카네시는 일찍이 하티족의 도시였고, 그 이름도 하티어였다. 하티어 사용자들은 또한 훗날 히타이트 제국의 수도가 된 도시를 하투샤스(Hattušas)라고 불렀다. 하티어는 비인도·유럽어로서 캅카스 언어군과 멀찍이 관계를 맺고 있었던 듯하다. 히타이트인들은 하티어에서 왕위, 군주, 왕, 여왕, 왕대비, 예상 후계자, 사제 그리고 궁정 관료 및 의례 주관자에 대한 긴 목록을 빌려왔다. 아마도 하티어가 궁중어였던 역사적 상황에서 이런 차용이 일어났을 것이다. 두 번째 아나톨리아어인 팔라어 또한 하티어에서 어휘를 차용했다. 팔라어는 팔라(Pala)라 부르는 어떤

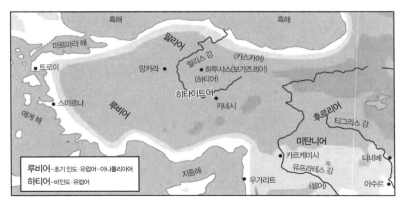

그림 3.1 서기전 1500년 무렵 아나톨리아의 고대 언어

도시에서 쓰였는데, 앙카라 북쪽의 중북부 아나톨리아에 있었던 듯싶다. 하티어 지명을 사용한 지리적 위치와 하티어에서 팔라어 및 히타이트어로의 차용이 일어난 점을 감안하면 하티어는 히타이트나 팔라어를 사용하기 전에 중부 아나톨리아에서 쓰인 것으로 보인다. 초기 히타이트어 및 팔라어 사용자들은 당시 인도·유럽어를 사용하지 않던 중부 아나톨리아 땅으로 침입한 사람들이었다. 그 땅을 지배하던 하티어 사용자들은 이미 도시를 건설하고, 글을 읽을 줄 아는 관료층을 확보하고, 왕국과 궁정 의례를 확립한 사람들이었다.[6]

하티 왕국을 찬탈한 후 히타이트어 사용자들은 아시리아와의 무역을 통한 부로 번영의 시기를 누렸다. 이후 그들은 훗날 희미하지만 쓰라리게 회상할 일련의 패배를 견뎌야 했다. 그들은 서기전 1650년 무렵까지, 즉 히타이트 군대가 근동의 강자들에 도전할 만큼 충분히 강해질 때까지 중부 아나톨리아 고원에 정착했다가 뒤이어 제국의 시대를 열었다. 히타이트는 바빌론을 약탈하고, 아시리아의 그 밖에 도시들을 접수했다. 그리고 서기전 1286년에는 시리아 오론테스(Orontes) 강둑에 있는 카데시(Kadesh)

에서 벌어진 고대 당시의 엄청난 전차전에서 이집트의 파라오 람세스 2세를 저지했다. 히타이트 군주 한 명은 이집트 공주와 혼인했다. 히타이트 왕들은 트로이를 다스리던 군주들에 대해 알고 있었으며 그들과 협상을 벌였다. 트로이는 아마도 히타이트 기록에서 *가파른 윌루샤*〔steep Wiluša(Ilios)〕로 언급한 곳일 것이다.[7] 히타이트의 수도 하투샤스는 서기전 1180년 히타이트 왕과 군대 그리고 도시들을 파멸시킨 전면적인 재앙으로 인해 불탔다. 히타이트어는 그 후 급속히 소멸했는데, 분명히 지배 엘리트들만 그 말을 사용한 것으로 보인다.

세 번째 초기 아나톨리아어인 루비어는 더 넓은 지역에서 더 많은 사람들이 사용했는데, 제국이 멸망한 이후에도 계속 그러했다. 히타이트 제국 후기에는 심지어 왕궁 안에서도 루비어가 주도적 언어였다. 루비어는 하티어에서 어휘를 빌리지 않았으므로 하티족의 핵심 권역 밖인 서부 아나톨리아의 토착 언어로 보인다. 아울러 트로이 IV층에서 루비어 인장(印章)이 발견된 점으로 보건대 심지어 트로이('트로이 전쟁'의 바로 그 트로이)에서도 사용했을 가능성이 있다. 반면 루비어는 알려지지 않은 비인도·유럽어(군)로부터 어휘를 빌려왔다. 제국 시기(서기전 1650~서기전 1180년) 이래 히타이트어 및 루비어의 기록은 풍부하다. 이것들은 현존하는 최초의 완전한 인도·유럽어 텍스트다. 그러나 개개의 히타이트어 및 루비어 단어는 더 이른 시기, 즉 제국이 시작되기 전부터 전해진 것이다.[8]

가장 오래된 히타이트어 및 루비어 이름과 단어는 카네시 성벽 밖의 '카룸(karum)'이라 일컫던 상인 거주 구역에 살던 아시리아 상인들의 업무 기록에 등장한다. 카네시는 훗날 히타이트인들이 최초로 왕위에 오른 도시로서 추앙하던 곳이다. 중앙 아나톨리아 할리스(Halys) 강둑의 고고학 발굴에 의해 아시리아인의 카룸, 즉 카네시 성벽 밖에서 외국인 집단 거주지가 발견되었다. 이 거주지는 면적이 80에이커가 넘으며, 서기전 1920~서기전 1850년(II층) 동안 이용하다가 불탄 후 재건되어(Ib층) 서기전 1750년 다시 불탈 때까지 이용했다. 그 후 아시리아인은 아나톨리아에서 카룸 시스템을 포기했고, 그리하여 카네시 카룸은 서기전 1920~서기전 1750년으로 기록된 고고학적 폐쇄 층이 되었다. 카네시 카룸은 문자를 아는 아시리아 상인 네트워크의 중심지였는데, 그 상인들이 아시리아와 호전적인 청동기 후기 아나톨리아 왕국들 사이의 무역을 관장했다. 아시리아인들이 카네시를 유통 중심지로 만들기로 함으로써 히타이트어와 루비어 사용 주민들의 힘이 커졌다.

서기전 1900년부터 기록하기 시작한 카네시 카룸의 아시리아 상인들 장부에 나오는 현지인 이름은 대부분 히타이트어 혹은 루비어였다. 그리고 많은 수가 여전히 하티어 이름이었다. 그러나 히타이트어 사용자들이 아시리아 카룸과의 사업을 장악한 듯하다. 아시리아 상인들은 히타이트어 이용자들과 사업을 하는 데 워낙 익숙해 심지어 사적인 서한에서도 **계약** 및 **숙소**와 관련해 히타이트어를 사용했다. 아나톨리아어 지파의 세 번째 언어인 팔라어는 카네시 기록에 보이지 않는다. 팔라어는 카룸이 있던 시기에 사용했지만 그 장소가 카네시는 아니었던 것으로 추측된다.

히타이트어, 루비어, 팔라어는 서기전 1900년에 이미 독자적으로 진화해 있었다. 이런 사실은 인도·유럽 공통조어의 시기를 정하고자 하는 모든 시도에 결정적 의미를 가진다. 이 세 언어는 하나의 뿌리 언어, 즉 아나톨리아 조어(Proto-Anatolian)에서 나왔다. 언어학자 크레이그 멜처트(Craig Melchert)는 제국 시기(서기전 1400년 무렵) 루비어와 히타이트어를 20세기 웨일스어와 아일랜드어 정도의 차이를 갖는 자매 언어로 묘사했다.[9] 웨일스어와 아일랜드어는 약 2000년 전의 공통 기원을 갖고 있는 것으로 보인다. 만약 루비어와 히타이트어가 서기전 1400년보다 2000년 전의 아나톨리아 조어에서 갈라졌다면 아나톨리아 조어는 서기전 3400년 무렵으로 거슬러 올라가야 한다. 그렇다면 **그** 조상은? 아나톨리아어 지파는 언제 나머지 인도·유럽 공통조어에서 갈라져 나왔을까?

아나톨리아 조어의 연대 결정: 조어와 선어의 정의

언어학자들은 일관성 있는 방식으로 **조어**라는 용어를 쓰지 않는다. 그래서 나는 아나톨리아 조어의 의미를 명확히 해야겠다. 아나톨리아 조어는 아나톨리아어계의 알려진 세 파생어(히타이트어, 루비어, 팔라어—옮긴이)에 **바로 앞서는** 언어다. 아나톨리아 조어는 히타이트어, 루비어, 팔라어의 공통 특성을 기초로 매우 정확하게 묘사할 수 있다. 그러나 아나톨리아 조어는 그것과 인도·유럽 공통조어 사이에 발생했을, 문서로 남지 않은 언어적 변화 시기의 **후반부**만을 차지한다. 이 양자 사이의 가상적 언어 단계를 선 아나톨리아어(Pre-Anatolian)라고 부를 수 있다. 아나톨리아 조어는 상당히 구체적인 언어 단위로서 그것의 알려진 파생어(히타이트어, 루비어, 팔라어)와 밀접한 관련이 있다. 그러나 선 아나톨리아어는 하나의 **진화 시기**를 대변한다. 선 아나톨리아어는 한쪽 끝의 아나톨리아 조어와 다른 쪽 끝의 인도·유럽 공통조어에 의해 규정되는 언어 단계다. 언제 선 아나톨리아어가 인도·유럽 공통조어에서 갈라져 나왔는지 어떻게 결정지을 수 있을까?

아나톨리아어 지파의 궁극적 나이는 객관적인 외부적 증거(날짜를 기록한 카네시 문서들)에 일부 기초하고, 시간에 따른 언어의 추정 변동률과 아나톨리아어군 내부의 증거에 일부 기초한다. 아나톨리아어군은 알려진 다른 인도·유럽 파생 언어군과 음운학적·문법적으로 상당히 다르다. 이 언어군은 너무나 독특해서 많은 전문가들은 이것을 다른 인도·유럽 파생어와 관계가 없다고 생각한다.

아나톨리아어의 독특한 특성 중 많은 부분이 과거 유산, 즉 인도·유럽 공통조어의 극히 초기 단계에 존재했던 특징처럼 보인다. 예컨대 히타이트어는 인도·유럽어 언어학자들 사이에서 유명해진 종류의 자음을 갖고 있다. (그렇다. 자음은 중요할 수 있다.) 그것은 바로 **후두음** h_2다. 1879년 스위스 언어학자 페르디낭 드 소쉬르(Ferdinand de Saussure)는 만약 지금 어떤 인도·유럽어에도 존재하지 않은 어떤 '잃어버린' 자음이 있었다고 가정하면, 인도·유럽어들 사이에 보기엔 무작위인 것 같은 모음 발음의 차이를 하나의 설명 규칙 아래 놓을 수 있다는 것을 깨달았다. 그는 인도·유럽 공통조어에 그런 잃어버린 자음이 존재했다는 의견을 제시했다. 언어학자가 어떤 인도·유럽어에도 더 이상 존재하지 않는 인도·유럽 공통조어의 특성을 복원하려는 최초의 대담한 시도였다. 40년 후 히타이트어를 발견하고 해독함으로써 소쉬르가 옳았음이 밝혀졌다. 비교언어학이 갖고 있는 예측 능력의 놀랄 만한 확증으로서 히타이트어의 후두음 h_2(그리고 약간 다른 후두음 h_3의 흔적과 함께)가 이 히타이트어 명문에서 나타났는데, 소쉬르가 '잃어버린' 자음이 있을 거라고 예측한 바로 그 위치에 있었다. 인도·유럽어 언어학자 대부분은 원시 인도·유럽 공통조어에 아나톨리아어 지파만 간직했던 후두음들(아마도 각각 $*h_1$, $*h_2$, $*h_3$라는 별개의 것으로 전사할 수 있을 것이다)이 있었음을 인정한다.[10] 왜 아나톨리아어가 후두음을 갖고 있는지에 대한 최선의 설명은 선 아나톨리아어 사용자들이 매우 초기 단계에, 즉 아직도 후설음이 풍부한 음운 체계가 원시 인도·유럽 공통조어의 특징이던 시절에 인도·유럽 공통조어 공동체에서 분리되었다는 것이다. 그렇다면 **원시**(archaic)는 무엇을 의미하는 것일까? 선 아나톨리아어는 정확히 어디에서 갈라져 나왔는가?

인도·히타이트어 가설

아나톨리아어 지파는 다른 인도·유럽어 지파들이 갖고 있는 여러 특성을 잃었거나 애초에 가진 적이 없다. 예컨대 동사에서, 아나톨리아어군은 시제가 단둘로 현재와 과거만 있으나 다른 고대 인도·유럽어군은 시제를 6개까지 갖고 있었다. 또 아나톨리아어에는 유생 명사(animate noun)와 중성 명사만 있고 여성 명사가 없다. 다른 고대 인도·유럽어군에는 여성, 남성, 중성의 세 가지 성이 있었다. 또한 아나톨리아어군에는 양수(兩數, dual), 즉 다른 초기 인도·유럽어군의 눈(eyes)과 귀(ears)처럼 두 쌍의 물체를 표시하는 방법이 없다. 〔예를 들어 산스크리트어의 데바스(dēvas)는 '한 신(one god)'을 나타내지만 데바우(dēvau)는 '두 신(double gods)'을 나타낸다.〕 알렉산더 레어먼(Alexander Lehrman)은 이런 특성 10개를 선 아나톨리아어가 갈라져 나간 후 인도·유럽 공통조어에서 발생한 혁신으로 규정했다.[11]

일부 인도·유럽어 언어학자들은 이런 특성을 근거로 아나톨리아어 지파가 인도·유럽 공통조어에서 파생한 것이 아니라 더 오래된 선행어인 선 인도·유럽 공통조어에서 나왔다고 주장했다. 이 선행 언어를 윌리엄 스터트번트(William Sturtevant)는 인도·히타이트어라고 불렀다. 인도·히타이트어 가설에 의하면, 아나톨리아어는 인도·유럽 공통조어에서 파생한 것이 아니므로 단지 가장 넓은 의미에서만 인도·유럽어로 분류할 수 있다. 그러나 아나톨리아어만 유일하게 양자(아나톨리아어와 인도·유럽 공통조어—옮긴이)가 파생된 더 오랜 언어 공동체의 특징을 간직하고 있다. 비록 인도·유럽 공통조어가 분명 더 이전의 언어 공동체에서 파생했으며, 가상적인 좀더 이른 단계를 지칭하기 위해 '인도·히타이트어'라는 용어를 쓸 수 있지만, 나는 여기서 아나톨리아어의 범주화에 대한 논쟁을 해결할 수 없다. 인도·유럽 공통조어 언어 공동체는 지리적 및 연대적으로 차이가 있는 방언들의 연쇄 고리였다. 아나톨리아어 지파는 인도·유럽 공통조어 진화 과정의 한 원시적인 연대기적 단계에서 갈라져 나온 것으로 보이며, 또한 별개의 지리적 방언에서 파생한 것으로 보인다. 그러나 나는 이것을 인도·히타이트어보다는 원시 인도·유럽 공통조어라고 부르겠다.[12]

선 아나톨리아어 단계에서는 상당한 시간이 요구된다. 크레이그 멜처트와 알렉산더 레어먼은 선 아나톨리아어와 원시 인도·유럽 공통조어 공동체의 분기점을 서기전 4000년경으로 잡는 게 타당하다고 본다. 서기전 4000년 전후의 1000년, 즉 서기전 4500~서기전 3500년이 선 아나톨리아어가 갈라져 나왔음직한 가장 늦은 시간대다.

불행하게도 인도·유럽 공통조어의 가장 오래된 파생어는 너무나 독특해서 우리는 그것이 딸(daughter language: 파생어—옮긴이)인지 사촌(cousin language: 근사어—옮긴이)인지 확정할 수 없다. 선 아나톨리아어는 인도·유럽 공통조어가 아니라 인도·히타이트어에서 출현했을 수 있다. 그러므로 아나톨리아어의 탄생을 기준으로 인도·유럽 공통조어 최후의 날을 확실히 결정할 수는 없다.

그다음 오래된 기록: 그리스어와 고 인도어

●

다행히 우리는 히타이트 제국 시절과 똑같은 시기에 사용한, 연대가 잘 알려진 두 가지 인도·유럽어를 갖고 있다. 첫 번째는 그리스어다. 서기전 1650년 무렵부터 미케네, 필로스 및 기타 그리스 본거지를 다스리던 궁정을 중심으로 청동기 시대 전사 왕들(warrior kings)이 썼던 언어다. 미케네 문명은 미케네에 있는 장려한 왕족 수갱묘(竪坑墓, Shaft Grave)의 건축과 함께 매우 갑자기 등장했다. 서기전 1650년 무렵 아나톨리아의 히타이트 제국이 흥기하던 때와 같은 시기였다. 수갱묘와 사자(死者)를 위한 황금 마스크, 칼, 창 그리고 전차를 타고 있는 사람들 이미지는 장거리 해상 무역으로 경제적 힘을 얻은, 전대미문의 부를 가진 새로운 그리스어 왕조의 흥기를 상징했다. 미케네 왕국들은 서기전 1150년 무렵 히타이트 제국을 파멸시킨 불안과 약탈의 시기와 똑같은 시대에 무너졌다. 선형문자 B 점토판에 기록된 것처럼 궁정의 행정어였던 미케네 그리스어는 서기전 1450년, 즉 가장 오래된 기록이 있을 무렵에는 분명 그리스어였지 그리스 조어(Proto-Greek)가 아니었다. 이 언어를 쓰는 사람들이 네스토르(Nestor)와 아가멤논(Agamemnon)의 모델이었다. 아울러 그들의 행적은 희미하게 전해져 서사시로 승화되었고, 수세기 후 호메로스의 《일리아드》와 《오디세이》에서 추앙을 받았다. 우리는 그리스어 사용자들이 언제 그리스에 나타났는지 모르지만, 그 시기가 서기전 1650년 이후일 수는 없다. 아나톨리아어와 마찬가지로 그리스어도 미케네 시기 이전에는 비(非)그리스어계 언어를 쓰던 땅으로 들어간 침입 언어라는 표지가 수없이 많다.[13] 미케네인들이 당시 또 하나의 인도·유럽어가 그리 멀지 않은 궁전들에서 쓰이고 있다는 것을 인식하지 못한 것은 거의 확실하다.

고 인도어, 곧 《리그베다》의 언어는 서기전 1500년 직후에 기록되었다. 하지만 그 장소가 황당하다. 베다 전문가 대부분은 《리그베다》의 1028개 송가가 서기전 1500~서기전 1300년 인도 서북부와 파키스탄에 걸친 편자브 지방에서 집성되어 성스러운 형태를 갖추었다는 데 동의한다. 그러나 신격, 도덕관념 그리고 《리그베다》의 고 인도어가 문자로 처음 등장한

곳은 인도가 아니라 **시리아 북부**였다.[14]

　서기전 1500~서기전 1300년 미탄니(Mitanni) 왕조가 오늘날 시리아 북부를 지배했다. 미탄니 왕들은 주로 당시 시리아 북부와 터키 동부의 다수 지역에서 지배적 언어이던 비인도·유럽어계 후르리어(Hurrian)를 썼다. 하티어처럼 후르리어도 아나톨리아 고원의 토착 언어로서 캅카스 언어군과 관련이 있다. 그러나 처음부터 마지막 왕까지 모든 미탄니 왕들은—심지어 왕위에 오르기 전 후르리어 이름을 갖고 있던 경우에도—고인도어 왕명을 썼다. 투스라타 I세(Tus'ratta I)는 고 인도어의 *Tvesa-ratha*, 즉 '공격용 전차를 가진 이'라는 뜻이며, 아르타타마 I세(Artatama I)는 *Rta-dhaaman*, 즉 '르타의 거주지를 가진 이'란 뜻이다. 또 아르타스스우마라(Artas's'umara)는 *Rta-smara*, 즉 '르타를 기억하는 이'란 뜻이며, 스아투아라 I세(S'attuara I)는 *Satvar*, 즉 '전사'라는 의미였다.[15] 미탄니 왕국의 수도 와슈카니(Waššukanni)는 고 인도어의 *vasu-khani*, 즉 글자 그대로 '부의 광산'이라는 뜻이다. 미탄니인들은 전차를 모는 사람(charioteer)으로 명성을 떨쳤고, 현존하는 세계 최고(最古)의 말 훈련 교본에서 후르리어 이름으로 키쿨리(Kikkuli)라고 불리던 미탄니의 말 조련사는 말의 색이나 주행 횟수 등을 포함해 많은 고 인도어 기술 용어를 사용했다. 전차 전사들로 이뤄진 미탄니 군사 귀족 집단은 마르야나(maryanna)라고 불렀는데, 인도어로 '젊은이'를 뜻한다. 마르야나는 《리그베다》에서 인드라(Indra) 주위로 모인 하늘의 군대를 칭하기 위해 쓰인 *márya*로부터 나왔을 것이다. 일부 미탄니 왕의 이름에는 고 인도어로 '우주의 질서와 진리'를 뜻하며 《리그베다》의 핵심적 도덕 개념인 *rta*가 포함되어 있다. 미탄니 왕 쿠르티와자(Kurtiwaza)는 서기전 1380년 히타이트 군주와 맺은 조약의 증인으로서 고 인도어의 네 신(인드라, 바루나, 미트라, 나사티야스)의 이름을 분명하게 불렀다. 이들은 그저 그렇고 그런 고 인도의 신이 아니다. 그중 인드라, 바루나, 나사티야스, 즉 성스러운 쌍둥이는《리그베다》에서 가장 중요한 세 신이다. 따라서 미탄니 텍스트는 고 인도어가 서기전 1500년 무렵에 존재했다는 사실뿐만 아니라《리그베다》에 있는 핵심적인 종교적 제신(諸神, pantheon)과 도덕 신념이 그와 똑같이 오래되었다는 것을 증명한다.

왜 후르리어를 쓰는 시리아의 왕들이 이런 식으로 고 인도어 이름과 어휘 그리고 종교적 용어를 사용했을까? 미탄니 왕국이 고 인도어를 썼으며 아마도 전차를 모는 용병들로서 동시대에 멀리 동쪽에서《리그베다》를 집성하던 이들이 모으고 있던 것과 똑같은 종류의 송가와 기도문을 정기적으로 암송했다는 추측은 나쁘지 않다. 그들은 서기전 1500년 무렵 후르리 왕들을 위해 일하다가 왕위를 찬탈하고 왕국을 세웠는데, 이는 근동과 이란 왕조의 역사에서 흔히 볼 수 있는 양상이다. 그들이 세운 왕조는 모든 면에서 급격히 후르리화했다. 하지만 그들은 왕조 창설자들이 이미 역사 속으로 사라진 지 오랜 후에도 고 인도어 왕명, 베다의 일부 신 이름, 전차 조종과 관련한 고 인도어 기술 용어를 씀으로써 전통을 고수했다. 물론 이는 추측이지만, 미탄니인에 의한 고 인도어 사용과 보급을 설명하려면 이와 같은 추론은 거의 불가피한 것처럼 보인다.

미탄니 명문은 고 인도어가 서기전 1500년 이전에 근동에서 쓰이고 있었다는 것을 확증한다. 서기전 1500년 무렵 인도·유럽 공통조어는 최소한 고 인도어, 미케네 그리스어 그리고 알려진 3개 아나톨리아 조어의 파생어들로 분화했다. 이런 사실이 인도·유럽 공통조어 최후의 날에 대해 무엇을 암시할까?

친족 언어 세기:
서기전 1500년에는 얼마나 많은 인도·유럽어가 있었을까
●

이 질문에 답하려면 먼저 그리스어와 고 인도어가 인도·유럽어족의 알려진 지파 중 어디에 위치하는지 이해해야 한다. 미케네 그리스어는 그리스어계에서 기록으로 남은 가장 오래된 언어다. 아울러 고립된 언어로서 기록으로 남은 가까운 친척이나 자매 언어가 없다. 아마도 알려지지 않은 자매 언어가 있었겠지만, 어쨌든 기록으로 남은 것은 없다. 서기전 1650년 무렵 수갱묘 군주들의 등장은 그리스어 사용자들이 그리스 땅에 나타난 시기의 하한선을 보여준다. 수갱묘 군주들은 그리스 조어가 아니라 이미 그리스어 초기 형태의 언어를 사용했을 것이다. 왜냐하면 그 후손들이 남긴, 가장 오래된 서기전 1450년 무렵의 보존 기록이 그리스어로 되어 있기 때문이다. 그리스 조어 사용 시기는 최소한 서기전 2000~서기전 1650년으로 정할 수 있을 것이다. 선 그리스어, 즉 그리스 조어의 선행 단계 언어는 아마도 미케네 그리스어가 출현하기 최소 500~700년 전에 인도·유럽 공통조어의 방언에서 기원했을 것이고, 어쩌면 그보다 더 빠를 가능성도 크다. 즉 최소한 서기전 2400~서기전 2200년 인도·유럽 공통조어에서 갈라져 나왔을 것이다. 그리스어 지파의 관점에서 보면 인도·유럽 공통조어 최후의 날은 서기전 2400~서기전 2200년(이보다 나중일 수는 없다)으로 정할 수 있다. 그렇다면 고 인도어는?

미케네 그리스어와 달리 고 인도어에는 아베스타 이란어라는 알려진 자매 언어가 있는데, 우리는 이를 염두에 둬야 한다. 아베스타어는 가장 오래된 이란어로서 훗날 페르시아의 황제와 스키타이 유목민이 함께 사용했고, 오늘날 이란과 타지키스탄에서 사용한다. 아베스타 이란어는 조로아스터교 최고(最高)의 성서 《아베스타》의 언어다. 《아베스타》의 가장 오래된 부분인 〈가타(Gatha)〉는 아마도 조로아스터(Zoroaster, 그리스식 표기), 곧 자라투스트라(Zarathustra, 원래의 이란어 형태) 자신이 집성했을 것이다. 자라투스트라는 그가 이름을 붙인 지명들에 근거해 판단할 때 동부 이란에 살던 종교 개혁가로서 서기전 1200~서기전 1000년 사람으로 보인다.[16] 그의 신학(神學) 일부는 《리그베다》 시인들의 전쟁 및 피의 희생 찬양에 대한 반작용이다. 가장 오래된 〈가타〉 중 하나인 '암소의 탄식'은 암소의 관점에서 소 훔치기에 항의한 것이다. 그러나 《아베스타》와 《리그베다》는 언어나 사고 면에서 긴밀하게 연결되어 있다. 양자는 동일한 신의 이름(비록 고 인도어의 신들이 《아베스타》에서는 악마로 바뀌지만)을 쓰고, 똑같은 시적 전통을 채택하고, 특정 의식을 공유했다. 예컨대 그들은 제물을 바치기 전에 신을 모시는 짚방석을 펼치는 의식을 칭하는 용어로 동일어근어(베다어 *barhis*와 아베스타어 *baresman*)를 썼으며, 전통적으로 성직자를 '짚방석을 까는 이'라고 불렀다. 많은 세부 사항에서 둘은 공통된 예전 인도·이란어 시절의 친연성을 드러낸다. 아베스타 이란어와 고 인도어 둘은 공통의 부모 언어, 즉 기록으로 남지 않은 인도·이란어에서 파생해 발전했다.

미탄니 명문은 고 인도어가 서기전 1500년에는 별개의 언어로 등장했음을 확증한다. 그러므로 공통의 인도·이란어는 더 이전의 언어일 수밖에 없다. 인도·이란어는 최소한 서기전 1700년으로 거슬러 올라간다. 인도·이란어 조어(인도·이란어의 일부 혁신을 간직하고 있지만 그 전부는 갖지 않은 방언)는 그보다 더 오래전에 위치시켜야 하므로 서기전 2000년 혹은 그 이전일 것이다. 그렇다면 선 인도·이란어는 인도·유럽 공통조어의 동부 방언으로서 최소한 서기전 2500~서기전 2300년 무렵에 존재했어야 한다.

그리스어와 마찬가지로, 가장 늦게 잡아도 서기전 2500~서기전 2300년에서 몇 세기를 빼거나 더한 시기가 선 인도·이란어가 인도·유럽 공통조어에서 갈라져 나온 시점이다.

그래서 인도·유럽 공통조어 최후의 날(그날 이후로 이 언어의 복원된 형태가 구식 유산이 된 시점)은 그리스어와 고 인도어의 관점에서 보면 서기전 2500년 무렵 내외일 수 있다. 한두 세기 더 늘어날 수도 있지만, 이 **두 언어**에 관한 한 인도·유럽 공통조어 최후의 날은 서기전 2500년보다 **많이** 늦은 시기(예컨대 서기전 2000년 정도 시기)일 수는 없다. 물론 아나톨리아어는 서기전 2500년 훨씬 이전에 갈라져 나왔음이 분명하다. 서기전 2500년 무렵 인도·유럽 공통조어는 수많은 후기 방언 및 파생 언어로 변화·분리되었는데, 여기에는 최소한 아나톨리아어군, 선 그리스어, 선 인도·이란어가 포함된다. 다른 파생 언어들의 연대도 똑같은 시기로 비정할 수 있을까? 서기전 2500년에는 얼마나 많은 파생 언어들이 존재했을까?

그 밖의 파생어들로부터 좀더 도움 받기: 그중 가장 오래된 언어는 무엇일까

사실, 다른 일부 파생어는 존재 시기를 이렇게 이른 시기로 **비정할 수 있는** 정도가 아니라 **분명** 그 시절에 존재했어야 한다. 그 이유를 이해하기 위해 우리는 다시 한 번 그리스어와 고 인도어가 알려진 인도·유럽어족 지파 중 어디에 위치하는지 알아야 한다. 그리스어나 고 인도어 모두 가장 오래된 인도·유럽어 파생어 지파에 속할 수 없다. 이것들은 기록으로 남은 가장 오래된 언어지만(아나톨리아어와 함께), 이는 역사의 우연일 뿐이다(표 3.1). 역사언어학의 관점에서 보면, 고 인도어와 그리스어는 **후기** 인도·유럽어 파생어로 분류해야 한다. 왜?

언어학자들은 파생어 지파들이 공유하고 있는 혁신성(innovation)과 의

표 3.1 인도·유럽어 12개 지파의 가장 오래된 문서 기록

지파	가장 오래된 문서나 비문의 시기	당시 해당 지파 언어의 다양성	지파의 공통조어와 관련한 가장 최근의 기록	짝을 이루는 어계
아나톨리아어계	1920 BCE	3개의 밀접하게 연관된 언어	2800~2300 BCE	가까운 자매 언어 없음
인도·이란어계	1450 BCE	2개의 매우 밀접하게 연관된 언어	2000~1500 BCE	그리스어, 발트·슬라브어
그리스어계	1450 BCE	기록상 하나의 방언이 있지만 여타 방언이 존재했을 것임	2000~1500 BCE	인도·이란어, 아르메니아어
프리기아어계	750 BCE	문서로 거의 기록되어 있지 않음	1200~800 BCE	그리스어? 이탈리아·켈트어?
이탈리아어계	600~400 BCE	2개의 상당히 다른 하위 지파로 나뉜 4개 언어	1600~1100 BCE	켈트어
켈트어계	600~300 BCE	서로 다른 SVO(주어-술어-목적어) 구문 배열을 가진 3개의 광대한 집단	1350~850 BCE	이탈리아어
게르만어계	0~200 CE	다양성이 적음. 아마도 게르만어를 규정하는 혁신이 최근에 일어났으며 여전히 선게르만어 사용 공동체에서 확산했을 것임	500~0 BCE	발트어/슬라브어
아르메니아어계	400 CE	단 하나의 방언이 문서로 기록됨. 그러나 서기전 500년 무렵 아르메니아는 페르시아의 한 주였으므로 여타 방언이 400년까지 존재했을 것임	500~0 CE	그리스어, 프리기아어?
토하라어계	500 CE	2개(혹은 3개)의 매우 다른 언어	500 BCE~0 CE	가까운 자매 언어 없음
슬라브어계	865 CE	단 하나의 방언이 문서로 기록됨(고 교회 슬라브어). 그러나 서부, 남부, 동부 슬라브어계는 이미 존재했음이 분명함	0~500 CE	발트어

| 발트어계 | 1400 CE | 3개의 언어 | 0~500 CE | 슬라브어 |
| 알바니아어계 | 1480 CE | 2개의 방언 | 0~500 CE | 다키아·트라키아어? 가까운 자매 언어 없음 |

고성(archaism)에 의거해 그 지파들의 연대를 판단한다. 더 오래된 지파는 후대 지파의 특징인 혁신을 갖고 있지 않고 원시적 특징을 지니고 있으므로 더 이전에 갈라져 나왔다고 판단할 수 있다. 아나톨리아어가 좋은 예다. 이 언어는 분명 매우 원시적인 음운적 특성 일부(예컨대 후두음)를 갖고 있으며 후대의 혁신을 보여주는 기타 특성이 결여되어 있다. 반면 인도·이란어는 좀더 후대의 지파라는 것을 확인해주는 3개의 혁신을 드러낸다.

인도·이란어는 언어학자들이 사텀 집단(satəm group)이라고 부르는 언어 집단과 하나의 혁신을 공유한다. 이 집단에는 인도·이란어, 슬라브어, 발트어, 알바니아어, 아르메니아어 그리고 아마도 프리기아어가 속할 것이다. satəm 언어군에서는 인도·유럽 공통조어의 전설모음 앞의 *k('100'이라는 뜻을 가진 *k'mtom처럼)가 규칙적으로 ŝ- 혹은 s-로 바뀌었다(아베스타 이란어의 satəm처럼). 이 집단은 또한 두 번째 혁신을 공유했다. 인도·유럽 공통조어의 *kʷ-(영어 queen의 첫 소리처럼 들리는 것으로, 순구개음이라고 부름)는 k-로 바뀌었다. 세 번째 혁신은 satəm 언어군의 하위 집단, 즉 인도·이란어, 발트어, 슬라브어 사이에서만 공유되었다. 이것을 ruki 규칙이라 부르는데, 인도·유럽 공통조어 원래의 [*-s] 음이 자음 r, u, k 및 i 앞에서 [*-sh]로 바뀌었다. 이런 혁신을 공유하지 않는 언어 지파는 위의 혁신이 일어나기 전에 인도·유럽 공통조어에서 갈라져 나와 satəm 및 ruki 언어군과 정기적인 접촉을 끊은 것으로 보인다.

켈트어계 및 이탈리아어계 지파는 *satəm* 혁신이나 *ruki* 규칙을 보이지 않으며, 원시적 특성을 상당히 많이 보여주는 한편 동시에 일부 혁신을 공유한다. 켈트어군은 오늘날 브리튼 제도와 프랑스 해안 근처에서만 사용하지만, 서기전 600~서기전 300년에는 오스트리아에서 에스파냐까지 중부 및 서부 유럽의 많은 지역에 걸쳐 사용했다. 이탈리아어군은 서기전 600~서기전 500년 이탈리아 반도에서 사용했지만, 오늘날 라틴어는 물론 수많은 파생어군, 즉 로망스어들을 거느리고 있다. 인도·유럽어군의 비교 연구 대부분에서 이탈리아어계 및 켈트어계는 줄기에서 가장 먼저 갈라져 나온 지파로 분류된다. 선 켈트어나 선 이탈리아어를 쓰던 이들은 *satəm* 혁신 및 *ruki* 규칙이 일어나기 전 동부 및 북부의 인도·유럽어 사용 집단과의 접촉을 잃었다. 우리는 이런 언어 지역들의 경계에 관해 아직 논의할 수 없다. 그러나 선 이탈리아어와 선 켈트어가 갈라져 나와 서부의 지역적 및 연대적(年代的) 블록을 형성했지만 인도·이란어계, 발트어계, 슬라브어계, 아르메니아어계 언어의 조상들은 여전히 뒤에 남아 일련의 후기 혁신을 공유했다고 말할 수 있다. 중국 서북부 타림(Tarim) 분지의 실크로드 대상(隊商) 도시들에서 사용하던 토하라어는 가장 동쪽의 인도·유럽어인데, 이 언어 역시 *satəm* 혁신 및 *ruki* 규칙을 보이지 않는다. 따라서 토하라어 역시 똑같이 이른 시기에 갈라져 동부 지파를 형성한 것으로 보인다.

그리스어는 유독 인도·이란어군과 일련의 언어적 특성을 공유했지만 *satəm* 혁신이나 *ruki* 규칙을 채택하지 않았다.[17] 선 그리스어와 선 인도·이란어는 인접한 지역에서 발전한 게 틀림없지만 선 그리스어 사용자들은 *satəm* 혁신 및 *ruki* 규칙이 일어나기 전에 갈라져 나갔다. 이들은 형태론적 혁신, 영웅 서사시의 형식 또는 방법적 전통, 어휘 등을 포함하는 특징을 공유한다. 형태론에서 그리스어와 인도·이란어는 중요한 혁신 2개를 공유한다. 즉 '늘리기(augment)'로서 과거 시제 앞에 접두사 e-를 붙이는 현상(비록 그리스어와 인도·이란어의 가장 이른 형태에서 이런 현상을 잘 증명하지 못했기 때문에 이 '늘리기'가 훨씬 후대에 두 언어에서 각각 독자적으로 발전한 것 같지만)과 중간 수동태(medio-passive)에서 접미사 -i를 갖는 동사형이다. 양자는 무기를 나타내는 어휘에서 '활(*taksos)', '화살(*eis-)', '시위(*jya-)' 그리고 인드라와 그의 그리스 짝인 헤라클레스의 주요 무기인 '곤봉(*uágros)' 등을 지칭할 때 같은 용어를 썼다. 의례 면에서, 양자는 특정한 한 가지 의식을 묘사하기 위해 특별한 용어, 즉 소 100마리로 지내는 희생제를 헤카툼(hecatomb)이라고 불렀다. 또한 신의 별칭으로 똑같이 '부를 주는 분'이라는 구절을 썼다. 아울러 최소한 세 가지 신 이름이 동일어근이었다. 첫째, 에리니스/사란, 유(Erinys/Saraṇ, yū)는 두 전통에서 공히 '말(馬)의 여신'으로서 태고의 창조신으로부터 태어났으며, 그리스어에서는 날개 달린 말의 어머니이고 인도·이란어에서는 종종 말로 형상화되는 '성스러운 쌍둥이'의 어머니다. 둘째, 케르베로스/사르바라(Kérberos/Śárvara)는 저승으로 들어가는 문을 지키는, 머리가 여럿 달린 개다. 셋째, 판/푸샨(Pan/Pūṣán)은 가축 떼를 지키는 목자의 신으로 두 전통에서 공히 상징적으로 염소와 연결된다. 두 전통에서 공히 염소의 내장은 장례식 때 지옥의 문을 지키는 사냥개인 케르베로스/사르바라에게 바치는 특정한 제물이었다. 고대 그리스어 시가는 인도·이란어와 마찬가지로 2개의 운문 형식을 갖추고 있었다. 하나는 12음절 행[사포(Sappho)/알카이오스(Alkaeos)]이며 하나는 8음절 행이다. 다른 어떤 인도·유럽어 시가의 전통도 이 두 형식을 공유하지 않는다. 또한 양자는 영웅에게 적용하는 관용구로 '영원한 명성의'라는 특정 구절을 공유하는데, 오직 《리그베다》와 호메로스의 시에서

만 정확히 이 구절이 등장한다. 그리스어와 인도·이란어는 시적인 서사에서 과거의 사건을 형상화할 때 특정한 시제, 즉 미완료(imperfect) 시제를 썼다.[18]

이런 커다란 혁신, 어휘, 시적 형식 꾸러미의 공유가 두 언어 지파에서 각각 독자적으로 발생했다고 보기는 어렵다. 그러므로 선 그리스어와 선 인도·이란어는 인접한 후기 인도·이란어 방언으로서 전쟁 및 의례와 관련한 용어, 신과 여신의 이름 그리고 시적 형식을 공유할 정도로 충분히 서로 가까운 곳에서 쓰였다. 그리스어는 *ruki* 규칙이나 *satəm* 변화를 채택하지 않았으므로 우리는 여기서 두 단계를 규정할 수 있다. 즉 이전의 선 그리스어와 선 인도·이란어의 연관 단계와 나중의 인도·이란 조어로부터 그리스 조어가 갈라져 나온 단계다.

파생어의 탄생 순서와 모어의 죽음

펜실베이니아 대학의 동료 돈 린지(Don Ringe)와 탠디 와르노(Tandy Warnow)는 *ruki* 규칙, *centum/satəm* 분열 그리고 17개의 다른 형태 및 음운론적 특성을 기준으로 63개의 변종을 수학적으로 분석해 가능한 수천 개의 언어 분기 모형을 만들어냈다.[19] 그들이 쓴 분기학적 방법은 진화생물학에서 빌려왔지만, 발생학보다는 언어학적 혁신을 비교하는 데 적합하도록 조정되었다. 프로그램은 **가능한 모든** 언어 진화 나뭇가지 모형 중에서 가장 빈번히 나타나는 것을 골랐다. 이 방법에 따른 진화 나뭇가지 모형은 더 전통적 기반에서 만든 언어 분기 모형과 잘 들어맞았다. 가장 오래전 갈라져 나온 지파는 의심의 여지 없이 선 아나톨리아어였다(그림 3.2). 아마 그다음에는 비록 후대의 특성을 일부 보이긴 했지만 선 토하라어가 갈라져 나온 듯하다. 그다음은 선 켈트어와 선 이탈리아어가 여전히 진화

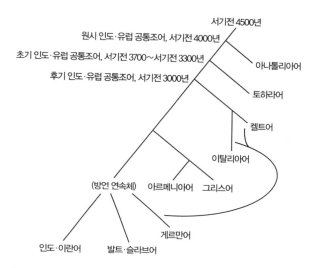

서기전 4500년

원시 인도·유럽 공통조어, 서기전 4000년

초기 인도·유럽 공통조어, 서기전 3700~서기전 3300년

후기 인도·유럽 공통조어, 서기전 3000년

아나톨리아어

토하라어

켈트어

이탈리아어

(방언 연속체)   아르메니아어   그리스어

게르만어

인도·이란어   발트·슬라브어

그림 3.2 린지-와르노-테일러(Ringe-Warnow-Taylor)(2002)의 분기학 방법에 따른 최선의 언어 파생 모형으로, 이번 장에서 제시한 최소 분기 시기와 더불어 묘사했다. 게르만어는 원시적 특성과 파생적 특성이 혼합된 모습을 보여주기 때문에 위치를 특정 짓기가 모호하다. 이 그림에서는 게르만어가 선 발트어와 선 슬라브어의 특성도 갖고 있으므로 나중에 갈라진 것으로 그렸지만, 이탈리아어와 켈트어의 뿌리가 갈라져 나온 때와 비슷한 시기일 수도 있다.

하고 있는 와중에 갈라져 나왔다. 게르만어계는 최초에 선 켈트어나 선 이탈리아어와 같은 시기에 갈라져 나왔음직한 일부 원시적 특성을 갖고 있지만 나중에 켈트어, 발트어, 슬라브어 차용으로 인해 강한 영향을 받았기 때문에 분기해 나온 정확한 시점이 확실치 않다. 선 그리스어는 이탈리아어 및 켈트어를 따랐고, 그다음에 인도·이란어가 뒤를 이었다. 인도·이란어의 혁신을 동남부 유럽 일부의 언어군(선 아르메니아어, 선 알바니아어, 선 프리기아어)과 동북부 유럽의 삼림 지대 언어군(선 발트어, 선 슬라브어)이 공유했다(아마도 나중에). 우리는 공통의 인도·이란어 연대가 늦어도 서기전 1700년이라는 사실을 기억해야 한다. 린지-와르노 분기 모형은 차례로 아나톨리아어, 토하라어, 이탈리아어, 켈트어, 그리스어, 독일어 순서의 분화를 보여준다. 아나톨리아어는 아마도 서기전 3500년 이전에 갈라 졌을 것이고, 이탈리아어와 켈트어는 서기전 2500년 이전, 그리스어는 서 기전 2500년 이후, 인도·이란 조어는 서기전 2000년 무렵에 갈라진 것으 로 보인다. 이것이 정확한 분기 연대를 의미하는 것은 아니다. 하지만 그 순서는 맞으며, 연대가 알려진 세 곳의 기록(그리스어, 아나톨리아어, 고 인도 어)과 관련해 의미가 없는 것도 아니다.

인도·유럽 공통조어로 복원된 서기전 2500년 무렵의 언어는 다른 무 엇, 좀더 정확히 말하면 수많은 변종, 즉 선 그리스어와 선 인도·이란어 처럼 다른 장소에서 다른 방향으로 계속 서로 멀어져가는 후기 방언들로 진화했다. 서기전 2500년 이후 진화한 인도·유럽어군은 인도·유럽 공통 조어에서 직접 갈라져 나와 진화한 게 아니라, 모어(인도·유럽 공통조어)의 특성을 간직하고 전수하던 일군의 매개적 인도·유럽어군으로부터 나와 발전했다. 서기전 2500년에 인도·유럽 공통조어는 죽은 언어였다.

04

언어와 시간 2
양모, 바퀴 그리고 인도·유럽 공통조어

만약 인도·유럽 공통조어가 서기전 2500년에 구어(口語)로서 죽은 언어였다면, 인도·유럽 공통조어의 탄생일은 언제일까? 그날 이후에 인도·유럽 공통조어를 사용한 게 확실한 그런 날짜가 있을까? 이 문제는 상당한 정확도를 가지고 대답할 수 있다. 두 세트의 어휘 용어가 그날 이후 인도·유럽 공통조어를 사용한 시점을 규명한다. 요컨대 양모 직물, 바퀴, 수레와 관련한 단어들이다. 서기전 4000년경 이전에는 양모 직물이나 바퀴 달린 수레 모두 없었다. 서기전 3500년 무렵까지 둘 모두 존재하지 않았을 수도 있다. 그러나 인도·유럽 공통조어 사용자들은 바퀴 달린 수레와 일종의 양모 직물에 대해 일상적으로 말한다. 이 어휘는 인도·유럽 공통조어가 서기전 4000~서기전 3500년 이후에 쓰였다는 것을 암시한다. 인도·유럽 공통조어의 바퀴 달린 수레에 관한 어휘는 2장에서 다뤘으니 여기서는 먼저 인도·유럽 공통조어의 양모 관련 단어에서 시작하자.

양모 관련 어휘

•

양모로 짠 직물은 야생 양에게서는 자라지 않는 종류의 울(wool)로 만든 것이다. 길게 자란 울 코트를 뒤집어쓰고 있는 양은 오직 이 울을 채취하기 위해 기르던 돌연변이 종이다. 만약 인도·유럽 공통조어가 명백히 양모 직물을 칭하는 단어들을 포함하고 있다면, 이 단어들은 모발 채취용 양을 개발한 이후에 인도·유럽 공통조어로 들어왔을 것이다. 그러나 울과 관련한 어휘를 연대 측정 수단으로 활용하려면, 우리는 복원된 어근의 정확한 의미와 모발 채취용 양이 최초로 등장한 시기를 정확히 알 필요가 있다.

인도·유럽 공통조어는 '양(sheep)', '암양(ewe)', '숫양(ram)', '새끼 양(lamb)'을 의미하는 어근을 갖고 있는데, 이 발달한 어휘는 가축으로 길들인 양에 대해 그들이 잘 알고 있었다는 것을 명백히 보여준다. 또한 인도·유럽 공통조어는 대부분 파생 언어의 동일어근어에서 'wool'을 뜻하는 용어도 가지고 있었다. 어근 *HwlHn-은 웨일스어부터 인도어는 물론 히타이트어까지 거의 모든 인도·유럽어 지파의 동일어근어를 기반으로 복원한 것이므로, 이는 아나톨리아어 지파가 갈라져 나오기 전 원시 인도·유럽 공통조어 시절까지 거슬러 올라간다. 그런데 이 어근이 너무 길어서 시카고대학의 빌 다든(Bill Darden)은 이를 차용한 것이거나 더 짧고 오래된 어근에 접미사 -n-이 덧붙어 파생한 것이라고 여겼다. 아울러 그는 더 짧은 어근이자 **가장 이른** 형태로 *Hwel- 혹은 *Hwol-(*Hw(e/o)l로 전사됨)을 제시했다. 이 단어의 발트어, 슬라브어, 그리스어, 게르만어 그리고 아르메니아어 동일어근어의 뜻은 '펠트(felt)', '말다(roll)', '때리다(beat)', '누르다(press)'이다. '펠트'가 나머지 뜻을 모두 아우르는 의미인 것처럼 보이는데, 그 밖의 동사들은 '펠트' 제작 공정을 묘사하기 때문이다. 펠트는 울이 느슨한 매트(mat)로 엉겨 붙을 때까지 두드리거나 눌러서 만든다. 그런 다음 이 매트를 말아 단단히 누른 후 펴서 물에 적시고, 다시 감고 누르기를 반복해 매트 조직이 꽉 조이도록 한다. 울은 곱슬곱슬해서 이 누르는 공정을 통해 서로 결합한다. 이렇게 해서 만든 펠트는 상당히 따뜻하다. 유라시아 유목민의 겨울 천막과 러시아 농민의 장화(신발에 덧신도록 만들었다)는 전통적으로 펠트로 만들었다. 만약 다든의 주장이 옳다면, 가장 오래된 인도·유럽 공통조어 'wool'의 어근 *Hw(e/o)l-은 펠트와 관련이 있다. 파생 어근 *HwlHn-은 아나톨리아어와 고전 인도·유럽 공통조어에 모두 간직된 어근으로 울 혹은 울로 만든 어떤 것을 뜻한다. 그러나 우리는 이것이 울로 짠 섬유(요컨대 펠트가 아닌 모직―옮긴이)인지 확신할 수 없다. 이것은 야생 양에게서 자라는 짧은 천연 털을 의미하거나, 혹은 짧은 털로 만든 일종의 펠트 섬유를 의미했을 수도 있다.[1]

양(*Ovis orientalis*)은 서기전 8000~서기전 7500년 무렵 아나톨리아 동부와 이란 서부에서 고기를 얻기 위해 포획 및 사육하던 종으로서 가축화한 후 4000년 동안 양치기의 목적은 오직 고기 확보에 있었다. 이 양은 가늘고 부드러운 울이 아니라 켐프(kemp)라고 부르는 길고 거친 털로 덮여 있었다. 이런 양의 울은 켐프 아래 있는 단열층으로서 매우 짧고 곱슬곱슬했는데, 섬유 전문가 엘리자베스 바버(Elizabeth Barber)에 따르면 "실로 꼴수가 없었다". 이 짧은 '야생' 울은 겨울이 끝날 때 채취했다. 실제로는 양이 매년 털갈이할 때 축축한 헛간에서 잠을 자며 떨어뜨리는 이 짧은 야생 울로 최초의 조잡한 (그리고 냄새나는) 펠트를 만들었을 것이다. 아울러 그다음 단계에 이르면, 털갈이를 하기 전 울이 느슨해졌을 때 의도적으로 털을 뽑았을 것이다. 그러나 '짜서 만든(woven)' 울 직물은 울 '실(thread)'

이 필요했다.

울 실을 만들려면 비자연적으로 긴 울 섬유가 필요한데, 이는 울로 꼰 실을 양쪽에서 당겼을 때 끊어지지 않을 정도로 길어야 했기 때문이다. 방적공은 긴 울 섬유 덩이를 빙글빙글 돌아가는 추를 매단 막대기, 즉 핸드 스핀들(hand spindle)에 손으로 직접 올(strand)을 먹임으로써 실로 꼰다. 스핀들(물레는 훨씬 이후의 발명품이다)은 공중에 매달린 채 손목의 움직임에 따라 계속 돌아간다. 스핀들의 추를 **방추**(spindle whorls)라고 부르는데, 비록 울 실을 만들기 위한 것과 인간이 만든 실 중 가장 오래된 형태로 추정되는 '아마 실(flaxen thread)'을 만들기 위한 것을 구분하기는 어렵지만, 방추는 고대의 방적 방식을 알려주는 유일하게 남아 있는 증거다. 리넨, 곧 아마포는 가장 오래된 직조 섬유로 알려졌다. 울 실은 다른 식물 섬유로 실을 짜던 방직공이 돌연변이한 양으로부터 더 긴 동물성 섬유를 얻은 후 발명한 것으로 보인다. 그렇다면 언제 이런 유전적 변형이 일어났을까? 통상적으로 울 생산용 양은 서기전 4000~서기전 3500년 무렵에 나타난 것으로 알려졌다.[2]

최초의 도시 기반 문명이 탄생한 메소포타미아 남부와 이란 서부에서 울 직물은 초기 도시 경제의 중요한 부분이었다. 울 직물은 아마포보다 염색을 훨씬 잘 받아 한층 다채로웠고, 직물 표면에 물감을 찍는 대신 서로 다른 색을 들인 실을 짤 수도 있었다(가장 오래된 종류의 직물 장식 문양). 그러나 울 생산의 증거는 대부분 우루크 후기(Late Uruk) 혹은 그 이후, 곧 서기전 3350년 무렵 이후에 등장한다.[3] 울 자체는 원래 잘 보존되지 않기 때문에 그 증거는 동물의 뼈에서 나왔다. 울을 얻기 위해 양을 기를 때는 그 도축 패턴이 다음과 같은 세 가지 특징을 보여야 한다. (1) 양이나 염소(둘은 뼈에서만 일부 차이가 있다)가 가축의 다수를 차지해야 한다. (2) 울을 생산

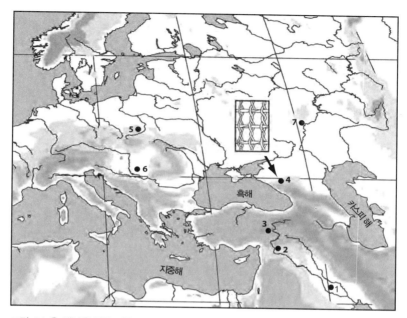

그림 4.1 울 생산용 양을 키운 증거를 일부 발견한 초기 유적지. 박스 안의 그림은 가장 오래된 직물을 현미경으로 관찰한 모습(N. 시슬리나의 저서에서 가져왔음): (1) 우루크 (2) 하치네비 (3) 아르슬란테페 (4) 노보스보보드나야 (5) 브로노치체 (6) 케테지하자 (7) 흐발린스크. 출처: N. Shishlina 1999.

하는 양이 좋은 젖을 생산하는 염소보다 훨씬 많아야 한다. (3) 양은 고령, 즉 몇 년 동안 울을 생산한 후 도축해야 한다. 수전 폴락(Susan Pollack)이 메소포타미아 남부와 북부 그리고 이란 서부에 있는 8개 우루크 시대 유적지의 동물상(動物相) 데이터를 검토한 결과, 이 도시 문명의 중심지에서 우루크 후기, 즉 서기전 3350년 이후에야 울 생산에 따른 도축 패턴이 나타났다(그림 4.1). 요컨대 우루크 초기와 중기(서기전 4000~서기전 3350년)에는 울 생산을 위한 도축 패턴이 나타나지 않았다. 메소포타미아와 이란 서부의 울 생산용 양에 대한 이런 자료는 동부 아나톨리아의 유프라테스 강 상류에 있는 아르슬란테페(Arslantepe) 유적에서 확인할 수 있다. 이곳에서는 서기전 3350년 이전 시기(VII기)에 다수의 가축이 소와 염소였다. 하지만 그다음 시기(VIa기)에서는 우루크 후기의 토기가 나타나고 양이 갑자기 첫 번째 자리를 차지하는데, 그중 절반 이상이 성숙 연령까지 살았다.[4]

근동 지방의 동물 뼈 증거는 울 생산용 양이 서기전 3400년 무렵 등장했음을 시사한다. 양은 유럽 토종이 아니므로 서기전 6500년 무렵 유럽으로 이주한 아나톨리아 농부들이 가축화한 근동의 양을 유럽으로 가져갔다. 그러나 좀더 긴 울을 가진 돌연변이는 길들인 양이 북쪽의 기후에 적응하는 과정에서 생긴 것 같으므로 유럽에서 가장 일찍 긴 울을 가진 양을 기른 것도 놀랄 일은 아니다. 러시아의 볼가 강 중류 흐발린스크(Khvalynsk)에 있는 서기전 4600~서기전 4200년 무렵 묘지 유적의 주요 희생물은 양이었는데, 대부분 울이나 젖을 얻기 위해 남겨둔 듯 성숙한 개체(요컨대 고기를 얻기 위한 도축 연령을 넘긴 양―옮긴이)였다. 그러나 희생 제물로 쓰기 위해 고른 짐승을 의례용으로 오래 살려두었을 수도 있다. 오늘날의 러시아 영토인 캅카스 북쪽 산록에 있는, 서기전 4300년과 서기전 3700년 무렵의 것으로 알려진 스보보드노예(Svobodnoe) 농경 거주지 유적에서 양은 가축 중 가장 수가 많았다. 염소보다 5배 많았다. 이는 고전적인 울 생산용 양 수확 패턴이다. 그러나 같은 시기 캅카스 북쪽의 다른 주거지 유적에서는 이런 사육 패턴이 나타나지 않았다. 새로운 대규모 양 사육은 헝가리 동부 체르나보다 III-볼레라즈(Cernavoda III-Boleraz) 문화 시기의 케테지하자(Kétegyháza) 유적(서기전 3600~서기전 3200년)에서 나타났는데, 산도르 뵈쾨니(Sandor Bökönyi)는 이를 아나톨리아와 메소포타미아에서 유입된 것이라고 주장했다. 똑같은 연대로 측정된 폴란드 남부의 브로노치체(Bronocice)에서는 양이 염소를 20 대 1로 크게 압도했다. 그러나 이런 감질 나는 사례들을 제외하면 서기전 3300~서기전 3100년 무렵까지 유럽에서 양 사육이나 울 도축 패턴으로의 광범위한 전환은 없었다. 서기전 3300~서기전 3100년은 근동에서 이런 패턴이 일어난 시기다.[5]

서기전 3000년 이전의 실제 울 직물로 확인된 것은 없지만, 서기전 2800년 무렵 울 직물은 광범위하게 퍼졌다. 서기전 3000년보다 앞선 것으로 여겨지는 울 직물 조각이 캅카스 산맥 북쪽의 무덤에서 출토되었다. 아마도 노보스보보드나야(Novosvobodnaya) 문화의 것으로 보이는 이 무덤에서 발견한(비록 출처에 대해서는 약간의 불확실성이 있지만) 울 직물의 올은 짙은 갈색과 베이지색으로 염색했으며, 다 짠 직물에는 붉은 염료를 칠했다. 노보스보보드나야 문화는 서기전 3400~서기전 3100년에 있었던 것으로 추정하는데, 이 직물의 연대를 직접 측정한 적은 없다. 이란 동중부 지방에 있는 청동기 시대 준도시급 교역 중심지 샤르이소흐타(Shar-i Sokhta)의 서기전 2800~서기전 2500년 층에서 발견한 직물은 전부 다 울이었다. 프랑스의 클레어보레라 역 III(Clairvaux-les-lacs Station III)에서 발견한 울 직물 조각은 서기전 2900년의 것으로 측정되었으므로 서기전 2900~서기전 2500년 무렵에는 울 생산용 양과 울 직물이 프랑스에서 이란 중부까지 잘 알려져 있었다.[6]

비록 긴 울을 가진 양(돌연변이종)이 캅카스 산맥 북쪽이나 심지어 초원에서 더 이른 시기인 서기전 4000년 무렵 나타났다고 볼 수 있지만, 대다수 증거는 울 직물이 근동에서와 마찬가지로 서기전 3300년경 이후에 나타났음을 보여준다. 그러나 만약 어근 *HwlHn-이 '돌연변이가 아닌 자연 그대로' 양의 켐프 아래 있는 짧은 털을 가리키는 것이라면, 이는 서기전 4000년 이전에 이미 존재했을 수 있다. 이런 의미상의 모호함이 인도·유럽 공통조어의 연대를 비정하는 수단으로서 울 관련 어휘의 신뢰성을 약화한다. 그러나 바퀴 달린 수레에 관한 어휘는 다르다. 이는 매우 확실한 물건(바퀴, 축)을 지칭하며, 가장 오래된 바퀴도 연대 측정이 잘되어 있다. 울 직물과 달리 네 바퀴 수레(wagon)를 만들려면 정교한 금속 도구(끌, 도끼)가 필요하다. 이 도구들은 잘 보존된다. 아울러 수레의 이미지는 범주화하기가 한층 쉽고, 수레 자체도 직물보다 잘 보존할 수 있다.

바퀴 관련 어휘

●

인도·유럽 공통조어는 바퀴 달린 수레(네 바퀴 수레 혹은 두 바퀴 수레(cart) 혹은 둘 모두)를 지칭하는 일군의 단어를 갖고 있다. 우리는 바퀴 달린 수레를 서기전 4000년 이전에는 발명하지 못했음을 상당한 확신을 갖고 단언할 수 있다. 현존하는 증거는 서기전 3500년 근처를 암시한다. 서기전 4000년 이전에는 이야기할 바퀴도 네 바퀴 수레도 없었다.

2장에서 언급했듯 인도·유럽 공통조어는 바퀴와 수레에 관한 용어를 최소한 5개 갖고 있다. 즉 바퀴(wheel)를 의미하는 단어 2개(아마도 서로 다른 종류의 바퀴), 축(axle)을 의미하는 단어 1개, 끌채(thill: 수레와 짐 끄는 동물의 멍에를 연결하는 막대기)를 뜻하는 단어 1개 그리고 '수레를 타고 가다, 혹은 수레로 나르다'를 뜻하는 동사 1개가 그것이다. 서쪽의 켈트어에서 동쪽의 베다 산스크리트어와 토하라어, 북쪽의 발트어에서 남쪽의 그리스어까지 모든 주요 인도·유럽어 지파에서 수레 관련 동일어근어들이 발견되었다(그림 4.2). 대부분의 용어는 인도·유럽 공통조어 발전 과정에서 후기 단계를 나타내는 모음 구조, 곧 'o-어간(o-stem: 'o'로 끝나는 명사형)'을 갖고 있다. *axle*은 '어깨(shoulder)'를 뜻하는 단어에서 파생한 것으로 더 오래된 'n-어간(n-stem)' 유형이다. 'o-어간'은 인도·유럽 공통조어 말기에 나타났

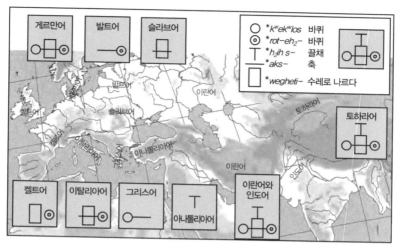

그림 4.2 인도·유럽어의 바퀴/네 바퀴 수레를 뜻하는 어휘의 지리적 분포

기 때문에 매우 중요하다. 네 바퀴 수레와 바퀴를 뜻하는 용어 대부분은 인도·유럽 공통조어 어근을 갖고 있으므로 이는 외부에서 도입한 것이 아니라 인도·유럽 공통조어 공동체 내부에서 만들어진 것이다.[7]

빌 다든이 관찰한 것처럼 바퀴 달린 수레를 뜻하는 확실한 어휘를 갖지 **않은** 것으로 보이는 유일한 지파는 아나톨리아어계다. 바퀴 달린 수레를 뜻하는 것으로 추측할 수 있는 인도·유럽 공통조어 어근 2개가 아나톨리아어에 보존되어 있다. 그중 *hurki-*(바퀴)는 인도·유럽 공통조어 어근에서 파생한 것으로 여겨지는데, 똑같은 어근이 토하라어 A의 *wärkänt* 와 토하라어 B의 *yerkwanto*를 낳았을 것이기 때문이다. 토하라어는 사멸한 인도·유럽어 지파로서 A와 B(혹은 C까지) 2개(혹은 3개)의 알려진 언어로 이뤄졌는데, 500~700년 무렵 중국 북서부 타림 분지 사막에 있는 대상 도시의 불교 승려들에 의해 문서로 기록되었다. 그러나 토하라어 전문가 돈 린지는 아나톨리아어 *hurki-*를 낳은 똑같은 어근에서 토하라어

형태를 도출하는 데 상당한 어려움이 있다는 사실을 알아냈고, 따라서 토하라어와 아나톨리아어 단어는 서로 연관이 없으며 하나의 인도·유럽 공통조어 어근을 요구하지 않는다고 주장했다.[8] 또 하나의 아나톨리아어 수레 관련 용어, 곧 *hišša*(끌채 또는 마구에 사용하는 막대기)는 훌륭한 인도·유럽어 어원 *ei-/*oi-* 혹은 *h₂ih₃s-*를 갖고 있지만, 그 원래 의미는 수레의 채라기보다 쟁기의 채를 뜻했을 것이다. 따라서 우리는 원시 인도·유럽 공통조어에 아나톨리아어가 부분적으로 간직한 것처럼 바퀴 달린 수레를 의미하는 어휘가 있었는지 확신할 수 없다. 그러나 아주 오랜 원시 시절 이후의 나머지 인도·유럽 공통조어에는 그런 어휘가 존재했다.

바퀴는 언제 발명했는가
•

우리는 어떻게 서기전 4000년 전에 바퀴 달린 수레가 없었다는 걸 알 수 있을까? 먼저, 바퀴 달린 수레에는 바퀴뿐 아니라 수레를 지지할 축도 필요하다. 바퀴, 축 그리고 수레가 모여 짐을 싣고 움직이는 부분들의 복잡한 조합을 만들어낸다. 최초의 네 바퀴 수레는 나무를 전체적으로 깎아 만들었기 때문에 움직이는 부분이 서로 정확하게 들어맞아야 했다. 축을 고정하고 바퀴가 돌아가는(최초의 방식이 확실하다) 네 바퀴 수레에는 축암(axle arms: 바퀴 중간을 관통하는 축의 양쪽 끝부분)이 바퀴통(nave) 가운데 난 구멍에 딱 맞아야 하지만 너무 꽉 껴도 안 된다. 너무 느슨하면 바퀴가 돌아갈 때 비틀거리고, 너무 빡빡하면 바퀴가 회전할 때 지나친 저항을 받기 때문이다.

또한 부하(짐승들이 끌어야 하는 전체 무게와 저항)의 문제가 있었다. 썰매는 봇줄(trace), 즉 유연한 끈이나 줄을 이용해 끌 수 있지만 네 바퀴 수레나 두 바퀴 수레는 견고한 끌채와 멍에가 필요하다. 이런 부품들의 무게가 총 부하를 늘린다. 부하를 줄이는 방법 중 하나는 축암의 지름을 줄여서 더 작은 바퀴 구멍에 맞춰 넣는 것이다. 지름이 큰 축은 강하지만 축암과 회전하는 바퀴 사이의 마찰을 높인다. 반면 지름이 작은 축은 저항을 줄여주지만 수레의 폭이 아주 작지 않은 한 쉽게 부러진다. 최초의 네 바퀴 수레 장인은 저항, 축의 지름/내구성, 축의 길이/견고성 그리고 수레 밑판 넓이 사이의 관계를 계산해야 했다. 작업에서 수레를 쓰는 목적은 무거운 짐을 옮기는 것이므로 짧은 축에 지름이 작은 축암과 좁은 수레 밑판이 제작 기법상 합리적이고, 실제로 최초의 네 바퀴 수레는 이런 형태로 밑판의 폭이 겨우 1미터 정도에 불과했다. 부하를 줄이는 또 다른 방법은 바퀴를 넷에서 둘로 줄이는 것, 즉 **네 바퀴 수레**를 **두 바퀴 수레**로 바꾸는 것이다. 똑같은 무게일 경우 현대의 두 바퀴 수레는 네 바퀴 수레보다 부하가 40퍼센트 적으므로 고대의 두 바퀴 수레에도 똑같은 비율의 장점이 있었을 것이라고 가정할 수 있다. 두 바퀴 수레는 더 가볍고 끌기도 쉬우며 거친 노면에서도 저항이 적다. 큰 짐을 실을 때는 여전히 네 바퀴 수레가 필요했지만 작은 짐을 실을 때는 두 바퀴 수레가 유용했을 것이다.[9]

고고학적 및 기록상의 바퀴 달린 수레에 관한 증거는 서기전 3400년 이후 널리 퍼져 있다. 불확실한 증거 중 하나는 독일 북부 플린트베크(Flintbek)의 봉분 안에 찍혀 있는, 바퀴에 의해 생겼음직한 자국이다. 이 자국은 서기전 3600년 전의 것으로 추정한다. 하지만 실제 증거들이 급증하는 것은 서기전 3400년 무렵이다. 바퀴 달린 수레는 서기전 3400~서기전 3000년 무렵 4개의 서로 다른 매개체에 나타났다. 네 바퀴 수레가 찍힌 표시, 네 바퀴 수레와 두 바퀴 수레의 2차원 이미지, 네 바퀴 수레의

3차원 모형 그리고 나무로 된 바퀴와 네 바퀴 수레의 일부 실물이 그것이다. 4개의 이 독자적 증거는 서기전 3400~서기전 3000년 고대 세계 전반에 걸쳐 나타나는데, 대략 울 생산용 양과 비슷한 시기로서 바퀴 달린 수레가 확산한 시기를 명확히 보여준다. 이어지는 네 절에서는 이 네 가지 증거에 대해 논할 것이다.[10]

메소포타미아의 네 바퀴 수레: 가장 오래된 증거 기록

'네 바퀴 수레' 표시가 찍힌 점토판이 인류가 세운 최초의 도시 중 하나인 우루크의 에안나(Eanna) 신전에서 발견되었다. 우루크 후기의 마지막인 IVa층에서 3900개가량의 점토판을 복원한 것이다. 세계에서 가장 오래된 문서에 속하는 이 텍스트에는 어떤 종류의 덮개 혹은 상부 구조물을 갖춘 네 바퀴 수레를 나타내는 상형문자(그림 4.3. f)가 있었다. '네 바퀴 수레' 표시는 3900개 점토판 중 겨우 세 번 등장하는 반면, '썰매'(비슷한 운송 수단이지만 바퀴로 굴러가는 게 아니라 땅에 날(runner, 활주부)을 대고 끄는 것)를 의미하는 상형문자는 서른여덟 번 등장했다. 요컨대 네 바퀴 수레는 아직 일반적인 것이 아니었다.

에안나 구역의 점토판은 불탄 신전 C 안에 있었다. 신전 C 지붕보의 숯에서 4개의 방사성 탄소 연대 측정값을 얻은 결과, 평균 서기전 3500~서기전 3370년경이었다. 방사성 탄소 연대 측정값은 그 물질(이 경우는 나무)이 언제 죽었는지 말해주지, 언제 불에 탔는지 말해주지는 않는다. 어떤 나무든 중심부는 사실상 죽어 있고(이런 사실을 아는 사람은 거의 없다), 껍질의 바깥 둘레와 그 아래 수액이 많은 부분만 살아 있다. 만약 신전 C에서 나온 목재들이 커다란 나무의 중심부로 만든 것이라면, 그 나무는 신전이 불타 무너지기 한두 세기 전에 죽었을 것이다. 그러므로 신전 C에서 나온 점토판의 실제 나이는 방사성 탄소 연대 측정값보다 늦은 서기전 3300~서기전 3100년 무렵일 것이다. 이 시기 우루크에서는 썰매가 여전히 네 바퀴 수레보다 훨씬 일반적이었다. 도시 관료들이 이용한 교통수단(과시용 또는 추수 감사 의례용?)으로 황소가 끄는 덮개 있는 썰매는 덮개 있는 네 바퀴 수레보다 오래된 것으로 보인다.

아마도 작은 점토의 네 바퀴 수레 모형에서 떨어져 나온 것으로서 흙으로 된 동그란 바퀴 모형 **같아 보이는** 물체를 터키 동부 아르슬란테페 유적의 신전-궁전 폐허 VIa층에서 발견했는데, 그 연대는 마찬가지로 서기전 3400~서기전 3100년 사이였다(그림 4.3.c). 아르슬란테페는 유프라테스 강상류를 따라 아나톨리아 동부에 늘어선 일련의 지역 토착 근거지 중 하나로서 우루크 후기 동안 우루크와 밀접한 원거리 관계를 맺고 있었다. 비록 유프라테스 강 북쪽 상류를 향한 '우루크의 팽창' 뒤에 있는 활동의 성격은 알려지지 않았지만(12장 참조), 아르슬란테페의 바퀴일 가능성이 있는 그 진흙 모형은 후기 우루크의 영향을 받던 시기 아나톨리아에서 네바퀴 수레를 사용했을 수 있음을 보여준다.

라인 강에서 볼가 강까지의 네 바퀴 수레와 두 바퀴 수레: 가장 오래된 회화적 증거

네 바퀴 수레, 끌채, 멍에를 묘사한 것으로 보이는 2차원 이미지가 폴란드 남부 트리치테르베커(Trichterbecker, TRB) 문화 브로노치체 거주지 유적(서기전 3500~서기전 3350년 무렵)의 머그잔 표면에 장식으로 새겨져 있다(그래서 깔때기 모양의 컵을 뜻하는 '푼넬 비커' 문화라고도 한다—옮긴이)(그림 4.3.b). 트리치테르베커 문화는 독특한 토기와 무덤 모양으로 식별할 수 있는데 오늘날 폴란드의 광범위한 지역, 독일 동부, 덴마크 남부에서 발견된다. 대부분의 트

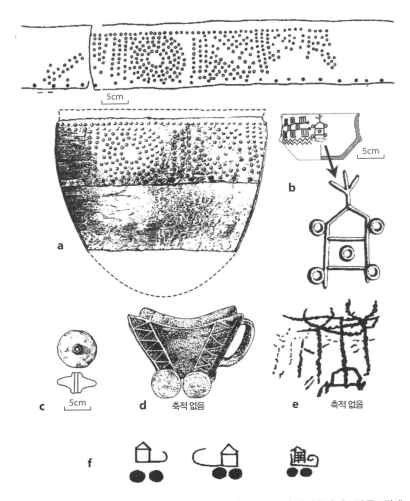

그림 4.3 가장 오래된 수레 및 바퀴의 이미지와 모형. (a) 러시아 볼가 강 하류의 에브딕 쿠르간에서 출토된 청동 주전자에 있는 도안. 왼쪽부터 멍에, 두 바퀴 수레, 바퀴, X자로 버팀목을 댄 바닥 그리고 동물의 머리를 표상한 것으로 보인다. (b) 폴란드 남부의 브로노치체에서 출토된 토기 그릇에 새겨진 네 바퀴 수레의 도안. (c) 아나톨리아 동부의 아르슬란테페에서 출토된 토기 바퀴(점토 모형에서 떨어져 나온 것?) (d) 헝가리 부다칼라스의 바덴 문화 177호 무덤에서 출토된 네 바퀴 수레 모형 토기. (e) 독일 중부 헤센 주 로네쥐센의 무덤에서 출토된 수레 이미지. 돌에 새겨진 두 마리 소가 끄는 두 바퀴 수레. (f) 이라크 남부의 우루크 IVa기 유적에서 출토된 점토판. 네 바퀴 수레를 묘사한 최초의 상징들. 출처: (a) Shilov and Bagautdinov 1997; (b, d, e) Milisauskas 2002; (c, f) Bakker et al. 1999.

리치테르베커 문화 사람들은 단순한 농부로서 작은 농촌 마을에 살았지만 브로노치체 거주지만은 비정상적으로 커서 트리치테르베커 읍락이 42헥타르를 점했다. 네 바퀴 수레 이미지가 새겨진 머그잔은 동물 뼈, 점토 그릇 5개의 파편, 부싯돌 도구 등이 들어 있는 쓰레기 구덩이에서 발견되었다. 유독 이 잔에만 네 바퀴 수레 이미지가 있었다. 이 그림은 트리치테르베커 토기에는 흔치 않은 것으로서 일반적 장식 모티프의 우연한 조합으로 만들어진 게 아니다. 이 잔의 연대는 약간 논쟁거리다. 같은 구덩이에서 나온 소뼈의 방사성 탄소 연대 측정값은 서기전 3500년 무렵이지만, 구덩이 주위 다른 거주지의 측정값 7개 중 6개는 평균 150년 뒤진 서기전 3350년 무렵이었다. 발굴자들은 이 측정값의 범위를 약 서기전 3500~서기전 3350년으로 인정한다. 브로노치체의 네 바퀴 수레 이미지는 연대를 잘 측정한 것으로는 세계에서 가장 오래된 바퀴 달린 수레의 그림이다.

다른 이미지 2개의 연대도 이보다 약간 뒤지는 것으로 보이지만 비슷할 수도 있다. 커다란 뿔이 달린 소 두 마리가 두 바퀴 수레를 끌고 있는 것처럼 보이는 이미지가 독일 중부 헤센 주 로네쥐센 I(Lohne-Züschen I) 유적의 바르트베르그(Wartberg) 문화 돌무덤의 벽에 긁은 형태의 그림으로 남아 있다(그림 4.3.e). 이 무덤은 서기전 3400~서기전 2800년이라는 긴 기간 동안 사용했으므로 이 이미지는 그사이 어떤 시점에서든 새겨졌을 수 있다. 멀리 동쪽으로 가면, 볼가 강 하구 근처 에브딕(Evdik) 쿠르간(kurgan: 동유럽 및 시베리아의 분묘를 일컫는 말―옮긴이)에서 출토된 금속 가마솥에 타출 기법(repoussé: 안쪽에서 바깥으로 두드려서 문양을 만드는 돋을새김의 일종―옮긴이)으로 멍에, 바퀴, 두 바퀴 수레, 짐 끄는 동물을 묘사한 것으로 보이는 이미지가 보존되어 있다. 이는 노보스보보드나야 문화의 기물들이 있는 무덤에서 나왔고, 연대는 서기전 3500~서기전 3100년으로 측정되었다(그림 4.3.a). 이런 두 바퀴 및 네 바퀴 수레 이미지는 독일 중부에서 폴란드 남부를 거쳐 러시아 초원 지대까지 분포한다.

헝가리의 네 바퀴 수레: 가장 오래된 점토 모형

바덴(Baden) 문화는 토기 그리고 어느 정도는 특유의 구리 도구와 무기 및 장식물로 판별된다. 이 문화는 헝가리에서 서기전 3500년 무렵 나타났으며 이 문화를 규정하는 양식은 세르비아 북부, 루마니아 서부, 슬로바키아, 모라비아 및 폴란드 남부로 퍼져나갔다. 바덴 유형의 윤을 낸 홈 있는 토기 머그잔과 자그마한 항아리는 서기전 3500~서기전 3000년 유럽 동남부 전체에 걸쳐 사용되었다. 바덴 토기와 트로이 I층 이전 아나톨리아 북서부 토기의 유사성은 바퀴 달린 수레가 메소포타미아와 유럽 사이에 퍼진 한 가지 경로를 제시한다. 3차원 네 바퀴 수레 모형(그림 4.3.d)은 서기전 3300~서기전 3100년 무렵 것으로 추정되는 헝가리 동부 부다칼라스(Budakalász) 및 시게첸트마르톤(Szigetszentmárton)에서 발굴한 후기 바덴 문화[페첼(Pécel) 문화] 무덤 2기의 희생 부장물에 포함되었다. 거의 확실하게 한 팀으로 보이는 황소 한 쌍이 헝가리 부다칼라스에 있는 또 다른 후기 바덴 문화 '무덤 3'에서 희생 부장물로 발굴되었다. 황소 한 쌍은 후기 바덴 문화 시대가 일부 겹치는 폴란드 중부와 남부의 '구형 암포라예 문화(Globular Amphorae culture, 서기전 3200~서기전 2700년: 특이한 공 모양의 항아리로 인해 얻은 이름—옮긴이)' 무덤들 안에서도 발견되었다. 바덴 문화의 네 바퀴 수레 모형은 연대를 잘 측정한 것으로서 가장 오래된 3차원 모형이다.

초원과 습지의 수레: 가장 오래된 실물 네 바퀴 수레

서기전 3000~서기전 2000년 무렵 러시아와 우크라이나 초원 지대의 흙으로 된 봉분, 즉 쿠르간 아래서 두 바퀴 수레와 네 바퀴 수레 250대의 잔해가 출토되었다(그림 4.4와 4.5). 바퀴 지름은 50~80센티미터였다. 일부는

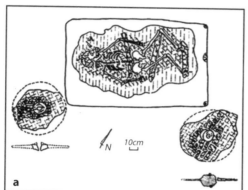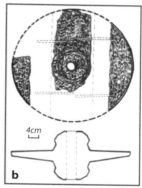

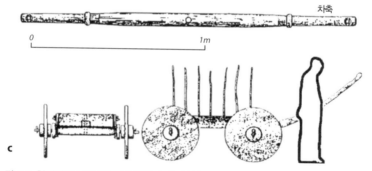

그림 4.4 현재까지 남아 있는 네 바퀴 수레의 부분과 바퀴: (a) 우크라이나 발키 쿠르간(무덤 57호) 구석에서 출토된 2개의 단단한 목재 바퀴. 방사성 탄소 연대 측정에 의하면 서기전 3330~서기전 2900년의 유물 (b) 카타콤 문화의 3개로 갈라진 바퀴로서 장부촉(접합용으로 나무, 플라스틱, 금속을 못같이 만든 것—옮긴이)이 있다. 서기전 2600~서기전 2200년경 (c) 독일 북서부와 덴마크 소택지 매장층에서 출토된 차축과 여러 가지 바퀴 및 부품으로 복원한 수레. 서기전 3000~서기전 2800년경. 출처: (a) Lyashko and Otroshchenko 1988; (b) Korpusova and Lyashko 1990; (c) Hayen 1989.

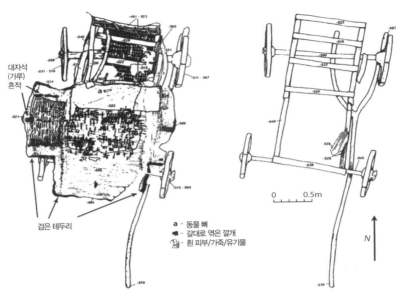

그림 4.5 초원에서 가장 잘 보존된 네 바퀴 수레 무덤은 러시아 남부 쿠반 강 일대에 있다. 이 수레는 오스탄니 쿠르간 1호에 묻혀 있었다. 방사성 탄소 연대 측정값은 서기전 3300~서기전 2900년경. 수레 상부는 왼쪽에 있고, 하부는 오른쪽에 있다. 출처: Gei 2000, 그림 53.

(살라미 소시지처럼 자르지 않고) 나무 둥치에서 결 방향으로 켠 판자 한 장으로 만들었다. 그러나 초원의 바퀴는 대부분 두 장이나 세 장의 판을 원형으로 만든 후 여기에 구멍을 뚫고 장부를 박아 맞췄다. 가운데에는 끝으로 갈수록 가늘어지는 바퀴통이 있는데, 기반의 폭이 약 20~30센티미터에 좌우로 각각 10~20센티미터가량 돌출했다. 바퀴통은 이것을 축에 고정하는 린치핀(linchpin)으로 축암에 부착하고, 그 사이에서 바퀴가 흔들리지 않도록 했다. 축에는 양쪽에 바퀴를 얹기 위한 둥근 축암이 있고, 전체 길이는 약 2미터였다. 네 바퀴 수레의 몸통은 폭 1미터에 길이 2미터였다. 초원 지대의 네 바퀴 수레에서 얻은 나무로 측정한 탄소 연대 중 가장 빠른 것은 평균 서기전 3300~서기전 2800년 무렵이었다. 드네프르 강

하류 발키(Bal'ki) 쿠르간(57호 무덤)에 매장된 네 바퀴 수레 혹은 두 바퀴 수레는 측정 연대가 BP〔방사성 탄소 연대 측정으로 결정한 현대 이전 연대. 1950년 1월 1일을 기준(현재)으로 한다―옮긴이〕 4370±120년, 혹은 서기전 3330~서기전 2880년이었다. 그리고 쿠반(Kuban) 강가의 오스탄니(Ostanni) 쿠르간 1호 (160호 무덤)에 매장된 네 바퀴 수레에서 얻은 나무로 측정한 연대는 BP 4440±40년 혹은 서기전 3320~서기전 2930년이었다. 이 둘의 확률 분포가 압도적으로 서기전 3000년 이전이므로, 두 수레는 서기전 3000년 이전의 것으로 여겨진다. 그러나 이러한 장례용 수레가 초원에서 사용한 최초의 수레였을 가능성은 적다.

다른 목재 바퀴와 축이 유럽 중부 및 북부의 늪과 호수에 보존되어 있다. 스위스와 독일 남부의 산지에서 네 바퀴 수레 장인들은 축암을 사각으로 만들어 바퀴의 사각형 구멍에 끼워 맞췄다. 축의 중간은 둥글고 이것이 수레 몸통 아래서 회전했다. 축이 회전하는 방식은 바퀴가 회전하는 방식에 비해 저항이 크고 덜 효율적이었다. 하지만 알프스의 이 방식은 나무로 된 커다란 바퀴통을 깎을 필요가 없기 때문에 훨씬 만들기 쉬웠다. 취리히 근처 호르겐(Horgen) 문화의 침수된 프레세하우스(Pressehaus) 유적지에서 발견한 것은 나이테로 연대를 측정한 결과 서기전 3200년 이전의 것이었다. 네덜란드와 덴마크 습지에서도 목재 바퀴와 축이 발견되었는데, 이는 초기의 네 바퀴 수레를 만드는 구체적 방식을 알려주는 중요한 증거이지만 연대가 서기전 3000년 이후였다. 아울러 초원이나 중부 유럽의 것처럼 축을 고정하고 바퀴를 회전시키는 방식이었다.

바퀴의 중요성

●

최초의 바퀴를 이용한 수송의 사회적 및 경제적 중요성은 아무리 과장해도 지나치지 않다. 바퀴 달린 수레를 발명하기 전에는 실제로 무거운 짐을 오직 수상에서 바지선 또는 뗏목을 이용하거나 육상에서 대규모 짐꾼 무리를 조직하는 수밖에 없었다. 선사 시대의 유순한 유럽 농부가 항상 땅에서 끌고 다녀야 하는 무거운 물건 중에는 추수한 곡물, 건초 작물, 거름으로 쓸 동물 배설물, 뗄감 나무, 건축용 잡동사니, 토기 제작용 점토, 생가죽과 무두질한 가죽 그리고 사람 등이 포함되었다. 유럽 북부와 서부에서 일부 신석기 공동체는 거대한 바위를 옮겨 거석(巨石) 공동 무덤이나 스톤헨지를 만듦으로써 그들의 운반 능력을 기념했다. 다른 공동체들은 흙을 운반해 거대한 구조물을 만들었다. 이런 구조물은 가시적이고 항구적인 방식으로 그들을 만든 공동체의 결속과 힘을 증명했으며, 이는 여러 가지 방식으로 인간의 운반 능력에 의존했다. 하나의 '집단 운반 도구'로서 마을 공동체의 중요성과 의의는 네 바퀴 수레를 도입하면서 엄청나게 바뀌었다. 네 바퀴 수레로 인해 운송 부담이 인간에서 동물과 기계로 넘어갔고, 향후 이런 상황은 영원히 계속되었다.

비록 최초의 네 바퀴 수레가 느리고 조잡하며 특별히 훈련받은 황소들을 요구했지만, 한 가족이 쉽게 거름을 밭으로 옮기고 뗄감 나무와 식품 및 곡물을 집으로 가져올 수 있도록 했다. 아울러 네 바퀴 수레는 공동체의 협동 노동의 필요성을 줄여 일가족 농업을 가능하게 만들었다. 아마도 네 바퀴 수레는 서기전 3500년경 이후 응집된 대규모 마을이 사라지고 농부 집단이 전 유럽으로 확산하는 데 한몫했을 것이다. 네 바퀴 수레는 초원 지대의 탁 트인 초지에서는 다른 식으로 유용했다. 초원의 경제는 농업보다 목축에 더 의존했다. 여기서 네 바퀴 수레는 지금껏 한 번도 한꺼번에 대량 운반할 수 없었던 것, 즉 주거 시설, 물, 음식 따위를 실어 옮길 수 있었다. 언제나 우거진 하곡의 초원 언저리에서 소심하게 풀을 뜯기던 목부(牧夫)들이 이제는 천막, 물, 음식 보급품 따위를 가지고 가축을 따라 초원 깊숙이 들어가 집 밖에서 생활할 수 있도록 했다. 이어 네 바퀴 수레는 공동체의 확산(과거에는 경제적으로 거의 쓸모없던 내지(內地) 초원 전체로의 확산)을 초래했다. 아울러 더 넓은 초원에서 기르는 더 큰 규모의 가축으로부터 엄청난 부와 권력을 이끌어낼 수 있었다.

앤드루 세라트(Andrew Sherratt)는 서기전 3500~서기전 3000년 유럽 사회에서 벌어진 전면적 변화를 설명하는 원인으로 바퀴의 발명을 쟁기, 울 생산용 양, 낙농, 말에 의한 수송과 한 묶음으로 묶었다. 1981년 세라트가 묘사했듯 '2차 생산품 혁명'은 거주 패턴, 의례, 기술(craft) 방면에서 이전 세대 고고학자 다수가 인도·유럽인의 이주 탓으로 돌렸던 광범위한 변화의 경제적 설명이었다. ('2차 생산품'이란 울, 젖, 짐승의 근력 등 동물을 죽이지 않고 지속적으로 얻을 수 있는 부산물로서 고기나 피, 뼈 및 털가죽 등 도살을 통해 얻는 '1차 생산품'과 대비된다.) 2차 생산품 혁명을 둘러싼 논쟁의 주제 대부분(네 바퀴 수레의 확산, 기마(騎馬), 울 생산용 양)은 또한 인도·유럽어의 확산 논의에도 중심을 차지한다. 그러나 세라트의 관점에 따르면 이 모든 것은 인도·유럽인보다 근동의 도시 문명에서 전파·유래한 것이다. 많은 고고학자들이 크게 안도했겠지만 인도·유럽어군은 이 논의에서 더 이상 중심적이지 않고 심지어 필요하지도 않았다. 그러나 이 모든 혁신이 거의 동시에 근동에서 유래해 유럽으로 들어왔다는 세라트의 주장은 곧 반박을 받았다. 천경(淺耕) 쟁기와 낙농은 서기전 3500년 훨씬 이전에 유럽에서 나타났고, 말의 가축화는 초원 현지에서 일어난 일이다. 2차 생산품 혁명 이론에서

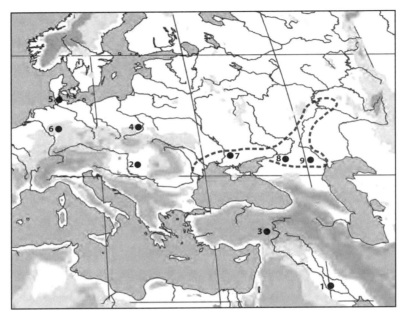

그림 4.6 바퀴나 수레의 증거를 남긴 초기 유적지. (1) 우루크 (2) 부다칼라스 (3) 아르슬란테페 (4) 브로니치체 (5) 플린트베크 (6) 로네쥐센 I (7) 발키 쿠르간 (8) 오스탄니 쿠르간 (9) 에브딕 쿠르간. 점선 안은 흑해–카스피 해 초원에 있는 수레 무덤(약 250기)의 분포를 가리킨다.

중요한 것 하나는 고대 근동과 유럽을 통틀어 울 생산용 양과 네 바퀴 수레가 결합한 확산과 더불어 살아남았지만 이런 혁신이 어디에서 시작되었는지 모른다는 것이다.[11]

바퀴가 끼친 충격파의 명백한 증거는 네 바퀴 수레 기술의 전파 속도였다(그림 4.6). 사실 너무나 빨리 전파되어 우리는 어디서 바퀴–축의 원리를 발명했는지조차 말할 수 없다. 대부분의 전문가는 최초의 네 바퀴 수레를 메소포타미아에서 만들었다고 가정하는데, 도시 문명이 발달한 이곳은 유럽의 부족 사회보다 한층 정교했다. 실제로 메소포타미아에는 수레의 원형인 '썰매'가 있었다. 그러나 우리는 실제가 어땠는지 모른다. 또 하나의 원형이 중석기 및 신석기 시대 유럽에서 섬세한 장부촉 맞춤으로 결합된 구부린 나무 썰매의 형태로 존재한다. 사실 동유럽 다수 지역에서는 20세기까지 겨울에 네 바퀴 수레 혹은 운반용 수레를 헛간에 세워둔 채 그 대안으로 썰매를 사용했다. 왜냐하면 빙판과 눈 위에서는 바퀴보다 썰매가 훨씬 효율적이기 때문이다. 선사 시대 유럽의 구부린 나무 썰매는 메소포타미아에서와 마찬가지로 유용했고, 이 썰매는 북유럽에서 중석기에 이미 나타난다. 그러므로 바퀴와 축을 만드는 기술은 유럽과 근동 양쪽에서 모두 존재했다.[12]

　어디서 바퀴-축 원리를 발명했는가에 상관없이 이 기술은 서기전 3400~서기전 3000년에 걸쳐 유럽과 근동의 대부분 지역으로 급속히 확산했다. 인도·유럽 공통조어 사용자들은 인도·유럽 공통조어 어근에서 만든 고유의 단어를 사용해 네 바퀴 수레와 바퀴에 관해 말했다. 이 단어 대부분은 'o-어간'을 가졌는데, 이 특성은 인도·유럽 공통조어 음운 체계에서 비교적 후기에 발생한 것이다. 네 바퀴 수레와 관련한 어휘는 후기 인도·유럽 공통조어가 분명 서기전 4000년 이후, 아마도 서기전 3500년 이후에 쓰였다는 것을 보여준다. 아나톨리아어는 바퀴 달린 수레에 관한 어휘가 미심쩍은 유일한 인도·유럽어 지파다. 빌 다든이 제시했듯 선 아나톨리아어는 인도·유럽 공통조어의 고향에 네 바퀴 수레가 등장하기 전 원시 인도·유럽 공통조어 방언에서 갈라져 나왔을 것이다. 아마 선 아나톨리아어는 서기전 4000년 이전에 쓰였을 수 있다. 네 바퀴 수레 관련 어휘를 고스란히 간직한 후기 인도·유럽 공통조어는 서기전 3500년 이후에 사용했을 것이다.

네 바퀴 수레와 아나톨리아 고향 가설

●

네 바퀴 수레 관련 어휘는 인도·유럽 공통조어 고향의 위치와 장소에 관한 논쟁을 푸는 열쇠다. 서기전 4000~서기전 3500년의 초원에 고향이 있었다는 주장에 대한 그럴듯한 대안은 아나톨리아와 에게 해 일대에 서기전 7000~서기전 6500년 고향이 있었다는 가설이다. 콜린 렌프루(Colin Renfrew)는 인도·히타이트어(선 인도·유럽 공통조어)가 남부 및 서부 아나톨리아, 서기전 7000년 무렵으로 추정되는 차탈효육(Çatal Höyük) 같은 곳에서 최초의 농부들에 의해 사용되었다고 주장했다. 그의 시나리오에 따르면, 인도·히타이트어 방언 하나가 서기전 6700~서기전 6500년 무렵 아나톨리아 출신 개척 농부들에 의해 농업 경제와 함께 그리스로 전해졌다. 그리스에서 개척 농부들의 언어는 인도·유럽 공통조어로 발전했고, 최초의 농업 경제 확산과 함께 유럽과 지중해 분지로 퍼졌다. 인도·유럽어군의 확산과 최초의 농업 경제 전파를 연결함으로써 렌프루는 인도·유럽어의 기원 문제에 관해 호소력 있는 명쾌한 해답을 얻었다. 1987년 이래 그를 비롯한 일부 연구자들은 개척 농부들의 이주가 많은 세계 고대 언어 확산의 중요한 매개체 중 하나라는 것을 확실하게 보여주었다. 그리하여 '최초의 농업/언어 확산' 가설을 많은 고고학자들이 수용했다. 그러나 이 가설을 따르면, 부모 언어인 인도·히타이트어와 인도·유럽 공통조어의 최초 분기 시점은 서기전 6700~서기전 6500년 무렵, 아나톨리아의 농부들이 처음 그리스로 이주한 때여야 한다. 그러나 언어의 변화 속도를 감안하면 서기전 3500년 유럽에서 네 바퀴 수레가 최초로 등장했을 때, 인도·유럽 공통조어 어족에는 수많은 언어가 있고 다수 지파가 있어야 한다. 아울러 이미 3000년이나 된 이 어족은 어떤 것을 지칭하는 언어 간

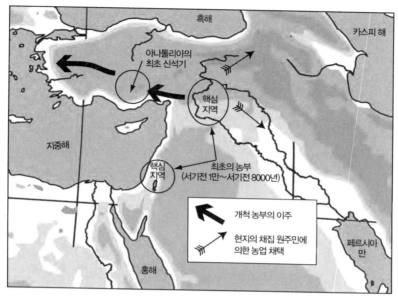

그림 4.7 서기전 7500년 무렵, 시리아 북부의 핵심 지대로 추정되는 곳에서 아나톨리아로 향한 최초의 농업 경제 확산. 최초의 농부 개척자들은 아프리카·아시아어를 쓴 것으로 추정된다. 출처: Bar-Yosef 2002.

공통 어휘를 간직할 시기가 훨씬 지났어야 한다.[13]

아나톨리아 기원 가설은 또 다른 문제도 초래한다. 아나톨리아의 최초 신석기 농부들은 시리아 북부에서 이주한 것으로 여겨지는데, 렌프루의 '최초의 농업/언어 확산' 가설에 따르면 이는 아나톨리아로 시리아 신석기 언어의 확산을 불러와야 한다(그림 4.7). 시리아 북부의 토착 언어는 셈어나 대부분의 근동 저지대 언어처럼 아프리카·아시아(Afro-Asiatic) 언어문(言語門, language phylum)에 속했을 것이다. 만약 최초의 아나톨리아 농부들이 아프리카·아시아어를 썼다면, 그리스로 전파된 것은 그 언어이어야지 인도·유럽 공통조어여서는 안 된다.[14] 아나톨리아에서 기록으로 남은 가장 초기의 인도·유럽어군(히타이트어, 팔라어, 루비어)은 다양성이 별로 없고, 단지 루비어만이 서기전 1500년 무렵 상당한 수의 사용자를 거느리고 있었다. 세 언어는 모두 더 오래되고 높은 평가를 받으며 광범위하게 쓰인 것으로 보이는 비인도·유럽어군(하티어, 후르리어 그리고 아마도 그 밖의 언어들)으로부터 폭넓게 차용을 했다. 아나톨리아의 인도·유럽어군은 사용자 인구 기반을 구축하지 못했으며, 신석기 시대부터 그곳에서 진화해왔다면 갖게 되었을 것으로 예상되는 부류의 다양성이 없었다.

인도·유럽 공통조어의 연대에 대한 계통학적 접근

아나톨리아 기원 가설은 여전히 새로운 계통학적 언어학 방법으로부터 지지를 받고 있다. 생물학에서 빌려온 분기학적 방식은 두 가지 목적에서 쓰였다. 하나는 인도·유럽어군을 분기 순서에 따라 연대순으로 배열하기(여기에 대해서는 앞장에서 논의했다) 위함이고, 또 하나는 어떤 두 지파의 분기 시점을 추정하거나, 훨씬 위험한 과제로서 모든 지파의 근원과 관련한 연대를 추정하기 위함이다. 생물학적 변화에 기초한 진화 모형을 사용해 언어 지파들에 추정 연대를 부여하는 것은 아무리 잘해도 불확실한 절차다. 인간은 의도적으로 자신의 말하는 방식을 끊임없이 고칠 수 있지만 유전자를 고칠 수는 없다. 하나의 언어학적 혁신이 언어 공동체 안에서 재생산되는 방식은 육종 집단에서 유전자 변이가 재생산되는 방식과 상당히 다르다. 언어 분열 및 재결합의 지형학과 언어의 분기 속도는 유전적인 것보다 훨씬 다양하다. 유전자는 전체 단위로 퍼질 수 있지만 언어의 전파는 항상 모듈식(전체가 아니라 특정 덩어리 단위로 전파하는 것을 말함―옮긴이)이며, 어떤 모듈(문법과 음운 체계)은 다른 모듈(단어)보다 차용이나 확산에 대한 저항성이 크다.

러셀 그레이(Russell Gray)와 쿠엔틴 앳킨슨(Quentin Atkinson)은 컴퓨터

프로그램을 이용해 분기학적 방법과 언어학적 방법의 혼합물을 처리함으로써 이 문제를 연구하려 했다. 그들은 선 아나톨리아어가 나머지 인도·유럽어 공동체로부터 서기전 6700년(±1200년) 무렵 떨어져 나왔다고 주장했다. 그다음에 선 토하라어(서기전 5900년 무렵), 선 그리스어/아르메니아어(서기전 5300년 무렵), 선 인도·이란어/알바니아어(서기전 4900년 무렵)가 차례로 뒤를 이었다. 마지막으로 선 발트·슬라브어와 선 이탈리아·켈트·게르만어를 포괄하는 초대분기군(super-clade)이 서기전 4500년 무렵 갈라져 나왔다. 고고학은 서기전 6700~서기전 6500년 무렵이 대략 최초의 개척 농부가 아나톨리아를 떠나 그리스에 식민지를 세운 때임을 보여준다. 고고학과 언어학적 연대 사이에 이보다 더 가까운 합치를 요구하기는 어렵다.[15] 그러나 인도·유럽 공통조어에 네 바퀴 수레 관련 어휘가 있다는 사실과 최초의 확산 시기인 서기전 6500년을 어떻게 결합할 수 있을까?

느린 진화 가설

네 바퀴 수레 관련 어휘는 인도·유럽 공통조어가 죽고 파생 언어들이 분화한 **후에** 생겨났을 수 없다. 네 바퀴 수레/바퀴 관련 용어는 나중의 파생 언어에서 생기나 기타 언어로 차용되었을 경우 예상할 수 있는 소리를 간직하고 있지 않은 반면, 인도·유럽 공통조어에서 파생 언어 지파들로 전해졌을 경우 예상할 수 있는 소리들을 갖고 있다. 네 바퀴 수레 관련 단어의 인도·유럽 공통조어 기원은 반박할 수 없다. 최소 5개의 고전적인 복원 어휘로 구성되어 있기 때문이다. 만약 이게 틀린 것이라면, 비교언어학의 핵심적 방법('발생학적' 관련성을 결정짓는 방법)은 너무도 신뢰도가 낮아 소용없고 인도·유럽어의 기원에 관한 질문은 고려할 가치도 없을 것이다.

그러나 네 바퀴 수레/바퀴 관련 어휘들이 같은 인도·유럽 공통조어 어근으로부터 나와 각 지파의 언어들에서 서로 관계없이 **독립적으로** 만들어질 수 있을까? '바퀴'를 의미하는 *k^wek^wlos의 예에서 그레이는 (자기 홈페이지를 통해) '돌다(turn)'를 의미하는 동사 *$kwel$-에서 명사 '도는 것(the turner)', 곧 *wheel*로의 의미론적 발전은 너무 자연스러워 각 지파들에 독립적으로 이 발전 과정이 반복되었을 수 있다는 의견을 제시했다. 여기서 발견할 수 있는 난제는 '돌다(turn)' '말다(roll)', '회전하다(revolve)'를 의미하는 인도·유럽 공통조어로 최소한 4개의 각기 다른 동사를 복원했다는 것이다. 이런 사실은 각 지파에서 독립적으로 *$kwel$-의 선택을 답습했다는 것에 의문을 제기한다.[16] 더 심각하게는 인도·유럽 공통조어의 *$kwel$-이나 그 밖의 네 바퀴 수레 관련 용어들은 시간이 지나도 불변하지 않았을 것이라는 점이다. 이런 용어가 인도·유럽 공통조어의 음성적 형태로 완전히 고정되어 수천 년에 걸쳐 다른 시간대에서 기원한 9개 혹은 10개 지파의 언어 사용자들이 모두 사용할 수는 없었을 것이다. 우리는 다른 모든 어휘가 시간에 따라 정상적으로 바뀌는데, 바퀴 관련 어휘만 정체했다고 가정할 수 없다. 그러나 다른 어휘들 또한 매우 천천히 바뀐다면 어떨까?

이것이 렌프루가 제시한 해답이다(그림 4.8). 네 바퀴 수레/바퀴 관련 어휘가 '최초의 농업/언어 확산' 가설과 결합하려면 인도·유럽 공통조어는 3500년 동안 사용되었어야 하며, 인도·유럽 공통조어가 아주 적게 변하는 동안 매우 많은 시간이 필요했어야 한다. 그의 이론에 따르면 선 인도·유럽 공통조어 혹은 인도·히타이트어는 아나톨리아에서 서기전 6500년 이전에 쓰였다. 아울러 원시 인도·유럽 공통조어는 서기전 6500~서기전 6000년 그리스에서 개척 농부들의 언어로 진화했다. 그들

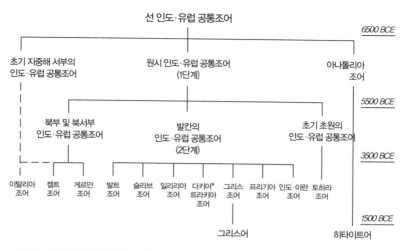

그림 4.8 만약 인도·유럽 공통조어가 서기전 6500~서기전 5500년의 최초 농부들과 함께 유럽에 퍼졌다면 약 서기전 3500년까지, 즉 바퀴 달린 수레에 관한 어휘가 등장한 시기까지 거의 바뀌지 않은 채로 있었어야 한다. 이 도표는 3000년 동안 단지 3개의 방언으로 분화한 것을 보여준다. 출처: Renfrew 2001.

의 후손이 북쪽과 서쪽으로 이주하고 불가리아에서 헝가리와 우크라이나까지 광범위하게 흩어진 신석기 공동체를 세우는 동안, 그들이 가져간 언어는 하나의 언어, 즉 원시 인도·유럽 공통조어로 남았다. 그들의 후손이 몇 세기 동안 정착하자 두 번째 개척 이주의 물결이 선형 토기(Linear Pottery) 농부들과 함께 카르파티아 산맥을 가로질러 북부 유럽 평원으로 밀려들었다. 이때가 서기전 대략 5500~서기전 5000년이다. 이러한 농업 이주가 렌프루의 인도·유럽 공통조어 1단계를 만들었고, 이 언어는 라인 강부터 드네프르 강까지 그리고 독일부터 그리스까지 대부분의 유럽에서 서기전 6500~서기전 5000년에 쓰였다. 렌프루의 인도·유럽 공통조어 2단계, 즉 서기전 5000~서기전 3000년의 원시 인도·유럽 공통조어는 초원으로 확산했고 목축 경제의 채택과 함께 볼가 강까지 퍼졌다. 후기 인도·유럽 공통조어의 방언적 특성이 발전했고, 여기에는 'o-어간' 같은 '주제어(thematic)'의 굴절 현상도 포함된다. 이런 현상은 네 바퀴 수레/바퀴 관련 어휘 모두에서 나타난다. 이런 후기의 특성은 선사 시대 유럽의 3분의 2에 해당하는 인도·유럽 공통조어 사용 지역 전체에서 공유했다. 수레 관련 어휘는 2단계 후기에 나타나 라인 강에서 볼가 강까지 채택되었다.[17]

내가 보기에 이 인도·유럽 공통조어 개념은 세 가지 치명적 결함을 갖고 있다. 먼저, 인도·유럽 공통조어가 서기전 6500~서기전 3000년 사이 3500년 이상 통일된 방언의 고리로 남아 있으려면, 그에 속한 모든 방언이 똑같은 속도로 그리고 비정상적으로 느리게 변해야 한다. 신석기 시대 대부분 유럽 지역에서 동일한 속도의 언어 변화가 이뤄졌을 가능성은 대단히 적어 보인다. 왜냐하면 세일라 엠블턴이 보여주었듯 언어의 변화는 매우 많은 현지 요소의 영향을 받는데, 이 요소는 지역마다 다르기 때문이다. 그리고 인도·유럽 공통조어가 3500년 동안 단지 초기의 형태에서 후기의 형태로 진화하려면 신석기/동석기(금석병용기—옮긴이) 시대 동안 언어 변화의 속도 면에서 거의 정체에 가까운 범유럽적 상태가 필요한데, 이는 정말 비현실적인 요구다. 이에 더해 신석기 유럽은 거의 믿을 수 없을 정도로 **물질문화의 다양성**을 분명히 보여준다. 고든 차일드(V. Gordon Childe)가 관찰했듯 "이 엄청난 다양성은 비록 학생들을 당황스럽게 하고 지도를 어지럽게 하지만 여전히 유럽 선사 시대 패턴의 중요한 특징이다".[18] 오래전에 확립되어 외부의 간섭을 받지 않은 부족 언어는 부족의 물질문화보다 **더** 다양한 경향이 있다(6장 참조). 그래서 신석기/동석기 시대 유럽의 언어적 다양성은 그 물질문화의 다양성보다 당황스러우리만큼 더 다양하거나, 아니면 그다지 덜 다양하지 않거나 최소한 확실히 그보다 눈에 띄게 덜 다양하지는 않다고 기대할 수 있다.

마지막으로, 이처럼 거대한 지역은 부족 경제와 정치 상황이라는 조건 아래 도보로만 이동하고 육상 운송 수단만 있던 시절에 한 언어가 생존하기에는 정말이지 너무 크다. 짐 맬러리와 나는 신석기/동석기 시대 유럽 부족 언어 영역의 규모를 다루고, 대니얼 네틀스(Daniel Nettles)는 서아프리카 부족 언어의 지리학을 설명했다.[19] 서아프리카의 경작 부족 대부분은 1만 제곱킬로미터 이내에 분포한 언어를 사용했다. 전 세계의 채집민(forager)은 일반적으로 농부들보다 훨씬 큰 언어 영역을 가졌고, 환경이 나빠 옮겨 다니는 농부들은 좋은 환경에서 집약적으로 경작하는 농부들보다 더 큰 언어 영역을 가졌다. 기록으로 남은 대부분 농경 부족 **어족**(개별 언어가 아니라 인도·유럽어나 우랄어 같은 어족)의 사용 영역은 일반적으로 20만 제곱킬로미터보다 상당히 작았다. 맬러리는 신석기 시대 유럽의 어족이 차지하는 영역을 평균 25만~50만 제곱킬로미터로 보았는데, 이는 수많은 불확실성을 감안해 최대치로 잡은 것이다. 그렇게 해도 여전히 신석기 시대 유럽에는 20~40개의 어족이 있었다.

서기전 3500년 유럽에서 실제 어족의 수는 이보다 적었을 것이다. 왜냐하면 서기전 6500년경 시작된 일련의 이주에 의해 유럽에 농업 경제가 도입되었기 때문이다. 장거리 이주의 역동성, 특히 개척 농부들의 역동성은 비정상적으로 동질적인 언어가 비정상적으로 넓게 수세기 동안 급격히 확산할 수 있게끔 했다(6장 참조). 하지만 곧이어 지역적 분화가 시작되었다. 신석기 시대 유럽에는 서로 다른 인구학적 충원지(recruiting pool)에서 서로 다른 지역으로 흘러가는 몇 차례의 차별적인 이주 물결이 있었다. 그들은 이주해서 현지의 중석기 채집민 언어 집단과 상호 교류했다. 이로 인해 서기전 6000~서기전 5500년경 이주 농민들 사이에서 500~

1000년 동안 언어 분화가 나타나기 시작했을 것이다. 다른 경우와 비교해 보면, 약 2000년 전 아프리카 중부 및 남부를 가로질러 반투어를 사용하는 소 목축자들의 이주가 발생하자 반투 공통조어는 그 후 다양해져 오늘날 19개 지파의 500개 넘는 현대 반투어가 생겨났다. 이 지역에는 오늘날에도 여전히 비(非)반투어족에 속하는 언어 사용 집단 거주지가 중간중간 끼어 있다. 서기전 3500년의 유럽은 최초 농경 이주가 시작된 지 2000~3000년이 흐른 뒤이므로 최소한 오늘날 중부 및 남부 아프리카 정도의 언어적 다양성이 있었을 것이다. 즉 원래 이주민인 신석기 농부들의 언어에서 파생한 수백 개의 언어에 여러 유형의 전(前) 신석기 언어, 즉 원주민 언어가 중간중간 끼어 있었을 것이다. 처음 그리스로 들어온 이주자들의 언어가 3000년이 흘러 그들이 몇 개 기후대에 걸쳐 수백만 제곱킬로미터로 퍼져 나간 후에도 단일한 언어로 남아 있었을 수는 없다. 민족지적 및 역사적으로 부족 농부들 사이에 이처럼 크고 안정적인 언어 영역은 간단히 말해 존재한 적이 없다.

인도·유럽 공통조어 사용자들이 네 바퀴 수레와 네 바퀴 수레 관련 어휘를 갖고 있었다는 사실과 서기전 6500년이라는 인도·유럽 공통조어의 이른 확산 시기를 일치시킬 수는 없다. 네 바퀴 수레 관련 어휘는 '최초의 농경/언어 확산' 가설과 양립할 수 없다. 인도·유럽 공통조어가 신석기시대 그리스에서 쓰이다 3000년 후 네 바퀴 수레를 발명한 후에도 여전히 쓰였을 리는 없다. 그러므로 인도·유럽 공통조어는 농업 경제와 함께 확산한 게 아니다. 인도·유럽 공통조어 최초의 확산은 그보다 훨씬 뒤, 즉 서기전 4000년 이후 유럽 지역에 이미 수백 종의 언어를 사용하는 수많은 사람이 빽빽이 자리 잡은 후 일어났다.

인도·유럽 공통조어의 탄생과 죽음

●

역사적으로 알려진 인도·유럽어들이 인도·유럽 공통조어에 하나의 연대기적 한계선, 즉 **최후의 날**을 결정하고 울 및 바퀴와 관련한 복원된 어휘들이 또 하나의 한계선, 즉 **탄생일**을 결정한다. 인도·유럽 공통조어 최후의 날은 서기전 2500년 무렵으로 산정할 수 있다(3장). 울과 네 바퀴 수레/바퀴 관련 어휘는 후기 인도·유럽 공통조어가 서기전 4000~서기전 3500년경 이후, 아마도 서기전 3500년 이후에 쓰였을 거라는 것을 확인해준다. 만약 우리가 인도·유럽 공통조어의 정의에 원시 아나톨리어 같은 언어 단계(확실하게 기록으로 남은 바퀴 달린 수레 관련 어휘가 없고, 그 방언들을 서기전 2500년 무렵의 최후 확산 초기에 사용한 단계)의 최후까지 포함한다면 인도·유럽 공통조어 사용의 최대 범위는 서기전 4500년 무렵에서 서기전 2500년 무렵으로 확장된다. 이 2000년의 간극이 우리를 잘 정의된 고고학적 시대로 인도한다.

이런 시간의 틀 안에서 인도·유럽어 고향과 관련한 고고학은 이어지는 순서와 일치하는 것으로 보이며, 전통적 언어 파생 연구나 분기학적 관점에서도 이치에 맞는 것으로 보인다. 원시 인도·유럽 공통조어(오직 아나톨리아어가 부분적으로 간직하고 있다)는 서기전 4000년 이전, 초기 인도·유럽 공통조어(토하라어가 부분적으로 간직하고 있다)는 서기전 4000~서기전 3500년 사이 그리고 후기 인도·유럽 공통조어(네 바퀴 수레/바퀴 관련 어휘를 가진 이탈리아어와 켈트어의 원천)는 서기전 3500~서기전 3000년 무렵에 쓰였을 것이다. 선 게르만어는 후기 인도·유럽 공통조어 방언군의 서쪽 가장자리에서 서기전 3300년 무렵 갈라져 나왔고, 선 그리스어는 서기전 2500년 무렵 아마도 다른 방언 무리에서 갈라져 나왔을 것이다. 그리고 선 발트어는 선 슬라브어 및 기타 서북쪽 방언군에서 서기전 2500년 무렵, 선 인도·이란어는 동북쪽 방언군에서 서기전 2500~서기전 2200년에 갈라져 나와 발전했을 것이다.

이제 표적이 시간적으로 고정되었으니 우리는 인도·유럽 공통조어를 **어디서** 사용했는지에 관해 한층 격렬하고 오랜 논쟁을 해결할 수 있다.

05

언어와 장소
인도·유럽 공통조어 고향의 위치

인도·유럽어의 고향은 미국 서부 개척 시대의 전설 '잃어버린 네덜란드인의 광산(Lost Dutchman's Mine)'과 같다. 요컨대 거의 모든 지역에서 발견되지만 그 어떤 지역도 확정할 수 없다. 그 진짜 위치를 안다고 주장하는 이들은 그저 약간 이상한, 혹은 그보다 상태가 나쁜 사람으로 여겨진다. 사람들은 인도, 파키스탄, 히말라야 산맥, 알타이 산맥, 카자흐스탄, 러시아, 우크라이나, 발칸, 터키, 아르메니아, 캅카스 북쪽, 시리아/레바논, 독일, 스칸디나비아, 북극 그리고 (당연히) 아틀란티스까지 인도·유럽어의 고향으로 지목해왔다. 고향으로 지목된 일부 지역은 민족주의자나 인종주의자들이 자신의 특권과 영토권을 주장하기 위한 역사적 선례로 제시한 것에 불과한 것으로 보인다. 그 밖에 나머지는 열정적으로 엉뚱하다. 건조하게 학문적인 것과 우스꽝스럽게 부조리한 것 그리고 야만적으로 정치적인 것이 번갈아가며 200년 동안 논쟁을 벌여왔다.[1]

이번 장에서는 인도·유럽 공통조어 고향의 위치에 관한 언어학적 증거

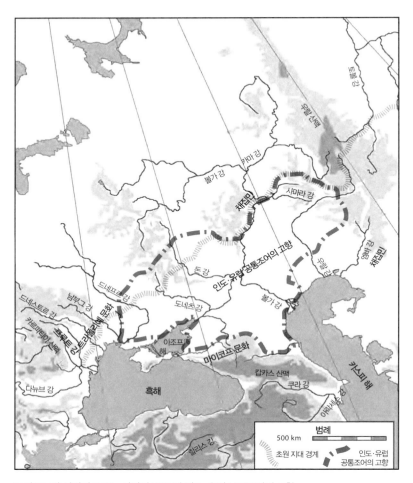

그림 5.1 약 서기전 3500~서기전 3000년 인도·유럽 공통조어의 고향

들을 제시한다. 그 증거들은 아주 잘 닦인 길을 따라 우리를 익숙한 목적지로 데려다줄 것이다. 바로 오늘날의 우크라이나와 러시아 남부 지역의 '흑해-카스피 해 초원'으로 알려진 흑해와 카스피 해 북부의 초원이다(그림 5.1). 마리야 김부타스와 짐 맬러리를 위시한 일부 학자들은 지난 30년

동안 설득력 있게 이 지역이 인도·유럽 공통조어의 고향이라고 주장해왔는데, 이들은 각자 일부 중요한 세부 사항에서는 다른 범주를 사용해 접근하지만 같은 결론에 도달하며 많은 추론이 일치한다.[2] 내 의견으로는 최근의 발견들이 '흑해-카스피 해 초원 가설'에 너무도 많은 힘을 실어주었다. 그래서 우리는 이곳이 고향이라는 가정 아래 합리적으로 나아갈 수 있다.

'고향'이라는 개념의 문제점

●

논의를 시작하면서 나는 일부 근본적 문제점을 인정하려 한다. 내 동료들 중 다수가 인도·유럽 공통조어의 **어떤** 고향을 특정하는 것은 불가능하다고 생각한다. 다음은 그들이 가장 우려하는 것 세 가지다.

문제 1. 복원된 인도·유럽 공통조어는 언어학적 가설에 불과하며, 가설은 고향을 갖지 않는다.

이 비판은 복원된 인도·유럽 공통조어의 실재성을 문제 삼는데, 이 주제에 대해 언어학자들의 견해는 일치하지 않는다. 일부가 상기해주듯 우리는 복원된 인도·유럽 공통조어를 어떤 장소에서 실제로 사용했다고 상상해서는 안 된다. 딕슨(R. M. W. Dixon)은 우리가 복원된 언어의 문법 유형에 관한 "절대적 확신"을 가질 수 없다면, 이는 "추정적인 복원의 모든 세부 사항"에 의심을 드리운다고 말했다.[3] 그러나 이는 극단적 요구다. 우리가 절대적 확신을 가질 수 있는 유일한 분야는 종교다. 그 밖의 모든 활동에서 우리는 현재 주어진 자료를 갖고 제시할 수 있는 최선(가장 단순하고 가장 자료-포괄적이라는 의미를 동시에 가진)의 해석에 만족해야 한다. 우리가 이것을 **모든** 세속적인 연구에 적용할 수 있다고 받아들이면, 인도·유럽 공통조어를 하나의 '실재'로 간주할 수 있는가에 대한 문제는 세 가지 더 날카로운 비판으로 귀결된다.

a. 복원된 인도·유럽 공통조어는 **파편적**이다.〔인도·유럽 공통조어가 표상하는 언어 대부분(인도·유럽 공통조어의 전체적 실체－옮긴이)은 결코 밝혀지지 않을 것이다.〕

b. 복원된 부분은 비교 방법에 의해 **균질화한** 것으로서 개별 방언들의 독특한 음운이 결여되어 있다. (비록 복원된 인도·유럽 공통조어가 일부 방언의 증거를 간직하고 있긴 하지만 말이다.)

c. 인도·유럽 공통조어는 시간의 한순간을 나타내는 스냅 사진이 아니라 '초시간적'이다. 즉 인도·유럽 공통조어는 발전과 관련해 **수세기 심지어 수천 년의 시간을 평균한 것**이다. 이런 점에서 인도·유럽 공통조어는 언어 역사에서 하나의 단일한 시대를 정확히 표현한 것이 아니다.

이는 심각한 비판인 것처럼 보인다. 그러나 이런 비판의 효과가 인도·유럽 공통조어를 단지 환상으로 만든다면, 메리엄-웹스터 사전(Merriam-Webster Dictionary)에 실린 영어 또한 환상이다. 내 사전에는 **하드 디스크**(hard disk: 1978년판에 처음 실린 단어)는 물론 **옴버**(ombre: 17~18세기에 유행한 카드 게임)도 수록되어 있다. 그러므로 이 사전은 최소 300년간의 어휘를 한데 모은 것이다. 아울러 그 음운 체계, 즉 그것이 설명하는 '정확한' 발음은 상당히 제한적이다. 요컨대 *hard disk*에는 단 하나의 발음만 주어질 뿐 보스턴 사람들이 발음하는 [haahd]는 없다. 메리엄-웹스터 사전의 영어는 어떤 특정 개인이 그 전체를 말한 적이 결코 없다(사람마다 발음이 다르고, 거기에 수록된 여러 시대의 단어를 모두 쓰지도 않는다는 뜻—옮긴이). 그럼에도 불구하고 우리는 이 사전이 실제 구어(口語) 영어의 안내서로 유용하다는 것을 안다. 복원된 인도·유럽 공통조어도 마찬가지로 한 언어의 사전판(dictionary version)이다. 인도·유럽 공통조어는 그 자체로 실제 언어는 아니지만 확실히 어떤 언어를 **가리킨다.** 그리고 우리는 수메르 설형문자나 이집트 상형문자의 문서들도 복원된 인도·유럽 공통조어와 똑같은 문제점을 던진다는 것을 기억해야 한다. 즉 기록된 문자는 모든 음을 명확히 나타내는 것이 아니므로 그 문자의 음운 체계는 명확하지 않다. 설형문자나 상형문자 문서는 단지 왕가나 사제들의 방언을 간직하고 있을 뿐이며, 그 안에는 마치 교회 라틴어처럼 원시적 어형도 있을 것이다. 이것들은 그 자체로 실제 언어가 아니며, 단지 실제 언어를 **가리킬** 뿐이다. 이런 점에서 복원된 인도·유럽 공통조어는 수메르 설형문자와 크게 다르지 않다.

만약 인도·유럽 공통조어가 사전과 같다면 '초시간적'일 수 없다. 사전의 연대는 최근 수록한 어휘로 쉽게 알 수 있다. *hard disk*라는 용어를 수록한 사전은 1978년 이후의 것인데, 네 바퀴 수레 관련 용어 때문에 인도·유럽 공통조어의 연대를 서기전 4000~서기전 3500년 이후로 측정하는 것과 마찬가지다. 부정적 정보(negative information), 곧 인도·유럽 공통조어에 어떤 단어가 없다는 사실을 연대 측정의 수단으로 쓰는 것은 더 위험한데, 인도·유럽 공통조어에 실제로 존재했던 많은 단어를 복원하는 것은 영원히 불가능하기 때문이다. 그러나 인도·유럽 공통조어에 spoke(바퀴살), iron(철), cotton(면), chariot(전차), glass(유리), coffee(커피) 등의 어원이 없다는 것은 적어도 흥미로운 일이다. 이것들은 인도·유럽 공통조어의 파생 언어들이 진화하고 확산한 이후, 즉 우리가 쓰는 수사법으로 사전을 인쇄한 후에 생긴 물건이기 때문이다.

물론 복원된 인도·유럽 공통조어 사전은 내 메리엄-웹스터 사전보다 훨씬 누더기다. 많은 페이지가 뜯겨나갔고, 남아 있는 것들도 시간의 흐름에 따라 흐릿해졌다. 페이지의 누락이 일부 언어학자를 가장 괴롭히는 문제다. 복원된 조어(祖語)는 실망스러운 뼈대처럼 보일 수 있다. 잃어버린 뼈도 많고 남은 뼈들의 위치에 대해서는 전문가들의 의견이 엇갈린다. 한때 이 뼈대가 지탱했을 완전한 언어는 실제로는 이론적으로 복원한 것이다. 피와 살을 가진 공룡의 복원된 이미지도 마찬가지다. 그럼에도 불구하고 고생물학자처럼 나는 파편적인 뼈대라도 갖고 있어 행복하다. 나는 인도·유럽 공통조어를 매우 오래된 고대 사전의 풍부한 파편들에 붙은 부분적인 문법과 부분적인 발음 규칙의 묶음이라고 생각한다. 일부 언어학자들은 이것들이 모여 '실제' 언어를 구성할 것이라고 여기지 않을 것이다. 그러나 고고학자에게 이것은 방을 가득 채울 정도의 토기 조각들보다 더 귀중하다.

문제 2. '복원된 인도·유럽 공통조어'라는 개념 전체가 환상이다. 즉 인도·유럽어군 사이의 유사성은 오히려 수천 년 동안 매우 다른 기원을 가진 언어 간의 점진적 수렴에 의해 발생했을 수 있다.

이는 첫 번째보다 더 근본적인 비판이다. 이 비판에 따르면 언어학의 비교 연구 방법은 자동적 결과물로서 조어를 생산하는 리그드 게임(rigged game: 사전에 결과를 조작한 게임—옮긴이)이다. 비교 연구 방법은 언어 간의 차용과 수렴에 의한 변화를 무시하는 것으로 여겨진다. 이들 학자에 의하면 원래 다른 언어들 간의 점진적 수렴이 인도·유럽어군 사이의 유사점을 만들어냈을 것이다.[4] 이런 주장이 사실이거나 혹은 그럴 가능성이 있다면 인도·유럽어군 공통의 부모를 찾기 위해 노력할 이유가 없을 것이다. 그러나 이런 식의 질문에 영감을 불어넣었던 러시아 언어학자 니콜라이 S. 트루베츠코이(Nikolai S. Trubetzkoy)는 1930년대에 활동했고, 당시는 언어학자들에게 그의 놀라운 제안을 검토해볼 수단이 없던 시절이었다.

그 후 상당수 언어학자들이 언어 간의 수렴 문제를 파고들어 수렴의 발생 원인과 언어적 효과에 대한 우리의 이해를 크게 증진시켰다. 비록 어떤 주제들에 대해서는 완강하게 서로 동의하지 않지만, 최근의 모든 수렴 연구는 인도·유럽어군의 핵심적 유사성은 하나의 조상 언어에서 파생했기 때문이지 수렴 때문이 아니라는 데 의견을 같이한다.[5] 물론 인접한 인도·유럽어군 사이에서 일부 수렴 현상이 일어났지만―이는 '완전히 있다' 혹은 '완전히 없다'의 양자택일 문제가 아니다― 전문가들은 인도·유럽어족을 규정하는 기본 구조는 오직 공통의 모어로부터 파생할 경우에만 설명할 수 있다는 데 동의한다.

이런 만장일치에는 세 가지 이유가 있다. 첫째, 인도·유럽어군은 세계에서 가장 철저히 연구한 언어다. 간단히 말해, 우리는 이 언어군에 대해 잘 안다. 둘째, 언어학자들은 인도·유럽어군 간에 볼 수 있는 것과 같은 수많은 유사성이 서로 다른 기원을 가진 언어 간 차용이나 수렴에 의해 발생한 경우를 알지 못한다. 그리고 셋째, 혼성어(기원이 다른 2개 혹은 그 이상의 언어가 수렴해 만들어진 언어)의 전형으로 알려진 특징이 인도·유럽어군 사이에는 보이지 않는다. 혼성어의 특징은 명사와 대명사 굴절의 대대적 감소(격이 없거나 심지어 단수/복수의 구별자도 없음), 동사의 시제를 대체하기 위한 동사 앞 불변화사(pre-verbal particle)의 사용('we got' 대신 'we bin get' 사용), 전치사의 심각한 감소, 부사와 형용사를 강조하기 위해 반복 형태를 사용하는 것 등이다. 이런 모든 특징 면에서 인도·유럽 공통조어는 혼성어와 **정반대**다. 혼성어에 일반적으로 적용하는 어떤 기준으로도 인도·유럽 공통조어를 혼성어로 분류할 수는 없다.[6]

인도·유럽어의 파생어군도 혼성어임을 나타내는 표지를 보이지 않는다. 이는 인도·유럽어 어휘와 문법이 경쟁 언어와 섞여 혼성되는 대신 경쟁 언어를 대체했다는 것을 의미한다. 물론 일부 상호 간 차용은 발생했지만(언어 간 접촉에서 항상 발생하는 일이다) 표면적 차용과 혼성화는 매우 다른 것이다. 간단히 말해, 수렴으로는 인도·유럽어군 간의 유사성을 설명할 수 없다. 우리가 모어의 존재를 폐기한다면, 인도·유럽어족을 규정하는 음운과 형태 그리고 의미의 일반적 일치를 설명할 방법이 없다.

문제 3. 인도·유럽 공통조어를 사용한 고향이 있었다 하더라도 그곳을 찾기 위해 복원된 인도·유럽 공통조어 어휘를 쓸 수 없다. 왜냐하면 복원된 어휘는 인도·유럽 공통조어에는 존재하지 않았던 연대 착오로 가득하기 때문이다.

이 비판은 바로 앞의 비판과 마찬가지로 언어 간 차용(여기서는 단지 어휘에 초점을 맞추었다)에 대한 최근의 우려를 반영한다. 물론 많은 차용어가 인도·유럽 공통조어 사후에도 오랫동안 인도·유럽어 파생 언어들 사이에 확산한 것으로 알려졌는데, 최근의 예로 *coffee*(아라비아어에서 나와 터키어를 거쳐 차용)와 *tobacco*(카리브어에서 차용)를 들 수 있다. 이런 물건을 나타내는 단어는 서로 다른 인도·유럽어군 사이에서 비슷하게 발음하며 의미는 똑같다. 하지만 이것들을 고대에서 내려온 단어들과 혼동하는 언어학자는 별로 없을 것이다. 이런 단어의 음운 체계는 인도·유럽어계가 아니며, 파생어 지파들에서 보이는 형태는 하나의 뿌리에서 나왔을 경우 예상할 수 있는 것을 드러내지 않는다.[7] *coffee* 같은 용어는 중요한 혼성어가 아니다.

역사언어학자들은 언어 간 차용을 무시하지 않는다. 차용을 이해하는 것은 기본이다. 예컨대 독일어, 그리스어, 켈트어 그리고 기타 언어들에 들어 있는 미묘한 불일치 — 어두에 나오는 [kn-](예를 들면 *knob:* 손잡이. *k*는 묵음) 같은 짧은 소리를 포함해 — 는 음운론적으로 인도·유럽어의 특성이 아닌 것으로 규정된다. 이렇게 더 이상 존재하지 않는 비인도·유럽어군의 파편이 남아 있는 까닭은 오직 이것들이 차용된 것이기 **때문**이다. 이것들은 인도·유럽어 이전의 지명(地名) 지도를 그리는 데 도움을 준다. [-ssos] 혹은 [-nthos]로 끝나는 지명, 예컨대 Corinthos(코린토스), Knossos(크로노스), Parnassos(파르나소스) 등의 단어는 그리스어로 차용된 것으로서 에게 해 및 아나톨리아 서부의 그리스어 이전 시기 언어들의 지리적 분포를 보여주는 것으로 여겨진다. 차용된 비인도·유럽어 음은 오래전 사라진 북동부 유럽의 비인도·유럽어군의 측면 일부를 복원하는 데도 쓰였다. 우리는 여전히 수천 년 전 차용된 단어에 남은 그 언어의 파편을 식별해낼 수 있다.[8]

차용의 또 다른 정식 사용처 중 하나는 **언어동조대**(言語同調帶, sprachbund) 같은 '지역적' 특징의 연구다. 언어동조대는 몇몇 다른 언어가 서로 다른 상황에서 상호 교환적으로 사용되다 서로의 특성을 광범위하게 차용하는 현상이 벌어지는 지역을 말한다. 가장 유명한 언어동조대는 동남부 유럽으로서 알바니아어, 불가리아어, 세르비아·크로아티아어, 그리스어가 많은 특성을 공유하는데, 이는 이 지역이 그리스정교를 공유하기 때문인 것으로 보인다. 마지막으로 차용은 '발생학적' 연관성을 연구할 때 상존하는 요인이다. 언어학자가 두 파생 언어의 각 동일어근어가 공통 뿌리에서 유래한 것인지 판단하려 할 때는 반드시 이 용어가 다른 언어에서 차용된 것인지 확인하고, 만약 그렇다면 논의에서 제외해야 한다. 비교언어학이 사용하는 방법 중 다수는 차용 단어, 음운, 형태의 정확한 규명에 **달려있다.**

비슷한 음과 비슷한 의미의 어근이 광범위하게 흩어져 있는 인도·유럽어군(고대 언어를 포함해)에서 드러나고 그 형태의 음운론적 비교 결과가 하나의 공통 조상으로 귀결될 때, 약간의 확신을 갖고 이 어근을 인도·유럽 공통조어 어휘로 분류할 수 있다. 복원된 어떤 개별 어근도 인도·유럽 공통조어 문화에 관한 정교한 이론의 기반으로 활용해서는 안 되지만, 우리는 개별 어근을 갖고 작업할 필요가 없다. 우리에겐 관련 의미를 가진 용어 뭉치가 있기 때문이다. 최소 1500개의 고유한 인도·유럽 공통조어 어근을 복원했고, 이 어근 중 다수가 복수의 복원한 인도·유럽 공통조어 단어에 등장한다. 그러므로 복원한 인도·유럽 공통조어 단어의 총계는 1500개보다 훨씬 많다. 차용은 특정한 복원 어근에 영향을 미치는 특정한 문제이지만, 차용이 수천 개의 용어를 포괄하는 복원된 어휘의 유용성을 폐기하지는 않는다.

인도·유럽 공통조어의 고향은 인종주의적 신화나 순전히 이론적인 환상이 아니다. 마치 사전 뒤에 실제 언어가 있듯 복원한 인도·유럽 공통조어 뒤에는 실제 언어가 놓여 있다. 그리고 그 언어는 서기전 4500~서기전 2500년 무렵 일정한 지역 안에서 살았던 실제 사람들의 생각, 관심사, 물질문화로 우리를 인도하는 안내자다. 그렇다면 그 지역은 어디일까?

고향 찾기: 생태와 환경

●

결국 고향이 어디로 귀결되든 인도·유럽어 문제 연구자들은 똑같은 길을 따라 출발했다. 첫 단계는 복원된 인도·유럽 공통조어 어휘 중에서 특정한 시대에 오직 어떤 특정한 지역에만 존재했던 동물 및 식물 종 혹은 기술을 지칭하는 어근을 규명하는 것이다. 적어도 넓은 제한 범위 내에서라도 어휘 자체가 고향을 지목해야 한다. 예컨대 어떤 인간 집단의 고향을 규명하려 하는데, 어떤 언어학자가 오직 그들의 일상생활을 기록한 다음의 단어들에만 기초해야 한다는 요청을 받았다고 상상해보라.

아르마딜로	산쑥	선인장
가축 몰이	거세한 수소	어린 암소
송아지	낙인	취사 마차
가축장	종착역	6연발 권총
안장	올가미	말

당신은 상당히 자신 있게 그들이 아메리카 서남부 주민으로서 아마도 19세기 말 혹은 20세기 초에 살던 사람들이라고 말할 수 있을 것이다. (6연발 권총의 존재와 트럭, 자동차, 고속도로의 부재가 최적의 연대 표지자다.) 아마도 그들은 카우보이, 혹은 카우보이인 척하는 사람들이었을 것이다. 그리고 더 자세히 살펴보면, 아르마딜로·산쑥·선인장 등의 조합을 통해 그들이 텍사스 서부, 뉴멕시코, 혹은 애리조나에 살았다고 지목할 수 있을 것이다.

오랫동안 언어학자들은 복원된 인도·유럽 공통조어 어휘에서 지구상의 특정 지역에서만 살았던 동물이나 식물 종의 이름을 찾으려 노력했다. 한때 연어를 의미하는 인도·유럽 공통조어 *lók*s는 '아리안'의 고향이 북유럽에 있었다는 명백한 증거로 널리 알려졌다. 그러나 동물이나 나무의 이름은 그 의미가 쉽게 좁아지거나 확장되는 듯하다. 영국 식민자들이 영국에서 '로빈(robin)'이라고 부르는 종(유럽산 울새-옮긴이)의 이름을 아메리카의 다른 새(개똥지빠귀-옮긴이)에게도 붙인 것처럼 동식물의 이름은 사람들이 새 환경으로 이주할 때 심지어 재사용 또는 재활용되기도 한다. 언어학자들이 복원된 인도·유럽 공통조어 *lók*s-에 부여할 의미로 가장 편안하게 느끼는 것은 '송어 같은 물고기(trout-like fish)'다. 이런 물고기는 유라시아 북부의 강 대부분에서 발견할 수 있는데, 흑해와 카스피 해로 흘러 들어가는 강도 여기에 포함된다. beech(너도밤나무)를 뜻하는 복원된 인도·유럽 공통조어 어근도 비슷한 역사를 갖고 있다. Fagus silvatica(구릿빛 잎 너도밤나무)는 폴란드 동쪽에서는 자라지 않기 때문에 인도·유럽 공통조어 어근 *bhágo-는 한때 인도·유럽 공통조어의 북유럽 혹은 서유럽 기원설을 뒷받침하는 근거로 쓰였다. 그러나 일부 인도·유럽어군에서 똑같은 어근이 다른 나무 종(참나무 혹은 딱총나무)을 지칭하고, 많은 경우 일반적인 너도밤나무(Fagus orientalis)는 캅카스 산맥에서도 자라므로 그 원래 의미는 명확하지 않다. 대부분의 언어학자들은 최소한 복원된 인도·유럽 공통조어 어휘에 따라 명명한 동식물상이 지중해(인도·유럽 공통조어에는 사이프러스, 올리브, 월계수가 없다)나 열대(인도·유럽 공통조어에는 원숭이, 코끼리, 야자, 파피루스가 없다)가 아니라 온대 기후 유형(자작나무, 수달, 비버, 스라소니, 곰, 말)이라는 것에 동의한다. horse(말)와 bee(벌)의 어근이 가장 유용하다.

bee와 honey(벌꿀)는 인도·유럽어군 거의 대부분의 동일어근어에 기초해 매우 확고하게 복원되었다. 벌꿀 용어의 파생어인 *medhu-는 도취성 음료인 벌꿀 술(mead)을 의미하는 것으로 쓰였는데, 이는 인도·유럽 공통조어 시절 의례에서 중요한 역할을 했던 것 같다. 꿀벌은 우랄 산맥 동쪽 시베리아에서는 자생하지 않았다. 왜냐하면 야생 꿀벌이 보금자리로 선호하는 활엽수(특히 피나무와 참나무)가 우랄 산맥 동쪽에는 드물거나 없었기 때문이다. 만약 벌과 꿀이 시베리아에 없었다면 그곳이 인도·유럽 공통조어의 고향이 될 수 없을 것이다. 이에 따라 중앙아시아의 카자흐스탄 초원을 포함해 시베리아 전체와 동북부 유라시아가 논쟁 대상에서 빠진다. 말, 즉 *ek*wo-는 확고하게 복원되었는데, 인도·유럽 공통조어 사용자들에게는 신성한 권력의 강력한 상징이었던 것으로 보인다. 비록 서기전 4500~서기전 2500년 선사 시대 유럽 전체, 캅카스, 아나톨리아의 작은 고립지에서 말들이 살긴 했지만, 근동과 이란 및 인도 아대륙에서 말은 드물거나 아예 없었다. 말은 유라시아 초원에서만 유독 경제적으로 중요하고 수도 많았다. 말이라는 용어는 우리로 하여금 근동, 이란, 인도 아대륙을 진지한 논쟁 대상에서 제외하고 유라시아 초원을 더 집중적으로 살피게끔 고무한다. 그리하여 우랄 산맥 서쪽의 초원을 포함해 온대 유럽, 아나톨리아의 온대 지역과 캅카스 산맥이 후보지로 남는다.[9]

고향 찾기: 경제적·사회적 환경

●

인도·유럽 공통조어 사용자들은 농부이자 가축 사육자였다. 우리는 황소(bull), 암소(cow), 소(ox), 숫양(ram), 암양(ewe), 새끼 양(lamb), 돼지(pig), 새끼 돼지(piglet)를 의미하는 용어를 복원할 수 있다. 그들은 신맛이 나는 젖(sour milk), 유청(whey: 젖을 치즈로 가공할 때 형성되는 부산물—옮긴이), 응유(curd: 젖이 산이나 효소에 의해 응고한 것―옮긴이) 등을 포함해 젖과 낙농품을 의미하는 용어를 많이 갖고 있었다. 소나 양을 들판으로 몰고 갈 때는 충직한 개(dog)를 데리고 걸어갔다. 그들은 양의 울(shear wool)을 깎는 법을 알았고, 이것으로 직물을 만들었다(아마도 수평 밴드 베틀을 활용해). 천경 쟁기(ard)로 땅을 갈고(혹은 그렇게 땅을 가는 사람들을 알고 있었고), 이 쟁기를 멍에(yoke)를 낀 황소들이 끌었다. 곡물(grain)이나 왕겨(chaff)를 의미하는 용어가 있었고, 고랑(furrow)을 뜻하는 단어도 있었던 듯싶다. 그들은 절굿공이(pestle)를 써서 손으로 곡물을 빻아(grind) 가루로 만들었고, 이 가루를 점토로 만든 솥(pot)에서 조리했다. 〔이것이 실제로 cauldron(가마솥)의 어근이다. 그러나 영어 단어에서는 뜻이 좁아져 금속제 조리 도구만을 의미하게 되었다.〕 그들은 재산을 두 범주, 곧 동산과 부동산으로 나눴다. 동산〔*peku-는 영어의 pecuniary(금전적인) 같은 단어의 조상〕을 의미하는 어근은 일반적으로 가축(herd)을 의미하는 용어가 되었다.[10] 마지막으로, 그들은 이웃을 희생시켜 자신의 가축을 늘리는 것을 마다하지 않았다. 우리는 켈트어, 이탈리아어 그리고 인도·이란어에서 가축 습격 혹은 '가축 절도'를 의미하는 '소 떼를 몰다'라는 의미의 동사를 복원할 수 있다.

사회적 생활은 어떠했을까? 인도·유럽 공통조어 사용자들은 부족 정치와 혈연 및 혼인으로 결합된 사회 집단에서 살았다. 씨족(*weiḱ-)으로 조직된 하나 혹은 그 이상의 가족(*ǵénh₁es)으로 된 집(*dómhₐ) 안에서 생활했으며 씨족은 씨족의 우두머리, 즉 씨족장(*weik-potis)이 이끌었다. 그들에게는 도시(city)라는 말이 없었다. 가정은 남성 중심적이었던 듯싶다. 복원된 혈연 용어로 판단할 때 이름을 가진 중요한 친족은 압도적으로 아버지 쪽이었는데, 이는 부계 결혼(신부가 남편 집으로 가서 생활하는 것을 말함―옮긴이)을 시사한다. 씨족 위에 있는 집단의 정체성은 아마도 부족(*h₄erós)인

듯한데, 이 어근이 인도·이란어 지파에서 *Aryan*(아리안)으로 발전했다.[11]

인도·유럽 공통조어 사회에 대한 가장 유명한 정의는 조르주 뒤메질 (Georges Dumézil)의 세 가지 기능 체계(tripartite scheme) 이론이다. 뒤메질 은 이 이론에서 한 사회는 근본적으로 의례 전문가, 즉 성직자·전사·일 반 목부/농부의 세 계층으로 나뉘어 있었다고 주장했다. 이 세 계층에는 각각 색깔이 부여되었다. 요컨대 흰색은 성직자, 붉은색은 전사, 검은색 과 푸른색은 목부/농부에게 주어졌다. 이들은 각자 역할에 따라 특정한 방식의 의례적·법적 죽음을 부여받은 듯하다. 즉 성직자는 교살하고, 전 사는 베거나 찔러 죽이고, 목부/농부는 수장했다. 이런 세 가지 정체성과 관련해 그 밖에 매우 많은 법적·의례적 차별을 적용한 듯하다. 뒤메질이 말하는 세 가지 기능 구분 집단 각각에 대한 가입 자격이 제한을 받은 것 같지는 않다. 아프리카 마사이족 사회에서처럼 남자 구성원 모두가 통과 해야 하는 연령 단계―아마도 목부(젊은이), 전사(연장자), 혈통상 어른/의 례 주관자(최연장자)―에 비해 세 가지 기능 구분 집단에 대한 가입 자격 은 훨씬 덜 제한적이었던 듯하다. 전사의 범주는 상당한 양방향적 성격을 가졌던 것 같다. 이를테면 신화에서 전사는 종종 수호자와 친부를 죽이는 광폭자 사이를 오가는 존재로 표상된다(헤라클레스, 인드라, 토르). 또 시인들 이 사회적으로 존중받는 자리 하나를 차지했다. 발화한 단어는 그것이 시 (詩)든 맹세든 가공할 힘을 지녔다고 여겼다. 시인의 찬사는 유한한 자가 불사의 존재가 될 수 있는 유일한 희망이었다.

인도·유럽 공통조어 사용자들은 부족 단위의 농부이자 가축 사육자였 다. 이와 같은 사회는 서기전 6000년 무렵 유럽, 아나톨리아, 캅카스 산 맥에 걸쳐 존재했다. 그러나 사냥과 채집 경제가 서기전 2500년 이후에도 상존했던 지역은 인도·유럽 공통조어 고향의 후보지에서 배제된다. 왜냐하면 인도·유럽 공통조어는 서기전 2500년 무렵 이미 죽은 언어였기 때문이다. 북유럽과 시베리아의 온대 삼림 지대는 '인도·유럽 공통조어 사용자는 서기전 2500년 이전의 가축 사육자'라는 규칙에 따라 제외되는데, 이로 인해 지도의 한쪽 부분이 또 잘려나간다. 우랄 산맥 동쪽의 카자흐 초원 역시 배제된다. 사실 '가축 사육자 규칙', 열대 지역 배제, 꿀벌의 존재 등을 조합하면 인도·유럽 공통조어의 고향이 우랄 산맥 동쪽의 어떤 곳이기는 어렵다.

고향 찾기: 우랄어 및 캅카스어와의 관련성

인도·유럽 공통조어의 고향 후보지는 그 이웃들을 밝힘으로써 더 좁힐 수 있다. 인도·유럽 공통조어 사용자들의 이웃은 인도·유럽 공통조어와 다른 어족 간의 차용 단어와 형태를 통해 규명할 수 있다. 복원된 조어(祖語)들 간의 차용을 논의하는 것은 약간 위험스럽다. 우선 우리는 각 조어의 음운 체계를 복원해야 하고 두 조어에서 유사한 의미와 형태를 지닌 어근을 규명해야 하며, 마지막으로 한 조어의 어근을 상대 언어에서 차용했을 경우 예상되는 모든 조건을 만족시키는지 확인해야 한다. 만약 이웃한 조어들이 똑같은 어근을 갖고 각각 독자적으로 복원되었으며 한 어근을 다른 언어로부터 차용해 생긴 결과물이라는 걸 설명할 수 있다면 우리는 강력하게 차용을 주장할 수 있다. 그렇다면 누가 인도·유럽 공통조어에서 단어를 빌렸을까? 혹은 누가 인도·유럽 공통조어에 단어를 빌려주었을까? 그리고 어떤 어족이 인도·유럽 공통조어와의 초기 접촉 및 상호 교환 증거를 보여주는가?

우랄어와의 접촉

지금까지 가장 강력한 연관 관계를 보이는 언어는 우랄어다. 우랄어는 오늘날 북유럽과 시베리아에서 사용하는데, 남부 분파로 헝가리에서 사용하는 마자르어가 하나 있다. 마자르어가 헝가리로 유입된 것은 10세기에 마자르어 사용자들이 그곳을 점령했기 때문이다. 우랄어는 인도·유럽어와 마찬가지로 광범위한 어족이다. 그 파생 언어들은 시베리아 동북부의 태평양 연안〔툰드라 지대의 순록 목축자들이 사용한 응가나산어(Nganasan)〕에서 대서양과 발트 해 연안〔핀란드어, 에스토니아어, 사미어(Saami), 카렐리아어(Karelian), 베프스어(Vepsian), 보티아어(Votian)〕까지 유라시아 북부 삼림 지대를 가로질러 쓰이고 있다. 대부분의 언어학자는 이 어족을 2개의 거대 지파로 나누는데, 하나는 피노·우그리아어계(Finno-Ugric, 서부 지파)이고 또 하나는 사모예드어계(Samoyedic, 동부 지파)다. 비록 살미넨(T. Salminen)은 이런 이분법이 견고한 언어학적 근거보다 통념에 기초한 것이라고 주장하긴 하지만 말이다. 살미넨의 대안은 이 어족을 9개 지파로 '고르게' 나누는 것인데, 사모예드어계는 그중의 하나에 불과하다.[12]

우랄 조어의 고향은 우랄 산맥 남쪽 허리 부분 중심의 삼림 지대에 있었다. 많은 사람이 우랄 산맥 서쪽 고향설을 주장하고 다른 이들은 동쪽 고향설을 주장하지만, 거의 모든 우랄어 언어학자와 우랄 지역을 탐구하는 고고학자들은 우랄 조어가 서쪽으로 오카 강(오늘날의 고르키 인근)에서 동쪽으로 이르티시 강(오늘날의 옴스크 인근) 사이의 자작나무-소나무 숲 지대 어딘가에서 쓰였다는 데 동의한다. 오늘날 이 핵심 지대에서 사용하는 우랄어군에는 서쪽에서 동쪽으로 모르드빈어(Mordvin)·마리어(Mari)·우드무르트어(Udmurt)·코미어(Komi)·만시어(Mansi)가 포함되는데, 그중 둘(우드무르트어와 코미어)은 같은 지파—페름어(Permian)—에 속한다. 일부 언어학자들은 우랄 조어의 고향으로 더 멀리 동쪽(예니세이 강 유역) 혹은 멀리 서쪽(발트 해 일대)을 제시하지만, 이런 극단적인 곳에 대한 근거는 신빙성이 그다지 없다.[13]

복원한 우랄 조어는 그 사용자들이 바다에서 멀리 떨어진 삼림 환경에서 살았음을 암시한다. 그들은 사냥하고 고기를 잡는 채집민으로서 개를 제외하면 길들인 식물이나 동물이 없었다. 이런 사실은 고고학적 증거와 잘 맞아떨어진다. 오카 강과 우랄 산맥 사이의 르얄로보(Lyalovo) 문화는 삼림 지대 채집민 문화 사이의 교류와 영향의 중심지로서 이들 문화 간 연관성은 거의 정확한 시기, 곧 서기전 4500~서기전 3000년 동안 발트 해에서 우랄 산맥 동쪽 사면(斜面, slope)까지 이어졌다.

우랄 언어군은 인도·유럽어와 매우 일찍 접촉했다는 증거를 보여준다. 이 접촉을 어떻게 해석할 것인지는 논쟁의 주제다. 주요 관점으로는 세 가지가 있다. 첫 번째 관점인 '인도·우랄 가설'에 의하면 두 어족 사이의 형태론적 관련성이 너무나 깊고(공통의 대명사), 공유한 어휘의 종류가 매우 근본적('물'이나 '이름'을 뜻하는 단어)이다. 따라서 인도·유럽 공통조어와 우랄 조어의 이런 공통된 특징은 매우 오랜 공통의 어떤 부모 언어―이것을 '조모어(grandmother-tongue)'라고 부를 수 있다―로부터 물려받은 게 틀림없다. 두 번째 관점인 '조기 차용(early loan) 가설'은 우랄 조어나 인도·유럽 공통조어 양자에서 모두 복원되었듯 '물'이나 '이름'을 뜻하는 용어처럼 공통된 조어 어근은 그런 고대에서 유래한 것을 반영한다고 보기엔 형태가 너무나 유사하다고 주장한다. 공통된 어근에서 유래한 후대의 어근은 오랜 기간 동안 각 어족 안에서 발전 과정을 거치며 음운 교체를 겪었음이 틀림없는데, 이런 어근은 지나치게 유사해 하나의 조어를 다른 조어에서 차용했다고 설명할 수밖에 없다. 아울러 모든 경우 차용은 인도·

유럽 공통조어에서 우랄 조어 방향으로 일어났다.[14] 세 번째 관점인 '후기 차용(late loan) 가설'은 아마도 문학 일반에서 가장 많이 만날 수 있다. 이 가설에 의하면 각각의 조어 단계처럼 오래전 차용이 일어났다는 증거가 거의 혹은 전적으로 없다. 그보다 가장 잘 문서화된 차용은 인도·이란어와 후기 우랄 조어 사이에 생긴 것으로 보아야 하며, 이때는 인도·유럽 공통조어 시기보다 훨씬 후대였다. 그러므로 우랄 조어와 인도·이란어의 접촉을 인도·유럽 공통조어의 고향을 정하는 도구로 사용해서는 안 된다.

1999년 이 주제를 갖고 열린 헬싱키 대학 컨퍼런스에서 여러 언어학자들이 '후기 차용 가설'의 강화된 버전을 주장했다. 가장 이른 시기의 차용에 관한 최근 연구는 적어도 조어 시대로 소급되는 이른 시기의 접촉 사례를 보강했다. 이는 차용 어휘에서 잘 드러난다. 코이불레토(Koivulehto)는 우랄 조어가 인도·유럽 공통조어로부터 차용한 것으로 보이는 최소 13개 단어에 관해 설명했다.

우랄 조어	차용한 인도·유럽 공통조어
1. *mexe(주다, 혹은 팔다)	*h₂mey-gʷ-(바꾸다, 맞바꾸다)
2. *wetä-(가져오다, 이끌다, 끌다)	*wedʰ-e/o-(끌다, 결혼하다, 혼인하다)
3. *mośke-(씻다)	*mozg- eye/o-(씻다, 담그다)
4. *pele-(두려워하다)	*pelh₁-(떨다, 떨게 하다)
5. *puna-(꼬다)	*pn.H-e/o-(꼬다)
6. *kulke-(걷다, 돌아다니다, 가다)	*kʷelH-e/o- (그것/그/그녀가 걸어다니다, 돌아다니다)
7. *pura-(뚫다)	*bhrH-(뚫다)
8. *kelke-(해야 한다)	*skelH-(죄가 있다, 해야 한다)

9. *śalka-(길고 가는 막대)   *gʰalgʰo-(우물 막대, 교수대, 긴 막대)

10. *wosa(상품, 물품)   *wosā(상품, 사다)

11. *wete(물)   *wed-er/en(물, 강)

12. *sōne(힘줄)   *sneH(u)-(힘줄)

13. *nime-(이름)   *h₃neh₃mn-(이름)

또 다른 단어 36개는 인도어와 이란어가 분화하기 전(적어도 서기전 1700~서기전 1500년 이전) 여러 인도·유럽어 파생어에서 우랄어의 초기 형태로 차용된 것이었다. 후대의 이런 차용어 중에는 *bread*(빵), *dough*(반죽), *beer*(맥주), *to winnow*(키질하다), *piglet*(새끼 돼지) 등의 단어가 있는데, 이는 우랄어 사용자들이 인접한 인도·유럽어 사용 농민 및 목부들로부터 농업을 받아들이기 시작하면서 차용했을 것이다. 그러나 조어들 간의 차용은 인도·유럽 공통조어의 고향과 관련해 중요하다. 아울러 단어들의 형태가 너무나 비슷하다는 사실은 매우 오래전 공통의 조상으로부터 물려받은 것이라기보다는 차용한 것이라는 점을 시사한다.

차용이 일어났다고 해서 더 오랜 수준의 공통 조상에 관한 증거가 없다는 뜻은 아니다. 물려받은 유사성은 공통의 대명사 형태와 일부 명사의 어미에 반영되어 있는데, 아마도 그런 공통 조상 시절부터 간직해 내려온 것일지 모른다. 인도·유럽어와 우랄어 공통의 대명사 및 형태 변화, 곧 굴절 현상은 다음과 같다.

	우랄 조어	인도·유럽 공통조어
당신	*te-nä	*ti(?)
너	*te	*ti(접어 여격)

나	*me-nä	*mi
이것/저것	*tä-/to-	*te-/to-
누구/무엇	*ke-, ku-	*kʷe/o-
대격 단수	*-m	*-m
소유격 복수	*-n	*-om

이러한 유사점은 인도·유럽 공통조어와 우랄 조어가 두 종류의 연관성을 갖고 있음을 시사한다.[15] 하나는 대명사와 명사의 어미 및 공유한 기본 어휘에서 드러난 것으로서 공통의 조상과 관련이 있을 수 있다. 즉 두 조어는 매우 오랜 공통의 어떤 조상을 갖고 있는데 아마도 마지막 빙하 시대 말기 카르파티아 산맥과 우랄 산맥 사이를 배회하던 사냥꾼들이 쓰던—서서히 변화하며 광범위하게 연결된—일련의 방언이었을 것이다. 하지만 그 연관성은 너무나 멀어서 겨우 감지할 수 있을 정도다. 조앤나 니컬스(Johanna Nichols)는 이런 종류의 매우 깊고 발생적인 언어 집단을 '유사-혈통(quasi-stock)'이라고 불렀다.[16] 조지프 그린버그(Joseph Greenberg)는 인도·유럽 공통조어와 우랄 조어 모두를 자신이 '유라시아어'라고 부른, 폭넓은 일련의 언어 혈통 중 특별히 가까운 사촌 관계로 보았다.

인도·유럽 공통조어와 우랄 조어의 또 다른 관계는 문화적인 것처럼 보인다. 우랄 조어 사용자들이 인도·유럽 공통조어 단어 일부를 차용했다. 비록 이런 단어를 빌려온 게 좀 이상하긴 하지만, 씻다(to wash)/가격(price)/주다(to give)/팔다(to sell) 등의 용어는 우랄 조어와 인도·유럽 공통조어 사용자들 간의 무역 용어를 통해 차용된 듯하다. 이 두 종류의 언어적 연관 관계—공통 조상일 가능성과 언어 간 차용—는 인도·유럽 공통조어의 고향이 우랄 산맥 남쪽 인근의 우랄 조어 고향과 가깝다는 것을 시사한다. 우리는 인도·유럽 공통조어 사용자들은 농부이자 목부로서 그들이 쓰던 언어는 서기전 2500년경 사라졌다는 것을 알고 있다. 우랄 산맥 동쪽에 살던 사람들은 서기전 2500년 이후에도 짐승을 가축으로 길들이지 않았다. 그러므로 인도·유럽 공통조어는 우랄 산맥과 가까운 지역, 곧 유일하게 농경과 목축이 모두 가능한 우랄 산맥 남부와 서부 어느 곳에서 쓰였던 게 틀림없다.

캅카스어와의 접촉 및 아나톨리아 고향설

인도·유럽 공통조어는 또한 캅카스 산맥의 언어들, 특히 오늘날 남(南)캅카스어 혹은 카르트벨리아어(Kartvelian)로 알려진 언어와 접촉했는데, 이 어족에서 오늘날의 조지아어가 나왔다. 이런 연관성으로 인해 일부 학자들은 인도·유럽 공통조어의 고향은 캅카스 산맥의 아르메니아나 근처 혹은 아나톨리아 동부 근처라고 여겼다. 비록 음운상의 연관은 논쟁의 여지가 있지만, 인도·유럽 공통조어와 카르트벨리아어의 연관은 음운과 어휘 모든 측면에서 함께 나타나는 것으로 알려졌다. 이는 언어학자 감크렐리제(T. Gamkrelidze)와 이바노프(V. Ivanov)가 제시한 인도·유럽 공통조어 음운론, 즉 성문음(聲門音, glottalic) 이론으로 알려진, 탁월하면서도 여전히 문제적인 음운론의 수정판에 의존한다.[17] 성문음 이론은 인도·유럽 공통조어의 음운 체계가 카르트벨리아어와 일부 유사하게 들리도록, 심지어 고대 근동의 셈계 언어(아시리아어, 히브리어, 아랍어)와도 유사하게 들리도록 만들었다. 이 이론은 인도·유럽 공통조어, 카르트벨리아 조어, 셈 조어가 어떤 지역적인 음운론적 특징을 공유한 한 지역에서 진화했을 가능성을 열었다. 그러나 성문음 이론을 받아들이더라도 그 이론 자체로는 캅카스 고향설을 증명할 수 없다. 그리고 성문음 이론은 여전히 많은 인도·유럽

공통조어 언어학자들에게 확신을 주는 데 실패했다.[18]

또한 감크렐리제와 이바노프는 인도·유럽 공통조어는 흑표범, 사자, 코끼리 그리고 남부의 나무 종을 뜻하는 용어를 갖고 있다고 주장했다. 이런 동물 및 나무는 북부의 고향 후보지를 배제하는 데 쓰일 수 있다. 또한 그들은 스스로 카르트벨리아 조어와 셈어군에서 인도·유럽 공통조어로 차용된 것이라고 알려진 인상적인 차용어 목록을 편찬했다. 그들이 보기에 이런 연관 관계는 인도·유럽 공통조어가 셈어족 및 남캅카스 언어들과 밀접한 접촉을 하는 장소에서 진화했다는 것을 시사한다. 그들은 인도·유럽 공통조어의 고향으로 아르메니아가 가장 가능성이 높다고 주장했다. 몇몇 고고학자, 가장 유명한 이로는 콜린 렌프루와 로버트 드루스(Robert Drews) 등이 위에서 언급한 언어학자들의 일반적 선례를 따랐다. 하지만 이들의 언어학적 주장을 빌리긴 했어도 그들은 인도·유럽어의 고향으로 좀더 서쪽의 중부 및 서부 아나톨리아를 선택했다.

그러나 캅카스 혹은 아르메니아가 고향이라는 증거는 미약하다. 셈어에서 인도·유럽 공통조어로 차용된 것이라고 제시한 많은 용어가 다른 언어학자들로부터 거부당했다. 널리 인정받고 있는 셈어 차용어 몇몇, 즉 '은'이나 '황소'를 뜻하는 용어는 셈어의 고향인 멀리 근동으로부터의 교역 및 이주로를 따라 왔을 것이다. 조앤나 니컬스는 차용어의 음운 체계를 분석해 인도·유럽 공통조어/카르트벨리아 조어/셈 조어의 접촉은 간접적이라는 것, 즉 모든 차용어는 알려진 셋 사이에 있는 알려지지 않은 매개 언어를 통해 전해졌다는 것을 밝혔다. 연대로 봐서도 하나의 매개가 필요하다. 왜냐하면 일반적으로 카르트벨리아어는 인도·유럽 공통조어와 셈 조어 이후에 존재했던 것으로 여겨지기 때문이다.[19]

그러므로 카르트벨리아어를 통해 인도·유럽 공통조어로 차용된 셈어 및 캅카스어 어휘는 캅카스 산맥의 어떤 선 카르트벨리아어 혹은 가르트벨이아 조어에 속하는 어근을 간직하고 있다. 이 언어는 기록되지 않은 매개 언어를 통해 한쪽 끝으로는 인도·유럽 공통조어와 그리고 다른 쪽 끝으로는 셈 조어와 관계를 맺었다. 그 관계는 어휘적으로 특별히 가까운 것은 아니었다. 만약 카르트벨리아 조어가 북캅카스 산맥 남부 일대에서 쓰였다면 (실제로 그런 것처럼 보이듯) 이 언어는 서기전 3500~서기전 2200년의 초기 트랜스캅카스 문화[Transcaucasian culture: 쿠라-아락세스(Kura-Araxes) 문화라고도 한다]와 관련된 사람들이 사용했을 것이다. 그들은 북캅카스의 마이코프(Maikop) 문화를 통해 간접적으로 인도·유럽 공통조어 사용자들과 관련을 맺을 수 있었을 것이다. 많은 전문가들은 인도·유럽 공통조어가 카르트벨리아어의 조상 언어와 어떤 특징을 공유하지만 꼭 직접적 관계를 통한 것은 아니라는 데 동의한다. 이보다 인도·유럽 공통조어와 우랄 조어의 관계가 한층 더 밀접했다.

그렇다면 누가 이웃이었을까? 인도·유럽 공통조어는 우랄 조어와 강한 연관성을 보이는 반면, 카르트벨리아 조어의 조상 언어와는 약한 연관성을 보인다. 인도·유럽 공통조어 사용자들은 캅카스 및 우랄 산맥 사이 어딘가에 살았지만 우랄 산맥 일대에 살던 사람들과 더 깊은 언어적 관계를 맺었다.

인도·유럽 공통조어 고향의 위치

●

인도·유럽 공통조어 사용자들은 부족을 이룬 농부들로서 곡식을 가꾸고, 소와 양 떼를 치고, 꿀벌로부터 꿀을 모으고, 네 바퀴 수레를 몰고, 울 혹은 펠트 직물을 만들고, 최소한 가끔씩 밭을 갈거나 혹은 그런 사람들을 알았고, 양/소/말을 골치 아픈 천상의 신들에게 희생 제물로 바치고, 그 신들이 자신들의 호의에 보답할 것이라고 철석같이 믿었다. 이런 특징이 우리를 특정한 물질문화로 인도한다. 즉 네 바퀴 수레, 길들인 양과 소, 경작한 곡식 그리고 양의 뼈가 있는 희생물 매장층을 가진 문화가 그것이다. 우리는 또 특정한 유형의 이데올로기를 찾아야 한다. 후견인인 신과 피후견인 인간 사이의 선물과 호의라는 상호 교환 과정에서, 인간은 자신의 가축 일부를 희생물로 바치면서 잘 다듬은 운문 찬송도 함께 올렸다. 그리고 신은 그 보답으로 질병과 불행으로부터의 보호 및 권력과 재산이라는 축복을 제공했다. 이런 식의 후견인–피후견인 상호관계는 족장 사회에서 흔하다. 이런 사회에서는 명망과 권력을 제도적으로 차별화하고, 어떤 씨족이나 가문이 대개 주어진 영역 내에서 신성함이나 역사적 우선권을 근거로 나머지 씨족에 대한 후견인 권리를 주장한다.

우리가 특정한 물질문화 목록을 갖고 있으며 제도화한 권력 차별이 있는 사회를 찾는 것은 인도·유럽 공통조어 고향의 위치를 정하는 데 큰 도움을 준다. 우리는 사냥–채집 경제가 서기전 2500년까지 살아남은 모든 지역을 배제할 수 있다. 그리하여 유라시아 북부의 삼림 지대와 우랄 산맥 동쪽의 카자흐스탄 초원은 배제된다. 우랄 산맥 동쪽에 꿀벌이 없다는 사실로 인해 시베리아 전체도 제외된다. 복원한 어휘에서 볼 수 있는 온대 동식물상과 지중해 및 열대 동식물을 의미하는 공통 어근의 부재로 인해 열대 및 지중해와 근동 지역도 제외된다. 인도·유럽 공통조어는 우랄어군과 매우 오래전에 관계를 맺었으며, 여기에 더해 그보다 후대에는 인도·유럽 공통조어에서 우랄 조어로의 어휘 차용이 있었다. 그리고 인도·유럽 공통조어는 캅카스 지역의 어떤 선 카르트벨리아어 혹은 카르트벨리아 조어와 덜 명확한 관계를 맺고 있었다. 이 모든 요구 사항을 만족시키는 인도·유럽 공통조어의 고향은 우랄 산맥 서쪽, 우랄 산맥과 카르파티아 산맥 사이, 우크라이나 동부와 러시아 초원 지대다. 복원한 인도·유럽 공통조어의 내부적 일관성―문법과 음운 면에서 급격한 내부적 변이의 부재―은 인도·유럽 공통조어가 반영하는 언어 역사의 기간이 2000년이 채 안 된다는 것, 아마도 1000년 미만이라는 것을 나타낸다. 인도·유럽 공통조어의 전성기는 아마도 서기전 4000~서기전 3000년이고, 그 초기는 서기전 4500년까지 거슬러 올라가며 후기는 서기전 2500년 무렵에 끝났을 것이다.

칸카스와 우랄 사이, 흑해와 카스피 해 북쪽(흑해–카스피 해 지역) 초원 지대의 이 시기에 대해 고고학은 무엇을 말해줄까? 먼저, 고고학은 복원한 어휘의 모든 요구 사항을 만족시켜주는 일련의 물질문화를 보여준다. 그곳 사람들은 길들인 말/소/양을 희생 제물로 바쳤고, 최소한 간헐적으로 곡물을 경작했고, 네 바퀴 수레를 몰았고, 장례식에서는 제도화한 지위의 차별을 표출했다. 그들은 세계의 한 부분, 곧 초원을 차지했는데 그곳의 하늘은 단연 눈에 띄며 풍경에서 가장 중요한 부분을 차지한다. 이는 자신의 가장 중요한 신들은 모두 하늘에 산다고 생각했던 사람들에게 적합한 환경이다. 여기에서 이웃한 동쪽과 서쪽 지역을 향한 이주의 증거는 고고학적으로 잘 밝혀져 있다. 이런 이주 물결의 순서와 방향은 인도·유럽의 언어학 및 지리학이 제시하는 순서 및 방향과 일치한다(그림 5.2). 흑해–카스피 해 초원에서 시작된, 규명 가능한 최초의 이주 물결은 서기전 4200~서기전 3900년 무렵 서쪽으로의 이주였는데 이는 선 아나톨리아어 지파가 떨어져나간 사건을 대변한다. 당시는 바퀴 달린 수레가 초원에 도입되지 않았을 때였다(4장 참조). 이어서 동쪽으로의 이주가 뒤따랐는데(서

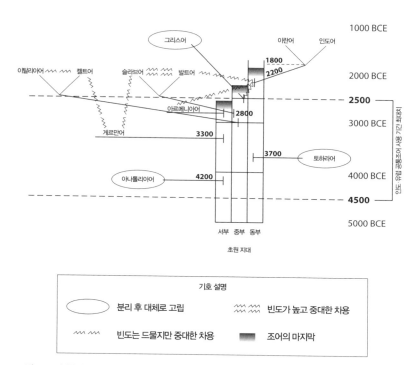

그림 5.2 이 책에서 제시한 초기 인도·유럽어의 분기 순서와 대략적 분기 시점을 나타내는 도표. 인도·유럽 공통조어를 사용한 시간대의 최대치는 점선으로 표시했다. 분기 시점은 11장(아나톨리아어)에서 16장(이란·인도어)에 걸쳐 설명할 고고학적 사건들에 의해 결정된다.

기전 3700~서기전 3300년 무렵), 이는 토하라어 지파가 분리해나간 것을 나타낸다. 그다음의 가시적인 이주 물결은 서쪽으로 향했다. 이주의 최초 단계에서 선 게르만어 지파가 떨어져나가고, 이후의 더 가시적인 단계에서 선 이탈리아어와 선 켈트어 방언들이 분리해나갔을 것이다. 이어서 북쪽과 동쪽으로의 이주가 뒤따랐는데, 이로 인해 발트·슬라브어 및 인도·이란어가 확립되었을 것이다. 초원 지대에서 출발한 이주 패턴에 관해 고고학적으로 기록된 것과 언어학적으로 예상한 것은 놀랄 만큼 맞아떨어진다. 그러나 이런 사실이 인도·유럽어의 기원과 관련한 고고학적 논쟁과 흥미 대부분을 너무나 오랫동안 빨아들였다. 고고학 역시 인도·유럽 공통조어 사용자들에 대한 문화적·경제적 이해에 상당히 일조한다. 일단 언어적 증거에 의해 인도·유럽 공통조어의 고향이 정해지면 이 지역에 대한 고고학이 완전히 새로운 종류의 정보, 인도·유럽 공통조어를 사용했던 사람들의 삶과 인도·유럽 공통조어가 어떻게 확립되어 퍼져나갔는지를 들여다보는 새로운 창을 제공한다.

그러나 초원으로 발을 딛기 전에 우리는 잠시 멈춰서 우리가 건너뛰려는 간극, 즉 대부분의 서방 고고학자들이 건널 수 없다고 여기는 고고학과 언어학 사이의 큰 틈에 대해 생각해봐야 한다. 많은 사람이 물질문화는 언어와 완전히 관련이 없거나 혹은 너무나 가변적이고 복잡한 방식으로 관련되어 있어 물질문화를 활용해서 언어 집단이나 경계를 규명하는 일은 불가능하다고 말할 것이다. 이게 사실이라면, 우리가 복원된 어휘를 활용해 인도·유럽어의 고향과 그 시기를 찾아낸다 할지라도 이를 고고학과 연결하기는 불가능하다. 우리는 언어와 물질문명의 어떤 상관관계도 기대할 수 없다. 그러나 그런 비관주의는 정당한가? 언어와 물질문화 사이에는 예측 가능하고 규칙적인 연관성이 전혀 없는 것일까?

06

언어의 고고학

한 언어의 고향은 어떤 종류의 경계 지워진 공간이라는 의미를 내포한다. 그렇다면 우리는 어떻게 경계를 정의할 수 있을까? 고고학을 통해 고대의 언어적 변경을 밝혀낼 수 있을까?

먼저 용어를 명백히 해두자. 인류학자들은 지리학에서 사용하는 것과 똑같은 어휘를 쓴다면 도움이 될 것이다. 지리학자들에 의하면 **경계**(border)는 중립적이다. 이 용어에는 특별하거나 한정적인 의미가 없다. **변경**(frontier)은 특정한 유형의 경계로서 어느 정도 공간적 깊이가 있는 과도기적인 지역이다. 또 투과성이 있어 경계를 가로지르는 운동을 허용하며 매우 역동적이다. 변경은 북아메리카 유럽 이주민 정착지의 서부 변경처럼 문화적인 것일 수도 있고, 생태적인 것일 수도 있다. **이행대**(移行帶, ecotone)는 생태적 변경이다. 어떤 이행대는 매우 미묘하고 규모가 작으며 (교외 지역의 마당에도 수십 개의 미세한 이행대가 있다), 어떤 이행대는 유라시아 중부를 동서로 가로지르는 초원과 삼림 지대의 경계처럼 규모가 매우 크다. 마지막으로 **경계선**(boundary)은 어떤 방향의 운동을 제한하는, 예리하게 정의한 경계다. 예컨대 현대 국가들의 정치적 국경은 경계선이다. 그러나 서기전 4500~서기전 2500년 흑해-카스피 해 지역에서 오늘날의 국가 같은 정치적이고 언어적인 경계선은 알려지지 않았다. 여기서 우리가 관심을 갖는 문화는 부족 사회다.[1]

근대 이전 부족 사회의 경계에 대한 고고학자들의 해석은 지난 40년 동안 변해왔다. 지금은 국가를 형성하기 이전 대부분 부족 사회의 경계가 투과성 있고 역동적인 것, 즉 경계선이 아니라 변경이었던 것으로 이해한다. 이보다 더 중요하게 당시의 대부분 경계는 일시적이었던 것으로 여겨진다. 유럽인이 아프리카, 남아시아, 태평양, 아메리카 등의 식민지에서 맞닥뜨린 부족들은 처음에는 아주 오랫동안 그곳에서 존재했던 것으로 여겨졌다. 그러나 지금은 당시의 많은 부족이 역사적 순간의 과도기적 공동체였다고 믿는다. 오지브와족(Ojibwa)처럼 일부 부족은 영토 협약과 관련한 협상을 용이하게 하기 위해 경계가 정해진 집단과 협상하길 원했던 유럽 대리인들과 접촉한 후에야 부족으로서 결정체를 이룬 것으로 보인다. 그리고 경계 지워진 부족의 영역에 대한 똑같은 비판적 태도를 유럽의 역사에도 적용할 수 있다. 고대 유럽의 부족적 정체성(켈트족, 스키타이족, 킴브리족, 튜턴족, 픽트족)은 이제 종종 진정한 종족적 정체성이 없는 카멜레온 같은 정치적 연합의 편리한 이름으로 여겨지거나, 영원히 지속될 수 없는 짧은 종족적 현상 혹은 심지어 전적으로 후대에 만들어낸 상상물로 여겨진다.[2]

국가 이전의 언어 경계도 마찬가지로 예리한 경계선이라기보다는 점진적으로 이행하는 현지 방언에 의해 특징 지워진 유동적인 것으로 여겨진다. 실제로 언어와 물질문화의 유형(주거 및 마을 형태, 경제, 의복 등)이 지리적으로 일치해 부족의 민족언어학적 변경을 이룰지라도, 우리는 이것이 단명했을 거라고 기대해야 한다. 언어와 물질문화는 다른 이유에 의해 다른 속도로 변할 수 있으므로 쉽게 멀어질 수 있다고 여겨진다. 에릭 홉스봄(Eric Hobsbawm)에서 앤서니 기든스(Anthony Giddens)까지 역사학자와 사회학자들은 18세기 후반 프랑스 혁명이 민족 국가의 시대로 이끌기 전까지 유럽에는 실제로 뚜렷하고 안정적인 민족언어학적 경계가 없었다고 주장해왔다. 이런 과거관(過去觀)에 따르면, 오직 국가에만 민족언어학적 정체성을 휘어잡아 국가 자체처럼 안정적이고 지속적인 현상으로 만들 필요와 권력을 허용한다. 그러니 서기전 3500년의 일시적 언어 변경을 규명할 거라고 어떻게 기대할 수 있겠는가? 하물며 그 경계들이 고고학적으로 눈에 띌 만큼 충분히 존재하기나 했을까?[3]

불행히도 이 문제는 고고학적 방법의 결핍과 겹쳐 악화한다. 대부분의 고고학자는 심지어 부족의 민족언어학적 변경이 정말 안정적이었다 하더라도 우리가 실제로 그 변경을 인지할 방법은 모른다는 사실을 인정한다. 제2차 세계대전 이전까지 고고학자들은 종종 토기 유형을 사회적 정체성의 지표로 가정했다. 그러나 지금 우리는 토기 형태와 종족 사이에는 어떤 깔끔한 관계도 없다는 것을 안다. 1장에서 언급했듯 오늘날 고고학을 배우는 학생들은 "토기는 사람이 아니다"라는 것을 안다. 똑같은 문제가 다른 유형의 물질문화에도 적용된다. 남아프리카의 사냥–채집민 산족(San)의 경우에는 화살촉의 형태가 그들의 어족과 관련이 있는 것처럼 보였다. 그러나 '접촉 시기(Contact-period: 유럽인이 북아메리카에 들어가 원주민과 만난 후 혁명전쟁이 발발하기까지. 대략 1500~1763년—옮긴이)' 미국 북동부 아메리카 원주민의 경우 이로쿼이어(Iroquoian)와 알곤키어(Algonkian) 사용자 모두가 매디슨 유형(Madison type)의 화살촉을 썼다. 요컨대 화살촉의 분포는 언어와 관계가 없었다. 거의 어떤 물건이든 언어적 정체성을 표시하는 것으로 이용할 수 있고, 아닐 수도 있다. 그래서 고고학자들은 언어와 물질문화가 어떤 예측 가능하고 인지 가능한 방식으로 연관되어 있을 가능성을 거부해왔다.[4]

그러나 언어와 물질문화는 최소 두 가지 방식으로 서로 연결되어 있는 듯하다. 하나는 어떤 장기 거주지에서든 부족 언어가 일반적으로 부족 물질문화의 수보다 많다는 점이다. 1997년 실버(S. Silver)와 밀러(W. R. Miller)는 대부분의 부족 지역에서 물질문화보다 언어의 수가 많다고 지적했다. 와쇼(Washo)와 쇼숀(Shoshone) 그리고 그레이트베이슨(Great Basin) 인디언들은 다른 어족의 매우 다른 언어를 썼지만 비슷한 물질문화를 갖고 있었다. 푸에블로(Pueblo) 인디언은 물질문화보다 언어의 수가 많았으며, 캘리포니아 인디언도 유형 집단의 수보다 언어 수가 많았다. 아마존 중부의 인디언은 엄청난 언어적 다양성과 폭넓게 유사한 물질문화로 유명하다. 시카고 자연사박물관이 뉴기니 북부의 언어와 물질문화에 대해 가장 자세한 방법으로 수행한 연구는 물질문화를 통해 규정한 지역을 물리적으로 볼 수 없는 수많은 언어 경계가 십자형으로 교차하고 있음을 확인했다.[5] 그러나 그 반대 패턴은 드물어 보인다. 요컨대 동질적인 부족 언어는 매우 뚜렷하게 구별되는 2개의 물질문화 묶음으로 쉽사리 갈라지지 않는다. 이런 규칙은 실망스러운데, 선사 시대의 많은 언어 경계가 고고학적으로는 확인 불가능하기 때문이다. 그러나 이는 하나의 언어가 금석병용기, 곧 동석기 시대 유럽의 여러 물질문화 집단 전체를 감당할 수 있었을까 하는 질문 등에 답할 때는 도움이 된다(아마도 감당할 수 없었을 것이다. 4장 참조).

다음의 두 번째 규칙이 더 중요하다. 매우 오랫동안 지속되고 뚜렷한 물질-문화 경계에서 언어와 물질문화는 상관관계가 있다.

지속적인 변경

●

지속적인 문화 변경은 지금껏 무시되었는데, 내가 보기엔 이론적 기반에서 묵살을 당했기 때문이다.[6] 지속적인 변경이란 존재하지 않는 것으로 여겨진다. 왜냐하면 오늘날에는 국가 이전 부족 사회의 경계를 일시적이고 불안정한 것으로 해석하기 때문이다. 그러나 고고학자들은 부족 사회라는 환경에서 매우 오래 지속되는 선사 시대의 물질문화 변경을 다수 기록했다. 허드슨 계곡을 따라 강고하고 지속적인 변경이 이로쿼이 인디언과 알곤키 인디언을 갈라놓았다. 이 둘은 유럽인과 접촉하기 최소 300년 전에 서로 다른 담배 파이프, 미묘하게 다른 토기 유형, 다른 경제, 상당히 다른 가옥 및 주거 유형 그리고 매우 다른 언어를 갖고 있었다. 이와 마찬가지로 '선형 토기/렌젤(Lineal Pottery/Lengyel)' 문화 농부들은 신석기 시대 북유럽의 토착 채집민과 자신들 사이에 강고한 물질문화 변경을 만들어냈는데, 이 움직이는 경계는 최소 1000년 동안 지속되었다. 크리슈/트리폴리예(Criş/Tripolye) 문화는 우크라이나의 드네스트르 강과 드네프르 강 사이의 움직이는 변경 위에 있던 드네프르-도네츠(Dnieper-Donets) 문화와 신석기 및 동석기에 걸친 2500년 동안 완전히 달랐다. 그리고 야스토르프(Jastorf) 문화와 할슈타트(Halstatt) 문화는 철기 시대 때 라인 강 하류를 사이에 두고 서로 다른 정체성을 수세기 동안 견지했다.[7] 각각의 사례에서 문화적 기준이 바뀌었고, 미적 기준과 종교적 의례도 양쪽 모두에서 하나의 형태로 고정되어 있지 않았다. 변경을 규정하는 것은 어떤 하나의 인공적 유형이 아니라 **지속적으로 대립하는 일련의 관습**이었다.

지속적인 변경은 지리적으로 고정적일 필요가 없다. 400~700년 동안 브리튼을 가로질러 움직였던 로마노-켈트/앵글로색슨 물질문화 변경이나 서기전 5400~서기전 5000년 북유럽을 가로질러 움직였던 선형 토기/채집민 경계처럼 변경은 움직일 수 있다. 다음 장에서 설명하겠지만 일부 물질문화 변경은 국가 이전 시기, 단지 부족 정치의 지배를 받는 세계에서 국경수비대나 전국적 언론 없이도 수천 년 동안 살아남았다. 유독 명확한 예로 서쪽의 흑해-카스피 해 초원(트리폴리에/드네프르), 북쪽의 러시아 삼림 지대 채집민/초원 목축민, 동쪽의 볼가-우랄 초원 목축민/카자흐 초원 채집민 지역 사이의 경계를 들 수 있다. 이곳은 인도·유럽 공통조어의 고향으로 추정되는 지역의 경계다. 만약 고대의 종족 구분이 일시적이고 종족 사이의 경계가 단명했다면, 우리는 어떻게 수천 년 동안 지속된 근대 이전 부족 사회의 물질문화 변경을 이해할 수 있을까? 그리고 언어를 이 변경과 연결할 수 있을까?

내 생각에 그 대답은 '그렇다'이다. 언어는 대립되는 일련의 관습에 의해 규정되는 지속적인 물질문화 변경과 강력하게 연결되며, 나는 이것을 '강고한 변경(robust frontier)'이라고 부를 것이다.[8] 로마 제국 붕괴 후 서유럽에서 일어난 이주와 변경의 형성 과정이 이런 연관성을 설명해주는 최적의 환경이다. 왜냐하면 문서와 지명이 이주민의 언어적 정체성 및 새로 형성된 변경의 위치를 확인해주며, 또한 중앙 집권적인 정부가 약하거나 부재한 정치적 맥락에서 이런 변경이 수세기 동안 지속되었음을 확인해주기 때문이다. 예컨대 웨일스어(켈트어 지파)와 영어(게르만어 지파) 사이의 문화적 변경은 앵글로색슨족이 로마노-켈트의 브리튼을 지배한 6세기 이래 지속되었다. 1277년 이후 노르만-잉글랜드 봉건 영주들이 추가로 이 땅을 점령하자 변경은 이른바 **랜스커**(landsker)까지 밀렸는데, 켈트계 웨일스어 사용자와 게르만계 영어 사용자 사이의 명백하게 공인된 이 유명한 민족언어학적 경계는 오늘날까지 지속되고 있다. 그들은 다른 언어(웨일스어/영어)를 쓰고, 다른 유형의 교회를 세우고(켈트계/노르만-잉글랜드계), 다른 방식으로 경작하고, 다른 도구를 썼다. 토지 관리 체계가 다르고, 정의에 대한 기준이 다르고, 의상/음식/관습에서 매우 다양한 차이를 유지했다. 여러 세기 동안 남자들은 이 경계를 넘어 거의 결혼하지 않음으로써 웨일스와 잉글랜드 남자들 사이의 유전적 차이(여자는 아님)가 남성 Y 염색체에 간직되었다.

로마 제국 붕괴 이후의 여타 민족언어학적 변경도 똑같은 경로를 따랐다. 로마 제국 붕괴 후 게르만어 사용자들은 스위스 북부의 주(canton)들로 이주했고, 부르고뉴의 골 왕국은 원래 골-로마(Gallo-Roman) 지역이던 스위스 서부를 점령했다. 지금도 여전히 이들 사이의 변경은 하나의 현대 국가 안에 생태적으로 비슷한 지역들을 나누어 양자의 언어(독일어/프랑스어)와 종교(프로테스탄트/가톨릭), 건축 및 토지 소유의 규모와 조직, 농업 경제의 성격이 다르다. 로마 제국 붕괴 후 또 다른 이주, 즉 400~600년 앵글로색슨인을 피해 브리튼 서부에서 브르타뉴로 이주한 로마노-켈트인에 인해 브르타뉴어/프랑스어 변경이 브르타뉴 반도의 아래쪽 지역을 가로질러 만들어졌다. 무려 1500년 넘게 켈트어를 쓰는 브르타뉴인은 의례, 의복, 음악, 식단에서 프랑스어를 쓰는 이웃과 구별된 채로 남았다. 마지막으로 900~1000년 무렵 게르만어 사용자들이 오늘날의 이탈리아 동북부로 이주했다. 1960년대에 에릭 울프(Eric Wolf)와 존 콜(John Cole)은 이탈리아에 속한 게르만어와 로망스어 사용자 사이의 지속적인 변경을 연구했다. 비록 이 경우 양자의 문화는 가톨릭계 기독교이지만 1000년이 흐른 후에도 서로 다른 언어, 가옥 유형, 거주지 구조, 토지 소유권 및 상속 제도, 권위와 협력에 대한 태도를 유지했다. 아울러 양자는 상대방에 대해 상당히 비우호적인 선입관을 갖고 있었다. 이 모든 사례에서 문서와 기록이 보여주는 것은 민족언어학적 대립은 최근의 것이거나 발명된 것이 아니라 역사적으로 유래가 깊으며 지속적이라는 것이다.[9]

이러한 예는 대부분의 지속적이고 강고한 물질문화 변경은 민족언어학적이라는 것을 의미한다. 강고하고 지속적인 물질문화 변경을 어디서나 발견할 수 있는 것은 아니다. 그래서 오직 예외적인 언어 변경만 규명할 수 있다. 그러나 물론 이마저도 없는 것보다는 낫다.

지속적인 변경을 가로지르는 인구 이동

웨일스인이나 잉글랜드인과 달리 대부분의 사람들은 지속적인 변경을 건너 쉽사리 앞뒤로 이동했다. 안정적인 민족언어학적 변경에 관한 가장 흥미로운 사실 하나는 변경이 반드시 생물학적인 것은 아니라는 점이다. 변경은 사람들이 정기적으로 이를 가로질러 움직임에도 불구하고 엄청나게 오랫동안 지속되었다. 워런 드보어(Warren Deboer)는 아마존 서부 분지의 토착 토기 형태에 관한 연구에서 "우카얄리(Ucayali) 분지의 종족적 경계선은 체형(body)에 관한 한 매우 투과성이 크지만, 양식(style)에 관한 한 거의 불가침이다"[10]라고 썼다. **사람들**의 전후 이동은 사실상 오늘날 대부분 경계 연구에서 기본적인 초점이다. **경계**의 지속성 자체는 연구하지 않은 채로 남아 있다. 그 이유는 아마도 현대 민족 국가들이 모든 경계는 영원하며 불가침이라고 주장하기 때문일 것이다. 아울러 많은 민족 국가들이 자국의 경계를 자연적인 것으로 만들기 위해 그러한 경계가 고대부터 지속되었다고 주장하기 때문일 것이다. 인류학자와 역사학자들은 공히 이 경계를 허구라고 일축한다. 내가 여기서 논의한 경계는 민족 국가의 국경과 일치하는 게 아니라 종종 **국가 안에서** 지속된다. 그러나 나는 우리가 종족 경계는 불가침의 경계선이어야 한다거나 그런 것은 실제로 존재하지 않는다고 강변함으로써 오히려 현대 민족 국가의 기본 전제를 내재화했다는 사실을 깨닫지 못하고 있다고 생각한다.

만약 사람들이 민족언어학적 변경을 넘어 자유롭게 이동할 수 있다면, 인류학에서 변경은 종종 어떤 의미에서 허구일 수 있다. 이는 단지 변경이 **현대 민족 국가의 국경과 같은** 경계선이 아니었기 때문일까? 에릭 울프는 바로 이런 논리로 식민지 시기 북아메리카의 이로쿼이 인디언은 하나의 별개 부족으로 존재하지 않았다고 주장한다. 그는 이들을 다종족적 무역 회사(trading company)라고 불렀다. 왜? 그들의 공동체는 포로로 잡혀오고 입양한 비(非)이로쿼이족으로 가득했기 때문이다. 그러나 만약 생물학적 특성이 언어나 문화와 무관한 것이라면, 델라웨어족(Delaware)이나 난티코크족(Nanticoke)의 **몸**이 단순히 이로쿼이족 마을로 들어온다고 해서 이로쿼이족의 문화가 희석되는 것은 아니라는 걸 의미한다. 중요한 것은 이주자들이 어떻게 행동하느냐이다. 이로쿼이족으로 입양된 이들은 이로쿼이족처럼 행동하길 요구받았으며, 거부할 경우 살해되었다. 이로쿼이족의 문화적 정체성은 독자적인 채로 유지되었으며, 오랫동안 확고하게 이어졌다. 유럽인의 상상에 따라 이로쿼이 '민족(nation)'이 유럽의 민족-국가에 의해 창조되었다는 생각은 유럽과 접촉하기 전 북부 이로쿼이족이 다섯 민족 혹은 부족으로 이루어져 있었다는 것을 1300년까지 **그들이 5개의 전통적인 부족 영토를 갖고 있었다는** 사실을 고고학적으로 추적해 밝힐 수 있다는 점에서 특히나 모순적이다. 이때는 유럽인이 들어오기 250년 전이다. 이로쿼이족은 원래 북부 이로쿼이 5개 부족 간 경계는

16세기 말 유럽 민족 국가의 경계보다 확실히 오래된 것이라고 주장할 것이다.[11]

유럽의 언어 변경은 유전적 변경과 일반적으로 강하게 연결되지 않는다. 사람들은 경계를 넘어 짝을 맺었다. 그러나 비교적 **소수의** 사람이 인접한 혼인 및 이주 네트워크 사이를 이동했다면 실제로 지속적인 민족언어학적 변경이 생겨났을 것이다. 일반적으로 방언 경계는 사회경제적 '기능 지대(functional zones)' 사이의 경계와 상관이 있다. 여기서 기능 지대는 언어학자들이 강력한 역내 이주 및 사회경제적 상호 의존성이 특징인 지역을 일컫는 말이다. (일반적으로 도시는 별개의 몇몇 사회경제적·언어적 기능 지대로 나뉜다.) 예를 들어 라보프(W. Labov)는 펜실베이니아 중부의 방언 경계가 기능 지대 경계에서의 경계를 가로지르는 교통량 하락과 연관이 있음을 보여주었다. 웨일스어/영어 경계처럼 일부 지역에서는 경계를 넘는 인구의 흐름이 너무나 적어 유전자 풀(gene pool)에서 유전적 차이가 나타날 정도였다. 그러나 다른 지속적인 변경에서는 경계를 넘는 인구의 이동이 유전적 차이를 희석시킬 정도로 많았다. 그렇다면 경계 자체, 즉 지속적인 차이 의식(sense of difference)을 유지시킨 것은 무엇일까?[12]

전 근대 시기의 지속적이고 강건한 민족언어학적 변경은 다음 두 가지 조건 중 하나 혹은 둘 아래서 장기적으로 살아남은 것으로 보인다. 요컨대 **대규모 이행대**(삼림/초원, 사막/사바나, 산맥/강변 저지대, 산맥/해안)에서 그리고 장거리 이주자들이 이주를 멈추고 하나의 **문화적 변경**(잉글랜드/웨일스, 브르타뉴/프랑스, 독일계 스위스/프랑스계 스위스)을 형성한 곳에서 변경의 장기 생존이 가능했다. 프레더릭 바스(Frederik Barth)가 관찰했듯 지속적 정체성은 이런 종류의 경계에 내재하는 타자와의 지속적 대립에 부분적으로 의존한다. 그러나 이는 또한 경계 뒤에 있는 고향의 문화(home culture), 즉 에릭 울프가 이탈리아에서 인식했듯 지속적으로 그러한 대립에 영양분을 공급할 수 있는 상상적인 전통의 원천에 의존한다.[13] 이러한 요인들이 합쳐 어떻게 지속적인 변경을 만들어내고 유지하는지 간단히 살펴보자. 우리는 장거리 이주로 인해 생긴 경계에서 시작할 것이다.

지속적인 물질문화 변경의 원인으로서 이주

1970년대와 1980년대에 주민의 이주(folk migration)는 서방 고고학자들이 외면하는 주제였다. 주민의 이주는 이미 평판을 잃은 사고의 압축된 핵심, 즉 종족과 언어와 물질문화가 잘 경계 지워진 사회 안에서 한 덩어리로 묶여 자기 안에 모든 것을 구비한 당구공처럼 저 유명한 오만한 미소를 지으며 대지를 가로질러 달려간다는 사고의 핵심을 표상한다고 여겨졌다. 이 시기 고고학자들은 사회 변화의 내재적 원인의 변화, 즉 생산과 생산 방법, 기후, 경제, 부와 명성에 대한 접근, 정치적 구조, 정신적 신념 등의 변화에는 깊은 주의를 기울였다. 고고학자들이 이주를 무시한 반면 현대의 인구학자들은 현대 이주 물결의 여러 원인과 충원 방식, 유량 역학, 목적 등의 주제를 물고 늘어지는 데 아주 능숙하다. 이주 모형은 당구공의 비유를 훨씬 넘어서 나아갔다. 1990년대 미국 남서부 지역에 대한 고고학과 북동부 이로쿼이 인디언에 대한 고고학이 현대의 이주 모형을 받아들임으로써 아나사지족(Anasazi)/푸에블로족 사회와 이로쿼이족 사회의 해석에 새로운 질감이 더해졌다. 그러나 간단히 말해 세계의 기타 지역 대부분에서 고고학적 데이터베이스는 이주 이론의 매우 구체적 행동 예측을 검토할 만큼 세밀하지 않다.[14] 반면 역사학은 과거에 관한 매우 세밀한 기록을 보유하고 있으며, 현대 역사학자 사이에서 이주는 지속적인 문화 변경을 형성하는 한 가지 요인으로 인정받고 있다.

영어 사용자에 의한 북아메리카의 식민지화는 이주와 민족언어학적 변경 형성 간의 역사적 관계로서 두드러지게 잘 연구된 사례다. 수십 년간의 역사적 연구를 통해 밝혀진 바에 의하면, 놀랍게도 유럽인과 아메리카 원주민을 나누는 경계도 중요하지만 서로 다른 영국(잉글랜드를 포함한 브리튼 전체를 말함―옮긴이) 문화를 나누는 경계도 똑같이 중요했다. 북아메리카 동부는 영국 제도의 서로 다른 네 지역에서 온 4개의 독특한 이주 물결에 의해 식민지화했다. 북아메리카 동부에 도착한 그들은 1650~1750년경 분명하게 경계 지워진 4개의 민족언어학적 지역을 만들었다. 먼저, 뉴잉글랜드에서는 양키 방언을 사용했다. 이 지역은 또한 뚜렷이 구분되는 가옥 건축 형식(소금통 모양의 판잣집), 독특한 헛간과 교회 건축, 특유의 마을 유형(공동 목초지를 중심으로 집들이 한데 모여 있는 구조), 독특한 식단(보스턴의 구운 콩처럼 주로 구이 요리), 차별적인 의복 패션, 유명한 묘비 양식, 정치와 권력에 대한 혹독한 법률주의적 접근법을 갖고 있었다. 민속학자들은 이런 특성을 기반으로, 언어학자들은 양키 방언을 기반으로 뉴잉글랜드 민속 문화 지역의 지리적 경계선을 그렸는데 양측의 경계선이 거의 정확하게 일치했다. 양키 방언은 이스트앵글리아(영국 동남부에 있던 고대 왕국―옮긴이) 지역 방언의 변종인데, 이곳은 초기 순례 이민자 대부분의 출신지였다. 그리고 뉴잉글랜드 민속 문화는 이스트앵글리아 민속 문화를 단순화한 버전이었다. 나머지 세 지역도 가옥·헛간·울타리 양식, 마을의 분포와 구조, 음식 기호, 의복 양식 그리고 종교에 의해 규정되듯 저마다 강력하게 연관된 방언과 민속 문화를 보여주었다. 그중 하나는 동부 연안 지역(잉글랜드 중부 출신의 펜실베이니아 퀘이커교도), 다른 하나는 버지니아 해안

표 6.1 북아메리카 식민지를 향한 이주 물결

식민 지역	이주자의 고향	종교
뉴잉글랜드	이스트앵글리아/켄트	청교도
동부 연안	잉글랜드 중부/독일 남부	퀘이커교도/독일 개신교
버지니아–캐롤라이나 해안 평원 지대	서머셋/웨섹스	영국성공회
애팔래치아 산맥 남부	스코틀랜드–아일랜드 경계 지대	칼뱅파/켈트 교회

지역(잉글랜드 남부, 주로 서머셋과 웨섹스 출신의 왕당파 성공회교도 담배 경작자) 그리고 마지막은 내륙의 애팔래치아 산맥(스코틀랜드–아일랜드 경계 지역 출신 사람들)이었다. 각각의 경우 방언과 민속 문화는 최초의 실질적 유럽 이주민의 출신지인 영국 제도의 특정한 지역에서 유래한다.[15]

식민지 시절 북아메리카 동부의 네 민족언어학적 지역은 4개의 서로 다른 이주 물결에 의해 만들어졌다. 이 차별적인 이주 물결은 영국 제도에서 각기 다른 민족언어학적 정체성을 가진 사람들을 북아메리카의 네 지역으로 이주시켰고, 그곳에서도 이주민들 고향의 언어적·물질적 차이의 단순화한 버전이 확립되고 다듬어지며 수세기 동안 이어졌다(표 6.1). 어떤 경로로, 현대의 대통령 선거 투표 형태를 포함해 이 네 지역의 유산은 심지어 오늘날까지 살아남았다. 그러나 현대의 이주 패턴을 과거에도 적용할 수 있을까? 아니면 오늘날의 이주는 순수하게 현대적인 원인에 의해 발생하는 것일까?

이주의 원인

많은 고고학자들은 현대의 이주는 주로 인구 과잉과 현대 민족 국가들의 이상한 국경선 때문에 발생한다고 생각하는데, 둘 중 어느 것도 선사 시대 세계에는 영향을 끼치지 못했으므로 현대의 이주 연구는 선사 시대 사회와 대체로 상관없는 것이 되고 말았다.[16] 그러나 국가의 경계 내부에서 이주 원인은 인구 과잉 외에도 많다. 심지어 오늘날의 복잡다단한 세상에서도 사람들은 단순히 고향의 인구가 너무 많다는 이유로 이주 길에 오르지 않는다. 고향에 사람이 너무 많은 것은 현대 인구학자들이 '밀어내는(pushing)' 요인이라 부르는 것으로서 고향의 불리한 상황이다. 그러나 '밀어내는' 요인에는 그 밖에도 전쟁, 질병, 흉작, 기후 변화, 약탈을 위한 일상적 습격, 높은 신부 가격, 장자 상속 법칙, 종교적 비관용, 추방, 굴욕, 혹은 이웃으로부터의 단순한 괴롭힘 등이 있다. 오늘날 및 과거 이주의 많은 이유는 사회적인 것이지 인구학적인 것이 아니다. 고대 로마, 봉건 유럽 그리고 현대 아프리카의 많은 지역에서 **상속 규범**은 나이 많은 형제에게 유리하고 나이 적은 사람(동생)이 자기 땅이나 피후견인을 찾는 것을 비난하는데, 이는 후자가 이주하게끔 만드는 강력한 동기이다.[17] '밀어내는' 요인은 이보다 더 미묘할 수 있다. 레이먼드 켈리(Raymond Kelley)에 의하면 식민지 시절 이전 동아프리카 누에르족(Nuer)의 외부를 향한 끊임없는 이주와 점령은 누에르 지역 내의 인구 과잉 때문이 아니라 누에르 청년들로 하여금 사회적으로 바람직한 신부 획득을 매우 값비싸게 만드는 **신부 대금 규칙**(bride-price regulation) 때문이었다. 신부 대금은 신랑이 신부 측 가족에게 노동력의 손실에 대해 치르는 보상금이었다. 신부 대금 상승은 누에르 청년들로 하여금 높은 지위의 혼인에 필요한 높아진 신부 대금으로 쓰기 위해 이웃의 비(非)누에르족 소 떼를 습격하도록 부추겼다. 건조한 지역에서 높은 신부 대금에 더해 부족들의 지위 경쟁과 생산성 낮은 환경은 누에르족의 외부를 향한 이주와 급격한 영토 팽창으로 이어졌다.[18] 목축 부족들 사이에 일어나는 초원 지대의 이주는 절대적 자원 부족

이외에도 많은 이유에 의해 '추동될' 수 있다.

'추동 요인'을 어떻게 정의하든 어떤 이주도 '추동 요인' 하나만으로 적절히 설명할 수는 **없다**. 모든 이주는 '견인(pull)' 요인(실제로 그런지 않은지에 상관없이 목적지의 매력에 대한 억측), 잠재적 이주자들에게 정보를 제공하는 통신망 그리고 수송 비용에 의해서도 마찬가지로 영향을 받는다. 이런 요인 중 어떤 것 하나가 변해도 이주가 매력적 선택이 되는 문턱을 높이거나 낮출 것이다. 이주민은 이런 역학 관계를 저울질한다. 왜냐하면 이주는 과잉 인구에 대한 본능적 반응을 떠나 종종 지위와 부에 대한 경쟁에서 이주자의 지위를 개선하기 위한 **의식적인 사회적 전략**이기 때문이다. 가능하다면, 마치 율리우스 카이사르가 헬베티족(Helvetii) 추장들이 스위스에서 골로 이주하기 전에 수행한 모집 연설에 관해 묘사한 것처럼 이주자들은 고향 사람에게 이주에 대한 확신을 주어 피후견인과 추종자를 자신의 고향에서 충원한다. 이고르 코피토프(Igor Kopytoff)가 지적했듯 기존의 혹은 잠재적 이주민에 의한 고향 인력의 충원은 서아프리카 씨족 및 가계가 계속 팽창하고 재생산되는 과정에서 끊임없이 이어지는 패턴이었다. 인간이 진화를 시작한 이래 그와 비슷한 사회적 계산이 이주를 고무했다고 믿을 이유는 충분하다.

효과: 고대 이주의 고고학적 규명

대규모의 지속적인 이주, 특히 하나의 문화적 환경에서 매우 다른 환경으로의 장거리 이동, 즉 특정 지역의 **주민 이주**는 고고학적으로 규명할 수 있다. 에밀 하우리(Emile Haury)는 1950년대의 애리조나 발굴 당시 이미 살펴봐야 할 것들을 거의 다 알고 있었다. (1) 토착 선행 형태, 즉 원형이 없는 상태에서 어떤 새로운 물질문화의 갑작스러운 등장, (2) 골상의 동시적 변화(생물학적 특징), (3) 침입 문화가 더 일찍이 발전한 이웃 영토, (4) (하우리가 인지하지 못한 징표로서) 오늘날 우리가 장식 양식보다 더 '근본적인' (언어학의 핵심 어휘처럼) 것으로 알고 있는 새로운 물품 제작 **방식**과 새로운 기술 양식의 도입.

전문가, 용병, 숙련 장인 등의 소규모 이주는 규명하기가 더 힘들다. 그 이유는 부분적으로 고고학자들이 보통 위의 단순한 네 범주에서 멈춰 심지어 주민 이주의 경우에도 그 내부적인 기제 분석을 무시하기 때문이다. 왜 어떻게 주민 이주가 발생했는지 실제로 이해하려면 그리고 소규모 이주를 규명할 어떤 기대라도 갖고 있다면 고고학자들은 규모가 크든 작든 장거리 이주 물결의 내재적 구조를 연구해야 한다. 이주 집단의 구성은 다음과 같은 요인들에 달려 있다. 정찰대(목적지를 선택하는 사람)의 정체성과 사회적 연결망, 정보 공유의 사회적 구성(이것이 정찰대의 정보에 누가 접근할 수 있는지 결정한다), 운송 기술(더 싸고 효율적인 운송 수단은 이주를 더 쉽게 만든다), 목적지 선택(목적지가 많든 적든), 최초의 효과적인 정착민('현장 집단(charter group)'이라고도 부른다)의 정체성, 회귀 이주(모든 이주는 다시 고향으로 돌아오는 역방향 흐름이 있다) 그리고 훗날 이 이주 흐름에 동참한 이들의 정체성과 목적의 변화 등이 그것이다. 만약 우리가 이 모든 요인을 탐색한다면 왜 그리고 어떻게 이주가 일어났는지 더 잘 이해할 수 있다. 지속적인 이주, 특히 새로운 고향에 정착할 것을 고려하는 개척자들에 의한 이주는 매우 길게 지속되는 민족언어학적 변경을 만들어낼 수 있다.

장거리 이주자 사이의 방언과 언어의 단순화

정찰대의 정보에 대한 접근권이 잠재적 이주자 충원지를 규정한다. 연구에 의하면, 어떤 지역으로 들어가는 최초 10퍼센트의 새 이주자 집단은 뒤이을 인구 집단의 구성을 정확히 예측하는 변수다. 원천 정보에 대한 제약으로 인해 2개의 일반적 행동 양상이 나타나는데, 바로 뛰어넘기(leapfrogging)와 연쇄 이주(chain migration)가 그것이다. 뛰어넘기 방식에서 이주민은 다른 가능한 목적지는 건너뛰고 오직 자신들이 좋다고 들은 지역으로 향하는데, 때로는 한 번 뜀박질에 먼 거리를 가기도 한다. 연쇄 이주에서 이주민은 객관적으로 '최적인' 지역으로 가는 대신 친척이나 같은 거주지에 살던 사람을 따라 사회적 지원을 받을 수 있는 익숙한 지역을 선택한다. 그들은 의지할 지인이 있는 곳을 찾아 어떤 지점에서 목표 지점으로 이동한다. 충원은 일반적으로 비교적 제한적인데, 이는 그들의 말에서 분명하게 감지할 수 있다.

식민지 주민의 언어는 그들이 떠나온 고향의 것보다 동질적이다. 북아메리카 식민지 시기 영어 사용자들의 방언적 차이는 영국 제도에서보다 작았다. 식민지 남아메리카의 에스파냐어 방언은 원래 식민지 이주민 대부분의 고향인 에스파냐 남부의 방언보다 동질적이었다. 언어적 단순화의 원인은 세 가지다. 하나는 연쇄 이주로서 식민지 이주민은 자신과 같은 지역 및 사회적 집단 출신의 가족과 친구들로부터 인력을 충원하는 경향이 있다. 또한 단순화는 목적지의 접촉 상황에서 방언 간 혼합에 의해 생긴 정상적 결과물이기도 하다.[19] 마지막으로 장거리 이주자들 사이에서 단순화는 현장 집단의 사회적 영향력에 의해 고무된다.

새 장소에서 생존 가능한 사회 체제를 확립한 최초의 집단을 **현장 집단**이라고 부르는데, 최초의 효과적인 정착민이 바로 그들이다.[20] 일반적으로 그들은 가장 좋은 땅을 차지한다. 중앙아메리카의 마야인이나 북아메리카 서남부의 푸에블로 인디언처럼 그들은 최고로 중요한 의례를 수행할 권리를 주장한다. 어떤 경우에는—예컨대 뉴잉글랜드의 청교도처럼—

위원회가 그들 집단으로 편입을 허용할 사람을 고른다. 미국 서남부의 히스패닉 이주자 중에서 헌장 집단은 **꼭대기 가족**(apex family)이라고 부르는데, 그들이 현지의 평판 위계 구조에서 꼭대기를 차지하고 있기 때문이다. 이후의 많은 이주자는 헌장 집단에 빚을 지거나 그들을 의지하고, 이 집단의 방언과 물질문화는 새로운 집단 정체성에 문화적 자본을 제공한다. 헌장 집단은 이후 세대에 과도한 문화적 족적을 남기는데, 후자는 최소한 공개적으로는 헌장 집단의 행동을 모방하기 때문이다. 이것이 바로 19세기 오하이오에서 후대 이주자들의 압도적 다수가 독일인이었음에도 불구하고 영국의 언어, 영국의 가옥 형식, 영국의 주거 유형을 간직한 이유다. 영국 출신 헌장 집단은 독일인들이 도착했을 때 이미 확고히 자리를 잡고 있었다. 이는 또한 최초 청교도 이주민의 전형적 특징이던 이스트앵글리아 특성이 왜 훗날 잉글랜드의 다른 지방이나 아일랜드 출신의 다수 이주민이 도착한 이후에도 계속해서 뉴잉글랜드 방언과 가옥 건축의 특징이 되었는지를 설명해준다. 새로운 땅에서 전통과 성공의 원천으로서 헌장 집단은 뒤이은 세대에게 일종의 역사문화적 헤게모니를 행사했다. 그러나 후대 이민자들은 헌장 집단의 유전자를 쉽사리 집어삼킬 수 있는데, 이것이 특정 언어와 관련한 유전적 흔적을 추적하려는 시도가 종종 부질없는 이유다.

고향의 잠재적 이주자 집단을 규정하는 연쇄 이주와 목적지에서의 순응을 조장하는 헌장 집단의 영향으로 인해 많은 식민지 이주자들 사이의 차이가 평준화했다. 단순화(고향에서보다 변종이 적음)와 평준화(표준화한 형태로 나아가는 현상)는 방언과 물질문화 모두에 공히 영향을 끼쳤다. 물질문화와 관련해 가옥 건축과 거주지 구조(가옥의 외부 형태와 구성 및 거주지 배치)는 특히 표준화하는 경향이 있었다. 왜냐하면 이것들이 어떤 사회적 풍경에서도 정체성의 가장 뚜렷한 표시였기 때문이다.[21] 주류 문화에 편입하고자 하는 이들은 이런 외부적인 가옥 형태를 채택한 반면, 자신들의 오랜 가옥 및 헛간 양식을 고수한 이들은 (오하이오의 일부 독일인 이주민이 그랬듯) 건축과 언어는 물론 정치적인 면에서도 소수자가 되었다. 장거리 이주자들 사이의 언어적·문화적 헤게모니는 타자에 의한 고정관념의 형성을 촉진했고, 이주자들 사이에서 공통의 이해관계와 혈통이라는 환상을 강화시켰다.

생태적 변경: 생계를 유지하는 다른 방법
●

미국 고고학의 아버지 프란츠 보아스는 아메리카 인디언들의 경계가 지리적 경계와 잘 일치하지 않는다는 것을 발견했다. 보아스는 경계를 넘는 문화적 사고와 관습의 확산을 연구하기로 마음먹었다. 그러나 생태와 문화가 어느 정도 일치하는 것은 놀라운 일이 아니다. 특히 농업과 목축을 하는 사람들 사이에서 이런 현상이 두드러지는데, 보아스가 연구한 북아메리카의 부족들은 대체로 농부나 목축인이 아니었다. 무상(無霜, frost-free) 생육 기간, 강수량, 토양의 비옥도 그리고 지형 등이 농부들의 일상생활과 관습의 많은 측면, 즉 목축 체계, 작물 경작, 가옥 양식, 주거지의 크기 및 배치, 선호하는 음식물, 신성한 음식, 식품 잉여량의 규모 그리고 대중적 연회의 시기 및 풍성함 정도 등에 영향을 끼친다. 대규모 이행대에서 경제 조직, 식단, 사회생활의 이런 근본적 차이는 대립적인 종족 정체성으로 발전할 수 있다. 이는 때때로 서로를 지원하고 보완하며 때로 적대적이지만 대체로 두 가지 모두의 성격을 갖는다. 프레더릭 바스는 이란과 아프가니스탄 사회에 대한 연구를 수행한 후, 변경에서 종족적 정체성은 유전자에 안주하거나 조상으로부터 수동적으로 전해져오는 게 아니라 끊임없이 창조되며 심지어 발명되기도 한다고 주장한 최초의 인류학자 중 한 사람이 되었다. 대립의 정치학은 심지어 '우리가 **누구인지**(who we are)' 확실치 않더라도 '우리가 누구가 **아닌지**(who we are not)'를 확고히 만들고, 그리하여 종족적 정체성을 정의하는 데 중요한 역할을 한다. 이행대란 정치와 경제가 작동하는 방식의 차이로 인해 상호 대립하는 정체성이 오랜 기간 동안 재생산되고 유지되는 장소를 말한다.[22]

이행대와 민족언어학적 변경이 일치하는 경우는 많다. 프랑스의 경우 남부의 지중해 지역과 북부의 대서양 지역은 최소 800년 동안 민족언어학적 경계에 의해 나뉘어 있었다. 이에 대한 최초의 기록은 1284년에 등장한다. 남부의 평평하고 타일을 붙인 지붕 아래서는 오크어(langue d'oc)를 쓰는 사람들이 살았고, 북부의 가파르게 경사진 지붕 아래서는 오일어(langue d'oil)를 쓰는 사람들이 살았다. 그들은 경작 체계가 달랐고 전국적 법률 체제에 순응하도록 강요당할 때까지 법률 체계도 달랐다. 케냐에서는 나일어(Nilotic)를 사용하는 마사이족은 메마른 고원과 평원에서 순수한 목축 경제를 유지하고 있었던 반면, 반투어(Bantu)를 사용하는 농부들은 숲으로 덮인 산지의 경사면이나 낮은 습지의 습한 환경을 차지했다. 이런 유형과 관련해 아마도 가장 유명한 인류학적 사례는 에드먼드 리치 경(Sir Edmund Leach)의 고전적 저서 《버마 고지대의 정치 체제(Political System of Highland Burma)》에 들어 있을 것이다. 카친족(Kachin) 삼림 농부들은 버마(미얀마)의 산언덕에서 사는데, 타이어를 쓰며 비옥한 하곡의 저지대를 차지하고 논농사를 짓는 샨족(Shan)과 언어뿐만 아니라 여러 면에서 달랐다. 때로 일부 카친족 지도자들은 샨족의 정체성을 받아들여 두 체계 사이로 이리저리 움직였다. 그러나 서로 다른 생태, 예컨대 잉여 작물과 관련해 서로 대조적인 확실성과 예측 가능성, 그 결과 발생하는 서로 다른 잉여 재산 형성 가능성 그리고 고지의 삼림과 저지의 벼농사에 필요한 서로 다른 사회 조직 등에 뿌리를 둔 두 문화 사이의 경계 구분은 지속되었다. 생태적 차이에 기초한 문화적 경계는 심지어 사람들이 정기적으로 그것을 가로질러 이동한다 할지라도 오랜 기간 살아남을 수 있다.[23]

언어의 분포와 이행대

왜 일부 언어 변경은 생태학적 경계를 따르는가? 언어는 경제의 뒷좌석에 올라타는 것에 불과한가? 혹은 생태와 사람들이 말하는 방식 사이에 독자적인 관계가 있는가? 옥스퍼드 대학의 언어학자 대니얼 네틀스와 애리조나 대학의 제인 힐(Jane Hill)은 1996년 (각자 독자적으로, 혹은 최소한 서로를 언급하지 않은 채) 언어의 지리학은 그 아래에 놓인 사회관계의 생태학을 반영한다는 의견을 제시했다.[24]

사회적 결속을 확립하고 유지하려면, 특히 먼 거리를 가로질러 그러자면 상당한 노력이 필요하다. 그리고 사람들은 그럴 **필요**가 있다고 여기지 않는 한 이를 위해 모든 에너지를 쏟지 않는 듯하다. 자족적이며 자신의 경제적 미래에 상당한 확신을 갖고 있는 이들은 소수의 사람, 대체로 자신과 매우 유사한 사람들과 매우 **강력한** 사회적 결속을 유지하는 경향이 있다. 제인 힐은 이것을 **지역주의**(localist) 전략이라고 부른다. 자신들과 함께 성장한 자신의 언어가 그들에게 필요한 전부이기에 그들은 오직 그 언어(종종 그 언어의 오직 한 가지 방언)만 쓰는 경향이 있다. (대학 교육을 받은 대부분의 미국인은 이런 범주에 꼭 들어맞는다.) 이런 안정적인 사람들은 생산성 높은 자연 생태계에 살거나 적어도 생산성 높은 지역에 안정적으로 접근하는 경향이 있다. 네틀스는 서아프리카 언어 집단들의 평균 규모가 농업 생산력과 반비례 관계에 있음을 밝혔다. 즉 농지가 비옥하고 생산성이 높을수록 언어 영역은 더 작았다. 이것이 신석기 시대에 단 하나의 범유럽적인 인도·유럽 공통조어가 있을 것 같지 않은 한 가지 이유다.

그러나 덜 생산적인 영역에 살아 여러 수입원(미얀마의 카친족이나 2명이 벌이에 나서는 대부분의 중산층 가정)에 기대야 하는 사람들로서 자신의 경제적 미래에 대해 다소간 불안감을 느끼는 이들은 더 다양한 사람들과 다수의 **약한** 결속을 유지한다. 그들은 종종 둘 혹은 그 이상의 언어나 방언을 익히는데, 안정감을 느끼자면 더 넓은 관계망이 필요하기 때문이다. 그들은 새로운 언어 습관을 매우 빨리 익힌다. 그들은 혁신자다. 애리조나의 파파고(Papago) 인디언에 관한 연구에서 제인 힐은 부유하고 생산성 높은 환경에 사는 공동체는 언어나 사회관계 양 측면에서 '지역주의' 전략을 채택했음을 보여주었다. 그들은 오직 하나의 동질적이고 좁은 지역 내에서 사용하는 파파고 방언을 사용했다. 그러나 더 건조한 환경에서 사는 공동체들은 많은 방언을 알았고, 이런 방언을 수많은 표준화하지 않은 방식으로 조합했다. 그들은 '분산(distributed)' 전략을 채택했다. 요컨대 서로 다른 사회와 생태적 영역을 넘어 언어적이든 경제적이든 여러 종류의 동맹 관계를 분산 배치하는 전략이다. 힐은 건조하고 불확실한 환경은 자연적인 '확산 지대'이며, 이런 곳에서는 다양한 사회적 결속에 의존하고 여러 사람으로부터 새로운 방언을 받아들일 준비가 되어 있는 공동체들 사이에서 새로운 언어와 방언이 신속하게 확산한다고 주장했다. 이보다 앞서 조앤나 니컬스는 유라시아 초원을 원형적인 언어 확산 지대로 묘사한 적이 있다. 아울러 힐은 그 이유를 설명했다. 따라서 언어와 생태적 변경의 결합은 언어가 수동적으로 문화를 따르는 관계가 아니다. 대신 언어 변경이 생태 변경을 따르는 데는 독자적인 사회-언어적 이유가 있다.[25]

요약: 이행대와 지속적인 민족언어학적 변경

부족 사회 세계에서도 언어 변경이 일률적으로 생태 변경이나 자연지리적 장벽과 일치했던 것은 아니다. 왜냐하면 이주를 비롯한 온갖 기타 언어 팽창의 형태가 이를 방해했기 때문이다. 그러나 언어의 이질성— 1000제곱킬로미터당 사용하는 언어의 수—은 분명 생태계의 영향을 받았다. 하나의 생태 변경이 예측 불가능하고 비생산적인 환경으로부터 예측 가능하고 생산적인 환경을 가르는 곳에서, 사회가 변경 양쪽을 똑같은 방식으로 조직할 수는 없다. 지역화한 언어 및 작은 언어 영역은 생태적으로 생산적인 영역에 정착한 농부들 사이에서 발견된다. 더 다양한 언어, 더 불분명한 방언 경계선 그리고 더 큰 언어 영역은 농사가 어렵거나 불가능한 지역을 차지하고 있는 유동적인 사냥-채집민과 목축민 사이에서 나타난다. 유라시아 초원에서 초원(생산성이 낮고 예측 불가능하며, 주로 사냥꾼이나 목축민이 차지한 땅)과 인접한 농경 지역(생산성이 매우 높고 믿을 수 있는 지역으로서 부유한 농부들이 차지한 땅) 사이의 생태적 변경은 기록된 역사를 통틀어 언어적 변경이기도 했다. 변경의 지속성은 동쪽 끝에 있는 중국과 서쪽 끝에 있는 유럽의 역사에서 주된 요소 중 하나였다.[26]

소규모 이주, 엘리트 충원 그리고 언어의 교체

●

지속적인 생태적 및 이주와 연관된 변경이 흑해-카스피 해 초원의 인도·유럽 공통조어 고향을 둘러싸고 있었다. 그러나 인도·유럽어군이 고향을 **넘어** 확산한 것은 주로 연쇄 유형의 주민 이주를 통한 것은 아니다. 주민 이동이 꼭 낯선 공간에서 새 언어를 확립하는 것은 아니다. 언어의 변화는 대중에 의해 존경받고 모방되는 억양을 따르는 방향으로 이뤄진다. 의례 및 정치 엘리트는 종종 새로운 말하기 방식을 도입하고 대중화한다. 작은 엘리트 집단도 심지어 부족 사회의 맥락에서 광범위한 언어 교체를 조장할 수 있는데, 이는 그들이 핵심 영토와 교역 상품을 통제하는 동시에 새로운 종교적 혹은 정치적 이념 혹은 양자 모두를 성공적으로 도입한 지역에서 가능하다. 아프리카의 아촐리족(Acholi)을 대상으로 한 연구는 새로운 이념의 도입과 무역 장악이 어떻게 이주민 수가 적은 곳에서도 그들의 언어 확산을 낳을 수 있는지 설명한다.[27]

아촐리족은 우간다 북부와 수단 남부의 민족언어학적 집단이다. 그들은 서부 나일어의 하나인 루오어(Luo)를 사용한다. 1675년경 루오어를 쓰는 족장들이 남쪽에서 우간다 북부로 처음 이주했다. 그곳 인구의 압도적 다수는 수단어 혹은 동부 나일어를 쓰고 있었으며, 루오어는 그야말로 소수 집단의 언어였다. 그러나 루오 족장들은 자신들이 남쪽의 반투 왕국에서 받아들인 귀족의 상징물(북이나 의자 등)을 가지고 들어왔다. 또한 그들은 조공을 요구하는 한편 족장이 종교적 권력을 갖는다는 새로운 이념을 도입했다. 1675~1725년경 13개의 새로운 족장 사회가 형성되었는데, 그중 어떤 것도 마을 4개를 넘지 못했다. 족장 통치의 이런 고립된 지역에서 루오어를 사용하는 족장들은 평등한 원주민 중 연장자를 피후견인으로 충원하면서, 그들에게 새로운 위계제 내의 유망한 자리를 제시했다. 그들은 원주민과의 혼인 동맹, 부와 관대함의 과시, 어려움에 처한 원주민 가정에 대한 원조, 폭력적 위협 그리고 가장 중요한 수단으로서 신부대금으로 사용하는 철로 된 신분 상징 물품의 교역을 장악함으로써 수를 불렸다. 루오어는 충원을 통해 서서히 퍼져나갔다.[28] 이어 1790~1800년 시작된 외부적 압박, 즉 심각한 가뭄이 그 지역에 영향을 끼쳤다. 생태적으로 우호적인 땅에 자리 잡은 루오 족장 사회 하나가 이 위기 동안 부를 그대로 유지한 덕분에 최고 지위로 부상했다. 그리하여 루오어가 급속히 확산했다. 이집트에서 이곳에 도착한 유럽 상인들이 당시 광범위하게 쓰이던 언어를 따라 지역민에게 '슐리(Shooli)'라는 이름을 붙였는데, 이것이 '아출리(Achooli)'가 되었다. 위계제의 정점에 있는 족장들은 유럽인과의 교역을 통해 매우 큰 재산을 모음으로써 재빨리 귀족 계급으로 성장했다. 1872년 영국인들은 루오어 하나를 쓰는 종족을 기록하면서 '아촐리'라고 불렀다. 이처럼 아촐리는 200년 전에는 존재하지 않던 지역 간의(inter-regional) 종족 정체성이었다.

인도·유럽어는 유럽의 선사 시대 부족 사회에서 위와 비슷한 경로로 전파되었을 것이다. 원래의 자기 지역을 벗어나 밖으로 이주하는 인도·유럽어 족장들은 아촐리 족장 같은 정치적 후견 이념을 갖고 가서 현지인 출신 새로운 피후견인의 후견인이 되었을 것이다. 그들은 또한 새로운 의례 체계를 도입했다. 이 체계 안에서 그들은 신을 모방해(신은 인도·유럽어 사용자들의 후견인이었음 — 옮긴이) 대중적 희생 의식과 연회에 동물을 공급했고, 그 답례로 찬가 낭송 대접을 받았다. (이 모든 것이 인도·유럽 공통조어 문화로 견고하게 복원되었다.) 또한 그들은 모든 효과적인 대중 충원 활동도 가져왔다. 훗날 인도·유럽 공통조어 사용자들의 이주로 인해 황소가 끄는 네 바퀴 수레와 기마 덕분에 가능해진 이동성 좋은 새로운 목축 경제가 도입되었다. 족장의 권위가 미치는 몇몇 고립된 지역을 벗어나기 위해서는 새로운 족장령(chiefdom)이 기후적인 것이든 정치적인 것이든 외부에서 오는 압박에 성공적으로 대응할 때까지 기다려야 했다. 이 압박에 성공적으로 대응하고 나면 원래 족장 사회의 핵심 지역이 새로운 지역적 종족 정체성 발전의 기반이 되었다. 콜린 렌프루는 이런 식의 언어 교체를 "엘리트 지배(elite dominance)"라고 불렀지만 '엘리트 충원(elite recruitment)'이라는 용어가 더 나을 듯싶다. 노르만이 잉글랜드를 점령하고 켈트계 갈라티아인(Galatian)이 아나톨리아를 점령했지만, 둘은 모두 자신들이 지배하던 현지 주민 사이에서 자기의 언어를 확립하는 데 실패했다. 이주자들의 엘리트 언어는 그들의 엘리트 지위 체제가 현지에서 지배적일 뿐 아니라 충원과 동맹에 대해 열려 있는 곳에서만 채택된다. 왜냐하면 사람들이 새로운 언어로 옮겨갈 때는 그 행동이 새로운 체제로 통합되는 열쇠를 제공해야 하며, 새로운 체제로 합류하는 사람은 그 안에서 신분 상승의 기회를 보아야 했기 때문이다.[29]

프레더릭 바스는―오래전 맬러리가 언급한 적 있는―열린 사회 체제가 충원과 언어 교체를 고무하는 좋은 예를 아프가니스탄 동부에 대한 연구에서 설명했다. 칸다하르 고원에 사는 파탄족(Pathan)―오늘날에는 일반적으로 파슈툰족(Pashtun)이라고 부른다―의 지위는 강변 저지에 국한된 농지에서 생산하는 농업 잉여에 의해 결정되었다. 파탄족 토지 소유자들은 '지르가(jirga)'라는 지역위원회 안에서 권력을 놓고 경쟁했다. 이 위원회 안에서는 어떤 사람도 남에게 굴종하지 않으며 모든 호소는 평등한 개인들 사이의 요구 사항으로 인정받았다. 그들과 이웃한 종족 집단인 발루치족(Baluch)은 매우 건조한 산악 지역에 살았는데, 당연히 목축인이었다. 파탄족과 달리 발루치족은 비록 가난하지만 열린 위계적 정치 체제를 갖고 있었다. 파탄족은 발루치족보다 많은 무기, 인구, 재산 그리고 일반적으로 더 큰 권력과 지위를 보유했다. 그러나 발루치-파탄 변경에서 재산을 잃은 많은 파탄인이 새로운 삶을 찾아 경계를 넘음으로써 발루치 족장들의 피후견인이 되었다. 파탄족의 지위는 토지 소유권에 묶여 있어 불화로 인해 토지를 잃은 파탄인은 하찮고 주변적인 삶을 살 운명이었다.

그러나 발루치족의 지위는 토지가 아니라 정치적 동맹 및 가축과 결합해 있었다. 아울러 가축은 운이 좋으면 매우 빨리 불어날 수도 있었다. 발루치의 모든 족장은 좀더 강력한 족장들의 피후견인이었으며, 그 정점은 발루치의 최고 통치 기구인 '사르다르(sardar)'의 장관이었다. 아울러 장관 자신도 칼라트(Kalat) 지방의 칸(khan)에게 충성해야 했다. 발루치인 사이에서는 강력한 족장의 피후견인이 되는 게 부끄러운 일이 아니었고, 피후견인이 되면 급격한 경제적·정치적 발전 기회를 얻을 가능성이 컸다. 그래서 파탄–발루치 변경의 만성적 소규모 전쟁 상황 아래서 과거 농민이었던 난민들이 목축 경제인 발루치로 건너가는 경향이 있었고, 이리하여 발루치어는 새로운 사용자를 얻었다. 부족 간의 만성적 전쟁 상황에서는 일반적으로 목축 경제가 정주 경제보다 유리한데, 가축은 몰고 다님으로써 지킬 수 있지만 농장은 움직이지 못하는 목표물이기 때문이다.

이주와 인도·유럽어군

개척 농민들에 의한 주민 이주로 인해 서기전 5800년 무렵 흑해–카스피해 초원 가장자리에 목축–농업 경제가 처음으로 도입되었다. 흑해 서북쪽 삼림–초원 생태 지대에서 이주해 들어오던 개척 농부들은 자신과 토착 채집민 사이에 문화적 변경을 확립했다. 이러한 변경은 일련의 문화적·경제적 차이에 의해 규정된 강고한 것이었으며 약 2500년 동안 지속되었다. 지속적인 변경과 언어에 대한 내 견해가 옳다면, 그것은 또한 언어적인 변경이었다. 아울러 앞장들에서 제시한 그 밖의 주장이 옳다면, 유입되는 개척 농부들은 비인도·유럽어를 썼고 토착 채집민은 선 인도·유럽 공통조어를 썼다. 경계에 살던 채집민이 새로운 농업 경제의 선별적 측면(약간의 소 키우기, 약간의 곡물 경작)을 채택했지만, 변경에서 멀리 떨어진 현지 채집민은 여러 세기 동안 사냥과 어업을 유지했다. 변경에서는 양쪽 사회가 모두 다뉴브 강 하류(개척 농부 이주민의 본거지) 혹은 초원(토착 채집민의 본거지)의 각기 다른 전통의 근거지로 되돌아갈 수 있었기 때문에 계속적으로 교체되는 반목과 대립의 원천을 제공받았다.

결국 서기전 5200~서기전 5000년 무렵 일부 핵심 채집민 집단이 새로운 목축 경제를 채택했고, 이로써 목축 경제는 대부분의 흑해-카스피 해 초원을 가로질러 멀리 동쪽으로 볼가 강과 우랄 강까지 급속히 전파되었다. 이는 초원 사회의 경제뿐만 아니라 의례와 정치까지 변형시킨 일대 혁명적 사건이었다. 새로운 경제 및 의례-정치 체제와 함께 새로운 방언과 언어의 집합이 흑해-카스피 해 초원 전역으로 확산되었을 것이다. 이러한 방언들이 인도·유럽 공통조어의 조상이었다.

언어와 물질문화가 어떻게 연결되는지 더 명확하게 이해함으로써 그리고 이주가 어떻게 작동하고 언어의 교체와 연결되는지 보여주는 특정한 모델을 통해 우리는 인도·유럽어의 기원을 다루는 고고학적 조사를 개시할 수 있다.

2부

유라시아 초원의 개방

07

어떻게 죽은 문화를 복원할 것인가

인도·유럽어의 기원에 관한 고고학은 일반적으로 대부분의 사람들이 보기에 불가사의한 용어들로 기술되는데, 심지어 고고학자조차 이 용어들에 대한 정의가 다르다. 그래서 내가 고고학적 증거에 접근하는 방식에 대해 간단히 설명하겠다. 처음부터 시작하기 위해 놀랍게도 우리는 덴마크에서 출발해야 한다.

1807년 덴마크 왕국은 생존을 확신하지 못했다. 영국에 패하고, 스웨덴에 위협받고, 곧이어 노르웨이에 버림을 받자 덴마크는 시민들에게 자국의 위대함을 재확인시키고자 영광스러운 과거에 기대를 걸었다. 국립고대유물박물관을 지으려는 계획에 착수한 것이다. 왕립고대유물관리처는 즉시 최근 확장된 농업 정책 아래서 쟁기에 끌려 나오거나 파헤쳐진 방대한 유물을 획득했다. 시골 젠트리 출신의 아마추어 수집가, 일반인 출신의 석공이나 수로 굴착공이 어렴풋이 빛나는 청동 소장물이나 뼈, 부싯돌로 만든 도구가 든 상자를 가져왔다.

1816년 왕립도서관 뒷방에 먼지 낀 견본들을 쌓아놓은 덴마크 고대유물보존위원회는 이 이상하고 잘 알려지지 않은 압도적인 양의 수집품을 첫 전시에서 어떤 식의 질서에 따라 어떻게 배열할지 결정하기 위해—대학 학위도 없는 27세의 청년이지만 실무 능력과 근면성으로 유명했던—크리스티안 J. 톰센(Christian J. Thomsen)을 선택했다. 1년 동안의 카탈로그 작업과 고민 끝에 톰센은 유물을 대형 전시실 세 곳에 진열하기로 했다. 하나는 석기 시대의 무덤이나 침전물에서 나온 것으로 여겨지는 석기 유물 전시용이었다. 다른 하나는 청동기 시대—철이 없던 시대의 유적에서 나온 것으로 여겨지는—의 청동 도끼, 나팔 그리고 창날 등을 위해 준비한 방이었다. 그리고 마지막 하나는 스칸디나비아의 역사에 관한 최초의 기록이 나오는 시대까지 이어지는 철기 시대에 만든 철로 된 도구와 무기를 전시하기 위한 방이었다. 1819년의 최초 전시는 대성공이었다. 이 일은 유럽 지식인들 사이에서 위의 세 시대는 실제로 연대순으로 존재했는가, 존재했다면 얼마나 오래전의 일인가, 고고학이라는 학문이 새로 등장한 역사언어학처럼 가능한가 등의 토론에 영감을 불어넣어 논쟁을 불러일으켰다. 원래 톰센의 조수였던 옌스 보르소에(Jens Worsaae)는 조심스러운 발굴을 통해—몇 가지 단서를 달긴 했지만—이 세 시대가 차별적인 선사 시대의 각 시기로 실제 존재했음을 증명했다. 이 작업을 하기 위해 그는 수로 굴착공보다 훨씬 조심스럽게 땅을 파야 했고, 지질학에서 층위학적 방법을 도입했다. 이리하여 고고학이라는 전문적인 영역이 유물을 얻기 위해서가 아니라 하나의 문제를 풀기 위해 탄생했다.[1]

톰센의 전시 이후 교육받은 어떤 사람이 선사 시대를 매머드 뼈와 철검을 한꺼번에 던져 넣을 수 있는 미분화된 하나의 시대로 간주하는 것은 더 이상 불가능해졌다. 그 후로 시간을 계속 나눠야 했는데, 이는 이제 자신의 가장 강력한 적에게 승리할 방법을 거머쥔 우리 인간에게는 특히나 만족스러운 임무였다. 일단 연대학을 발견하자 그것을 수정하는 일은 중독성이 있었다. 심지어 오늘날까지 연대에 관한 논쟁은 러시아와 우크라이나의 고고학적 토론을 장악하고 있다. 사실, 서방 고고학자들이 초원의 고고학을 제대로 이해하지 못하게끔 방해하는 주요 문제는 톰센의 세 시대가 초원에서는 서구와 달리 정의된다는 데 있다. 청동기 시대는 얼핏 간단한 개념처럼 보인다. 그러나 매우 근접한 지역에서 서로 다른 시기에 청동기 시대가 시작되었다면, 이 시대를 적용하는 일은 복잡해진다.

발굴된 무덤이나 주거지에서 청동 도구와 장신구를 규칙적으로 발견할 때 그 시기를 청동기 시대라고 말할 수 있다. 하지만 청동은 무엇인가? 합금이다. 그리고 가장 오랜 청동은 구리와 비소의 합금이었다. 우리가 대부분 단순히 독으로 인식하고 있는 비소는 사실 자연 상태에서 발견할 수 있는 희끄무레한 금속으로서 전형적으로 황비철석(arsenopyrite)의 형태로 존재한다. 황비철석은 종종 규암질 구리 매장층에서 구리 광석에 붙어 있는데, 이런 까닭에 비소-구리 합금이 발견되곤 하는 것이다. 자연 상태에서 비소는 구리 광석 구성의 1퍼센트 이하이며, 일반적으로는 그보다 훨씬 적다. 고대의 대장장이들은 비소 함량을 2~8퍼센트까지 올려 만든 합금은 순수한 구리보다 색깔이 밝고 냉각하면 강도가 세지고, 녹이면 점성이 작아져 주조하기 쉽다는 것을 알아냈다. 이보다 밝고, 강하고, 작업하기 좋은 청동 합금은 구리에 주석을 2~8퍼센트가량 섞은 것이었다. 하지만 주석은 고대 세계에서 희소했으므로 '주석 합금-청동'은 훗날 주석 매장층을 발견한 뒤에야 등장했다. 따라서 청동기 시대는 대장장이들이 정식으로 녹인 광물을 섞어 자연에서 발견한 구리보다 우수한 합금을 만들기 시작한 바로 그 시기를 말한다. 이런 관점에서 보면, 청동기 시대가 여러 다른 시대에 다른 장소에서 시작되었다는 것이 즉각 명백해진다.

흑해-카스피 해 초원의 세 시대

●

유럽에서 가장 오래된 청동기 시대는 서기전 3700~서기전 3500년 무렵, 대장장이들이 근동과 흑해-카스피 해 초원의 자연적 변경인 북캅카스 산맥에서 비소 합금 청동을 만들면서 시작되었다. 비소 청동과 이것으로 대변되는 청동기 시대는 초원 지대와 다뉴브 강 하류 하곡을 포함한 동유럽에서는 몇 세기 후인 서기전 3300~서기전 3200년 무렵에 시작되고, 중부 및 서부 유럽에서는 다시 1000년이 늦은 서기전 2400~서기전 2200년 무렵에야 겨우 시작되었다. 그러나 서유럽에서 교육을 받은 고고학자는 일반적으로 프랑스나 영국에서라면 석기 시대(혹은 신석기 시대) 문화로 불릴 텐데 왜 서기전 3700년대의 캅카스 문화를 청동기 문화라고 하는지 의문을 제기할 것이다. 그 대답은 청동 야금술은 동유럽에서 시작해 서유럽으로 전파되었는데, 서유럽에서는 놀랄 만큼 오랫동안 지체한 후에야 이를 채택했기 때문이다. 인도·유럽어의 고향으로 여겨지는 흑해-카스피 해 초원에서 청동기 시대는 덴마크보다 훨씬 일찍 시작되었다.

초원에서 청동기 시대에 선행하는 시대를 동석기 시대라고 부른다. 크리스티안 톰센은 덴마크에서 이 시대를 인지하지 못했다. 동석기 시대는 동기 시대로서 이때 금속 도구와 장신구를 널리 사용했다. 하지만 당시엔 이것들을 합금이 아닌 순수 구리로 만들었다. 동석기 시대는 최초의 금속 시대로서 유럽 최초로 구리 야금술을 발명한 동남부 유럽에서는 오랫동안 지속되었다. 한편 동석기 시대는 북유럽이나 서유럽에서는 나타나지 않았는데, 이들 지역은 이 단계를 건너뛰어 신석기에서 바로 청동기 시대로 들어갔다. 동남부 유럽의 전문가들은 동석기를 내적으로 구분하는 문제에 의견이 일치하지 않는다. 요컨대 초기, 중기, 후기 동석기의 연대기적 경계선을 다른 지역의 다른 고고학자들마다 다른 시기로 정한다. 나는 러시아와 우크라이나 고고학자들 사이에 대두하는 지역 간 합의처럼 보이는 것을 따르려 했다. 아울러 이 둘 사이엔 폴란드 동부, 불가리아, 루마니아, 헝가리, 옛 유고슬라비아의 고고학자들이 있다.[2]

동석기 이전 시대는 신석기, 즉 톰센의 석기 시대 후반기이다. 석기 시대는 구기(Old), 중기(Middle), 신기(New)로 나뉘는데 구석기, 중석기, 신석기가 바로 그것이다. 구소련의 고고학과 현재의 슬라브 혹은 구소련 붕괴 후의 용어 사용법에서 **신석기 시대**라는 말은 토기는 만들었지만 금속을 만드는 방법을 몰랐던 시기에 해당하는 용어다. 토기의 발명이 신석기 시대의 출발을 결정했다. 물론 토기는 중요한 발명이었다. 내화성 있는 점토 솥 덕분에 약한 불에 하루 종일 찌개와 국을 끓여 복합 탄수화물과 단백질을 분해함으로써 위가 약한 이들(아기와 노인)의 소화가 한층 쉬워졌다. 점토 솥으로 끓인 수프는 아기들의 생존을 돕고 노인들이 더 오래 살도록 했다. 토기는 또한 고고학자들에게 편리한 '유형 화석'으로서 고고학 유적지에서 쉽게 알아볼 수 있다. 그러나 서방 고고학자들은 신석기 시대를 다르게 정의한다. 서방 고고학에서는 사회가 식품 생산(목축이나 농경, 혹은 둘 모두)에 기초한 경제를 갖고 있는 경우에만 오직 **신석기**라는 명칭을 붙일 수 있다. 사냥꾼이나 채집민은 토기를 갖고 있다 할지라도 **중석기 시대** 사람으로 불렸다. 자본주의 고고학자들이 생산 양식을 신석기를 정의하는 핵심 기준으로 만들고, 마르크스주의 고고학자들이 그것을 무시했다는 것은 정말 역설적이다. 나는 이것이 고고학자 및 그들의 정치적 견해와 관련해 무엇을 말하고자 하는 것인지 확신할 수 없다. 그러나 나는 여기서 토기를 만들었지만 금속 도구나 장신구는 사용하지 않았던 초기의 농부와 채집민 모두를 포함하는 동유럽식 신석기 시대 정의를 채택할 수밖에 없다. 왜냐하면 이것이 러시아와 우크라이나 고고학에서 **신석기 시대**가 의미하는 바이기 때문이다.

연대 결정과 방사성 탄소 혁명

방사성 탄소 연대 측정법은 선사 시대 고고학에서 혁명을 일으켰다. 크리스티안 톰센의 박물관 전시부터 20세기 중반까지 고고학자들은 유물을 유형의 순서에 따라 배치할 수는 있지만 그것들이 정확히 얼마나 오래된 것인지 몰랐다. 그 연대를 추측하는 유일한 방법은 유럽의 단검이나 장신구 양식을 연대가 알려진 근동의 비슷한 양식과 연결시키려 시도하는 것이었다. 근동의 기록은 서기전 3000년까지의 연대를 제공한다. 이런 원거리 양식 비교법은 기껏해야 위험스러운 것이지만, 근동의 최초 기록보다 오래된 유물에는 아예 적용조차 할 수 없었다. 그다음 1949년 윌러드 리비(Willard Libby)가 C_{14} 함유량을 측정해 어떤 유기체(나무, 뼈, 짚, 조개껍데기, 피부, 머리카락 등)의 절대적 나이(글자 그대로 그 유기체가 죽은 후 지난 시간)를 결정할 수 있다고 밝힘으로써 방사성 탄소 연대 측정법이 탄생했다. 방사성 탄소 연대 측정값은 언제 그 측정 표본이 죽었는지를 알려준다. 물론 그 표본은 어떤 시점에서는 살아 있던 것이어야 한다. 이런 점에서 리비의 발견은 돌이나 광석 등 무기물을 측정하는 데는 소용이 없다. 그러나 고고학자들은 사람이 살았던 곳의 고대 아궁이에서 까맣게 탄 숯과 버려진 동물의 뼈를 종종 발견했다. 리비는 노벨상을 받았고, 유럽은 근동의 문명들과 독립적인 자신만의 선사 시대를 갖게 되었다. 구리 야금술 같은 일부 중요한 사건들이 근동의 영향을 배제할 정도로 오래전에 유럽에서 발생했다는 것이 밝혀졌다.[3]

방사성 탄소 연대 측정값에 기초한 연대 체계는 1949년 이래 몇 번 중요한 변화의 고비를 넘겼다(이 책의 부록 참조). 가장 중요한 변화 중 하나는 표본에 남아 있는 C_{14}의 함유량을 측정하는 새로운 방식(가속질량분석기)의 도입으로 모든 연대 측정값이 한층 정확해졌다. 또 다른 변화는 모든 방사성 탄소 연대 측정값은 C_{14} 함량 측정 방식과 관계없이 보정 표(calibration table)를 사용해 수정해야 한다는 걸 자각한 것이다. 이에 따르면 오래전 유물을 대상으로 측정한, 보정하지 않은 연대 측정값은 커다란 오류가 있다는 게 드러났다. 이런 방법 및 결과의 연이은 변화로 인해 구소련에서 방사성 탄소 연대 측정값을 과학적으로 인정하는 데 시간이 걸렸다. 구소련의 많은 고고학자들이 방사성 탄소 연대 측정법을 받아들이길 주저했다. 한편으론 이 방법이 자신들의 이론 및 연대와 상충했기 때문이고, 한편으론 최초의 방사성 탄소 연대 측정값이 나중에 측정 방법이 바뀌면서 틀린 것으로 밝혀지고 향후 새로운 개선을 통해 모든 방사성 탄소 연대 측정값이 곧 틀린 것으로 판명될 수도 있다고 여겼기 때문이다. 그리고 또 한편으론 방사성 탄소 연대 측정값 자체가 수정·보정을 하든 않든 때로 아무런 의미도 없었기 때문이다―구소련에서는 방사성 탄소 연대 측정법의 오류 비율이 높았던 것 같다.

초원의 방사성 탄소 연대 측정값에 영향을 미친 또 하나의 문제는 강물에 녹아 있는 오래된 탄소가 물고기에 의해 흡수된 후 물고기를 아주 많이 먹는 인간들의 뼈로 들어갔다는 점이다. 많은 초원 고고학 유적지가 묘지인 데다 초원 고고학에서 많은 방사성 탄소 연대 측정값은 사람 뼈에서 얻은 것이다. 사람 뼈 안의 N_{15} 동위원소를 분석하면 물고기를 얼마나 먹었는지 알 수 있다. 초기 초원 묘지에서 출토된 인골의 N_{15} 측정값에 의하면 소를 키우는 이들을 포함해 당시 대부분 초원 사회에서 물고기는 매우 중요한 섭취물이었다. 소비되는 음식물의 50퍼센트를 차지하기도 했다. 이렇게 물고기를 많이 섭취하는 사람의 뼈에 대한 방사성 탄소 연대 측정값은 너무 오랜 것으로 나올 수 있다. 그들이 먹은 물고기 안에 있는 오래된 탄소에 영향을 받기 때문이다. 이는 새로 알려진 문제로서 아직까지 널리 의견의 일치를 본 해답이 없다. 오차는 측정값보다 100~150년가량 앞서는데, 이것은 그 사람이 C_{14} 함량 측정을 통해 도출한 연대보다 사실은 100~150년 후에 죽었다는 것을 의미한다. 나는 물고기 몸에 쌓인 오래된 탄소에 의한 감염 문제 때문에 측정한 인간의 뼈가 너무 오랜 것으로 보이는 곳을 본문에서 밝히고, 또 부록에서 이 문제를 보정하기 위한 나 자신의 잠정적 해법을 제시할 것이다.[4]

1991년 이후 독립국가연합에서는 방사성 탄소 연대 측정법을 대하는 태도가 달라졌다. 주요 대학과 연구소가 자진해서 탄소 연대 측정 프로그램에 뛰어든 것이다. 현장에서의 측정 표본 수집 작업이 좀더 조심스럽고 좀더 일반적인 것이 되었으며, 실험실은 지속적으로 측정 방법을 개선해 오차율이 낮아졌다. 이제는 새로운 방사성 탄소 연대 측정값을 따라잡기도 어려운 실정이다. 그들은—나 자신의 것을 포함해—오래된 관념과 연대를 많이 폐기했다. 1985년 내가 박사 학위 논문에 윤곽을 제시한 연대적 관계 일부는 틀린 것으로 밝혀졌고, 그 무렵 내가 겨우 알고 있던 문화 전부가 이제는 초원의 고고학을 이해하는 핵심이 되었다.[5]

그러나 인간을 이해하기 위해 우리는 **언제** 그들이 살았는지 이상을 알아야 한다. 요컨대 그들의 경제와 문화도 알아야 한다. 그리고 구체적으로 흑해-카스피 해 초원 지역 인간들의 경우, 일부 가장 중요한 질문은 그들이 살아가는 **방식**, 다시 말해 그들이 이리저리 돌아다니는 유목민이 었는가 아니면 1년 내내 한 곳에 살았는가, 족장이 있었는가 아니면 정식 지도자 없는 평등한 집단 안에서 살았는가, 어떤 방식으로 일용할 빵을 얻었는가(실제로 그들이 빵을 먹었다면) 등이다. 그러나 이런 문제에 관해 토론 하기 위해 나는 먼저 고고학자들이 사용하는 일부 추가적인 방식을 소개 할 필요가 있다.

그들은 무엇을 먹었는가
•

문화적 정체성을 규정하는 가장 중요한 표지 중 하나는 음식이다. 이주민 은 원래의 의복 양식 및 언어를 포기한 후에도 오랫동안 전통적 음식을 간직하고 심지어 기념하기까지 한다. 물론 모든 인간 사회에서 그 구성원 이 음식을 얻는 방식은 삶을 구성하는 핵심 요소다. 우리가 그토록 일상 적으로 이용하는 슈퍼마켓은 현대 서방 세계 생활의 축소판이다. 매우 높 은 전문화와 대규모 자본 조달 그리고 시장에 기반을 둔 경제 구조, 소비 자 위주의 낭비성 소비문화(우리에게 정말 15가지 버섯이 필요한가?), 주간 고속 도로, 교외, 자가용, 집에서 씻고 자르고 가공하고 고기를 준비하고 음식 을 만들어낼 할머니가 없는 핵가족의 확산 등 없이 슈퍼마켓은 존재할 수 없을 것이다. 오래전 이 모든 현대 생활의 편의가 나타나기 이전에는 음 식을 얻는 방식이 사람들이 매일 일상의 시간 대부분을 소비하는 방식을 결정했다. 다시 말해 아침에 언제 일어나는지, 어디로 가서 일을 하는지,

거기서는 어떤 기술과 지식이 필요한지, 독립적인 가족 단위의 집에서 살아갈 수 있는지 아니면 마을 단위의 훨씬 큰 공동 노동 자원이 필요한지, 얼마 동안 집을 떠나 있는지, 어떤 종류의 생태적 자원이 필요한지, 어떤 조리법과 음식 준비 기술을 익혀야 하는지 그리고 심지어 신에게 어떤 음식을 바치는지 등의 문제가 음식을 얻는 방식에 의해 결정되었다. 작물을 키우고 가축을 돌보는 것이 중심인 세계에서, 생산성 높은 땅과 대규모 소 떼를 가진 씨족은 모두의 부러움을 샀다. 부와 그에 따른 정치적 힘은 경작지 및 초지와 동일시되었다.

고대의 농경 및 목축 경제를 이해하기 위해 고고학자들은 깨진 토기에 정성을 쏟는 만큼 주의 깊게 고대의 쓰레기장에서 동물의 뼈를 모아야 하며, 탄화된 식물 잔해를 복원하는 데도 특별한 노력을 쏟아야 한다. 운 좋게도 고대인들은 종종 쓰레기장 혹은 구덩이 등 일정한 장소에 음식물 쓰레기를 버렸으므로 고고학자들이 이를 발견하는 게 수월하다. 비록 소뼈나 탄화된 씨앗을 국립박물관에 전시하기는 쉽지 않지만, 고고학은 예쁜 것들을 모으는 게 아니라 문제를 해결하는 것에 관한 학문이므로 필자는 지금부터 동물 뼈와 탄화된 씨앗에 많은 관심을 쏟을 것이다.

고고학자들은 두 가지 중요한 방식으로 동물의 뼈를 센다. 쓰레기 구덩이에 있는 뼈 중 다수는 조리를 위해 작은 조각으로 나눈 것이므로 이를 구체적인 동물 종으로 분류할 수 없다. 특정한 종으로 분류할 만큼 충분히 크고 뚜렷하게 구별되는 것들이 '확인된 표본 수(NISP, number of identified specimens)'를 구성하는데, 여기서 '확인된'이라는 말은 어떤 종인지 식별할 수 있다는 뜻이다. 이 '확인된 표본 수'가 동물 뼈를 세는 첫 번째 방법이다. 요컨대 소뼈 300개, 양뼈 100개, 말뼈 5개 하는 식이다. 두 번째 방법은 '최소 개체 수(MNI, minimum number of individuals)'로서 그 뼈들이 나타내는 최소한의 개체 수를 말한다. 만약 각기 다른 말 개체에서 나온 뼈가 5개라면 이는 말 다섯 마리를 나타내는 반면, 한 개체의 양에서 나온 뼈 수백 개는 양 한 마리의 유해를 구성할 뿐이다. '최소 개체 수'는 뼈를 최소한의 고기 무게로 환산할 때 사용한다. 예컨대 일정 수의 소 뼈로 최소한의 고기 무게를 계산해낼 수 있다. 지방과 근육으로 이루어진 고기의 무게는 대부분 포유류 성체의 경우 생존했을 때 평균 무게의 절반 가량이다. 그러므로 유적지에서 도살한 동물의 최소 개체 수, 나이 그리고 종을 안다면—몇 가지 전제가 필요하지만—도살로 생산한 최소한의 고기 무게를 추정할 수 있다.

밀이나 보리 같은 씨앗은 보관을 잘하기 위해 종종 불에 가볍게 태워서 말린다. 비록 이 과정에서 뜻하지 않게 탄화된 씨앗을 많이 잃지만, 탄화시키지 않으면 씨앗은 바로 썩어 먼지가 될 것이다. 고고학 유적지에 남은 씨앗들은 껍데기만 탄화될 정도로 태운 것이다. 씨앗은 당시 사람들이 어떤 식물성 음식을 먹었는지 말해주며, 당시 그 지역의 정원/밭/숲/과수원/포도밭 등의 성격을 드러낼 수 있다. 출토한 퇴적층에서 탄화된 씨앗을 복원하려면 씨앗 부양용 수조와 이 수조로 물을 밀어 넣는 펌프가 필요하다. 출토한 흙이 수조에 들어가면 움직이는 물이 씨앗을 수조 표면으로 떠오르게 돕는다. 이어서 물이 분출구를 통해 수조 위로 넘치면 여과막으로 씨앗을 모은다. 그리고 실험실에서 식물의 종을 판정하고 개수를 세며 농작물화한 밀, 보리, 수수, 귀리 등 여러 종을 야생 식물의 씨앗과 구별한다. 1970년대 이전에는 서방 고고학에서 부양 추출 방법을 그다지 사용하지 않았고, 구소련 고고학에서는 거의 사용한 적이 없다. 구소련의 고식물학 전문가들은 탄 솥(항아리) 안에서 탄화된 씨앗을 우연히 발견하거나 불에 굽기 전 토기의 습한 진흙에 떨어진 씨앗의 흔적에 의존했다. 이런 요행식 발견은 드물다. 초원에서 식물성 음식의 중요성에 대한 진정한 이해는 부양 방식을 발굴 과정에서 광범위하게 적용한 후에야 가능할 것이다.

고고학적 문화와 살아 있는 문화

●

이어질 이야기는 개인보다는 주로 문화에 대한 것이다. 문화는 비록 사람이 창조하지만 사람과 상당히 다르게 움직인다. '살아 있는 문화(living cultures)'는 너무나 많은 하위 집단과 변종을 거느리고 있어 인류학자들은 이를 추상적으로 기술해야 하는 어려움이 있다. 따라서 많은 인류학자가 '단일한 문화(unitary culture)'라는 개념을 완전히 폐기하기에 이르렀다. 그러나 문화적 정체성을 그 경계의 다른 문화와 비교할 때는 설명하기가 훨씬 쉽다.

아프가니스탄의 경계 정체성에 관한 프레더릭 바스의 조사는 경계 상황에 내재하는 타자와의 끊임없는 대립으로 인해 경계 정체성을 재생산하거나 심지어 발명하기도 한다는 것을 보여준다. 오늘날 많은 인류학자들은 이 방식, 즉 앞장에서 언급했듯 경계 정체성을 장기적 현상이라기보다 특정한 역사적 상황에 대한 반응으로 이해하는 것이 문화적 정체성을 이해하는 생산적 방법이라는 것을 알고 있다. 그러나 문화적 정체성은 그 존재를 믿는 사람들의 가슴에 감정적·역사적 영향을 미치는데, 공유된 이런 감정적 애착은 한층 복잡하다. 경계 정체성은 일련의 공유된 관습과 역사적 경험에서 도출해야 한다. 아울러 공유된 이런 관습과 경험은 전통의 원천으로서 심지어 대부분 상상된 것 혹은 발명된 것이라 하더라도 경계상의 대립을 지속할 연료를 공급한다. 그 전통의 원천에 지리적 장소, 곧 고향이 주어지면 이는 종종 경계를 멀리 벗어나 신전·묘지·대관식장·전장 그리고 산이나 숲 같은 지상의 특색 있는 지형지물을 가로질러 전파되며, 이 모든 것에는 특정한 문화와 연관된 정신적 힘이 스며든 것으로 여겨진다.[6]

고고학적 문화는 토기 파편, 무덤 양식, 건축 그리고 기타 물질적인 유물에 기초해 정의한다. 따라서 고고학적 문화와 살아 있는 문화 사이의 관계는 빈약해 보일 수 있다. 크리스티안 톰센과 옌스 보르소에가 처음으로 유물을 유형별로 분류할 당시, 두 사람은 이것들을 고고학적 순서에 따라 배열하려 했다. 그러나 그들은 곧 수많은 지역적 변종이 연대기적 유형을 가로지른다는 것을 깨달았다. 고고학적 문화는 반복적으로 나타나는 일련의 유물 유형으로서 특정 지역에서 일정한 시기 동안 동시에 나타난다.

실제로 토기 유형은 종종 고고학적 문화를 규명하는 핵심 요소로 사용되는데, 이는 소규모 발굴에서도 쉽게 발견하고 인지할 수 있기 때문이다. 반면 예컨대 차별적인 가옥 유형을 파악하려면 발굴 규모가 훨씬 커야 한다. 그러나 고고학적 문화는 토기 하나에만 기초해 정의해서는 절대 안 된다. 고고학적 문화를 흥미롭고 의미 있게 만드는 것은 어떤 지역을 통틀어 수많은 비슷한 관습, 인공물, 주거 유형이 한꺼번에 나타나는 것이다. 여기에는 토기 유형은 물론 무덤 유형, 가옥 유형, 거주지 유형(전형적인 거주지에서 가옥의 배치), 도구 유형 그리고 의례적인 상징(작은 조각상, 신전, 신격) 등이 포함된다. 고고학자들은 시간에 따라 변하고 분포 지역이 바뀌는 개별적인 유형에 민감하게 주의를 기울인다. 우리도 이런 개별 유형에 주의를 기울여야겠지만, 개별 나무 종과 그 분포 범위를 규정하는 문제 때문에 숲 전체가 없다고 확신해서는 안 된다. 고고학적 문화는 (숲처럼) 경계 지역에서는 특히 인지하기 쉽고 규정하기도 쉽다. 하지만 경계에서 멀리 떨어진 오지에서의 지역적 변종은 종종 더 혼란스러운 양상을 보인다. 고고학적 문화와 살아 있는 문화 혹은 사회가 실제로 일치하는 곳은 대조적인 물질문화 꾸러미에 의해 규정되는 강고한 경계 지역이다. 앞장에서 내가 주장했듯 수세기 동안 지속된 강고한 경계는 고고학적 혹은 문화적일 뿐만 아니라 언어적이기도 하다.

고고학자들은 고고학적 문화 안의 몇몇 특징은 문화적 정체성의 핵심으로서 특히 중요하다는 것을 깨달았다. 대부분의 서방 고고학자는 기술적 양식, 즉 물건을 만드는 방식이 그걸 꾸미는 방식, 즉 장식 양식보다 훨씬 근본적으로 수공예 전통을 나타내는 지표임을 인정한다. 언어학의 핵심 어휘와 약간 비슷하게 생산 기술은 특정 문화에 더 구속적이며 변화에 대한 저항성이 있다. 그래서 점토에 첨가하는 재료와 가열 방식이 일반적으로 만든 제품의 장식 양식보다 그 도공의 문화적 기원을 보여주는 더 좋은 표지다. 이는 아마 야금, 직조 및 기타 공예에도 똑같이 적용되었을 것이다.[7]

고고학적 문화와 관련해 한 가지 중요한 대안은 고고학적 층(horizon: 미국의 고고학 용어. 어느 특정 지역에서 발달해 명확한 특징을 갖고 있는 예술 양식이나 문화 요소가 광범위한 지역에 걸쳐 수평하게 퍼져 있는 것을 말함—옮긴이)이다. 층은 문화라기보다 대중적 유행(popular fashion)에 가까운 것으로서 갑자기 광범위한 지역에 걸쳐 퍼지는 단일한 인공 유형 혹은 한 묶음의 인공 유형으로 정의할 수 있다. 현대 세계에서 티셔츠와 청바지의 조합은 층 유형으로서 전 세계의 다양한 인구 집단 및 문화에 포개져 있지만 여전히 미국의 발원지에서 시작된 하나의 중요한 문화적 영향력의 확산, 특히 청년 문화의 확산을 표상한다. 이것이 중요한 이유는 우리에게 최초의 확산 순간(1960년대와 1970년대)에 세계 청년 문화에서 미국이 차지한 위치에 대해 뭔가를 말해주기 때문이다. 하지만 이는 이주나 문화적 교체가 아니다. 마찬가지로, 유럽 신석기 말기의 비커 층(Beaker horizon)은 몇몇 무기 유형(구리 단검, 돌을 갈아서 만든 손목 보호대)과 함께 주로 수많은 지역에서 광범위하게 나타나는 장식 있는 음료 잔(비커)으로 정의된다. 이 비커는 새로운 사회적 마시기 유행과 함께 퍼져나갔다. 아울러 대부분 지역에서 이런 유형은 기존의 고고학적 문화 위에 포개졌다. 층이 고고학적 문화와 다른 것은 그것이 덜 강고하고(층은 단지 몇몇 특성에 의존한다) 종종 현지의 고고학적 문화 위에 겹쳐지기 때문이다. 층은 선사 시대 유럽의 초원에서 대단히 중요했다.

앞에 놓인 커다란 질문들
●

우리는 인도·유럽 공통조어가 대략 서기전 4500~서기전 2500년 흑해-카스피 해 초원 북쪽에서 쓰였다는 가정 아래 논의를 진행할 것이다. 그러나 인도·유럽어를 사용한 사회의 진화를 이해하기 위해서는 좀더 이른 지점에서 출발해야 한다. 인도·유럽 공통조어 사용자들은 소를 키우는 이들이었다. 그렇다면 그 소는 어디서 왔을까? 소나 양 모두 외부, 아마도 다뉴브 강 하곡에서 도입했을 것이다(캅카스 산맥을 통한 전파 경로도 염두에 두어야 하지만). 길들인 소와 양을 다뉴브 강 하곡으로 가져온 신석기 시대 개척자들은 궁극적으로 아나톨리아 서부에서 기원한 비인도·유럽어 계열의 언어를 썼을 것이다. 서기전 5800년 무렵 그들이 카르파티아 산맥 동쪽과 흑해 서북쪽에 도착하자 토착 채집민과 이들 이주 농민 간에 지속적인 문화적 변경이 생성되어 2000년 이상 이어졌다.

최초 개척 농민의 도착과 이런 문화적 변경의 형성에 대해서는 8장에서 설명할 것이다. 되풀이되는 주제는 다뉴브 강 하곡의 농경 문화와 흑해 북쪽의 초원 문화 사이의 관계일 것이다. 마리야 김부타스는 다뉴브 강 하곡의 농경 문화를 "고 유럽(Old Europe)"이라고 불렀다. 고 유럽의 농경 마을은 서기전 6000~서기전 4000년 무렵 전 유럽에서 기술적으로 가장 발전하고 미학적으로 세련된 곳이었다.

9장에서는 최초의 소-양 목축 경제가 서기전 5200~서기전 5000년 무렵 흑해-카스피 해 초원 전반으로 확산하는 과정을 설명한다. 이 사건으로 초기 인도·유럽 공통조어 문화를 규정하는 유형의 권력 정치와 의례 기반이 형성되었다. 소 목축은 음식을 얻는 새로운 방식이었을 뿐 아니라 사회가 새로이 높은 등급의 사람과 보통 사람으로 나뉘는 것을 지지했다. 이러한 사회적 위계는 하루하루의 생계를 채렵과 수렵을 통해 해결하던 시절에는 존재하지 않았던 것이다. 소 떼와 차별적인 등급으로의 사회 분화는 동시에 나타났다. 곧이어 소와 양(그리고 말)을 선택된 인구 집단의 장례식에서 희생 제물로 바쳤다. 이 집단은 또한 남다른 무기를 지니고 유별나게 호사스러운 장신구로 몸을 치장했다.

10장은 아마도 서기전 4200년 이전, 초원의 이 원시 목축 사회에 의한 기마의 발명이라는 매우 논쟁적인 주제를 다룬다. 초원 목축인들에 의한 고 유럽 침입이 11장의 주제다. 그들은 당시 말을 타고 있었을 것이며, 고 유럽 붕괴의 원인을 제공하거나 혹은 붕괴를 이용했다. 서기전 4200~서기전 4000년 무렵 초원인들의 다뉴브 강 하곡으로의 이동은 최초의 원시 인도·유럽 공통조어 사용자들, 즉 훗날의 아나톨리아어 선행 방언 사용자들의 동남부 유럽으로의 확산을 의미하는 듯하다.

12장은 매우 이른 시기, 곧 서기전 3700~서기전 3100년 무렵의 메소포타미아 도시 문명이 초원 사회에 끼친 영향—그 역방향의 영향도 함께—을 고찰한다. 북캅카스 산맥에 살며 초원을 내려다보던 족장들은 남쪽 문명과의 교역을 통해 믿을 수 없을 정도로 부유해졌다. 최초의 바퀴 달린 수레, 즉 네 바퀴 수레는 캅카스 산맥을 거쳐 초원으로 굴러 들어갔을 것이다.

13장에서는 선 인도·유럽 공통조어를 썼을 것으로 보이는 이들, 즉 얌나야(Yamnaya) 층의 목축민을 소개한다. 그들은 유라시아 초원에서 최초로 새 목초지를 찾아 1년 내내 정기적으로 계절 이동을 하는 목축 경제를 만들어냈다. 소가 끄는 네 바퀴 수레 덕분에 그들은 천막, 물 그리고 음식을 하곡에서 멀리 떨어진 깊숙한 초원으로 끌고 갈 수 있었다. 아울러 말을 타고 먼 거리를 신속하게 정찰하고 대규모 가축 떼를 몰 수 있었다. 이런 것들은 그와 같은 경제에 필수적이었다. 가축 무리는 하곡 사이의 방대한 초원에 흩어져 풀을 뜯고, 이로 인해 더 큰 규모의 목축과 부의 축적이 가능해졌다.

14~16장에서는 인도·유럽 공통조어 방언을 쓰는 사회들의 동쪽과 서쪽 그리고 마지막으로 남쪽, 곧 이란과 인도 아대륙까지의 최초 팽창에 대해 기술한다. 나는 이 집단들의 최초 이주 후에 벌어진 일을 추적하지는 않을 것이다. 단지 인도·유럽 공통조어 사용자의 발전과 그들의 최초 확산을 이해하고, 나아가 운송 기술의 혁신(가마, 바퀴 달린 수레, 전차)이 유라시아 초원의 개방에 어떤 영향을 끼쳤는지 조사하기 위해 노력할 뿐이다.

최초의 농부와 목부
흑해-카스피 해 지역의 신석기

태초에 쌍둥이 형제가 살았다. 하나의 이름은 '사람(Man: 인도·유럽 공통조어로는 *Manu)' 또 다른 하나의 이름은 '쌍둥이(Twin: 인도·유럽 공통조어로는 *Yemo)'였다. 커다란 소를 데리고 우주(cosmos)를 여행하던 그들은 마침내 지금 우리가 살고 있는 세상을 만들기로 결심했다. 세상을 창조하기 위해 *Manu는 *Yemo를 희생시켜야 했다(일부 판본에서는 소). *Manu는 하늘의 신들(하늘 아버지, 전쟁을 주관하는 폭풍신, 성스러운 쌍둥이)의 도움을 받아 이 희생 제물의 각 부위로 바람, 태양, 달, 바다, 땅, 불 그리고 마지막으로 온갖 종류의 인간을 만들었다. *Manu는 최초의 성직자, 즉 세상 질서의 뿌리인 희생 의례의 창조자가 되었다.

세계가 만들어진 후 하늘의 신들은 '세 번째 사람(Third Man: 인도·유럽 공통조어로는 *Trito)'에게 소 떼를 주었다. 그러나 머리 셋에 눈이 여섯 개 달린 거대한 뱀[*Ngʷhi: '부정(negation)'을 뜻하는 인도·유럽 공통조어 어근]이 모략을 써서 소 떼를 훔쳐갔다. *Trito는 폭풍신에게 소 떼를 되찾게 도와달라고 간청했다. 둘은 함께 괴물의 굴(혹은 산)로 가서 그를 처단한 후(혹은 폭풍신 혼자서 괴물을 죽였다) 소 떼를 풀어주었다. *Trito는 최초의 전사가 되었다. 그는 사람들의 재산을 되찾아주었다. 그리고 그가 성직자들에게 준 소 떼 선물 덕분에 하늘의 신들은 희생제 불꽃의 연기를 통해 자기 몫을 확실히 받을 수 있었다. 이로 인해 인간과 신 사이에 주고받는 순환 관계가 계속 보장되었다.[1]

이 두 신화는 인도·유럽 공통조어 체계의 종교적 신념의 핵심이다. *Manu와 *Yemo는 수많은 인도·유럽어 지파들이 간직한 창조 신화에 반영되어 있다. 이들 창조 신화에서 *Yemo는 인도어의 Yama, 아베스타어의 Yima, 노르웨이어의 Ymir 그리고 추측하건대 로마어의 Remus(인도·유럽 공통조어 *yemo의 원시 아탈리아어 형태로 '쌍둥이'를 뜻하는 *iemus에서 나옴) 등으로 등장한다. 그리고 *Manu는 고 인도어의 Manu 혹은 게르만어의 Mannus로서 세상을 창조하기 위해 쌍둥이 형제와 쌍으로 나온다. *Trito의 행동은 브루스 링컨(Bruce Lincoln)이 자세히 분석했는데, 링컨은 태곳적 잃어버린 소 떼를 머리 셋 달린 괴물로부터 다시 찾는 영웅에 대한 똑같은 기본적 이야기를 인도, 이란, 히타이트, 노르웨이, 로마 및 그리스 신화에서 찾아냈다. *Manu(남자)와 *Yemo(쌍둥이) 신화는 희생제와 그것을 주관하는 사제의 중요성을 확고히 했다. *Trito 신화는 전사의 역할을 규정했다. 그는 사람과 신들을 위해 동물을 획득했다. 이 두 신화는 그 밖에 많은 주제를 반영한다. 심지어 인도·유럽어 시가의 운율에서도 끊임없이 되풀이 등장하는 '삼행 배가(triplets)'와 결합한 '이행 배가(binary doubling)'에 대한 인도·유럽어의 집착(2행짜리 구절과 3행짜리 구절의 반복─옮긴이), 마술적 힘과 법률적 힘을 나타내는 쌍(*Yemo와 *Manu, 바루나(Varuna)와 미트라(Mitra), 오딘(Odin)과 티르(Tyr))의 테마, 사회와 세계를 3개의 커다란 기능 또는 역할로 나누기〔성직자(마술적 및 법률적 측면 모두에서)와 전사 그리고 목부/농부(소 혹은 소 떼)의 구분〕 등이 그것이다.[2]

인도·유럽 공통조어 사용자들에게 길들인 소 떼는 신의 자비와 대지의 생산성과 관련해 핵심 상징물이었다. 인간은 희생당한 태초의 소의 한 부위로부터 창조되었다. '적절한' 행동을 규정하는 의례적 의무는 소 떼의 도덕적·경제적 가치를 중심으로 돌아갔다. 인도·유럽 공통조어 신화는 본질적으로 남성 중심적이며 소 떼를 키우는 사람들의 세계관이다. 그들은 반드시 소 떼를 키우는 유목민은 아니었을지라도, 확실히 아들과 소 떼를 가장 높이 평가하는 사람들이었다. 왜 소 떼(그리고 아들)가 그토록 중요했을까?

길들인 동물과 흑해-카스피 해 지역의 생태

●

서기전 5200~서기전 5000년 무렵까지 흑해와 카스피 해 북쪽 초원 지대에 살던 사람들에겐 대부분 가축이 전혀 없었다. 대신 그들은 견과류나 야생 식물 채집, 고기잡이, 사냥 등에 의존했다. 다시 말해, 채집민이었다. 그러나 그들이 수지맞게 이용할 수 있었던 것은 초원 전체 환경의 일부에 지나지 않았다. 그들이 남긴 고고학적 야영지 흔적은 거의 전부 하곡에서 발견된다. 하곡을 따라 형성된 대상림(帶狀林, gallery forest)에는 쉼터, 그늘, 땔감용 나무, 건축 재료, 사슴, 오록스(aurochs: 유럽들소), 멧돼지가 있었다. 물고기는 식단의 중요한 부분을 차지했다. 드네프르 강이나 돈 강처럼 좀더 넓은 하곡은 상당한 규모의 대상림이 있어 폭이 수킬로미터에 달했다. 작은 강에는 여기저기 흩어진 작은 숲이 있었을 뿐이다. 초원의 환경 대부분을 차지하는 하곡 사이의 넓은 초원 고지는 '야생 말과 동물(wild equid)' 및 사이가 산양(saiga antelope)만이 살고 있는 금지된 공간이었다. 채집민들은 말을 비롯해 '야생 말과 동물'을 사냥할 수 있었다. 초원의 야생말은 탄탄한 다리와 두터운 가슴, 뻣뻣한 갈기를 가진 동물로 오늘날 유일하게 남은 진정한 야생말인 프세발스키(Przewalski) 종과 매우 비슷해 보였을 것이다.[3] 가장 효과적인 사냥 방법은 협곡에서 말 떼를 매복·공격하는 것이었을 텐데, 가장 손쉽게 잡을 기회는 아마도 물을 마시거나 쉼터를 찾아 하곡으로 들어올 때였을 것이다. 야생말의 수가 가장 많은 초원 지역에서 야생말 사냥은 흔했다. 종종 '야생 말과 동물'은 채집민 육류 식단의 대부분을 책임졌다.

혹해–카스피 해 초원은 동쪽으로 몽골까지 계속 이어지는 초원 벨트의 서쪽 끝에 있다. 누군가가 정말 그렇게 하고 싶다면, 다뉴브 삼각주에서 유라시아 대륙 중심부를 가로질러 몽골까지 5000킬로미터를 한 번도 초원을 벗어나지 않고 걸어갈 수 있다. 그러나 유라시아 초원을 걸어가는 사람은 자신이 매우 작게 느껴질 것이다. 걸음을 내디딜 때마다 무리지어 자라는 샐비어 향기에 취하고 한 무리의 작고 흰 메뚜기 떼가 신발에 차인다. 김의털(Festuca)과 나래새(Stipa)의 꽃은 끓이면 멋진 차가 되지만, 그 풀은 먹을 수가 없다. 하곡의 숲을 벗어나면 먹을 게 별로 없다. 여름의 기온은 종종 섭씨 43~49도까지 치솟는다. 하지만 건조한 이 열기도 산들바람 덕분에 놀랄 만큼 견딜 만하다. 그러나 겨울은 무자비하다. 울부짖는 눈바람이 온도를 섭씨 –37도 아래까지 끌어내린다. 겨울 초원의 혹독한 추위(노스다코타를 생각해보라)는 물보다 오히려 인간과 동물을 가로막는 한층 심각한 장애물이다. 유라시아 초원 대부분에는 얕은 호수가 있기 때문이다.

우리가 설명을 시작하는 시기에 초원 내륙의 지배적 포유류는 야생말, 즉 에쿠우스 카발루스(Equus caballus)였다. 좀더 습하고 우거진 우크라이나 서부의 흑해 북부 초원에는 또 하나의 작은 '말과 동물'이 있었다. 이 동물은 다뉴브 강 하류 하곡에서 중앙 아나톨리아까지 분포하는 유럽당나귀(Equus hydruntinus)로서 최후의 마지막 한 마리가 서기전 4000~서기전 3000년 사냥을 당해 멸종했다. 좀더 건조하고 황량한 카스피 해 연안 저지 초원에는 당나귀처럼 귀가 긴 세 번째 '말과 동물' 오나거(onager), 곧 아시아당나귀(Equus hemionus)가 있었는데 지금은 야생에서 멸종 위기에 처했다. 오나거는 당시 메소포타미아, 아나톨리아, 이란 그리고 카스피 해 연안 저지에 살았다. 흑해-카스피 해 지대의 채집민들은 위의 '말과 동물' 셋을 모두 사냥했다.

카스피 해 연안 저지는 그 자체로 흑해-카스피 해 지대 환경과 관련해 또 다른 중요한 측면의 표지이다. 그것은 바로 불안정성이다. 흑해와 카스피 해는 결코 평온하지도 않고 불변하지도 않았다. 대략 서기전 1만 4000~서기전 1만 2000년 따뜻해진 기후가 마지막 빙하기를 끝내면서 북쪽의 빙하와 영구 동토를 녹였고, 그로 인해 생긴 격류가 남쪽의 카스피 해 유역으로 밀려들었다. 빙하기 말기의 카스피 해는 거대한 내해로 부풀어 올랐는데, 이를 흐발린 해(Khvalynian Sea)라고 부른다. 2000년 동안 카스피 해 북쪽의 해안선은 오늘날 볼가 강 중류의 사라토프(Saratov)와 우랄 강변의 오렌부르크(Orenburg) 근처까지 닿아 우랄 산맥 남쪽 사람들의 동서 간 이동을 제한했다. 흐발린 해는 이미 눈에 띄게 달랐던, 우랄 산맥의 동과 서에서 번창한 만빙기(晩氷期, late-glacial) 채집민 문화를 동서로 갈라놓았다.[4] 서기전 1만 1000~서기전 9000년 무렵 수위가 상승해서 결국 남서쪽 배출구, 즉 북캅카스 산맥 북쪽의 마니치(Manych) 연안 저지를 통과한 거센 물결이 당시 세계의 해수면보다 훨씬 수위가 낮았던 흑해로 쏟아져 들어갔다. 흑해 유역으로 계속 유입된 물은 결국 범람했고 다시 남서쪽 배출구, 즉 보스포루스 협곡을 따라 마침내 에게 해로 들어갔다. 오늘날 캘리포니아 정도 크기에 2100미터 깊이의 흑해는 서기전 8000년 무렵 에게 해 및 세계의 대양과 수위가 같아졌다. 카스피 해는 원래의 유역으로 줄어들어 그 후로 계속 고립된 채 남았다. 흑해는 그리스어로 폰투스 에우크세이노스(Pontus Euxeinos)였는데, 여기에서 흑해 지역을 일반적으로 일컫는 폰틱(Pontic)이라는 말이 유래했다. 한때 흐발린 해 북단의 바닥이던 카스피 해 북부 연안 저지는 소금기 있는 점토와 어울리지 않는 조개껍데기 층, 모래, 군데군데 위치한 염호 그리고 카스피 해 바로 북쪽의 붉은 모래 사막—린페스키(Ryn Peski) 사막—과 구분되는 건조한 초원에 뒤덮인 방대한 평원으로 남았다. 후빙기(post-glacial: 빙하기 이후—옮긴이)의 중석기 및 신석기 사냥꾼들이 소규모 무리를 이뤄 이 소금기 있는 평원 전역에서 사이가 산양, 오나거, 말 따위를 사냥했다. 그러나 바다가 후퇴할 무렵, 사냥꾼들은 우랄 산맥 동쪽과 서쪽의 문화적으로 그리고 아마 언어적으로도 매우 다른 집단으로 나뉘었다. 우랄 산맥 서쪽 사회에서 길들인 소 떼를 받아들였을 때 우랄 산맥 동쪽 사람들은 이를 거부한 채 수천 년 동안 채집민으로 남았다.[5]

길들인 소와 양은 인간이 흑해-카스피 해 초원의 환경을 이용하는 방식을 혁명적으로 바꾸기 시작했다. 소와 양은 사람처럼 길러졌기(cultured) 때문에 야생 동물을 대할 때와 전혀 다른 방식으로 일상의 노동 및 걱정거리의 일부가 되었다. 인간은 소와 양을 자신과 동일시했고, 그것들에 관한 시를 쓰고, 혼인 선물/빚 청산/사회적 신분을 계산할 때 그것들을 통화로 사용했다. 아울러 그 동물들은 목초의 가공 처리자였다. 그들은 쓸모없고 인간에게 적대적이기까지 한 초지를 울, 펠트, 의복, 천막, 젖, 요구르트, 치즈, 고기, 골수와 뼈, 즉 생활과 부의 기반으로 바꿨다. 소와 양은 약간의 운만 따라주면 급격히 늘어날 수 있다. 마찬가지로, 나쁜 날씨와 도난에 취약해 급격히 줄어들 수도 있다. 이처럼 목축은 기후나 약탈에 취약하고 경기 변화가 심한 경제 형태로서 유연하고 기회주의적인 사회 구조를 필요로 했다.

소나 양은 곡물과 달리 쉽사리 도난당했으므로 소를 키우는 사람들은 분쟁이나 전쟁으로 이어지는 절도(竊盜) 문제를 겪는 경향이 있었다. 이런 환경에서 형제들은 가까이 모여 살았다. 아프리카의 반투어 사용 부족들 사이에서는 소 기르기의 확산이 모계 사회 붕괴와 남성 중심 부계 혈족 체제의 확산으로 이어진 것처럼 보인다.[6] 또한 가축 사육으로 인해 정교한 대중적 희생제와 동물 증여가 가능해짐으로써 완전히 새로운 유형의 정치권력과 위신이 만들어졌다. 동물, 형제 그리고 권력의 연결은 인도·유럽 공통조어 사용자 사회에서 발전된 새로운 형태의 남성 중심적 의례 및 정치의 기반이었다. 이것이 바로 소(그리고 형제)가 세계의 기원과 관련한 인도·유럽어 신화에서 그토록 중요한 위치를 차지한 이유다.

그렇다면 소는 어디에서 왔을까? 언제 흑해-카스피 해 초원에 살던 사람들이 얼룩빼기 암소를 데리고 보살피기 시작했을까?

흑해-카스피 해 초원 지역의 최초 농경민-채집민 변경

흑해-카스피 해 초원 지역 최초의 소 목축인들은 서기전 5800~서기전 5700년경 다뉴브 강 하곡에서 도착했고, 인도·유럽 공통조어와 상관없는

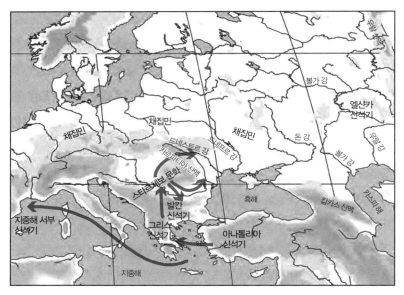

그림 8.1 크리슈 문화에 의한 카르파티아 동부 산록의 식민지화를 포함해 서기전 6500~서기전 5500년 개척 농부들의 그리스 및 유럽 이주

언어를 쓴 것처럼 보인다. 그들은 서기전 6200년 무렵 그리스와 마케도니아를 떠나 북쪽으로 발칸과 카르파티아 분지의 온대림 지대로 밀려들기 시작한 광범위한 농경민 이주의 전위 부대였다(그림 8.1). 몇 세기 전 그들의 선조가 길들인 양과 소가 아나톨리아에서 그리스로 들어왔고, 이제 그 짐승들은 북쪽으로 동남부 유럽의 삼림까지 유입되었다. 유전자 연구에 의하면 이렇게 도입한 소는 유럽의 거대한 야생 소인 유럽 오록스와 교배했지만, 오직 오록스 수송아지(Y 염색체로 추적)만 길렀다. 아마도 오록스와의 교배가 우유 산출량에 영향을 미치지 않으면서 소의 크기와 질병 저항성을 개선할 수 있었기 때문인 것으로 보인다. 이미 우유를 얻기 위해 키웠던 것으로 보이는 암소는 아나톨리아에서 들어온 모체들의 후예(MtDNA

를 통해 추적)인 것 같다. 야생 오록스 암컷은 상대적으로 우유 생산량이 적고 기질적으로 우유를 짜기도 힘들었던 듯싶다. 그래서 신석기 시대 유럽의 농경민들은 암송아지를 반드시 오랫동안 가축화한 혈통으로부터 얻었다. 하지만 덩치가 좀더 큰 가축 황소를 얻기 위해 야생 황소(오록스 수컷)와의 어느 정도 이종 교배는 개의치 않았다.[7]

최근 및 역사적 개척 농민의 연쇄 이주에 관한 비교 연구에 의하면, 동남부 유럽의 온대 지역으로 처음 이동한 농경-목축 집단은 초기에 비슷한 방언을 썼으며 각 집단은 서로를 문화적 사촌으로 인정하고 있었던 듯하다. 두 문화(이주 농경-목축민 문화와 토착 채집민 문화—옮긴이)가 어떻게 상호 작용했든 인구 밀도가 희박한 채집민 집단은 분명 문화적·언어적 타자로 여겨졌다.[8] 처음의 급격한 팽창〔안자베고보(Anzabegovo), 카라노보(Karanovo) I, 구라바키울루이(Gura Baciului), 키르체아(Cîrçea) 유적〕후에 개척자 집단은 벨그라드 북쪽 다뉴브 강 중류 평원 지대에 자리를 잡았는데, 여기에 스타르체보(Starčevo) 문화의 표준 유적 및 기타 유사한 신석기 시대 거주지 유적이 있다. 다뉴브 강 저지는 두 갈래 물결의 이주민 집단을 배출했는데, 한 물결은 다뉴브 강을 따라 내려가 루마니아와 불가리아 방향으로 향했고 다른 한 물결은 무레슈(Mureş) 강과 쾨뢰스(Körös) 강을 거슬러 올라가 트란실바니아로 들어갔다. 두 이주 물결은 비슷한 유형의 토기와 도구를 만들어냈는데, 오늘날에는 이들을 크리슈 문화로 분류한다(그림 8.2).[9]

흑해 지역 최초의 농경민: 크리슈 문화

루마니아의 크리슈와 헝가리 동부의 쾨뢰스는 똑같은 강의 다른 이름이며, 똑같은 선사 문화의 두 가지 이름이다. 크리슈 북부 사람들은 헝가리에 있는 강들을 따라 트란실바니아의 산맥으로 들어갔고, 이어서 카르파

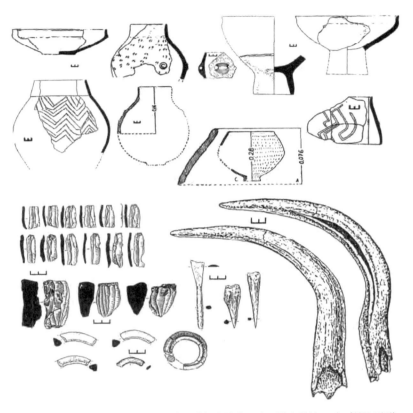

그림 8.2 서기전 5700~서기전 5300년 크리슈 문화의 토기 모양과 장식 모티프(위쪽 절반), 부싯돌 날과 핵(왼쪽), 뿔과 뼈 도구(오른쪽), 토기의 고리(맨 아래쪽). 출처: Dergachev 1999; Ursulescu 1984.

티아의 능선을 넘어 생태적으로 풍성하고 생산성 높은 카르파티아 산맥 동부의 산록까지 진출했다. 그들은 소와 양을 이끌고 산맥 동쪽의 경사면을 내려가 세레트(Seret) 강 및 프루트(Prut) 강의 하곡으로 들어갔다. 서기전 5800~서기전 5700 무렵의 일이다. [크리슈 유물의 방사성 탄소 연대 측정값은 저수지 효과(reservoir effect)의 영향을 받지 않았다. 인골로 측정하지 않았기 때문이다. 표

8.1 참조〕다뉴브 강 하류 하곡에서의 또 다른 이주 물결은 남쪽에서 똑같이 카르파티아 산맥 동쪽으로 향했다. 이 두 집단은 동(東)카르파티아 크리슈 문화의 남북 변종을 만들어냈는데, 이 문화는 서기전 5800~서기전 5300 무렵까지 살아남았다. 동카르파티아 산록의 크리슈 문화 농장들은 흑해 북쪽 지역에서 최초로 길들인 소 떼의 근원지였다. 크리슈 개척자들은 흑해 서북쪽 산록 지역의 강우 농업이 가능한 삼림-초원 지대를 통과해 동쪽으로 이동했으며, 해안에 있는 저지대 초원과 더 아래쪽의 바다로 흘러가는 강을 따르는 길은 피했다.

고고학자들은 동카르파티아 산록에서 최소 30개의 크리슈 거주지를 밝혀냈다. 이곳은 삼림 사이로 군데군데 자연 초지가 있으며, 깊고 구불구불한 하곡에 의해 잘린 지역이다(그림 8.3). 대부분의 크리슈 농경 마을은 강의 두 번째 단구 위, 곧 범람원을 굽어보는 위치에 세워졌다. 일부는 범람원 위의 가파른 융기부에 세워지기도 했다〔(수체아바(Suceava)〕. 그리고 일부는 강들 사이 높은 능선의 삼림에 위치했다〔사카로프카(Sakarovka)〕. 집은 방 한 개 구조로 기둥-보 양식에 초벽(初璧: 나뭇가지 엮음에 흙 반죽을 바른 벽―옮긴이)과 아마도 갈대 지붕을 얹은 듯하다. 외양이 타원형처럼 보이는 더 큰 집은 때로 땅을 파낸 기반 위에 세웠는데, 여기엔 뚜껑 있는 화덕을 갖춘 주방도 있었다. 그보다 가볍고 작은 구조물은 지상에 세웠는데 한가운데 모닥불이 있었다. 대부분의 마을은 겨우 몇몇 가구로 이루어졌으며 사람들은 3~10채 정도 되는, 초가지붕을 얹은 연기 냄새 매캐한 수혈식 가옥에 살았다. 집 주위는 농지, 정원, 작은 과수원, 동물의 목초지 등이 둘러싸고 있었다. 크리슈 묘지에 대해서는 알려진 게 없다. 우리는 그들이 망자의 시신을 어떻게 처리했는지 모른다. 그러나 우리는 그들이 국화조개(Spondylus)의 하얀 껍데기로 만든 팔찌를 소중히 여겨 착용

표 8.1 흑해−카스피 해 지역 중석기 말기 및 신석기 초기 유물의 방사성 탄소 연대 측정값

실험실 번호	BP 연대	표본	보정한 연대
1. 크리슈 문화 농경 거주지			
트레스티아나(루마니아), 크리슈 문화 III기			
GrN-17003	6665±45	숯	5640~5530 BCE
카르케아−비아둑트(루마니아), 크리슈 문화 IV기			
Bln-1981	6540±60	?	5610~5390 BCE
Bln-1981	6530±60	?	5610~5380 BCE
Bln-1981	6395±60	?	5470~5310 BCE
2. 선형 토기 문화 농경 거주지			
시레트 강, 티르페슈티(루마니아)			
Bln-800	6170±100	?	5260~4960 BCE
Bln-801	6245±100	?	5320~5060 BCE
3. 부그−드네스트르 중석기−신석기 거주지			
소로키 II기, 초기 부그−드네스트르 문화 1단계, 드네스트르 강 하곡			
Bln-586	6825±150	?	5870~5560 BCE
소로키 II기, 토기 생산 이전 부그−드네스트르 문화 2단계, 드네스트르 강 하곡			
Bln-587	7420±80	?	6400~6210 BCE
샤브란 거주지, 후기 부그−드네스트르 문화, 드네스트르 강 하곡			
Ki-6654	6985±60	?	5980~5790 BCE
초기 토기가 있는 바즈코프오스트로프 거주지, 남부그 강 하곡			
Ki-6651	7235±60	?	6210~6010 BCE
Ki-6696	7215±55	?	6200~6000 BCE
Ki-6652	7160±55	?	6160~5920 BCE
초기 토기가 있는 소콜레츠 II기 거주지, 남부그 강 하곡			
Ki-6697	7470±60	?	6400~6250 BCE
Ki-6698	7405±55	?	6390~6210 BCE
4. 초기 신석기 엘샨카 유형 거주지, 볼가 강 중류			
사마라 주, 속(Sok) 강, 체칼리노 4			
Le-4781	8990±100	조개껍데기	8290~7960 BCE

GrN-7085	8680±120	조개껍데기	7940~7580 BCE
Le-4783	8050±120	조개껍데기	7300~6700 BCE
Le-4782	8000±120	조개껍데기	7080~6690 BCE
GrN-7086	7950±130	조개껍데기	7050~6680 BCE
Le-4784	7940±140	조개껍데기	7050~6680 BCE

사마라 주, 속 강, 체칼리노 6

Le-4883	7940±140	조개껍데기	7050~6650 BCE

오렌부르크 주, 사마라 강 상류, 이바노프카

Le-2343	8020±90	뼈	7080~6770 BCE

5. 초원의 초기 신석기 거주지

아조프 초원, 마트베예프 쿠르간 I, 매우 원시적인 토기

GrN-7199	7505±210	숯	6570~6080 BCE
Le-1217	7180±70	숯	6160~5920 BCE

아조프 초원, 마트베예프 쿠르간 II, 동일한 물질문화

Le-882	5400±200	숯	4450~3980 BCE

바르폴로미예프카, 3층(바닥 토기 층), 카스피 해 북부 초원

GIN-6546	6980±200	숯	6030~5660 BCE

카스피 해 북부 초원, 카이르삭 III기

GIN-5905	6950±190	?	6000~5660 BCE
GIN-5927	6720±80	?	5720~5550 BCE

돈 강 하류 조개무지, 라쿠셰치니야르, 14~15층

Ki-6479	6925±110	?	5970~5710 BCE
Ki-6478	6930±100	?	5970~5610 BCE
Ki-6480	7040±100	?	6010~5800 BCE

수르스키 섬, 드네프르 강 급류 지대 채집민 거주지

Ki-6688	6980±65	?	5980~5780 BCE
Ki-6989	7125±60	?	6160~5910 BCE
Ki-6690	7195±55	?	6160~5990 BCE
Ki-6691	7245±55	?	6210~6020 BCE

했다는 것을 안다. 국화조개는 에게 해 종으로서 신석기 초기 그리스에서 원래의 개척 농민들이 처음 팔찌로 만들었다.[10]

크리슈의 가정은 보리, 기장, 완두 그리고 네 종의 밀(엠머, 아인콘, 스펠트, 빵 밀)을 경작했다. 밀과 완두는 동남부 유럽 원산이 아니라 도입한 것이었다. 이것들은 근동에서 작물로 길러져 해상으로 이동한 이주 농민들에 의해 그리스로 유입되었고, 그리스에서 유럽으로 퍼져나갔다. 솥 안에 남은 찌꺼기는 곡물이 종종 (밀)가루를 첨가해 빽빽하게 만든 죽으로 만들어져 소비되었음을 보여준다. 독일과 스위스에서 나온 신석기 시대의 탄화된 빵 조각을 보면, 밀가루를 반죽으로 만들어 부치거나 굽거나 혹은 알곡에 물을 섞어 압착한 후 자그마한 통밀 빵 덩어리로 구워냈음을 알 수 있다. 크리슈의 추수용 낫은 붉은사슴의 굽은 뿔에 5~10센티미터의 부싯돌 날을 박아 넣어 만든 것인데, 굽은 부분 안쪽이 날을 형성하도록 각져 있다. 이 낫의 날에는 작물을 벨 때 생긴 매끈한 '마모 흔적'이 있다. 또 같은 유형의 낫과 부싯돌 날이 다뉴브-발칸-카르파티아의 모든 신석기 초기 농경 주거지에서 나타난다. 동카르파티아 산맥에 있는 크리슈 문화의 식단 대부분은 소와 돼지가 차지하고, 붉은사슴이 그 뒤를 바짝 잇고, 그다음이 양이다. 이런 식용 짐승 종의 분포는 주로 삼림으로 이뤄진 환경을 반영한다. 그들의 작은 소와 돼지는 현지의 야생 오록스나 멧돼지와 약간 달랐지만 아주 눈에 띄게 그런 것은 아니었다. 그러나 양은 이국적인 신참으로서 밀이나 완두 같은 침입 종인데, 새로운 종류의 음을 내는 목소리를 가진 낯선 사람들이 양을 가파른 카르파티아 계곡으로 도입했다.[11]

크리슈의 그릇은 길쭉하게 만든 점토를 나선형으로 말아 올려 제작한 것인데, 이 중에는 음식을 조리하고 저장하는 평평한 솥과 표면에 적갈색

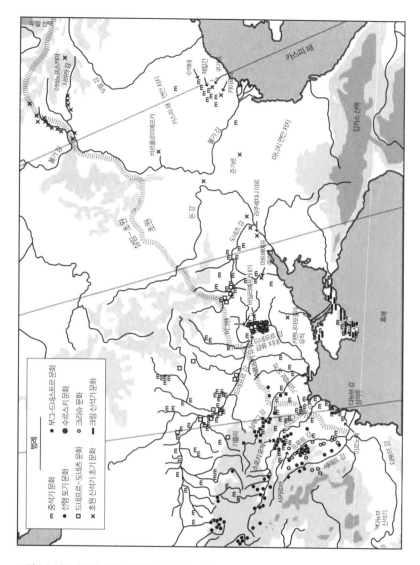

그림 8.3 카르파티아 산맥에서 우랄 강까지 중석기 및 신석기 유적

으로 윤을 낸 많은 종류의 정교한 토기(큰 그릇, 사발, 받침 있는 잔)가 있었다(그림 8.2). 굽기 전 점토 표면에 장식 문양을 막대기로 찍어 넣거나 손톱으로 새겼다. 매우 드물지만 넓은 갈색 줄무늬를 그리기도 했다. 동카르파티아의 크리슈 문화 거주자들이 만든 토기의 모양과 문양은 크리슈 문화 III기와 IV기의 특징이다. 더 오래된 I기와 II기 유적은 오직 헝가리 동부, 다뉴브 강 하곡 그리고 트란실바니아에서만 발견된다.

크리슈 문화 농부들은 한 번도 프루트-드네스트르 수계의 동쪽으로 침투하지 않았다. 드네스트르 강 하곡에서 그들은 인구 밀도가 높은 현지 채집민과 대면했는데, 이 현지 문화는 오늘날 대부분의 유적지가 발견되는 두 하곡(드네스트르 강 및 남부그 강)의 이름을 따서 부그-드네스트르 문화라고 부른다. 부그-드네스트르 문화는 농경-가축 사육 경제가 더 멀리 동쪽의 흑해-카스피 해 사회로 유입될 때 통과하는 필터였다(그림 8.3).

크리슈 문화 사람들은 이웃한 부그-드네스트르 문화 사람들과 많은 측면에서 달랐다. 일련의 크리슈 부싯돌 도구의 특징은 커다란 날과 적은 수의 긁개(scraper)였지만, 채집민(부그-드네스트르 문화인 - 옮긴이)은 세석기 날과 많은 수의 긁개를 사용했다. 크리슈 마을 대부분은 두 번째 하안단구의 농사짓기 편한, 배수 잘되는 토양에 위치했지만 채집민은 대부분 고기잡이에 편리한 범람원에서 살았다. 크리슈 목수들은 갈아 만든 돌도끼를 썼지만 채집민은 '깨뜨려서 만든(打製)' 부싯돌 도끼를 썼다. 크리슈 토기는 제작 방식이나 장식 양식 모두 독특했고, 크리슈 농부들은 수많은 외래종 음식을 섭취했다. 그중에는 독특한 맛을 내는 양고기도 있었다. 단조해서 만든 원추형 구리 구슬 4개가 셀리시테(Selishte)의 크리슈 유적에서 발굴되었는데, 이 유적의 연대는 서기전 5800~서기전 5600년(BP 6830±100)이었다.[12] 이것들은 트란실바니아 산맥의 금속성 광물(구리, 은,

금)과 발칸의 광물(구리)에 대해 크리슈인들이 일찌감치 알았다는 것을 보여준다. 동남부 유럽의 채집민들은 이런 것에 한 번도 관심을 가진 적이 없었다.

일부 고고학자들은 동카르파티아의 크리슈 문화인은 이주해온 개척 농부가 아니라 농경 경제를 받아들인 현지 채집민일 것이라고 추측했다.[13] 다뉴브 강 하곡과 동카르파티아 크리슈 문화 유적지 사이의 물질문화 및 경제의 수많은 유사성 그리고 동카르파티아 크리슈 문화와 현지 채집민 문화의 뚜렷한 차이를 감안하면 그럴 가능성은 크지 않아 보인다. 하지만 그들이 누구였는지는 실제로 중요하지 않다. 동카르파티아의 크리슈인이 **유전적으로** '순수했다'고 진지하게 믿는 사람은 아무도 없다. 중요한 점은 동카르파티아의 크리슈 마을에 살던 사람은 그들의 정체성을 드러내는 거의 모든 물질적 표지로 볼 때 **문화적으로** 크리슈인이었다는 것이다. 아울러 그들이 어떻게 그곳에 도착했는지를 감안하면, 문화 같은 비물질적 표지로도 거의 확실히 크리슈인이었다. 크리슈 **문화**는 거의 의심할 여지 없이 다뉴브 강 하곡에서 왔다.

크리슈 문화의 언어

만약 스타르체보-크리슈-카라노보 이주민이 북아메리카, 브라질, 동남아시아 및 세계 여타 지역의 개척 농민과 비슷하기라도 했다면 그리스 북부의 모 마을(parent village)에서 사용하던 언어를 간직했을 가능성이 매우 크다. 채집민의 언어는 농경 이주민과 대면했을 때 쇠퇴할 가능성이 더 크다. 농경민은 출산율이 더 높았다. 아울러 거주지 규모도 크고 한 곳에 영구적으로 정착했다. 또한 겨울을 지내기에 쉬운 잉여 식량을 생산했다 (곡물이 육류보다 보관하기 쉽다―옮긴이). 이언 호더(Ian Hodder)가 강조했듯 '길들인' 동물을 소유하고 사육하는 것은 언제나 야생 동물을 사냥하는 것과 완전히 다른 정신을 요구했다. 이주 농경민의 물질 및 의례 문화와 경제 체제가 그리스와 동남부 유럽에 유입되어 그곳에서 계속 이어진 반면, 채집민의 정체성을 드러내는 외부적 표지들은 사라져갔다. 채집민 언어는 이주 농경민 언어에 기층 효과(substrate effect)를 끼쳤겠지만, 그들의 언어가 농경민의 언어와 경쟁했을 수도 있다는 설득력 있는 시나리오를 상상하기는 어렵다.[14]

스타르체보, 크리슈, 카라노보 I 문화 개척자들은 무슨 언어를 썼을까? 이들 모두의 부모 언어는 그리스 테살리아(Thessalia) 평원에서 쓰였는데, 이곳에서 아나톨리아 서부로부터 갑판 없는 배를 타고 섬을 징검다리 삼아 건너온 항해자들의 것으로 보이는 서기전 6700~서기전 6500년 무렵의 최초 신석기 거주지 유적이 발견되었다. 카트린 페를레(Catherine Perlés)는 그리스 최초 농경민의 물질문화와 경제는 근동 혹은 아나톨리아에서 이식되었음을 설득력 있게 밝혔다. 아나톨리아 서부의 어느 곳이 토기, 부싯돌 도구, 장식품, 여성상(여인 혹은 여신 전신상), 핀타데라 인장(pintadera stamp), 입술 장식 그리고 여타 특성에 근거해 이주민의 기원지로 제시되었다. 이주민은 다른 곳을 무시하고 곧장 그리스에서 가장 비옥한 농경지인 테살리아 평원으로 이동했는데, 이는 거의 분명 테살리아 땅에 관해 자기 친척들에게 말해준 정찰대(아마도 에게 해의 어부들)로부터 얻은 정보에 기초했을 것이다. 테살리아의 농경 인구는 급격히 증가했다. 개척자들이 북쪽으로 향해 동남부 유럽의 온대림 지대로 이주하기 시작한 서기전 6200~서기전 6000년 무렵에는 테살리아 평원에 최소 120개의 신석기 초기 거주지가 자리 잡고 있었다. 테살리아의 신석기 마을은 길들인 양과 소, 밀, 보리, 흰 바탕에 붉은색 토기, 여성 중심의 가정의례, 에게 해의 국화조개로 만든 팔찌와 구슬, 부싯돌 도구 유형 그리고 그 밖의 전통을 처음으로 발칸 지역에 제공했다. 신석기 테살리아의 언어는 서기전 6500년 무렵 서부 아나톨리아에서 사용하던 언어의 한 방언이었을 것이다. 테살리아의 첫 번째 식민지 주민의 방언에서 단순화와 평준화 현상이 일어나고, 500년 후 이곳의 120개 마을에 거주하던 주민은 그동안 병목 현상을 겪으며 이제 막 자체적으로 강하게 분화하기 시작한 방언들을 썼을 것이다.[15]

서기전 5800~서기전 5600년 무렵 동카르파티아 산맥의 크리슈 문화 농민들이 쓰던 언어는 테살리아의 첫 번째 이주 정착민의 언어로부터 1000년이 못 되어—현대 미국 영어가 앵글로색슨어로부터 갈라져 나올 때 걸린 것과 같은 시간—분리했다. 이는 고 유럽의 신석기 언어들이 테살리아의 부모 언어들로부터 갈라져 나와 부상하기에 충분한 시간이었지만, 이 언어들은 여전히 하나의 어족에 속했을 것이다. 이 어족은 인도·유럽어 계열이 아니었다. 그것은 다른 장소(아나톨리아와 그리스)에서 다른 시기(서기전 6500년 이전)에 출현했다. 흥미롭게도 이 사라진 언어의 파편이 인도·유럽 공통조어의 황소(bull)를 뜻하는 *tawro-s에 간직되었는데, 많은 언어학자들은 이 단어가 아프리카·아시아어 계열의 용어라고 생각한다. 아프리카·아시아 거대 어족(Afro-Asiatic super-family)은 근동에서 이집트계와 셈계 언어를 만들어냈는데, 이 어족에 속하는 초기 언어 하나가 최초의 농부들에 의해 아나톨리아에서 쓰였을 것이다. 크리슈 사람들은 아프리카·아시아 유형의 언어를 썼을 것이고, 소 떼를 몰고 동카르파티아 계곡으로 들어갈 때 그것들을 *tawr- 비슷한 무엇으로 불렀을 것이다.[16]

농경민이 채집민을 만나다: 부그-드네스트르 문화

●

크리슈 문화의 가축 사육 경제와 아마도 황소를 뜻하는 크리슈 언어 (*tawr*-)를 받아들인 최초의 흑해 북부 토착민은 앞에서 언급한 부그-드네스트르 문화 사람들이었다. 그들은 크리슈 농경민이 팽창을 멈춘 변경을 차지했는데, 아마도 부그-드네스트르 문화 자체에 의해 차단된 것으로 보인다. 농경민과 채집민의 최초 대면은 분명 환상적이었을 것이다. 크리슈 이주민은 가축 떼를 데려와 산록 구릉에서 사슴들 사이를 돌아다니게 했다. 그들은 양, 서양 자두, 뜨거운 밀 케이크 등을 소개했다. 해마다 1년 내내 똑같은 장소에서 살았고, 나무를 베어 집과 과수원과 정원을 만들었다. 그리고 외래 언어를 썼다. 채집민의 언어는 훗날 인도·유럽 공통조어를 배출한 광역 어족의 한 부분이었을 것이다. 그러나 부그-드네스트르 문화의 마지막 운명은 멸망과 동화였고, 그들이 쓰던 방언도 그 문화와 함께 사라졌을 것이다.[17]

부그-드네스트르 문화는 마지막 빙하기가 끝난 이래 계속 그 지역을 차지하고 있던 중석기 채집민 문화에서 성장했다. 중석기 말기의 11개 기술적·유형론적 집단은 우크라이나 지역에서 부싯돌 도구의 차이에 따라 정의된다. 기타 부싯돌 도구에 기초한 중석기 말기 집단은 돈 강 동쪽의 러시아 초원, 카스피 해 북부 저지, 루마니아 해안 지대 등에서 밝혀졌다. 다뉴브 강 하류 하곡과 흑해 북쪽의 해안 초원에서 중석기 시대의 야영지가 발견되었는데, 이곳은 크리슈 문화 거주지와 그리 멀지 않은 지역이다. 도브루자(Dobruja)—입구에 다뉴브 강 삼각주가 펼쳐져 있는, 바위 언덕으로 이뤄진 반도—에서는 다뉴브 강 남쪽 단구에 있는 툴체야(Tulcea) 근처의 작은 지역 한 곳에서만 18~20개에 이르는 중석기 시대 지표 유적이 발견되었다. 또 중석기 말기 집단들은 다뉴브 강 어귀의 북쪽 지역도 차지했다. 미르노예(Mirnoe)는 여기서 가장 잘 연구된 유적지다. 중석기 말기 미르노예 사냥꾼들은 야생 오록스(발굴한 뼈의 83퍼센트), 야생말(14퍼센트) 그리고 지금은 멸종한 유럽당나귀(1.1퍼센트)를 사냥했다. 다뉴브 강 삼각주를 지나 해안을 따라 더 올라가면 초원은 한층 건조해진다. 다뉴브 강 하류의 중석기 말기 기르제보(Girzhevo) 유적에서 나온 뼈의 62퍼센트는 야생말의 것이고, 오록스와 유럽당나귀의 뼈는 한층 적게 나왔다. 이 해안 초원의 채집민과 고지의 삼림-초원으로 나아가던 크리슈 농경민 사이의 접촉을 보여주는 고고학적 흔적은 없다.[18]

삼림-초원 지역의 이야기는 다르다. 최소 25개의 부그-드네스트르 유적이 남부그 강과 드네스트르 강 중·상류 계곡의 삼림-초원 지대에서 발굴되었는데, 이곳은 나무가 자라기에 충분할 만큼 비가 내리지만 여전히 탁 트인 초지와 일부 초원이 있는 과도적 생태 지대였다. 이는 크리슈 이민자들이 좋아하는 환경이었다. 그 안에서 토착 채집민은 수세대에 걸쳐 붉은사슴, 노루, 멧돼지를 사냥하고 민물고기[특히 거대한 강 메기(Siluris glanis)]를 잡았다. 초기 부그-드네스트르 문화의 부싯돌 도구는 해안 초원 집단[그레베니코프(Grebenikov) 및 쿠크렉스카야(Kukrekskaya) 유형의 도구]과 북부 삼림 집단(도네츠 유형) 모두와 유사했다.

토기와 신석기 시대의 시작

부그-드네스트르 문화는 신석기 문화였다. 요컨대 부그-드네스트르 사람들은 어떻게 점토 그릇을 굽는지 알고 있었다. 흑해-카스피 해 지역 최초의 토기, 즉 초기 신석기 시대의 시작은 볼가 강 하류 하곡에 있는 사마라 지역의 엘샨카(Elshanka) 문화와 연결된다. 이 토기들의 방사성 탄소 연대 측정값은 서기전 7000~서기전 6500무렵인데, 놀랍게도 전 유럽에서 가장 오래된 것이다. 고인 웅덩이 바닥에서 채취한 점토 성분 높은 진흙으로 제작한 이 토기는 진흙말이를 나선형으로 쌓아 올려 만들었는데, 노(爐) 없이 화톳불에서 섭씨 450~600도로 구웠다(그림 8.4).[19] 토기 제작 기법은 이 북동쪽 발원지에서 남쪽과 서쪽으로 퍼져나갔다. 서기전 6200~서기전 6000년 무렵, 남쪽 농경민과 어떤 명시적 접촉을 하기도 전에 토기 제작법은 흑해-카스피 해 지역 대부분의 사냥 및 고기잡이 집단에 의해 광범위하게 받아들여졌다. 식물성 재료나 부순 조개껍데기를 섞은 신석기 초기의 토기가 드네프르 강 급류 지대에 있는 수르스키 섬의 서기전 6200~서기전 5800년경으로 추정되는 지층에서 발견되었다. 돈 강 하류 하곡의 라쿠셰치니야르(Rakushechni Yar)와 삼소노프카(Samsonovka) 같은 기타 유적의 서기전 6000~서기전 5600년 지층에서는 식물성 재료를 섞고 기하학적 모티프를 찍어 눌러 새긴 조잡한 토기가 발견되었다.[20] 비슷한 모양과 문양을 가졌지만 조개껍데기를 혼합한 점토 그릇들이 볼가 강 하류 카이르샤크(Kair Shak) III 유적에서 발견되었는데, 연대는 서기전 5700~서기전 5600년(BP 6270±80) 무렵이었다. 더 오래된 토기는 카스피 해 북쪽의 쿠가트(Kugat)에서 발견되었는데, 이곳에서는 다른 유형의 토기가 카이르샤크 유형의 토기 아래층에 묻혀 있었다. (이것은 수르스키 섬의 토기와 연대가 같은 것으로 추측된다.) 아울러 서기전 6200년 무렵의 원시적이고 실험적인 토기 조각이 아조프(Azov) 해 북쪽의 마트베예프(Matveev) 쿠르간에서 출토되었다. 볼가 강 중류 남쪽의 가장 오래된 토기는 드네프르 강 급류 지대(수르스키 유적), 돈 강 하류(라쿠셰치니야르) 그리고 볼가 강 하류(카이르샤크 III, 쿠가트)에서 서기전 6200~서기전 6000년 무렵 거의 동시에 나타났다(그림 8.4).

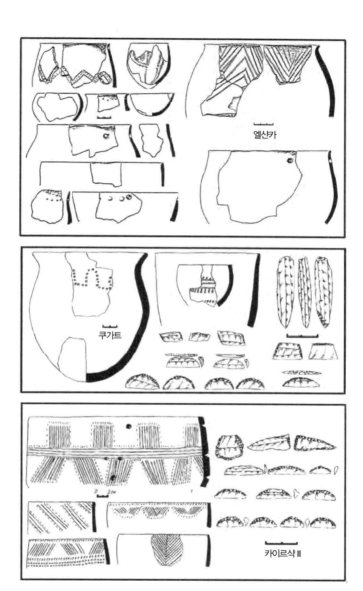

그림 8.4 위: 볼가 강 중류의 엘산카 유형 신석기 초기 토기(서기전 7000~서기전 6500년). 가운데: 카스피 해 북부 쿠가트의 토기와 부싯돌 도구(서기전 6000년경으로 추정). 아래: 카스피 해 북부 카이르샥 Ⅲ기의 토기와 부싯돌 도구(서기전 5700~서기전 5600년). 출처: Mamonov 1995(위); Barynkin and Kozin 1998(가운데와 아래).

남부그 강 하곡에서 가장 빠른 토기는 바즈코프오스트로프(Baz'kov Ostrov)와 소콜레츠(Sokolets) II 유적에서 발굴되었는데, 5개의 방사성 탄소 연대 측정값에 의하면 연대가 서기전 6200~서기전 6000년 무렵으로 드네프르 강의 수르스키 유적의 것과 거의 비슷하다.[21] 남부그 강 바로 서쪽의 드네스트르 강 하곡의 소로키(Soroki) II 유적에서 고고학자들은 중석기 말기의 주거지 두 층(2층과 3층)을 발굴했는데, 방사성 탄소 연대 측정값은 서기전 6500~서기전 6200년경이었다. 이 층에서는 토기가 발견되지 않았다. 토기 제작은 서기전 6200년 무렵 부그-드네스트르 문화에 의해 받아들여졌는데, 대체로 드네프르 강 하곡이나 카스피 해 연안 저지에서 토기가 등장한 시기와 같다.

드네스트르 강 하곡에서 농경민-채집민의 상호 교환

서기전 5800~서기전 5700년경 크리슈 농부들이 서쪽에서 동카르파티아의 산록 구릉지로 이동한 후, 드네스트르 강 하곡은 2개의 매우 다른 생활방식 사이의 변경이 되었다. 소로키 II 유적의 거주지 최상층(1층)이 부그-드네스트르 문화 사람들에 의해 남겨졌는데, 그들은 이주해 들어오는 크리슈 농경민들과 접촉했을 것이다. 이 유적은 방사성 탄소 연대 측정값에 의해 서기전 5700~서기전 5500년으로 양호하게 추정되었다. 1층의 일부 토기 그릇은 분명 크리슈 문화의 복제품[둥근 몸통에 입구가 좁고 환형 바닥(ring base)의 병과 옆에 용골이 있는 사발]이다. 그러나 이것들은 모래와 식물 섬유를 혼합해 현지에서 제작했다. 1층의 기타 토기들은 더욱 자루 모양의 토착 남부그 토기와 비슷하다(그림 8.5). 1층과 그 이전의 2층, 3층 사이의 부싯돌 도구의 연속성은 이것이 하나의 기반 문화라는 것 그리고 3개의 층 모두 부그-드네스트르 문화에 속한다는 것을 의미한다.

그림 8.5 부그-드네스트르 문화의 토기 유형. 첫 번째 행의 그릇 4개는 크리슈 유형(그림 8.2 참조)을 모방한 것으로 보인다. 출처: Markevich 1974; Dergachev 1999.

소로키 II의 1층 야영지에 살던 부그-드네스트르 문화 사람들은 크리슈 문화의 토기만 복사한 것이 아니다. 식물학자들은 점토 사발에 찍힌 세 종류의 밀알 흔적을 발견했다. 1층에서는 또 작은 가축 소와 돼지의 뼈 일부도 출토했다. 이는 중대한 전환의 시작, 곧 현지 채집민이 외부에서 도입한 식품-생산 경제를 받아들였음을 의미한다. 소로키 II 도공들이 크리슈 문화의 받침 있는, 자그마한 이국적인 병과 사발을 복제했다는 것도 언급할 만한 가치가 있는 것으로 보인다. 이것들은 음식을 저장하거나 조리하는 도구가 아니라 대접하기 위한 것인 듯싶다. 아마도 크리슈 문화 가옥 안에서 하던 것과 마찬가지로 크리슈 문화의 음식을 현지 채집민이 방문했을 때 병이나 사발에 담아 제공했을 것이다. 아울러 이것이 부그-드네스트르 사람들로 하여금 자신이 대접받은 음식과 그것을 담은 그릇을 재창조하도록 고취했을 것이다. 그러나 부그-드네스트르 토기 표면의 원래 장식 모티프, 가장 큰 솥의 모양, 점토에 섞는 식물성 재료(이따금 조개껍데기 사용) 그리고 저온에서 굽기 등은 부그-드네스트르 도공들이 자신만의 기술과 점토 그리고 혼합 공식을 갖고 있었음을 보여준다. 그들이 만든 가장 큰 솥(조리용? 저장용?)은 입구가 좁은 광주리처럼 생겼는데, 크리슈 도공들이 만든 어떤 것과도 닮지 않았다.

세 종류의 밀알 흔적이 드네스트르 강 하곡의 유적지 두 곳, 즉 소로키 II/1층과 소로키 III 유적의 초기 부그-드네스트르 솥의 점토 조직에 찍혀 있었다. 두 유적지에서는 모두 엠머, 아인콘, 스펠트 밀의 흔적이 나왔다.[22] 이 곡물들은 정말 현지에서 기른 것일까? 두 유적지에서는 많은 밀이 탈곡할 때 제거된 왕겨 및 이삭과 함께 찍힌 흔적으로 출토되었다. 이런 탈곡 부산물의 존재는 최소한 얼마간의 곡식을 현지에서 재배하고 탈곡했다는 것을 시사한다. 드네스트르 강 하곡의 채집민은 크리슈 농경민과 접촉하자마자 적어도 곡식을 키우는 작은 텃밭을 일궜을 것으로 보인다. 그렇다면 소는 어땠을까?

서기전 5800~서기전 5500년 이용한 드네스트르 강 하곡의 초기 부그-드네스트르 신석기 유적 세 곳에서 길들인 소와 돼지의 뼈는 쓰레기 구덩이에서 발견한 뼈 329개의 24퍼센트(확인한 표본 수로 계산)를 차지했다. 최소 개체 수로 환산하면 전체 동물 개체 수의 20퍼센트에 해당한다. 붉은사슴과 노루가 육류 식단에서 여전히 가축보다 중요했다. 서기전

5600~서기전 5400년경의 중기 부그-드네스트르 유적지들〔삼친기(Samchin phase)〕에는 길들인 돼지와 소가 더 많았다. 이 시기의 소로키 I/1a층에서 소와 돼지는 복원된 뼈 213개의 49퍼센트(최소 개체 수로 환산하면 32퍼센트)를 차지했다. 부그-드네스트르 후기(서기전 5400~서기전 5000년 무렵)의 두 유적에서는 길들인 돼지와 소가 전체 동물 뼈의 55퍼센트(최소 개체 수로 환산하면 36퍼센트)를 차지했다.[23] 이와 대조적으로, 길들인 동물의 근원지에서 멀리 떨어진 남부그 강 하곡의 부그-드네스트르 거주지 유적 중에는 가축 뼈가 10퍼센트 이상을 차지하는 곳이 하나도 없다. 그러나 심지어 남부그 강 하곡의 바즈코프오스트로프와 미트코프오스트로프 유적에서조차 크리슈 농부들이 동카르파티아의 산록 구릉지로 들어간 직후 기른 소와 돼지가 나타난다. 즈벨레빌(M. Zvelebil)이 제시한 농경민-채집민 사이 접촉의 3단계 설명에 따른 '이용 가능성 단계(availability phase: 농경이 가능하기는 하지만 아직 채택하지 않은 단계-옮긴이)'는 매우 짧았다.[24] 왜 그랬을까? 크리슈 문화의 음식물과 심지어 그 음식을 담아 대접하는 그릇조차 무엇이 그렇게 매력적이었을까?

세 가지 가능성, 즉 두 집단 간 혼인 교환, 인구 압박, 지위 경쟁을 들 수 있다. 집단 간 혼인은 종종 되풀이되곤 하지만 점증하는 물질문화의 변화에 대한 그다지 설득력 있는 설명은 아니다. 이 경우 유입된 크리슈 문화권의 아내들은 크리슈 문화 토기 유형과 음식물을 부그-드네스트르 거주지로 전파하는 매개체였을 것이다. 그러나 워런 드보어는 부족 사회에서 외부 부족으로 시집가는 아내들은 종종 너무 노출되어 있고 불안을 느껴 혁신의 원천이 되는 대신 새로운 문화 관습을 무턱대고 따르려 한다는 걸 보여주었다. 더욱이 부그-드네스트르 토기의 기법과 제작 방법은 현지 것이었다. 종종 기술 양식은 장식 양식보다 더 나은 종족 기원의 표지다. 따라서 비록 부족 간 결혼이 있었겠지만, 이는 드네스트르 변경의 토기와 경제 측면의 혁신을 설득력 있게 설명하는 요인은 아니다.[25]

그렇다면 그 요인은 인구 압박이었을까? 신석기 이전 부그-드네스트르 변경 채집민은 좋은 사냥터와 어장이 부족했고, 자신들의 사냥터 안에서 수확할 수 있는 식품의 양을 늘릴 방안을 찾고 있었을까? 삼림-초원은 사슴이 좋아하는 숲 가장자리의 생태가 최적화한 이상적 사냥터였다. 크리슈 시기 토양에서 발견되는 풍부한 나무 꽃가루는 크리슈 개척민이 주위의 삼림에 미친 충격이 미미했으며, 그들의 도래가 사슴 개체 수를 대대적으로 줄이지 않았다는 것을 보여준다. 부그-드네스트르 식단에서 중요한 것은 강에 사는 물고기였는데, 그중 일부는 새끼 돼지만큼의 살코기를 제공했다. 하지만 물고기의 양이 줄어들었다는 증거도 없다. 사려 깊은 채집민은 수확이 나쁜 해를 대비해 소와 돼지를 획득했겠지만, 그 직접적인 이유는 배고픔이 아니었다.

세 번째는 채집민이 크리슈 농부가 연회나 절기 축제에 사용할 풍부한 식품을 갖고 있다는 데 감동했을 가능성이다. 아마도 일부 부그-드네스트르 원주민은 평화로운 공존을 고취하기 위한 목적에서 크리슈 농부들이 벌이는 연회에 초청을 받았을 것이다. 사회적 야심이 있는 채집민은 그들 부족 내의 연회를 후원하기 위해 정원을 가꾸고 소를 기르기 시작했을 테고, 심지어 크리슈 마을에서 사용하는 것과 같은 접대용 사발과 잔도 만들었을 것이다. 이는 정치적인 설명으로서 동시에 왜 크리슈 토기를 모방했는지도 설명한다. 불행하게도 두 문화 모두 묘지가 없었다. 그래서 우리에게는 사회적 위계의 성장 증거를 검토할 무덤이 없다. 음식 자체를 제외하면 지위를 나타내는 물품은 적었던 것으로 보인다. 아마도 경제적 보장과 사회적 지위 모두 드네스트르 강 하곡의 점진적이지만 꾸준한 식품 생산 체제(농경 및 가축 사육—옮긴이) 채택 과정에서 일익을 담당했을 것이다.

부그-드네스트르 식단에서 농경과 목축의 중요성은 아주 점진적으로 증가했다. 크리슈 거주지 주방 쓰레기 더미에서 가축 뼈의 비율은 70∼80퍼센트를 차지했다. 부그-드네스트르 거주지에서 가축이 야생 동물을 추월한 것은 최후의 단계에 이르렀을 때였다. 아울러 단지 크리슈 거주지와 인접한 드네스트르 강 하곡 안에서만 가능했다. 부그-드네스트르 사람들은 양고기를 먹은 적이 없다. 부그-드네스트르 유적지에서 양뼈는 하나도 발견되지 않았다. 초기 부그-드네스트르 문화의 빵 굽는 이들은 곡식을 갈 때 크리슈 유형의 '갈 돌(맷돌)' 대신 처음에는 현지 유형인 작은 편능형(rhomboidal) 돌 절굿공이를 썼다. 부그-드네스트르 중기에 이르러서야 크리슈 유형의 갈 돌로 옮겨갔다. 그들은 자신의 타제 부싯돌 도끼를 크리슈 유형의 '갈아 만든(마제)' 소형 도끼보다 선호했다. 그들의 토기는 상당히 독특했다. 아울러 그들의 역사적 궤적은 이주민인 크리슈 문화 주민과 달리 직접적으로 현지 중석기 인구 집단으로 거슬러 올라간다.

심지어 서기전 5500∼서기전 5200년 이후, 즉 새로운 농경 문화인 선형 토기 문화가 폴란드 남쪽에서 동카르파티아 산록으로 들어와 크리슈 문화를 대체할 때에도 드네스트르 강 하곡 변경은 살아남았다. 드네스트르 강 하곡 동쪽에서는 선형 토기 문화 유적이 하나도 발견되지 않았다.[26] 드네스트르는 자연적인 것이 아니라 문화적인 변경이었다. 이 변경은 사람과 교역 물자가 통과하고 변경 양쪽에서 중요한 문화적 변화가 일어났음에도 불구하고 지속되었다. 지속적인 문화 변경, 특히 고대 이주 물결의 가장자리에 있는 변경은 일반적으로 종족적·언어적 변경이다. 부그-드네스트르 사람들은 선 인도·유럽 공통조어를 낳은 어족에 속했을 가능성이 큰 반면, 이웃한 크리슈 사람들은 멀리 신석기 시대 그리스어 및 아나톨리아어와 관련 있는 언어를 썼다.

변경을 너머: 소 떼가 도착하기 전 흑해-카스피 해 채집민

드네스트르 변경 동쪽의 흑해 북쪽 사회는 언제나 그랬듯 서기전 5200년 무렵까지 계속 사냥, 야생 식물 채집, 고기잡이로 생활을 영위했다. 바로 이웃한 농경민과 직접 접촉하던 채집민에게는 농경민의 길들인 소와 뜨거운 밀 케이크가 거부할 수 없을 만큼 매력적으로 보였을 것이다. 그러나 이 활발한 변경에서 멀리 떨어진 흑해 북쪽의 채집-어부들은 동물 사육자가 되려고 애쓰지 않았다. 가축이란 새끼 낳는 가축을 가족이 먹게 하느니 차라리 굶는 걸 보겠노라고 도덕·윤리적으로 확고하게 결심한 사람만이 기를 수 있다. 씨앗으로 쓸 곡식과 새끼 낳는 가축은 먹지 않고 보존해야 한다. 그렇지 않으면 다음 해 수확할 작물과 송아지가 없다. 일반적으로 채집민은 미래를 위해 수전노처럼 저축하는 것보다 즉각적인 나눔과 후함을 가치 있게 여긴다. 그래서 새끼 낳는 가축을 키우는 것은 경제적일 뿐 아니라 도덕적인 일이었다. 가축 사육은 아마도 기존의 도덕관념을 위협했을 것이다. 따라서 가축 사육을 거부한 것도 놀라운 일은 아니다. 아울러 가축 사육을 시작할 때 새로운 의례와 새로운 유형의 리더십이 나타났으며, 새로운 지도자들이 기르던 가축을 도살할 때 큰 연회를 열고 음식을 나눴던 것도 놀라운 일이 아니다. 이런 새로운 의례와 리더십의 역할은 인도·유럽의 종교 및 사회의 기반이었다.[27]

부그-드네스트르 지역 바로 다음으로 소 떼 사육을 받아들인 곳은 흑해-카스피 해 초원에서 인구가 가장 밀집한 지역인 드네프르 강 급류 지대 부근이었다. 드네프르 강 급류 지대는 오늘날의 드네프로페트로프스크(Dnepropetrovsk)에서 시작하는데, 드네프르 강은 여기서부터 화강암 기반 위를 흐르며 50미터 낮은 해안을 향해 66킬로미터를 내달린다. 급류 지대에는 대형 폭포가 10개 있는데, 역사 시대 초기의 기록에 따르면 각각의 폭포마다 이름, 수호신, 정령, 전승을 갖고 있었다. 급류 지대에서는 회귀성 송어의 일종인 잔더(zander, *Lucioperca*)처럼 물을 거슬러 이동하는 물고기를 엄청나게 잡을 수 있었고, 폭포 사이를 흐르는 빠른 물살은 메기의 일종으로 1미터까지 자라는 웰스(wels, *Silurus glanis*)의 서식처였다. 급류 근처의 중석기 및 신석기 야영지에서 이 두 종류 물고기의 뼈가 발견되었다. 급류의 남단 키치카스(Kichkas) 근처에는 여울이 하나 있어 넓은 드네프르 강을 비교적 쉽게 건널 수 있는데, 이곳은 다리가 없던 세계에서 전략적인 지점이었다.

급류 지대 및 이와 관련한 수많은 유적은 1927~1958년 건설한 댐과 저수지에 침수되었다. 그중 저수지 건설과 관련해 발견한 유적이 드네프르 강 동안(東岸)의 이그렌(Igren) 8이다. 이곳의 가장 깊은 F층에서는 중석기 말기의 쿠크렉스카야 유형 부싯돌 도구가 나왔고, 그 위의 E와 E1 층에서는 신석기 초기의 수르스키 유형 토기(방사성 탄소 연대 측정 결과 서기전 6200~서기전 5800년)가 출토되었다. 그리고 그 위의 D1 층에서는 식물 섬유를 혼합하고 V자형 무늬와 작은 빗살무늬를 찍어 넣은 신석기 중기 드네프르-도네츠 I 유형 토기(약 서기전 5800~서기전 5200년으로 추정하지만 방사성 탄소 연대 측정으로 직접 도출한 것은 아님)가 출토되었다. 드네프르-도네츠 I 문화 쓰레기 더미에서 발견한 동물의 뼈는 붉은사슴과 물고기의 것이었다. 아직 소 사육으로는 넘어가지 않았던 것이다. 드네프르-도네츠 I 문화는 부

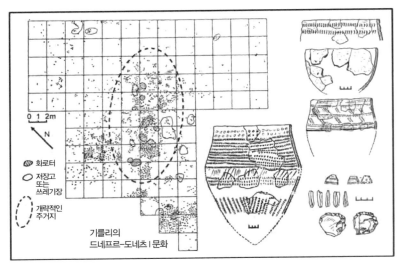

그림 8.6 우크라이나 기를리의 드네프르−도네츠 I 문화 야영지(서기전 5600~서기전 5200년경으로 추정). 출처: Neprina 1970, 그림 3, 4, 8.

그−드네스트르 문화와 동시대의 것이었다.[28]

서북쪽으로 프리페트(Pripet) 습지 남쪽 경계와 동쪽으로 도네츠 강 중류 하곡 그리고 우크라이나 북부 초원의 삼림-초원 지대 여러 곳에서 드네프르-도네츠 I 유형 토기를 만든 채집민 야영지 유적이 발굴되었다. 키예프 서쪽, 테테레프(Teterev) 강 상류의 지토미르(Zhitomir) 근처 기를리(Girli)(그림 8.6)의 드네프르-도네츠 I 거주지에서는 동북-서남 방향으로 네 쌍의 화로터 8개가 줄지어 발굴되었는데, 각 쌍은 2~3미터 간격으로 떨어져 있었다. 아마도 네 가족이 사는 14미터 길이의 쉼터였던 듯하다. 화로 주위에서는 부싯돌 도구 3600개가 발견되었는데 그중에는 세석기 날도 있었다. 그리고 바닥이 뾰족하고 빗살무늬에 찔러서 새긴 무늬 장식이 있는 토기 조각들도 발견되었다. 식품 경제는 수렵과 채집에 의존했다.

기를리는 드네프르 강과 남부그 강 사이의 오솔길에 위치하는데, 토기는 모양과 장식에서 중기, 즉 삼친기의 부그-드네스트르 토기와 비슷했다. 그러나 드네프르-도네츠 I 유적에는 길들인 동물이나 식물, 심지어 크리슈나 부그-드네스트르 문화와 비슷한 마제 도끼도 없었다. 드네프르-도네츠 I 문화의 도기는 여전히 커다란 부싯돌에서 떼어내 만든 것이었다.[29]

드네프르 강 급류 지대 일대의 채집민 묘지

우크라이나와 유럽 쪽 러시아 대부분에서 빙하기 이후의 채집민은 묘지를 만들지 않았다. 부그-드네스트르 문화가 그 전형이다. 그들은 시신을 하나 혹은 둘씩 묻었는데, 종종 오래된 야영지를 이용했다. 아마도 망자가 죽은 곳이었을 것이다. 무덤 옆에서 하는 의식은 있었지만 그들만을 위해 지정한 장소에서 거행하지는 않았다. 묘지는 이와 달랐다. 묘지는 단지 장례를 위해 준비한 지상의 정식 구조물이며, 장례 기념비이자 죽은 이에 대한 공식적인 추념물이다. 묘지는 한 조각의 땅을 조상들과 연결시키는 가시적 표현이었다. 드네프르 강 급류 지대의 저수지 건설 공사 도중 고고학자들은 중석기 시대 및 신석기 시대 채집민의 묘지를 발견했다. 그중에는 바실리예프카(Vasilievka) I(무덤 24기), 바실리예프카 II(무덤 32기), 바실리예프카 III(무덤 45기), 바실리예프카 V(무덤 37기), 마리예프카 (Marievka)(무덤 15기), 볼로스케(Volos'ke)(무덤 19기) 유적이 있다. 흑해-카스피 해 지역 어디에도 이와 비견할 만한 채집민 묘지군은 없다.

빙하기가 끝날 무렵 몇몇 서로 다른 채집민 인구 집단이 드네프르 강 급류 지대에서 서로 경쟁했던 듯하다. 이미 서기전 8000년경 빙하가 녹은 직후 최소한 3개의 두개골-얼굴형 사람들, 즉 얼굴이 좁고 가느다란 유형(볼로스케)과 넓은 얼굴에 두툼한 유형(바실리예프카 I), 넓은 얼굴에 강건한 유형(바실리예프카 III)의 사람들이 서로 다른 묘지를 차지하고 다른 자세(쪽 편 자세와 웅크린 자세)로 묻혔다. 볼로스케 묘지에 묻힌 19명 중 2명과 바실리예프카 III 묘지에 묻힌 45명 중 2명(혹은 3명)은 쿠크렉스카야 유형의 세석기 날에 찔린 상처를 갖고 있었다. 바실리예프카 III의 골격 유형 및 매장 자세가 결국 중석기 말기인 서기전 7000~서기전 6200년 급류 지대 전체로 퍼져나갔다. 무덤 양식에 의해 신석기 시대의 것으로 추정한 두 묘지(바실리예프카 II와 마리예프카 묘지)는 방사성 탄소 연대 측정에 의해 서기전 6500~서기전 6000년, 즉 중석기 말기의 것으로 확정되었다.

드네프르 강 급류 지대 묘지 중 오직 하나, 즉 바실리예프카 V 묘지만 방사성 탄소 연대 측정값(서기전 5700~서기전 5300년)이 신석기 말기 드네프르-도네츠 I 시기의 것으로 나왔다. 바실리예프카 V의 유해 37구는 등을 땅에 대고 똑바로 누운 상태로 양손을 골반 근처에 놓고 머리는 동북쪽을 향한 채 매장되었다. 일부는 자기만의 구덩이에 묻혔고, 일부는 재활용한 무덤에 묻힌 것으로 보인다. 묘지 중앙의 무덤 16기는 둘 혹은 셋의 매장층이 겹쳐진 것처럼 보이는데, 이는 향후 수세기간 대대적으로 정교해진 집단 매장 의식의 첫 번째 징조다. 무덤 37기 중 18기는 대자석(代赭石, red ochre: 적철석의 일종으로 어두운 붉은색을 띰―옮긴이) 가루를 뿌렸는데, 이 역시 앞으로 발생할 일들의 전조였다. 그러나 바실리예프카 V 묘지의 부장품은 매우 단출해서 세석기 부싯돌 날이나 부싯돌 긁개 정도에 불과하다. 이들은 드네프르 강 급류 지대에서 기존의 도덕에 집착해 소 사육을 거부한 마지막 사람들이었다.[30]

볼가 강 하류와 돈 강 하류의 채집민

더 멀리 동쪽, 드네스트르 강의 채집민/농경민 변경으로부터 더욱 멀리 떨어진 곳에서는 신석기 초기 채집민들에 의해 다른 유형의 토기가 만들어졌다. 연대가 서기전 6000~서기전 5300년으로 측정된 볼가 강 하류의 채집민 야영지에서는 평평한 바닥에 '끝이 삼각형인 막대기(triangular-ended stick)'로 찔러 만든 줄무늬나 다이아몬드와 마름모꼴을 새긴 장식이 있고, 부순 조개껍데기와 식물성 재료를 혼합한 위가 넓은 점토 사발들이 발견되었다. 이런 장식 기술은 드네프르 강 하곡의 드네프르-도네츠 I 토기를 장식하는 데 쓰인 빗살무늬판(comb-stamp)과 다른 것이다. 볼가 강 일대의 부싯돌 도구 묶음에는 중석기 말기 채집민의 부싯돌 도구처럼 기하학적인 세석기가 많아 전체 부싯돌 도구의 60~70퍼센트를 차지했다. 중요한 신석기 초기 유적에는 방사성 탄소 연대 측정값이 서기전 5900~서기전 5700년경으로 나온 볼가 강 하류의 바르폴로미예프카(Varfolomievka) 3층과 카이르샥 III(역시 서기전 5900~서기전 5700년 무렵으로 측정) 유적, 돈 강 하류 사구에 있는 라쿠셰치니야르의 아래층들(서기전 6000~서기전 5600년 무렵으로 측정)이 있다.[31] 준(準)사막 생태계에 위치한 카이르샥 III 유적의 경제는 거의 전적으로 오나거, 곧 아시아당나귀 사냥에 기초했다. 메마른 초원의 자그마한 강 하곡에 위치한 바르폴로미예프카 유적은 층별로 보고되지 않았다. 그래서 신석기 시대 초기에 해당하는 3층의 경제가 어땠는지 말할 수 없다. 그러나 바르폴로미예프카에서 출토된 동물 뼈의 절반은 말, 일부는 오록스의 것이었다. 종이 알려지지 않은 물고기의 비늘도 주거지 바닥에서 발견되었다. 당시 넓은 돈 강 하류 하곡 대상림에 둘러싸여 있던 라쿠셰치니야르에서 사냥꾼들은 붉은사슴, 야생말, 멧돼지를 쫓아다녔다. 내가 이번 장의 미주 몇 개에서 언급했듯 일부 고고학자들은 소와 양의 목축은 돈 강 하류-아조프 초원에서 먼저 시작되었다고 주장하지만, 설득력이 없는 듯하다. 서기전 5200년 이전 채

집민–농경민 변경은 드네스트르 강 하곡에 국한되어 있었다.[32]

신들이 소를 주다

•

서기전 5800년경 동카르파티아의 크리슈 식민지는 드네스트르 강 하곡의 삼림–초원 지대에서 강고하고도 지속적인 문화적 변경을 만들어냈다. 비록 부그–드네스트르 문화가 재빨리 최소한의 일부 길들인 곡물·돼지·소를 획득했지만, 그 문화는 주로 사냥과 채집에 기초한 경제 체제를 간직했으며 문화적·경제적으로 대부분의 측면에서 여전히 농경 및 목축 문화와 구별되는 것으로 남았다. 나아가 삼림–초원 지대와 동쪽 초원 하곡 양쪽에서 여타 어떤 원주민 사회도 서기전 5200년 무렵까지 곡물 경작과 가축 사육을 받아들이지 않은 듯하다.

드네스트르 강 하곡에서, 혹해 북쪽의 토착 문화는 다른 언어를 쓰고 다른 종교를 믿으며 마치 어떤 대단한 것인 양 일련의 외래 작물과 동물을 가져온 농경민과 직접 접촉했다. 변경 자체의 채집민은 길들인 작물과 동물 일부를 받아들였지만, 특히 양 같은 나머지 것들은 거부했다. 사냥과 고기잡이는 계속해서 식단의 대부분을 담당했다. 그들은 새로운 의례와 사회 구조로 옮겨간 명시적 증거를 보여주지 않는다. 소 목축과 밀 경작은 이웃을 따라잡거나 식품 사정이 나쁜 해를 대비해 시간을 쪼개서 하는 일이었지 채집 경제와 그 도덕관념을 대체한 것처럼 보이지 않는다. 몇 세기 동안 이런 부분적인 식량 생산 체제(농경/목축―옮긴이)로의 반쪽짜리 전환도 드네프르 강 하곡에 한정되어 이곳은 좁고 잘 확정된 변경이 되었다. 그러나 서기전 5200년 이후 유럽의 신석기 농경민은 인구 밀도와 사회 구조의 새로운 임계치를 넘은 것으로 보인다. 동카르파티아 산록의 마을들은 다뉴브 강 하류 하곡의 더 큰 마을에서 온 관습을 받아들였고, 이로 인해 더 복잡한 문화가 나타났다. 쿠쿠테니-트리폴리예(Cucuteni-Tripolye) 문화가 바로 그것이다. 쿠쿠테니-트리폴리예 마을은 동쪽으로 퍼져나갔다. 이로써 드네스트르 변경은 깨졌고, 서쪽의 커다란 농경 공동체들이 드네스트르 강과 남부그 강 하곡으로 밀려 들어왔다. 원래의 변경 사회인 부그-드네스트르 문화는 쿠쿠테니-트리폴리예 이주민의 물결 속으로 사라졌다.

그러나 멀리 동쪽, 드네프르 강 급류 지대 일대에서는 길들인 소와 돼지 그리고 놀랍게도 심지어 양의 뼈가 쓰레기 더미에서 정식으로 등장하기 시작했다. 드네프르 강 급류 지대는 전략적인 땅이며, 이 지대를 장악한 씨족들은 이미 초원의 여타 지역 씨족보다 한층 정교한 의례를 갖고 있었다. 그들이 소 목축을 받아들이자 초원 지대 전역에서 급속한 경제적 및 사회적 결과가 나타났다.

09

소, 구리 그리고 족장

인도·유럽 공통조어 어휘에는 마을의 족장을 뜻하는 복합어(*weik-potis)가 있는데, 그 주거 집단에서 권력을 행사하는 개인을 말한다. 또 다른 어근(*reg-)은 다른 종류의 강력한 관리를 의미한다. 이 두 번째 어근은 이탈리아어 *rēx*, 켈트어 *rīx*, 고 인도어 *raj-*처럼 나중에 왕을 의미하는 것으로 쓰였지만, 원래는 성직자에 더 가까운 일을 하는 관리, 글자 그대로 '규제하는 자(regulator. 같은 어근에서 나왔다)', 즉 '바로잡는 자(one who makes things right. 'right' 역시 똑같은 어근에서 나왔다)'를 뜻하는 말로서 '정확한 (correct. 역시 같은 어근에서 나왔다)' 경계선을 그리는 이와 관련이 있었을 것이다. 인도·유럽 공통조어 사용자들은 권력 기관과 사회적 등급을 제도화하고 추측건대 권력과 높은 등급을 가진 사람들을 존경했으며, 이런 권력자들은 존경의 대가로 연회를 후원하고 거기서 음식물과 선물을 나눠주었다.[1] 흑해-카스피 해 지역에서는 언제 처음으로 사회적 권력의 위계가 나타났을까? 아울러 이는 어떻게 표출되었으며, 그 권력을 가진 사람은 누구였을까?

혹해-카스피 해 초원의 족장들은 이 지역에서 소와 양 그리고 염소가 처음으로 넓게 퍼졌을 때, 즉 서기전 5200~서기전 5000년 무렵 이후에 최초로 고고학적 기록으로 등장한다.[2] 초원의 가축 사육 확산 과정에서 흥미로운 측면 하나는 허리띠를 몇 개씩 차고, 갈아서 윤을 낸 조개껍데기 구슬과 뼈 구슬 그리고 수달 이빨과 말 이빨 구슬을 꿴 줄을 걸치고, 멧돼지 엄니 펜던트와 모자, 기워서 옷에 붙인 멧돼지 뼈 장식판, 수정과 반암(斑巖) 펜던트, 돌을 갈아 만든 목걸이, 반짝이는 구리 반지 등을 찬 족장들도 동시에 나타났다는 사실이다. 그들의 장식은 걸을 때마다 절그렁거렸을 것이다. 더 나이 든 족장들은 돌을 갈아 만든 머리를 가진 전곤(戰棍, mace: 전투시 상대방의 머리를 가격하는 곤봉 혹은 신분을 나타내는 지팡이―옮긴이)을 지니고 다녔다. 그들의 장례식에서는 양, 염소, 소 및 말이 희생되었다. 희생물의 뼈와 살 대부분은 조문객들에게 나눠줬으므로 일부 상징적인 하퇴부 조각이나 간혹 발견되는 두개골(아마도 가죽을 그대로 붙인 채 매장했을 것이다)만이 무덤에 남았다. 기존의 신석기 사냥/채집 무리 중에는 이런 호사스러운 지도자가 없었다. 이들의 갑작스러운 등장을 더욱 흥미롭게 만드는 것은 그들의 뼈에서 나온 질소 함량으로 보건대 그들이 육류 식단의 50퍼센트 이상을 여전히 물고기에서 얻었다는 점이다. 볼가 강 지역의 주방 쓰레기 더미에는 이른 시기 사냥꾼들이 선호하던 사냥감인 말의 뼈가 여전히 소와 양의 뼈보다 많았다. 의례에서 그토록 큰 역할을 한 길들인 소와 양은 단지 가끔씩, 특히 동쪽 지역에서 먹었을 뿐이다.

처음에는 새로운 식품 경제의 확산 같던 것이 한 번 더 살펴보면 새로운 의례 및 그와 연결된 새로운 가치 그리고 새로운 사회적 권력 제도와 깊숙이 엮인 것으로 드러난다. 새로운 동물 통화(animal currency)를 받아들이지 않은 사람들, 즉 채집민으로 남은 사람들은 정식 묘지조차 쓰지 않았고 그런 과장된 대중 장례 연회를 후원하는 일도 적었다. 그들 사회에서 시신은 평범한 옷을 입고 오래된 야영지에서 간소하게 매장되었다. 외래의 양과 염소를 비롯한 가축을 돌보던 이들과 토착 야생 동물을 사냥하던 이들 사이의 문화적 차이는 한층 더 벌어졌다.

새로운 경제의 북쪽 변경은 북쪽의 삼림 및 남쪽 초원의 생태적 구분과 일치한다. 북쪽의 고기잡이 및 사냥꾼들은 뒤이은 2000년 동안 길들인 가축에 얽매이기를 거부했다. 중간에 낀 삼림-초원 지대에서조차 길들인 짐승의 뼈 비율은 줄어들고 사냥감의 중요성이 높아졌다. 반면 새로운 경제의 동쪽 변경은 생태적 이행대와 일치하지 않았다. 대신 우랄 산맥 남쪽 측면을 흘러 남쪽으로 카스피 해 연안 저지를 통해 카스피 해로 들어가는 우랄 강을 따라 이어졌다. 우랄 강 동쪽의 카자흐스탄 북부 초원에서는 아트바사르(Atbasar) 유형의 초원 채집민이 야생말, 사슴, 오록스 사냥으로 생계를 이어갔다. 그들은 풀이 있는 험한 절벽으로 보호받는 낮은 하안단구 혹은 초원 호수의 습한 가장자리 야영지에서 생활했다. 그들이 서쪽에서 온 새로운 경제 체제를 받아들이지 않은 이유는 서기전 1만 4000~서기전 9000년 동안, 즉 흐발린 해가 카자흐 초원의 집단들과 러시아 초원 집단들을 갈라놓은 동안 첨예해진 윤리적·언어적 차이에 뿌리가 있을 것이다. 원인이야 어떻든 우랄 강 하곡은 가축을 받아들인 서쪽 초원 사회와 이를 거부한 동쪽 사회를 나누는 지속적인 변경이 되었다.

구리 장신구는 다뉴브 강 하곡에서 동쪽으로 초원을 가로질러 볼가-우랄 지역으로 최초의 길들인 말과 교역하던 선물 및 장식품 중 하나다. 흑해-카스피 해 초원에서 정식으로 널리 구리가 등장한다는 것은 동석기 시대의 개시를 알리는 신호다. 구리는 발칸이 원산지였는데, 아마도 똑같은 교역망을 통해 짐승들과 교환했을 것이다. 이때 이후로 흑해-카스피 해 초원 문화는 발칸 및 다뉴브 강 하류 하곡 문화와의 점점 더 복잡한 사회적·정치적·경제적 관계망 속으로 끌려 들어갔다. 서기전 4400~서기전 4200년 무렵, 고 유럽 문화가 경제적 생산성, 인구 규모, 안정성 면에서 정점에 이르렀을 때 고 유럽 문화와 흑해-카스피 해 지역 목축 문화의 경계는 선사 시대 유럽에서 가장 두드러진 문화적 구분선으로서 심지어 북부 삼림의 사냥꾼과 초원의 목축민 사이보다 더 극명하게 대비되었다. 발칸, 카르파티아 그리고 다뉴브 강 중류 하곡의 신석기 및 동석기 문화는 농경이 정말로 중요하던 시절 초원보다 한층 생산적인 농경 경제를 갖고 있었다. 아울러 마을과 가옥 규모도 훨씬 컸고 공예 기술, 장식 미학 그리고 야금술 또한 초원의 것보다 한층 정교했다. 동석기 초기 초원의 목축 문화는 분명 화려하게 장식하고 다채롭게 꾸민 고 유럽 사람들을 인식하고 있었지만, 초원 사회는 다른 방향으로 발전해나갔다.[3]

고 유럽의 초기 동석기 시대

●

동남부 유럽 대부분 지역의 동석기 시대엔 전체적인 리듬이 있다. 사회적·기술적 복잡성이라는 측면에서 새로운 단계의 부상, 이어진 번성기 그리고 뒤이어 청동기 시대가 시작되는 시점에는 소규모로 이동성이 더 좋고 기술적으로 더 단순한 공동체로 분화했다. 그러나 동석기 시대는 서로 다른 장소에서 각기 다르게 시작되고 발전하고 끝났다. 불가리아의 동석기는 서기전 5200~서기전 5000년 무렵 시작했는데, 이곳은 여러 면에서 고 유럽의 중심지였다. 흑해-카스피 해 초원 사회는 최소한 서기전

4600년에는 고 유럽의 구리 교역망으로 끌려 들어갔는데, 독일과 오스트리아 및 폴란드에서 구리를 정식으로 사용하기 최소 600년 전이었다.[4]

서기전 5200~서기전 5000년 무렵 불가리아와 루마니아 남부에 흩어져 있던 농업 마을은 커다랗고 견고하게 지은 농경 마을로 발전했다. 이 마을들의 집은 소와 돼지 그리고 양 떼로 둘러싸인 개활지나 경작지 위에 기둥을 세우고 초벽을 두른, 여러 개의 방으로 나뉜 커다란 가옥으로 종종 복층이었다. 소가 천경 쟁기를 끌며 밭을 가로질렀다.[5] 발칸 반도와 다뉴브 강 하류 하곡의 비옥한 평원에서 마을은 누대에 걸쳐 같은 장소에 있었다. 그래서 층을 이룬 텔(tell: 고대 건축의 잔존물이 쌓여 생기는 언덕―옮긴이) 덕분에 마을이 주변 들판보다 1~1.5미터 높아졌다. 마리야 김부타스는 고 유럽을 여신의 편재성과 다양함으로 유명하게 만들었다. 엉덩이가 넓은 여성상으로 상징되는 가정의 숭배 의식은 모든 곳에서 행해졌다. 토기와 여성상에 새겨진 표시는 표기 체제의 등장을 시사한다.[6] 색을 입힌 흙 반죽 조각은 집의 벽에 토기 문양에서 볼 수 있는 것과 똑같은 소용돌이 모양의 곡선을 그렸다는 것을 암시한다. 도공들은 온도가 섭씨 800~1000도까지 올라가는 가마를 발명했다. 그들은 저산소 환원성 분위기(low-oxygen reducing atmosphere)로 토기의 검은 표면을 만들고, 그 위에 은(silver) 문양을 넣기 위해 흑연을 칠했다. 혹은 풀무를 사용해 고산소 환원성 분위기로 붉거나 감귤색의 표면을 만들고, 이를 검붉은 테두리가 있는 하얀 리본 문양으로 복잡하게 꾸몄다.

토기 가마는 야금술로 이어졌다. 구리는 녹청색 남동석 혹은 공작석 가루(아마도 안료로 쓰였을 것이다)에 숯가루를 섞어 그 혼합물을 풀무가 있는 가마에서 구워 추출했다. 처음에는 우연히 그랬을 것이다. 구리는 섭씨 800도에 가루로 된 광석에서 분리되는데, 반짝거리는 작은 덩어리 모양이다. 그러면 그걸 골라내 가열하고, 단조하고, 이어 붙이고, 담금질하고, 두드려 온갖 도구(낚싯바늘, 송곳, 날)와 장신구(구슬, 고리, 그 밖의 펜던트)를 만들 수 있다. 금(아마도 트란실바니아와 트라키아 해안에서 캤을 것이다) 장신구도 똑같은 교역망을 따라 유통되기 시작했다. 구리 작업의 초기 단계는 서기전 5000년 이전에 시작되었다.

발칸의 대장장이들은 서기전 4800~서기전 4600년 무렵 녹은 구리의 열을 견딜 수 있는 주형 제작법을 배웠고, 주조 구리 도구와 무기를 만들기 시작했다. 이는 구리 금속을 녹이는 데 필요한 온도(섭씨 1083도)를 요구하는 복잡한 공정이었다. 녹은 구리는 휘저어 불순물을 걸러내야 하는데, 그렇게 하지 않고 냉각하면 불순물로 가득해 쉽게 부스러졌다. 잘 만든 주조 구리 도구는 서기전 4600~서기전 4500년 무렵 동남부 유럽 전역, 즉 헝가리 동부의 티사폴가르(Tiszapolgar) 문화, 세르비아의 빈차(Vinča) D 문화, 불가리아 카라노보 VI 텔 주거지 안의 바르나(Varna) 문화, 루마니아의 구멜니차(Gumelnitsa) 문화, 몰도바와 루마니아 동부의 쿠쿠테니-트리폴리예 문화와 함께 사용 및 교역되었다. 야금술은 새롭고 다른 유형의 공예다. 토기를 점토로 만든다는 것은 누구에게나 명백하지만 반짝이는 구리 고리를 녹색 얼룩이 있는 돌로 만든다는 이야기를 들은 후에도 그걸 어떻게 만드는지 알기는 쉽지 않다. 구리 제작의 이런 마술적 측면으로 인해 금속 장인은 특별한 존재가 되었으며, 구리 물품에 대한 수요로 인해 교역이 증가했다. 구리 광석의 매장지 예측, 채굴 그리고 광석과 완성품의 장거리 교역으로 인해 새로운 지역 간 정치 및 상호 의존 시대가 열렸고, 이는 급속히 초원 깊숙이 볼가 강까지 뻗어나갔다.[7]

토기와 구리를 만들기 위한 가마와 용해로(鎔解爐)는 복층 집과 수많은 고 유럽의 거주지를 보호하는 나무 방책 벽처럼 삼림을 소모했는데, 특히 불가리아 동북부에서 심했다. 불가리아 동북부의 두란쿨락(Durankulak)과 사블라예제레크(Sabla Ezerec) 및 루마니아의 티르페슈티(Tîrpeşti) 거주지 유적에서 채취한 꽃가루 핵을 보면 현지의 삼림이 상당히 줄어들었음을 알 수 있다.[8] 서기전 6000~서기전 4000년 무렵 지구의 기후는 빙하기 이후 온도의 최고점, 즉 애틀랜틱기(Atlantic period: 대서양 연안 주기—옮긴이)에 도달했는데, 특히 서기전 5200년경 시작된 애틀랜틱 후기(고기후 A3 지대)에 가장 더웠다. 초원 하곡의 대상림은 높아진 온도와 건조함으로 인해 줄어들고 초지가 늘어났다. 고지 삼림-초원 지대에서는 서기전 5000년 무렵 장엄한 느릅나무, 참나무, 피나무 숲이 카르파티아에서 우랄 산맥까지 퍼졌다. 피나무와 참나무를 좋아하는 야생 꿀벌도 이를 따라 퍼졌다.[9]

쿠쿠테니-트리폴리예 문화

●

쿠쿠테니-트리폴리예 문화는 고 유럽과 흑해-카스피 해 문화 사이의 변경을 차지했다. 현재 2700개 이상의 쿠쿠테니-트리폴리예 유적지가 발견되었으며, 소규모 발굴을 통해 조사가 이뤄지고 일부는 완전히 발굴되었다(그림 9.1). 쿠쿠테니-트리폴리예 문화는 서기전 5200~서기전 5000년 무렵 처음 나타나 다른 고 유럽 어떤 지역보다 1000년 더 오래 살아남았다. 트리폴리예 사람들은 서기전 3000년에도 여전히 커다란 집과 마을, 앞선 토기와 금속 그리고 작은 여성 조각상을 만들어냈다. 그들은 아마도 인도·유럽 공통조어를 사용했을 초원 사람들에게는 정교한 문화를 가진 서쪽 이웃이었다.

쿠쿠테니-트리폴리예라는 이름은 2개의 고고학적 유적, 즉 1909년 루

그림 9.1 흑해−카스피 해 지역의 초기 동석기 유적지

마니아 동부에서 발견된 쿠쿠테니 유적과 1899년 우크라이나 중부에서 발견된 트리폴리예 유적을 따른 것이다. 루마니아 고고학자들은 쿠쿠테니라는 이름을 쓰고 우크라이나 학자들은 트리폴리예라는 이름을 쓰는데, 양쪽 모두 내부적인 연대 구분 체계를 갖추고 있어 우리는 하나의 선사 문화에 선(pre) 쿠쿠테니 III/트리폴리예 A 같은 번거로운 이름표를 붙여야 한다. 쿠쿠테니 토기의 순서에는 보르헤스식(Borges-like)의 꿈같은 점이 있다. 요컨대 하나의 기(쿠쿠테니 C기)는 기가 아니라 오히려 쿠쿠테

니-트리폴리예 문화 밖에서 만들어진 것으로 보이는 토기의 한 유형이고, 또 다른 기(쿠쿠테니 A1기)는 그것을 발견하기 전에 정의한 후 아직까지 나타나지 않고 있다. 또 하나(쿠쿠테니 A5)는 1963년 미래 고고학자들이 해결해야 할 도전으로 만들어졌지만 이제는 대체로 잊혔다. 그리고 그 전체 순서는 먼저 쿠쿠테니 A기가 가장 오래된 것이라는 가정 아래 결정되었지만 이는 나중에 틀린 것으로 밝혀졌다. 이런 까닭에 훗날 고고학자들은 선 쿠쿠테니 I, II, III기를 고안해내야 했는데, 그중 하나(선 쿠쿠테니 I)는 존재하지 않았을지도 모른다. 이러한 토기 유형 및 기에 대한 집착의 긍정적 측면은 토기가 매우 세세한 부분까지 알려지고 그것을 연구했다는 점이다.[10]

쿠쿠테니-트리폴리예 문화는 장식 토기, 여성상, 가옥에 의해 가장 명확하게 정의된다. 이 문화의 특징은 서기전 5200~서기전 5000년 무렵 동카르파티아 산록에서 나타났다. 동카르파티아의 선형 토기 문화 후기 사람들은 다뉴브 강 하류 하곡의 후기 보이안-지울레슈티(Boian-Giuleşti) 문화와 후기 하만지아(Hamangia) 문화로부터 이 새로운 전통을 얻었다. 그들은 보이안과 하만지아 토기 문양 모티프, 보이안 유형의 여성상과 가옥 건축의 일부 특성〔러시아어로 플로샤드카(ploshchadka)라고 부르는, 벽을 세우기 전에 구운 진흙 바닥〕을 받아들였다. 그들은 역시 다뉴브 강 하곡으로부터 발칸산 구리와 도브루자 부싯돌로 만든 물품을 얻었다. 차용된 관습은 부족 농경 문화의 모든 면에서 핵심(즉 내부의 토기 생산, 건축, 여성 중심 의례)이었으므로, 최소한 일부 보이안 사람들이 동카르파티아 꼭대기 능선 사이의 가파르고 숲이 빽빽한 하곡으로 이주해왔을 것이다. 그들의 출현은 쿠쿠테니-트리폴리예 문화의 시작, 즉 선 쿠쿠테니 I기(?)와 II기(서기전 5200~서기전 4900년경)를 규정한다.

처음으로 새로운 유형을 선보인 곳은 높은 카르파티아 산길 근처에 모여 있었고, 아마도 부분적으로는 이곳이 산맥을 지나는 길을 장악하는 지역이므로 이주민을 끌어들였을 것이다. 이 카르파티아 고지의 하곡에서 새로운 가정의례가 동북쪽으로 급속히 퍼져 멀리 동쪽의 드네스트르 강하곡에 위치한 선 쿠쿠테니 II 거주지까지 닿았다. 이 문화는 발달하면서 (선 쿠쿠테니 III/트리폴리예 A) 드네스트르 강을 건너 600~800년 동안 이어진 문화적 변경을 지우며(erasing) 우크라이나의 남부그 강에 도달했다. 부그-드네스트르 유적지는 사라지고, 트리폴리예 A 마을이 서기전 4900~서기전 4800년경에서 서기전 4300~서기전 4200년 무렵까지 남부그 강하곡을 차지했다.

쿠쿠테니-트리폴리예 문화는 삼림-초원 환경에 가시적 흔적을 남겼는데, 삼림을 줄여 초지를 늘리고 더 넓은 면적을 경작했다. 세레트 강 지류의 플로레슈티(Floreşti)에서 후기 선형 토기 가옥 유물이 발견되었는데, 연대는 서기전 5200~서기전 5100년 무렵으로 집 하나에 쓰레기 더미 하나가 참나무-느릅나무 숲 빈터에 위치해 있었다. 이곳에서 나무 꽃가루는 전체 꽃가루의 43퍼센트를 차지했다. 그 위에 층을 이룬 것은 선 쿠쿠테니 III 마을(서기전 4300년경)이었는데, 최소 열 가구가 훨씬 트인 장소에 위치해 있었다. 이곳의 나무 꽃가루 비율은 23퍼센트였다.[11]

초기 쿠쿠테니-트리폴리예 문화 유물에서는 부그-드네스트르 문화의 특징이 상당히 적게 나타난다. 후기 부그-드네스트르 문화는 쿠쿠테니-트리폴리예 문화에 흡수 또는 축출되어 변경에서의 상호 교환을 매개하던 완충 문화가 사라졌다.[12] 변경은 동쪽으로 남부그 강과 드네프르 강 사이의 고지로 이동했다. 이것은 곧 전 유럽에서 가장 분명하게 정의되고, 선명하게 대조적인 문화적 경계가 되었다.

베르나셰프카의 초기 쿠쿠테니–트리폴리예 문화 마을

움직이는 변경 위에 있는 초기 쿠쿠테니–트리폴리예 농경 마을의 가장 좋은 예는 베르나셰프카(Bernashevka) 유적인데, 이것은 1972~1975년 즈베노비치(V. G. Zbenovich)에 의해 완전히 발굴되었다.[13] 드네프르 강 범람원을 내려다보는 하상단구 위에 가옥 여섯 채가 하나의 커다란 구조물을 중심으로 지어져 있었다(그림 9.2). 중앙 건물은 가로 12미터에 세로 8미터였고 수평으로 놓은 나무 둥치, 즉 바닥 보(sleeper beam) 기반 위에 세웠다. 아마도 수직의 벽기둥이 장부 맞춤으로 그 위에 끼워져 있었을 것이다. 벽은 초벽, 지붕은 초가, 바닥은 통나무 바탕 마루에 덮인 8~17센티

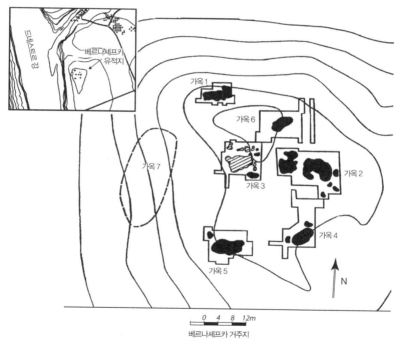

그림 9.2 드네스트르 강의 베르나셰프카 거주지 유적. 출처: Zbenovich 1980, 그림 3.

미터 두께의 부드럽게 구운 점토였다(플로샤드카). 문에는 판판한 돌 문지방이 있고, 그 안에는 거주지에서 유일한 지붕 있는 화덕 하나가 있었다. 아마도 마을에서 중요한 빵을 굽는 터 및 작업장 건물이었을 것이다. 집은 바닥 면적이 30~150제곱미터 크기였다. 마을의 인구는 40~60명 정도였을 것이다. 방사성 탄소 연대 측정값(서기전 5500~서기전 5300년)은 200년 정도 과장된 것 같은데(표 9.1), 이는 아마도 연대를 측정한 나뭇조각이 마을을 점유하기 몇 세기 전에 죽은 심재(心材, heartwood)의 불탄 부분에서 취한 것이기 때문일 것이다.

베르나셰프카는 물론 그 밖에 어떤 쿠쿠테니-트리폴리예 마을에서도 묘지를 발견하지 못했다. 크리슈 문화 사람들처럼 쿠쿠테니-트리폴리예 문화 사람들도 통상적으로 시신을 매장하지 않았다. 사람 뼈의 일부가 종종 집 바닥 아래 있는 의례 매장층에서 발견되는데, 사람의 치아를 가끔씩 구슬(bead: 목걸이 따위로 꿰는 알갱이—옮긴이)로 사용했다. 드라구셰니(Drăguşeni)—쿠쿠테니 A4, 약 서기전 4300~서기전 4000년—에서는 탈구된 사람의 뼈가 집들 사이의 쓰레기 더미에서 발견되었다. 아마도 시신은 노출된 후 마을 근처 어딘가에서 새 먹이가 되었을 것이다. 김부타스가 지적했듯 일부 트리폴리예 여성상은 새(bird) 가면을 쓰고 있었던 것으로 보인다.

베르나셰프카 토기의 절반은 조잡한 것(coarse ware: 조직이 거칠어 조도기(粗陶器)라고도 부른다. 이에 비해 fine ware는 정도기(精陶器)라고 부르기도 한다—옮긴이)이었다. 옆면이 두껍고, 모래와 석영 및 부순 토기 파편을 혼합했으며, 표면에 찔러서 만든 줄무늬나 주걱으로 찍어 만든 소용돌이 패턴의 얇은 골이 있는 비교적 거친 용기였다(그림 9.3). 그중 일부는 구멍 뚫린 여과기였는데, 아마도 치즈나 요구르트를 만드는 데 쓰였을 것이다. 또 30퍼센

표 9.1 동석기 초기의 방사성 탄소 연대

실험실 번호	BP 연대	표본	보정한 연대
1. 선 쿠쿠테니 II 거주지			
베르나셰프카			
Ki-6670	6440±60	?	5490~5300 BCE
Ki-6681	6510±55	?	5620~5360 BCE
오코피			
Ki-6671	6330±65	?	5470~5210 BCE
2. 트리폴리예 A 거주지			
사바티노프카 2			
Ki-6680	6075±60	?	5060~4850 BCE
Ki-6737	6100±55	?	5210~4850 BCE
루카브루블레베츠카야			
Ki-6684	5905±60	?	4850~4710 BCE
Ki-6685	5845±50	?	4780~4610 BCE
그레노프카			
Ki-6683	5860±45	?	4790~4620 BCE
Ki-6682	5800±50	?	4720~4550 BCE
3. 드네프르-도네츠 II 묘지(N$_{15}$ 평균=11.8, 평균 차감: 228±30년)			
오시포프카 묘지		두개골 #	
OxA 6168	7675±70	두개골 20, 뼈(유효하지 않음?)*	6590~6440 BCE
Ki 517	6075±125	두개골 53	5210~4800 BCE
Ki 519	5940±420	두개골 53	5350~4350 BCE
니콜스코예 묘지		무덤구덩이, 두개골 #	
OxA 5029	6300±80	E, 두개골 125	5370~5080 BCE
OxA 6155	6225±75	Z, 두개골 94	5300~5060 BCE
Ki 6603	6160±70	E, 두개골 125	5230~4990 BCE
OxA 5052	6145±70	Z, 두개골 137	5210~4950 BCE
Ki 523	5640±400	두개골 ?	4950~4000 BCE
Ki 3125	5560±30	Z, 뼈	4460~4350 BCE

Ki 3575	5560±30	B, 두개골 1	4460~4350 BCE
Ki 3283	5460±40	E, 두개골 125 (유효하지 않음?)	4450~4355 BCE
Ki 5159	5340±50	Z, 두개골 105 (유효하지 않음?)	4250~4040 BCE
Ki 3158	5230±40	Z, 뼈 (유효하지 않음?)	4220~3970 BCE
Ki 3284	5200±30	E, 두개골 115 (유효하지 않음?)	4040~3970 BCE
Ki 3410	5200±30	D, 두개골 79a (유효하지 않음?)	4040~3970 BCE
야시노바트카 묘지			
OxA 6163	6465±60	두개골 5	5480~5360 BCE
OxA 6165	6370±70	두개골 19	5470~5290 BCE
Ki-6788	6310±85	두개골 19	5470~5080 BCE
OxA 6164	6360±60	두개골 45	5470~5290 BCE
Ki-6791	6305±80	두개골 45	5370~5080 BCE
Ki-6789	6295±70	두개골 21	5370~5080 BCE
OxA 5057	6260±180	두개골 36	5470~4990 BCE
Ki-1171	5800±70	두개골 36	4770~4550 BCE
OxA 6167	6255±55	두개골 18	5310~5080 BCE
Ki-3032	5900±90	두개골 18	4910~4620 BCE
Ki-6790	5860±75	두개골 39	4840~4610 BCE
Ki-3160	5730±40	두개골 15	4670~4490 BCE
데레이프카 1 묘지			
OxA 6159	6200±60	두개골 42	5260~5050 BCE
OxA 6162	6175±60	두개골 33	5260~5000 BCE
Ki-6728	6145±55	두개골 11	5210~4960 BCE
4. 돈 강 하류 라쿠셰치니야르 거주지			
Bln 704	6070±100	8층, 숯	5210~4900 BCE
Ki-955	5790±100	5층, 조개껍데기	4790~4530 BCE
Ki-3545	5150±70	4층, ?	4040~3800 BCE
Bln 1177	4360±100	3층, ?	3310~2880 BCE
5. 흐발린스크 묘지 (N15 평균=14.8, 평균 차감: 408±52년)			
AA12571	6200±85	묘지 II, 무덤 30	5250~5050 BCE

AA12572	5985±85	묘지 II, 무덤 18	5040~4780 BCE
OxA 4310	6040±80	묘지 II, ?	5040~4800 BCE
OxA 4314	6015±85	묘지 II, 무덤 18	5060~4790 BCE
OxA 4313	5920±80	묘지 II, 무덤 34	4940~4720 BCE
OxA 4312	5830±80	묘지 II, 무덤 24	4840~4580 BCE
OxA 4311	5790±80	묘지 II, 무덤 10	4780~4570 BCE
UPI119	5903±72	묘지 I, 무덤 4	4900~4720 BCE
UPI120	5808±79	묘지 I, 무덤 26	4790~4580 BCE
UPI132	6085±193	묘지 I, 무덤 13	5242~4780 BCE

6. 볼가 강 하류 문화

카스피 해 북쪽의 바르폴로미예프카 거주지

Lu2642	6400±230	2B층, 알려지지 않은 물질	5570~5070 BCE
Lu2620	6090±160	2B층, 알려지지 않은 물질	5220~4840 BCE
Ki-3589	5430±60	2A층, 알려지지 않은 물질	4350~4170 BCE
Ki-3595	5390±60	2A층, 알려지지 않은 물질	4340~4050 BCE

카스피 해 북쪽의 흐발린스크 사냥꾼 야영지, 콤박-테

GIN 6226	6000±150	?	5210~4710 BCE

카스피 해 북쪽의 흐발린스크 사냥꾼 야영지, 카라-후둑

UPI 431	5110±45	?	3800~3970 BCE

＊'유효하지 않음'은 그 연대가 층위학이나 그 밖의 연대와 모순된다는 것을 의미한다.

트는 옆면이 얇고, 재료를 섬세하게 혼합한 주전자나 뚜껑 있는 사발 그리고 국자였다. 나머지 20퍼센트는 매우 정교하고 두께가 얇으며 상당히 아름다운 뚜껑 있는 주전자와 사발(아마도 음식물을 각자에게 분배하기 위한 용도), 국자(아마도 음식물 분배 용도), 가운데가 빈 받침 있는 '과일용 스탠드(아마도 음식물을 내놓는 용도)' 등이었는데 온 표면을 새김 혹은 찍음 방식으로 섬세하게 꾸미고 일부는 감귤색 점토 위에 하얀 물감을 칠해 보강했다. 뚜껑 있는 사발과 주전자는 음식을 사람마다 개인 용기에 담아 그것을 조

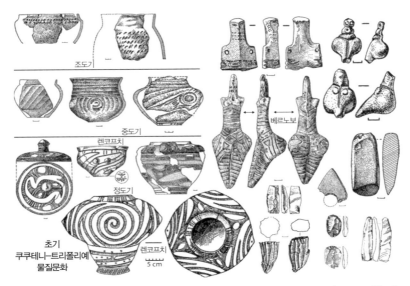

조도기

중도기

렌코프치

정도기

베르노보

초기
쿠쿠테니-트리폴리예
물질문화

렌코프치

5 cm

그림 9.3 선 쿠쿠테니 II-III/트리폴리예 A 시기 베르나셰프카(대부분), 베르노보(따로 표기한 것), 렌코프치(따로 표기하 것) 유적에서 출토한 인공 유물. 출처: Zbenovich 1980, 그림 55, 57, 61, 69, 71, 75, 79; Zbenovich 1989, 그림 65, 74.

리하는 화로로부터 조금 떨어진 곳에서 분배했음을 보여주는데, 이 용기들의 섬세한 장식은 음식을 내놓는 것이 사회적 극장의 한 요소, 즉 제막식과 관련 있음을 암시한다.

베르나셰프카의 모든 가옥에는 조각난 여성상이 있었다. 다리를 모은 채 과장된 엉덩이와 도식적인 막대기 모양의 머리를 가진 여성상은 길이가 10센티미터 정도 된다(그림 9.3). 단순한 새김무늬는 치골과 거들 혹은 허리 밴드를 나타낸다. 여성상은 집 바닥의 여러 장소에서 발견되었다. 집 안에 명시적인 신전이나 제단은 없었다. 가구마다 발견한 여성상의 수는 1~21개 사이지만, 네 가구는 9개 이상을 갖고 있었다. 그 밖에 선 쿠쿠테니 II-III/트리폴리예 A 유적에서 비슷한 여성상을 거의 2000개나 발견했는데, 때로는 의자에 앉은 채 집단으로 배열되어 있었다. 드네프르 강변 루카브루블레베츠카야(Luka-Vrublevetskaya)의 트리폴리예 A 유적에서 여성상은 밀과 보리와 기장의 혼합물(이런 곡물은 모두 마을에서 키운 것이다) 및 미세하게 간 밀가루를 혼합한 점토로 만들었다. 이는 최소한 경작한 곡물의 생식력을 상징하는 듯하다. 그러나 이는 가내 숭배 의례의 한 측면일 뿐이다. 베르나셰프카의 모든 집 아래에는 길들인 암소나 황소의 두개골이 있었다. 한 집에는 야생 동물의 상징물도 있었는데, 야생 오록스의 두개골과 붉은사슴의 뿔이었다. 건축물 기반 아래 소의 뿔이나 두개골 그리고 가끔씩 사람의 두개골을 묻은 것은 많은 트리폴리예 A 마을에서 볼 수 있다. 소와 여성 영혼의 힘이 가내 숭배 의식의 핵심이었다.

베르나셰프카 농부들은 엠머와 스펠트 밀을 재배했고, 보리와 기장도 일부 길렀다. 농지는 사슴 뿔(표본 19개 발견)과 간 돌판(표본 20개 발견)으로 만든 곡괭이로 장만했고, 그중 일부는 원시적인 천경 쟁기인 아드(ard)에 장착해서 썼을 것이다. 곡물은 카라노보 유형의 부싯돌 날로 수확했다(그림 9.3).

베르나셰프카의 동물 뼈는 초기 쿠쿠테니-트리폴리예 유적에서 출토된 것 중 가장 큰 표본이다. 즉 최소 804마리에서 나온, 종을 확인할 수 있는 1만 2657개의 뼈 조각이다. 뼈의 약 50퍼센트(동물 개체의 약 60퍼센트)는 야생 동물, 주로 붉은사슴과 멧돼지의 것이었다. 노루(*Capreolus capreolus*)와 야생 오록스(*Bos primigenius*)는 가끔씩 사냥했다. 많은 초기 쿠쿠테니-트리폴리예 유적의 야생 동물 뼈는 전체의 약 50퍼센트를 차지한다. 베르나셰프카처럼 대부분은 과거 개간하거나 경작하지 않은 곳에 세운 변경 거주지였다. 반면 오랫동안 사람이 거주한 티르페슈티 현장의 선 쿠쿠테니 III 거주지에서는 동물 뼈의 95퍼센트가 가축의 것이었다.

그리고 베르나셰프카와 같은 변경 거주지에서도 약 50퍼센트의 뼈는 소, 양/염소, 돼지의 것이었다. 소와 돼지는 베르나셰프카 같은 짙은 삼림 지대에서 더 중요한 반면, 양과 염소는 초원 경계에 가까운 마을에서 더 중요했다.

선 쿠쿠테니 II 베르나셰프카 거주지는 구리 도구와 장신구가 무심코 흘릴 정도로 흔해지기 전에 버려졌다. 거주지에는 구리로 만든 유물이 하나도 남아 있지 않았다. 그러나 불과 몇 세기 후에는 자그마한 동제(銅製) 인공물이 흔해졌다. 서기전 4800~서기전 4600년 이용한 것으로 보이는 트리폴리에 A 문화 루카브루블레베츠카야 유적에서 구리 제품 12개(송곳 여러 개, 낚싯바늘 여러 개, 구슬 하나, 고리 하나)가 일곱 가구 사이에 있는—조개류, 동물 뼈 및 깨진 그릇 등을 버린—쓰레기 더미에서 출토되었다. 서기전 4500~서기전 4400년 무렵 사용했을 것으로 보이는 초원 경계선 근처의 카르부나(Karbuna) 유적에서는 444개나 되는 휘황찬란한 구리 저장물이 트리폴리에 A 사발 뚜껑으로 덮은 트리폴리에 A 후기의 섬세한 항아리에 들어 있었다(그림 9.4). 저장물에는 13~14센티미터 길이의 주조 구리 망치-도끼 2개, 구리 구슬 수백 개, 평평한 '우상(구리 박판으로 만든 아래가 넓은 펜던트 남성상)' 수십 개, 대리석과 점판암 재질의 손잡이 구멍이 뚫린 망치-도끼 2개, 붉은사슴 뼈로 만든 구멍 뚫린 구슬 127개, 구멍 뚫린 사람 치아 하나 그리고 국화조개 껍데기로 만든 254개의 구슬, 장식판, 혹은 목걸이가 있었다. 국화조개는 그리스 신석기 초기부터 고 유럽 동석기까지 줄기차게 이어져온 에게 해산 장식용 조개껍데기이다. 카르부나 구리는 발칸산 광석에서 나왔으며 에게 해산 조개껍데기도 똑같은 방향으로 교역했는데, 아마도 다뉴브 강 하류 하곡의 텔 마을들을 경유했을 것이다. 서기전 4500년 무렵, 사회적 명성은 구리 물품을 비롯한 이국적인

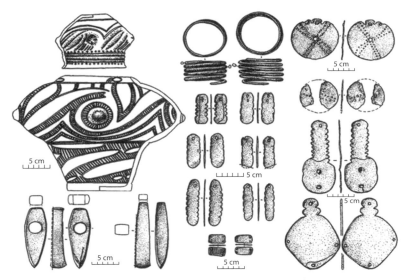

그림 9.4 카르부나 저장물 일부와 이것들을 발견한 트리폴리예 A 항아리 및 뚜껑. 항아리와 뚜껑을 제외한 모든 물건은 구리이며, 모두 똑같은 축척으로 그렸다. 출처: Dergachev 1998.

물품의 축적과 밀접한 관련이 있었다.[14]

쿠쿠테니-트리폴리예 농경민이 동카르파티아 산록을 나와 동쪽으로 움직이면서 좀더 트이고 구릉이 부드럽게 이어진 좀더 건조한 풍경으로 들어갔다. 드네스트르 강 동쪽의 연강수량은 줄어들고 숲도 옅어졌다. 이미 오래된 문화 변경은 남부그 강 하곡으로 옮겨갔다. 남부그 강 하곡에서 가장 먼저 형성된 것 중 하나인 모길노예(Mogil'noe) IV의 트리폴리예 A 읍락(town: 도시보다 작지만 마을보다 큰 규모—옮긴이)에는 집이 100채가 넘었고 면적은 15~20헥타르를 점했다. 인구는 아마도 400~700명 사이였을 것이다. 남부그 강의 동쪽 드네프르 강 하곡에는 문화적 전통이 매우다른 사람들이 살고 있었는데, 바로 드네프르-도네츠 II 문화 사람들이었다.

드네프르-도네츠 II 문화

•

디미트리 텔레긴(Dimitri Telegin)은 드네프르 강 하곡, 아조프 해 북부 초원 그리고 도네츠 강 하곡에서 발굴된 일련의 거주지와 묘지 유적에 기초해 드네프르-도네츠 II 문화를 정의했다. 드네프르-도네츠 II 사회는 커다랗고 정교한 묘지를 만들었다. 여성상은 만들지 않았으며, 집에는 가마나 화덕 대신 모닥불을 피웠다. 구운 바닥을 가진 커다란 집에서 생활하는 대신 나무껍질로 덮은 오두막에서 살았다. 읍락은 없었고 곡물을 경작하지 않거나 약간만 경작했는데, 그들의 토기는 외관과 제작 기술에서 트리폴리예 토기와 매우 달랐다. 쿠쿠테니-트리폴리예 문화의 궤적은 고유럽의 신석기 사회로 거슬러 올라가지만 드네프르-도네츠 II 문화의 궤적은 현지의 중석기 채집민으로 거슬러 올라간다. 양자는 근본적으로 다른 사람들이었으며 거의 확실히 다른 언어를 썼다. 그러나 서기전 5200년경 드네프르 강 급류 지대에 살던 채집민은 소와 양을 키우기 시작했다.

중석기 초기부터 자신들의 묘지를 드네프르 강 급류 지대가 굽어보이는 곳에 만들었던 어렵 및 수렵 무리들은 증가하는 인구 압박을 느꼈을 것이다. 풍족한 급류 지대 옆에 살았으므로 그들은 비교적 한 곳에 머물렀다. 대체로 여자들은 정착 생활을 할 때 아이들을 더 낳는다. 그들은 생산력 높은 땅에 있는 잘 알려진 전략 지역을 통제하고 있었다. 소와 양을 받아들이기로 한 그들의 결정은 흑해-카스피 해 초원의 많은 여타 집단을 위한 길을 열었을 것이다. 이어지는 2~3세기 동안 길들인 소, 양, 염소는 드네프르 강 하곡을 걸어 나와 동쪽의 볼가-우랄 초원에서 교역되었다. 이들이 그곳에 도착했을 때는 서기전 4700~서기전 4600년 무렵이었다. 서기전 4200년 이전 드네프르 강 동쪽에서 곡물을 경작했다는 증거는 없거나 희박하다. 따라서 최초의 혁명은 동물 및 동물의 사육과 관련이 있었던 것으로 보인다.

목축으로의 전환 연대 정하기

전통적인 드네프르 강 하곡의 신석기/동석기 연대는 드네프르 강 급류 지대 근처의 일부 유적에 기초한 것이다. 중요한 유적은 이그렌 8과 포힐리(Pokhili) 그리고 보프초크(Vovchok) 등인데, 여기서 반복되는 층의 순서가 발견되었다. 바닥 층에서는 수르스키 유형의 신석기 토기와 세석기 부싯돌 도구가 사냥한 야생 동물의 뼈와 함께 출토되었는데, 사냥감은 주로 붉은사슴과 멧돼지와 물고기였다. 이러한 유물 집합은 신석기 초기(서기전 6200~서기전 5700년)의 특성을 명확히 보여준다. 그 위에는 식물 섬유를 혼합하고 빗살무늬를 찍은 토기를 가진 드네프르-도네츠 I기 거주지가 있는데, 역시 여전히 야생 식생과 관련이 있었다. 요컨대 그들은 신석기 중기의 특성을 보여준다. (아마도 서기전 5700~서기전 5400년 부그-드네스트르 문화와 동시대일 것이다.) 이 매장층 위에는 드네프르-도네츠 II기 토기 층이 있는데, 이 토기에는 모래를 섞고 막대기로 '꾹꾹 찍은' 것 혹은 빗살무늬 문양이 있다. 그리고 커다란 부싯돌 도구가 길들인 소 및 양의 뼈와 함께 묻혀 있었다. 이런 드네프르-도네츠 II 유물 집합은 드네프르 강 동쪽에서 초기 동석기 시대와 목축 경제의 시작을 나타낸다.[15]

드네프르-도네츠 I 및 수르스키 유적의 경우와 달리 드네프르-도네츠 II의 연대는 대부분 묘지에서 나온 사람의 뼈로 측정했다. 드네프르 강 하곡에서 나온 인골의 N_{15} 평균 함량은 11.8퍼센트로 육식의 50퍼센트가량을 물고기가 차지했다는 것을 암시한다. 나는 이 수준의 N_{15} 함량을 감안하고 방사성 탄소 연대 측정값을 보정해 연대를 다시 계산했는데, 드네프르 강 급류 지대 근처의 야시노바트카(Yasinovatka)와 데레이프카(Dereivka) 묘지의 가장 오랜 드네프르-도네츠 II 무덤들의 경우 서기전 5200~서기전 5000년 범위 내였다. 이 시기는 아마도 드네프르-도네츠 II 문화가 시작된 무렵일 것이다. 트리폴리예 A2 후기 보리소프카(Borisovka) 유형의 수입 토기가 드네프르 강 하곡의 그리니(Grini), 필리아바(Piliava), 스트릴차스켈랴(Strilcha Skelya)의 드네프르-도네츠 II 거주지에서 발견되었다. 그리고 트리폴리예 A 토기 3개에서 나온 파편이 드네프르-도네츠 II 니콜스코예(Nikol'skoe) 묘지에서 발견되었다. 트리폴리예 A2 시기의 연대는 트리폴리예 중심지에서 잘 측정된 연대값(인골로 측정한 것이 아니다)에 의해 서기전 4500~서기전 4200년으로 나왔고, 드네프르-도네츠 II 후기는 방사성 탄소 연대 측정값(N_{15}를 감안해 보정한 후의 측정값)도 이 범위와 일치한다. 드네프르-도네츠 II 시기는 서기전 5200~서기전 5000년경부터 시작해서 서기전 4400~서기전 4200년경까지 지속되었다. 트리폴리예 A 사람들과의 접촉은 서기전 4500년 무렵 이후 강화된 것으로 보인다.[16]

가축 사육과 곡물 재배의 증거

동물학자들은 드네프르 강 하곡에 있는 4개의 드네프르-도네츠 II 유적, 곧 급류 지대 근처의 수르스키, 스레드니스톡(Sredni Stog) 1, 소바치키(Sobachki) 유적 그리고 북쪽의 더 습한 삼림-초원 지대에 있는 부즈키(Buz'ki) 유적을 연구했다(표 9.2). 길들인 소, 양/염소, 돼지가 이들 거주지에서 발견한 짐승 뼈의 30~75퍼센트를 차지했다. 양/염소 뼈는 스레드니스톡 1 유적 뼈의 50퍼센트 이상, 소바치키의 26퍼센트를 차지했다. 양은 마침내 초원의 육류 식단으로 채택되었다. 아마도 당시에 이미 펠트 제작을 위해 양의 털을 뽑은 것 같다. 이 무렵 울을 의미하는 어휘가 인

표 9.2 드네프르–도네츠 II 거주지에서 나온 동물의 뼈

포유류 뼈	소바치키	스레드니스톡 1	부즈키
	(뼈의 개수/MNI)*		
소	56/5	23/2	42/3
양/염소	54/8	35/4	3/1
돼지	10/3	1/1	4/1
개	9/3	12/1	8/2
말	48/4	8/1	—
오나거	1/1	—	—
오록스	2/1	—	—
붉은사슴	16/3	12/1	16/3
노루	—	—	28/4
멧돼지	3/1	—	27/4
비버	—	—	34/5
기타 포유류	8/4	—	7/4
가축	129개/62%	74개/78%	57개/31%
야생	78개/38%	20개/22%	126개/69%

＊MNI=최소 개체 수

도·유럽 공통조어 사용자들 사이에서 처음 등장했을 것이다. 야생말은 스레드니스톡 1과 소바치키에서 가장 중요한 사냥감(?)이었고, 강변의 숲이 좀더 무성한 부즈키와 수르스키 2-4 유적에서는 붉은사슴과 노루, 멧돼지와 수달의 흔적이 나왔다. 고기잡이 그물 추와 낚싯바늘은 물고기가 여전히 중요했음을 암시한다. 이런 사실은 드네프르 강 급류 지대에 살

던 사람들의 뼈 속 N15 함량으로 확인할 수 있는데, 물고기가 육류 식단의 50퍼센트 이상을 차지했음을 보여준다. 길들인 소, 돼지 및 양의 뼈는 드네프르-도네츠 II 거주지 유적 모두와 일부 묘지에서 발견되는데, 초원 지대 두 유적(스레드니스톡 1과 소바치키)의 경우 전체 뼈의 절반 이상이었다. 길들인 동물은 실제로 드네프르 강 급류 지대 식단의 중요 항목에 추가된 것으로 보인다.[17]

마모 흔적이 있는 부싯돌 날은 드네프르-도네츠 II 거주지에서 곡물을 수확했음을 증명한다. 하지만 그것들은 명아주(Chenopodium)나 비름(Amaranthus) 같은 야생 씨앗 식물이었을 것이다. 재배한 곡물을 수확했다 하더라도 발견된 증거는 매우 미약하다. 드네프르 강 서쪽, 키예프 근처 비타리토프스카야(Vita Litovskaya)의 드네프르-도네츠 II 문화 유적지에서는 토기 파편에 찍힌 보리 알갱이 흔적 2개가 나왔다. 키예프 서북쪽 숲 속, 프리페트 습지 근처의 유적들에서 드네프르-도네츠 II 문화 토기를 약간 닮은 토기들이 나왔지만 정교한 묘지나 기타 드네프르-도네츠 II 문화의 특징은 보이지 않았다. 이 거주지들 일부〔크루시니키(Krushniki), 노보실키(Novosilki), 오볼론(Obolon)〕에서 밀과 기장이 찍힌 토기가 발견되었다. 이 유적들은 아마 서기전 4500년 이전의 것일 텐데, 왜냐하면 '렌젤'과 관련한 문화들이 볼리니아(Volhynia)와 폴란드 국경에서 이 시기 이후 위의 유적들을 대체하기 때문이다. 드네프르 강 서부 프리페트 삼림 남부에서 일부 삼림 지대 농업이 이뤄졌던 것으로 보인다. 그러나 맬컴 릴리에(Malcolm Lillie)의 기록에 의하면 드네프르 강 동쪽 초원 지대의 드네프르-도네츠 II 묘지 인골엔 충치가 거의 없는데, 이는 그들이 중석기 시대 식단과 비슷한 저탄수화물 식품을 먹었음을 암시한다. 드네프르 강 동쪽의 서기전 4000년경 이전 토기에서는 경작한 곡식의 흔적이 하나도 나오지

않았다.[18]

토기와 거주지 유형

비록 일종의 주거지가 존재했지만, 이곳에서 포착된 구조물은 없다.[19] 이곳과 기타 드네프르-도네츠 II 유적에서 나온 토기들은 크기가 크고(지름 30~40센티미터) 바닥이 평평하며(드네프르-도네츠 I 유적의 토기는 주로 바닥이 뾰족하거나 둥글다) 테두리 둘레에 칼라(collar: 그릇의 목 위 테두리 아래의 두께를 보강한 부분. 이로 인해 토기의 구조적 강도가 커짐—옮긴이)를 적용했다. 드네프르-도네츠 II 생활 유적의 토기는 드네프르-도네츠 I 유적보다 풍부하고, 최초로 묘지도 등장했다(그림 9.5). 점점 커지는 토기의 중요성은 아마도 좀 더 정주적인 생활양식을 암시하는 듯하지만 집은 여전히 간단히 지었고 거주지에는 희미한 흔적만 남았다. 드네프르 강변의 전형적인 드네프르-도네츠 II 거주지는 부즈키였다. 이곳은 화로 5개와 조개류와 동물 뼈를 버린 커다란 쓰레기 더미 2개로 구성되었다. 장식은 막대기로 찌르거나 자그마한 빗살무늬 문양판(stamp)으로 찍거나 수평 방향의 선형 또는 지그재그 모티프의 가느다란 선을 새기는 방식으로, 대개 용기 표면 전체를 덮었다. 이 문양은 트리폴리에 A 토기의 소용돌이 나선형 및 소용돌이 문양과 상당히 다르다. 테두리를 두껍게 만들기 위한 '칼라'의 적용은 유명한 혁신으로서 서기전 4800년 무렵 흑해-카스피 해 초원 전역에서 채택했다.

이제 마제 돌도끼는 아마도 나무를 넘어뜨리는 용도로서 일상적 도구가 되었고, 기다란 외날 부싯돌(길이 5~15센티미터) 또한 점점 흔해졌는데, 무덤과 거주지의 작은 저장고에서 발견된 것으로 보아 아마도 표준화한 교역 혹은 선물 꾸러미의 일부였을 것이다.

드네프르-도네츠 II 문화의 장례 의식

드네프르-도네츠 II 문화의 장례식은 중석기 혹은 신석기 시대와 판이하게 달랐다. 시신은 일반적으로 대기에 노출시켰다가 살이 썩은 후 뼈를 거두고, 마지막으로 공동의 구덩이에 층으로 묻었다. 일부 개인은 대기에 노출시키지 않고 살이 붙은 채로 매장했다. 이 묘지의 공동 매장 구덩이 유형과 한 구덩이에 몇 명을 묻는 방식은 기타 초원 지역으로 퍼져나갔다. 알려진 30개의 공동묘지는 드네프르 강 급류 지대 주위에 집중되어 있지만 드네프르 강 하곡의 기타 지역과 아조프 해 북쪽의 초원에서도 등장한다. 가장 큰 묘지들은 기존의 어떤 시대 것보다 3배 이상 컸다. 예를 들면 데레이프카에는 173구, 니콜스코예에는 137구, 보비그니(Vovigny) II에는 130구, 마리우폴(Mariupol)에는 124구, 야시노바트카에는 68구, 빌냔카(Vilnyanka)에는 50구가 묻혀 있었다. 구덩이에는 매장층이 4개까지 있었는데 일부에서는 온전한 유해가 전신을 쭉 편 자세로 나왔고 일부에는 두개골만 있었다. 묘지에는 공동 매장 구덩이가 9개까지 있었다. 아마도 시신을 노출시키기 위해 만든 시체 안치실처럼 보이는 불탄 구조물의 흔적이 마리우폴과 니콜스코예 묘지 구덩이 근처에서 발견되었다. 니콜스코예(그림 9.5)를 비롯한 일부 묘지에서는 탈구된 인골이 매장 구덩이 안에 넓게 퍼져 있었다.

니콜스코예와 데레이프카의 구덩이 일부 층에는 하악골 없는 두개골만 묻혀 있었는데, 이는 일부 시신을 마지막으로 묻기 오래전에 백골로 다듬었다는 것을 의미한다. 그 밖의 시신들은 살이 붙은 채로 묻혔지만, 그 자세로 보건대 일종의 수의에 단단하게 싸였음을 알 수 있다. 니콜스코예 구덩이의 첫 번째와 마지막 무덤에서 나온 유골은 전체가 완전했다. 살이 붙은 채 매장한 시신의 표준적인 자세는 몸을 쭉 펴고 손을 양옆으로 놓

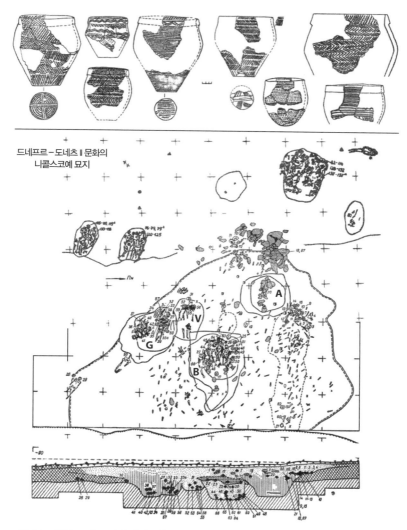

드네프르-도네츠 II 문화의
니콜스코예 묘지

그림 9.5 니콜스코예 묘지 유적에서 출토된 드네프르-도네츠 II 문화의 장례용 토기. A, B, G, V 구덩이는 대자석 가루로 짙게 착색된 지역 안에 있다. 기타 5개 묘혈은 약간 지대가 높은 곳에 있다. 중앙의 바위 무더기 인근에서 깨진 토기와 동물의 뼈가 나왔다. 출처: Telegin 1991, 그림 10, 20; Telegin 1968, 그림 27.

은 것이었다. 무덤구덩이 안팎의 의례 공간 전체에 대자석 가루를 두껍게 뿌렸고, 토기와 동물 뼈를 부순 채로 무덤 가까이에 버렸다.[20]

드네프르-도네츠 II 묘지의 장례식은 몇 단계에 걸친 복잡한 행사였다. 일부 시신은 먼저 대기에 노출되었고, 때론 단지 두개골만 묻혔다. 그 밖의 경우에서는 시신 전체를 묻었다. 변종된 두 가지 매장 형태가 다층을 이룬 하나의 매장 구덩이에서 동시에 나타나며, 매장 구덩이에는 대자석 가루가 뿌려져 있었다. 니콜스코예 무덤가의 연회 흔적(소와 말의 뼈)은 붉게 얼룩진 땅에 버려졌고, 소뼈는 빌난카 묘지 구덩이 A의 무덤 38에서 발견되었다.[21] 니콜스코예 유적에서는 무덤 위에 매장한 대자석 가루와 동물 뼈 사이로 트리폴리예 A 잔 3개를 포함해 거의 3000개의 토기 조각이 발견되었다.

권력과 정치

드네프르-도네츠 II 문화 사람들은 두 가지 중요한 점에서 그보다 앞선 사람들과 달라 보였다. 새로운 인체 치장물의 풍부함과 사람마다 명백하게 불평등한 이런 물품의 분포를 통해 그 사실을 알 수 있다. 이전의 드네프르 강 급류 지대 어렵-채집민은 기껏해야 사슴이나 물고기 치아로 만든 구슬 몇 개를 갖고 묻혔다. 그러나 드네프르-도네츠 II 유적들에서 일부 개인은 수천 개의 조개껍데기 구슬, 구리 및 금 장신구, 외부에서 들어온 수정 및 반암 장신구, 돌을 갈아 만든 전곤, 새의 뼈로 만든 관(tube) 그리고 멧돼지 엄니로 만든 장식판과 함께 묻혔다(그림 9.6). 멧돼지 엄니 장식판은 극소수의 개인에게만 국한되었다. 엄니는 사각형의 판판한 조각으로 잘라(쉽지 않은 공정이다) 부드럽게 갈아서 윤을 낸 후, 의복에 붙이기 위해 구멍을 내거나 깎았다. 이는 트리폴리예 A 문화의 구리나 국화조

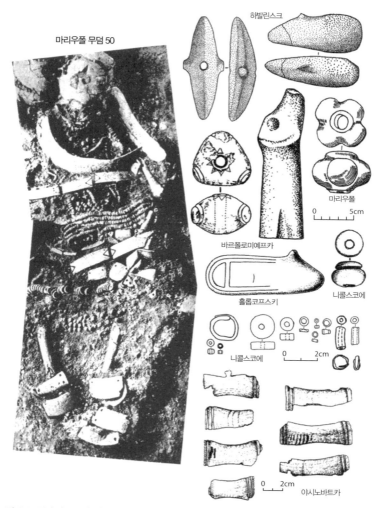

그림 9.6 흐발린스크와 바르폴로미예프카의 드네프르−도네츠 II 문화 무덤들에서 출토된 동석기 시대 장신구와 권력의 상징. 맨 위 마리우폴 무덤 50호의 두개골 사진은 Gimbutas 1956, 삽화 8에서 가져왔다. 니콜스코예에서 출토된 구슬 중에는 구리 구슬 2개와 구리 고리(왼쪽) 하나, 금 고리(오른쪽 아래) 하나가 있다. 그 밖의 구슬은 구멍을 뚫고 연마한 돌이다. 마리우폴과 니콜스코예에서 출토된 전곤과 니콜스코예에서 출토된 구슬은 Telegin 1991, 그림 29, 38; Telegin and Potekhina 1987, 그림 39에서 가져왔다. 또한 바르폴로미예프카 전곤(혹은 절구공이?)은 Yudin 1988, 그림 2; 흐발린스크 전곤은 Agapov, Vasliev and Pestrikova 1990, 그림 24; 맨 아래 멧돼지 엄니 장식판은 Telegin 1991, 그림 38에서 가져왔다

개로 만든 장식판을 모방한 것으로 보이지만, 드네프르-도네츠 II 족장들은 멧돼지의 엄니에서 자신만의 권력의 상징을 발견했다.

마리우폴 묘지에서는 428개의 멧돼지 엄니 장식판 중 310개(70퍼센트)가 124구의 유해 중 단 10구(8퍼센트)의 소유였다. 가장 부유한 개인(무덤 8)은 멧돼지 엄니 장식판 40개를 허벅지와 웃옷에 기워 달고, 조개껍데기 및 자개(mother of pearl) 구슬 수백 개로 만든 여러 벌의 벨트를 찬 채 묻혔다. 그는 또한 반암을 갈아 만든 돌기 넷 달린 전곤 머리(그림 9.6)와 뼈를 깎아 만든 황소상 그리고 새의 뼈로 만든 관 7개를 지니고 있었다. 야시노바트카에서는 68개의 무덤 중 오직 하나만 멧돼지 엄니 장식판을 갖고 있었다. 요컨대 무덤 45의 성인 남성만 장식판 9개를 차고 있었다. 니콜스코예에서는 한 쌍의 어른(무덤 25와 26)이 무덤구덩이(B) 맨 위에 눕혀 있었는데, 그들은 멧돼지 엄니 장식판 하나, 마제 사문석 전곤 머리 하나, 구리 구슬 4개, 구리 선 고리(copper wire ring) 하나, 마제 점판암 및 흑옥 구슬, 부싯돌 도구 몇 개 그리고 외부에서 들여온 트리폴리예 A 토기 하나를 갖고 있었다. 구리의 미량원소를 분석해보니 발칸이 원산지임이 밝혀졌다. 놀랍게도 일부 어린이(124구 중 11구)가 마리우폴 묘지에 묻혔는데, 이는 그들이 선별적으로 묻혔다는 것, 즉 모든 죽은 어린이를 다 매장하지는 않았다는 것을 의미한다. 그러나 어린이 무덤 하나는 모든 무덤 중에서 가장 풍성했다. 그 혹은 그녀(미성년 해골로는 성별을 판독할 수 없다)는 멧돼지 엄니 장식판 41개를 차고, 온전한 엄니 11개를 두른 모자를 쓰고, 조개껍데기와 뼈 구슬을 꿴 줄로 풍성하게 꾸몄다. 매우 풍성하게 장식한 아이를 비롯해 일부 어린이만 골라 매장했다는 것은 지위와 부의 세습을 암시한다. 권력은 장례식에서 공개적으로 그들의 상승된 지위를 드러내는 가문 내에서 제도화했다.

지위를 나타내는 귀중품은 구리, 조개껍데기, 수입한 석제 구슬 및 장신구, 멧돼지 엄니 장식판, 갈아 만든 석제 전곤 머리, 새의 뼈로 만든 관(용도는 알려지지 않았다) 등이었다. 또한 지위는 사후의 시체 처리를 통해서도 표출되었고(대기에 노출시킨 후 두개골만 매장/노출하지 않고 전신을 매장), 길들인 짐승 특히 소를 대중 앞에서 희생시키는 것을 통해서도 표출되었을 것이다. 비슷한 신분 표식을 드네프르 강에서 볼가 강까지 흑해-카스피 해 초원 전역에서 채택했다. 위쪽 모서리에 똑같은 꽃 모양 돌기가 있는 멧돼지 엄니 장식판이 드네프르 강 하곡의 야시노바트카 유적과 400킬로미터 동쪽에 있는 사마라 강 하곡의 스예제(S'yezzhe)에서 발견되었다. 발칸 원산 구리로 만든 장신구들을 드네프르 강 일대 전역에서 교역하고, 볼가 강 일대에서도 이것들이 등장했다. 연마해서 만든 석제 전곤 머리의 형태는 드네프르 강 하곡(니콜스코예)과 볼가 강 중류(흐발린스크) 그리고 카스피해 북부 지역(바르폴로미예프카)에서 각기 달랐다. 그러나 전곤은 무기이며, 이것을 신분의 상징으로 광범위하게 채택했다는 것은 권력 정치의 변화를 시사한다.

볼가 강의 흐발린스크 문화
●

흑해-카스피 해 초원에서 최초의 가축 사육은 그로 인해 초래된 수많은 반응을 통해 감지할 수 있다. 이런 변화가 시작된 드네프르-도네츠 II 문화는 가축을 의례용 통화뿐 아니라 일상의 식단으로도 포용했다. 기타 집단들은 분명 상당히 다른 방식으로 대응했지만, 그들도 모두 상호 작용을 하고 심지어 서로 경쟁하기조차 했을 것이다. 가장 중요한 지역적 변종은

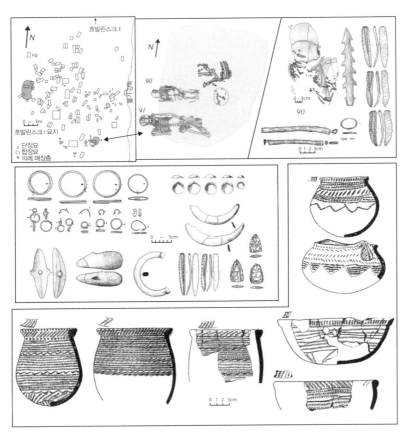

그림 9.7 흐발린스크 묘지 유적과 순장품. 무덤 90에는 구리 구슬과 고리, 작살 하나, 부싯돌 날들, 새의 뼈로 만든 관이 함께 묻혀 있었다. 무덤 90과 91은 모두 부분적으로 말, 양, 암소의 뼈로 된 희생물 매장층 4로 덮여 있었다.
가운데: 흐발린스크 묘지 유적의 무덤 부장품: 구리 고리와 팔찌들, 광을 낸 석제 전곤 머리, 광을 낸 석제 팔찌, 새조개(Cardium) 껍데기 장신구, 멧돼지 엄니 가슴 장신구, 부싯돌 날, 양날 발사체 촉. 맨 아래: 흐발린스크 묘지 유적에서 발굴된 조개껍데기 혼합 토기. 출처: Agapov, Vasiliev and Pestrikova 1990; Ryndina 1998, 그림 31.

흐발린스크 문화였다.

1977년 볼가 강 중류 서안의 흐발린스크에서 선사 시대 묘지 하나를 발견했다. 볼가 댐에 차오르는 물의 위협을 받으면서도 사마라의 이고르 바실리예프(Igor Vasiliev)가 이끄는 팀이 발굴한 것이다(그림 9.7). 그 후 현장은 강둑의 침식 때문에 완전히 파괴되었다. 흐발린스크 유형의 유적은 사마라 지역에서 볼가 강둑을 따라 남쪽으로 카스피 해 연안 저지와 린페스키 사막까지 퍼져 있다. 특징적인 토기는 위가 넓은 사발과 자루처럼 생긴 둥근 바닥의 항아리이다. 이 항아리는 옆면이 두껍고 조개껍데기를 혼합했으며, 매우 독특하게도 밖으로 예리하게 꺾인 '칼라'가 테두리 주위를 둘렀다. 쿡쿡 찌르거나 빗살무늬 판을 찍어 만든 문양으로 토기 표면을 빽빽하게 장식했는데, 종종 토기 표면 전체를 덮을 정도였다. 흐발린스크 초기 문화는 볼가 강 중류 지역에서 서기전 4700~서기전 4600년경(측정한 인골의 N_{15} 함량을 고려해 연대를 뒤로 조정한 값) 시작된 흐발린스크 묘지 유적을 통해 잘 알 수 있다. 볼가 강 하류 흐발린스크 후기 문화는 카라-후둑(Kara-Khuduk) 유적에서 서기전 3900~서기전 3800년으로 측정되었지만, 볼가 강 하류에서는 이보다 더 오래 생존했을 것으로 보인다.[22]

1977~1979년의 첫 번째 발굴에서 158개의 무덤을 발굴하고, 1980~1985년의 두 번째 발굴에서는—내가 듣기로—43개의 무덤을 추가로 복구했다.[23] 단지 흐발린스크 I 유적 발굴 결과만 공표되었기 때문에, 여기서 사용한 모든 통계는 처음 발굴한 158개의 무덤을 기반으로 한 것이다(그림 9.7). 흐발린스크 I은 지금까지 발굴된 흐발린스크 유형의 묘지 중 가장 크다. 대부분의 나머지 유적에는 10기 이하의 무덤이 있다. 흐발린스크 유적에서 시신 대부분은 드네프르-도네츠 II의 경우처럼 층을 이룬 집단 무덤구덩이에 들어 있다. 하지만 함께 묻은 시신의 수가 훨씬 적어 한 번에 겨우 2~6명(아마도 가족)을 포개 매장했을 뿐이다. 무덤의 3분의 2는 개인을 위한 것이어서 드네프르-도네츠 II의 공동 매장 풍습과는 거리가

멀었다. 30~50세의 성인 남성만 매장하기 전 대기에 노출시키고 뼈를 탈구하는 과정을 거쳤는데, 이는 아마도 세계 여타 지역에서와 마찬가지로 목축 경제로 인해 강화된 남성의 지위를 표현한 것처럼 보인다.[24] 묘지에 묻힌 어린이들은 소수(158구 중 13구)지만 가장 풍성하게 치장한 사람들 축에 속하고, 이는 지위의 세습을 나타내는 것으로 추정된다. 표준적인 매장 자세는 독특하게도 바로 누워 무릎을 들고 있는 형태다. 시신 대부분은 머리를 북쪽과 동쪽으로 향했는데, 이는 드네프르-도네츠 II의 경우에는 볼 수 없던 일관성 있는 방향이다. 시체의 특이한 자세와 일반적인 방향은 훗날 초원의 장례 문화로 확산했다.

흐발린스크 묘지는 드네프르-도네츠 II의 경우보다 희생 동물의 수가 많다. 양/염소 52마리(또는 70마리), 소 23마리, 말 11마리가 매장된 158명을 따라 묻혔다. (출간된 보고서들의 양/염소 개체 수는 일관적이지 않다.) 희생물의 머리와 발굽을 남기는 방식이 최초로 등장했는데, 최소 양/염소 17마리와 소 9마리가 살해된 후 두개골과 하퇴골만 묻혔다. 아마도 가죽이 붙어 있는 채로 묻었을 것이다. 나중에는 초원의 장례식에서 머리와 발굽이 붙은 가죽을 무덤 위에 매달거나 안에 매장하는 게 만연했다. 머리와 가죽은 신에게 주는 선물을 상징하고, 살코기는 장례식에 참석한 사람들에게 나눠주었다. 흐발린스크 장례식의 전 과정에서 가축의 신체 일부를 제물로 바쳤다. 무덤 바닥, 무덤을 채우는 흙 속, 무덤 가장자리 그리고 무덤 위에서 발견한 대자석 가루를 뿌린 12개의 특별한 희생물 매장층에서 가축의 신체가 출토되었다(그림 9.7). 희생된 동물의 분포는 불균등했다. 요컨대 158기 중 22기의 무덤(14퍼센트) 안 혹은 위에 희생 동물이 있었다. 아울러 그 개체 수는 균등하게 배분할 경우 전체 무덤의 절반에 공급할 정도로 충분했다. 오직 4기(100, 127, 139, 55~57)의 무덤에서만 복수의 종

(소와 양, 양과 말 등등)이 희생되었는데, 이 네 무덤은 모두 그 위로 대자석을 뿌린 희생물 매장층이 있어 별도의 희생물이 존재했다. 5명 중 한 명 이상이 가축 희생물을 가졌고, 40분의 1이 복수 종의 가축을 희생 제물로 썼다.

흐발린스크 문화의 희생제에서 말의 역할은 흥미롭다. 흐발린스크 I 유적지에서 희생된 가축은 양/염소, 소 그리고 말뿐이었다. 8기의 묘지에서는 다른 동물 없이 말의 다리 부분만 출토되었다. 무덤 127에서는 여기에 양/염소의 머리-발굽이 추가되었고, 희생물 매장층 4에서는 양/염소와 소의 잔해물이 추가로 나왔다. 오래전 쓰레기로 버린 뼈를 갖고 가축인지 여부를 측정할 수는 없지만, 말은 확실히 흐발린스크에서 상징적으로 길들인 동물처럼 취급했다. 즉 말은 명백하게 야생 동물을 배제한 인간의 장례식에서 길들인 소 및 양/염소와 한 묶음으로 분류되었다. 같은 시기로 측정된 기타 유적지에서는 조각한 말의 형상이 발견되었다(아래 참조). 분명 말은 흐발린스크에서 새로운 의례적·상징적 중요성을 가졌다. 만약 이 말들을 길들였다면 세계에서 가장 오래된 가축일 것이다.[25]

흐발린스크 한 곳에서 발견된 구리가 드네프르-도네츠 II 문화에서 알려진 것 전부보다 훨씬 많은데, 그 구리 물품들은 정말 주목할 만하다(그림 9.7). 그러나 불행히도 흐발린스크 II의 무덤 43(?)기 발굴에서 출토된 놀랄 만한 286개의 구리 물품은 아직 공표되지 않았다. 다만 나탈리아 린드나(Natalya Ryndina)가 일부 물품에 대한 분석을 출간했을 뿐이다. 흐발린스크 I 유적 발굴에서 공표된 158기의 무덤 중 11기에서 구리 물품 34개가 나왔다. 첫 번째 발굴과 두 번째 발굴에서 출토된 구리는 이전의 발칸 원산 구리와 똑같은 미세 성분 및 제작 기술을 보여주었다. 30개 구리 물품에 대한 린드나의 연구에 의해 3개의 기술 집단이 밝혀졌다. 요컨대 14개는 섭씨 300~500도, 11개는 600~800도 그리고 5개는 900~1000도에서 만들어진 것이다. 용접 및 단조 수준은 앞쪽의 두 집단이 한결같이 낮아 지역적인 제작품임을 보여주지만, 트리폴리에 A 문화의 구리 제작 방식에 강한 영향을 받았다. 세 번째 집단에는 가느다란 고리 2개와 나선형의 육중한 고리 3개가 포함되었는데, 바르나와 불가리아의 두란쿨락 묘지에서 출토된 고 유럽의 신분용 물품과 기술적으로 동일했다. 이 물품들은 고 유럽에서 완성품으로 만들어진 후 교역품으로 볼가 강 지역에 들어왔다. 흐발린스크 I 유적의 158개 무덤 중 성인 남성이 구리 물품 대부분을 차지했지만, 구리 물품을 가진 무덤의 남녀 성비는 남자 무덤 5기와 여자 무덤 4기로 거의 같았다. 청소년 한 명(그림 9.7의 무덤 90)과 아이 한 명이 구리 고리 및 구슬과 함께 묻혔다.[26]

갈아 만든 석제 전곤 머리와 사문석 및 동석(凍石, steatite) 팔찌가 구리와 함께 신분용 물품으로 등장했다. 전곤 머리 2개는 흐발린스크 성인 남성 무덤 2기(무덤 108과 57)에서 하나씩 발견되었다. 무덤 108에는 갈아 만든 동석 팔찌도 있었다. 비슷한 팔찌와 전곤 머리가 볼가 강 일대의 여타 흐발린스크 문화 묘지, 예컨대 사마라 주의 크리볼루치예(Krivoluchie)와 사라토프 주의 흘롭코프스키(Khlopkovskii)에서 발견되었다. 일부 전곤 머리에는 '귀'가 붙어 있어 마치 동물 모양 같은데, 일부 관찰자들은 그것을 말의 머리로 보았다. 분명 동물 모양인 전곤 머리가 볼가 강 하류의 다른 문화 집단의 일부인 바르폴로미예프카 유적에서 출토되었다. 전곤, 구리, 정교한 장신구는 가축과 함께 등장했지 그 이전에 나타난 게 아니다.[27]

사마라 북쪽 속 강(Sok River) 유역의 군두로프카(Gundurovka)와 레뱌진카(Lebyazhinka) I 유적에서 흐발린스크 문화 거주지들이 발견되었다. 그러나 흐발린스크 인공물과 토기가 기타 문화 및 연대의 인공물과 뒤섞여 있어 흐발린스크 시기만의 물건과 동물 뼈를 가려내기는 어렵다. 우리는 흐발린스크 문화 사람들의 뼈를 통해 그들이 엄청난 양의 물고기를 먹었다는 것을 알고 있다. 인골의 N₁₅ 함량은 14.8퍼센트로서 물고기가 육류 식단의 70퍼센트를 차지했을 것으로 여겨진다. 순수한 흐발린스크 문화 야영지가 린페스키 사막의 볼가 강 하류에서 발견되었는데, 이는 전문화한 사냥꾼 집단의 야영지로서 오나거와 사이가 산양이 주요 사냥감이었다. (오나거와 사이가 산양이 발견된 동물 뼈의 80~90퍼센트를 차지했다.) 이곳 카라-후둑 I 유적에서도 우리는 약간의 양/염소와 소의 뼈(6~9퍼센트)를 발견했는데, 아마도 흐발린스크 사냥꾼들이 갖고 다니던 식량이었을 것이다.

같은 시대 돈 강 동쪽(아래 참조)에 있던 여타 초원 문화 유적의 쓰레기더미에서 말뼈는 대체로 발견된 뼈의 절반 이상을 차지했고, 소와 양의 비중은 40퍼센트 미만이었다. 동쪽에서는 소와 양이 일상의 식단에서보다 희생 의례에서 더 중요한 역할을 했다. 소와 양은 처음에는 의례용 통화로서 가끔씩(계절별로?) 벌어지는 성찬이나 장례식에서 사용된 것처럼 보인다. 소와 양은 분명 새로운 장례 의례와 관련이 있고, 아마도 그 밖에 새로운 신앙이나 신화와도 관련이 있었을 것이다. 최초의 길들인 동물들과 함께 널리 퍼진 숭배 의례는 8장 앞부분에서 언급했듯 인도·유럽 공통조어 사회 우주관의 근본을 이루었다.

날칙과 북캅카스 문화
●

많은 고고학자들은 길들인 소와 양이 고 유럽뿐만 아니라 캅카스의 동석기 농경민을 통해 초원으로 들어오지 않았을까 궁금해했다.[28] 농경 문화는 서기전 5800~서기전 5600년 무렵 근동에서 캅카스 산맥 남쪽〔슐라베리(Shulaveri), 아루흘로(Arukhlo), 셴가빗(Shengavit)〕으로 들어갔다. 그러나 이 캅카스 최초의 농경 공동체는 널리 퍼지지 못했다. 그들은 쿠라 강과 아락세스 강 하곡의 일부 강변 저지 지역에 집중된 채로 남았다. 서북쪽으로 500킬로미터 이상 떨어진 머나먼 유럽의 초원과 이들을 연결해줄 지역은 없었다. 유럽에서 가장 높고 가장 지나가기 힘든 영구 빙하로 덮인 북캅카스 산맥이 초원과 그들 사이에 놓여 있었다. 캅카스 사람들이 선호한 빵 밀은 크리슈 문화와 선형 토기 문화 그리고 부그-드네스트르 문화 경작민이 선호한 겉껍질 있는 밀(엠머, 아인콘)보다 건조한 환경에 대한 내성이 약했다. 식물학자 조야 야누셰비치(Zoya Yanushevich)는 부그-드네스트르 문화 유적지와 훗날 흑해-카스피 해 초원의 하곡에서 재배한 곡물은 캅카스 곡물군(crop suite)이 아니라 발칸/다뉴브 곡물군이라는 것을 발견했다.[29] 슐라베리의 최초 캅카스 농경민과 멀리 북쪽 초원의 최초 목축민의 인공물 및 토기는 양식상 분명한 상관성이 전혀 없다. 슐라베리의 최초 동석기 농경민의 언어적 정체성을 추측하라고 하면, 나는 그들을 카르트벨리아어족의 조상들과 연결시킬 것이다.

그러나 북캅카스 언어들은 카르트벨이아어와 상당히 다르다. 북서부 캅카스어는 고립된 언어로서 북캅카스 산맥 북쪽 경사면 특유의 언어 집단에 속하는 것 중 하나가 살아남은 것으로 보인다. 북캅카스 산록 서부의 초원을 내려다보는 위치에 몇 개의 기록으로 정리된 동석기 공동체 유적이 있는데, 그들은 북쪽 초원의 이웃들과 약간 비슷한 돌 도구와 토기를 갖고 있었다. 이 공동체들은 초원 세계에 참여한 남쪽 구성원의 것이지 슐라베리 유형의 캅카스 농경민이 북쪽으로 확산한 것은 아니었다. 나는 그들이 북서부 캅카스어의 조상 언어를 썼으리라 짐작하지만, 초기 유적 일부만 공표되었을 뿐이다. 그중 가장 중요한 것은 날칙(Nalchik)의 묘지 유적이다.

북캅카스 산록 중심부인 날칙 근처에서 무덤 147기를 포함한 묘지를 발견했는데, 묘지 안의 유해들은 대자석 가루로 얼룩진 구덩이 안에 둘 혹은 셋씩 짝을 지어 돌무덤 아래 웅크린 자세로 옆으로 눕혀져 있었다.[30] 부장품으로는 몇몇 구리 장신구, 사슴과 소의 이빨로 만든 구슬 그리고 갈아서 만든 석제 팔찌(흐발린스크 무덤 108과 크리볼루치에에서 발견한 팔찌와 같은 것)가 있었다. 무덤 하나의 인골로 연대를 측정해보니 서기전 5000~서기전 4800년으로 나왔다. (만약 측정에 사용한 인골의 주인이 물고기 섭취로 인해 오래된 탄소에 오염되었다면 이 측정치는 100~500년 정도 너무 빠르다.) 같은 지역에 있는 스타로니제스테블리예프스크(Staronizhesteblievsk)의 무덤 5기는 드네프르-도네츠 II 문화 마리우폴 유형의 멧돼지 엄니 장식판과 동물 이빨로 만든 구슬 그리고 동석기 초기 이 지역에서 자생한 것으로 보이는 부싯돌 날을 갖추고 있었다.[31] 쿠반 강 하곡의 카멘노모스트 동굴(Kamennomost Cave) 유적 2층의—연대가 알려지지 않은(동시대의 것일 수도 있는)—동굴 하나에서 양/염소 및 소의 뼈가 마이코프 문화 유물이 출토된 후대의 층 아래에서 나왔다. 캅카스산(産)을 깎아 만든 돌 팔찌와 돌 장신구(흑옥, 수정, 반암 제품)는 흐발린스크와 드네프르-도네츠 II 지역에서 교역되었는데, 아마도 날칙이나 카멘노모스트 동굴 2 사람들이 이 역할을 수행했을 것이다. 날칙 시기 유적들은 당시의 공동체가 적어도 일부 길들인 소와 양/염소를 갖고 있었으며 흐발린스크와 접촉했음을 명백히 보여준다. 그들은 흐발린스크 사람들이 그랬듯 가축을 드네프르에서 얻었을 것이다.

돈 강 하류와 카스피 해 북부 초원

•

날칙과 흐발린스크 사이 초원에는 이 연대로 추정되는 다른 종류의 유적이 아주 많다. 돈 강 하류 아조프 해 근처의 라쿠셰치니야르는 깊은 층을 이룬 거주지 유적으로서 거주지 가장자리에 6개의 무덤이 모여 있다. 가장 낮은 문화층에서는 조개껍데기를 혼합하고 선형 모티프를 새겨 넣거나 끝이 삼각형 모양인 막대기로 찔러 새긴 무늬로 가볍게 장식한 토기가 발견되었는데, 약 서기전 5200~서기전 4800년의 것으로 보인다. 여기엔 양/염소 및 소의 뼈도 포함되어 있었다. 그러나 주요한 강 하곡을 떠나 초원 깊숙이 들어가면 '말과 동물' 사냥이 여전히 경제의 핵심이었다. 카스피 해 북부 연안 저지 준가르의 채집민 야영지 유적도 역시 서기전 5200년(동물 뼈로 측정)의 것인데, 라쿠셰치니야르와 비슷한 토기 및 야생 말과 오나거의 뼈만 나왔다.[32]

볼가 강 하류 동안(東岸)의 바르폴로미예프카 같은 유적은 카라-후둑 I과 같은 흐발린스크 사냥꾼 야영지와 섞여 있었다.[33] 바르폴로미예프카 거주지는 층을 이루고 있으며 연대도 잘 측정되었는데, 카스피 해 북부 연안 저지에서 채집으로부터 목축으로의 전환이 일어나고 있었음을 분명히 보여준다. 바르폴로미예프카는 서기전 5800~서기전 5600년 무렵 토기를 만들며 오나거와 말을 사냥하는 채집민이 최초로 거주했다(3층). 이 유적지는 향후 두 번 더 이용되었다(2B층과 2A층). 연대가 서기전 5200~서기전 4800년 무렵으로 측정된 2B층에서 사람들은 수혈식 집을 만들고 구리를 사용했다. (구리 송곳 하나와 형태가 불분명한 구리 덩어리 일부도 발견되었다.) 비록 바르폴로미예프카에서 발견한 뼈의 '거의 절반'이 말의 것이었지만 그들은 가축화한 양/염소도 데리고 있었다. 뼈 장식판은 말 모양으로 조각했고, 말의 발가락뼈에는 기하학적 문양이 새겨져 있었다. 아울러 갈아서 만든 전곤 머리 3개도 발견되었다. 하나는 끝을 동물의 머리 모양으로 깎은 것인데, 아마도 말처럼 보인다(그림 9.6). 바르폴로미예프카의 무덤 4기는 버려진 집의 구덩이를 대충 파낸 것인데, 라쿠셰치니야르의 거주지 가장자리에 자리한 무덤군과 비슷하다. 구멍을 뚫고 갈아서 윤을 낸, 말 이빨로 만든 구슬 수백 개가 사람 무덤 근처의 대자석 가루를 뿌린 희생 매장층에서 발견되었다. 또한 사슴 이빨 몇 개와 조개껍데기 구슬 몇 종 그리고 멧돼지 엄니 전체를 이용한 장신구도 함께 나왔다.

돈 강 하류에서 볼가 강 하류까지 초원 남부에 있는 이 유적지들의 연대는 서기전 5200~서기전 4600으로 측정된다. 이곳에서는 양/염소의 뼈와 함께 가끔씩 소뼈 및 구리로 만든 작은 물품이 나오며, 시체를 대충 처리했음을 보여준다. 묘지에 기초한 흐발린스크의 고고학 보고서와 달리 이 작은 거주지들은 거의 대부분의 자료를 제공한다. 토기는 조개껍데기를 혼합했고 새겨 넣거나 끝이 삼각형인 막대기로 찔러 만든 문양으로 표면을 장식했다. 모티프는 다이아몬드 모양의 마름모꼴, 드물지만—안을 쿡쿡 찌른 장식으로 가득 채운—새겨 만든 구불구불한 문양 등을 포함했다. 테두리는 대부분 단순했지만 일부는 안쪽을 두껍게 했다. 유딘(A. Yudin)은 이 유적지들을 1974년 볼가 강에서 발굴한 오를로프카(Orlovka) 거주지의 이름을 따서 오를로프카 문화라는 이름 아래 한데 묶었다. 날칙은 이 문화 네트워크의 남쪽 가장자리에 존재했던 것으로 보인다.[34]

삼림 변경: 사마라 문화

●

볼가 강 중류 삼림-초원 경계선을 따라 또 하나의 문화가 흐발린스크 북부 문화와 상호 작용했다(그림 9.1 참조). 사마라 신석기 문화는 표면을 찌르고 새기고 톱니바퀴 문양판으로 찍어 만든 모티프로 꾸민 여러 종의 고유 '칼라'가 있는 토기로 구별되는데, 사마라 강을 따라 초원 지대의 북쪽 가장자리에서 발전했다. 모래와 식물 으깬 것을 혼합한 토기는 돈 강 중류에서 만든 것과 비슷하다. 사마라 근처 군두로프카 주거지는 가로 20미터 세로 8미터로 땅을 파서 만들었는데, 그 안에는 화로 여러 개와 바닥의 저장 구덩이 여러 개가 있었다. (이 거주지에도 흐발린스크 토기가 있었다.) 비록 66퍼센트는 말뼈였지만 길들인 양/염소의 뼈(뼈 3602개 중 13퍼센트)와 소뼈(21퍼센트)가 사마라 강 상류 이바노프스카야에서 발견되었다. 사마라 강변의 빌로바토예(Vilovatoe) 거주지에서 552개의 뼈가 확인되었는데 그중 28.3퍼센트는 말, 19.4퍼센트는 양/염소, 6.3퍼센트는 소였고, 수달(31.8퍼센트)과 붉은사슴(12.9퍼센트)도 있었다. 사마라 문화는 일부 삼림 문화의 특징을 보이는데, 북쪽의 삼림 채집민 문화처럼 갈아서 만든 커다란 돌 자귀(adze)를 갖고 있었다.

사마라 문화 사람들은 정식으로 묘지를 만들었다(그림 9.8). 스예제의 묘지에는 똑바로 누운 채 몸을 쭉 편 시신 9구가 있었는데, 이는 흐발린스크보다 드네프르-도네츠 II 유형의 매장 자세와 더 유사하다. 무덤 위 원래 지표 높이의 층에서 대자석 가루를 뿌린 의례 매장층(흐발린스크의 묘지 위 장례 매장층과 같은)이 나왔는데, 토기 파편, 조개껍데기 구슬, 뼈 작살, 말 두 마리의 두개골과 다리뼈(복사뼈와 발가락뼈)가 출토되었다. 말의 머리-발굽 근처, 대자석 가루를 뿌린 부분 바깥에는 바르폴로미에프카에서 발굴

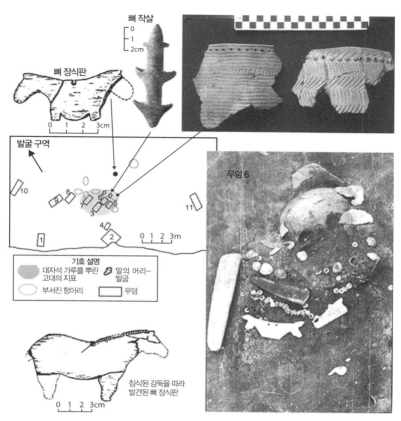

그림 9.8 사마라 주 스예제 묘지 유적. 무덤 1~9는 동석기 초기 사마라 문화의 묘지 유적이다. 무덤 10과 11은 나중의 것이다. 출처: Vasiliev and Matveeva 1979.

된 것과 비슷한 편평한 뼈로 조각해 만든 말상 2개와 황소상 하나가 있었다. 스예제 사람들은 드네프르-도네츠 II 문화의 것과 비슷한 멧돼지 엄니 장식판을 찼고, 그중 하나는 드네프르 강 하곡에 있는 야시노바트카의 드네프르-도네츠 II 문화 묘지에서 발견된 것과 정확히 똑같았다.[35]

소, 사회적 권력 그리고 부족의 등장

●

흐발린스크 묘지에 묻힌 사람들이 고 유럽 사회에 대해 실제로 얼마나 알고 있었는지 말하기는 불가능하지만, 그들은 분명 인상적일 정도로 넓은 교역망에 의해 연결되어 있었다. 흑해-카스피 해 초원 전역의 묘지 유적(드네프르–도네츠 II, 흐발린스크, 스예제, 날칙)은 한층 더 커지거나 혹은 최초로 등장했는데, 이는 더 크고 안정적인 공동체의 성장을 시사한다. 소와 양은 드네프르 강 일대의 일부 드네프르–도네츠 II 거주지 식단에서 중요한 역할을 했지만, 더 동쪽으로 가면 이런 짐승은 처음에는 일상의 식단에서보다 장례식에서 더 중요한 역할을 한 것으로 보이며 일상의 식단은 여전히 말고기가 차지하고 있었다. 동쪽에서, 길들인 소와 양은 일련의 새로운 의례와 종교적 신앙 활동에 필요한 일종의 통화로 사용한 것처럼 보인다.

장거리 교역, 선물 교환 그리고 대중적 희생제와 연회를 요구하는 새로운 숭배 의식에 참여하는 것이 새로운 종류의 사회적 권력의 기반이 되었다. 가축 사육은 본질적으로 취약한 경제 형태다. 가축을 잃은 목부들은 언제나 가축을 갖고 있는 이들로부터 가축을 빌린다. 이런 가축 대여와 관련한 사회적 의무는 전 세계 목축민 사이에서 유동성 있는 지위 차별 체제(system of status distinction)의 기반으로서 제도화했다. 가축을 빌려준 이들은 빌려간 이들에 대해 권력을 획득했으며, 연회를 후원한 이들은 하객들에게 의무를 부과했다. 초기의 인도·유럽 공통조어는 맹세(*h₁óitos-)에 의해 구속되는 구두 계약에 관한 어휘를 포함하고 있는데, 이는 나중에 약자(인간)와 강자(신) 사이의 의무를 특정하기 위한 종교적 의례에서 사용된다. 이 어근의 반영이 켈트어, 게르만어, 그리스어 그리고 토하라어에 간직되어 있다. 아울러 이것이 지칭하는 정치적 관계의 모델은 동석기 시대에 시작되었을 것이다. 동석기 초원 사람들의 일부만이 엄니, 장식판, 구슬, 고리를 단 정교한 의상을 걸치고 권력을 상징하는 석제 전곤을 들고 다녔다. 그러나 아이들도 이 예외적인 집단에 포함되었다는 것은 부유한 가축 대여자들이 적어도 자기 자식이 자신의 지위를 계승한다고 간주하려 했다는 걸 시사한다. 지역 지도자들 사이, 즉 훗날 인도·유럽 공통조어의 *weikpotis* 혹은 *reg*- 사이의 지위 경쟁으로 인해 놀랄 만큼 넓은 지역에서 지위 상징물을 공유했다. 지도자들이 추종자를 획득하자 그들 주위에 정치적 연결망이 만들어졌는데, 이것이 바로 부족의 기반이었다.

새로운 가축 경제를 받아들이지 않은 사회는 이를 받아들인 사회와 갈수록 달라졌다. 북부 삼림 지대 사람들은 우랄 산맥 동쪽 초원에 살던 사람들과 마찬가지로 채집민으로 남았다. 그 지속성과 선명성을 감안하면 이런 변경은 경제적인 것뿐만 아니라 언어적인 것으로 보인다. 선 인도·유럽 공통조어족은 동석기 초기 서부의 초원에서 새로운 경제 형태, 즉 목축과 함께 확산했을 것이다. 자매 언어 간 연결(sister-to-sister linguistic linkage)이 가축 사육 경제와 여기에 동반한 신념의 확산을 촉진했을 것이다.

흑해-카스피 해 지역의 초기 동석기에서 주목할 만한 특징은 식단과 장례 상징 두 측면에서 말의 중요성이다. 말고기는 육류 식단의 주요 부분을 차지했다. 바르폴로미예프카와 스예제에서는 뼈 판에 말을 조각했다. 흐발린스크에서는 말이 소 및 양과 함께 장례식 희생물에 포함되었다. (장례식에서는 명백히 야생 동물을 배제했다.) 그러나 동물학적으로 우리는 그 말들이 야생종과 상당히 다른지 어떤지 말할 수 없다. 야생말의 뼈는 더 이상 존재하지 않는다. 말 길들이기는 인간의 역사에서 엄청나게 중요한 사건이지만 전혀 제대로 이해되지 못하고 있다. 그러나 최근 직접 말의 입에서 새로운 종류의 증거를 얻었다.

10

말의 가축화와 기마의 기원
치아 이야기

인간의 역사에서 말의 중요성에 필적할 만한 것은 이 연구 자체의 어려움밖에
없다. 이 이야기에서 논란의 주제가 되지 않은 사건은 하나도 없으며, 그 논란
의 성격은 종종 격렬했다.

—그레이엄 클라크(Grahame Clark), 1941

1985년 나는 동료 고고학자이기도 한 아내 도르카스 브라운과 함께 외
과 수의사 한 분에게 몇 가지 질문을 하기 위해 펜실베이니아 대학의 '수
의학 스쿨'을 찾아갔다. 재갈이 말의 치아에 병리적 특성을 남기는가? 만
약 그렇다면 우리는 고대의 말 치아에서 재갈 물림의 표시(긁힌 흔적 혹은 작
은 마모 흔적)를 볼 수 있지 않을까? 이것이 초기의 재갈 물린 말을 판별하
는 좋은 방법 아닐까? 그가 말의 재갈과 관련한 치아의 병리적 특성에 관
한 의학 문헌들로 우리를 인도할 수 있을까? 그는 이 주제에 관한 문헌은
실제로 없다고 대답했다. 아울러 잘 조정된 굴레를 쓴 말한테 재갈을 제

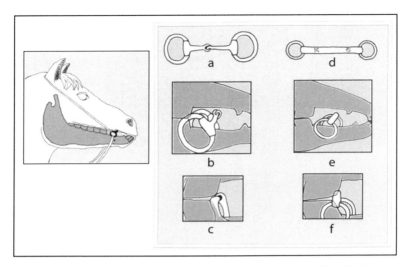

그림 10.1 말 입에 물린 현대의 금속 재갈. 하악골은 회색으로 칠했다. a) 결합형 소형 재갈, b) 결합형 소형 재갈을 혀 위 정확한 위치에 물린 상태에서 찍은 엑스레이 촬영 영상, c) 결합형 소형 재갈이 치아 위에 물린 경우의 엑스레이 영상, d) 치아로 씹어 마모된 흔적이 있는 막대형 재갈, e) 막대형 재갈이 혀 위의 정확한 위치에 물렸을 경우의 엑스레이 영상, f) 막대형 재갈을 치아 위에 물렸을 경우의 엑스레이 영상. 출처: Clayton and Lee 1984; Clayton 1985.

대로 물린다면, 말이 그 재갈을 치아로 쉽게 옮길 수 **없을 테고** 재갈과 치아 사이의 접촉이 어떤 규칙을 보이기엔 너무 적을 것이라고 했다. 좋은 생각이지만 소용이 없을 거라는 얘기였다. 우리는 두 번째 의견을 듣기로 했다.

필라델피아 외곽에 있는, 거대 포유류를 연구하는 '수의학 스쿨'의 뉴 볼턴 센터에서 매일같이 말과 함께 보내는 조련사들의 대답은 아주 달랐다. 그들에 따르면 말은 항상 재갈을 씹었다. 일부는 캔디처럼 재갈을 입안에서 돌린다고 했다. 재갈이 치아와 부딪히는 소리를 들을 수도 있다고 했다. 물론 이것은 일종의 잘못된 행동이다. 적절히 길들이고 마구를 채운 말은 그런 행동을 하지 않을 것이다. 하지만 어쨌든 그 말들은 그런 행동을 했다. 우리는 과거 뉴 볼턴에서 일했지만 캐나다에 있는 대학에서 일자리를 얻어 떠난 힐러리 클레이튼(Hilary Clayton)과 대화를 나눴다. 힐러리는 말 구강 속 재갈의 작동 원리를 연구해온 인물이었다.

서스캐처원 대학(University of Saskatchewan)에서 클레이튼을 만난 우리는 그녀가 재갈 씹는 말을 엑스레이 영상으로 만들었다는 것을 알았다(그림 10.1). 클레이튼은 말에게 재갈을 물린 후 뒤에서 선 자세로 고삐를 조종했다. 말의 머리 옆에 장착한 엑스레이 형광투시 카메라가 말의 구강 안에서 일어나는 일을 찍었다. 이전에는 아무도 이런 작업을 하지 않았다. 클레이튼은 우리에게 캐나다의 동료와 함께 쓴 논문 두 편을 건넸다.[1] 그 영상은 말이 어떻게 재갈을 입안에서 조작하는지 그리고 정확히 재갈을 치아 사이 어디에 놓는지 보여주었다. 잘 채운 재갈은 혀와 앞니 그리고 그 뒤 치아 사이의 잇몸, 즉 '바스(bars)'라고 부르는 곳에 놓인다. 기수가 고삐를 당기면 재갈이 혀와 잇몸을 아래턱 쪽으로 압박해 재갈과 뼈 사이의 민감한 잇몸 조직을 누른다. 이렇게 하면 상당히 아프다. 고삐 한쪽을 당기면 말은 당기는 방향으로 고개를 숙이고(방향 전환을 할 때), 양쪽을 동시에 당기면(정지할 때) 턱을 아래로 당겨 혀와 잇몸을 누르는 재갈의 압박을 피하려 한다.

클레이튼의 엑스레이 영상은 말이 어떻게 혀를 써서 재갈을 들어 올리고 이것을 뒤로 미는지, 재갈을 다물어진 소구치(앞어금니) 사이로 밀어서 아무리 고삐를 심하게 당겨도 부드러운 조직에 압박을 주지 못하도록 하는지 보여주었다. 말의 입꼬리는 어금니 바로 앞에 있어 재갈을 치아 위에 놓으려면 말은 입꼬리 뒤로 재갈을 밀어야 한다. 이 늘어난 조직은 용수철 같은 역할을 한다. 만약 재갈이 치아 끝 사이에 **꽉** 끼워지지 않으면 다시 앞으로 튀어나와 바스 위에 놓일 것이다. 우리가 보기에 이렇게 반복해서 앞쪽 어금니 위로 재갈을 올리고 내리는 동작은 단지 중력의 영향으로 윗니보다 아랫니에 더 큰 영향을 미칠 것 같았다. 재갈은 아래턱 위에 놓인다. 다른 씹기 동작과 달리 재갈 씹기로 인해 생긴 마모 흔적은 치아 2개(아래쪽 두 번째 어금니, 즉 P_2)의 좁은 부분에 집중된다. 클레이튼의 엑스레이 영상 덕분에 최초로 특정 치아 하나의 특정한 부분으로 재갈 마모 흔적을 조사할 수 있다고 긍정적으로 말할 수 있게 되었다. 우리는 몇몇 말 사진에서─고고학적으로 발굴한─P_2의 정확히 예측한 그 자리에 마모 경사면이 있는 것을 발견했다. 유명한 고고동물학자인 런던의 줄리엣 클러튼 브록(Juliet Clutton-Brock)과 로마의 안토니오 아자롤리(Antonio Azzaroli)는 이런 종류의 마모 흔적이 '아마도' 재갈로 인해 생겼을 것이라고 기술했다. 그 밖의 동물학자들은 우리가 첫 번째로 만난 외과 수의사처럼 말이 재갈을 입 뒤쪽으로 그렇게 멀리 자주 보내는 것은 불가능하다고 생각했다. 아무도 확신할 수 없었다. 그러나 그들은 클레이튼의 엑스레이 영상을 보지 못했다.[2]

용기를 얻어 흥분한 우리는 워싱턴에 있는 스미소니언 자연사박물관의 인류학 분과를 찾아가 당시 전속 고고학자이던 멜린다 제더(Melinda Zeder)에게 우리가 한 번도 재갈을 물리지 않은 어떤 고대 말의 치아를 통제 표본으로 연구할 수 있는지 그리고 앞으로의 작업과 관련해 우리에게 기술적 조언을 해줄 수 있는지 물었다. 우리는 동물학자로서 훈련받지 않았으므로 말의 치아에 대해 별로 아는 게 없었다. 제더와 치아의 미세 마모 흔적에 대해 많은 것을 알고 있는 동료 케이트 고든(Kate Gordon)이 우리를 직원 식당으로 안내했다. 부정교합으로 생긴 치아 이상과 재갈 마모 흔적을 어떻게 구별할 것인가? 혹은 일상적인 음식물 저작으로 생긴 마모 흔적과 어떻게 구별할 것인가? 재갈을 씹어 생긴 마모 흔적은 오랫동안 남는가, 아니면 음식물 저작으로 생긴 마모로 인해 사라지는가? 그것은 얼마나 지속되는가? 말의 치아는 얼마나 빨리 자라는가? 말의 치아는 턱에서 자라나 몽땅한 토막이 될 때까지 윗부분부터 닳는 종류가 아닌가? 이로 인해 나이에 따라 마모 경사면이 변할까? 아마도 가장 오래된 것이었을 끈이나 가죽 재갈은 어떨까? 그것들도 마모를 초래할까? 초래한다면 어떤 종류의 마모일까? 말 위에 타고 조작할 때와 전차를 타고 당길 때 재갈의 움직임은 다를까? 그리고 만약 마모라는 게 존재한다면, 정확히 무엇이 마모의 원인일까? 기수가 재갈을 치아 쪽으로 당기기 때문에 생기는 것일까, 말이 재갈을 씹기 때문에 생기는 것일까? 재갈을 씹어서 생긴 것이라면 치아의 저작 면에 마모가 생길 것이다. 혹은 양자 모두 때문일까? 그리고 만약 우리가 현미경으로 마모 흔적을 찾는다 하더라도, 어떻게 마모가 있는 것과 없는 것의 차이를 계량화해 기술할 것인가?

멜린다 제더는 우리에게 자신의 수집물을 보여주었다. 그리고 우리는 처음으로 고대 청동기 시대 이란의 도시 말리얀(Malyan)에서 나온, 서기전 2000년의 것으로 추정되는 '말과 동물'의 P_2 본을 만들었다. 이 P_2의 근심 모서리(mesial corner: 각 치아의 앞니 방향으로 가까운 쪽을 '근심', 앞니 방향에서 먼 쪽을 '원심'이라고 함—옮긴이)에는 마모 경사면이 있었다. 나중에야 우리는 이를 뼈나 금속으로 만든 단단한 재갈로 인해 생긴 것이라고 말할 수 있었다. 그러나 아직 우리는 그것에 대해 몰랐고, 밝혀진 대로 스미소니언 박물관에는 재갈을 물리지 않은 야생말이 실제로 없었다. 우리 스스로 찾아야 했다. 그리고 한 번에 한 문제씩 맡으면 이 일을 해결할 수 있을 거라고 생각하며 길을 떠났다. 20년이 지난 지금도 우리는 여전히 그렇게 느낀다.[3]

어디서 최초로 말을 길들였을까

●

재갈 마모 흔적은 중요하다. 왜냐하면 다른 종류의 증거는 초기의 말 길들이기 증거로는 확실하지 않다는 것이 밝혀졌기 때문이다. 우리가 문제를 풀어줄 것으로 기대하는 유전적 증거는 크게 도움이 되지 않는다. 현대의 말은 유전적으로 8장에서 언급한 소와 마찬가지로 분열적인데, 다만 그 성별이 바뀌었을 뿐이다. 길들인 현대 말들의 **모계** 혈통은 극단적으로 복잡하다. 미토콘드리아 DNA를 통해 유전된 특성은 변하지 않은 채로 어머니에게서 딸로 전달되는데, 이를 통해 모계 혈통은 너무나 다양해져 오늘날 지구상 말의 유전적 다양성을 설명하려면 17개의 계통발생적 지파를 이룬 **최소** 77마리의 고대 암말이 필요하다. 야생 암말은 여러 시기 여러 장소에서 가축 말로 편입된 게 틀림없다. 반면 Y 염색체상에서 변하지 않은 채 아버지 말에서 수망아지로 전해지는 현대 말의 **부계** 특성은 상당한 동질성을 보인다. 단 한 마리의 종마만 길들였을 가능성이 있다. 따라서 말 사육자들은 마음 놓고 여러 마리의 야생 암말을 잡아 기른 것으로 보이지만, 이 자료에 의하면 그들은 일관되게 야생 수컷을 거부했다. 심지어 야생 수컷이 길들인 암컷과 교배해서 낳은 수컷 새끼마저 거부했다. 현대의 말은 매우 적은 수의 조상 수컷과 다양한 야생 암컷의 후손이다.[4]

왜 그런 차이가 생겼는가

야생 동물을 연구하는 생물학자들은 떠돌이 말 집단이 있는 세계 몇몇 지역, 특히 우크라이나의 아스카니아노바(Askania Nova), 메릴랜드와 버지니아의 보초도(堡礁島, barrier islands)〔어린이 고전《친코티그의 안개(Misty of

Chincoteague)》에 나오는 말들이 자란다) 그리고 네바다 서북쪽을 관찰해왔다. 표준적인 떠돌이 말 집단은 종마 한 마리에 둘에서 일곱까지의 암말 그리고 성숙하지 않은 새끼들로 구성된다. 청소년 말은 두 살 무렵이면 무리를 떠난다. 종마-암말 무리가 고유 영역을 차지하는데, 종마들은 암컷과 영토를 통제하기 위해 서로 격렬하게 싸운다. 젊은 수컷들은 추방된 후 '미혼자 집단'이라는 느슨한 연합체를 형성한다. 이들은 이미 확립된 종마의 영역 주변을 어슬렁거리며 기회를 노린다. 대부분의 수컷 미혼자들은 다섯 살이 넘기 전까지는 성숙한 종마에 도전하거나 성공적으로 암컷을 거느리지 못한다. 확립된 무리 안에서 암컷들은 리더인 암컷의 지도 아래 사회적 위계를 갖는데, 리더인 이 암컷이 낮 대부분 동안 어디로 갈지 방향을 정하고 위협에 직면하면 무리를 끌고 달아난다. 반면 종마는 측면 혹은 후미를 호위한다. 그러므로 암컷들은 본능적으로, 리더인 암말이든 종마든 혹은 사람이든 타자의 지배를 받아들일 준비가 되어 있다. 종마들은 완고하고 사나우며 본능적으로 물고 차면서 권위에 대항하는 성질을 갖고 있다. 야생말 무리에서 상대적으로 유순하고 통제할 수 있는 암말은 서열 바닥에서 발견할 수 있지만, 상대적으로 유순하고 통제할 수 있는 종마는 흔치 않은 개체로서 야생에서 재생산할 가능성이 낮다. 말 길들이기는 우연한 행운에 달렸을 것이다. 즉 비교적 다루기 쉽고 유순한 수컷이 사람이 길들인 말 혈통(모계)의 증식자로 쓸 수 있는 곳에 나타난 것이다. 그 말의 관점에서 보면, 말은 오직 인간을 통해 짝을 얻을 수 있었다. 그리고 인간의 관점에서 보면 오직 그 말만이 인간이 원하는 종마였다.

최초의 길들인 종마는 어디에 그리고 언제 살았을까

결혼처럼 동물 길들이기는 오랜 사전(prior) 관계의 절정이다. 사람들은 익숙하지 않은 동물을 돌보는 데 시간과 노력을 투자하려 하지 않을 것이다. 길들인 말을 보유하고, 먹이고, 기르는 것을 최초로 진지하게 고민한 사람들은 틀림없이 야생말에 익숙했을 것이다. 그들은 야생말을 사냥하고 그 행동을 배우는 데 많은 시간을 쏟는 지역에 살았어야 한다. 이런 조건을 만족시키는 세계는 1만~1만 4000년 전 북반구 대부분에서 빙하기의 초원―말들이 살기에 우호적인 환경―이 울창한 숲으로 바뀌던 시절에 상당히 줄어들었다. 북아메리카의 말은 기후 변화로 멸종했는데, 그 이유는 아직 명확하게 알려지지 않았다. 유럽과 아시아의 대규모 야생말 떼는 유라시아 대륙 중심부의 초원에서만 살아남았고, 작은 집단들은 자연적으로 펼쳐진 유럽의 초지〔습지 초원, 산지 초원, 건조한 메세타(meseta: 평평한 고원 지대―옮긴이)〕와 캅카스 산맥, 중앙 아나톨리아(오늘날의 터키)에 고립된 채로 남았다. 말은 이란과 메소포타미아 저지 및 비옥한 초승달 지대에서 사라지고, 이 따뜻한 땅을 다른 '말과 동물(오나거와 당나귀)'에게 남겨주었다(그림 10.2).

　서부 및 중부 유럽과 중앙 아나톨리아 그리고 캅카스 산맥의 고립된 지역에서 홀로세〔Holocene: 홀로세는 1만 년 전에 시작해 현재에 이르는 지질 시대를 말한다. 현세(Recent), 후빙기(Postglacial)라고도 함―옮긴이〕까지 살아남은 말은 인간의 음식물 탐색 과정에서 전혀 중요한 역할을 하지 못했다. 간단히 말해, 개체 수가 너무 적었다. 예를 들어 아나톨리아에서 서기전 7400~서기전 6200년경까지 일부 야생말이 차탈회윅, 피나르바시(Pinarbaşi) 및 기타 중앙 고원 지역 농경 마을의 신석기 주민들에 의해 가끔씩 포획되었다. 그러나 이 지역에서 사냥한 대부분의 '말과 동물'은 유럽당나귀(지금은 멸종)와 오나거로서 이 둘은 모두 말보다 작았다. 극히 일부 뼈만 말일 가능성이 있는 크기를 충족시켰다. 말은 서부 아나톨리아, 그리스 혹은 불

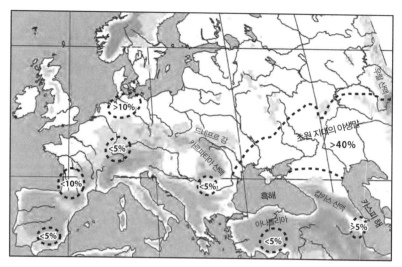

그림 10.2 서기전 5000년경 홀로세 중기 야생말의 분포 지도. 수치는 각 지역의 주방 쓰레기 더미에서 말의 뼈가 차지하는 대략적인 빈도를 보여준다. 노르베르트 베네케((Norbert Benecke 1994)의 도표와 각종 러시아어 자료에서 가져왔다.

가리아의 신석기 유적지 혹은 오스트리아, 헝가리, 폴란드 남부의 중석기 및 신석기 초기 유적에서는 보이지 않는다. 서부 및 북부 유럽에서 중석기 채집민은 가끔씩 말을 사냥했다. 그러나 말의 뼈는 단지 일부 빙하기 이후의 독일/폴란드 해안 유적지와 프랑스 남부 고지에서만 전체 뼈의 5퍼센트를 넘었다. 반면 유라시아 초원에서는 야생말 및 그와 관계있는 야생 '말과 동물(오나거, 유럽당나귀)'은 초식 동물 중 가장 흔한 것이었다. 홀로세 초기 초원의 고고학 유적(중석기 및 신석기 초기)에서는 말이 규칙적으로 동물 뼈의 40퍼센트 이상을 차지하는데, 말이 매우 크고 살코기가 많다는 것을 감안하면 육류 식단의 40퍼센트 이상을 차지했을 것이다. 이런 이유만으로도 우리는 최초의 말 길들이기, 오늘날의 부계 혈통을 준 그 말을 길들인 장소로 유라시아 초원에 우선 주목해야 한다.[5]

홀로세 초기 및 중기 흑해-카스피 해 초원의 고고학 유적지에서 세 종류의 '말과 동물' 뼈가 출토되었다. 카스피 해 연안 저지의 부로바야 (Burovaya) 53, 제칼간(Je-Kalgan), 이스타이(Istai) IV 등의 중석기 유적에서는 서기전 5500년 이전 것으로 추정되는 쓰레기 더미를 말과 오나거가 거의 독점적으로 차지했다(그림 8.3의 유적지 지도 참조). 오나거는 '헤미오네 (hemione)', 곧 '반당나귀(half-ass)'라고도 부르는데, 발이 빠르고 귀가 길며 말보다 작고 당나귀보다 큰 짐승이었다. 오나거의 자연 서식지는 카스피 해 초원에서 중앙아시아와 이란을 가로질러 근동까지 이어진다. 두 번째 '말과 동물'인 유럽당나귀는 약간 더 습한 우크라이나의 흑해 북쪽 초원에서 사냥했는데, 이곳의 서기전 7000년대(seventh millennium BCE: 직역하면 '서기전 일곱 번째 1000년대'로 서기전 6000~서기전 7000년까지를 가리킴—옮긴이) 후기로 추정되는 중석기 및 신석기 초기 기르제보와 마트베예프 쿠르간의 동물 뼈 중 작은 부분을 차지한다. 흑해 초원에서 서쪽으로 불가리아와 루마니아 그리고 남쪽으로 아나톨리아에 이르는 곳에 살던 이 작고 가냘픈 동물은 서기전 3000년 이전에 멸종했다. 진정한 말, 즉 에쿠우스 카발루스는 카스피 해 연안 저지와 흑해 초원 전역에 분포했는데, 오나거와 유럽당나귀가 멸종한 후에도 오랫동안 이 두 환경권에서 살아남았다. 드네스트르 초원의 중석기 후기 기르제보 유적 그리고 아조프 초원의 중석기/신석기 마트베예프 쿠르간과 카멘나야모길라(Kammenaya Mogila) 유적, 카스피 해 연안 저지의 신석기/동석기 바르폴로미예프카와 준가르 유적, 사마라 강가의 이바노프스카야 유적, 우랄 산맥 남쪽 산록 구릉의 물리노(Mullino) 유적 등에서 말뼈가 확인 가능한 동물 뼈의 50퍼센트 이상을 차지했다. 초원 지대에서 인간이 '말과 동물'에 기대온 오랜 역사로 인해 그들의 습속에 익숙해졌고, 이것이 훗날 말의 가축화를 가

능케 했을 것이다.[6]

왜 말을 길들였을까

●

흑해-카스피 해 초원에서 말 길들이기 가능성의 최초 증거는 서기전 4800년 이후, 즉 세계 다른 지역에서 양과 염소와 돼지와 소를 가축화한 지 한참 후에야 나타났다. 인간이 이미 소와 양을 가축으로 거느리고 있었다면 말을 길들이려는 동기는 무엇이었을까? 수송을 위한 것이었을까? 거의 분명 그것은 아니다. 말은 크고 힘이 세며 공격적인 동물로서 사람을 태우기보다는 달아나거나 싸우려드는 경향이 있다. 기마는 말이 이미 통제 가능한 길들인 가축으로서 익숙해진 후 개발되었을 것이다. 최초의 동기는 아마도 값싸게 얻을 수 있는 겨울 육식에 대한 욕구였을 것이다.

　말은 소나 양보다 겨울에 먹이 활동을 하기가 쉽다. 왜냐하면 소와 양은 코로 눈을 밀치고 풀을 뜯지만 말은 발굽으로 눈을 헤칠 수 있기 때문이다. 양은 부드러운 눈을 헤집고 풀을 뜯을 수 있지만 눈이 얼음과 붙어 굳으면 코가 까지고 피가 난다. 그러면 바로 자기 발아래 충분한 겨울 먹이를 두고도 들판에 서서 굶어 죽을 수 있다. 한편 소는 풀이 눈에 보이지 않으면 부드러운 눈도 헤치지 못한다. 그래서 겨울 풀을 덮을 정도의 눈만 와도 먹이를 주지 않으면 죽고 만다. 게다가 소든 양이든 얼음을 깨고 물을 마시려 하지 않는다. 반면 말은 얼음과 딱딱하게 굳은 눈을 코가 아닌 발굽을 사용해 깨는 본능이 있다. 심지어 풀이 보이지 않을 정도로 쌓인 눈도 헤친다. 말은 이처럼 장애물을 헤치며 풀을 뜯고 물을 마시므로 겨울용 꼴도, 음료도 필요 없다. 1245년 플라노 카르피니의 프란치스코회 수도사 요한(Franciscan John of Plano Carpini)이 구육 칸(Güyük Khan: 칭기즈 칸의 후계자)을 알현하기 위해 몽골을 여행하는 동안 '타타르의 초원 말'(그는 말들을 그렇게 불렀다)이 눈을 파헤치고 그 아래 풀을 찾는 것을 보고 "타타르에는 짚이든 건초든 겨울 먹이든 아무것도 없기 때문"이라고 묘사했다. 1886년 북아메리카 대평원에 역사적인 눈폭풍이 들이닥쳤을 때 수십만 마리의 소 떼가 방목지에서 굶어 죽었다. 살아남은 소 떼는 무스탕(아메리카 야생말. 원래 키우던 말이 들판에서 야생화한 것－옮긴이)을 따라 무스탕이 눈을 헤쳐놓은 곳에서 풀을 뜯었다.[7] 말은 그들이 진화해온 추운 초지에 극단적으로 잘 적응했다. 추운 초원에서 길들인 소 및 말과 함께 사는 이들은 곧이어 고기를 얻기 위한 말 기르기의 장점을 알아차렸을 것이다. 말한테는 겨울 먹이와 물이 필요하지 않았기 때문이다. 기후가 더 추워지거나 혹은 부분적으로 몇 년간 추운 겨울이 이어지면, 소를 치는 이들은 말 길들이기를 진지하게 생각했을 수 있다. 그리고 바로 그런 기후 한랭화가 서기전 4200～서기전 3800년경 사이에 일어났다(11장 참조).

소 목축민은 부분적으로 말을 다룰 준비가 웬만큼 되어 있었을 것이다. 왜냐하면 소와 말 무리 모두 우두머리 암컷의 지휘를 따르기 때문이다. 그들은 우두머리 암컷만 통제하면 전체 무리를 통제할 수 있다는 걸 알았으므로 이런 지식을 우두머리 암말을 다스리는 데 쉽사리 응용했을 것이다. 두 종 모두 수컷을 관리하는 데 비슷한 문제가 있었다. 그래서 말과 소는 공히 정력과 힘의 상징이라는 상징적 지위를 가졌다. '말과 동물' 사냥에 의존하던 사람들이 소를 가축으로 보유하자 어떤 이들은 양자의 유사점을 알아차리고 소 사육 기술을 야생말에 적용했을 것이다. 그리고 이로 인해 즉시 최초의 길들인 말이 등장했을 것이다.

이러한 말 보유의 최초 단계, 즉 말이 기본적으로 다루기 힘든 짐승이지만 손쉽게 얻을 수 있는 겨울 고기였던 단계는 서기전 4800년경 흑해-카스피 해 초원에서 시작했을 것이다. 이 시기는 볼가 강 중류 지역의 흐발린스크와 스예제 그리고 드네프르 강 급류 지대의 니콜스코예에서 말 머리 및(또는) 하퇴가 소나 양의 머리 및(또는) 하퇴와 더불어 처음 인간의 장례식에 사용된 때이며, 스예제나 바로폴로미예프카 같은 일부 유적에서 말뼈 조각품이 소뼈 조각품과 함께 등장한 때이다. 분명히 말은 서기전 4800년 무렵 인간 및 길들인 동물의 세계와 상징적으로 연결되었다. 말 보유로 인해 서기전 5200~서기전 4800년경 최초의 가축 사육과 더불어 서부 초원 전역을 휩쓸었던 최초의 경제적·의례적·장식적·정치적 혁신의 분출에 또 하나의 요소가 추가되었다.

길들인 말이란 무엇인가

초기의 길들인 말의 뼈는 야생 사촌들의 뼈와 구별하기 어렵기 때문에 우리는 말 치아의 마모 흔적을 조사하기로 결심했다. 1967년 러시아 동물학자 비비코바(V. I. Bibikova)는 길들인 말의 두개골 유형을 규정하려 했지만, 그녀의 몇 안 되는 표본으로는 대부분의 동물학자가 신뢰하는 유형을 정의할 수 없었다.

야생 동물의 뼈를 가축화한 것과 구분하려면 일반적으로 두 가지 정량적인 측정값을 따른다. 개체 크기의 편차 측정과 도축했을 때 연령 및 성별의 측정이 그것이다. 기타 범주로는 자연적 분포 범위에서 멀리 떨어진 곳의 개체를 찾는 것이나 가축화와 관련한 병리적 특성을 찾는 게 포함되는데, 재갈의 흔적이 그 예다. 심심해진 말이 구유를 씹는 것도 마구간에 매인 말의 앞니에 가축화와 관련해 또 하나의 병리적 특징을 초래할 수 있을 것이다. 그러나 여기에 대해서는 아직 체계적인 연구가 이루어지지 않았다. 케임브리지 대학 맥도널드 연구소의 마샤 레빈(Marsha Levine)은 승마와 관련한 척추의 병리 현상을 조사했다. 하지만 척추는 연구하기가 어렵다. 척추는 쉽게 부러지고 쉽게 부패한다. 그 때문에 대부분의 고고학적 표본에서 척추의 빈도는 낮고 또한 단지 흉부의 꼬리 쪽 척추뼈〔caudal thoracic vertebrae(Tll-18)〕8개만 기마로 인한 병리적 특성을 보이는 것으로 알려졌다. 따라서 말의 가축화와 관련한 논쟁은 여전히 앞의 두 방법에 집중되는 경향이 있다.[8]

크기-편차 방법

크기-편차(size-variability) 방법은 2개의 가정에 기초한다. (1) 가축화한 개체군은 보호를 받는 까닭에 성체가 되도록 살아남은 개체의 몸집과 키가 훨씬 다양하다. 요컨대 **편차가 크다**. (2) 가축화한 개체군의 평균 크기는 전체적으로 감소한다. 왜냐하면 우리 감금, 운동 제한, 제한된 식단 등이 **평균 크기를 줄이기** 때문이다. 이런 패턴을 탐구하는 데 다리뼈 측정(주로 관절구와 뼈 몸통의 너비 측정)을 이용한다. 이런 방법은 소와 양의 다리뼈 측정으로 보면 상당히 잘 들어맞는 듯하다. 편차의 증가와 평균 크기의 감소는 분명 길들인 소와 양의 상태와 부합한다.

하지만 그 근저에 깔린 가정을 최초의 말 길들이기에도 적용할 수 있는지는 아직 알려지지 않았다. 아메리카 인디언은 말을 울타리 안에서가 아니라 발목 틀(hobble: 걸을 수는 있지만 달리지는 못하도록 앞다리 2개를 연결해서 묶는 짧은 끈)로 관리했다. 초기 말 길들이기의 주요 장점(유지하는 데 드는 노동력이 적다는 점)은 말이 스스로 풀을 뜯도록 허용할 때만 실현할 수 있었다. 우리와 울타리는 이러한 목적에 맞지 않았다. 길들인 말이라도 야생말과 똑같은 환경에서 풀을 뜯고 생활한다면 크기가 줄어들지 않고 크기의 편차도 늘지 않을 것이다. 말이 소나 양처럼 겨울 동안 우리에 갇혀 먹이를 받아먹을 때나 혹은 서로 다른 무리로 나뉘어 서로 다른 관리 및 훈련을 받을 때, 즉 어떤 무리는 기마용으로 어떤 무리는 전차용으로 또 어떤 무리는 고기나 젖을 생산하는 용도로 나뉠 때라야 이런 변화가 일어날 것으로 예상할 수 있다.

말 기르기의 최초 단계, 곧 말이 마음대로 돌아다니고 고기를 얻기 위해 관리될 때 인간의 통제로 인해 초래된 크기의 감소는 각기 다른 지역 개체군 사이의 자연적인 크기 차이에 의해 희석되었을 것이다. 유럽 중부 및 서부에 살고 있던 야생말은 초원에 사는 것들보다 크기가 작았다. 그림 10.3에서 그래프의 왼쪽 막대 3개는 빙하기에서 신석기 초기까지 독일의 야생말을 나타낸다. 이들은 상당히 작았다. 네 번째와 다섯 번째 막대는 삼림-초원과 초원-가장자리 지대의 말인데 상당히 크다. 우크라이나 중앙 초원에 있는 데레이프카의 말은 더욱 커서 75퍼센트가 어깨 높이 133~137센티미터(13~14핸드)에 분포한다. 카자흐스탄 북부에 있는 보타이(Botai)의 말은 더욱 커서 종종 14핸드(hand: 말의 키를 재는 단위. 1핸드는 10.16센티미터에 해당─옮긴이) 이상이었다. 인간의 간섭이 전혀 없어도 말 개체군의 서-동 이동이 평균 크기의 차이를 초래했다. 그리하여 최초 단계에서는 이제 편차의 증가만이 가축화의 표지로 남았다. 그리고 편차는 표본의 크기에 매우 민감해서(즉 뼈의 표본이 많을수록 매우 작거나 큰 개체를 찾아낼 확률이 높아진다) 편차의 변화 자체로는 표본-크기 효과(sample-size effect)에서 벗어나기 어렵다.

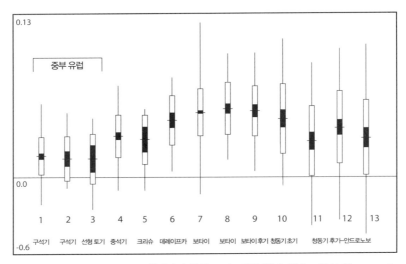

그림 10.3 가축화한 말의 뼈를 확인하기 위한 크기-편차 방법. 박스-휘스커(box-and-whisker) 그래프는 13개 고고학 유적에 있는 말 집단의 다리뼈 굵기를 보여주는데, 가장 오래된 유적지(구석기)의 것이 왼쪽에 있고 가장 최근의 것(청동기 후기)은 오른쪽에 있다. 극단적 수치를 보이는 휘스커(그림에서 수염처럼 생긴 기다란 선—옮긴이)는 주로 표본의 크기에 가장 큰 영향을 받기 때문에 모집단의 크기 편차를 드러내는 지표로 신뢰할 수 없다. 하얀 박스는 평균으로부터 두 표준편차의 거리를 보여주는 것으로서 편차를 드러내는 지표로 신뢰할 만하며, 일반적으로 비교하는 것은 바로 이것이다. 10번 막대에서 편차 측정값의 증가를 말 길들이기 시작의 증거로 채택했다. 출처: Benecke and von den Dreisch 2003, 그림 6.7과 6.8 조합.

크기-편차 방법에 의하면 말의 가축화는 서기전 2500년 무렵으로 추정된다. 유의미한 평균 크기의 축소와 편차의 증가가 나타나는 최초의 유적은 헝가리 체펠-하로스(Csepel-Háros)의 벨 비커(Bell Beaker: 종 모양 토기 잔—옮긴이) 문화 유적(서기전 2500년 무렵으로 추정)으로, 그림 10.3에서는 10번 막대로 표현했다. 뒤이어 유럽과 초원의 많은 유적지가 비슷한 양상을 보인다. 서기전 4200~서기전 3700년경으로 추정되는 우크라이나의 데레이프카(11장 참조)와 카자흐스탄의 보타이 문화(서기전 3700~서기전 3000년경)에 이런 통계적 지표가 없다는 사실이 서기전 2500년 이전에는 말을 길들이지 않았다는 증거로 널리 받아들여졌다. 그러나 초기 야생말의 상당한 지역적 크기 차이, 표본 크기에 대한 편차 측정값의 민감성 그리고 최초의 길들인 말에 대한 이런 방식의 적용 가능성에 대한 기본적 의문, 이 세 가지가 다른 종류의 증거를 찾아내야 하는 이유다. 서기전 2500년 이후 새로 등장하는 말 크기의 상당한 편차는 최초의 길들이기가 아니라 후대에 발전한 특수한 사육법이나 기능(승마나 전차 끌기 따위―옮긴이)의 반영일 수 있다.[9]

사망 연령 통계

두 번째 계량화할 수 있는 방법은 도축했을 때의 연령과 성별을 연구하는 것이다. 도축하기 위해 고른 가축은 사냥으로 얻은 것과 연령 및 성비가 달라야 한다. 목축민은 젊은 수컷이 성체의 고기 무게에 도달하는 순간, 즉 두세 살에 도축할 것이다. 말을 기르는 이들이 차지한 장소에서 명백한 수컷의 뼈는 매우 적을 것이다. 왜냐하면 말의 뼈에서 핵심 표지는 송곳니의 발아 여부인데 송곳니는 네다섯 살, 즉 수컷을 고기 획득용으로 도축할 나이가 지나야 나기 때문이다. 암컷들은 새끼를 낳는 용도로 열 살 이상까지 살려두었을 것이다. 반면, 사냥꾼들은 야생말의 가장 예측 가능한 요소를 이용했을 것이다. 요컨대 표준적인 야생말 사회 집단, 즉 종마-암컷들로 이루어져 있고 자기 영역 안에서 잘 알려진 길을 따라 다니는 집단에 노력을 집중했을 것이다. 이 표준적인 종마-씨받이 암컷 무리를 정기적으로 사냥할 경우 포획하는 장년기 종마(여섯 살에서 아홉 살의 수컷)의 수는 적고 새끼를 낳을 수 있는 연령의 암컷(세 살에서 열 살) 및 아직 성숙하지 않은 어린 것들의 수는 많을 것이다.[10]

하지만 그 밖에 많은 사냥 및 도태 패턴이 가능하고, 오래 이용한 거주지에서는 이런 양상이 서로 포개질 수 있다. 또한 말의 뼈 중 아주 일부만 성별을 나타낸다. 예컨대 성숙한 수컷(다섯 살 이상)은 송곳니를 가진 반면 암컷들은 대개 송곳니가 없다. 성숙한 암컷은 골반으로도 구분이 된다. 송곳니가 박힌 말의 턱은 흔히 남아 있는 게 아니라서 성별에 관한 자료는 간헐적으로 나타난다. 연령은 어금니로 추정하는데, 이는 상당히 잘 보존된다. 따라서 연령 추정용 표본은 일반적으로 좀더 크다. 그러나 턱에 그대로 박혀 있지 않고 탈구된 말의 어금니에 정확한 나이를 부여하는 것은 어려우며, 고고학 유적에서 치아는 종종 탈구된 채로 발견된다. 우리는 각각의 치아에 부여한 매우 넓은 연령 범위를 줄이는 방법을 고안해야 한다. 더욱이 치아는 머리의 일부이고, 머리는 특별한 대우를 받을 가능성이 있다. 분석 목적이 어떤 말을 식용으로 도살했는지 결정하는 것이라면, 머리가 반드시 인간의 식단을 보여주는 가장 직접적인 표지는 아니다. 만약 유적지 주민이 장년 종마의 머리를 의례에 사용하기 위해 남겨두었다면, 그 유적에서 발굴한 말의 치아는 그 의례를 반영하는 것이지 식용 도축을 반영하는 것은 아니다.[11]

마샤 레빈은 초원의 말 길들이기 연구에 핵심적인 두 유적, 곧 우크라이나 데레이프카 유적(서기전 4200~서기전 3700년)과 카자흐스탄 북부의 보타이 유적(서기전 3700~서기전 3000년)에서 나온 말의 나이와 성별 자료를 연구한 결과 두 유적의 말이 모두 야생이라고 결론지었다. 데레이프카에서 발견한 치아 대부분은 나이가 다섯 살에서 일곱 살에 몰려 있는 동물의 것이었고, 하악골 16개 중 14개는 성숙한 수컷의 것이었다.[12] 이는 데레이프카에서 출토된 말 머리 대부분이 장년 수컷의 것으로서 기르는 개체를 도축할 때 예상할 수 있는 패턴이 아니었다. 그러나 이를 사냥으로 잡은 개체군의 패턴으로 보는 것도 이상하다. 왜 사냥꾼들은 장년 수컷만

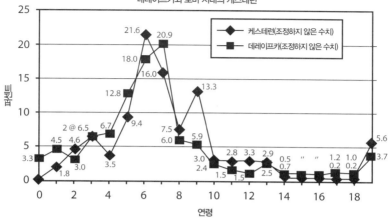

그림 10.4 가축화한 말의 뼈를 확인하기 위한 사망 연령 방법. 이 그래프는 동석기 말기 우크라이나 데레이프카의 말과 네덜란드 케스테런의 로마 시대 가축화한 말의 사망 연령 통계치를 비교한 것이다. 이 두 그래프는 놀랄 만큼 유사하지만 하나는 '야생'말의 이력으로, 다른 하나는 '가축화한' 말의 이력으로 해석할 수 있다. 출처: Levine 1999, 그림 2.21.

죽였을까? 레빈은 데레이프카 사냥꾼들이 말 무리를 **몰래 뒤쫓자** 종마들의 시선을 끌었고, 녀석들이 거느리고 있는 암컷들을 보호하기 위해 앞으로 나설 때 죽였다는 의견을 제시했다. 그러나 탁 트인 초원에서 말 무리를 쫓는 것은 도보 사냥꾼들이 말을 공격하기에는 가장 비생산적인 방법처럼 보인다. 왜냐하면 말은 공격자들에게 다가오기보다 무리에 경고를 보내고 달아나는 경향이 있기 때문이다. 도보 사냥꾼들은 말이 습관적으로 다니는 길에 매복하는 방법을 이용해 짧은 거리에서 공격했을 것이다. 나아가 데레이프카의 종마 위주 살해 패턴은 네덜란드 케스테런(Kesteren)의 로마 시대 군대 묘지의 도살 패턴과 가깝게 들어맞는다(그림 10.4). 케스테런의 말은 분명히 길들인 것이었다. 반면 보타이에서는 연령-성별의 윤곽이 야생의 한 무리를 성별이나 연령의 구분 없이 한꺼번에 죽였을 경우 예상할 수 있는 패턴과 일치했다. 두 유적지 말뼈의 윤곽은 다르지만, 레빈은 두 곳의 말이 모두 야생이었다고 결론지었다. 연령 및 성별과 관련한 개요는 수많은 다른 해석에 대해 열려 있다.

야생말을 가축 말과 구분하는 게 힘들다면, 단지 저녁 식사용으로 쓰는 말과 기마용 말의 뼈를 구분하는 것은 이중으로 힘들다. 기마는 말의 뼈에 많은 흔적을 남기지 않는다. 그러나 재갈은 치아에 흔적을 남기며, 치아는 아주 잘 보존된다. 마차를 몰든 등에 올라타든 재갈은 오직 말을 뒤에서 조종하는 목적으로 사용한다. 짐말처럼 말을 앞에서 끌 경우에는 재갈을 쓰지 않는다. 앞에서 당기면 재갈이 튀어나올 것이기 때문이다. 치아에 남은 재갈로 인한 마모 흔적은 기마 혹은 마차 조종을 드러낸다. 재갈 마모 흔적이 없는 것은 아무것도 의미하지 않는다. 왜냐하면 다른 방식의 조종법(코끈, 재갈 없는 고삐)은 아무런 흔적도 남기지 않을 것이기 때문이다. 그러나 재갈 마모 흔적의 '존재'는 기마나 마차 조종의 확실한 표지다. 이것이 우리가 이 문제를 추적하는 이유다. 재갈 마모 흔적은 기마의 기원에 관한 오래된 논쟁에 종지부를 찍을 결정적 증거일 수 있으며, 더 나아가 말의 가축화에 관한 논쟁의 결정적 증거일 수도 있다.

재갈 마모 흔적과 기마

●

1985년 브라운과 나는 스미소니언을 떠난 후 아랫니의 두 번째 소구치(P₂), 즉 재갈 씹기로 가장 큰 영향을 받는 치아를 수집하느라 몇 년을 보냈다. 결국 우리는 현대의 말 72마리로부터 P₂ 139개를 모았다. 그중

40마리는 가축 말로서 펜실베이니아 대학과 코넬 대학의 '수의 부검 연구실'에서 처리한 것이었다. 이것들은 모두 현대의 금속 재갈을 사용했다. 우리는 그들의 나이·연령·용도(사냥, 여가, 수레 끌기, 경주, 혹은 짐 끌기)에 관한 정보를 얻었고, 일부 말의 경우 재갈을 채운 빈도와 재갈의 종류도 알아냈다. 또 다른 13마리는 뉴욕 주립대학 코블스킬 캠퍼스의 '말 조련 및 행동 프로그램(Horse Training and Behavior program)'에서 확보한 것이다. 그중 일부는 재갈을 채운 적이 없었다. 우리는 마치 치과 의사들이 치아에 크라운을 씌울 때 본을 뜨듯 이 말들의 치아 본을 떴다. 우리는 살아 있는 말을 대상으로 이런 일을 한 것은 우리가 처음이라고 생각한다. 한 번도 재갈을 채우지 않은 야생말 일부를 메릴랜드 주 애서티그(Assateague)의 대서양 보초도에서 얻었다. 그들의 부서진 뼈와 치아는 펜실베이니아 주립대학의 론 카이퍼(Ron Keiper)가 발견했다. 정기적으로 애서티그 말을 쫓고 연구한 그는 관대하게도 우리에게 자신이 발견한 것들을 보여주었다. 1988년 목장 주인에 의해 살해된 네바다 무스탕 16마리는 우리가 수집한, 재갈을 물리지 않은 P_2 대부분을 제공했다. 나는 그 사건에 대해 읽고 몇 번 전화를 한 끝에 살해 장소를 나중에 기록으로 남긴 토지국(Bureau of Land Management)으로부터 그 하악골을 넘겨받을 수 있었다. 여러 해가 흐른 후―별도의 연구에서―플로리다 대학의 크리스천 조지(Christian George)는 150만 년 전의 '말과 동물' 화석 최소 58개에서 얻은 113개의 P_2에 우리의 방법을 적용했다. 에쿠우스 '레이디'(Equus 'leidyi')종의 이 동물들은 플로리다 주 레이지(Leisey) 근처의 홍적세(Pleistocene) 매장층에서 발굴되었다. 조지의 '레이지 말과 동물(Leisey equids)'(현대의 말과 똑같은 크기, 먹이, 치아 구조를 가졌음)은 사람을 한 번도 본 적이 없으니 재갈은 더더욱 본 적이 없었다.[13]

우리는 모든 P_2의 고해상도 본을 주사전자현미경(Scanning Electron Microscope, SEM) 아래서 검토했다. 현미경은 재갈을 씹는 행동이 놀랄 만큼 일반적으로 행해진다는 것을 보여주었다(그림 10.5). 재갈 물린 말의 90퍼센트 이상이 P_2에 재갈을 씹어 생긴 마모 흔적을 갖고 있었는데, 종종 한쪽만 그랬다. 재갈 또한 씹혀서 생긴 흔적이 있었다. 기마도 마차와 똑같은 흔적을 남겼는데, 이 재갈 마모 흔적을 만든 것은 기수나 마부가 아니라 재갈을 물었다 놓았다 반복한 말 자신이기 때문이다. 금속 재갈이나 심지어 '골제 재갈(뼈로 만든 재갈—옮긴이)'도 치아 교합면의 법랑질에 확인 가능한 미세한 긁힘 흔적을 남겼다. 마모면은 일반적으로 첫 번째, 즉 아래 어금니 근심 모서리에 국한되었지만 두 번째 어금니로 확장된 경우도 많았다. 이런 식의 마모 흔적(우리의 용어에 따르면 'a형' 흔적)은 현미경으로 보면 쉽게 식별할 수 있다. 모든 재갈은 단단한 것(금속 혹은 뼈)이든 부드러운 것(로프 혹은 가죽)이든 두 번째 유형의 마모 흔적을 만든다. 치아 앞쪽(근심) 모서리에 생긴 마모 경사면이 그것이다. 이 경사면은 직접적인 압력(특히 뼈나 금속으로 만든 단단한 재갈의 경우), 곧 재갈이 치아 사이에 반복적으로 압력을 줄 때 치아의 법랑질을 약화하거나 금을 내서 생기기도 하고, P_2의 근심 모서리 위에서 재갈이 앞뒤로 미끄러지며 생기기도 한다. 금속 재갈은 두 종류의 마모를 동시에 만든다. 요컨대 재갈 씹기로 인해 교합면 법랑질에 생긴 긁힘과 치아의 근심 모서리에 생긴 마모 경사면이 그것이다. 그러나 로프로 만든 재갈이 아마도 최초의 유형이었을 것이다. 로프로 만든 재갈 하나로 말 치아의 법랑질에 가시적인 흔적을 남길 수 있을까?

국립과학재단의 보조금을 얻고 뉴욕 주립대학 코블스킬 캠퍼스의 도움을 받아 우리는 한 번도 재갈을 물지 않은 말 4마리를 확보했다. 그 말들

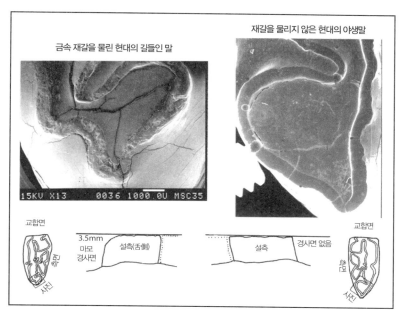

그림 10.5 현대 말들의 아래쪽 두 번째 소구치에 재갈 흔적이 있는 경우와 없는 경우. 왼쪽: 금속 재갈을 물린 길들인 말의 치아 첫 번째 교두부를 13배율로 찍은 주사전자현미경 사진의 'a형' 긁힌 부분. 그림에 따르면 똑같은 교두부에 3.5밀리미터 깊이의 경사면, 즉 마모면이 나타난다. 오른쪽: 한 번도 재갈을 물리지 않은 네바다 야생말의 치아 첫 번째 교두부의 매끈한 표면을 찍은 주사전자현미경 사진. 그림은 경사면이 없는 90도의 각도를 보여준다.

은 '말 조련 및 행동 프로그램'을 진행 중인 코블스킬에서 다른 말 35마리와 함께 마구간에서 사육하던 것이었다. 말들은 마음대로 활보하는 말의 자연적 치아 마모를 모방하기 위해 건초와 목초만 먹고 부드러운 음식은 먹지 않았다. 우리는 각각의 말에 각기 다른 유기물 재갈(가죽, 말총, 대마 밧줄, 뼈)을 물리고 150시간씩, 4마리를 합해 총 600시간을 탔다. 말총 줄로 만든 재갈은 평원 인디언의 고전적인 '전투용 말굴레'처럼 아래턱 주위로 밧줄을 둘러 고정시켰지만 말은 여전히 혀로 이 고리를 느슨하게 만들어 씹을 수 있었다. 그 밖의 재갈은 부싯돌 도구로 다듬은 뿔로 된 빰대

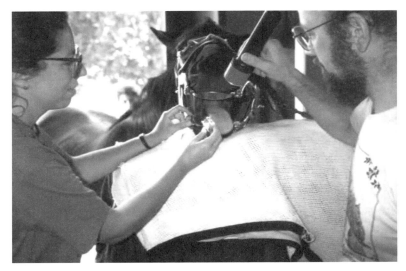

그림 10.6 1992년 뉴욕 주립대학교 코블스킬 캠퍼스에서 유기물 재갈을 물린 말의 P_2에서 고해 상도 본을 뜨고 있는 브라운과 앤서니.

(cheek-pieces)로 고정했다. 영문을 모르는 수의사가 네 번에 걸쳐 각각의 말을 마취시켰다. 우리는 마취된 말의 입을 벌리고 치아를 닦아 말린 다음 혀를 옆으로 뽑아 P_2의 본을 떴다(그림 10.6). 이렇게 우리는 시간의 경과에 따라 재갈로 인한 마모가 어떻게 진행되는지 추적하고, 골제 재갈(딱딱한 재갈)과 가죽 혹은 밧줄로 만든 재갈(부드러운 재갈)이 만든 마모 흔적의 차이를 알아냈다.[14]

기마 실험은 부드러운 재갈도 마모 흔적을 남긴다는 것을 증명했다. 마모의 실제 원인은 재갈 안 혹은 밑에 붙어 있는 미세한 모래(grit)일 것이다. 왜냐하면 모든 연성 재갈은 치아의 법랑질보다 강도가 낮은 재질이기 때문이다. 150시간을 탄 후 가죽이나 밧줄로 된 재갈은 P_2의 첫 번째 교두 법랑질을 1밀리미터가량 깎았다(그림 10.7). 밧줄이나 가죽 재갈을 쓴

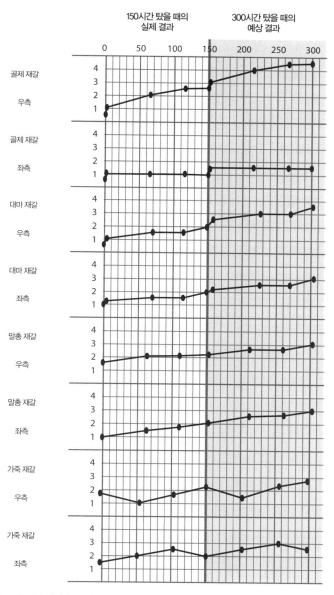

| 0 | 50 | 100 | 150 | 200 | 250 | 300 |

골제 재갈

우측

골제 재갈

좌측

대마 재갈

우측

대마 재갈

좌측

말총 재갈

우측

말총 재갈

좌측

가죽 재갈

우측

가죽 재갈

좌측

그림 10.7 유기물 재갈을 물려 150시간 이상 탔을 때 말 치아 마모면의 경사 정도를 밀리미터 단위로 측정한 값과 300시간 동안 계속 탔을 경우 마모면 경사도의 예상치를 보여주는 그래프

표 10.1 재갈을 물린 경우와 물리지 않은 경우 성체 말(만 3세 이상)의 P_2 경사도 측정값(단위: mm)

	재갈을 물린 적 없는 길들인 말 (16마리/31개 치아)	홍적세 레이지 '말과 동물' (44마리/74개 치아)	재갈을 물린 길들인 말 (39마리/73개 치아)	매일 재갈을 물린 길들인 말 (13마리/24개 치아)
중간값	0.5	1.1	2.5	4.0
평균	0.79	1.1	3.11	3.6
표준편차	0.63	0.71	1.93	1.61
변동 폭	0~2	0~2.9	0~10	1~7

말 세 마리의 치아 평균 경사도 측정값은 실험이 끝날 때 실험 전의 평균보다 2 표준편차(표준편차의 2배 — 옮긴이) 이상 컸다.[15] 밧줄과 가죽으로 된 재갈은 씹기에도 불구하고 잘 유지되었지만, 대마 재갈은 몇 차례 관통되었다. 부드러운 재갈을 씹은 말의 치아도 금속이나 골제 재갈을 씹은 경우와 마찬가지로 P_2의 똑같은 부분에 똑같은 정도의 마모 경사면을 만들어냈지만, 마모면이 미세하게 부드럽고 윤이 나서 거칠지는 않았다. 우리가 실험했던 골제 재갈을 포함해 단단한 재갈은 교합부 법랑질 마모면에 독특한 'a형' 마모 흔적을 남겼지만 부드러운 재갈은 그렇지 않았다. 부드러운 재갈의 마모 흔적은 P_2 표면의 긁힘 자국이 아니라 마모면의 깊이를 측정함으로써 가장 명백하게 밝힐 수 있다.

표 10.1은 한 번도 재갈을 물리지 않은 현대의 말(왼쪽 열), 재갈을 물린 적 없는 홍적세 북아메리카 '말과 동물'(가운데 왼쪽), 가끔씩 재갈을 물린 것을 포함해 재갈을 물린 가축 말(가운데 오른쪽), 우리가 본을 뜨는 날까지 매일 최소 다섯 시간씩 재갈을 물린 가축 말의 더 작은 하위 집단(오른쪽)의 마모 경사도 측정값을 보여준다. 마모면의 깊이 측정으로 재갈을 물린 73개의 치아를 물리지 않은 105개와 쉽게 구별할 수 있었다. 재갈을 물리

지 않은 경우의 평균과 물린 경우의 평균은 유의 수준 0.001 이하에서 차이가 있었다. 그리고 두 평균은 4 표준편차(표준편차의 4배 — 옮긴이) 이상 차이가 났다. 따라서 경사도 측정은 재갈을 물린 성체와 한 번도 물리지 않은 성체를 **모집단으로**(as populations) 구분한다.[16]

우리는 경사면 깊이 측정값 3.0밀리미터를 고고학적 말 치아의 재갈 마모 흔적을 인정하는 최소치로 설정했다(그림 10.8). 가끔씩 재갈을 물린 말의 치아 중 절반 이상이 경사도 3밀리미터에 이르지 못했다. 그러나 우리가 가진 표본 중 3밀리미터 이상의 경사도를 보이는 치아는 모두 재갈을 물린 말의 것이었다. 그래서 마지막으로 남은 질문은 우리의 표본이 얼마나 정확한지 여부였다. 부정교합에 의해 3밀리미터 깊이의 마모면이 야생말의 P_2에서 발생할 수 있을까? 재갈 마모 흔적에 대한 비판은 이 문제에 집중되어 있다.[17]

갓 영구 소구치가 난 매우 젊은 말은 치아 표면이 자연적으로 울퉁불퉁하다. 아직 반대편 치아와 서로 교합해 마모되지 않았기 때문이다. 이런 이유로 우리는 두세 살짜리 말을 제외해야 한다. 그러나 홍적세에서 오늘날까지의 성숙한 '말과 동물'로부터 얻은 것으로서 한 번도 재갈을 물리지 않은 말의 측정 가능한 105개 P_2 중 '자연적인' 경사도(경사면 깊이 — 옮긴이)가 2밀리미터 이상인 경우는 일반적이지 않았고(치아 중 3퍼센트 미만), 2.5밀리미터 이상인 경우는 극단적으로 드물었다(1퍼센트 미만). 재갈을 물린 적 없는 말의 치아 105개 중 경사도가 2.5밀리미터 이상 되는 것은 레이지 말에서 나온 치아 한 개로, 마모면의 깊이가 2.9밀리미터였다. 반면, 재갈을 물린 성숙한 말 치아의 경우 58퍼센트가 2.5밀리미터 이상의 마모 깊이를 보였다.[18]

성숙한 말의 P_2에 난 3밀리미터 깊이 이상의 마모 경사면은 극단적으로 드문 부정교합이나 매우 일반적인 재갈 물리기의 효과 중 하나의 증

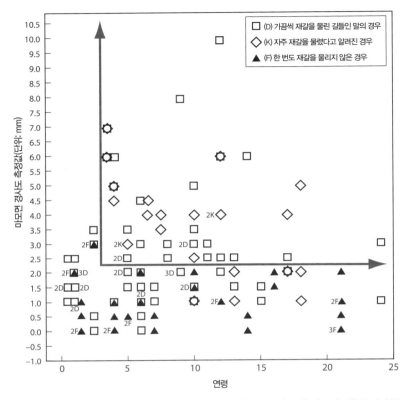

그림 10.8 우리의 1998년 자료에 기초한 마모면 경사도 측정값 그래프. 한 번도 재갈을 물리지 않은 경우, 가끔씩 물린 경우, 빈번하게 물린 경우 말 치아의 마모면 경사도(단위: mm)가 말의 나이에 따라 점으로 찍혀 있다. 모든 길들인 말의 나이는 정확히 알려져 있고, 모든 야생말은 손상되지 않은 앞니가 있는 하악골 전체를 조사함으로써 나이를 매겼다. 화살표는 야생말 및 세 살 이하의 말을 제외하고 재갈을 물린 적이 있는 말만 포함한다. 출처: Brown and Anthony 1998.

거다. 만약 고고학 유적지에서 단 한 마리의 성숙한 말 치아에 3밀리미터 이상의 마모 흔적이 나온다면, 그 이유로 재갈로 인한 마모를 제시할 수 있지만 이것으로 끝이 아니다. 만약 한 유적에서 여러 마리의 성숙한 말이 근심 경사도 측정에서 3밀리미터 이상을 보인다면, 그들은 재갈을 물렸던 말일 것이다. 나는 우리의 방법이 매우 작은 특성, 즉 겨우 몇 밀리미터 깊이의 마모 경사면을 정확히 측정하는 데 달려 있다는 것을 강조해야겠다. 성숙한 '말과 동물'의 P_2 치아 178개를 측정한 바에 따르면, 2밀리미터와 3밀리미터의 차이는 극단적으로 중요하다. 재갈 마모 흔적을 둘러싼 어떤 논의에서도 정확한 측정이 필요하며, 젊은 동물은 배제해야 한다. 그러나 누군가가 P_2 경사면의 깊이가 3밀리미터 이상인 야생말 개체군을 발견할 때까지는(요컨대 재갈 없이도 3밀리미터 이상의 마모면이 나타난다는 증거를 제시할 때까지는—옮긴이), 우리가 정의한 재갈 마모 흔적은 그 말이 사람을 태웠거나 마차를 끌었다는 것을 나타낸다.[19]

인도·유럽어 사용자의 이주와 데레이프카의 재갈 마모 흔적

많은 고고학자와 역사학자들은 20세기의 첫 50년 동안 말은 인도·유럽어 사용자, 즉 종종 구체적으로 아리안이라고 특정 짓는 이들에 의해 최초로 길들여졌다고 생각했다. 아울러 말이 끄는 전차를 발명한 것도 그들이라고 생각했다. 이런 아리안에 대한 매료, 피터 롤윙(Peter Raulwing)의 용어로 말하면 "아리오마니아(Ariomania)"가 제2차 세계대전 이전의 기마와 전차에 관한 탐구를 지배했다.[20]

1964년 디미트리 텔레긴이 우크라이나의 데레이프카에서 일고여덟 살 짜리 종마의 머리-발굽이 개 두 마리의 유해와 함께 묻혀 있는 것을 발굴했는데, 이는 일종의 의례용 매장물로 보인다(그림 11.9 참조). 데레이프카 거주지에서 스레드니스톡 문화의 건축물 셋과 엄청나게 많은 말뼈(출토된 뼈 전체의 63퍼센트)가 나왔다. 10개의 방사성 탄소 연대 측정값에 의하면 스레드니스톡 거주지는 드네프르-도네츠 II와 초기 흐발린스크 시기에 이어 서기전 4200~서기전 3700년 무렵으로 나온다. 키예프 고고학연구소의 수석 고생물학자 비비코바는 1967년 그 종마가 길들여진 것이라고 선언했다. 유명한 헝가리 동물학자이자 헝가리 고고학연구소 소장 산도르 뵈쾨니는 데레이프카 유적 말 다리뼈 크기의 커다란 편차를 언급하며 비비코바의 의견에 동의했다. 독일의 동물학자 노비스(G. Nobis) 또한 동의했다. 1960년대와 1970년대 동안 데레이프카에서 말 길들이기가 있었다는 것이 널리 받아들여졌다.[21]

캘리포니아 대학 로스앤젤레스 캠퍼스의 마리야 김부타스에게 데레이프카의 길들인 말은 인도·유럽어를 사용하는 '쿠르간 문화' 목축민이 서기전 4200~서기전 3200년 몇 번의 물결을 이루어 그녀가 고 유럽 동석기 문화로 상상하는 평등주의적 평화와 아름다움을 파괴하며 이주했다는 것을 증명하는 근거의 일부이다. 그러나 대부분의 서방 고고학자들은 초원에서 서쪽으로 인도·유럽어 사용자들의 이주가 일어났다는 생각을 받아들이지 않았다. 그들은 점점 더 이주에 기초해 문화의 변화를 설명하는 것에 회의적인 태도를 갖게 되었다. 1980년대 동안 '쿠르간 문화'의 동부 및 중부 유럽으로의 대규모 침입이라는 김부타스의 시나리오는 대체로 부정되었는데, 특히 독일 고고학자 호이슬러(A. Häusler)가 이런 시나리오에 반대했다. 1989년 짐 맬러리의 인도·유럽어 고고학에 대한 걸출한 논평에 김부타스의 초원 고향설과 초원 내부 및 주위의 이동이 증가하는 동안 세 번의 이주 물결이 있었다는 주장이 실려 있다. 그러나 맬러리는 특정한 고고학적 문화를 특정한 인도·유럽어 지파 언어를 쓰는 이들의 특정한 이주와 연결시키는 데 훨씬 덜 낙관적이다. 나를 포함한 또 다른 이들은 김부타스의 고고학과 비비코바의 데레이프카 말 해석을 모두 비판했다. 1990년 마샤 레빈이 데레이프카 말의 연령과 성비가 야생의 사냥한

말과 일치한다고 선언하면서 기마 및 쿠르간 문화 침입 가설에 종지부를 찍은 것처럼 보였다.[22]

1989년 키예프의 동물학연구소를 방문한 브라운과 나는 한 해 전 레빈이 그곳을 다녀갔다는 사실을 알았다. 고위급 동물학자 나탈랴 벨란(Natalya Belan)의 유쾌한 도움 덕에 우리는 우크라이나의 수많은 유적지에서 발굴한 말 P_2 수십 개의 본을 떴다. 우리는 카스피 해 연안 저지의 바르폴로미예프카 동석기 초기 유적의 P_2 하나(마모 흔적 없음), 루카브루블레베츠카야의 트리폴리에 A 거주지 유적의 것 하나(마모 흔적 없음), 우크라이나의 중석기 및 구석기 유적지에서 가져온 것 몇 개(마모 흔적 없음), 스키타이와 로마 시대 무덤에서 나온 것 여러 개(마모 흔적 많음. 일부는 매우 심함) 그리고 의례용으로 살해된 데레이프카의 종마 및 그 밖에 네 마리 말의 P_2를 조사했다. 우리는 데레이프카 의례용 말의 치아를 보자마자 마모 흔적이 있음을 알아냈다. P_2 마모면의 깊이는 3.5밀리미터와 4밀리미터였고, 첫 번째 교두 법랑질은 깊게 긁혀 있었다. 방사성 탄소 연대 측정값이 서기전 4200~서기전 3700년으로 측정된 1미터 깊이의 후기 동석기 문화층에 묻혀 있었다는 것을 감안하면, 이 의례용 종마는 기존에 알려진 가장 오래된 기마 증거보다 2000년가량 앞선 것이다. 데레이프카에서는 그 밖에 겨우 4개의 P_2만 건져냈는데, 2.5살 이하 말의 젖니 2개(측정 불가)와 성숙한 말의 치아지만 재갈 흔적이 없는 것 2개였다. 그래서 우리의 사례는 오직 한 마리 말에 기초한 것이다. 그러나 이는 매우 분명한 마모 흔적으로서 현대의 금속 재갈을 물린 경우와 놀랄 만큼 비슷했다. 1991년 우리는 〈사이언티픽 아메리칸(Scientific American)〉과 영국 잡지 〈고대(Antiquity)〉에 데레이프카의 말에서 재갈로 인한 마모 흔적을 발견했다고 발표했다. 잠시 동안 우리는 너무나 들떠서 뒤이어 나타날 논쟁을 걱정하지 않았다.[23]

논쟁은 호이슬러가 1992년 베를린에서 열린 회의 때 우리에게 이의를 제기하면서 시작되었다. 그는 데레이프카의 종마가 동석기 시대의 것이거나 의례용이라고 생각하지 않았다. 또한 그것을 중세의 쓰레기층에서 나온 것으로 간주하고, 동석기 시대 초원 어느 곳에도 말 의례 증거는 없다고 생각했다. 그 마모 흔적이 금속 재갈로 인해 생긴 흔적과 비슷하다는 게 문제였다. 왜냐하면 동석기 시대에 금속 재갈은 존재할 수 없기 때문이다. 호이슬러가 겨눈 표적은 재갈 흔적이나 심지어 말 길들이기보다 컸다. 그는 경력 대부분을 김부타스의 '쿠르간 문화' 이주 가설과 인도·유럽어의 초원 고향설을 반박하는 데 바쳤다.[24] 데레이프카의 말은 더 큰 논쟁의 작은 부분일 뿐이다. 그러나 이와 같은 비판으로 인해 우리는 말의 두개골 자체에서 직접적인 자료를 얻어야만 했다.

텔레긴이 우리에게 처음 그 종마를 발견한 발굴 현장의 똑같은 층에서 얻은 뼈 표본을 보내왔다. 그것의 방사성 탄소 연대 측정값은 서기전 90~서기전 70년 사이로(OxA 6577), 문제의 첫 번째 조짐이었다. 그는 또 하나의 이례적인 방사성 탄소 연대 측정값, 즉 서기전 3000년의 측정값을 보이는 뼈 한 조각을 획득했는데, 이는 우리의 첫 번째 표본처럼 그 종마 자체의 뼈가 아닌 것처럼 보였다(Ki 5488). 마지막으로, 그는 재갈 흔적이 있는 의례용 말의 P_2 한 점을 보내주었다. 옥스퍼드 방사성탄소실험실은 그 연대를 서기전 410~서기전 200년으로 측정했다(OxA 7185). 동시에 키예프 방사성탄소실험실은 두개골에서 떼어낸 뼈 조각으로 서기전 790~서기전 520년의 측정값을 얻었다. 이 두 표본의 연대를 종합하면 서기전 800~서기전 200년 사이였다.

결국 데레이프카의 '종마-개' 매장층은 스키타이 시절의 것이었다. 그 말의 치아에 기타 스키타이 시대의 말과 더불어 금속 재갈의 흔적이 있다 한들 놀랄 일이 아니었다. 이 말은 서기전 800~서기전 200년 어느 시기에 동석기 시대 거주지까지 파낸 구덩이에 들어간 것이었다. 1964년 그 유적의 이 부분을 발굴한 고고학자들은 이 침입 구덩이를 알아차리지 못했다. 우리가 〈고대〉에 처음 글을 실은 지 9년이 지난 2000년, 우리는 애초 제시한 데레이프카 말의 재갈 착용 연대를 철회하는 글을 같은 잡지에 실었다. 우리는 실망했지만, 그 무렵에는 재갈 흔적을 보이는 초원의 선사 유적지가 더 이상 데레이프카 하나는 아니었다.[25]

보타이와 동석기 기마
•

마모면의 깊이가 3밀리미터 이상을 보이는 가장 오랜 P_2는 카자흐스탄 북부의 보타이와 테르섹(Tersek) 문화 유적에서 나왔다(그림 10.9). 1980년대에 빅토르 자이베르트(Victor Zaibert)가 발굴한 보타이 유적은 말을 타고 말을 사냥하던 전문적인 사냥꾼들의 거주지였다. 기마 말 사냥은 오직 서기전 3700~서기전 3000년 카자흐스탄 북부 초원에서만 존재하던 특이한 경제 형태였다. 이심(Ishim) 강 동쪽의 보타이 유형과 이와 관련 있는 강 서쪽의 테르섹 유형 유적은 말뼈가 전체 뼈의 65~99.9퍼센트를 차지한다. 보타이에는 가옥 구덩이가 150개 이상(그림 10.10) 있고, 30만 개의 뼈를 발견했는데 그중 99.9퍼센트는 말뼈였다. 보타이에서 나온 다른 종의 부분적인 목록(주로 빠진 치아나 다리뼈)에는 아주 큰 '소과 동물'(바이슨(bison) 혹은 오록스)과 엘크, 붉은사슴, 노루, 멧돼지, 곰, 수달, 사이가 산양 그리고 가젤이 포함된다. 말은 사람이 도보로 사냥하기에 가장 손쉬운 동물이 아님에도 이런 동물들보다 말을 압도적으로 선호했다.[26]

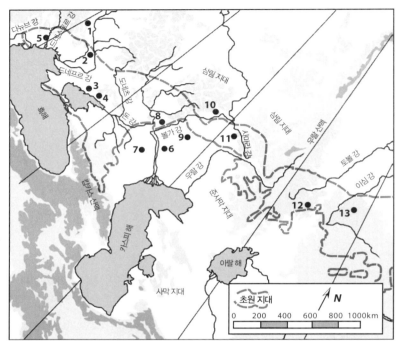

그림 10.9 서부 및 중앙 유라시아 초원 지대의 동석기 시대 혹은 그 이전 시대의 말과 관련한 유적지. 초원 생태 지대는 빗금 안에 있다. (1) 몰리우호르부고르, (2) 데레이프카, (3) 마리우폴, (4) 마트베예프 쿠르간, (5) 기르제보, (6) 카이르샥, (7) 준가르, (8) 오를로프카, (9) 바르폴로미예프카, (10) 흐발린스크, (11) 스예제, (12) 테르섹, (13) 보타이.

1992년 우리는 이번에도 마샤 레빈이 한 해 전 다녀갔다는 사실을 모른 채 카자흐스탄 페트로파블로프스크에 있는 자이베르트의 실험실을 찾았다. 우리가 보타이에서 검토한 42개의 P$_2$ 중 19개가 연구용으로 적합했다. (다수가 표면에 심각한 손상을 입었고, 일부는 세 살 이하 말의 것이었다.) 이 19개 중 5개, 즉 최소 세 마리의 치아에서 유의미한 경사도 측정값이 나왔다. 3밀리미터가 2개, 3.5밀리미터가 한 개, 4밀리미터가 한 개, 6밀리미터가 한 개였다. 손상을 입지 않은 보타이 P$_2$의 마모면은 우리의 실험에서 '부

그림 10.10 카자흐스탄 북중부의 보타이 거주지 가옥 구덩이에서 나온 말뼈 더미(서기전 3700~서기전 3000년 무렵). 고고동물학자 루보미르 페스케(Lubomir Peske)는 1995년 카자흐스탄에서 열린 국제회의 '서기전 4500~서기전 1500년 유라시아 초원의 초기 말 사육자들' 기간 중에 유적을 측정했다. 사진: Asko Parpola.

드러운' 재갈을 물렸을 때처럼 반짝반짝 매끈하게 닳아 있었다. 5개의 치아는 유적의 여러 장소에서 출토되었으므로, 하나의 침입 구덩이에서 나온 게 아니다. 보타이에서 재갈 마모 흔적을 지닌 P_2는 우리가 제공받은 표본 전체의 12퍼센트, 측정 가능한 19개 중 26퍼센트를 차지했다. 두 수치 모두 자연적인 부정교합에 의한 것이라고 주장하기엔 너무나 컸다(그림 10.11). 우리는 테르섹과 코자이(Kozhai) 1 유적의 P_2도 조사했는데, 연대는 똑같이 서기전 3700~서기전 3000년으로 측정되었다. 코자이 1 유적에서 말뼈는 확인 가능한 7만 개의 동물 뼈 중 66.1퍼센트를 차지했다. (나머지는 사이가 산양 21.8퍼센트, 오나거 9.8퍼센트 그리고 아마도 매우 큰 길들인 소가 포함된 바이슨이 2.1퍼센트였다.) 우리는 코자이 1에서 검토한 12개의 P_2 중 마

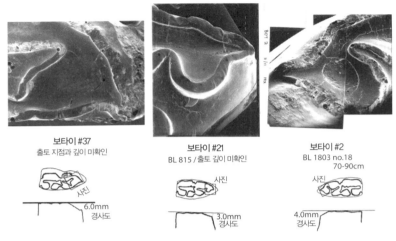

보타이 #37
출토 지점과 깊이 미확인

6.0mm
경사도

보타이 #21
BL 815 / 출토 깊이 미확인

3.0mm
경사도

보타이 #2
BL 1803 no.18
70-90cm

4.0mm
경사도

그림 10.11 보타이 거주지 유적에서 발견한 재갈 물린 말의 P2 3개. 사진은 교합면의 광범위한 사후 손상을 보여준다. 손상을 입지 않은 치아는 부드러운 법랑질 표면을 보여주지만 '부드러운' 밧줄이나 가죽 재갈을 물린 채 타던 말처럼 유의미한 마모 경사면을 갖고 있다.

모면의 깊이가 3밀리미터 이상인 것을 2개 찾았다. 보타이와 코자이 1의 P2 대부분은 재갈 마모 흔적을 보이지 않았지만 일부(12~26퍼센트)는 흔적을 보였고, 이는 보타이-테르섹 문화 사람들이 말을 탄 말 사냥꾼이었다는 해석과 맞아떨어진다.[27]

보타이는 초창기 말의 가축화에 관심을 가진 모든 이들의 시선을 사로잡았다. 서방 고고학자들—마샤 레빈과 샌드라 올센(Sandra Olsen)—에 의한 두 번의 현장 발굴이 보타이 혹은 보타이 문화 유적에서 이뤄졌다. 원래의 발굴자 빅토르 자이베르트, 카자흐스탄의 동물학자 마카로바(L. A. Makarova) 그리고 피츠버그에 있는 카네기 자연사박물관의 미국 고고동물학자 샌드라 올센은 모두 보타이 말의 적어도 일부는 길들여졌다는 결론을 내렸다. 반면, 고고동물학자 에르몰로바(N. M. Ermolova), 마샤 레빈 그리고 독일 팀의 노르베르트 베네케와 앙겔라 폰 덴 드리슈(Angela von den Driesch)는 보타이 말은 전부 야생이라고 결론지었다.[28] 레빈은 보타이 말의 척추에서 약간의 병리 현상을 발견했지만 그것을 나이 탓으로 돌렸다. 베네케와 드리슈는 보타이 말은 구석기의 말 무리처럼 크기 변동폭이 작다는 것을 밝혔다. 보타이 말의 나이와 성비는 전형적인 야생말 무리와 같아서 성비가 1 대 1이었다. 아울러 모든 연령대 집단이 포함되었고 심지어 수망아지와 새끼를 밴 암컷도 있었다. 야생말 떼 전체가 카자흐 초원에서 그 전에는 이용하지 않던 몰이식 사냥 기술, 확실히 그 전에는 이 정도 규모로 이뤄진 적 없는 몰이 방식으로 보타이 사람들에 의해 살해되었다는 데는 모두가 동의한다. 그렇다면 사냥꾼들은 말을 탔을까, 도보로 다녔을까? 유럽에서 말을 도입하기 전까지 아메리카 원주민 도보 사냥꾼들은 들소 떼를 벼랑으로 몰아 사냥했다. 따라서 말을 타지 않고도 몰이식 사냥은 가능하다.

카네기 박물관의 샌드라 올센은 적어도 일부 말을 사냥감 운반에 이용했다고 결론지었다. 왜냐하면 말의 시체는 몇 세기 동안 보타이 **거주지에서** 규칙적으로 도축한 것이었기 때문이다.[29] 걸어 다니는 사냥꾼들이 어떻게 800파운드(약 360킬로그램)의 말 시체를 한두 번도 아니고 수세기 동안 규칙적으로 거주지까지 끌고 갈 수 있었을까? 몰이식 사냥법을 이용한 구석기 시대 유럽의 솔뤼트레(Solutré)—올센이 한때 연구를 진행했던 곳—와 북아메리카 평원의 도보 사냥꾼들은 큰 동물의 경우엔 잡은 바로 그 장소에서 도축했다. 그러나 보타이 거주지는 초원 환경의 넓은 능선 남쪽을 향한 탁 트인 경사면에 위치해 야생말들을 거주지 인근에서 잡았을 리 없다. 일부 말은 길들여져 거주지로 끌려오거나 말이 죽은 동물의 온전한 시체를 아마도 썰매에 태워 거주지로 옮겨왔을 수 있다. 올센의 해석은 보타이 유적의 가옥 구덩이 하나(올센의 발굴 32)에서 나온 흙의 지지를 받는데, 여기에는 말똥으로 가득한 특이한 층이 하나 있었다. 그 흙을 분석한 과학자에 따르면 이는 "마구간 층의 재퇴적(再堆積) 결과임이 분명했다".[30] 이 말똥이 풍부한 흙은 말 마구간이나 울타리에서 퍼낸 것이었다. 보타이에서 말을 마구간에 넣었다는 것은 명백한 가축화를 시사한다.

기마를 옹호하는 또 하나의 논거는 1 대 1 성비를 가진 야생 개체군 도축은 오직 종마-암컷 무리와 독신자 무리를 모두 쓸어버릴 때에만 가능하다는 것이다. 그런데 야생에서 이 두 종류의 무리는 일반적으로 멀리 떨어져 산다. 만약 종마-암컷 무리가 함정에 몰려 잡혔다면 암수의 비율은 2 대 1 이상일 것이다. 몰이식으로 독신자 무리와 종마-암컷 무리를 모두 사냥하는 유일한 방법은 광범위한 지역을 적극적으로 수색하며 보이는 모든 야생말을 쓸어버리는 방법밖에 없다. 이는 도보로는 불가능할 것이다.

마지막으로, 기마의 시작은 보타이-테르섹 문화와 함께 등장한 경제적·문화적 변화를 잘 설명해준다. 서기전 3700년 이전 카자흐 초원 북부의 채집민은 콕체타프(Kokchetav) 지구의 비노그라도프카(Vinogradovka) XIV나 첼리노그라드(Tselinograd) 지구의 텔만스키예(Tel'manskie) 유적 같은 호숫가의 임시 야영장에서 작은 집단을 이루며 살아갔다. 그들이 남긴 유물은 카자흐스탄 북부 초원의 아트바사르 신석기 문화에 속한다.[31] 그들은 말을 사냥했지만 짧은 뿔 바이슨, 사이가 산양, 가젤, 붉은사슴 등 다른 사냥감도 다양하게 잡았다. 그들의 채집 경제에 대한 세부적인 내용은 밝혀지지 않았다. 그들의 작은 임시 야영장에서는 상대적으로 동물 뼈가 적게 나왔기 때문이다. 서기전 3700~서기전 3500년 무렵, 그들은 전문적인 말 사냥으로 옮겨가 몰이식 사냥법을 이용하고 커다란 주거지에 모여 살기 시작했다. 즉 새로운 사냥 전략과 거주 패턴이 등장했다. 각 거주지에 묻힌 동물 뼈의 양이 수만 개 심지어 수십만 개까지 늘어났다. 석기 도구는 세석기에서 커다란 양날 도구로 변했다. 그들은 돌을 갈아 만든, 가운데 구멍이 뚫린 커다란 추를 만들기 시작했다. 이는 아마도 여러 가닥으로 꼰 생가죽 밧줄을 만드는 용도로 쓰였을 것이다. (각 가닥에 추를 달아 밧줄을 꼬았을 것이다.) 생가죽 끈 만들기는 올센이 보타이 뼈 도구의 미세 마모 흔적에 기초해 밝혀낸 주요한 활동 중 하나다. 처음으로 카자흐스탄 북부 초원의 채집민이 말 무리 전체를 함정에 몰아넣고 그 시체를 새로운 커다란 공동 거주지로 끌고 가는 능력을 증명했다. 기마의 채택 외에 무엇으로도 이런 변화를 설명할 수 없다.

보타이와 코자이 1에서 말 사육과 기마가 있었다는 주장은 2개의 유적에서 발견한 보타이-테르섹 말의 P_2 7개에 재갈 마모 흔적이 있다는 사실, 사냥물 운송과 도축 행태, 말똥으로 가득 찬 마구간 흙의 발견, 1 대 1 성비 그리고 기마의 시작과 부합하는 경제 구조 및 거주 패턴의 변화 등에 기초한 것이다. 기마를 반대하는 주장은 다리뼈 두께의 작은 편차와 일부 작은 표본의 척추에 병리 현상이 없다는 것에 기초한 것인데, 이 표본은 아마도 보타이 말뼈의 75~90퍼센트를 차지하는 사냥된 야생 말의 것으로 보인다. 우리는 카자흐스탄 북부에서 서기전 3700~서기전 3500년 무렵 재갈과 기마 행위가 있었다고 합리적으로 확신한다.

기마의 기원

●

기마는 카자흐스탄 북부에서 시작되지 않았을 것이다. 보타이-테르섹 사람들은 말을 탄 채집민이었다. 길들인 소(?)의 뼈 몇몇이 일부 테르섹 유적에서 발견되었을지라도 더 동쪽의 보타이에서는 전혀 발견되지 않았다. 게다가 여기에서는 양의 뼈도 없었다.[32] 보타이-테르섹 사람들은 서기전 3700~서기전 3500년 이전 1000년 동안 길들인 소와 양 그리고 아마도 말까지 사육했을 서쪽 이웃들에게서 가축 관리의 개념을 얻은 듯하다.

보타이의 기마 증거는 동떨어진 것이 아니다. 아마도 초원을 넘어 가장 흥미롭고 유사한 사례는 서기전 4000~서기전 3500년으로 추정되는 아르메니아 모흐라블루르(Mokhrablur)의 동석기 후기 층들에서 발굴한 다섯 살 난 종마의 턱에 있는 P_2 한 개의―근심 쪽에 있는 3밀리미터보다 훨씬 깊은―심한 마모 흔적일 것이다. 이는 심지어 보타이보다 더 오래된 초기 재갈 마모 흔적의 또 다른 사례로 보이지만, 우리는 이를 확인 및 조사하지 않았다.[33] 또한 말은 서기전 3500년경 이후 흑해-카스피 해 초원 바깥 지역에서 더 큰 무리로 또는 처음 규칙적으로 등장하기 시작한다. 그리고 서기전 3500~서기전 3000년 캅카스의 마이코프 문화 및 트랜스캅카스 문화 초기 유적에서 규칙적으로, 또한 처음으로 다뉴브 강 하류와 중류 하곡의 체르나보다와 케테지하자 같은 체르나보다 III 및 바덴-볼레라즈(Baden-Boleraz) 문화 유적에서 등장하기 시작한다. 서기전 3000년 무렵에는 말뼈가 독일 중부 베른베르크(Bernberg) 유적 뼈 전체의 10~20퍼센트까지 올라가고, 바이에른 주 갈겐베르크(Galgenberg)에 있는 참(Cham) 유적의 경우에는 20퍼센트 넘게 차지한다. 갈겐베르크의 말은 토종인 소형 말과 함께 초원에서 들여온 것으로 보이는 대형 말을 포함한다. 서기전 3500년 이후 카자흐스탄에서 캅카스, 다뉴브 강 하곡 그리고 독일까지 일반적인 말의 중요성 증가는 인간과 말의 관계에 유의미한 변화가 발생했음을 시사한다. 보타이와 테르섹은 그러한 변화가 무엇인지 보여준

다. 요컨대 사람이 말에 올라타기 시작한 것이다.[34]

긴 시간 동안 말 위에 올라타지 않고 말 무리를 관리하는 것은 대단히 어려운 일이었을 것이다. 가축에 지속적이고 장기적으로 의존하는 곳 어디에서도 기마의 함축적 의미는 가축 무리의 관리 자체다. 기마는 흑해-카스피 해 초원에서 서기전 3700년 이전, 즉 카자흐 초원에 보타이-테르섹 문화가 등장하기 이전에 시작되었다. 아마도 서기전 4200년 이전에 시작되어 서기전 3700~서기전 3000년 흑해-카스피 해 초원 밖으로 퍼져나 갔고, 그 결과는 동남부 유럽과 중부 유럽, 캅카스 그리고 카자흐스탄 북부에서 말뼈의 증가로 나타났다.

기마의 경제적·군사적 효과

한 사람이 아주 좋은 양치기 개를 데리고 도보로 양을 돌볼 경우 약 200마리를 기를 수 있다. 말을 타면 그 사람은 똑같은 개를 데리고 약 500마리를 칠 수 있다.[35] 기마는 양치기의 효율을 크게 늘렸고, 그리하여 유라시아 초원의 목축 규모와 생산성도 늘어났다. 걸어 다니는 목동보다 말을 탄 목동이 더 많은 소와 양을 칠 수 있고 이로 인해 더 큰 가축 재산의 축적이 가능해졌다. 물론 더 큰 가축 무리는 더 큰 초지를 요구했고, 더 큰 초지에 대한 욕구가 부족 사이의 변경에서 일상적 협상과 일련의 경계선 분쟁을 초래했다. 부족 간 전쟁에서 승리는 동맹을 획득하고 적보다 많은 병력을 동원하는 데 달려 있었다. 그래서 전쟁이 격화하자 연회나 부의 재분배를 통해 연맹을 구축하려는 노력이 일어났다. 선물은 충돌 전 동맹 구축이나 충돌 후 조약 조인 때 모두 쓸 수 있는 효과적인 수단이었다. 그리하여 경계 분쟁의 증가는 신분을 상징하는 물품을 얻기 위한 장거리 교역뿐 아니라 동맹 결성을 위한 정성을 들인 연회 및 대중 축하 행사를 촉진했다. 부분적으로 기마 목축에 기인한 이 초기 분쟁 국면은 서기전 5000~서기전 4200년 무렵 최초의 목축 경제와 함께 초원 서부 전역으로 확산된 갈아 만든 석제 전곤 머리와 인체 장식물(구리, 금, 멧돼지 엄니, 조개껍데기 장신구) 지층에 의해 고고학적으로 확인할 수 있다.[36]

　말은 값비싸지만 쉽게 도난당할 수 있고, 기마는 소 떼 훔치기의 효율성을 늘렸다. 북아메리카 대평원의 인디언들이 기마를 시작하자 만성적인 말 절도를 위한 습격이 심지어 우호적인 부족들의 관계마저 뒤틀어놓았다. 기마는 또한 재빨리 퇴각하기에 훌륭한 수단이었다. 습격 후 뜀박질 퇴각이야말로 부족 간 도보 습격에서 가장 위험한 부분이었다. 아메리카 대평원에서 인디언들이 말을 이용한 싸움의 초기 수십 년 동안 그랬던 것처럼 동석기 시대 전쟁 당사자들은 자기들 말에 경비를 붙여두고 도보로 공격했을 것이다. 그러나 말이 공격 지점까지 타고 갔다가 물러나는 수단에 불과했을지라도 말을 탄 공격자들의 신속성과 이동 범위는 습격 전술, 지위 획득 행위, 동맹 구축, 부의 과시 행위 그리고 거주 패턴을 바꿨을 것이다. 따라서 기마는 전쟁과 깔끔하게 분리할 수 없다.[37]

　많은 전문가들이 약 서기전 1500~서기전 1000년 이전에는 전쟁할 때 말을 타지 않았다는 의견을 제시했다. 하지만 그들은 기원이 매우 오래된 **기마 습격**(mounted raiding)과 서기전 1000년경 이후 철기 시대에 발명한 **기병**(cavalry)을 구분하는 데 실패했다.[38] 동석기 시대 부족 목축민은 서기전 4000년 이전에 씨족 간 습격 때 말에 올라탔을 것으로 보이지만, 그들은 털이 덥수룩한 말을 타고 군대를 이뤄 초원에서 휩쓸고 나오는 훈족(Huns)과 달랐다. 훈족과 그들의 더 오랜 선조인 스키타이인의 흥미로운 점은 그들이 군대를 이뤘다는 사실이다. 철기 시대 스키타이인들은—그 밖에 대부분의 정치 조직 측면에서는 본질적으로 부족적이었지만—군사 작전 면에서는 도시 국가의 정규군처럼 조직되었다. 이는 기마 전술(말 위에서 어떻게 무기를 사용할 것인가)의 변화뿐만 아니라 이념상의 변화(전사는 어떻게 자신과 자신의 역할 및 책임감을 인식하는가)를 요구했다.

철기 시대 이전 기마 궁술은 그다지 효과적이지 않았는데, 그 이유는 다음의 세 가지다. 청동기 시대 초원 지대의 무덤에서 발견된 흔적을 갖고 활을 복원해보면 길이가 1~1.5미터에 달했다. 이렇게 긴 활을 말 위에서 쓰기는 불편했을 것이다. 화살촉은 떼어낸 부싯돌이나 뼈로 만들었는데 그 무게와 크기가 천차만별이었다. 이는 화살의 길이와 무게가 표준화되지 않고 개별적으로 모두 달랐다는 것을 암시한다. 그리고 마지막으로, 화살촉의 끼움 부분을 대부분 속이 비거나 쪼개놓은 화살대에 끼워 넣도록 되어 있었다. 이 구조를 사용하면 (쪼개놓은 화살대에 촉을 박을 경우) 화살의 강도를 떨어뜨리거나 (구멍에 끼워 넣을 경우) 촉과 대 사이에 별도의 속이 빈 이음대가 필요했다. 촉을 끼우기 위해 화살대가 이미 쪼개진 상태라면 활이 강력할수록, 표적을 때릴 때의 충격이 클수록 대는 더 쉽게 갈라질 것이다. 철기 시대 이전에 일반적이었던 끼움 부분이 있거나 삼각형인 부싯돌 촉은 (끼움 부분이 있는 경우) 갈대나 나무로 만든 속이 빈 투겁(socket)을 가진 별도의 이음대에 끼워 넣고 (삼각형 화살촉의 경우) 쪼개놓은 대 안에 끼워 넣는 방식이었다. 긴 활, 규격화하지 않은 화살, 최적 상태가 아닌 화살촉과 대의 부착 방식이 어우러져 초기 기마 궁술의 군사적 유용성을 감소시켰다. 철기 시대 이전의 기마 습격자들은 부족 군대를 교란하고, 농경 마을의 수확을 망치고, 혹은 소 떼를 훔칠 수 있었겠지만 이런 것은 훈련받은 군대를 무찌르는 것과는 달랐다. 동유럽의 말을 탄 소규모 부족민 습격대는 성벽으로 둘러싸인 메소포타미아의 도시에 위협이 되지 못했으므로, 근동이나 지중해 동부의 왕과 장수들은 그들을 무시했다.[39]

서기전 1000년 무렵 짧은 이중만곡형 복합궁('큐피드' 활)의 발명으로 기수가 말 등에서 몸을 완전히 돌려 뒤쪽으로 화살을 날리는 것이 가능해졌다. 이리하여 최초로 관통력을 가진 화살을 기수 뒤쪽으로 발사할 수 있었다. 훗날 '파르티아 사법(Parthian shot)'으로 알려진 이 기술은 초원 궁수의 불멸의 상징이 되었다. 크기와 무게를 규격화한 투겁 있는 주조 청동 화살촉도 철기 시대 초기에 등장했다. 투겁 있는 화살촉을 장착하기 위해 화살대를 쪼갤 필요가 없었기에 활의 힘이 강해도 사격할 때 대가 쪼개지지 않았다. 또한 별도의 이음대가 필요 없어 화살이 더 단순하고 매끈해졌다. 대장장이들이 무게와 크기를 표준화한 수백 개의 투겁 화살을 한꺼번에 만들어낼 수 있는 재활용 가능한 주형도 개발되었다. 이제 기마 궁수 군단이 살상력을 가진 화살로 하늘을 뒤덮을 수 있었다.[40]

그러나 기마 궁수 군대를 조직하는 것은 간단하지 않았다. 활과 화살 및 주조 기술의 변화는 그에 부합하는 정신 자세의 변화와 전사 정체성의 변화, 즉 영웅적인 독자적 전사에서 이름 없는 병사로의 전환 없이는 의미가 없었다. 국가에 적합한 이념적 싸움의 모형을 부족 기마 전사의 정신 자세에 접목해야 했다. 철기 이전 유라시아 초원의 전쟁은―우리가 《일리아드》나 《리그베다》 같은 출처에서 볼 수 있듯―아마도 개인적 영광과 영웅주의를 강조했을 것이다. 일반적으로 한 번도 부대 단위로 훈련받은 적이 없고, 종종 지도자들의 의견을 무시하고, 명령을 따르는 것보다 개인의 용맹성에 더 가치를 둔 병력이 부족 간의 전쟁을 수행했다.[41] 반면, 국가 간 전쟁의 전술과 이념은 사령관의 명령에 복종하는 획일화한 병사들로 이뤄진 대규모 부대에 의존했다. 이러한 전술과 더불어 병사들의 정신 자세는 서기전 1000년 이전의 기수들에게는 적용되지 않았다. 이는 기마 궁술을 진정 위협적인 것으로 만든 짧은 활과 표준화한 화살을 아직 발명하지 못한 데 부분적으로 기인한다. 기마 궁수들이 화력을 갖추자 문명화한 세계의 가장자리 근처에 살던 이들이 그들을 군대로 조직하기 시작했다. 이 일은 서기전 1000~서기전 900년 무렵에 일어났던 듯하다. 기병은 즉각 전장에서 전차를 휘몰아쳤고, 전쟁사의 새 시대가 시작되었다. 그러나 후대의 기마전 모형을 동석기 시대에 적용하는 것은 전적으로 부적절할 것이다.

기마는 인도·유럽 공통조어의 고향으로 확인된 지역에서 시작했다. 어떻게 기마가 인도·유럽어의 확산에 영향을 주었는지 이해하기 위해 우리는 9장에서 끝낸 고고학적 설명의 실마리를 다시 꺼내야 한다.

고 유럽의 종말과 초원의 부상

서기전 4300~서기전 4200년 무렵 고 유럽은 정점에 있었다. 불가리아 동부의 바르나 묘지는 동시대 근동의 어디보다도 더 풍성한, 세계에서 가장 호화로운 장례식을 보여준다. 바르나의 무덤 281기 중 61기(22퍼센트)가 총 6킬로그램에 달하는 금으로 된 물품 3000점 이상을 부장하고 있었다. 그중 2000점이 단 4기의 무덤(1, 4, 36, 43)에서 출토되었다. 성인 남성 무덤인 43호에는 구슬, 팔찌, 고리 등 금 장신구가 1516그램에 달했는데, 그중에는 금박 손잡이를 단 구리 도끼-자귀도 있었다.[1] 금 장신구는 다뉴브 강 하곡의 구멜니차, 비드라(Vidra) 그리고 호트니차(Hotnitsa)—310그램의 금 장신구가 숨겨져 있었다—의 텔 거주지 유적에서도 출토되었다. 이 공동체의 남성 일부는 족장이나 씨족 지도자로서 두드러진 사회적 역할을 맡았고, 반짝이는 금 장신구와 주조 구리 무기를 공공연한 자랑거리로 삼았다.

대체로 유사한 토기, 가옥, 여성상을 가진 수천 개의 거주지가 서기전

4500~서기전 4100년경 불가리아 동부(바르나), 발칸 반도 트라키아의 고지 평원(카라노보 VI), 불가리아 서부와 루마니아 다뉴브 강 하류 하곡 위쪽 부분〔크리보돌-설쿠차(Krivodol-Sălcuţa)〕그리고 다뉴브 강 하류 하곡의 넓은 유역 평원(구멜니차)을 차지했다(그림 11.1). 일부는 높이가 거의 1미터에 달하며 섭씨 800도 이상에서 구운, 아름다운 그림을 그린 토기 그릇이 2층 집 담장을 따라 줄지어 있었다. 토기 디자인과 의례 전통을 광범위한 지역에서 공유했다. 금속 및 토기 공예와 심지어 부싯돌 제작법도 너무나 정교해서 족장의 보호와 지원을 받는 전문 숙련 공예가들이 있었음에 틀림없다. 그럼에도 불구하고 권력은 하나의 마을로 분명하게 집중되지 않았다. 존 채프먼(John Chapman)이 관찰했듯 아마도 당시는 제한된 자원(금, 구리, 국화조개)이 그렇게 중요하지 않았고, 중요한 자원(토지, 통나무, 노동, 혼인 상대)도 심각하게 부족하지 않은 시절이었던 것 같다. 이런 상황이 어떤 한 지역이나 읍락이 나머지를 압도하지 못하도록 했을 수 있다.[2]

발칸 산맥 꼭대기의 고원과 다뉴브 강 하류 기름진 하곡의 읍락들은 높은 텔을 형성했다. 한 곳에 그토록 오랫동안 거주지를 유지했다는 것은 각 텔 주위로 고정된 농경지와 견고한 토지 소유제가 존재했음을 시사한다. 발칸의 카라노보 유적 VI층의 거주지가 이 시기의 표준 유형이다. 육중한 12미터 높이의 텔 위 목책 방호벽 안에 약 50채의 가옥이 질서 있게 열을 지어 모여 있고, 많은 텔이 상당한 규모의 읍락으로 둘러싸여 있었다. 카라노보로부터 멀지 않은 베레케트(Bereket)에서 텔의 중심부는 직경 250미터에 달하고 매장 문화층은 17.5미터 두께였다. 심지어 이 중심 언덕으로부터 300~600미터 떨어진 곳에서도 매장층이 1~3미터에 달했다. 불가리아 북부의 포드고리차(Podgoritsa)에 대한 조사 결과, 역시 상당한 규모의 거주지가 중심으로부터 꽤 멀리 떨어진 곳에서 발견되었다.[3]

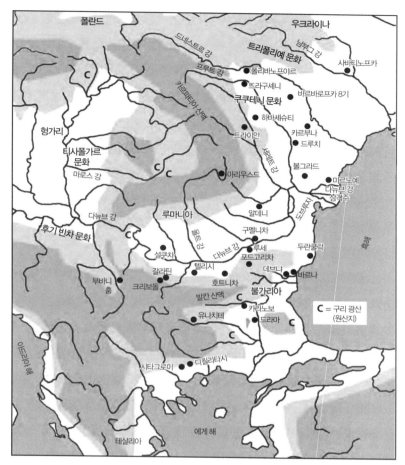

그림 11.1 서기전 4500~서기전 4000년의 고 유럽 지도

서기전 4200~서기전 4100년 무렵, 스위스의 산지 빙하 연구에서 피오라 변동(Piora Oscillation)이라고 일컫는 기후 변화가 시작되었다. 일사량이 줄어들자 빙하는 알프스 산맥에서 피오라 하곡으로 전진했고('피오라 변동'이라는 이름은 여기서 유래했다), 겨울은 훨씬 추워졌다.[4] 북반구의 온도 변

화는 독일의 늪에 보존되어 있는 참나무의 나이테와 그린란드 빙상 프로젝트 2(GISP2)의 그린란드 빙하 핵의 얼음층에 기록되어 있다. 이런 자료에 의하면, 서기전 4120년과 서기전 4040년에 극단적으로 추운 해가 처음 나타났다. 이는 서기전 3960~서기전 3821년까지 이어진 140년간 이전 2000년 동안의 어떤 시기보다 더 혹독하게 추워지는 시기의 전조였다. 다뉴브 강 하류 하곡에서 더글러스 베일리(Douglass Bailey)가 수행한 조사에 의하면 홍수가 잦아졌고 이로 인한 침식으로 곡식을 키우던 범람원이 사라졌다. 다뉴브 강 하류 하곡 일부 거주지의 농업은 내한성이 좀더 강한 호밀 경작으로 바뀌었다.[5] 곧이어 이런 것들과 아마도 그 밖의 충격이 쌓여 커다란 위기를 초래했다.

서기전 4200~서기전 3900년경 구멜니차, 카라노보, 바르나 문화의 600개 넘는 텔 거주지가 다뉴브 강 하류 하곡과 불가리아 동부에서 불타거나 버려졌다. 동시에 일부 거주민은 부쿠레슈티 서남쪽 질라바(Jilava)에 있는 구멜니차 B1형의 대여섯 가구에 단일 문화층으로 이뤄진 자그마한 마을처럼 더 작은 규모의 마을들로 분산되었다. 그러나 질라바는 토기와 기타 인공물을 그대로 남겨둔 채 불탔는데, 갑작스럽게 그렇게 된 듯싶다.[6] 사람들은 흩어지고 이동성이 훨씬 강해졌다. 음식은 고정적인 곡물 농토 대신 양이나 소에 의존했다. 삼림은 복구되지 않았다. 실제로 꽃가루 핵을 조사해보면 당시 교외는 더욱 트이고 나무가 적었음을 알 수 있다.[7] 독일의 참나무에 의하면 서기전 3760년 이후 상대적으로 온화한 기후가 돌아왔지만, 그때는 다뉴브 강 하류 하곡과 발칸의 문화가 극적으로 변한 뒤였다. 서기전 3800년경 이후 나타난 문화들은 가정의례에서 여성상을 규칙적으로 사용하지 않았고, 더 이상 구리로 된 나선형 팔찌나 국화조개로 만든 장신구를 차지 않았다. 상대적으로 단순한 토기를 제한된 모양에 국한해 만들었으며, 텔 위에서 살지 않고 가축 사육에 더욱 의존했다. 야금술, 채굴, 토기 제작 기술은 양이나 기교 면에서 급격히 퇴보했고 토기 및 금속 물품은 양식이 눈에 띄게 바뀌었다. 발칸의 구리 광산은 갑자기 생산을 멈췄으며, 중부 유럽과 카르파티아 산맥의 구리를 사용하던 문화는 서기전 4000년 무렵, 즉 헝가리에서 보드록케레스투르(Bodrogkeresztur) 문화가 시작될 때 트란실바니아와 헝가리의 광석을 대신 사용했다(그림 11.1의 광석 원산지 참조). 교묘하게도 이 시기가 바로 헝가리 서부 및 이곳과 인접한 오스트리아와 유럽 중부에서 실제로 야금술이 시작된 때이다.[8] 금속 물품은 이제 새로운 비소 합금 청동을 이용해 새로운 양식으로 만들었다. 그중에는 새로운 무기도 있었는데, 찌르개(dagger, 단검)가 가장 중요하다. 저명한 동석기 야금술 전문가 체르니흐(E. N. Chernykh)는 "우리는 문화의 완전한 교체에 직면하고 있다"고 말했다. 불가리아 고고학자 토도로바(H. Todorova)에 따르면 그것은 "엄청난 규모의 재앙이며 …… 완전한 문화적 휴지(休止)"였다.[9]

고 유럽의 종말은 서기전 6200년 스타르체보-크리슈 개척자들에 의해 시작된 전통을 단절시켰다. 고 유럽에서 정확히 어떤 일이 벌어졌는지는 길고 격렬한 논쟁의 주제다. 텔이 파괴되기에 앞서 초원 이주민의 것으로 보이는 수보로보(Suvorovo) 유형의 무덤이 다뉴브 강 하류 하곡에 나타났다. 바로 뒤에는 체르나보다 I 유형의 거주지가 나타났다. 이 유적들은 일반적으로 말뼈와 초원 기술 그리고 토착 다뉴브식 모양의 혼합을 보여주는 토기를 갖고 있는데, 초원 이주민과 텔의 주민이 섞인 인구 집단의 것으로 보인다. 버려진 유적의 수와 오랫동안 지속된 공예, 가정의례, 장식 관습, 장신구, 가옥 유형, 동거 형태, 경제 면에서 전통의 급속한 종말은 점진적 진화가 아니라 갑작스럽고 어쩌면 폭력적인 최후를 시사한다. 불가리아 중북부 다뉴브 강변 호트니차에 있는 동석기 마지막 주거지의 불탄 가옥에서 학살당한 원주민의 것으로 보이는 인골이 나왔다. 발칸 고지 평원의 유나치테(Yunatsite)에 있는 동석기 최후의 파괴 층에서는 46구의 유해가 출토되었다. 고 유럽의 텔 읍락은 전쟁으로 인해 파괴된 듯하며, 이는 얼마간 초원에서 온 이주민과도 연관이 있는 것처럼 보인다. 그러나 위기의 주요 원인에는 기후 변화와 이로 인한 농업의 실패, 혹은 토양 침식과 여러 세기에 걸친 집약 농경으로 누적된 환경 악화, 혹은 줄어든 원목 및 구리 자원을 둘러싼 내부 전쟁, 혹은 이 모든 것의 조합을 포함시킬 수 있을 것이다.[10]

위기는 동남부 유럽 전체에 즉각적으로 영향을 미치지는 않았다. 가장 광범위한 거주지 포기는 다뉴브 강 하류 하곡〔구멜니차, 불가리아 동북부 그리고 볼그라드(Bolgrad) 집단〕, 불가리아 동부(바르나 및 관련 문화), 발칸의 산곡(山谷)—카라노보 VI—불가리아의 얀트라(Yantra) 강 동쪽과 루마니아의 올트(Olt) 주에서 발생했다. 이는 텔 거주지와 그것이 암시하는 안정적인 토지 체제가 가장 일상화한 곳이었다. 신석기 시대 이래로 잘 가꾸고 인구 밀도가 높은 발칸 지역에서는 서기전 3800~서기전 3300년의 영구 거주지가 하나도 없다. 아마도 사람들은 여전히 그곳에 살았겠지만, 양 떼가 버려진 텔 위에서 풀을 뜯었을 것이다.

고 유럽의 전통은 불가리아 서부와 루마니아 서부〔크리보돌—설쿠차 IV—부바니훔(Bubanj Hum) Ib〕에서 더 오래 살아남았다. 여기서는 거주 체계가 항상 좀더 유연하고 덜 고정적이었다. 불가리아 서부의 유적들은 일반적으로 높은 텔을 형성하지 않았다. 고 유럽의 토기 및 가옥 유형 그리고 조각상은 서기전 4000~서기전 3500년 설쿠차 IV 시기에 서서히 버려졌다. 텔리시—레두티테(Telish-Redutite) III나 갈라틴(Galatin) 유적처럼 위기 동안 이용한 거주지는 높고 옆면이 가파르게 경사진 융기부로 옮겨간다. 그러나 진흙 벽돌 건축과 2층 집 그리고 숭배 의식 및 사원용 건물은 그대로 간직했다.[11] 이 지역의 동굴 다수에 새로 사람이 거주하기 시작했는데, 목부들이 종종 고지의 동굴을 쉼터로 사용한 것을 감안하면 이는 목부들의 고지-저지 간 계절적 이동을 시사하는 듯하다. 크리보돌-설쿠차-부바니홈 Ib 사람들은 대외 교역 및 교환 방향을 북쪽과 서쪽으로 돌렸는데, 헝가리 서부의 라시냐-발라톤(Lasinja-Balaton) 문화 유적에서 그들의 영향을 볼 수 있다.

쿠쿠테니-트리폴리에 문화의 고 유럽 전통도 살아남았는데, 사실상 흥미롭게도 재활성화했다. 서기전 4000년 이후 트리폴리에 B2기에 트리폴리에 문화는 동쪽으로 드네프르 강 하곡을 향해 확장되었으며, 비록 한 지역에서 다시 텔을 형성할 정도로 오래 거주한 곳은 하나도 없지만 더 커다란 농경 읍락을 만들어냈다. 가정의례에서는 여전히 여성상을 썼으며, 도공들은 여전히 밝게 채색하고 섬세한 뚜껑 있는 솥과 1미터 높이의 저장용 단지를 만들었다. 채색된 섬세한 토기는 가장 큰 읍락―바르바로프카(Varvarovka) VIII―에서 대량 생산되었고, 드네스트르 강변 폴리바노프야르(Polivanov Yar) 같은 부싯돌 채굴지에서는 부싯돌 도구를 대량 제작했다.[12] 베셀리쿠트(Veseli Kut, 150헥타르) 같은 쿠쿠테니 AB/트리폴리에 B2 거주지는 수백 채의 집을 보유하고 있었는데, 새로운 거주지 위계 체제에서 걸출한 위치를 차지했던 것으로 보인다. 쿠쿠테니-트리폴리에 문화는 서쪽으로 헝가리 동부의 구리 사용자들(보드록케레스투르 문화) 및 동쪽의 초원 부족들과 새로운 관계를 만들어냈다.

서기전 4000년 무렵 초원 부족들이 쓴 언어는 아마도 훗날 아나톨리아어에 부분적으로 간직된 종류의 원시 인도·유럽 공통조어 방언을 포함했을 것이다. 그런 식의 언어를 사용한 초원 사람들은 이미 말을 탔을 것이다. 다뉴브 강 하류 하곡의 수보로보 유형 유적은 말을 탄 인도·유럽어 사용 침입자들이 만든 것일까? 김부타스가 제시한 것처럼 그들은 다뉴브 강 하류 하곡의 텔 거주지 파괴에 한 역할을 담당했을까? 혹은 단지 기후 변화와 농업 실패로 인해 만들어진 틈새에 그저 끼어든 것일까? 어떤 경우든 왜 쿠쿠테니-트리폴리예 문화는 살아남고 심지어 번성했을까? 이런 문제를 다루기 위해 우리는 먼저 쿠쿠테니-트리폴리예 문화 및 이 문화와 초원의 관계를 검토해야 한다.

전쟁과 동맹: 쿠쿠테니-트리폴리예 문화와 초원

다뉴브 강 하류의 위기 시기는 쿠쿠테니 A3/트리폴리예 B1 말기와 상응하는데, 대략 서기전 4300~서기전 4000년이다. 트리폴리예 B1 문화는 거주지를 보호하기 위한 요새 건축(해자와 토벽)의 급격한 증가가 특징이다. 요새화는 기후가 악화하기 시작하고 고 유럽의 붕괴가 일어나던 바로 그때 나타난 것처럼 보이지만 가장 추웠던 피오라 변동기, 즉 트리폴리예 B2 시기의 서기전 4000~서기전 3700년에 줄어들었다. 만약 기후 악화가 고 유럽을 불안정하게 만들고 최초의 쿠쿠테니-트리폴리예 요새 구축을 초래했다면, 변화의 첫 번째 국면 자체가 체제를 위기로 몰아넣기에 충분하다. 아마도 단지 기후 변화 이상의 무엇이 있었던 듯싶다.

최악의 시기에도 트리폴리예 B1 거주지의 단 10퍼센트만 요새화했다. 그러나 거주지를 요새화하려면 상당한 노동력이 필요했는데, 이는 심각하고 만성적인 위협이 있었음을 암시한다. 요새화한 쿠쿠테니-트리폴리

그림 11.2 하바셰슈티 I기, 요새화한 트리폴리예 B1 마을. 출처: Chernysh, 1982.

예 마을은 일반적으로 측면이 가파르게 경사진 융기부 끝에 세우고, 융기부의 목(neck) 부분을 가로지르는 해자의 보호를 받았다. 해자는 폭 2~5미터에 깊이 1.5~3미터 규모로 흙 500~1500세제곱미터를 퍼내 만들었다. 트라이안(Traian)과 하바셰슈티(Habaşeşti) I 유적에서 볼 수 있듯 해자는 거주지 규모가 커짐에 따라 위치를 조정하고 깊어졌다. 몰도바의 고고학자 데르가체프(V. Dergachev)가 정리한 2017개의 쿠쿠테니/트리폴리예 거주지 데이터베이스 중 요새화한 쿠쿠테니-트리폴리예 유적지 전체의 절반은 바로 트리폴리예 B1 시기로 측정되었다. 쿠쿠테니-트리폴리예 문화 유적지에서 출토된 부싯돌 발사체 촉 전체의 60퍼센트도 트리폴리예 B1 시기에 속했다. 트리폴리예 B1 기간 동안 이에 상응하는 사냥 증가는 없었으므로(거주지에 야생 동물 뼈가 늘어나지 않았다), 발사체 촉의 출현 빈도 증가는 사냥과 관련한 것이 아니다. 이는 전쟁의 증가와 관련한 것으로 보인다.

쿠쿠테니-트리폴리예 거주지의 수는 트리폴리예 A 시기 100년마다 35개쯤에서 트리폴리예 B1기에는 340개로 늘어나는데, 거주 지역의 팔

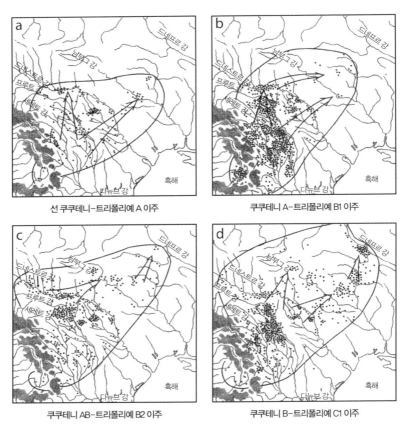

a	b
선 쿠쿠테니-트리폴리예 A 이주	쿠쿠테니 A-트리폴리예 B1 이주
c	d
쿠쿠테니 AB-트리폴리예 B2 이주	쿠쿠테니 B-트리폴리예 C1 이주

그림 11.3 트리폴리예 B1 – B2 이주. 출처: Dergachev 2002, 그림 6.2.

목할 만한 확대도 없이 수가 10배나 늘어났다(그림 11.3b).[13] 트리폴리예 B1 기간 동안 거주지 밀도 증가의 일부는 구멜니차 문화의 읍락을 탈출한 피난민 탓일 것이다. 적어도 트리폴리예 B1 거주지 하나, 즉 프루트 강 배수지의 드루치(Drutsy) 1은 공격을 당한 것으로 보인다. 100개 넘는 부싯돌 촉(현지 카르파티아 부싯돌로 만든 촉)이 집 세 채의 담 주위에서 나왔는데, 이 집들은 마치 화살 세례를 받은 듯했다.[14] 그 과거 및 미래와 비교할 때, 카르파티아 동쪽의 트리폴리예 B1 시기는 분쟁이 급격히 늘어난 때였다.

트리폴리예 B 시기 초원 문화와의 접촉: 쿠쿠테니 C 토기

요새화 및 무기 증가와 동시에 트리폴리예 B1 읍락은 초원 문화와 접촉한 광범위한 증거를 보여준다. 새로운 토기 유형인 조개껍데기를 혼합한 쿠쿠테니 C 토기[15]가 남부그 강 하곡(사바티노프카(Sabatinovka) I)과 루마니아(쿠쿠테니 C 토기가 전체의 10퍼센트를 점하는 드라구셰니, 페델레셰니(Fedeleşeni))의 트리폴리예 B1 거주지에서 나타났다. 쿠쿠테니 C 토기는 일반적으로 초원 토기 전통과의 접촉 및 그로부터의 영향을 보여주는 것으로 여겨진다(그림 11.4).[16] 쿠쿠테니 C 토기는 표준적인 섬세한 쿠쿠테니-트리폴리예 토기와 함께 가정에서 일상적으로 쓰인 새로운 유형의 거친 토기로 보인다. 그러나 이 토기는 내화 점토(grog)를 섞은 전통적인 거친 토기를 대체하지 못했다. 일부 쿠쿠테니 C 토기는 초원의 것과 매우 유사해 보이는 반면, 일부는 조개껍데기를 혼합하고 회색-갈색 표면에 전형적인 초원 장식 기술(끈으로 감싼 구부러진 도구로 찍어 만든 '애벌레' 문양)을 사용했지만 외형은 전형적인 쿠쿠테니-트리폴리예 유형이며 그 밖의 장식 요소도 전형적인 쿠쿠테니-트리폴리예 유형이었다.

쿠쿠테니 C 토기의 기원에 대해서는 논란이 있다. 트리폴리예 도공들이 조개껍데기 혼합을 채택한 데는 좋은 실용적인 이유가 있다. 조개껍데기를 섞으면 열 충격에 강하고 저온에 구워도 강도를 얻었을 수 있으므로 연료를 아낄 수 있기 때문이다.[17] 토기 제작 구조의 변화 또한 쿠쿠테니 C 토기의 확산을 촉진했을 수 있다. 비록 대부분 장소에서 현지 가내 생산 역시 이어지긴 했지만, 트리폴리예 B1과 B2 기간 동안 토기 생산은 전문

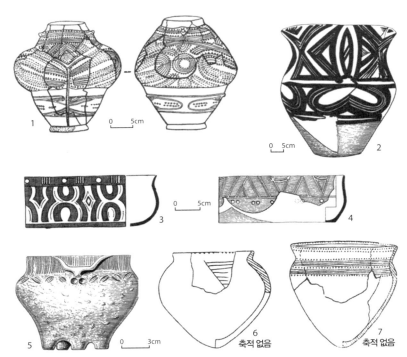

그림 11.4 쿠쿠테니 C 토기(맨 아랫줄)와 표준적인 쿠쿠테니 B 토기(위의 두 줄): (1) 섬세한 토기 (精陶器), 노비예루세슈티 IIa(트리폴리예 B1); (2) 섬세한 토기, 겔레슈티(트리폴리예 B2); (3~4) 섬세한 토기, 프루무시카 I(트리폴리예 B1); (5) 쿠쿠테니 C 토기, 프루무시카 II(트리폴리예 B2); (6~7) 쿠쿠테니 C 토기, 베레조프스카야 화력발전소. 출처: Danilenko and Shmagli 1972, 그림 7; Chernysh 1982, 그림 LXV.

화한 토기 제작 읍락으로 이전되기 시작했다. 일부 거주지 가장자리에는 재활용할 수 있는 2실 가마(two-chambered kilns)가 열을 지어 있었는데, 트란실바니아 동남부의 아리우슈드(Ariușd)에서는 11개가 발견되었다. 만약 정교한 채색 토기를 토기 제작 전문 마을에서 생산하기 시작하고 거친 토기는 그 밖의 지역에서 계속 만들었다면, 거친 토기 제작상의 변화는 생산 구조의 변화를 반영했을 수 있다.

한편, 이 특수한 거친 토기는 분명 초원 부족들의 것을 닮았다. 많은 쿠쿠테니 C 토기가 스레드니스톡 도공들이 만든 것과 흡사하다. 이는 초원 문화와의 친근성과 더불어 심지어 일부 트리폴리예 마을에 초원 사람들이 있었음을 시사하는데, 아마도 목부로 고용되었거나 계절적인 교역 행사 기간에 체류하는 이들이었을 것이다. 비록 쿠쿠테니 C 토기 **전부가** 초원의 도공들에 의해 만들어진 것은 아닌 듯하지만(다만 너무 많긴 하다) 쿠쿠테니 C 토기의 출현은 초원 공동체와의 상호 작용이 강화되었음을 시사한다.

초원 권력의 상징: 돌을 갈아 만든 전곤

마제 돌 전곤은 트리폴리예 B1 마을에 나타난 또 하나의 초원 인공물 유형이었다. 도끼와 달리 전곤은 머리를 부술 때 빼고는 실제로 쓸모가 없다. 고 유럽에서 이것은 새로운 유형의 무기이자 권력의 상징이었지만, 전곤은 이미 수세기 이전 드네프르-도네츠 II, 흐발린스크, 바르폴로미예프카의 초원 전역에 등장했다. 두 종류의 전곤(동물 모양 및 귀가 달린 유형)이 있었는데, 모두 더 오래된 초원의 원형이 있다(그림 11.5. 또한 그림 9.6 참조). 말 머리 형상으로 깎고 연마한 전곤 머리가 피티오네슈티(Fitioneşti)와 페델레셰니 두 곳의 쿠쿠테니 A3/A4-트리폴리예 B1 거주지에서 발견되었는데, 두 유적지 모두에서는 상당한 양의 쿠쿠테니 C 토기가 나왔다. 귀 달린 유형은 오바르셰니(Obarşeni)와 베레조프스카야 화력발전소(Berezovskaya GRES)의 쿠쿠테니-트리폴리예 거주지에서 발견되었는데, 역시 쿠쿠테니 C 토기와 함께 나왔다. 베레조프스카야의 토기는 초원 공동체들로부터 수입한 것으로 보인다. 초원 사람들이 이런 트리폴리예 B1 읍락에 있었을까? 그랬을 것 같다. 쿠쿠테니-트리폴리예 물질문화로 초

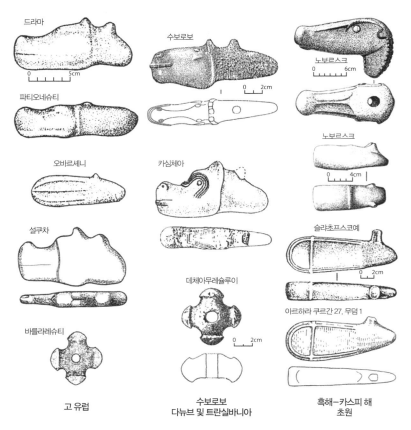

드라마

파티오네슈티

오바르셰니

설쿠차

바를라레슈티

수보로보

카심체아

데체아무레슐루이

노보르스크

노보르스크

슬라초프스코예

아르하라 쿠르간 27, 무덤 1

고 유럽

수보로보
다뉴브 및 트란실바니아

흑해-카스피 해
초원

그림 11.5 귀가 있는 말 머리 형상의 전곤. 각각 고 유럽, 수보로보 이주자, 흑해-카스피 해 초원 지대의 것들. 석제 전곤 머리는 초원에서 처음 나타났으며 더 흔하다. 출처: Telegin et al. 2001; Dergachev 1999; Gheorgiu 1994; Kuzmina 2003.

원의 토기와 권력의 상징이 통합되었다는 것은 일종의 사회적 통합을 시사한다. 그러나 상이한 경제 체제, 가옥 형식, 정밀한 토기, 야금술, 영안실 의례, 가정의례가 존속했다는 것은 통합이 사회의 좁은 분야에 국한했다는 것을 나타낸다.[18]

접촉의 다른 증거

트리폴리예 B 시기 대부분의 거주지는—심지어 대규모 거주지라도—계속 시신을 알려지지 않은 방식으로 처리했다. 그러나 일부 트리폴리예 B1 거주지 내부 혹은 가장자리에서 매장 무덤이 나타났다. 네즈비스코 (Nezvisko) 거주지의 무덤 하나에는 초원 사람들처럼 두상이 짧고 얼굴뼈가 두꺼운 두개골 하나가 있었는데, 동유럽의 신체인류학자들이 "원시 유로포이드(Proto-Europoid)"라고 부르는 두개골-안면 형태였다. 트리폴리예, 바르나 그리고 구멜니차 사람들은 일반적으로 더 길고 좁은 얼굴에 얇은 안면뼈를 갖고 있는데, 이 형태를 "지중해형"이라고 부른다.[19] 초원 경계를 넘는 이동을 보여주는 또 하나의 표시는 다뉴브 강 삼각주 북부 초원의 미르노예 근처에 있는 작은 거주지다. 해안 저지 초원에서 유일하게 알려진 고전기(classic-period) 트리폴리예 거주지인 이곳에는 구덩이 몇 개와 가벼운 구조물 잔해가 남아 있고, 트리폴리예 B1 토기 파편과 쿠쿠테니 C 토기, 소뼈와 양뼈 약간, 야생 포도 씨앗이 100개 넘게 출토되었다. 미르노예는 초원에 있는 트리폴리예 B1의 단기 야영지 같아 보이는데, 아마도 포도를 채취하는 사람들의 것으로 여겨진다.[20] 많지는 않지만 일부 사람들이 문화적·생태적 변경의 양방향을 넘어 움직이고 있었다.

서기전 4000~서기전 3700년 무렵 트리폴리예 B2 시기 동안 트리폴리예 B1 지역에서 인구가 가장 조밀했던 프루트-세레트 강 유역의 고지 삼림-초원 지대로부터 동쪽의 남부그 강 및 드네프르 강 하곡으로 상당한 규모의 이주가 있었다(그림 11.3c). 프루트-세레트 강 지역의 거주지 밀도는 반으로 떨어졌다.[21] 1901년 발굴된 표준 유적지인 트리폴리예 유적은 트리폴리예 B2 시기의 동쪽 변경 마을로서 넓고 기름진 드네프르 강 하곡을 내려다보는 높직한 하안단구에 위치하고 있다. 인구는 수가 더 적고 면적이 늘어난 거주지(트리폴리예 B2 기간 동안 100년마다 180개 정도)로 집중되었다. 요새화한 거주지의 수는 급격히 줄어들었다.

이러한 인구 팽창 및 줄어든 분쟁의 표지는 다뉴브 강 하곡의 텔 거주지들이 불타고 버려진 후에 나타났다. 이제 쿠쿠테니-트리폴리예 읍락들이 초원의 어떤 위협(만약 그런 게 있었다면)으로부터 벗어난 것으로 보인다. 왜 그랬을까?

고 유럽 변경의 초원 기마민

변경은 경제적 필요가 공공연한 적대감을 막아줘 귀중품들을 상호 이익을 위해 교환하는 평화로운 교역의 장소로 그려질 수도 있고, 혹은 문화적 오해와 부정적 선입견 및 양자를 연결하는 제도의 부재로 인해 증폭된 불신의 장소로 그려질 수도 있다. 농경적인 유럽과 초원 사이의 변경은 두 가지 삶의 방식, 즉 인정사정없이 대립하는 농경과 목축 사이의 경계로 여겨졌다. 훈족이나 몽골 같은 유목민 약탈자는 흉폭함의 오랜 전형이다. 그러나 이는 잘못된 선입관으로서 서기전 800년까지 존재한 적 없는 특수하게 군사화한 목축 유목에서 나온 관념이다. 앞장에서 살펴보았듯 청동기 시대 초원의 기수들은 기마 궁술에 적합하지 않은 긴 활을 썼다. 그들의 화살은 크기와 무게가 각양각색이었다. 그리고 청동기 시대 전투 부대는 군대처럼 조직되지 않았다. 이들을 훈족의 침공에 비유하는 것은 시대착오적이지만, 동석기 시대에 기마 습격이 한 번도 일어나지 않았다는 것은 물론 아니다.[22]

서기전 3700~서기전 3500년 무렵 카자흐스탄 초원 사람들이 말을 타고 말을 사냥했다는 설득력 있는 증거가 있다. 그들이 최초의 기마민이 아닌 것은 거의 확실하다. 일찍이 흐발린스크 시기 흑해-카스피 해 초원 장례식에서 있었던 말, 소, 양의 상징적 연결 관계를 감안하면 기마는 제한적이지만 서기전 4500년 이전에 시작되었을 것이다. 그러나 서부 초원 사람들은 서기전 4300~서기전 4000년 이후에야 기마를 시작한 것처럼 **행동했는데**, 앞장 끝부분에서 설명했듯 이때는 장거리 습격에 부합하는 패턴이 시작된 시기로 수보로보-노보다닐로프카 지층에서 가장 확연하게 관찰할 수 있다. 사람들이 일단 말 위에 올라타자 기마를 부족 간 분쟁에 이용하는 걸 막을 방법이 없었다. 밧줄 및 가죽 재갈의 예상 가능한 결함도 막지 못했고(유기물 재갈을 물린 기마 실험에서 우리 학생들이 보여주었고, 또 전장에서 인디언의 '전투 굴레'가 증명했듯 유기물 재갈도 완벽하게 기능을 수행했다), 동석기 초원 말의 크기도 문제가 아니었으며(대부분 로마 기병대의 말 정도로, 크기는 충분했다), 또한 확실히 잘못된 착석 방식을 사용하지도 않았다(초기의 기수들이─아마도 몇천 년 동안─더 자연스러운 앞쪽 착석 방식을 발견하기까지 뒤쪽의 말 엉덩이에 올라탔다는 주장은 전적으로 말에 친숙하지 않은 근동의 예술가들이 만들어낸 이미지에 기초한 것 같다).[23]

비록 내가 동석기 시대 기마 습격의 증거를 **목도하고는** 있지만, 동석기 시대의 인정사정없는 유목민 군대가 털북숭이 말을 타고 지평선에 정렬해서 피에 굶주린 사령관의 명령이 떨어지기를 기다렸다고는 믿지 않는다. 동석기 시대의 전쟁은 부족 간 다툼이었으므로 정규 군대가 없었다. 그저 이 씨족의 젊은이가 저 씨족의 젊은이들과 싸우는 식이었다. 그리고 초기 인도·유럽어 시절의 전쟁은 가장 오래된 신화나 시적(詩的) 전통에서 살펴볼 수 있는데, 주로 영광을 얻기 위해, 즉 선 그리스어와 선 인도·이란어에 함께 나타나는 시의 구절─**불멸의 명성**─을 얻기 위해 수행한 것처럼 보인다. 만약 우리가 초원 습격자들을 고 유럽의 파괴자로 기소하려 한다면 먼저 그들이 후대의 기병처럼 싸우지 않았다는 것을 인정해야 한다. 동석기 시대의 전쟁은 엄격하게 계절적인 행동으로서 현대의 군대보다는 차라리 이웃 패거리처럼 조직된 집단에 의해 이뤄졌다. 그들은 적의 수확을 망치고 정주민을 놀라게 할 수는 있었겠지만 유목민은 아니었다. 데레이프카 같은 동석기 초원 거주지를 목축 유목민 야영지로 해석할 수는 없다. 이런 그림에서 유목민 기병대를 배제한다면, 우리가 어떻게 초원/고 유럽 변경을 가로지르는 사회적·정치적 관계를 이해할 수 있겠는가?

초원과 농경 지대 사이의 관계를 상호주의적으로 해석하는 것이 하나의 대안이다. 이런 해석은 분쟁을 부정하지 않지만 그 중요성을 낮게 보며, 상호 이익적인 교역과 교환을 강조한다.[24] 상호주의는 트리폴리예 B 시기 쿠쿠테니-트리폴리예 문화와 스레드니스톡 문화의 관계를 잘 설명하는 듯하다. 역사적으로 알려진 농경민과 밀접한 관계를 맺고 있던 목축민 중 부유한 이들은 더 취약한 가축으로 이뤄진 자신의 재산 손실에 대한 보험으로 농경민과 동맹을 맺는 경향이 있었다. 토지가 시장의 상품인 현대 경제에서, 부동산 축적은 가장 부유한 목축민을 영구적으로 도시로 옮겨가도록 할 수 있다. 국가 이전의 부족 세계에서 토지는 농사를 위한 것이지 매매 대상이 아니었으므로 이는 불가능했다. 하지만 목축민이 미래에 일어날 수 있는 가축 손실에 대한 보험으로 농경 공동체에서 지속적인 동맹과 자산을 확보하려는 전략은 마찬가지로 작동했다. 초원의 목축민이 금속 제품과 아마포, 혹은 곡물을 얻는 대가로 트리폴리예의 가축 일부를 관리해줬을 가능성도 있다. 혹은 초원의 부족들이 농경 읍락에서 벌어지는 정기적인 교역 행사에 참여했을 수도 있다. 기마 사냥꾼과 하곡의 옥수수 경작자 사이의 연례 교역 행사는 미국 북부 대평원에서 삶의 일반적 특징이었다.[25] 혼인에 의한 동맹과 교역 협정이 서기전 4400~

서기전 4000년 무렵 트리폴리예 B1 시기 초원이 트리폴리예 공동체에 점점 더 관여한 것을 설명할 수 있을 것이다. 이러한 문화 간 관계를 정규화한 제도에는 아마도 선물에 의한 동반자 관계도 포함될 것이다. 히타이트어에 부분적으로 간직된 것처럼 원시 인도·유럽 공통조어에서는 여타 모든 인도·유럽어에서 '주다(*dō-)'를 의미하는 동사의 어근이 '받다(take)'를 의미했고, 또 다른 어근(pai)은 '주다(give)'를 의미했다. 이러한 '주다'와 '받다'의 등치 및 다른 언어적 실마리로부터 에밀 방브니스트(Emile Benveniste)는 인도·유럽 공통조어의 원시 시기에 "교역은 진정한 상업적 작용이라기보다 선물 교환 활동이었던 것으로 보인다"고 결론지었다.[26]

한편, 상호주의는 모든 것을 설명할 수 없다. 또한 바르나-카라노보 VI-구멜니차 문화는 이 이론이 설명하지 못하는 것 중 하나다. 로렌스 킬리(Lawrence Keeley)는 선사 시대 부족 사회에서 전쟁은 일상적이고 치명적이며 고질적이었다고 주장함으로써 고고학자들 사이에 격렬한 논쟁의 불씨를 당겼다. 프레더릭 바스가 알아차렸듯 부족 변경은 창조적인 장소였지만 종종 상당히 거북한 행동을 목격하는 곳이기도 했다. 부족 변경은 흔히 모욕의 장소였다. 수족(Sioux)은 바녹족(Bannock)을 '더러운 오두막 사람'이라 불렀고, 에스키모인은 잉갈리크인(Ingalik)을 '서캐 머리(nit-head)'라고 불렀으며, 호피족(Hopi)은 나바호족(Navaho)을 '사생아'라 불렀고, 알곤킨족(Algonkian)은 모호크족(Mohawk)을 '식인 동물'이라 불렀고, 슈아르족(Shuar)은 우아라니족(Huarani)을 '야만인'이라 불렀다. 단순하지만 호소력 있는 '적'은 이웃 부족을 부르는 이름의 매우 일반적 의미였다. 부족 경계에는 사람들이 자기 사회의 한계를 넘어 원하는 물품이 널려 있었으므로 힘으로 그것들을 탈취하려는 유혹이 강했다. 그 물품이 소처럼 다리를 가진 것일 경우 유혹은 2배로 강해졌다.[27]

소 떼 습격은 인도·유럽어 사용자들의 신앙과 의례에 의해 고취되었다. 전사(戰士) 트리토에 대한 신화는 소 떼 절도를 올바르게 희생을 바친 이들의 소 떼를 회복해주려는 신의 **의도**로 정당화한다. 인도·유럽 공통조어 시절의 성년 의례는 성년이 된 소년들이 밖으로 나가 개나 늑대 무리처럼 적을 습격해야 한다는 요구 사항도 포함되어 있었다.[28] 또한 인도·유럽 공통조어는 신부 대금을 의미하는 단어 *u̯edmo-를 갖고 있었다.[29] 소, 양 그리고 아마도 말을 신부 대금을 지불하는 데 썼을 것이다. 왜냐하면 정식 화폐가 없는 목축 사회에서는 이런 가축이 다른 화폐보다 더 값어치 있는 신부 대금 지불용 화폐였기 때문이다.[30] 이미 앞선 몇 세기 동안 가축은 장례식에서 신께 드리는 적합한 선물이었다(예를 들어 흐발린스크에서). 상대적으로 적은 엘리트는 일찍이 매우 넓은 지역에 걸쳐 신분을 상징하는 물품을 채택하는 경쟁에 돌입했다. 즉 돌을 갈아 만든 머리가 있는 전곤, 멧돼지 엄니 장식판, 구리 고리와 펜던트, 조개껍데기로 만든 원반형 구슬, 새의 뼈로 만든 관 등이 그런 물품이었다. 이런 경쟁의 일환으로 신부 대금이 올라간 결과 미혼 남성들에 의한 소 떼 습격이 늘어났다. 트리토 신화에 의한 절도의 정당화와 갓 성인이 된 남성 집단에 의한 습격의 제도화가 결합해 가축으로 계산하는 신부 대금의 상승은 경계를 넘는 습격을 거의 불가피하게 만들었을 것이다.

만약 도보로 움직였다면, 동석기 시대 초원의 소 떼 습격자는 자기들끼리 서로 약탈하거나 이웃한 트리폴리에 거주지를 공격했을 것이다. 그러나 말을 탔다면 가까이 있는 귀중한 선물 교환 동반자를 위협하지 않고 멀리 있는 표적을 선택할 수 있다. 여남은 명의 말 탄 습격자는 소나 말 50~75두를 재빨리 수백 킬로미터나 이동시킬 수 있었다.[31] 절도 습격은 죽음에 이를 수 있고, 또 습격 후 더 심각한 살인이나 보복 습격으로 이어질 수 있다. 절도에서 보복 습격으로 이어진 전쟁의 진화가 다뉴브 강 하곡에 있는 텔 읍락들의 몰락에 기여했을 것이다.

어떤 종류의 사회가 변경의 초원 쪽에 존재했을까? 이들이 실제로 고 유럽 및 쿠쿠테니-트리폴리예 문화와 상당히 다른 방식으로 깊은 관계를 맺었다는 좋은 고고학적 증거는 있는가?

스레드니스톡 문화: 동쪽에서 온 말과 의례

스레드니스톡 문화는 우크라이나 초원 지대에서 가장 잘 밝혀진 동석기 후기의 고고학적 문화다. 스레드니스톡, 즉 '가운데 무더기(middle stack)'는 드네프르 강 급류 지대의 남쪽 끝에 있는 3개의 섬 중 가운데 있는 건초 더미 모양의 작은 섬을 부르는 이름이다. 이 세 섬은 모두 댐으로 인해 수몰되었지만, 수몰 이전인 1927년 고고학자들이 그곳에서 유적지 하나를 발굴했다. 여기에는 거주지 유적이 일련의 층을 이루고 있었는데 I층에는 동석기 초기(드네프르-도네츠 II)의 토기, II층에는 동석기 후기의 토기가 있었다.[32] 스레드니스톡 II는 이 동석기 후기 유형 토기의 표준 유적지가 되었다. 스레드니스톡 유형의 토기는 스트릴차스켈랴와 알렉산드리야 (Aleksandriya) 등 몇몇 유적에서 더 오래된 드네프르-도네츠 II 거주지 위에 층을 이룬 채 발견되었다. 일찍이 드네프르-도네츠 문화를 규정했던 디미트리 텔레긴은 1973년 처음으로 약 150개에 달하는 유적지를 모두 한데 모아 스레드니스톡 문화라는 이름 아래 분류했다(그림 11.6). 그는 드네프르 강 서쪽의 잉굴(Ingul) 강 하곡에서 동쪽의 돈 강 하류까지 우크라이나 초원 전역에서 스레드니스톡 유적지를 발견했다.

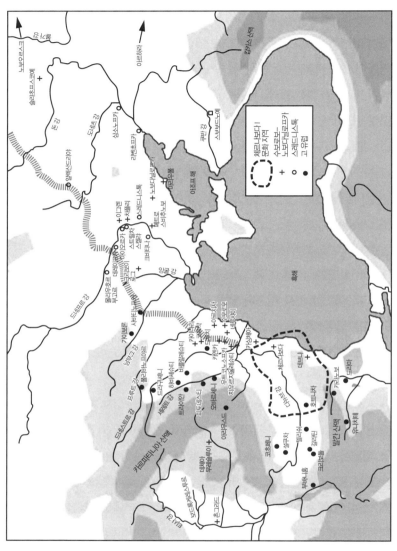

그림 11.6 수보로보−노보다닐로프카 침입 시기 초원과 다뉴브 강 유역의 유적(서기전 4200∼서기전 3900년경)

스레드니스톡 문화는 마리야 김부타스의 인도·유럽어를 쓰는 초원 목축민의 고고학적 기반이 되었다. 데레이프카의 스레드니스톡 문화 거주지에서 텔레긴이 발굴한 말뼈는 뒤이은 쿠르간 문화를 옹호하는 고고학자들과 이를 반대하는 고고학자들 사이의 논쟁에서 핵심 역할을 했다. 나는 앞장에서 김부타스의 말[馬] 해석이 어떻게 레빈의 도전을 받았는지 설명했다. 동시에 유리 라사마킨(Yuri Rassamakin)이 텔레긴의 스레드니스톡 문화 개념에 도전했다.[33]

라사마킨은 텔레긴의 스레드니스톡 문화를 최소 3개의 개별 문화로 나누고, 그로 인해 생긴 결과의 일부를 다시 배열하고 연대를 재설정했다. 아울러 사회적·정치적 변화와 관련한 핵심 원인의 초점을 초원의 기마와 농업-목축업(텔레긴의 주제)에서 초원 사회의 고 유럽 문화 권역으로의 통합으로 옮겼는데, 이것이 바로 라사마킨이 주장한 새로운 상호주의다. 그러나 라사마킨은 연대를 잘 측정한 데레이프카와 흐발린스크 같은 유적을 방사성 탄소 연대 측정값과 들어맞지 않는 시기로 분류했다.[34] 내게는 텔레긴의 편성이 더 잘 문서화하고 설명도 잘된 것으로 보인다. 따라서 비록 세부 사항 일부에는 동의하지 않지만 여전히 우크라이나의 동석기 유적을 배열하는 기본 틀로서 스레드니스톡 문화를 받아들인다.

이때는 혁신적인 초기 인도·유럽 공통조어 방언들이 초원 전역으로 확산하기 시작한 매우 중요한 시대였다. 초원에서 변화의 근본 원인에는 새로운 경제 체제와 사회적 연계망의 내재적 성숙(텔레긴의 주제) 그리고 초원과 고 유럽의 새로운 상호 작용의 개시(라사마킨의 주제)가 모두 포함되었다.

스레드니스톡 문화의 기원과 발전

우리는 스레드니스톡 문화, 혹은 기타 어떤 고고학적 문화가 모든 곳에서 동시에 등장하거나 사라졌다고 상상해서는 안 된다. 텔레긴은 스레드니스톡의 발전 단계를 크게 네 기(Ia, Ib, IIa, IIb)로 나눴지만, 어떤 기는 어떤 지역에서 더 오래 지속되었다. 그에 따르면 드네프르 강변의 스레드니스톡과 스트릴차스켈랴의 거주지는 초기(Ib기)를 의미한다. (라사마킨은 이를 스켈랴 문화라고 불렀다.) 이 기간의 토기에는 밧줄 압인 문양(cord-impressed decoration)이 없다. 드네프르 강변의 데레이프카(IIa기)와 몰리우호르부고르(IIb기)는 후기를 나타내는데, 이 시기 토기의 표면에는 꼰 밧줄을 눌러 찍은 문양이 있다(그림 11.7). 스레드니스톡 문화 초기(I기)는 트리폴리예 B1의 폭력적인 시기와 다뉴브 강 하곡의 위기와 동시대이다. 트리폴리예 B1 문화의 채색 토기가 스트릴차스켈랴에서 발견되었다. 스레드니스톡 후기(II기)를 규정하는 양식상의 변화는 다뉴브 강 하곡의 위기가 진행되는 시기에 이뤄졌지만, 스레드니스톡 후기 대부분은 고 유럽의 붕괴 후에 발생했다. 데레이프카와 이그렌의 스레드니스톡 IIa기 무덤에서 트리폴리예 B2 사발이, IIb기 몰리우호르부고르 거주지 유적에서 트리폴리예 C1 그릇이 발견되었다. 데레이프카 거주지(IIa기)는 방사성 탄소 연대 측정값 10개에 의해 서기전 4200~서기전 3700년으로 측정되었다(표 11.1). 스레드니스톡 최후의 시기(IIb기)는 드네프르 강가에 있는 페트로프스카야발카(Petrovskaya Balka)의 방사성 탄소 연대 측정값 4개에 의해 서기전 3600~서기전 3300년으로 측정되었다. 스레드니스톡 초기는 아마도 서기전 4400년 무렵 시작되었고, 후기는 드네프르 강 일부 지역에서 서기전 3400년까지 지속된 것으로 보인다.

스레드니스톡 문화의 기원은 아직 제대로 이해되지 않고 있지만, 아마도 동쪽의 볼가 강 초원에서 온 사람들이 일정한 역할을 맡은 것으로 보인다. 바닥이 둥글고 조개껍데기를 혼합한 스레드니스톡 토기는 바닥이

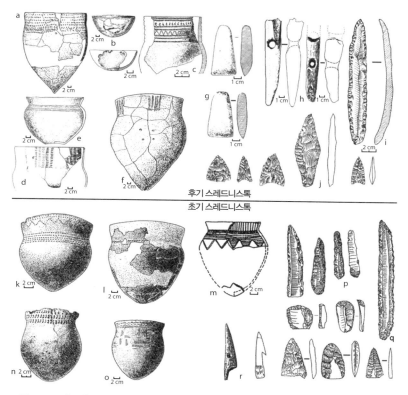

그림 11.7 스레드니스톡 초기와 후기의 토기 및 도구. (h)와 같이 구멍 뚫린 뼈나 뿔은 말 재갈에 붙이는 뺨대로 알려졌다. (하지만 이는 추측에 불과하다.) 출처: Telegin 2002, 그림 3.1.

평평하고 모래를 섞은 동석기 초기 드네프르-도네츠 II 토기와는 상당히 달랐다(그림 9.5 참조). 거의 모든 스레드니스톡 초기 용기는 둥글거나 뾰족한 바닥에 폭이 넓으며 밖으로 꺾인 테두리를 갖고 있었다. 바닥이 평평한 토기는 후기에야 나타났다. 아마도 음식물 용기였을 위가 넓은 단순한 사발은 또 다른 흔한 모양인데 대체로 문양이 없었다. 스레드니스톡 토기는 위쪽 3분의 1만 빗살무늬 문양판으로 찍거나 삼각형을 새기거나 밧줄문양을 찍든가 해서 꾸몄다. U자형 도구나 밧줄을 감은 도구로 찍어서

표 11.1 다뉴브 강 하류에서 북캅카스까지 동석기 후기 유물들의 방사성 탄소 연대 측정값

실험실 번호	BP 연도	표본	보정한 연대
1. 스레드니스톡 문화			
데레이프카, 드네프르 강 하곡			
Ki 2195	6240±100	거주지, 조개껍데기	5270~5058 BCE
UCLA 1466a	5515±90	거주지, 뼈	4470~4240 BCE
Ki 2193	5400±100	거주지, 조개껍데기	4360~4040 BCE
OxA 5030	5380±90	묘지, 무덤 2	4350~4040 BCE
KI 6966	5370±70	거주지, 뼈	4340~4040 BCE
Ki 6960	5330±60	거주지, 뼈	4250~4040 BCE
KI 6964	5260±75	거주지, 뼈	4230~3990 BCE
Ki 2197	5230±95	거주지, 뼈	4230~3970 BCE
Ki 6965	5210±70	거주지, 뼈	4230~3960 BCE
UCLA 1671a	4900±100	거주지, 뼈	3900~3530 BCE
Ki 5488	4330±120	의례용 말 두개골??	3300~2700 BCE
Ki 6962	2490±95	의례용 말 두개골	790~520 BCE
OxA 7185	2295±60	재갈 흔적이 있는 의례용 말 이빨	410~200 BCE
OxA 6577	1995±60	의례용 말 근처의 뼈	90 BCE~70 CE
알렉산드리야, 도네츠 강 하곡			
Ki-104	5470±300	?	4750~3900 BCE
2. 북캅카스 동석기			
스보보드노예 거주지			
Le-4531	5400±250	?	4500~3950 BCE
Le-4532	5475±100	?	4460~4160 BCE
3. 다뉴브 강 하류, 불가리아의 바르나 문화			
두란쿨락 텔(적층/언덕) 거주지			
Bln-2122	5700±50	거주지, 5층	4600~4450 BCE
Bln-2111	5495±60	거주지, 가옥 7	4450~4250 BCE
Bln-2121	5475±50	거주지, 4층	4360~4240 BCE

파벨랴노보 1 텔 거주지			
Bln-1141	5591±100	거주지	4540~4330 BCE

4. 다뉴브 강 하류, 루마니아의 구멜니차 문화

불카네슈티 II, 볼그라드 집단			
MO-417	5110±150	거주지	4050~3700 BCE
Le-640	5300±60	거주지	4230~4000 BCE

구멜니차, 텔 거주지			
GrN-3025	5715±70	거주지, 숯	4680~4450 BCE
Bln-605	5675±80	거주지, 숯	4620~4360 BCE
Bln-604	5580±100	거주지, 숯	4540~4330 BCE
Bln-343	5485±120	거주지, 숯	4460~4110 BCE
GrN-3028	5400±90	거주지, 탄화된 곡물	4340~4050 BCE

5. 다뉴브 강 하류, 수보로보 집단

프루트/다뉴브 강 하류, 지우르지울레슈티 묘지			
Ki-7037	5398±69*	?	4340~4050 BCE

＊이 연대 측정값은 텔레긴 등(Telegin et al. 2001)에 의하면 BP 4398±690이나, 이는 인쇄 착오다. 내가 듣기로 실제로 보고된 값은 BP 5398±69였다.

만든 U자형 '애벌레' 문양이 전형적이었다(그림 11.7d). 둥근 몸통에 세로로 빗살무늬를 새긴 짧고 곧은 목의 토기 하나(그림 11.7m)는 흔한 트리폴리예 B1 유형을 그대로 베낀 것이다. 바닥이 둥글고 조개껍데기를 혼합한 토기는 동쪽의 아조프-카스피 해 혹은 볼가 강 지역의 영향을 반영한 듯하다. 이 동쪽 지역에서는 신석기 시대에 시작해 동석기 시대 흐발린스크까지 이어지는 조개껍데기 혼합, 둥근 바닥, 밖으로 꺾인 테두리, 밧줄 문양 압인 토기와 관련한 오랜 전통이 있었다.

스레드니스톡의 장례 의식 역시 새로웠다. 스레드니스톡 문화의 새로운 매장 자세(바로 누운 채 무릎을 세운 자세)와 표준 방위(머리를 동쪽 혹은 동북쪽으로 둠)는 볼가 강 일대의 흐발린스크 문화를 모방한 것이다(그림 11.8). 드네프르-도네츠 II의 공동 집단 무덤구덩이는 버려지고 한 명씩 매장하는 무덤이 대신했다. 또한 묘지가 작아졌다. 데레이프카 근처 드네프르-도네츠 II 묘지는 유해 173구를 품고 있었는데, 그 대부분이 커다란 공동 매장 구덩이에 들어 있었다. 데레이프카 근처 스레드니스톡 묘지에는 단 12기의 무덤만 있었는데, 모두 개별 매장지였다. 스레드니스톡 공동체는 아마도 작고 기동성이 컸던 듯하다. 데레이프카의 경우처럼 무덤을 표시하는 지상의 표지가 없거나 혹은 새로운 지표 처리 방식을 선보였다. 다시 말해 일부는 매우 소박한 쿠르간인 크비탸나(Kvityana)나 마이오르카(Maiorka)의 무덤처럼 돌로 된 작은 원으로 둘러싸고 그 위에 나지막한 돌 혹은 흙 봉분을 덮었다. 이것들이 아마도 초원 최초의 쿠르간이었을 것이다. 돌로 만든 원과 봉분은 무덤의 주인을 강조하고 다른 이들로부터 주인을 분리시키는 특징이었다. 공동 장례 의식에서 개인 의례로 바뀐 것은 좀더 노골적으로 스스로를 강화하는 사회적 가치로 나아가는 한층 광범위한 변화의 징후 중 하나였다. 이러한 가치는 아래에서 별도로 언급할 수보로보-노보다닐로프카 유형의 호화로운 일련의 무덤에도 반영되어 있다.

또한 스레드니스톡 두개골 유형은 새로운 특성을 보여주었다. 드네프르-도네츠 II 사람들은 얼굴이 매우 넓고 뼈가 두꺼운 원시 유로포이드 형의 단일한 골상이었다. 스레드니스톡 인구 집단에는 더 얇은 뼈 구조와 중간 너비의 얼굴을 가진 사람들이 포함되었는데, 이들은 흐발린스크 사람들과 가장 강력한 통계적 유사성을 보였다. 드네프르-도네츠 II 문화가 스레드니스톡 문화로 바뀌기 시작할 무렵 볼가 강에서 이주한 사람들이

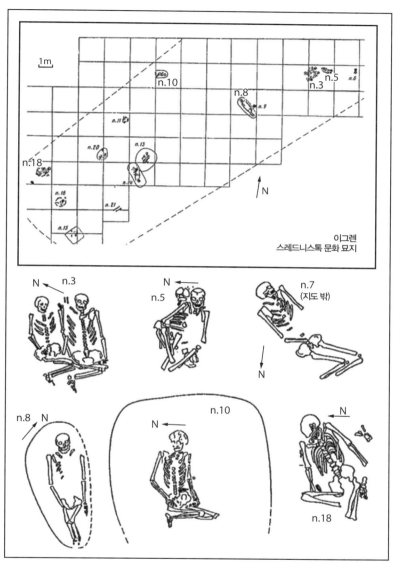

그림 11.8 드네프르 강 급류 지대에 있는 이그렌 묘지의 스레드니스톡 무덤. 무덤들이 상당히 흩어져 있다. 출처: Telegin et al. 2001.

드네프르-아조프 초원에 도착해 장례 관습과 토기 제작상의 변화를 초래한 것으로 보인다. 아마도 그들은 말을 타고 도착했을 것이다.[35]

사람이 살고 묘지를 만들던 곳은 스레드니스톡 문화가 시작된 후에 크게 바뀌지 않았다. 드네프르 강 급류 지대 근처 및 도네츠 강변의 몇몇 유적에서 스레드니스톡 거주지는 드네프르-도네츠 II 거주지 위에 층을 이루고 있었다. 마리우폴, 이그렌, 데레이프카에서 스레드니스톡 무덤은 드네프르-도네츠 II 묘지 안이나 근처에 자리를 잡았다. 석제 도구 또한 연속성을 보였다. 즉 박판형(薄板形) 부싯돌 날, 삼각형 부싯돌 촉, 커다란 아몬드 모양의 부싯돌 촉이 두 시기 동안 공히 만들어졌다. 기다란 외날 부싯돌이 드네프르-도네츠 II 유적 저장고에서 이따금 발견되지만 스레드니스톡 유적에서는 훨씬 큰 저장고에서 나왔다. 이곳의 일부 단일 저장고에서는 20센티미터에 달하는 부싯돌 날이 100개 넘게 출토되기도 했다. 스레드니스톡 무덤에서 이런 날은 전형적인 부장품이었다. 이와 유사한 기다란 부싯돌 날이 동유럽 전체에 걸쳐 유명한 교역 물품이 되었는데, 이것은 폴란드의 푼넬 비커 유적 및 헝가리의 보드록케레스투르 유적에서도 나타난다.

스레드니스톡 경제: 말과 농업-목축업

스레드니스톡 거주지 유적에서는 대부분의 연구된 유적지가 위치한 드네프르 강 하곡의 드네프르-도네츠 II 유적보다 평균 2배 이상의 말뼈가 나왔다. 식용 말의 증가는 서기전 4200~서기전 3800년 동안의 기후 한랭화와 관계가 있을 수 있다. 왜냐하면 눈 덮인 환경에서는 길들인 소나 양보다 길들인 말을 관리하기가 쉽기 때문이다(10장). 물론 관리상의 이점은 길들인 말일 경우에만 얻을 수 있었을 것이다. 말은 데레이프카의 스레드

표 11.2 스레드니스톡 문화 유적지의 포유류 뼈

	말(%)	소(%)	염소(%)	돼지(%)	개(%)	야생 동물(%)
	\[전체 대비 뼈의 개수(%), NISP/개체 수(%), MNI\]					
스레드니스톡 II	7/12	21/12	61/47	2/6	3/11	7/22
데레이프카	63/52	16/8	2/7	3/4	1/2	17/45
알렉산드리야	29/24	37/20	7/12	—	—	27/44
몰리우호르부고르 II	18/9	10/9	—	2/6	—	70/76

＊NISP＝확인된 뼈의 개수, MNI＝최소 개체 수.

니스톡 거주지에서 단연코 가장 중요한 육류 공급원이었다. 비비코바가 계산한 2408개의 말뼈는 최소한 말 51마리에 해당하는데, 이는 유적지에서 도축한 포유류의 절반 이상이며 살코기로 따지면 9000킬로그램에 달한다.[36]

길들인 소, 양, 돼지의 뼈는 스레드니스톡 II, 데레이프카, 알렉산드리야, 몰리우호르부고르 유적지에서 출토된 전체 뼈(확인 가능한 뼈 개수)의 12~84퍼센트를 차지한다(표 11.2). 만약 말을 가축으로 계산한다면, 이들 거주지의 가축 뼈 비율은 30~93퍼센트로 올라간다. 말뼈는 발견한 뼈 전체(확인 가능한 뼈 개수)의 7~63퍼센트를 차지했다. (평균 54퍼센트이지만 편차가 상당히 크다.) 비율이 가장 높은 곳은 데레이프카 유적지(확인 가능한 포유류 뼈의 63퍼센트, 최소 개체 수로 환산하면 52퍼센트)였는데, 동물 뼈 표본이 가장 큰 지역이기도 했다.[37] 가장 남쪽, 가장 건조한 초원 환경에 위치한 스레드니스톡 유적에서는 양이나 염소가 단연코 가장 흔한 동물이었다(전체의 61퍼센트). 그리고 가장 북쪽, 가장 숲이 풍부한 환경의 몰리우호르부고르 유적에서는 사냥한 동물이 가장 중요했다(전체의 70퍼센트). 임산 자원이 더

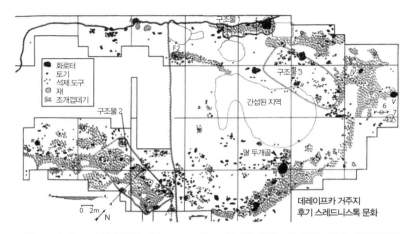

그림 11.9 스레드니스톡 문화의 데레이프카 거주지, 서기전 4200~서기전 3700년. 재갈을 물린 흔적이 있는 말의 두개골이 끼어 있는 장소를 표시했다. 맨 위 가장자리는 침식된 강둑이다. 출처: Telegin 1986.

풍부한 북쪽에서는 사슴 사냥이 여전히 중요했고, 대상림이 강변 저지에 국한해 분포하는 초원의 하곡 지대에서는 양 떼 몰이가 필연적으로 식단의 더 큰 부분을 책임졌다.

데레이프카는 발굴 면적이 가장 넓은 스레드니스톡 거주지 유적으로서 면적이 2000제곱미터에 이른다. 이 유적은 북부 초원의 드네프르 서안에 위치한다. 여기저기 흩어진 12개의 스레드니스톡 묘지가 거주지 상류 0.5킬로미터 지점에서 발견되었다.[38] 가로 12미터 세로 5미터가량의 얕은 타원형 집터 구덩이 3개가 토기와 부싯돌 도구 및 기타 물품을 제작하던 공터 주위를 둘러싸고(그림 11.9), 두껍게 쌓인 조개 무덤(*Unio* 또는 *Paludinae*)이 한쪽 면을 막고 있었다. 거주지의 한 부분만 발굴했으므로 전체 규모가 어느 정도인지 아직 모른다. 발굴된 포유류 뼈를 살코기로 추산하면 세 가구가 가구당 1킬로그램씩 8년 넘게 매일 먹을 수 있는 양이었다. 이는 데레이프카 거주지가 여러 해 동안 거듭 이용되었다는 것을 나타낸다. 반면 데레이프카 건축물 잔해의 임시 주거지적 특성과 근처 묘지의 작은 규모는 이곳이 영구 거주지가 아니었음을 시사한다. 아마도 이 지역은 대규모 말 떼와(확인된 뼈의 62퍼센트) 소 떼(16퍼센트)를 거느렸으며 붉은사슴을 사냥하고(10퍼센트) 오리를 덫으로 잡거나 쏴서 잡고(청둥오리와 고방오리) 대형 메기(*Silurus glanis*)와 농어(*Lucioperca lucioperca*)를 잡고, 약간의 곡물을 경작한 사람들이 선호하던 곳으로서 여러 해 동안 재활용된 것으로 보인다.

데레이프카 거주지의 토기에 씨앗 압인이 있는지는 아직 체계적으로 연구되지 않았지만 이 유적에서 추수로 인한 마모 흔적이 있는 부싯돌 날, 타원형의 평평한 숫돌, 갈아서 만든 편암(片巖) 절구 6개가 발견되었다. 경작한 밀과 보리와 기장이 몰리우호르부고르의 데레이프카 IIb기 토기에 찍힌 채로 나왔다. 아마도 데레이프카에서도 곡물 일부를 경작한 것으로 보이는데, 이는 드네프르 동쪽에서 시행한 최초의 곡물 경작이다.

스레드니스톡 문화 사람들은 말을 탔을까? 재갈 마모 흔적과 그 밖에 기마로 인한 병리적 특성 없이 우리는 기마 여부를 확신할 수 없다. 데레이프카에서 발견한 것으로서 잠정적으로 재갈용 뺨대로 알려진 뿔로 만든 물품(그림 11.7h)은 다른 용도로 쓰였을 수 있다.[39] 이 질문에 접근하는 방법 중 하나는 동석기 후기의 초원 사회 사람들이 기수(騎手)처럼 **행동했는지** 물어보는 것이다. 그들은 기수처럼 행동한 것으로 보인다. 늘어난 기동성(작아진 묘지가 이를 암시한다), 장거리 무역, 유력 인사들의 커진 위신과 권력, 무덤에 등장하는 신분을 상징하는 무기 그리고 정주 농경 공동체를 대상으로 한 전쟁의 증가 등은 모두 기마가 시작된 후 발생한 것으로 여겨지는 것들이며, 우리는 이것들을 수보로보-노보다닐로프카 유형의 묘지에서 가장 극명하게 목격할 수 있다.

다뉴브 강 하곡으로의 이주: 수보로보-노보다닐로프카 복합체

서기전 4200년 무렵 드네프르 강 하곡에서 온 가축 몰이꾼들이 다뉴브 강 삼각주의 북쪽 언저리에 등장했다. 당시 삼각주 북쪽의 호수 지역은 고 유럽 볼그라드 문화의 농경민이 점유하고 있었다. 그들은 초원 사람들이 등장하자마자 재빨리 이 지역을 떠났다. 이주민은 쿠르간 무덤을 만들고 말 머리를 닮은 머리를 단 전곤을 갖고 다녔는데, 이 물건은 수많은 고 유럽 읍락으로 급속히 퍼졌다. 그들은 무역을 통해서든 약탈을 통해서든 다뉴브 강 하류 하곡의 읍락들로부터 구리를 획득했고, 이 구리 대부분을 드네프르 강 하류 일대의 초원으로 다시 보냈다. 그들의 다뉴브 강 하류 하곡으로의 이주는 이주지에서 사용하던 선 아나톨리아 방언들과 그들이 떠나온 초원 공동체가 쓰던 원시 인도·유럽 공통조어를 분리시킨 역사적 사건이었을 것이다.

이 사건을 기록한 고고학 문헌들은 지난 50년간 조각조각 나뉘어 등장했고, 아직까지도 여전히 널리 알려지지 않았다. 이주와 관련한 초원의 문화는 스켈랴 문화니, 수보로보 문화니, 우트콘소노프카(Utkonsonovka) 집단이니, 노보다닐로프카 문화니 하는 여러 가지 이름으로 불렸다. 나는 이를 수보로보-노보다닐로프카 복합체라 부를 것이다(그림 11.6 참조). 이 주자들이 만든 무덤군 하나는 다뉴브 강 삼각주 근처에 집중되어 있다. 흑해 북부 초원 고향의 그들 친척은 노보다닐로프카 집단이었다. 각 집단에 대해서는 오직 무덤들만 알려져 있다. 35~40개 정도의 묘지가 이

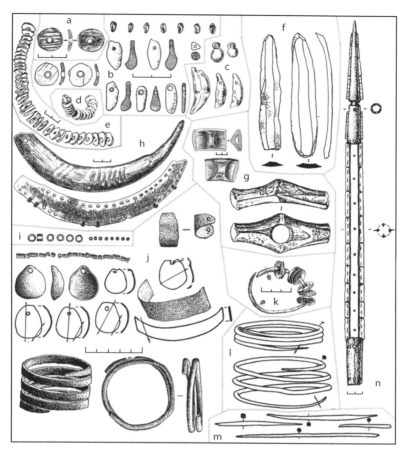

그림 11.10 수보로보-노보다닐로프카의 장신구와 무기. 서기전 4200~서기전 3900년경. (a, c) 비노그라드니의 조개껍데기와 송곳니 구슬(목걸이 알), (b) 수보로보의 조개껍데기와 사슴 이빨 구슬, (d) 데체아무레슐루이의 조개껍데기 구슬, (e) 크리보이로그의 조개껍데기 구슬, (f) 차플리 의 박판형 부싯돌 날, (g) 페트로-스비추노보의 뼈 단추와 주조 구리 도끼, (h) 페트로-스비추 노보의 멧돼지 엄니(위), 지우르지울레슈티의 구리로 감싼 멧돼지 엄니(아래), (i) 우트코노소프카 의 뼈 목걸이 구슬, (j) 구리로 된 새조개 모조품을 포함한 차플리의 구리 장신구; (k) 조개껍데기 구슬을 꿴 카이나리의 구리 목고리(neckring), (l) 페트로-스비추노보의 구리 팔찌; (m) 수보로보 와 알렉산드리야의 구리 송곳, (n) 지우르지울레슈티의 복합적인 창 촉. 세석기 날을 붙이고 대롱 모양의 이음쇠를 장착한 뼈로 된 창. 출처: Ryndina 1998, 그림 76; Telegin et al. 2001.

들 복합체의 것으로 분류되는데, 묘지 대부분은 10기 이하의 무덤을 거느리고 있다. 그 특징은 노보다닐로프카 유적 자체를 비롯한 많은 묘지가 부유한 단 한 명을 묻은 매장이었다는 것이다. 이런 무덤은 스레드니스톡 초기, 즉 서기전 4300~서기전 4200년 무렵에 처음 등장해 서기전 3900년 이전에 더 이상 만들어지지 않은 것으로 보인다.

텔레긴은 초창기 논의에서 노보다닐로프카 무덤을 (그 자신의 용어로) 스레드니스톡 문화 안의 부유한 엘리트 부류의 것으로 해석했다. 그리고 나중에 자신의 견해를 바꿔 이를 별도의 문화로 분류했다. 나는 그의 원래 입장을 지지한다. 즉 수보로보-노보다닐로프카 복합체는 스레드니스톡 문화 내부의 족장 엘리트 부류를 대변한다고 본다. 노보다닐로프카 무덤은 스레드니스톡이라고 명명된 것과 같은 지역 전체에 분포하는데, 무덤 의식과 석기의 여러 부분이 똑같다. 수보로보-노보다닐로프카 엘리트 집단은 고 유럽 붕괴 직전 트리폴리예 B1기에 다뉴브 강 하류 하곡 지대에 대한 습격 및 이곳과의 교역에 관여했던 이들이다.[40]

이 무덤들에 묻힌 사람들은 긴 허리띠와 원반형 조개껍데기 구슬을 꿴 목걸이, 구리 구슬, 말이나 사슴의 치아로 만든 구슬, 구리 고리, 조개껍데기 모양의 구리 고리, 나선형 구리 팔찌를 차고 있었다(그림 11.10). 그들은 두꺼운 구리 선을 구부려 목고리(neckring)—토크(torque)—를 만들고 조개껍데기로 장식했다. 또한 구리 송곳을 쓰고 때로는 손잡이 끼움 구멍이 있는 구리—양방향 합체 주형(two-part mold)으로 만든—도끼를 갖고 다녔으며, 창과 발사체의 어두운 색 목재 자루에 구리나 금으로 만든 이음쇠를 끼웠다. 1998년 린다나가 계산한 바에 따르면 수보로보-노보다닐로프카 무덤 30기에서 발굴한 구리와 금 물품은 각각 362개와 1개였다. 또한 그들은 몇 가지 모양의 돌을 갈아 만든 전곤 머리를 들고 다녔는데,

그중에는 말 머리 모양도 있었다(그림 11.5 참조). 그들은 커다란 삼각형 부싯돌 촉을 썼는데, 아마도 창이나 투창용이었을 것이다. 또 자그마한 날을 날카롭게 벼린 둥근 머리 소형 부싯돌 도끼와 기다란 박판형 부싯돌 날을 썼는데, 재료는 종종 도네츠 강의 노천 채석장에서 가져온 회색 부싯돌이었다.

수보로보-노보다닐로프카 무덤 대부분에는 토기가 없어 이들을 어떤 토기 유형과 연결시키기 어렵다. 일부 무덤에서는 수입 토기가 발견되었다. 프루트 강과 드네스트르 강 사이에 있는 카이나리(Kainari) 쿠르간에서는 트리폴리에 B1 항아리, 카이나리에서 멀지 않은 코프착(Kopchak) 쿠르간에서는 구멜니차 문화 후기의 그릇, 프루트 강 하류의 지우르지울레슈티(Giurgiuleşti) 유적 무덤 2에서 또 하나의 구멜니차 후기 그릇, 드네프르-아조프 초원의 노보다닐로프카 무덤에서는 멀리 북캅카스로부터 온 스보보드노에 유형의 토기가 발견되었다. 이러한 수입 토기는 모두 서기전 4400~서기전 4000년경 시대의 것으로 측정되었으므로 연대기적으로 유용하지만, 무덤에 매장된 개인들의 문화적 소속에 대해서는 아무것도 말해주지 않는다. 아주 일부의 토기 파편만 실제로 무덤을 건축한 사람들이 만든 듯하다. 수보로보의 주요 무덤 중 하나(무덤 1)에서는 조개껍데기를 혼합한 회색 점토 위에 자그마한 이빨이 달린 문양판으로 무늬를 찍거나 사선을 새겨 넣은 작은 토기 조각 2개가 출토되었다(그림 11.11). 이와 유사한 토기가 수보로보 근처 우트코노소프카(Utkonosovka) 유적 쿠르간 3의 무덤 2에서 발견되었다. 이런 토기 파편은 둥근 바닥에 밖으로 꺾인 테두리와 조개껍데기 혼합 그리고 사선을 새겨 넣거나 빗살무늬 문양판으로 표면을 장식한 점에서 쿠쿠테니 C 토기와 유사하다.[41]

다뉴브 강 삼각주의 수보로보 무덤들은 항상 봉분, 즉 쿠르간을 세운

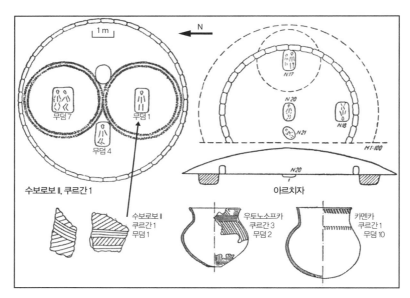

그림 11.11 수보로보 유형 쿠르간과 토기. 대부분의 수보로보 무덤엔 토기가 없거나 다른 문화에서 만든 토기를 부장했다. 그래서 이 소수의 자체 제작 토기는 중요하다. 왼쪽: 수보로보 묘지 Ⅱ, 쿠르간 1. 오른쪽: 아르치자 쿠르간. 아래: 무덤에서 나온 토기 파편 및 토기. 출처: Alekseeva 1976, 그림 1.

것으로 구분할 수 있는데, 이 봉분은 토지 분쟁이 넘치는 변경에서 가시성을 높이기 위해 세운 듯하다. 하지만 다뉴브 강 하류 하곡의 높다란 텔에 대한 명시적 대응일 수도 있다(그림 11.11). 수보로보 쿠르간은 초원에 세운 쿠르간 중 가장 이른 것에 속한다. 드네프르-아조프 초원으로 돌아가면, 노보다닐로프카 무덤 대부분에도 어떤 식으로든 지상 표식이 있지만 흙무더기 쿠르간은 드물고 대신 무덤 위에 쌓은 돌무더기가 흔하다(차플리(Chapli), 야마(Yama)). 다뉴브 초원의 쿠르간은 지름 10미터가 넘는 게 드물고, 흔히 작은 돌을 무덤 주위에 둘러치거나 커다란 돌로 옹벽을 쌓았다. 묘혈은 일반적으로 직사각형이지만 때로는 타원형이었다. 스레드니스톡 매장 자세(바로 누워서 무릎을 세운 자세)가 대부분의 무덤(촌그라드(Csongrad), 차플리, 노보다닐로프카, 지우르지울레슈티, 수보로보 무덤 7)에서 나타나지만 전부 그런 것은 아니다. 일부는 몸을 쭉 편 자세이거나(수보로보 무덤 1) 옆으로 누워 몸을 구부린 상태(우트코노소프카)였다. 일부 무덤에서는 동물을 희생시켰다(지우르지울레슈티에서는 소, 차플리에서는 소와 양, 크리보이로그에서는 소와 양). 흑해 초원의 노보다닐로프카 무덤에 매장된 사람들은 스레드니스톡 무덤에서 지배적인 얼굴 넓은 원시 유로포이드 유형인 반면, 지우르지울레슈티의 경우처럼 일부 수보로보 문화 무덤에 매장된 이들은 얼굴이 좁고 두개골 뼈가 얇아서 현지 고 유럽인과의 혼인 관계를 시사한다.[42]

수보로보-노보다닐로프카 무덤에서 나온 구리가 연대를 측정하는 데 도움이 된다. 다뉴브 강 하류의 지우르지울레슈티와 수보로보 및 흑해 초원의 차플리와 노보다닐로프카에서 출토된 구리의 미량 원소를 검토해보니, 고 유럽이 붕괴할 때 갑자기 생산을 멈춘 전형적인 불가리아 발칸〔아이부나르(Ai Bunar) 그리고/혹은 메드니루드(Medni Rud)〕 원산이었다. 서기전 4000년 이후, 트리폴리예 B2 기간 동안 동유럽의 구리 무역은 (발칸산에서) 화학적으로 구별되는 헝가리 및 드란실바니아산 광석으로 옮겨갔다.[43] 그래서 수보로보-노보다닐로프카 문화는 구리로 판단할 때 서기전 4000년 이전으로 추정된다. 한편, 수보로보 쿠르간이 다뉴브 강 삼각주 북쪽에서 트리폴리예 B1 초기, 즉 서기전 4400~서기전 4300년 무렵까지 존재하던 볼그라드 집단의 거주지를 대체했다. 이 두 북엔드(bookend)—볼그라드를 버린 시기 이후, 고 유럽의 좀더 광범위한 붕괴 이전(수보로보-노보다닐로프카 문화의 시작과 종료 시간을 말함—옮긴이)—가 수보로보-노보다닐로프카 문화 시기를 서기전 4300~서기전 4000년으로 제한한다.

돌을 갈아 만든 말 머리 모양의 전곤 머리가 다뉴브 강 삼각주 지역 카심체아(Casimcea)의 수보로보 문화 주요 무덤에서 발견되었다(그림 11.5). 비슷한 전곤 머리가 트리폴리예 B1 거주지 두 곳과 카라노보 VI 후기 거주지 두 곳 그리고 다뉴브 강 하곡 위쪽의 설쿠차 IV 유적에서 발견되었는데, 모두 수보로보 문화의 침입과 동시대의 고 유럽 읍락에서 발견한 것과 같았다. 비슷한 말 머리 모양의 전곤 머리가 볼가-우랄 초원과 테레크(Terek) 강 북쪽 칼미크(Kalmyk) 초원의 테레클리-메크텝(Terekli-Mekteb)에서도 발견되었다.[44] '귀 달린' 전곤 머리가 흐발린스크 문화 묘지(흐발린스크, 크리볼루치예)에서 최초로 등장했고, 얼마 후 수보로보-노보다닐로프카 문화와 동시대의 동쪽 초원 유적 몇몇[노보오르스크(Novoorsk), 아르하라(Arkhara), 슬랴초프스코(Sliachovsko)]과 트리폴리예 B1 읍락 두 곳에서 나타났다. 십자형 전곤 머리는 드네프르 강 유역 니콜스코예의 드네프르-도네츠 II 무덤에서 처음 나타났고(그림 9.6 참조), 몇 세기 후 트란실바니아로의 수보로보 이주와 함께 데체아무레슐루이(Decea Mureşului)와 오크나시비울루이(Ocna Sibiului)에 다시 나타나며, 푸르트 강변의 트리폴리예 거주지[바를랄레슈티(Bârlăleşti)]에 나타난 예도 하나 있다.

돌을 갈아 만든 전곤은 흐발린스크와 바르폴로미예프카 및 드네프르-도네츠 II 문화까지 소급되며, 서기전 5000~서기전 4800년 무렵 등장하기 시작한 전형적인 초원의 신분 표시 물품이었다. 더 이른 시기의 트리폴리예나 구멜니차 문화 사회에서는 이 전곤이 신분 물품이 아니었다.[45] 말 머리 모양 전곤은 말이 권력의 상징이던 사람들을 위해 만든 것으로 보인다. 트리폴리예 B1 거주지에서 말뼈는 3~6퍼센트를 차지했고, 구멜니차 거주지에서는 더 적었다. 그리고 말은 고 유럽인의 식단에서 중요하지 않았다. 수보로보 문화 사람들이 나타난 시기에 이르러서야 비로소 말 머리 모양 전곤이 말의 새로운 상징적 지위를 표시했다. 만약 말이 사람을 태우고 다뉴브 강 하곡에 나타나지 **않았다**면, 고 유럽 거주지에서 이 짐승이 갑작스럽게 상징적인 중요성을 지니게 된 이유를 설명하기 어렵다.[46]

이주의 원인과 목표

서기전 4200년 무렵 초원 내지가 추워지기 시작했다. 다뉴브 강 삼각주의 습지는 볼가 강 서쪽의 유럽에서는 가장 크다. 역사 시기 동안 흑해 초원의 유목민에게 습지는 겨울 쉼터로 선호하던 곳인데, 습지는 겨울의 소 떼에게 훌륭한 먹이와 은신처를 제공했기 때문이다. 다뉴브 강 삼각주는 흑해 일대에서 어떤 곳보다 이런 자원이 풍부한 곳이다. 서기전 4200~서기전 4100년 무렵 다뉴브 강 삼각주 북쪽 언저리에 도착한 최초의 수보로보 목축민은 유독 겨울이 추웠던 시기에 소 떼 일부를 드네프르 초원에서 남쪽으로 데려갔다.

또 하나의 유인은 고 유럽 읍락에서 온 풍부한 구리였다. 고고학자 수전 베힉(Susan Vehik)은 1250년 무렵 미국 평원 서남쪽에서 기후 악화로 인해 증가한 분쟁 수준이 선물용 재산(gift-wealth: 부족 간의 전쟁에서 동맹을 끌어내거나 유지하기 위한 수단)에 대한 수요를 초래했고, 이것이 신분 표시 상품에 대한 장거리 무역을 자극했다고 주장했다.[47] 그러나 수보로보 이주민은 내가 쿠쿠테니-트리폴리에 사람들과 그런 식으로 관계를 맺었다고 가정한 이전의 초원 사람들과 같은 선물 교환 체계를 만들지 않았다. 대신 그들은 현지민을 쫓아냈다.

다뉴브 강 삼각주 북쪽 볼그라드 문화의 30개 거주지가 수보로보 이주민이 도착한 직후 버려지고 불탔다. 이러한 작은 농경 마을은 8~10개의 반지하식 가옥으로 구성되었는데 가옥 내부에는 진흙을 구워 만든 화로, 벤치 그리고 바닥의 구덩이에 커다란 저장 항아리들이 있었다. 흑연을 칠한 섬세한 토기와 수많은 여성상이 구멜니차(알데니 II 유형)와 트리폴리예 A 문화 특징의 혼합을 보여준다.[48] 이 거주지들은 주로 트리폴리예 A기 동안 이용하다가 트리폴리예 B1 초기, 아마도 서기전 4200~서기전 4100년 무렵에 버려지고 불탔다. 대부분의 주거지 방기는 계획적인 것으로 보이는데, 왜냐하면 거의 모든 물품을 가지고 떠났기 때문이다. 그러나 방사성 탄소 연대 측정값이 서기전 4200~서기전 4100년(BP 5300±60)으로 나온 불카네슈티(Vulcaneşti) II 거주지는 갑작스럽게 버려졌으며, 많은 토기가 불탔다. 이는 아마도 수보로보 이주민이 도착한 때일 수도 있다.[49]

더 작은 규모로 보이는 두 번째 이주 물결은 첫 번째 이주 물결에서 갈라져 나와 서쪽의 트란실바니아 고원을 향해 달린 후 구리가 풍부한 무레슈 강을 따라 내려가 헝가리 동쪽으로 들어갔다. 이 이주민은 무레슈 강 하곡에 데체아무레슐루이와 헝가리 동부 평원의 촌그라드에 묘지 유적을 남겼다. 중요한 구리 매장지 근처 데체아무레슐루이에는 15~20기가량의 무덤이 있다. 매장자들은 똑바로 누워 있었는데 무릎은 원래 세웠지만 왼쪽이나 오른쪽으로 넘어진 듯하다. 매장지에는 대자석 가루를 뿌려놓았으며, 말조개 껍데기 구슬과 기다란 부싯돌 날(22센티미터에 달함), 구리 송곳, 구리 막대 '토크(목고리)' 그리고 검은 돌을 갈아 만든 네 갈래 돌기의 전곤 머리 2개를 부장했다(그림 11.10 참조). 이주민은 티사폴가르 시기가 끝나고 보드록케레스투르 시기가 시작될 무렵, 즉 서기전 4000~서기전 3900년에 도착했지만 현지의 문화적 전통을 교란하지는 않은 듯하다. 고유럽 유형의 커다란 금제 및 동제 장신구 저장고가 헝가리 동부의 헨치다(Hencida)와 모이그라드(Mojgrad)에 숨겨져 있었는데, 아마도 급작스러운 동요 상태를 보여주는 듯하다. 하지만 그 밖에는 티사폴가르와 보드록케레스투르 사이에 커다란 문화적 연속성이 있었다.[50] 이는 대규모 인구 이동이 아니라 소규모 집단에 의한 일련의 장거리 이주로서 정확히 말 등에 탄 사람들의 이동 방식으로 여겨진다.

수보로보 무덤

수보로보 쿠르간(수보로보 II 쿠르간 1)은 지름 13미터에 4기의 동석기 무덤을 거느리고 있다(그림 11.11 참조).[51] 1미터 높이의 돌이 봉분의 기초를 둘러가며 옹벽을 형성했다. 옹벽 안에 돌을 둘러 만든 더 작은 원 2개를 남북을 축으로 배치했는데, 각각 중앙의 무덤을 둘러싸고 있다(무덤 7과 1). 무덤 7은 성인 남녀의 합장묘로서 매장자들은 등을 땅에 대고 누워 다리를 구부린 채 머리는 동쪽을 향했다. 무덤 바닥은 대자석과 백악석(白堊石) 및 검은 숯 조각을 깔았다. 돌을 갈아 만든, 말 머리를 닮은 커다란 전곤은 남성의 골반 위에 놓여 있었다(그림 11.5 참조). 원반형 조개껍데기 구슬 꾸러미 벨트는 여성의 엉덩이에 걸쳐 있었다. 또 무덤에는 발칸산 구리로 만든 송곳 2개, 박판형 부싯돌 날 3개, 부싯돌 긁개 하나가 있었다. 돌을 갈아 만든 또 다른 원 안의 무덤 1에는 성인 남성 한 명이 쭉 편 자세로 누웠고, 조개껍데기를 혼합한 토기 파편 2개가 묻혀 있었다.

프루트 강 하구 근처 지우르지울레슈티의 수보로보 묘지에는 불탄 동물의 뼈로 가득한 화로 주변에 무덤 5기가 무리를 이루고 있었다.[52] 성인 남성의 것인 무덤 4 위에는 소 두개골과 뼈를 묻은 매장층이 하나 더 있었다. 무덤 4와 5는 성인 남성과 여성의 것이고 무덤 1, 2, 3에는 어린이 셋이 묻혀 있었는데, 가족 집단으로 보였다. 무덤은 봉분으로 덮여 있었지만 발굴자들은 봉분을 이 무덤들을 위해 만들었는지 후대에 만든 것인지 확신하지 못했다. 무덤 5기 중 4기의 매장 자세는 무릎을 세운 형식(무덤 2에는 탈구된 뼈가 묻혀 있었다)이고, 바닥엔 대자석이 깔려 있었다. 아이 둘

(무덤 1과 3)과 성인 여성(무덤 5)은 합쳐서 나선형 구리 팔찌 19개와 멧돼지 엄니로 만든 펜던트 5개를 차고 있었는데, 펜던트 중 하나는 구리 박판을 씌웠다(그림 11.10h 참조). 무덤 2에는 구멜니차 후기 토기 한 점이 묻혀 있었다. 아이들과 여성의 무덤에도 다수의(정확한 수는 알려지지 않았다) 구리 구슬, 원반형 조개껍데기 구슬, 붉은사슴 치아 구슬, 에게 해산 산호로 만든 구슬 2개, 부싯돌 날, 부싯돌 핵(flint core) 하나가 있었다. 린다나의 분석에 의하면 금속제 물품 8개 중 6개가 전형적인 바르나-구멜니차식의 발칸산 광석으로 만들어졌다. 팔찌 하나와 고리 하나는 의도적인 비소-구리 합금(각각 비소 함량 1.9퍼센트와 1.2퍼센트)으로 만들었는데, 바르나나 구멜니차에서는 한 번도 발견한 적이 없는 금속이다. 무덤 4에 묻힌 성인 남성은 금 고리 2개와 복합 발사체 촉 2개를 부장했다. 복합 발사체 촉은 각각 40센티미터가 넘었는데, 뼈로 된 몸통의 가장자리를 따라 부싯돌 세석기 날을 박아 넣고 구리와 금으로 된 관 모양의 이음쇠를 장착했다(그림 11.10n 참조). 아마도 이것들은 투창 두 자루에 쓰인 것으로서 투창은 수보로보 기사들이 선호한 무기였을 것이다.

다뉴브 강 남쪽 도브루자 지역의 카심체아 유적에서도 쿠르간이 등장했는데, 그 안에는 대자석으로 얼룩진 바닥에 등을 대고 무릎을 세운 성인 남성 한 명이 매장되어 있었다. 그와 함께 돌을 갈아 만든 말 머리 모양 전곤 하나(그림 11.5 참조), 삼각형 부싯돌 도끼 5개, 삼각형 부싯돌 촉 15개, 박판 부싯돌 날 3개가 부장되었다. 다른 수보로보 무덤 하나는 바르나 근처 데브냐(Devnya)의 좀더 오래된 바르나 문화 묘지에 있었다. 이 단일 무덤에는 대자석 가루를 뿌린 바닥에 성인 남성 한 명이 무릎을 세운 채 등을 대고 누웠고 그와 함께 금 고리 32개와 구리 도끼 하나, 구리 장식 핀 하나, 27센티미터 길이의 사각 단면 끌 하나 그리고 1.64미터 길이의 구부러진 구리철사 하나, 박판형 부싯돌 날 36개, 삼각형 부싯돌 촉 5개가 부장되어 있었다.

각자 별도이지만 (80~90킬로미터 떨어진) 동시대의 쿠르간 무리가 트리폴 리예 변경 근처의 프루트 강과 드네스트르 강 하곡 사이에 위치하고 있었 다(카이나리, 아르치자(Artsiza), 코프착). 노비루셰슈티(Novi Ruşeşti)의 트리폴리 예 B1 거주지에서 불과 10여 킬로미터 떨어진 카이나리에서는 무덤 위로 쿠르간 하나를 세웠는데, 무덤에는 말조개 구슬을 꿴 구리 '토크' 하나(그 림 11.10:k 참조)와 기다란 박판형 부싯돌 날, 대자석(가루) 그리고 트리폴리 예 B1 토기 한 점이 부장되어 있었다.

노보다닐로프카 집단

흑해 북쪽의 초원으로 돌아가면, 그곳의 엘리트들은 나선형 구리 팔찌, 고리, 뱅글(bangle: 느슨한 고리 팔찌—옮긴이), 여러 형태의 구리 구슬, 구리로 만든 조개껍데기 모양의 펜던트, 구리 송곳 등과 함께 묻혔다. 이 구리 물 품엔 모두 발칸산 광석의 미량 원소가 들어 있고 제작 기법 또한 지우르 지울레슈티 및 수보로보와 똑같았다.[53] 조개껍데기 모양의 구리 펜던트는 매우 뚜렷하게 구별되는 초원의 장신구 양식으로서 노보다닐로프카 문화 (차플리)와 수보로보 문화(지우르지울레슈티)에서 모두 발견되었다(그림 11.10:j 참조). 그리고 무덤 바닥은 대자석 가루나 덩어리를 흩뿌렸다. 시신은 바 로 누운 채 무릎을 세운 자세이고 머리는 동쪽 혹은 동북쪽을 향했다. 지 상의 표지는 자그마한 쿠르간이나 돌무더기인데, 종종 돌을 원형으로 두 르거나 옹벽을 쳤다. 다음과 같은 무덤들의 부장품이 가장 풍부했다.

노보다닐로프카 유적: 드네프르 강과 아조프 해 사이의 건조한 언덕에 위치한

노보다닐로프카의 단일 석관묘. 성인 2명이 나선형 구리 팔찌 2개와 100개 이상의 말조개 구슬, 박판형 부싯돌 날 15개, 북캅카스 스보보드노예 문화에서 수입한 항아리 한 점과 함께 묻혀 있었다.

크리보이로그 유적: 드네프르 강 서쪽 잉굴레츠(Ingulets) 하곡에 있는 쿠르간으로서 무덤 2기(무덤 1, 2)를 거느리고 있다. 무덤에는 부싯돌 도끼들, 박판형 부싯돌 날들, 나선형 구리 팔찌 하나, 나선형 구리 고리 2개, 구리 구슬 수백 개, 관 모양의 금제 자루 이음쇠, 말조개 구슬 그리고 기타 물품이 부장되었다.

차플리 유적(그림 11.10 참조): 드네프르 강 급류 지대의 북쪽 끝에 위치한 무덤군으로서 5기의 풍성한 무덤을 포함. 그중 가장 풍성한 것(1a와 3a)은 어린이 무덤인데 나선형 구리 팔찌 2개, 조개껍데기 모양의 구리 펜던트 13개, 구리 구슬 300개 이상, 얇은 구리판 머리띠, 말조개 구슬 200개 이상, 박판형 부싯돌 날 하나, 지우르지울레슈티의 것과 같은 멧돼지 엄니 펜던트 하나가 부장되었다.

페트로-스비추노보 유적(그림 11.10 참조): 침식으로 크게 파괴된 드네프르 강 급류 지대 남쪽 끝의 옹벽 12개가 있는 묘지. 그중 무덤 1에서만 나선형 구리 팔찌 2개, 구리 구슬 100개 이상, 부싯돌 도끼 3개, 박판형 부싯돌 날 하나가 나왔다. 기타 무덤에서는 추가로 나선형 팔찌 3개, 바르나의 것에 비견할 수 있는 육중한 주조 구리 도끼 하나, 차플리와 지우르지울레슈티의 것과 같은 멧돼지 엄니 펜던트들이 출토되었다.

약 80개의 스레드니스톡 묘지는 매장 의식 면에서 매우 비슷해 보이며, 같은 지역에서 발견되었지만 노보다닐로프카 무덤에서 볼 수 있는 신분 표시 물품이 없다. 노보다닐로프카 무덤들은 씨족장의 것으로 추측된다. 족장들은 그들이 수입한 발칸 원산의 재물을 재분배했다. 예컨대 데레이프카의 자그마한 스레드니스톡 묘지 무덤 1에는 작은 구리 구슬 3개가 들어 있었고, 무덤 4에는 수입한 트리폴리에 B1 사발이 있었다. 기타 무덤에는 부장품이 하나도 없었다.

다뉴브 강 하류 하곡의 전쟁, 기후 변화 그리고 언어 교체

초원의 목축민이 다뉴브 강 하구 일대의 평원과 습지로 밀려들어온 바로 그때, 서기전 4200~서기전 3800년의 한층 추워진 기후는 고 유럽의 농업 경제를 약화시켰을 것이다. 기후 변화는 아마도 뒤이은 위기에서 중요한 역할을 했을 터인데, 왜냐하면 다뉴브 강 하류 하곡부터 발칸과 에게 해 연안(시타그로이(Sitagroi) III 문화의 종말), 심지어 그리스까지(테살리아 신석기 후기 문화의 종말) 텔 거주지를 점유했던 동남부 유럽의 거의 모든 문화가 사실상 서기전 4000년 무렵 자신들의 거주지를 버렸기 때문이다.[54]

그러나 기후 한랭화와 흉작이 광범위한 텔 거주지 방기의 중요한 원인이 분명하다 할지라도 그것이 유일한 원인은 아니었다. 유나치테와 호트니차의 학살은 분쟁의 증거다. 돌을 갈아 만든 전곤은 적의 두개골을 부서뜨리는 행위를 찬양하는 것으로서 신분을 상징하는 무기다. 수보로보-노보다닐로프카 무덤 다수가 창 끝 모양의 부싯돌 발사체 촉과 부싯돌 도끼 집합을 포함하며, 지우르지울레슈티의 족장 무덤에는 금과 구리로 치장한 40센티미터에 이르는 무시무시한 발사체 촉 2개가 부장되어 있었다. 지속적인 습격과 전쟁으로 인해 고정적인 거주지가 전략적으로 취약해졌을 것이다. 6세기에 똑같은 지역에서 일어난 슬라브 부족들의 습격은 불과 100년도 못 되어 그리스-비잔틴의 모든 도시를 포기하게 만들었다. 전쟁으로 더욱 악화한 흉작이 좀더 유동성 있는 경제 체제로의 이동을 촉진했을 것이다.[55] 이런 이동이 일어나자 초원의 목축 부족은 꾀죄죄한 이주자 혹은 경멸스러운 습격자에서 탈피했다. 요컨대 새로운 경제 체제가 요구하는 가축 자원을 풍부하게 거느린 족장이자 후원자로서 더 큰 가축 떼를 관리하는 새로운 방식을 습득한 이들로 탈바꿈한 것이다. 이런 새로운 방식 중 가장 중요한 것은 이들 목축민이 말 등에 타고 있었다는 사실이다.

수보로보 족장들은 동아프리카의 아촐리족 사이에서 언어의 교체를 초래한 것과 같은 행동을 많이 했다. 이를테면 새로운 매장 이데올로기를 동반한 새로운 장례 의식을 도입했고, 언제나 동맹을 구축하고 새 인원을 보충하는 행사인 장례식 연회를 후원했으며, 권력의 상징물을 과시하고 (석제 전곤) 전쟁을 찬양했던 것으로 보인다. (그들은 신분을 표시하는 무기와 함께 묻혔다.) 아울러 경제적 본보기(목축―옮긴이)를 보임으로써 다뉴브 강 하곡에서 목축으로 경제 체제가 변하는 것을 앞당겼을 것이다. 인도·유럽 공통조어 사회의 종교와 사회 구조는 모두 맹세로 구속되는 약속에 기초했는데, 그 약속이란 후견인(또는 신)이 피후견인(또는 인간)을 보호할 뿐만 아니라 소와 말을 선물로 줄 것을 강제하는 것이었다. 이 의무를 보증하는 맹세(*$h_1$óitos)는 원칙적으로 고 유럽 텔 출신의 피후견인으로 확장될 수 있었다.

원시 인도·유럽 공통조어는 아나톨리아어의 조상으로 보이는데, 서기전 4200~서기전 3900년 무렵의 전쟁·혼란·이주 그리고 경제적 변화 기간 동안 동남부 유럽으로 확산했을 것이다. 프레더릭 바스에 의하면, 이와 비슷한 상황에 있던 파키스탄 서부의 파탄/발루치 경계에서도 고질적인 전쟁이라는 맥락에서 토지를 잃은 농경 파탄인들이 지속적으로 경계를 넘어 목축 발루치인에 합류했다. 존경받는 지위를 위해 토지가 필수적인 파탄 사회에서, 토지 없는 파탄인은 다른 파탄 마을에서 자신의 지위를 회복할 수 없었다. 고 유럽의 신분 위계제 안에서도 텔과 고정된 경작 체계가 파탄 사회에서와 비슷한 제약으로 작용했을 것이다. 복종에 대한 대가로 보호와 보상을 제시하는 목축 후견자의 피후견인이 되는 것은 자신의 자식들에게 수직적·사회적 신분 이동을 약속하는 하나의 대안이었다. 인도·유럽 공통조어 사용자들은 훌륭한 행동에 대한 보상으로서 선물과 명예 그리고 예상치 않은 약탈/노획물에 관해 이야기했는데, 이는 성취에 기초해 명예와 부를 얻을 수 있었음을 시사한다.[56] 고질적인 전쟁 상황에서 쫓겨난 텔 거주자들은 목축 경제를 채택하면서 인도·유럽어를 쓰는 후견인과 그들의 언어를 받아들였을 것이다.

붕괴 이후
●

서기전 4000년 이후 이어진 세기 동안 체르나보다 I 유형의 유적이 다뉴브 강 하류 하곡 전역으로 확산되었다(그림 11.12). 체르나보다 I 유적은 다뉴브 강 하류를 내려다보는 돌출부에 위치한 거주지다. 체르나보다 I 물질문화는 초원에서 온 이주자와 자신들의 텔을 버린 현지인의 동화를 표상하는 듯하다. 체르나보다 I 토기는 불가리아 중북부의 페베츠(Pevec)와 호트니차–보도파다(Hotnitsa-Vodopada) 그리고 프루트 강 하류 지역의 레니예(Renie) II 유적에서 출현했다. 이 거주지들은 5~10호 정도의 작은 구덩이 가옥으로서 요새화해 있었다. 체르나보다 I 토기는 불가리아 북서쪽의 텔리시 IV와 같은 다른 문화 유형의 거주지에서도 발견되었다. 체르나

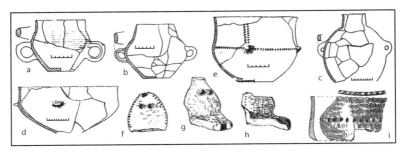

그림 11.12 다뉴브 강 하류 체르나보다 I 거주지(서기전 3900~서기전 3600년) 유적에서 나온 흑회색 표면의 토기. 손잡이가 2개 달린 큰 잔이 포함되어 있다. 출처: Morintz and Roman 1968.

보다 I 토기에는 구멜니차 문화 후기 토기 모양을 단순화한 것도 있었다. U자형 '애벌레' 모양 밧줄 압인 문양(그림 11.12i), 검은색 표면 그리고 조개껍데기를 혼합하는 방식은 전형적인 스레드니스톡 혹은 쿠쿠테니 C 토기의 특성이다.[57]

이런 새로운 검은색 표면에 조개껍데기를 혼합한 토기 모음에서 두드러진 것은 둥그런 손잡이가 있는 음료 잔과 '샤이벤헨켈(Scheibenhenkel)'이라고 부르는 커다란 컵인데, 이는 다뉴브 강 중류 및 하류 하곡 전역에서 발견되는 새로운 유형의 음료 단지 및 접대용 용기였다. 앤드루 세라트는 샤이벤헨켈 층을 '취하게 하는 작용'을 하는 음료를 마시는 관습이 등장한 최초의 명백한 표지로 해석한다.[58] 정밀하게 장식한 저장용 및 접대용 용기를 단순한 음료 잔으로 대체했다는 것은 새로운 엘리트들의 '마시기(drinking)' 의례가 기존의 가내 연회를 대체하거나 밀어냈다는 것을 나타낸다.

체르나보다 I 문화의 경제는 주로 양과 염소 목축에 기반을 두었다. 체르나보다 I 유적에서 다수의 말뼈가 나왔고, 다뉴브 강 중류 및 하류 하곡에서 처음으로 길들인 말이 정식으로 가축 떼의 일원이 되었다.[59] 다뉴브 강 중류에서 수행한 그린필드(H. Greenfield)의 동물학 연구 결과 역시 최초로 고지와 저지에서 다른 연령의 동물들을 도축하기 시작했다는 것을 보여준다. 이는 목부들이 가축 떼를 계절에 따라 고지와 저지 사이로 이동시켰다는 것을 의미하는데, 이런 식의 목축을 '이동 방목'이라고 부른다. 새로운 목축 경제는 새롭고 좀더 유동적인 방식으로 운영되었을 것이며, 아마도 기마의 도움을 받았을 것이다.[60]

쿠르간 무덤들은 단지 수보로보 문화의 초기 침투 동안에만 만들어졌다. 그 후로 이주민의 후예들은 쿠르간 만들기를 그만뒀다. 오스트로불코르불루이(Ostrovul Corbului)의 평평한 무덤 묘지는 이들이 침투해 들어와 거주하던 시기의 것으로 보이는데, 무덤 63기 중 일부에서는 시신을 무릎을 세운 채 바로 누운 자세로 매장했고, 일부에서는 버려진 텔 폐허 위에 옆으로 웅크린 자세로 매장했다. 체르나보다 I 문화의 평평한 무덤 또한 브라일리차(Brailiţa) 묘지에서 등장하는데, 매장된 남성들은 노보다닐로프카 집단처럼 넓은 원시 유로포이드형 두개골 및 안면을 가졌고, 여성들은 고 유럽 구멜니차 집단처럼 뼈가 얇은 지중해형 얼굴이었다.

서기전 3600년 무렵 체르나보다 I 문화는 체르나보다 III 문화로 발전했다. 이어서 체르나보다 III 문화는 동유럽에서 가장 크고 영향력 큰 문화층으로서 다뉴브 강 중류(헝가리)에 중심을 두고 약 서기전 3600~서기전 3200년에 존재한 바덴-볼레라즈 층과 연결되었다. 이 문화의 음료 잔은 매우 높은 끈 모양의 손잡이가 특징인데, 윤을 낸 흑회색 조직으로 만들고 어깨 부분을 세로로 길쭉하게 만든 홈으로 장식했다. 약간 비슷한 음료 용기가 오스트리아 동부와 모라비아에서 시작해 다뉴브 강 하구와 남쪽으로 에게 해 연안[디킬리타시(Dikili Tash) IIIA―시타그로이 IV]에 이르는 지역에서 만들어졌다. 말뼈는 거의 모든 곳에서 나왔는데, 그보다 많이 나온 양뼈는 울 채취용으로 해석된다. 다뉴브 강 중류 지역의 저지대에서 양-염소의 60~91퍼센트는 성체가 되도록 살았는데, 이는 2차 생산물, 아마도 울을 획득하기 위해 사육했음을 시사한다. 이와 유사하게, 폴란드 남부 고지대에 있는 동시대의 푼넬 비커 문화(TRB) 후기 유적 두 곳〔살켄부르크(Schalkenburg)와 브로노치체〕의 염소영양(caprid)의 40~50퍼센트가 성체였다. 서기전 3600년 이후 말과 울 생산용 양은 동유럽에서 점점 더 보편화했다.

아마도 서기전 4200~서기전 4000년 무렵 수보로보 이주민들에 의해 선 아나톨리아어군이 다뉴브 강 하류 하곡과 발칸 지역에 도입되었을 것이다. 우리는 언제 그들의 후손이 아나톨리아로 들어갔는지 모른다. 선 아나톨리아어 사용자들이 서기전 3000년 무렵 트로이 I 문화를 세웠을 것이다. 나중에 히타이트인들이 암송한 기도문에는 하늘의 신 시우스(Sius: 그리스어 제우스와 동일어근어)가 바다에서 떠오르는 것으로 묘사되어 있다. 이 구절은 줄곧 좀더 이른 어떤 시기 커다란 바다 서쪽에 위치한 선 히타이트어 사용자들의 고향에서 쓰던 의례 문구가 화석화해 보존된 것으로 여겨졌다.[61] 수보로보 무덤들은 흑해 서쪽에 위치해 있다. 수보로보 사람들이 말을 타고 해안을 따라 내려오며 떠오르는 태양에 기도했던 것일까?

12

초원 경계에 뿌려진 변화의 씨앗
마이코프 족장과 트리폴리예 읍락

고 유럽이 붕괴한 후 흑해 북쪽의 무덤에서 구리 봉헌물이 거의 80퍼센트 줄어들었다.[1] 서기전 3800년 무렵 시작해서 서기전 3300년까지 흑해-카스피 해 초원의 다양한 종족 및 지역의 문화는 다뉴브 강 하곡에서 중요한 사회적·경제적 변화가 일어나고 있던 다른 경계들로 관심을 돌린 것으로 보인다.

동남쪽으로 북캅카스 산맥에서는 매우 일반적인 소규모 농부들 가운데 휘황찬란하게 호사스러운 족장들이 갑자기 등장했다. 그들은 금으로 덮인 옷과 금은 막대기(staff: 신분을 상징하는 막대기─옮긴이) 및 엄청난 양의 청동 무기를 자랑했다. 이 무기는 자신들의 땅 경계 너머에서 획득한 것으로 보이는데, 실제로 메소포타미아의 새로 건설한 우루크 중기 도시들 원산으로 아나톨리아의 중개인을 통해 이곳으로 전해진 것이다. 남쪽의 도시 문명과 초원 남쪽 가장자리 사람들의 첫 접촉은 서기전 3700~서기전 3500년 무렵에 일어났다. 이러한 접촉은 고고학적으로 북캅카스 산록의 마이코프 문화라고 표현하는 사회적·경제적 변화를 초래했다. 마이코프 문화는 남쪽의 혁신(아마도 네 바퀴 수레를 포함함)이 처음 초원으로 들어올 때 통과하는 필터 역할을 했다. 가능성을 약간 심사숙고할 필요는 있지만, 기다란 울을 얻기 위해 기르는 양은 반대로 북쪽에서 남쪽으로 들어갔다. 마이코프 족장들은 초원의 수보로보-노보다닐로프카 쿠르간 무덤의 정교화한 복사판으로 보이는 무덤 양식을 이용했으며, 그중 일부는 북쪽 초원으로 이동한 것으로 보인다. 마이코프 상인 몇몇은 돈 강 하류의 초원 거주지에서 살았을 수 있다. 그러나 이상하게도 남쪽의 부(富)는 초원 부족들과 거의 공유되지 않았다. 금, 터키석, 홍옥수는 북캅카스 토산품이다. 마이코프 사람들이 최초의 네 바퀴 수레를 몰고 유라시아 초원으로 들어가 새로운 합금 물품을 소개함으로써 한층 정교한 야금술을 가능하게 했을 수도 있다. 우리는 그들이 반대급부로 무엇을 가졌는지 모른다. 비록 이 모든 품목에 관한 정황 증거만 남아 있지만 아마도 울, 말, 심지어 대마나 사이가 산양 가죽을 대가로 치렀을 수 있다. 그러나 흑해-카스피 해 초원 대부분 지역에서 마이코프 문화와의 접촉 증거는 희박하다. 이를테면 토기 하나가 여기서 발견되고 비소 합금 청동 도끼머리 하나가 저기서 발견되는 식이다.

서쪽에서는 드네프르 강 중류의 트리폴리예(C1) 농경 마을들이 죽은 이들을 묘지에 묻기 시작했고(묘지 매장 의례를 받아들인 최초의 트리폴리예 공동체), 그들의 거친 토기는 점점 더 스레드니스톡 후기 토기를 닮아갔다. 이는 2000년 이상 지속된 문화적 경계인 트네프르 변경이 붕괴하는 첫 번째 단계였으며, 드네프르 강 중류 삼림-초원 지대에서 경계를 넘나드는 점진적 동화 과정의 시작을 알리는 신호였던 것으로 보인다. 그러나 동화와 점증하는 변화가 드네프르 강 중류 변경의 트리폴리예 읍락들의 특징이었던 반면, 남부그 강변의 초원 쪽 경계에 근접한 읍락들은 엄청난 규모로 팽창해 350헥타르가 넘었고, 서기전 3600~서기전 3400년에는—간단히 말해—세계에서 가장 큰 인간 거주지가 되었다. 트리폴리예의 초대형 읍락들은 너비가 1킬로미터 이상이었지만, 궁전도 사원도 성벽도 묘지나 관개(灌漑) 체계도 없었다. 이들 읍락은 도시가 아니었다. 요컨대 집중화한 정치적 권위 및 도시와 관련해 특화한 경제 체제가 없었다. 그러나 이들 읍락은 실제로 메소포타미아 우루크의 최초 도시들보다 컸다. 대부분의 우크라이나 고고학자는 트리폴리예 사람들이 이런 식으로 모여 살게 된 기본적 이유는 아마도 전쟁과 방어라는 데 동의한다. 따라서 초대형 읍락은 트리폴리예 읍락 사이든, 초원 마을이나 그곳 사람들 사이든 혹은 양자 모두와의 사이든 대립과 충돌 상황에서 방어 전략의 일환으로 여겨진다. 그러나 그 전략은 실패했다. 서기전 3300년 모든 거대 읍락이 사라졌다. 그리고 남부그 강 하곡 전역이 트리폴리예 농부들에 의해 버려졌다.

마지막으로, 동쪽의 우랄 강 일대에서는 볼가-우랄 초원민 일부가 동쪽으로 카자흐스탄을 가로질러 2000킬로미터 이상을 이동해 알타이 산맥으로 이주했다. 우리는 그들이 왜 이런 행동을 했는지 모르지만, 카자흐 초원을 가로지르는 그들의 믿기 어려운 여정은 고르니알타이(Gorny Altai) 서부의 아파나시예보(Afanasievo) 문화의 탄생으로 이어졌다. 아파나시예보 문화는 알타이에 침입한 문화로서 길들인 가축, 금속 양식, 토기 양식 그리고 장례 관습 등을 알타이에 도입했다. 이러한 새 문물은 볼가-우랄 초원에서 유래한 것이다. 이런 장거리 이주는 훗날 인도·유럽어의 토하라어 지파로 발전한 방언 집단을 분리시킨 게 거의 확실한데, 이 언어들은 500년 무렵까지 실크로드의 신장(新疆) 대상 도시들에서 사용되었다.

토하라어는 그 무렵 이미 2~3개의 서로 상당히 다른 언어로 분화한 이후였지만, 모두 원시 인도·유럽어의 특징을 보인다. 인도·유럽어 분기에 관한 대부분의 연구는 토하라어의 분기 시점을 아나톨리아어가 갈라져 나온 이후와 그 밖에 모든 지파가 갈라져 나오기 이전으로 상정한다. 아파나시예보 이주가 이러한 예상에 부응한다. 또한 이주민은 카자흐 초원 북부의 도보 채집민에게 기마를 소개했고, 이에 초원민 사회는 재빨리 말을 타고 야생말을 사냥하는 보타이 문화로 발전했다. 아파나시예보 문화가 시작된 바로 그때였다.

이 무렵 인도·유럽 공통조어 방언들은 흑해-카스피 해 초원에서 사용한 게 틀림없는데, 이들 언어는 더 후대의 모든 인도·유럽어군을 아나톨리아어 유형의 원시 인도·유럽 공통조어와 갈라놓는 혁신을 보이고 있었다. 고고학적 증거는 동석기 전(銅) 기간에 그러했듯 당시에도 여전히 수많은 지역적으로 다른 문화가 초원에 존재했음을 보여준다. 이러한 물질문화의 지역적 차이는 비록 강고한 것은 아니더라도 초기 인도·유럽 공통조어가 아마도 여전히 흑해-카스피 해 초원의 한 지역―아마도 초원의 동부 지역―에 국한해 사용되던 언어였음을 시사한다. 왜냐하면 이곳이 토하라어 지파의 형성으로 이어진 이주를 시작한 지역이기 때문이다. 사용하는 언어에서 동부의 언어적 혁신을 이용함으로써 자신들을 구별했던 집단은 아마도 정치적 행동(특정 씨족과 그들의 제도 및 평판 지지하기)과 종교적 행동(동부 방언으로 진행하는 의례, 노래 그리고 기도문 받아들이기)에 참여했을 것이다. 노래, 기도문 그리고 시가는 모든 초기 인도·유럽어 사회의 핵심적인 특성으로서 공적으로 재생산되는 '정확한 말하기 방식'을 옮기는 수레였다.

초원 최후의 5개 동석기 문화

서기전 3800~서기전 3300년 흑해-카스피 해 초원에는 지역적 다양성이 큰 반면 상대적으로 부는 작았다(표 12.1). 고고학적 정의 방식에 따라 무덤과 토기 유형으로 나뉘는 지역적 변종은 명확하게 규정된 경계를 갖지

표 12.1 선별한 초원 지대 최후의 동석기 유적 및 카스피 해 북부 산록 지대 청동기 시대 초기 유적지의 방사성 탄소 연대 측정값

실험실 번호	BP 연대	표본		보정한 연대
1. 마이코프 문화				
마이코프 근처 파르사 강 하곡의 클라디 쿠르간 묘지				
Le 4529	4960±120	클라디 A26k29/1 후기	뼈	3940~3640 BCE
OxA 5059	4835±60	클라디 k11/50 초기	뼈	3700~3520 BCE
OxA 5061	4765±65	클라디 k11/55 초기	뼈	3640~3380 BCE
OxA 5058	4675±70	클라디 k11/43 초기	뼈	3620~3360 BCE
OxA 5060	4665±60	클라디 k11/48 초기		3520~3360 BCE
Le 4528	4620±40	클라디 k30/1 후기	뼈	3500~3350 BCE
테르섹 강 상류의 갈루가이 거주지				
OxA 3779	4930±120	갈루가이 I		3940~3540 BCE
OxA 3778	4650±80	갈루가이 I	뼈	3630~3340 BCE
OxA 3777	4480±70	갈루가이 I		3340~3030 BCE
2. 트리폴리예 C1 거주지				
BM-495	4940±105	소로키-오제로		3940~3630 BCE
UCLA-1642F	4904±300	노보로자노프카 2		4100~3300 BCE
Bln-2087	4890±50	마이단네츠케	숯	3710~3635 BCE
UCLA-1671B	4890±60	에브민카		3760~3630 BCE
BM-494	4792±105	소로키-오제로		3690~3370 BCE
UCLA-1466B	4790±100	에브민카		3670~3370 BCE
Bln-631	4870±100	차파예프카		3780~3520 BCE

Ki-880	4810±140	차파예프카	숯	3760~3370 BCE
Ki-1212	4600±80	마이단네츠케		3520~3100 BCE

3. 레핀 문화

볼가 강 하류, 카스피 해 북부 사막 지대의 키질-칵II 거주지

?	4900±40	가옥 2	숯	3705~3645 BCE

미하일로프카II 거주지의 II층 하부

Ki-8010	4710±80	구역 14, 깊이 2.06m	뼈	3630~3370 BCE

도네츠 강 지류, 아이다르 강의 포드고로프카 거주지

Ki-7843	4560±50	?		3490~3100 BCE
Ki-7841	4370±55	?		3090~2900 BCE
Ki-7842	4330±50	?		3020~2880 BCE

4. 후기 흐발린스크 문화

볼가 강 하류, 카스피 해 북부 사막 지대의 카라-후둑 거주지

UPI-431	5100±45	혈거지	숯	3970~3800 BCE

않았다. 그곳에서는 오히려 많은 경계 이동 및 상호 침투가 일어났다. 흑해-카스피 해 초원에서는 최소한 5개의 마지막 동석기 고고학적 문화가 확인되었다(그림 12.1). 이 다섯 집단이 남긴 유적은 때로 같은 지역에서, 때로는 같은 묘지에서도 발견된다. 또한 이들은 시간적으로 서로 겹치며, 수많은 유사점을 공유한다. 그리고 어떤 경우든 편차가 상당히 심했다. 이런 상황에서 우리는 이 모두를 서로 다른 고고학적 문화로 인정할 가치가 있는지 확신할 수 없다. 그러나 우리는 이것들 없이 이 시기의 고고학적 설명을 이해할 수 없다. 또한 이것들은 서기전 3800~서기전 3300년 흑해-카스피 해 초원에서 어떤 일이 벌어지고 있었는지를 보여주는 훌륭한 그림을 제공한다. 이미 밝혀졌듯 서쪽의 집단들은 쿠쿠테니-트리폴리예 문화와 일종의 두 갈래 죽음의 춤(death dance)을 췄다. 남쪽 집단은 마이코프 상인들과 상호 작용을 했다. 그리고 동쪽 집단들은 일군의 이주민

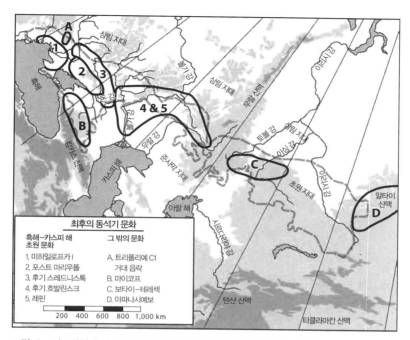

그림 12.1 카르파티아 산맥에서 알타이 산맥까지 최후의 동석기 문화 지역(서기전 3800~서기전 3300년)

을 내보냈는데, 이들은 말을 타고 카자흐스탄을 가로질러 알타이에 있는 새로운 집을 향해 떠났다. (여기에 대해서는 다음 장에서 설명할 것이다.) 이 시기 카자흐스탄의 보타이-테르섹 유적지에 기마 관련 고고학적 기록이 있으므로(10장), 우리는 이제 초원의 부족들이 대부분 말을 탔다는 가정 아래 논의를 전개할 것이다.

미하일로프카 I 문화

흑해-카스피 해 초원의 5개 동석기 문화 중 최서단에 있는 것은 미하일로프카(Mikhailovka) I 문화로 저지 미하일로프카(Lower Mikhailovka) 문화 혹은 니즈니미하일로프크스키(Nizhnimikhailovkskii)라고 부르기도 하는데, 드네프르 강 급류 지대 아래 위치해 층을 이룬 거주지를 따라 지은 이름이다(그림 12.2).[2] 마지막 폭포를 지나면 강은 초원의 넓은 유역으로 펼쳐진다. 수많은 수로가 습한 사질 토양 위에 형성된 폭 10~20킬로미터, 길이 100킬로미터의 숲에 뒤엉켜 있다. 지금은 수력 발전용 댐 때문에 수몰되었지만 당시는 수렵과 어렵 및 소 떼의 겨울 쉼터로 풍족한 곳이었다. 미하일로프카 유적은 이 전략적 도하 지점의 보호를 받는 저지대를 내려다보는 곳에 위치한다. 이곳은 아마도 강을 가로지르는 동서 간 무역의 중가로 인해 처음 생겨났을 것이다. 동석기에서 청동기 초기에 이르는 기간, 즉 서기전 3700~서기전 2500년까지 이곳은 드네프르 강 하류 지대에서 가장 중요한 거주지였다. 원래 거주지인 미하일로프카 I은 서기전 3700~서기전 3400년 동안 점유했는데 트리폴리예 B2 문화 후기 및 C1 초기, 스레드니스톡 문화 후기, 마이코프 문화 초기와 같은 시기다. 스레드니스톡 후기 및 마이코프 초기의 토기 파편 일부가 미하일로프카 I 거주지 층에서 발굴되었다. 잉굴 강변의 소콜로프카(Sokolovka) 유적 쿠르간 1 무덤 6a에서 온전한 마이코프 문화 토기 한 점이 미하일로프카 I 토기 파편과 함께 발견되었고, 미하일로프카 I 무덤에서는 트리폴리예 B2 및 C1 토기가 발굴되었다. 이런 토기의 교환은 미하일로프카 I 문화가 트리폴리예 B2/C1 읍락과 마이코프 문화 및 스레드니스톡 후기 공동체와 최소한 간헐적으로 접촉했음을 보여준다.[3]

미하일로프카 I 사람들은 곡식 작물을 키웠다. 미하일로프카 I 유적에서 발견한 2461개 토기 파편 중 9개(273개 중 하나꼴)에서 경작한 곡물 씨앗의 압인이 있었다.[4] 흔적을 남긴 곡물에는 엠머 밀, 보리, 기장, 오늘날 동물 먹이로 재배하는 비터 베치콩(bitter vetch, *Vicia ervilia*)도 있다. 동물학

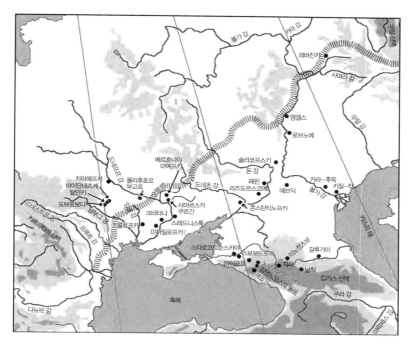

그림 12.2 초원 지대 최후의 동석기 유적과 북캅카스 산록 지대의 초기 청동기 유적

자들은 이 유적에서 종을 확인할 수 있는 뼈 1166개를 찾아냈는데 그중 양-염소의 것은 65퍼센트, 소는 19퍼센트, 말은 9퍼센트, 돼지는 2퍼센트 미만이었다. 가끔 야생 돼지, 오록스, 사이가 산양을 사냥했는데 이것들은 동물 뼈의 5퍼센트 미만이었다.

미하일로프카 I 유적에서 양-염소 숫자가 많다는 점은 긴 울 생산용 양의 존재를 시사하는 것일 수 있다. 울 양은 북캅카스의 스보보드노예에서 서기전 4000년경 존재했던 것으로 보이며(아래 참조) 체르나보다 III-볼레라즈 시기, 즉 서기전 3600~서기전 3200년 무렵 다뉴브 강 하곡에서는 거의 확실히 존재했으므로 미하일로프카 I에서도 사육했을 수 있다. 그러

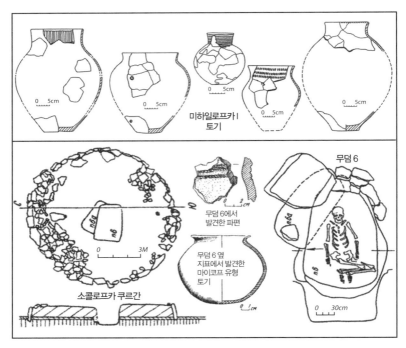

그림 12.3 미하일로프카 I 거주지에서 발굴한 토기. 출처: Lagodovskaya, Shaposhnikova and Makarevich 1959. 드네프르 강 서쪽 잉굴 강변의 소콜로프카 쿠르간 유적지에 위치한 오래된 동석기 무덤(무덤 6a) 위에 겹쳐 만든 미하일로프카 I 무덤(무덤 6). 출처: Sharafutdinova 1980.

나 긴 울 생산용 양을 이 시기 초원에서 사육했다 할지라도 아직은 광범위하게 확산된 새로운 울 경제의 기반은 아니었다. 왜냐하면 그 밖의 초원 거주지에서는 소뼈나 심지어 사슴뼈가 양뼈보다 더 많이 발견되기 때문이다.[5]

미하일로프카 I 토기는 조개껍데기를 혼합한 것으로 표면은 윤을 낸 어두운 색인데, 대부분 장식을 하지 않았다(그림 12.3). 일반적 모양은 달걀 형상의 항아리나 바닥이 평평하고 어깨가 넓고 테두리가 밖으로 꺾인 커다란 잔이었다. 이 시기 흑해 초원에서는 매우 드문 구리 장신구 몇 개와 금 고리 하나가 미하일로프카 I 무덤에서 발견되었다.

미하일로프카 I 쿠르간은 드네프르 강 하류에서 서쪽으로 다뉴브 강 삼각주 그리고 남쪽으로 크림 반도와 흑해 서북부 및 북부 지역까지 분포한다. 다뉴브 강 근처에는 이 쿠르간들 사이로 다뉴브–체르나보다 I–III 토기를 부장하고 있는 묘지들이 끼어 있다.[6] 미하일로프카 I 쿠르간 대부분은 점토층 아래에 검은 흙을 채워 넣은 낮은 봉분이다. 아울러 봉분 주위에 도랑을 파고 돌 옹벽을 쌓았으며 종종 동남쪽이 개방되어 있다. 무덤은 흔히 석판을 대서 만든 석관 안에 있다. 시체는 대체로 옆으로 누워 웅크린 자세지만, 바로 누워 쭉 편 자세 혹은 옆으로 누워 웅크린 자세 혹은 바로 누워 무릎을 구부린 자세도 있다. 때로는[예컨대 드네스트르 강 하류 올라네슈티(Olaneşti) 쿠르간 2의 무덤 1] 무덤을 사람 모양의 석비, 즉 커다란 석판 윗부분을 깎아 둥그런 어깨 위로 툭 튀어나온 머리 형상으로 덮어놓았다 (그림 13.11 참조). 이는 일부 무덤을 조각한 석비로 꾸미는 흑해 북쪽의 중요하고도 유구한 전통의 시작이었다.[7]

미하일로프카 I 사람들 일부의 두개골과 얼굴은 섬세하고 좁았다. 골상인류학자 이나 포테히나(Ina Potekhina)는 또 하나의 흑해 북부 문화인 포스트 마리우폴 문화(post-Mariupol culture) 사람들은 얼굴이 넓은 수보로보–노보다닐로프카 사람들과 가장 닮았다고 확언했다. 트리폴리예 문화와 다뉴브 강 하류 하곡에서 가장 가까운 초원의 서쪽 끝에 살던 미하일로프카 I 사람들은 트리폴리예 읍락 사람들, 즉 다뉴브 강 일대의 텔에 살던 사람들의 후손과 더 많이 혼인한 것으로 보인다.[8]

서기전 3300년 무렵 미하일로프카 I 문화는 흑해 서북부 초원의 우사토보(Usatovo) 문화로 대체되었다. 우사토보 문화는 서남쪽으로 트인 돌 옹벽에 둘러싸인 쿠르간을 만드는 등 미하일로프카 I 관습을 일부 보유하고 있었다. 우사토보 문화는 드네스트르 강 어귀에 중심을 둔 전사 귀족 집단이 이끌었는데, 이들은 아마도 트리폴리예 읍락 농경민을 조공을 바치는 피후견인으로 여기고 해안을 따라 해상 무역에 개입하기 시작한 것처럼 보인다. 크림 반도 사람들은 수많은 미하일로프카 I 관습을 보유했으며 청동기 초기인 3300년경 이후 케미-오바(Kemi-Oba) 문화를 발전시켰다. 이러한 청동기 초기 문화에 대해서는 다음 장에서 설명할 것이다.

포스트 마리우폴 문화

동석기 최후의 문화로 가장 어색한 이름을 가진 것이 '포스트 마리우폴' 혹은 '쭉 편 매장 자세 무덤(Extended-Position-Grave)' 문화다. 두 이름 모두 정의상 약간 불명확한데, 라사마킨은 이를 "크비탸나" 문화라고 불렀다. 나는 '포스트 마리우폴'이라는 이름을 쓸 것이다. 이런 이름은 모두 1970년대 드네프르 강 급류 지대 바로 위 초원에서 확인한 이후 여러 가지 방식으로 정의된 무덤 유형을 지칭한다. 린다나는 드네프르 강 하곡에서 동쪽으로 도네츠 강까지 포스트 마리우폴 유형 무덤을 약 300기가량 확인했다. 무덤들은 작은 쿠르간으로 덮여 있고 때로는 돌 옹벽으로 둘렀다. 시체는 좁은 직사각형 구덩이 안에 쭉 편 자세로 매장했으며 종종 석판으로 옆 벽을 대고 나무 기둥이나 석판으로 위를 덮었다. 무덤에는 대체로 토기가 없었다. (다행스럽게도 일부 무덤은 예외다.) 하지만 무덤 위에서 불을 피우고, 무덤 바닥에는 대자석 가루를 두껍게 흩뿌렸다. 박판형 부싯돌 날과 뼈 구슬 혹은 작은 구리 구슬 몇 개, 혹은 구리 꽈배기를 부장했다(그림 12.4). 장례식 때 희생된 것으로 여겨지는 소의 두개골 3개가 치칼로프스카야(Chkalovskaya) 쿠르간 3의 무덤 1기 가장자리에서 놓여 있었다. 가장 큰 규모의 무덤군은 드네프르 강 급류 지대 바로 북쪽 동안(東

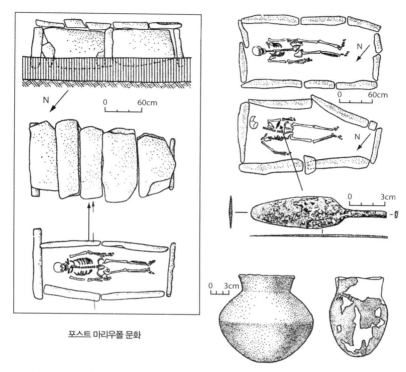

포스트 마리우폴 문화

그림 12.4 포스트 마리우폴 문화의 토기와 무덤. 왼쪽: 마리예프카 쿠르간 14, 무덤 7. 오른쪽 위: 보그다노프스코고카레라(Bogdanovskogo Karera) 쿠르간 2, 무덤 2와 17. 오른쪽 아래: 치칼로 프스카야 쿠르간 3. 출처: Nikolova and Rassamakin 1985, 그림 7.

岸)의 두 지류, 곧 사마라 강(볼가 강 지역의 사마라 강보다 작다)과 오렐(Orel) 강 사이에 있다. 두 연대기적 기간은 트리폴리예 B2/C1과 동시대인 서기전 3800~서기전 3300년의 초기(동석기 최후기), 트리폴리예 C2 및 얌나야 층 초기와 동시대인 서기전 3300~서기전 2800년 무렵의 후기(청동기 초기)로 확인되었다.[9]

오렐-사마라 지역 중심부에 있는 포스트 마리우폴 무덤의 약 40퍼센트 는 구리 장신구를 부장했는데, 일반적으로 한두 점에 불과했다. 린디나가 조사한 총 46개의 구리 물품은—트리폴리에 B2 및 C1 유적에서 사용한 것과 같은—'순수한' 트란실바니아산 광석으로 만들었다. 그러나 두 번째 시기의 구리 물품 산지는 두 곳이었다. 요컨대 10개는 여전히 '순수한' 트란실바니아산이고 23개는 비소 합금 청동이었다. 이것들은 마이코프 문화 후기나 우사토보 거주지에서 나온 비소 합금 청동과 가장 유사했다. 포스트 마리우폴 문화의 구리 물품 중 단 하나만(불라호프카(Bulakhovka) 쿠르간 묘지 I, 쿠르간 3의 무덤 9에서 출토) 금속 제작 기법상 마이코프 후기 문화에서 직수입한 것으로 보인다.[10]

포스트 마리우폴 문화 무덤 2기는 대장장이의 것이었다. 이들 무덤에는 소매(sleeve: 자루를 둘러싸는 부분—옮긴이) 달린 도끼를 제작하기 위한 양방 결합식 주형(bivalve molds) 3개가 들어 있었다. (한쪽에 손잡이 구멍이 있는 소매 달린 주형 도끼는 외날이었다.) 주형은 후기 마이코프 유형을 모방했지만 현지 제작품이다.[11] 아마도 이것들은 포스트 마리우폴 후기, 즉 서기전 3300년 이후의 것으로 보인다. 이들은 초원에서 알려진 가장 오래된 결합식 토기 주형으로서 석제 망치와 점토 관, 즉 풀무에 장착하는 튈리르(tulieres) 및 연마석과 함께 부장되었다. 이러한 연장 묶음은 초원 대장장이들 사이에 새로운 수준의 기술이 있었음을 시사하며, 대장장이의 무덤에 그들의 연장을 함께 묻는 유구한 전통이 시작되었음을 알려준다.

후기 스레드니스톡 문화

흑해-카스피 해 초원 서쪽 지역의 세 번째이자 마지막 문화 집단은 후기 스레드니스톡 문화였다. 후기 스레드니스톡 토기는 조개껍데기를 혼합하고 종종 밧줄 모양을 찍어 만든 기하학적 문양으로 장식한 것으로서(그림 11.7 참조) 평범한 검은색 표면의 미하일로프카 I 토기 및 포스트 마리우폴 토기와 상당히 다르다. 몰리우호르부고르의 스레드니스톡 후기 거주지는 드네프르 강 유역의 삼림-초원 지대에 위치한다. 트리폴리예 C1 그릇 하나가 이곳에서 발견되었다. 몰리우호르부고르 사람들은 가로 15미터 세로 12미터에 화로 3개를 갖춘 집 안에 살면서, 붉은사슴과 멧돼지와 물고기를 잡고 상당히 많은 말과 약간의 길들인 소와 양을 키우며 곡식을 가꿨다. 발굴된 토기 파편 372개 중 8개에서 곡식 압인을 발견해(47개당 한 개) 미하일로프카 I보다 빈도수가 높다. 압인에 나타난 곡물로는 엠머 밀, 아인콘 밀, 기장 그리고 보리가 있다. 잘 알려진 데레이프카의 스레드니스톡 문화 거주지는 약간 이전인 서기전 4000년 무렵 점유했지만, 절삭 마모 흔적이 있는 다수의 부싯돌 날과 곡식 갈이용 돌 맷돌 6개가 발견된 것으로 보건대 역시 약간의 곡식을 경작했을 것이다. 데레이프카 거주지에서 말뼈는 동물 뼈의 63퍼센트를 차지했다(10장 참조). 드네프르 강 유역의 스레드니스톡 사회는 여타 초원 서부 집단과 마찬가지로 곡식 경작과 가축 사육, 기마 그리고 수렵 및 어렵을 결합한 혼합 경제 체제를 갖고 있었다.

스레드니스톡 후기 유적들은 드네프르 강 중류 북쪽의 초원 지대 및 남쪽의 삼림-초원 지대로서 포스트 마리우폴 집단 및 미하일로프카 I 집단의 북쪽에 자리 잡고 있다. 또한 스레드니스톡 유적들은 드네프르 강에서 시작해 동쪽으로 도네츠 강 중류를 건너 돈 강 하류까지 뻗어 있다. 돈 강 하류의 가장 중요한 거주지는 라즈도르스코예(Razdorskoe) 유적이다. 라즈도르스코예 4층에는 흐발린스크 요소가 들어 있고, 그 위의 5층에는 스레드니스톡 초기(노보다닐로프카 시기) 거주지가 있었다. 그다음의 6층과 7층에는 스레드니스톡 후기의 것을 닮은 토기가 외부에서 들여온 마이코프 토기와 함께 묻혀 있었다. 6층에서 꽃가루 분석을 위해 제거한 핵의 유기

물로 측정한 방사성 탄소 연대는 서기전 3500~서기전 2900년(BP 4490±
180)으로 나왔다. 라즈도르스코예 근처에는 요새화한 콘스탄티노프카
(Konstatinovka) 거주지가 있었다. 스레드니스톡 후기 토기와 유사한 돈 강
하류 변종을 만든 이들이 점유했던 이 지역에 실제로 작은 마이코프 식민
지가 있었을 수도 있다.[12]

스레드니스톡 무덤에 묻힌 유해는 등을 바닥에 대고 누운 채 무릎을 세
웠는데, 이 자세는 흐발린스크 문화와 함께 시작된 초원 특유의 것이다.
무덤 바닥에는 대자석 가루를 뿌렸고, 종종 외날 부싯돌 날 혹은 부서진
토기를 부장했다. 스레드니스톡 후기 무덤 위에 때로 작은 봉분을 세우기
도 했지만 대체로 평평했다.

돈 강-볼가 강 하류 초원의 레핀 문화와 흐발린스크 후기 문화

동쪽의 2개 집단에 대해서는 한꺼번에 논의할 수 있다. 이들은 두 종의
매우 다른 토기 유형으로 특징지을 수 있다. 한 유형은 명백히 흐발린스
크 문화 후기 토기의 변종을 닮았다. 나머지 하나는 레핀(Repin) 유형이라
고 부르는데, 아마도 돈 강 중류에서 시작된 둥근 바닥에 밧줄 압인 문양
장식 및 장식한 테두리 토기로 정의할 수 있다.

레핀 유적은 1950년대에 발굴했는데, 라즈도르스코예에서 물길을 거
슬러 250킬로미터가량 올라간 지점의 돈 강 중류 나래새(feather-grass) 초
원 언저리에 위치한다. 이곳의 동물 뼈 중 50퍼센트가 말뼈였다. 말고기
는 소(18퍼센트)나 양-염소(9퍼센트) 혹은 붉은사슴(9퍼센트) 고기보다 훨씬
중요한 식품이었다.[13] 아마도 레핀 사람들은 전문적으로 말을 길러 북캅
카스 상인(?)들에게 수출한 것으로 보인다. 레핀 문화 토기는 하나의 유
형이라 할 수 있는데, 이런 유형의 토기는 돈 강-볼가 강 지역의 많은 유

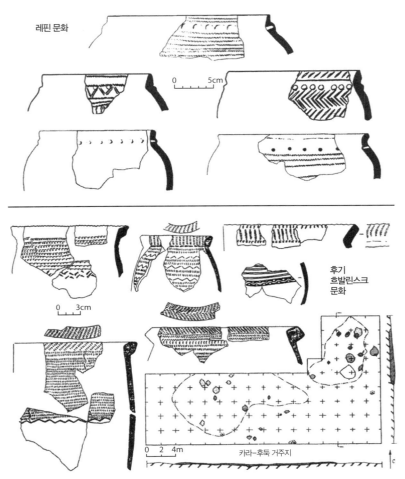

레핀 문화

0 ⎣5cm

후기
흐발린스크
문화

0 3cm

0 2 4m   카라-후둑 거주지

그림 12.5 키질-칵에서 발굴한 레핀 문화 토기(위)와 볼가 강 하류 카라-후둑에서 발굴한 흐발린스크 문화 후기 토기 및 거주지의 도면(아래). 출처: Barynkin, Vasiliev and Vybornov 1998. 그림 5, 6.

적지에게 발견되었다. 돈 강 중류에 있는 보로네즈(Voronezh) 주의 체르카스카야(Cherkasskaya) 유적에서처럼 때로 레핀 토기는 얌나야 토기 매장층 아래에서 발견되기도 한다.[14] 속(Sok) 강변의 레뱌진카 I 유적의 경우처럼 레핀적 요소는 북쪽 멀리 볼가 강 중류의 사마라 주에서도 발견된다. 레뱌진카 I 유적도 맥락상 얌나야 초기 문화에 선행하는 것으로 보인다. 알타이로 향한 아파나시예보 이주민은 레핀 유형의 물질문화를 가진 사람들로서 아마도 볼가 강 중류-우랄 지역 출신이었을 것이다. 볼가 강 하류의 키질-칵(Kyzyl-Khak)에서 레핀 문화 산양 사냥꾼 야영지가 발굴되었는데, 동물 뼈의 62퍼센트가 사이가 산양이었다(그림 12.5). 소는 13퍼센트, 양은 9퍼센트, 말과 오나거가 각각 7퍼센트를 차지했다. 방사성 탄소 연대 측정값(BP 4900±40)에 따르면 레핀 사람들이 키질-칵을 점유한 것은 서기전 3700~서기전 3600년 무렵이다.

카라-후둑은 볼가 강 하류에 있는 또 하나의 산양 사냥꾼 야영지이지만 흐발린스크 후기 유형의 토기를 만든 사람들이 점유했다(그림 12.5). 방사성 탄소 연대 측정값(BP 5100±45, UPI 430) 하나는 이 야영지가 서기전 3950~서기전 3800년 무렵 점유되었음을 보여주는데, 가까운 키질-칵의 레핀 문화 점유지보다 연대가 빠르다. 가죽 가공용으로 보이는 커다란 긁개 다수가 부싯돌 도구 중에서 나왔다. 사이가 산양의 가죽은 상당히 선망하던 것으로 여겨지는데, 아마도 무역용이었을 것이다. 동물 뼈의 70퍼센트는 사이가 산양, 13퍼센트는 소 그리고 양이 6퍼센트였다. 토기(30~35개의 그릇에서 나온 파편 670개)는 전형적인 흐발린스크 양식으로서 조개껍데기 혼합, 둥근 바닥 그리고 밖으로 꺾인 두꺼운 테두리, 문양판으로 찍은 빗살무늬와 '애벌레' 모양의 밧줄무늬 압인이 특징이다.

1990년대에 쿠르간 없는 흐발린스크 후기 무덤들을 볼가 강 하류의 세 유적지, 곧 슬랴코프스키(Shlyakovskii), 엥겔스(Engels), 로프노예(Rovnoe)에서 발견했다. 시신은 바로 누워 무릎을 세운 자세이고, 바닥에는 대자석 가루를 뿌렸다. 박판형 부싯돌 날, 날을 간 부싯돌 도끼, 흐발린스크

양식으로 돌을 갈아 만든 전곤 머리, 골제 구슬을 부장했다. 후기 흐발린
스크 문화 사람들은 볼가 강 하류에 흩어진 집단 거주지에서 살았다. 그
들 일부는 아마도 보트를 이용해 카스피 해 북쪽을 건넜고, 카스피 해 동
쪽 망기슐락(Mangyshlak) 반도에 일군의 야영지를 구축했을 것이다.

　볼가 강-돈 강 지역의 후기 흐발린스크 문화 및 레핀 문화 사회들은
서기전 3300년 무렵 시작된 청동기 초기 얌나야 층의 발전에 중심 역할
을 했다. (여기에 대해서는 다음 장에서 논의할 것이다.) 얌나야 초기 토기의 한 종
류는 실제로 레핀 유형이고, 나머지는 실제로 흐발린스크 후기 유형이었
다. 따라서 만약 다른 단서가 없다면 레핀이나 흐발린스크 후기 토기를
얌나야 초기 토기와 따로 떼어놓는 것은 어려울 것이다. 얌나야 층은 후
기 인도·유럽 공통조어가 초원으로 확산되는 매개체였을 것이다. 이는
레핀 문화 및 후기 흐발린스크 문화 집단들이 고전 인도·유럽 공통조어
방언을 사용했다는 것을 암시한다.[15]

트리폴리예 변경의 위기와 변화: 도시보다 큰 읍락
•

서기전 3700~서기전 3400년 무렵 매우 다른 두 종의 변화가 트리폴리예
문화에 영향을 끼쳤다. 먼저 드네프르 강 중류 삼림-초원 지대의 트리폴
리예 거주지들이 흑해-카스피 해 토기(검고 때로는 조개껍데기를 혼합한 토기)
와 비슷한 토기를 만들기 시작하고 흑해-카스피 해 양식의 장례 의식을
채택했다. 드네프르 강 변경은 투과성이 더 강한 지역이 되었는데, 아마
도 점진적 동화를 통해 그렇게 된 듯하다. 그러나 초원 경계와 가까운 남
부그 강의 트리폴리예 거주지는 매우 다른 식으로 변화했다. 그들은 엄

청난 크기로 급속히 커져서 면적이 400헥타르에 달했는데, 이는 메소포타미아에서 가장 큰 도시의 2배 규모다. 간단히 말해, 세계에서 가장 큰 인간 거주지였다. 하지만 이들은 도시로 진화하는 대신 갑자기 폐허로 변했다.

드네프르 강 변경에서 스레드니스톡 문화와의 접촉

차파예프카(Chapaevka) 유적은 트리폴리예 B2/C1 거주지인데, 가옥 11개가 북부 초원-삼림 지대의 드네프르 강 하곡 서안 돌출부에 위치하고 있다. 이 거주지는 서기전 3700~서기전 3400년 무렵의 것이다.[16] 차파예프카는 묘지 매장을 채택한 최초의 트리폴리예 마을로 알려졌다(그림 12.6). 32기의 무덤이 있는 묘지를 거주지 가장자리에서 발견했다. 시신은 바로 누워 쭉 편 자세였고, 대체로 토기 한 점을 부장했다. 더러는 머리나 가슴 아래 대자석 덩어리 하나를 두었는데—이와 똑같은 초원의 무덤 양식은 하나도 없지만—시신 매장을 채택했다는 점 자체가 고 유럽 트리폴리예 문화의 장례 관습에서 벗어난 주목할 만한 변화였다. 차파예프카 유적에는 반죽을 이긴 통나무 바닥(플로샤드카) 대신 땅바닥을 파고 그 위에 가볍게 지은 집이 있었다. 150킬로미터 남쪽의 몰리우호르부고르에서는 트리폴리예 C1 토기를 발견했는데, 아마도 이곳이 차파예프카의 새로운 관습의 진원지인 듯하다.

차파예프카 유적 가옥 안의 토기 대부분은 잘 구운 정교한 토기로서 고운 모래를 혼합하거나 조직이 매우 고운 점토를 사용했고(50~70퍼센트), 소수는(1~10퍼센트) 표준적인 트리폴리예 문양으로 채색했다. 그러나 이 토기들의 색상은 대체로 검거나 회색이며 표면에 윤을 내고 종종 아무런 장식도 없다. 트리폴리예 토기의 전형인 오렌지색 토기와 상당히 다르

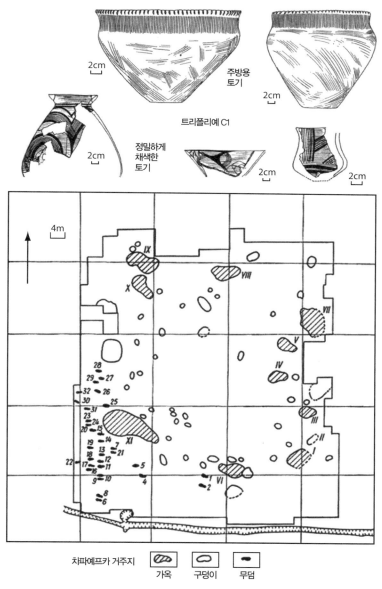

2cm

주방용
토기

2cm

트리폴리예 C1

정밀하게
채색한
토기

2cm

2cm

2cm

4m

차파예프카 거주지

가옥	구덩이	무덤

그림 12.6 드네프르 강변 차파예프카의 트리폴리예 C1 거주지 유적에서는 11개의 집터(그림 I∼ XI)와 묘지(무덤 1∼32) 및 토기가 출토되었다. 출처: Kruts 1977, 그림 5, 16.

다. 비록 모양과 점토 조직은 대부분의 트리폴리예 C1 문화 토기와 다르지만, 문양 없는 회색-흑색 계열의 토기는 또한 미하일로프카 I과 포스트마리우폴 문화 토기의 전형적 특징이기도 하다. 차파예프카 주방 토기 중 한 종류는 '칼라'에 수직 빗살무늬 문양을 새긴 항아리인데 스레드니스톡 문화 후기의 것과 너무나 비슷해서 이런 종류의 토기가 스레드니스톡 후기 도공들에 의해 트리폴리예 문화가 차용한 것인지 트리폴리예 C1 도공들을 통해 스레드니스톡 문화가 차용한 것인지 분명하지 않다.[17] 서기전 3700~서기전 3500년 무렵 드네프르 강 변경은 트리폴리예 문화 마을 주민들과 드네프르 강 동쪽의 토착 스레드니스톡 사회 사이에 점진적이고 아마도 평화적인 동화가 일어나는 지대였을 것이다.

도시보다 큰 읍락: 트리폴리예 C1의 초거대 읍락

초원 쪽 경계로 더 다가가면 상황은 완전히 달라진다. 차파예프카를 비롯해 드네프르 강과 남부그 강 사이에 위치한 모든 트리폴리예 거주지는 타원형이었으며, 집들을 중앙의 탁 트인 광장 주위에 배치했다. 일부 마을은 1헥타르 미만이지만 8~15헥타르 사이가 많았고 일부는 100헥타르가 넘었다. 그리고 트리폴리예 C1 유적 집단 3개가 20킬로미터 이내의 거리에 모여 있는데, 서기전 3700~서기전 3400년에 그 크기는 250~450헥타르였다. 이런 초거대 유적은 삼림-초원 지대 남쪽의 초원 가장자리 인근에 있는 남부그 강 동쪽 구릉에 위치한다. 이 읍락들은 유럽뿐만 아니라 전 세계에서 가장 큰 공동체였다.[18]

알려진 3개의 초거대 읍락[도브로보디(Dobrovodi): 250헥타르, 마이단네츠케(Maidanets'ke): 250헥타르, 탈얀키(Tal'yanki): 450헥타르]은 아마도 이 순서에 따라 차례로 점유된 듯하다. 그중 명백한 행정 중심이나 궁전, 창고, 혹은 사원을 가진 것은 하나도 없었다. 비록 발굴자인 비데이코(M. Videiko)와 시마글리(M. Shmagli)는 맨 바깥쪽의 집들이 연속된 2층 높이의 방벽처럼 연이어 결합해 있고 그 중간에 방어하기 쉽도록 방사형 도로(radial street)가 뚫려 있는 구조라고 설명하지만, 이 읍락을 둘러싼 요새 방벽이나 해자는 없다. 셋 중에서 가장 철저하게 조사한 마이단네츠케 유적은 250헥타르에 달한다. 자기탐지기로 측정한 결과 1575개의 구조물이 나타났다(그림 12.7). 거의 5500~7700명으로 추정되는 사람이 동시에 거주한 곳이었다. (오래된 집터 위에 새로 지은 것은 거의 없었다.) 비비코바의 추정에 따르면 1인당 연간 0.6헥타르의 밀밭이 필요한데, 그런 대규모 인구라면 연간 3300~4620헥타르의 경작지가 필요하고, 이런 조건으로 인해 읍락에서 3킬로미터 이상 떨어진 땅도 경작할 수밖에 없었을 것이다.[19] 집들은 공통의 설계에 의해 동심 타원형의 고리를 따라 중앙의 광장을 향해 서로 인접해 지었다. 발굴한 집들은 폭 5~8미터에 길이 20~30미터로 대형인 데다 다수가 2층이었다. 비데이코와 시마글리는 정치 조직은 씨족 단위에 정치적 기반을 두었다고 주장했다. 두 사람은 다섯 혹은 열 집마다 더 큰 규모의 집이 하나 있었다고 기록했다. 더 큰 집에서는 여성상이 더 많이 나왔고(대부분의 집에서는 드물었음) 정교한 채색 토기도 더 많았다. 때로는 수직식 베틀(warp-weighted loom) 같은 기구도 나왔다. 각각의 큰 집은 5~10채의 집으로 구성된 공동체, 곧 확대 가족(혹은 비데이코의 용어를 따르면 "거대-가족 집단")의 중심이었을 수 있다. 만약 초거대 읍락을 이런 식으로 조직했다면 각 부분의 지도자 150~300명으로 구성된 위원회가 전체 읍락을 위한 의사 결정을 했을 테고, 그런 거추장스러운 정치적 관리 체제가 마을의 몰락에 기여했을 것이다. 마이단네츠케와 탈안키가 버려진 후 남부그 강 일대의 구릉지에서 가장 큰 읍락은 카세노프카(Kasenovka)였

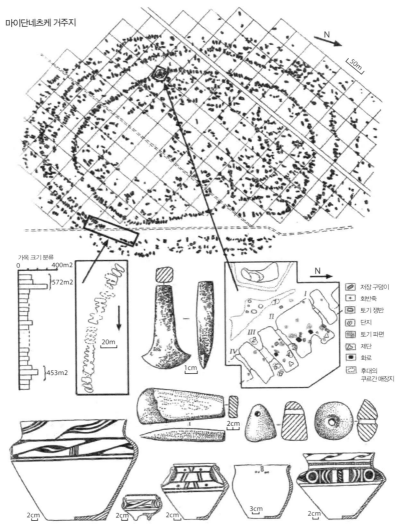

마이단네츠케 거주지

가옥 크기 분류

그림 12.7 트리폴리예 C1 마이단네츠케 거주지. 자기탐지기로 그린 지도에 1575개의 구조물이 나타났다. 왼쪽: 규모가 큰 집을 둘러싸고 있는 작은 집들의 집합. 씨족 혹은 준씨족의 집단 주거지로 여겨진다. 오른쪽: 바로 위에 건설된 얌나야 쿠르간 때문에 매우 잘 보존된 일군의 집. 후기 얌나야 무덤 6기가 보인다. 거주지에서 나온 인공 유물: 주조 구리 도끼(가운데 위), 윤을 낸 돌도끼 하나와 점토 방직추 2개(가운데 열), 선별한 채색 토기(아래 열). 출처: Shmagli and Videiko 1987; Videiko 1990.

다. 카세노프카는 120헥타르에 7~9개의 동심 타원형으로 이어진 가옥을 가졌으며 연대는 아마도 트리폴리에 C1/C2 교체기에 해당하는 서기전 3400~서기전 3300년 무렵이었던 것으로 보인다. 카세노프카가 버려졌을 때 트리폴리에 문화 사람들은 남부그 강 하곡 거주지를 대부분 떠났다.

트리폴리에 C1 공동체에서 부싯돌 도구, 직물, 토기 제작에 특화된 공예 중심지가 나타났다. 이런 공예품 제작소는 읍락 안에서나 읍락 사이에서 공간적으로 구분되었다.[20] 둘 혹은 세 층으로 된 거주지 규모의 위계질서도 나타났다. 이런 식의 변화는 일반적으로 정치적 위계제의 등장과 정치권력의 집중화로 해석된다. 그러나―이미 언급한 대로―이들 읍락은 도시로 발전하는 대신 버려졌다.

부족 농경 사회에서 인구 집중은 증가하는 전쟁에 대한 표준적 대응이며, 이어서 이들 거주지를 버렸다는 것은 전쟁과 습격이 위기의 근원임을 시사한다. 공격자들은 미하일로프카 I이나 스레드니스톡 후기 유형의 초원 사람들이었을 것이다. 드네프르 강 서쪽 잉굴 강변에 있는 노보로자노프카(Novorozanovka) 거주지는 밧줄무늬를 찍은 스레드니스톡 토기를 대량 보유하고, 미하일로프카 I 토기 일부와 수입한 트리폴리에 C1 채색 정밀 토기 몇 점이 나왔다. 말을 탄 습격자들 때문에 읍락에서 3킬로미터 이상 떨어진 곳에서 경작하는 게 불가능했을 것이다. 아울러 소나 포로를 획득하기 위한 습격은 약 500년경 이전 다뉴브 강 하곡에서 벌어졌던 일처럼 트리폴리에 사람들을 파편화시키고 흩어버려 읍락에 기초한 공예 전통을 포기하게끔 했을 것이다. 좀더 북쪽에 있는 드네프르 강 중류의 삼림-초원 지대에서도 궁극적으로 같은 방향의 동화와 교환이 일어났다. 하지만 이곳에서는 동화와 교환이 한층 더 점진적이었다.

최초의 도시와 초원의 관계

●

초원과 남쪽 메소포타미아 문명의 접촉은 물론 트리폴리에 사회와의 접촉보다는 훨씬 간접적이었다. 하지만 이 남쪽 문으로 난 길을 통해 바퀴 달린 수레가 처음 초원에 나타났을 것이므로 이는 중요했다. 최근 들어 초원과 남쪽의 접촉에 관한 이해는 완전히 다시 쓰여졌다.

서기전 3700~서기전 3500년 세계 최초의 도시들이 메소포타미아의 관개 저지(lowland)에 나타났다. 우루크나 우르 같은 오래된 사원 중심지는 언제나 이라크 남부 농장에서 수천 명의 인부를 끌어들여 건축 프로젝트에 투입할 수 있었다. 그러나 우리는 왜 그들이 사원 주위에서 항구적으로 살기 시작했는지 확실히 모른다(그림 12.8). 농촌 마을에서 주요 사원으로의 인구 이동이 최초의 도시를 탄생시켰다. 우루크 중기 및 후기(서기전 3700~서기전 3100년)에 새로운 도시를 드나드는 교역은 조공, 선물 교환, 조약 제정, 도시의 사원 및 세속 권력체와 관련한 행사 등의 형태로 엄청나게 늘어났다. 수입품에는 보석, 금속, 통나무, 생 울(raw wool) 등이 포함되었다(4장 참조). 직물과 금속 제품은 수출품 목록에 들어 있었던 듯하다. 우루크 후기에 황소가 끄는 바퀴 달린 수레가 새로운 육상 운송 수단으로 등장했다. 수출입과 세금 납부를 관리하기 위한 새로운 회계 방법이 발전했는데 포장한 상품과 창고 문을 봉인하기 위한 원통형 인장, 포장 상품의 내용물을 표시하는 점토 물표(clay token) 그리고 궁극적으로 쓰기 방법의 고안 등이 그것이다.

새 도시는 구리와 금은에 대한 수요가 대단했다. 도시의 대리인들은 금속과 준(準)보석을 얻기 위한 별도의 원정을 개시했는데, 아마도 여타 도시들도 원정 경쟁에 돌입했을 것이다. 아나톨리아 동부의 토착 족장령들

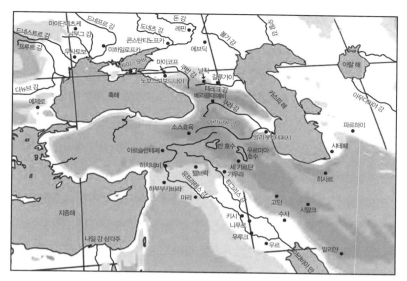

그림 12.8 마이코프 문화 및 우루크의 팽창과 관련해 선별한 유적지

은 이미 풍부한 구리 광맥에 접근한 상태였고, 오랫동안 금속 도구와 무기를 생산해온 터였다. 우루크와 그 밖의 수메르 도시에서 온 사절들이 텔브락(Tell Brak)이나 테페가우라(Tepe Gawra) 등의 북쪽 도시에 나타나기 시작했다. 남부 메소포타미아인을 위한 주둔지가 시리아의 유프라테스 강변에 있는 하부부카비라(Habubu Kabira)의 대상(隊商) 요새에 건설되었다. '우루크의 팽창'은 우루크 중기인 서기전 3700년 무렵에 시작해 우루크 후기인 서기전 3350~서기전 3100년 무렵 크게 강화되었다. 이란 남서부에 있는 도시 수사(Susa)는 우루크의 식민지가 된 것으로 보인다. 수사 동쪽의 이란 고원에서는 진흙 벽돌로 만든 일련의 대형 건축물이 평원에 솟아올라 전문화한 구리 생산 시설을 보호했다. 이 시설들은 부분적으로 우루크와의 무역을 위해 구리를 생산했다. 아울러 인장이나 봉인된 상품, 봉인된 창고 그리고 마지막으로 기록 등 도시의 무역 관리 수단을 사

용하던 현지 족장들이 이러한 시설을 통제했다. 구리, 청금석, 터키석, 녹니석, 홍옥수 등이 봉인된 채 메소포타미아로 이동했다. 우루크와 관련한 이란 고원의 무역 중심지에는 시알크(Sialk) IV1, 탈이이블리스(Tal-i-Iblis) V-VI 그리고 이란 중부의 히사르(Hissar) II 등이 포함된다. 무역의 촉수는 멀리 동북쪽, 오늘날 타지키스탄에 있는 제라프샨(Zerafshan) 강 하곡의 사라즘(Sarazm)까지 뻗쳤는데 아마도 인근 사막에 있는 터키석 매장지를 통제하기 위해서였을 것이다.

칸카스 산맥의 금은과 구리 원산지를 향한 우루크의 서북쪽으로의 팽창은 유프라테스 강 상류에 있는 2개의 중요한 지방 거점에 남아 있다. 하치네비(Hacinebi)는 큰 규모의 구리 생산 산업을 갖춘 요새화한 중심지였다. 이곳의 족장들은 하치네비 B2기, 곧 서기전 3700~서기전 3300년 무렵 우루크의 상인들과 거래를 개시했다. 유프라테스 강을 따라 250킬로미터 넘게 올라가야 나오는 아나톨리아 동부의 높은 산맥에 있는 아르슬란테페 거점도 거의 같은 시기(VII기)에 규모와 부가 커졌지만 토착적인 인장, 건축, 행정 체계는 유지했다. 이곳은 또한 현지의 광석에 기초한 자체의 대규모 구리 생산 설비를 갖추고 있었다. 서기전 3350년 무렵 시작된 VIA기에는 우루크 후기 사원과 유사한 기둥 있는 새로운 건물 2개가 압도적이다. 관리들은 이 건물 안에서 우루크 양식의 인장(그중엔 현지 양식의 인장도 많았다)으로 무역을 통제하고 대량 생산한 우루크 양식의 사발에 저장 음식을 담아 나누어주었다. 아르슬란테페 VII기의 가축 무리에서는 소와 염소가 압도적이었지만, VIA기에 이르면 양의 비중이 갑자기 올라간다. 이 시기에 양은 가장 수가 많고 중요한 동물이 되는데, 아마도 새로 시작된 울 생산 산업을 위한 것으로 보인다. 비록 극소수지만 아르슬란테페 VII과 VIA, 하치네비 B 시기에 말도 등장했다. 그러나 이 말은 남쪽의 메소포타미아로 팔려가지 않은 듯하다. 서기전 3100년 무렵 여전히 모호한 이유로 인해 우루크의 팽창이 갑자기 끝났다. 아르슬란테페와 하치네비는 불에 타 파괴되었고, 아나톨리아 동부 산지에서 현지의 초기 트랜스캅카스 문화가 거대한 사원 건축물 폐허 위에 자신들의 허름한 집을 짓기 시작했다.[21]

아르슬란테페 북쪽 산지에 있는 사회들은 서기전 3700~서기전 3500년경 시작된 지역 무역의 일반적 증가에 다양한 방식으로 대응했다. 새로운 종류의 공공 건축물이 등장했다. 오늘날 조지아의 트빌리시(Tbilisi) 서북쪽에 위치한 베리클데에비(Berikldeebi)의 한 거주지 유적은 한때 조잡한 집과 구덩이 몇 개로 구성되어 있었지만, 서기전 3700~서기전 3500년 무렵에는 아마도 사원처럼 보이는 가로 14.5미터, 세로 7.5미터의 공공건물 하나를 둘러싼 육중한 벽돌 벽이 들어섬으로써 변모했다. 터키 동북부 에르제룸(Erzerum) 근처의 소스(Sos) Va층에는 건축물 크기와 권력의 증가를 암시하는 비슷한 건축적 징후가 있었다.[22] 그러나 이들 중 어느 것도 우리로 하여금 마이코프 문화와 관련한 장례 절차의 화려함에 직면할 준비를 시켜주지 않는다.

마이코프 문화는 서기전 3700~서기전 3500년 무렵 북캅카스 산맥의 흑해-카스피 해 초원을 굽어보는 곳에서 등장했다. 마이코프 족장의 거대한 쿠르간 아래 묻혀 있는 준군주급(semi-royal) 인물은 메소포타미아산 장신구를 꿰차고 있었다. 심지어 이 장신구 중에는 메소포타미아 무덤에서도 짝을 찾을 수 없을 만큼 화려한 장례 물품이 있었다. 무덤 안에는 금 사자와 금 황소로 뒤덮인 튜닉, 은으로 감싸고 머리에 순 금은(金銀) 황소를 얹은 막대기, 은제 판금(sheet metal) 잔들이 있었다. 녹로를 돌려 만든 토기는 남쪽에서 수입한 것인데, 이 새로운 기술은 베리클데에비와 아르슬란테폐 VII/VIA 그릇들과 비슷한 마이코프 토기를 만드는 데 사용되었다.[23] 니켈 함량이 높은 새로운 비소 합금 청동과 새로운 종류의 무기(소매 달린 도끼, 슴베 있는 찌르개)가 남쪽에서 북캅카스로 퍼졌고, 또 하나의 마이코프 무덤에서는 남쪽의 원통형 인장 하나를 장식용 구슬로 착용했다. 이러한 접촉이 시작될 당시 북캅카스에 존재하던 사회의 성격은 어땠을까?

북캅카스 산록: 마이코프 문화 이전의 동석기 농경민

북캅카스 산록은 자연스럽게 3개의 지리적 구역으로 나뉜다. 서부는 아조프 해로 들어가는 쿠반 강의 물줄기가 흐른다. 중부는 끓어오르는 온천으로 유명한 고원인데, 미네랄니보디(Mineralnyi Vody: '광천수'라는 뜻)와 키슬로보드스크(Kislovodsk: '달콤한 물'이라는 뜻) 등의 휴양 도시가 있다. 동부는 카스피 해로 들어가는 테레크 강이 흐른다. 남쪽의 스카이라인은 5600미터 넘게 솟구친 영구 빙하로 뒤덮인 북캅카스의 얼음 봉우리들이 압도하는데, 멀리 북쪽으로는 완만하게 구불거리는 갈색 초원이 펼쳐진다.

구리를 사용하는 목축 문화가 서기전 5000년 무렵 이곳에 존재했다. 날칙의 초기 동석기 묘지와 카멘노모스트 동굴 유적(9장 참조)의 거주지가 이 시기에 해당한다. 서기전 4400~서기전 4300년 무렵부터 북캅카스 사람들은 서쪽의 스보보드노예와 메쇼코(Meshoko, 1층), 중부 고원의 자목(Zamok), 동쪽으로는 카스피 해 근처 다게스탄(Dagestan)의 긴치(Ginchi) 같은 요새화한 농경 마을에 거주하기 시작했다. 각각 30~40채의 집이 있는 열 곳가량의 스보보드노예 유형 거주지가 인구가 가장 밀집한 쿠반 강 유역에서 발견되었다. 흙이나 돌로 만든 벽이 중앙의 광장을 에워싸고, 그

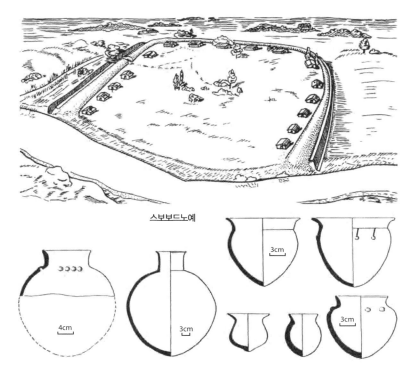

스보보드노예

그림 12.9 북캅카스의 스보보드노예 거주지와 토기. 출처: Nekhaev 1992.

주위를 견고한 초벽 집들이 둘러싸고 있었다. 네하예프(A. Nekhaev)가 발굴한 스보보드노예 거주지는 가장 잘 알려진 유적이다(그림 12.9). 스보보드노예에서 출토된 동물 뼈의 절반은 야생 붉은사슴과 멧돼지의 것이었다. 따라서 당시엔 사냥이 중요했음을 알 수 있다. 양이 가장 중요한 가축이었는데, 양과 염소의 비율은 5 대 1이었다. 이는 울을 생산할 목적으로 양을 키웠음을 시사한다. 그러나 돼지 사육도 중요했다. 돼지는 메소코 거주지에서 가장 중요한 식용 동물이었다.

스보보드노예 토기는 오렌지색에 가까운 갈색이며 공 모양에 밖으로 테두리가 꺾였지만, 장식 스타일은 유적지마다 매우 다양하다. (예컨대 자목, 스보보드노예, 메쇼코의 토기 유형은 상당히 다른 것으로 알려졌다.) 토기 여성상은 여성 중심의 가정의례를 시사한다. 현지의 사문석을 깎고 갈아 만든 팔찌는 같은 장소에서 수백 개씩 만들었다. 묘지는 거의 알려지지 않았지만 쿠반 지역의 후대에 만든 쿠르간 아래 있는 무덤들 사이에서 발견한 개별 무덤 몇 개는 동석기 후기의 것으로 분류된다. 스보보드노예 문화는 레핀 문화나 후기 흐발린스크 문화와 가옥 형태, 거주지 유형, 토기와 석기 그리고 토기 여성상 등에서 각기 다르다. 아마도 이 문화는 종족적 및 언어적으로 다른 이들의 것으로 보인다.[24]

그럼에도 불구하고 스보보드노예 문화는 초원과 접촉했다. 아조프 초원에 있는 노보다닐로프카 유적의 부유한 무덤에 스보보드노예 토기가 매장되어 있었고, 노보다닐로프카 무역망을 통해 들어온 발칸산 구리로 만든 고리 하나가 스보보드노예에서 발견되었다. 스레드니스톡 문화의 초기 유형처럼 보이는 토기 파편이 스보보드노예와 메쇼코 1에서 발견된 것으로 알려졌으며, 캅카스산 녹색 사문석 도끼가 일부 초원 묘지와 스레드니스톡 문화 초기 거주지(스트릴차스켈랴, 알렉산드리야, 야마)에서 발견되었다. 서기전 4000년 무렵 쿠반 강 하곡의 스보보드노예 시대 거주지는 초원의 수보로보-노보다닐로프카 활동권 동쪽 언저리에 있었다.

마이코프 문화

•

스보보드노예에서 마이코프로의 이동은 장례 관습의 급격한 변화(명백하고 광범위한 쿠르간 무덤의 채택)를 동반했지만 주거지 입지나 유형, 세석기 및 토기의 일부 특성에서 양자는 연속성이 있었다. 마이코프 문화 초기의 토기는 모양과 점토 조직에서 스보보드노예와 유사점을 보이고, 북캅카스 산맥 남쪽의 트랜스캅카스 문화 초기의 토기와도 일부 유사점을 보인다. 이런 유사점은 마이코프 문화가 현지 캅카스에서 기원해 발전했음을 보여준다. 그러나 마이코프 토기 일부는 녹로, 즉 남쪽에서 들어온 새로운 기술을 이용해 만들었는데, 이 새로운 제작 기법이 새로운 모양의 그릇을 촉진했을 것이다.

쿠반 강의 지류 벨라야(Belaya) 강 유역에 있는 마이코프 족장의 무덤은 최초로 발굴한 마이코프 문화 무덤이자 여전히 가장 중요한 마이코프 초기 유적으로 남아 있다. 1897년 베셀로프스키(N. I. Veselovskii)가 발굴할 당시, 쿠르간은 거의 11미터 높이에 지름 100미터가 넘었다. 흙으로 된 가운데의 봉분은 커다랗게 노출된 돌 옹벽에 둘러싸여 있었다. 외관상 이 쿠르간은 규모는 작지만 마찬가지로 흙 봉분과 돌 옹벽이 있는 미하일로프카 I이나 포스트 마리우폴 쿠르간(그리고 그 이전의 수보로보 쿠르간)처럼 보인다. 그러나 마이코프 족장의 무덤 내부는 상당히 달랐다. 무덤 묘실은 길이와 너비가 각각 5미터, 4미터가 넘었고 안쪽은 통나무를 버팀목으로 댔다. 북쪽의 묘실 2개에는 각각 순장자로 추정되는 성인 여성 한 명이 오른쪽으로 웅크린 자세로 누워 서남쪽을 향하고 있었다. 아울러 묘실 바닥에는 대자석을 뿌리고 토기 1~4개씩과 함께 은박을 꼬아 만든 장신구를 부장했다.[25]

남쪽 묘실은 성인 남성의 것이었다. 그 또한 몸을 웅크린 채 오른쪽 측면으로 누워 서남쪽을 향하고 있는데, 이는 마이코프 문화의 가장 일반적인 매장 자세. 남자는 역시 대자석을 두껍게 간 바닥 위에 누워 있었다. 그와 함께 붉은색으로 윤을 낸 구형(球形) 토기 그릇 8개를 부장했는데,

이는 마이코프 초기의 표준적인 토기들이다. 이와 함께 금제 박판 뚜껑이 있는, 갈아 만든 돌 잔 하나와 은제 박판 잔 14개가 있었다. 은 잔 중 2개 에는 캅카스 표범 한 마리, 남쪽 원산의 사자 한 마리, 황소 여러 마리, 말, 새 여러 마리 그리고 털북숭이 동물(곰? 염소?) 한 마리가 나무를 오르는 장면 등 동물의 행렬이 압인되어 있다(그림 12.10). 잔에 새겨진 말은 빙하기 이후 말의 가장 명백한 이미지인데, 오늘날의 프셰발스키 종처럼 보인다. 즉 목이 두껍고 머리가 크며, 곧추선 갈기에 두껍고 강한 다리를 갖고 있다. 또한 족장은 비소 합금 청동 도구와 무기도 지니고 있었다. 그중 에는 소매 달린 도끼, 괭이처럼 생긴 자귀, 도끼-자귀, 자루에 장착하기 위한 이음못(rivet)이 있는 47센티미터 길이의 넓은 주걱 모양 금속 날 하나, 머리가 둥근 사각 단면의 청동 끌 2개가 있었다. 이 외에도 1미터 길이의 속이 빈 은 관 6개(혹은 8개?)도 나왔다. 이 관들은 아마도 족장의 차양 천막을 지지하는 나무로 된 6개(혹은 8개) 묶음의 막대기 한 세트를 넣는 통(case)처럼 보인다. 두 마리는 순은으로, 두 마리는 순금으로 만든 뿔이 긴 황소 네 마리가 몸통 가운데로 난 구멍을 통해 4개의 은제 관에 꽂혀 있는데, 막대기를 세우면 황소들이 바깥으로 방문자를 바라보도록 설계했다. 각각의 황소상은 먼저 밀랍으로 모양을 만든 후 매우 고운 점토로 밀랍상을 감싸고, 이 점토 표면에 진흙을 두껍게 바른 다음 마지막으로 열을 가해 밀랍을 태움으로써 주형을 만들었다. 요컨대 복잡한 금속 제품 제작용 주형을 만들기 위한 실납법(失蠟法, lost wax method)이다. 마이코프 족장 무덤은 북캅카스에서 이 기법으로 만든 최초의 물품들을 갖고 있었다. 도공의 녹로, 비소 합금 청동, 은 잔 2개에 새겨진 동물 행렬 모티프처럼 이런 혁신은 남쪽에서 온 것이다.[26]

이 마이코프 족장은 아마 한 번도 사자를 본 적이 없을 것이다. 그림

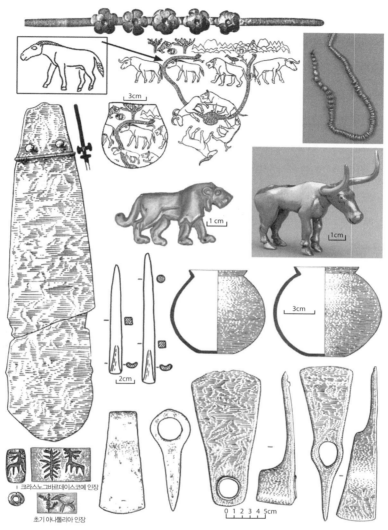

그림 12.10 마이코프 족장 무덤에서 출토된 초기 마이코프 문화 물품들(상트페테르부르크의 에르미타지 박물관). 왼쪽 아래는 마이코프 문화 초기 크라스노그바르데이스코예 쿠르간에서 출토된 인장과 동부 아나톨리아의 동석기 시대 데기르멘테페 유적의 인장을 비교한 것이다. 사자, 황소, 목걸이, 머리띠는 금으로 되어 있다. 항아리 2개는 토기이며 나머지 물품은 비소 합금 청동이다. 은제 이음못이 박힌 청동 날은 47센티미터 길이에 끝이 예리하다. 출처: Munchaev 1994. 뉴욕 메트로폴리탄 미술관.

에도 불구하고 메소포타미아 권력의 상징, 즉 황소와 짝을 이룬 사자 장식 의복을 입은 채 묻혔다. 사자 뼈는 북캅카스에서 발견되지 않는다. 족장이 입은 튜닉에는 금 사자 68마리와 금 황소 19마리가 붙어 있었다. 사자와 황소 모양은 우루크 메소포타미아, 하치네비, 아르슬란테페의 도상학(圖像學, iconography: 작품의 의미나 모티프를 다루는 미술사의 한 분야—옮긴이)에서 중요했다. 족장의 목과 어깨에는 터키석으로 만든 구슬 60개, 홍옥수제 구슬 1272개, 금제 구슬 122개가 걸려 있었다. 두개골 아래에는 꽃잎이 5개씩 달린 장미꽃 모양 5개가 양 끝에 구멍을 뚫은 황금 띠에 일렬로 붙은 머리띠가 있었다. 마이코프 머리띠의 이 장미 모양은 현지에 유사품이 없고 우루크 미술에서 볼 수 있는 꽃잎 8개짜리 장미 모양과 매우 닮았다. 터키석은 이란 동북부의 니샤푸르 부근이나 오늘날의 타지키스탄에 있는 아무다리야 강 인근의 사라즘 무역 거주지 부근에서 온 것이 거의 확실한데, 이 두 지역은 터키석 생산의 유구한 전통으로 이름이 높다. 홍옥수는 파키스탄 서부에서 왔고, 청금석은 아프가니스탄 동부에서 왔다. 우루크 메소포타미아에는 묘지 유적이 없기 때문에 우리는 망자를 치장한 당시의 장식에 대해 잘 알지 못한다. 마이코프 문화의 풍부한 장신구 중 다수는 유프라테스 강을 따라 아나톨리아 동부를 거쳐 들어온 것으로서 단지 이 야만인들, 곧 마이코프 문화 사람들을 위해서만 제작한 게 아닐 것이다. 이런 장신구들은 우루크의 거리와 신전에서 목격할 수 있음직한, 눈이 휘둥그레지는 양식의 일단을 보여준다.

마이코프 문화의 시대와 발전

마이코프와 메소포타미아의 관계는 바로 최근까지 잘못 이해되었다. 마이코프 문화의 비정상적인 부는 서기전 2500년 무렵 절정에 이르며, 트로이 II의 황금 보물과 메소포타미아 우르 시대 왕의 '죽음의 구덩이(death-pits)'를 전형적인 특징으로 하는 과시의 시대와 잘 들어맞는 것처럼 보였다. 그러나 1980년대 이래 마이코프 족장의 무덤이 서기전 3700~서기전 3400년경 만들어졌다는 게 서서히 명백해졌다. 이 시기는 메소포타미아의 우루크 중기로서 트로이 II보다 1000년이나 앞선다. 마이코프 인공 유물의 원시적 양식은 1920년대에 로스토프체프(Rostovtseff)에게서 인정을 받았지만, 그가 옳았다는 걸 증명하기 위해서는 방사성 탄소 연대 측정값이 필요했다. 1979~1980년 레제프킨(Rezepkin)에 의한 클라디(Klady) 유적 발굴 당시 평균 서기전 3700~서기전 3200년에 이르는 방사성 탄소 연대 측정값 6개(인골을 표본으로 삼았으므로 식단에 오른 물고기로 인한 탄소 저수지 효과 때문에 2세기가량 오래된 것으로 나왔을 것이다)를 얻었다. 이 측정치들은 코레네프스키(S. Korenevskii)가 1985~1991년에 걸쳐 발굴한 갈루가이(Galugai)의 마이코프 문화 초기 거주지를 대상으로(포유류의 뼈와 숯을 표본으로 썼기 때문에 아마도 정확할 것이다) 측정해 마찬가지로 평균 서기전 3700~서기전 3200년의 것으로 나온 3개의 측정값을 통해 확증되었다. 갈루가이의 토기와 금속 유형은 마이코프 문화의 표준 유적인 마이코프 족장 무덤의 것들과 정확히 일치했다. 양식상 포스트 마이코프 유형에 속하는 우스트-제구틴스카야(Ust-Dzhegutinskaya) 유적 쿠르간 32 무덤들의 방사성 탄소 연대 측정값은 서기전 3000~서기전 2800년 무렵으로 나왔다. 이 연대는 마이코프 문화가 메소포타미아의 우루크 중기 및 후기의 최초 도시들과 동시대의 것, 즉 서기전 3700~서기전 3100년이라는 것을 보여주는데, 이는 극히 놀라운 발견이었다.[27]

이 방사성 탄소 연대 측정값은 1984년 마이코프 족장 무덤 북쪽 60킬로미터 지점에 있는 크라스노그바르데이스코예(Krasnogvardeiskoe)에서 발굴한 마이코프 문화 초기 무덤의 원시적 원통형 인장을 통해 확인되었다. 이 무덤에서 사슴 한 마리와 '생명의 나무(tree of life)' 한 그루가 새겨진 아나톨리아 동부의 원통형 마노 인장이 나왔다. 비슷한 모양을 서기전 4000년의 아나톨리아 동부 데기르멘테페(Degirmentepe) 직인에서 발견할 수 있지만, 원통형 인장은 이후의 발명품으로서 우루크 중기 메소포타미아에서 등장한다. 크라스노그바르데이스코예의 쿠르간 하나에서 나온, 아마도 목걸이 구슬로 착용했을 듯한 원통형 인장은 가장 오랜 유형 중하나다(그림 12.10).[28]

마이코프 족장 무덤은 마이코프 문화 초기의 표준 유적으로서 서기전 3700~서기전 3400년으로 추정된다. 마이코프 초기의 가장 부유한 무덤과 저장고는 모두 쿠반 강 일대에 모여 있지만, 마이코프 문화를 규정하는 장례 의식·비소 합금 청동 야금술·토기 제작 부분의 혁신은 중부의 고원은 물론 멀리 테레크 강 중류 하곡까지 북캅카스 전역에서 공유했다. 테레크 강 중류의 갈루가이는 마이코프 문화의 초기 거주지로서 지름 6~8미터의 원형 가옥들이 선형의 능선을 따라 10~20미터 간격으로 분포했다. 거주지의 추산 인구는 100명 미만이었다. 종 모양의 점토 방직 추는 수직 방직기의 존재를 보여주는데, 4개를 가옥 2에서 발견했다. 토기는 주로 위가 넓은 사발(아마도 음식물 사발)과 구형 혹은 길게 늘인 둥근 몸통에 테두리가 밖으로 꺾였고 붉은색이 나도록 구운 게 대부분이었다. 그중 일부는 저속 녹로(slow wheel)에서 만들었다. 동물 뼈 중 소뼈는 49퍼센트, 양-염소 뼈는 44퍼센트, 돼지뼈는 3퍼센트, 말뼈(마이코프 유적의 은잔에 새겨진 것과 유사한 것으로 추정되는 말)는 3퍼센트였다. 멧돼지와 오나거는 가끔씩 사냥했을 뿐이다. 말뼈는 기타 마이코프 문화 거주지와 무덤─이노젬츠보(Inozemtsvo) 쿠르간에서 말 턱뼈 한 개를 발견했다─그리고 미술품에도 등장하는데,

클라디 쿠르간 28의 마이코프 문화 무덤 하나의 벽을 구성한 판석에 검은색과 붉은색으로 말 19마리를 그려 넣은 프리즈(frieze: 방이나 건물 윗부분에 그림 또는 조각으로 띠 모양의 장식을 한 것—옮긴이)도 여기에 포함된다(그림 12.11). 체르니흐(Chernykh)는 마이코프 유적에서 발견한 말뼈와 말 이미지의 광범위한 등장을 이 시기에 기마가 시작된 증거로 보았다.[29]

마이코프 문화 후기는 서기전 3400∼서기전 3000년 무렵으로 보이는데, 저수지 효과를 보정하면 클라디 쿠르간의 인골 대상 방사성 탄소 연대 측정값이 이 연대를 지지하는 듯하다. 클라디 쿠르간 표본의 N_{15} 측정값이 없으므로 나는 이 같은 보정이 합리적인지 확신할 수 없다. 마이코프 후기의 표준 유적은 노보스보보드나야 쿠르간 2로서 마이코프 동남쪽의 파르사(Farsa) 강 하곡에 위치한다. 이 유적은 1898년 베셀로프스키가 발굴했고, 노보스보보드나야 근처에 있는 또 하나의 쿠르간 묘지인 클라디 쿠르간(그림 12.11)은 1979∼1980년 레제프킨이 발굴했다. 노보스보보드나야와 클라디의 것과 같은 금속, 토기, 구슬을 부장한 부유한 무덤들은 중부의 고원(미네랄니보디 인근의 이노젬츠보 쿠르간)과 테레크 강 유역(날칙 쿠르간)을 포함해 북캅카스 전역에 분포했다. 땅을 파들어간 마이코프 족장의 묘실과 달리 이들 무덤은 대부분 지표에 세웠다(비록 날칙 쿠르간에 파들어간 묘실이 하나 있지만). 그리고 마이코프 무덤처럼 통나무로 지붕을 만드는 대신 이들 무덤의 묘실은 전부 거대한 돌로 만들었다. 마이코프 무덤과 마찬가지로 노보스보보드나야 유형의 무덤에서는 중앙 무덤과 부속/선물(attendant/gift) 무덤의 구획이 나뉘어 있지만, 벽을 나누는 돌에 둥근 구멍이 뚫려 있다. 날칙 묘지 무덤들의 묘실 석벽에는 미하일로프카 I 및 케미-오바 문화의 것과 같은 형상의 깎아서 만든 석비가 끼워져 있었다(그림 13.11 참조).

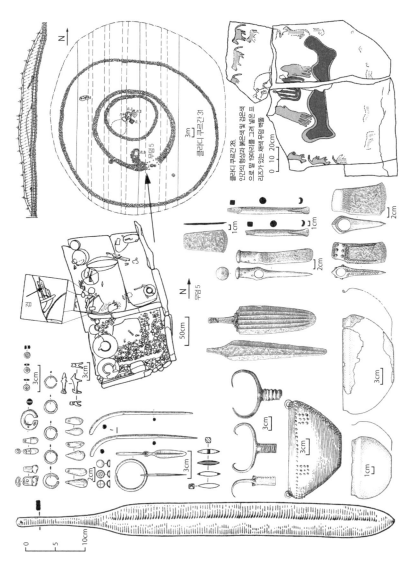

그림 12.11 북캅카스 쿠반 강 유역의 클라디에서 발굴한 마이코프–노보스보보드나야 문화의 물품과 무덤. 오른쪽: 클라디 쿠르간 31의 배치 및 구획도와 클라디 쿠르간 28에서 출토된 채색 무덤 벽. 벽에는 붉은색과 검은색으로 채색한 인간과 비슷한 형상을 둘러싸고 있는, 역시 붉은색과 검은색으로 채색한 말들을 그린 프리즈가 있다. 왼쪽과 아래: 쿠르간 31 무덤 5에서 발굴된 물품

비소 합금 청동 도구와 무기는 마이코프 문화 후기의 가장 부유한 무덤들인 클라디-노보스보보드나야 유형 무덤에 마이코프 족장 무덤보다 훨씬 많이 부장되었다. 클라디 쿠르간 31의 무덤 5 하나에만 어른 한 명과 일곱 살짜리 아이 한 명을 위해 부장한 물품 중 육중한 청동 찌르개 15개, 61센티미터 길이의 검 하나(아마도 세계에서 가장 오래된 검), 소매 달린 도끼 3개와 주조 청동 망치-도끼 2개가 있었다(그림 12.11). 기타 노보스보보드나야 시기 무덤의 청동 도구와 무기 중에는 주조 평판 도끼, 소매 달린 도끼, 망치-도끼, 여러 개의 주맥(主脈, midrib)과 함께 슴베 있는 육중한 찌르개, 끌, 창날이 있었다. 끌과 창날은 똑같은 방식으로 손잡이에 장착했는데, 둥근 나무 손잡이에 V자형으로 사각 단면의 구멍을 만들고, 이곳에다 사각 단면에 끝으로 갈수록 가늘게 만든 창과 끌의 끼움 부분을 때려 넣었다. 행사 용품에는 청동 가마솥, 기다란 손잡이의 청동 바가지, 두 갈래 창(조리한 고기를 솥에서 꺼낼 때 사용한 것으로 추정)이 있었다. 장신구로는 파키스탄 서쪽에서 나온 홍옥수로 만든 구슬, 아프가니스탄산 청금석 그리고 금, 수정, 심지어 클라디에서는 사람의 어금니에 금을 씌운 구슬(최초의 금니!)도 있었다. 마이코프 문화 후기 무덤들은 마이코프 유적이나 기타 초기 유적에서 볼 수 없는 후기의 금속 유형들—갈래창(쇠스랑), 슴베 있는 찌르개, 금속 망치-도끼, 사각형 슴베 있는 창날—이 나타났다. 깊은 오목 장착부가 있는 부싯돌 화살촉도 후기 유형이며, 검게 윤을 낸 토기

들. 여기에는 비소 합금 청동 검(왼쪽); 금으로 싼 인간의 치아로 된 구슬 2개, 금 고리 하나, 홍옥수 구슬 3개(가운데 위 열); 금 고리 4개(2열); 수정 구슬 3개와 주조한 은제 개(3열); 목제 단추를 덮고 있는 금제 단추 뚜껑 3개(4열); 금제 고리-펜던트와 구부러진 은제 핀 2개(5열); 조각한 뼈 주사위(6열); 청동 갈래창 날 2개, 청동 찌르개 2개, 청동 망치-도끼 하나, 판형 청동 도끼 하나, 청동 끌 2개(7열); 타출 기법으로 장식한 청동 가마솥(8열); 청동 가마솥 2개와 소매 달린 도끼 2개(9열). 출처: Rezepkin 1991, 그림 1, 2, 4, 5, 6.

들도 마이코프 문화 초기의 무덤에서는 보이지 않던 것들이다.[30]

노보스보보드나야 유형의 무덤들에서 출토된 섬유 조각 중에는 갈색과 붉은색 줄무늬를 염색한 아마포가 있고(클라디 유적), 면과 유사한 섬유 및 울 섬유(모두 노보스보보드나야 쿠르간 2에서 출토)도 나왔다. 면 의류는 서기전 5000년 무렵 인도 아대륙에서 발명했다. 노보스보보드나야 귀족 무덤에서 잠정적으로 확인된 이 섬유 조각은 남쪽에서 수입한 것일 수 있다.[31]

남쪽 문명으로 통하는 길

마이코프 문화를 규정하는 남쪽의 부가 북캅카스에 갑자기, 엄청난 규모로 나타났다. 어떻게 이런 일이 일어났고, 왜 일어났을까?

메소포타미아의 도시 상인들에게 가장 흥미로운 귀중품은 금속과 보석이었다. 쿠반 강 상류는 금속이 풍부한 지역이다. 엘브루즈 산(북캅카스 최고봉)에서 서북쪽으로 35킬로미터 지점, 쿠반 강 최상류에 있는 엘브루스스키(Elbrusskyi) 광산에서는 구리, 은, 납을 생산한다. 쿠반 강 지류인 우룹(Urup) 강 상류의 우룹 구리 광산에는 20세기 초에도 볼 수 있는 고대의 구리 작업장이 있었다. 화강암계 금광석은 날칙 근처의 체겜(Chegem) 강 상류에서 나왔다. 우루크와의 금속 무역을 통해 이익을 얻던 광물 탐사자들은 북쪽을 탐험했으므로 북캅카스 산맥 반대쪽에 있는 구리, 은, 금광석에 대해 얼마간 알고 있었다. 아마도 그들은 또한 기다란 울 실로 만든 섬유의 원산지도 추적했을 것이다.

최초의 접촉은 흑해 해안에서 이뤄졌을 가능성이 있다. 왜냐하면 마이코프와 해안에 있는 소치(Sochi) 사이의 산맥은 쉽사리 넘을 수 있지만, 훨씬 동쪽의 북캅카스 산맥 중부는 매우 높고 넘기 힘들기 때문이다. 마이코프 문화 토기들이 소치 북쪽의 보론초프스카야(Vorontsovskaya)와 아흐시티르스카야(Akhshtyrskaya) 동굴에서 발견되었는데, 이곳은 바로 산을 넘는 오솔길이 해안과 만나는 지점이다. 이런 사실은 또한 왜 마이코프 일대에 최초로 가장 부유한 무덤들이 위치했는지도 설명해준다(만약 이곳이 아나톨리아 동부에서 조지아 서부를 거쳐 해안을 따라 소치로 이어지고, 마지막으로 마이코프까지 이어지는 무역로의 종착지였다면). 금속 광물은 마이코프 동쪽에 있는 매장층에서 왔다. 그러므로 만약 간선 무역로가 캅카스 중심의 능선을 통과하는 고지의 길을 따랐다면, 우리는 멀리 서쪽이 아니라 광산 근처에서 남쪽의 부를 더 많이 목격할 수 있을 거라고 예측할 수 있다. (그러나 사실은 더 서쪽의 마이코프에 부가 집중되었으므로 더 서쪽의 흑해 해안에 가까운 길을 따랐을 것이다—옮긴이.)

우루크 후기와 동시대인 마이코프 후기(노보스보보드나야)에는 동쪽의 길도 작동했다. 터기석과 홍옥수 구슬이 아제르바이잔 밀스크(Mil'sk) 초원의 '벽으로 둘러싸인' 도시 알리케멕테페시(Alikemek Tepesi)에서 발견되었는데, 이곳은 카스피 해로 들어가는 쿠반 강 하구와 가깝다.[32] 알리케멕테페시는 북캅카스 능선의 동쪽 끝을 돌아 통과하는 무역로의 경유지였을 것이다. 우르미아(Urmia) 호수 분지를 통과하는 동쪽 길의 존재가 이란 우르미아 호수 서남쪽에서 발견된 특이한 11기의 원뿔형 무덤, 즉 집합적으로 세 기르단(Sé Girdan)이라고 부르는 쿠르간의 존재를 설명해줄 수 있을 것이다. 그중 6기는 높이 8.2미터, 지름 60미터에 이르는데 1968년과 1970년 오스카 머스카렐라(Oscar Muscarella)가 발굴했다. 당시에는 철기시대의 것으로 생각했는데, 최근에는 북캅카스의 노보스보보드나야-클라디 무덤들과의 강한 유사성에 기초해 연대를 조정했다.[33] 쿠르간과 무덤 묘실은 노보스보보드나야-클라디 문화의 것과 똑같이 만들어졌다. 즉 매장 자세가 같고, 비소 합금 청동 판형 도끼와 손잡이 구멍을 갖춘 코 짧은(short-nosed) 도끼는 모양과 제작 기법이 노보스보보드나야-클라디 유형과 비슷하며, 홍옥수와 금 구슬의 모양도 같다. 아울러 양쪽 모두 은그릇과 은관(銀管, silver tube) 조각이 있었다. 세 기르단 쿠르간은 클라디 유형 족장의 남쪽 이동을 보여주는 것일 수 있는데, 아마도 말썽을 일으키는 현지의 중개인들을 제거하기 위해서였을 것이다. 그러나 우르미아 호수의 족장령은 지속되지 못했다. 머스카렐라에 따르면 우르미아 호수 남쪽 분지에서 트랜스캅카스 문화를 계승한 유적이 90곳 있지만, 그중 자그마한 쿠르간이라도 가진 것은 하나도 없었다.

마이코프 문화 족장들의 권력은 부분적으로 그들이 긁어모은 이국적인 물품에 딸린 비상한 후광에 의해 성장했을 것으로 추측되는데, 이런 물품은 이전까지 알려지지 않은 권력(남쪽의 권력—옮긴이)과 자신들이 개인적으로 관련을 맺고 있다는 뚜렷한 상징이었다.[34] 아마도 이런 물품의 비상한 특성이 이것들을 상속하는 대신 그 주인과 부장한 이유 중 하나일 것이다. 제한적인 사용과 유통은 '원초적 귀중품(primitive valuables)'으로 간주된 물품들의 공통적 특징이다. 그러나 서기전 3100년 무렵 우루크 후기의 장거리 교역 체계가 붕괴하자 이 새로운 귀중품의 공급이 고갈되었다. 메소포타미아의 도시들은—우리가 단지 흐릿하게 알 수 있는 내부적인 문제로—서로 싸우기 시작했고, 그곳에 있던 다른 지역의 대리인들은 철수했다. 아울러 산악 지대에서는 트랜스캅카스 문화 사람들이 유프라테스 강 상류의 아르슬란테페와 하치네비를 공격해 불태웠다. 세 기르단은 버려졌다. 이는 또한 마이코프 문화의 종말이기도 했다.

초원의 마이코프-노보스보보드나야 문화: 북방과의 접촉

금, 은, 청금석, 터키석, 홍옥수로 된 귀중품은 남쪽과 직접 접촉하던 북 캅카스의 개인들과 대(對) 남방 무역을 유지하는 원천인 은광 및 동광 가 까이 살던 이들이 독점적으로 보유하고 있었다. 그러나 혁명적인 새 육상 운송 기술, 즉 네 바퀴 수레가 마이코프 문화에 의해 초원에 도입되었을 것이다. 최소한 2개의 일체형 나무 바퀴 흔적이 쿠반 강가의 마이코프 문 화 후기 스타로코르순스카야(Starokorsunskaya) 쿠르간 2에서 노보스보보 드나야 유형의 검게 윤을 낸 토기와 함께 발견되었다. 표본에서 직접 연 대를 도출한 것은 아니지만 이 쿠르간 안의 나무 바퀴들은 유럽에서 가장 오랜 것에 속할 수 있다.[35] 또 하나의 노보스보보드나야 무덤에는 두 바퀴 수레를 묘사한 듯한 도식적인 형상을 그린 청동 가마솥이 있었다. 그것은 에브딕에서 발견되었다.

에브딕 쿠르간 4는 캅카스 산록에서 북쪽으로 350킬로미터 떨어진, 오 늘날의 칼미키아 공화국에 속하는 카스피 해 북부 연안 지대의 차간-누 르(Tsagan-Nur) 호숫가에 세워졌다.[36] 수많은 얕은 호수들이 오래전엔 볼 가 강의 수로였던 사르파(Sarpa) 저지에 점점이 흩어져 있다. 에브딕 유적 의 무덤 20에는 성인 남성이 대자석을 뿌린 무덤 안에서 발 옆에 마이코 프 문화 초기 토기를 둔 채 웅크린 자세로 서남향을 향해 누워 있는데, 이 는 전형적인 마이코프식 매장 자세다. 이것은 그 위로 쿠르간을 올린 원 래의 무덤이다. 2개의 무덤이 이를 따랐는데, 무덤에 관해 진단할 수 있 는 부장품은 없었다. 이어 무덤 23이 쿠르간 안으로 파고들었는데, 이는 마이코프 후기 무덤이다. 무덤에는 성인 남성과 어린이를 함께 매장했는 데 대자석과 백악석을 뿌린 층 위에—이례적으로—앉은 자세로 묻혔다.

무덤 안에는 타출 기법으로 만든 이미지를 새긴 청동 솥이 있었다. 이미지는 멍에, 바퀴, 수레 몸통 그리고 동물의 머리를 묘사한 듯하다(그림 4.3a 참조). 또 무덤 23에는 전형적인 노보스보보드나야 유형의 투겁 있는 청동 갈래창이 있었는데, 아마도 청동 가마솥과 함께 사용한 듯하다. 그리고 여기에도 슴베 달린 청동 찌르개, 판형 도끼, 2.5번 꼬인 금 고리, 갈아서 만든 검은 돌공이, 숫돌이 각각 하나씩 나왔다. 아울러 부싯돌 도구도 몇 개 나왔는데, 모두 전형적인 노보스보보드나야 유형의 인공물이었다. 에브딕 쿠르간 4는 노보스보보드나야 문화가 볼가 강 하류 초원 깊숙이 침투했음을 보여준다. 가마솥에 새겨진 이미지는 에브딕에 쿠르간을 세운 사람이 두 바퀴 수레도 몰았다는 것을 시사한다.

에브딕 쿠르간은 서기전 3700~서기전 3100년 북캅카스 북부 초원에 나타난 마이코프-노보스보보드나야 쿠르간 중 가장 부유한 것이었다. 그런 장소에서 아마도 캅카스어족에 속하는 언어를 썼을 노보스보보드나야 문화 후기 사람들은 아마도 인도·유럽 공통조어의 방언을 사용했을 레핀 문화 및 흐발린스크 후기 문화 사람들과 만나 대화를 나누었을 것이다. 5장에서 논의한 원시 캅카스어와 인도·유럽 공통조어들 간의 차용어는 이 상호 교류의 시기에 쓰인 단어였을 것이다. 돈 강 하류에서 양자의 접촉이 가장 두드러졌으므로 아마도 가장 직접적이었을 것이다.

지속적인 문화 변경을 넘나드는 교역

돈 강 하류의 콘스탄티노프카 거주지 유적은 마이코프 문화 사람들의 거주지를 품고 있던 듯한데, 이곳 주위에 마이코프 문화 인공물을 부장한 쿠르간들이 있었다(그림 12.12). 토기의 약 90퍼센트는 토착적인 돈 강 초원의 조개껍데기를 혼합하고 빗줄 문양을 찍은 유형으로서 서쪽의 드네

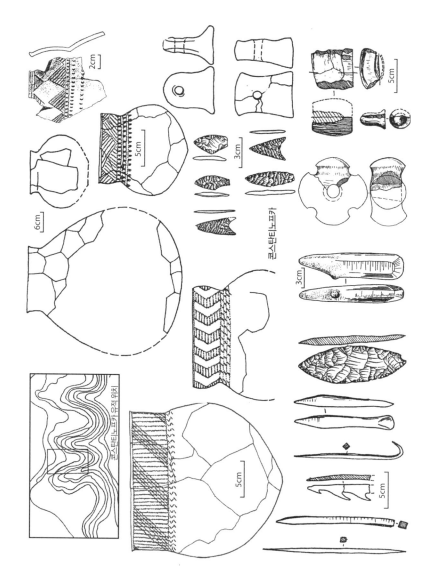

그림 12.12 돈 강 하류 콘스탄티노프카 거주지의 지정학적 위치와 인공 유물들. 평평한 항아리들은 마이코프 유형이며, 밧줄 문양이 찍힌 토기들은 현지의 것이다. 베틀 추와 비대칭형 부싯돌 촉 역시 마이코프 유형이다. 아래 오른쪽: 도가니와 풀무 파편. 출처: Kiashko 1994.

프르-도네츠 초원 문화(텔레긴에 따르면 스레드니스톡 후기 문화)와 관련이 있었다. 나머지 10퍼센트는 붉게 윤을 낸 마이코프 문화 초기의 토기들이었다. 콘스탄티노프카는 돈 강 하류의 전략 지점을 내려다보는 가파른 돌출부에 위치하는데, 도랑과 둑의 보호를 받았다. 그 아래 대상림에는 사슴이 가득했고(전체 뼈의 31퍼센트) 배후의 고원은 말(10퍼센트), 오나거(2퍼센트), 양/염소(25퍼센트)가 풍부한 광대한 초원의 가장자리였다. 마이코프 문화를 방문한 사람들은 갈루가이의 것과 비슷한 구멍 난 방직 추(초원에서는 유일한 것)와 노보스보보드나야의 것과 유사한 구리 끌(역시 우사토보에서 발견한 2개를 제외하면 초원에서는 유일한 것. 14장 참조) 그리고 마이코프-노보스보보드나야 무덤의 것과 대단히 유사한 비대칭형 미늘이 있는 부싯돌 발사체 축을 가져왔을 것이다. 그러나 돌을 갈아서 만든 도끼와 둥근 끌, 돌을 갈아 만든 구멍 뚫린 십자형 전곤 머리 그리고 멧돼지 엄니 펜던트 등은 초원 유형의 인공물이었다. 도가니와 슬래그(금속 찌꺼기)는 이곳에서 구리 작업이 행해졌음을 보여준다.

네치타일로(A. P. Nechitailo)는 서쪽의 드네프르 강 하곡에서 동쪽의 볼가 강 하류까지 분포하고, 마이코프-노보스보보드나야 문화에서 수입한 것으로 보이는 토기나 도구 중 하나 혹은 이 둘을 모두 가진 쿠르간 수십 개를 흑해 북부 초원에서 발견했다. 북부와의 이 같은 광범위한 접촉은 서기전 3350~서기전 3100년 노보스보보드나야/우루크 후기 동안 가장 빈번했던 것으로 보인다. 그러나 캅카스산 수입품은 대부분 현지 무덤이나 거주지에서 단독으로 발견되었다. 캅카스산 비소 합금 청동 도구와 무기를 가장 대규모로 수입한 지역은 크림 반도(케미-오바 문화)였다. 볼가-우랄 지역의 초원 문화는 캅카스산 비소 합금 청동을 미량 수입하거나 전혀 수입하지 않았다. 그들의 금속 도구와 무기는 현지의 '순수한' 구리로 만들었다. 마이코프-노보스보브드나야 유형을 모방해 소매 달린 외날 금속 도끼와 슴베 달린 찌르개를 흑해-카스피 해 초원 전역에서 만들었지만, 대부분은 초원의 대장장이들이 현지에서 제작했다.[37]

마이코프 족장들이 초원으로부터 얻으려 한 것은 무엇이었을까? 가능성 있는 것 중 하나는 약품이다. 세라트는 대마초가 초원의 중요한 수출품 중 하나였다고 주장했다.[38] 또 하나의 전통적인 교역 품목은 울이었을 것이다. 가장 추운 곳에 살던 북쪽의 양들이 애초 가장 두터운 울을 가졌을 것이라고 가정하는 게 합리적이지만, 우리는 최초로 울 생산용 양을 기른 곳이 어디인지 아직 모른다. 아마도 콘스탄티노프카에 거주하는 마이코프 문화의 숙련 방직공들이 가축을 얻는 대가로 지불하기 위해 베틀을 이용해 울 원료를 넓은 직물로 만들었을 것이다. 이전까지 초원 사람들은 펠트나 작은 수평 방직기로 만든 좁은 섬유 조각들을 꿰매서 연결한 직물을 갖고 있었다. 수직 방직기로 만든 넓은 직물은 참신한 것이었다.

또 하나 가능한 품목은 말이다. 트랜스캅카스 전역의 신석기 및 동석기 초기 유적 대부분에는 말뼈가 없다. 말은 서기전 3300년 무렵부터 트랜스캅카스 문화가 발전하면서 광범위하게 퍼지며, 트랜스캅카스 전역의 여러 유적에서 등장한다. 메즐루미안(S. Mezhlumian)은 아르메니아에서 조사한 서기전 4000년대의 유적 12곳 중 10곳에서 말뼈를 발견했다고 보고했다. 모흐라블루르 유적에서 발굴된 말 한 마리의 P_2 하나는 재갈로 인한 것과 똑같은 마모 흔적이 깊게 나 있었다. 똑같은 시기 카자흐스탄의 보타이와 코자이 1에서 말에 재갈을 물렸으므로 모흐라블루르의 말에서 재갈 마모 흔적이 나온 게 특출한 것은 아니다. 러시아 동물학자들에 의하면 말은 알리케멕테페시의 트랜스캅카스 문화 시기에 길들였다. 데레이프카의 말과 같은 크기의 말이 노르슌테페(Norşuntepe)처럼 멀리 남쪽에 있는 터키 동남부의 말라탸-엘라지그(Malatya-Elazig) 지역 그리고 터키 서북부의 데미르치효육(Demirci Höyük)에서 나타났다. 비록 이렇게 이른 시기에는 아직 메소포타미아 저지에서 교역되지 않았더라도 말은 초원과 캅카스 사이의 무역에서 중요한 품목이었을 것이다.[39]

변화하는 세계의 지역어로서 인도·유럽 공통조어

●

서기전 4000년대 중반 몇 세기 동안 흑해-카스피 해 초원의 말을 탄 부족들은 상당한 물질적 그리고 아마도 언어적 다양성을 노출했다. 그들은 대화에서 2개의 상당히 다르면서도 마찬가지로 놀라운 발전, 즉 남쪽의 북캅카스 산록에서 일어난 발전과 서쪽의 쿠쿠테니-트리폴리에 지역에서 일어난 발전을 흡수했다. 북캅카스에서는 네 바퀴 수레와 함께 믿을 수 없으리만큼 휘황찬란한 부가 유입되었을 것이다. 서쪽에서는 일부 트리폴리에 사람들이 세계 어느 거주지보다 큰 거대한 계획 읍락으로 퇴각했는데, 이는 초원으로부터의 습격에 대한 대응이었을 것이다. 좀더 북쪽의 드네프르 강 유역에 있는 다른 트리폴리에 읍락들은 토기, 장례, 가옥 건축 등의 관습 면에서 천천히 초원의 양식으로 동화하기 시작했다.

비록 지역적으로 다양하지만 초원의 문화적 습관 및 관습은 마이코프 문화와 차이를 유지했다. 초원 무덤 안에 있는 수입한 마이코프 혹은 노보스보보드나야 토기 파편은 즉각 눈에 띄어 알아볼 수 있다. 구슬이나 여타 장신구 양식은 물론 석기 제조 및 직조 방식도 달랐고(초원에는 방직 추가 없다), 경제와 거주 형태 그리고 금속의 유형이나 원산지도 달랐다. 이런 차이는 변경을 넘나드는 상당한 수준의 상호 작용에도 불구하고 유지되었다. 마이코프 상인들이 콘스탄티노프카에 도착했을 때 아마도 통역이 필요했을 것이다.

암나야 층은 후기 인도·유럽 공통조어 사용 공동체의 물질적 발현인데, 동쪽의 돈 강–볼가 강 초원의 발원지에서 성장해 서기전 3300년경 이후에는 흑해-카스피 해 초원 전역으로 확산했다. 고고학은 이때가 흑해-카스피 해 초원을 둘러싼 오랜 민족언어학적 변경 모두에서 심원하고 급격한 변화가 일어난 시기라는 것을 보여준다. 언어학에 기초해 복원한 인도·유럽 공통조어 사회는 정적이고 동질적인 이상형을 보여주지만, 고고학은 이 광범위한 사회적·경제적 변화의 시기 동안 인도·유럽 공통조어 방언과 제도가 상당한 지역적 다양성을 보이는 초원 사회 전역으로 확산했음을 보여준다.

13

네 바퀴 수레를 타는 초원 사람들
인도·유럽 공통조어 사용자

흔들흔들 삐걱대는 소리를 내며 털이 길게 자란 양 떼 사이로 초원을 가로지르는 네 바퀴 수레의 기묘하고도 매혹적인 풍경은 서기전 3300~서기전 3100년 무렵 초원 일상생활의 일부분으로 바뀌었다. 거의 같은 시기에 초원의 기후는 상당히 건조해지고 동석기 시대보다 전체적으로 더 추워졌다. 돈 강 하류와 볼가 강 중류 그리고 카자흐 북부 초원 전역의 꽃가루 핵으로 살펴보면, 이런 건조화는 서기전 3500~서기전 3000년에 일어났다(표 13.1). 초원이 건조해지고 확장함에 따라 사람들은 가축 떼를 더 자주 이동시켜 먹이를 대려 했다. 그들은 네 바퀴 수레만 있으면 끊임없이 움직일 수 있다는 걸 알았다. 네 바퀴 수레와 기마는 이동성 좋은 새로운 목축 형태를 가능케 했다. 천막과 보급품을 가득 실은 네 바퀴 수레 덕분에 목부들은 가축 떼를 이끌고 하곡을 벗어나 몇 주 혹은 몇 달 동안 주요 강 사이의 탁 트인 토지에서 살아갈 수 있었다. 이들 강 사이의 개활지가 바로 유라시아 초원 대부분을 차지하는 땅이다. 탁 트인 야생의 초지가 이젠 누군가의 소유가 되었다. 곧이어 이들 목축 씨족은 더 큰 초원과 이동하기 편리한 집만 있으면 더 큰 규모의 가축 떼를 거느릴 수 있다는 걸 깨달았다. 경계, 초원 그리고 계절적 이동을 놓고 분쟁이 일어나는 가운데 상호 받아들일 수 있는 새로운 규칙이 필요했다. 요컨대 사람들이 현지의 이주 행동을 관리하기 시작한 것이다. 이런 합의에 동참하지 않거나 새로운 규칙을 인정하지 않는 이들은 문화적 타자가 되어 합의에 참여하고 새로운 규칙을 인정하는 사람들 사이에서 독자적인 얌나야 문화 정체성에 대한 각성을 불러일으켰다. 자신들이 얌나야 문화 사람이라는 이러한 각성은 몇몇 핵심적 행동을 사회적 표시로 격상시켰다. 이런 행동들은 돈 강 하류와 볼가 강 일대 초원에서는 상당히 안정적인 변종의 집합으로 확고해졌다. 일군의 방언이 이들을 따라 다녔는데, 바로 후기 인도·유럽 공통조어의 말하기 방식이었다. 이것이 바로 내가 고고학적으로 서기전 3300~서기전 2500년경 얌나야 층으로 표현되는 새로운 방식의 삶이 탄생했다고 믿는 일련의 변화였다(그림 13.1). 얌나야 층의 확산은 후기 인도·유럽 공통조어가 흑해-카스피 해 초원 전역으로 확산한 것의 물질적 표현이다.[1]

얌나야 사람을 진정 다른 이들로부터 분리시킨 행동은 바퀴 위에서의 생활이었다. 그들의 새로운 경제는 두 종류의 기동성을 이용했다. 대량의 화물(물, 가옥, 식량)을 천천히 옮기기 위한 네 바퀴 수레와 빠르고 가벼운 수송을 위한 기마(초원 순찰, 가축 몰이, 교역 및 원정 습격)가 그것이다. 이와 함께 그들은 목축 경제의 잠재적 규모를 크게 증대시켰다. 네 바퀴 수레를 타고 일하는 목부들은 깊은 초원 내지에서 가축들과 함께 지내며, 천막과 물과 음식을 나르는 '움직이는 집(네 바퀴 수레)'의 보호를 받았다. 고고학적 증거에 약간의 상상을 곁들이면 고기, 젖, 요구르트, 치즈 그리고 야생 명

표 13.1 돈 강에서 이르티시 강까지 초원의 꽃가루 핵으로 본 식생의 변천

장소	돈 강 하류 라즈도르스코예 (출처: Kremenetski 1997)	볼가 강 중류 부줄룩 삼림의 포보치노예 토탄층 습지(출처: Kremenetski et al. 1999)	카자흐스탄 북부의 토볼 강 상류에서 이르티시 강 상류 까지(출처: Kremenetski et al. 1997)
유형	중층의 거주지 꽃가루 핵	삼림 토탄 습지 핵	2개의 호수 핵과 2개의 토탄 습지 핵
연대	6500~3800 BCE	6000~3800 BCE	6500~3800 BCE
식물군	모래질 하안단구에 자작나무-소나무 숲. 범람원에 느릅나무, 린덴나무, 개암나무, 검은오리나무가 섞인 숲. 서기전 4300년 이후에는 참나무와 서어나무 숲	포보치노예 호수 주변에 참나무가 등장해 느릅나무, 개암나무, 검은오리나무 숲과 합류. 서기전 4800~서기전 3800년 호수가 얕아지고 부들 갈대가 증가함으로써 숲이 확장함	삼림-초원 지대에서는 자작나무-소나무 숲이 성긴 소나무 숲으로 이행하고, 물길 근처는 버드나무가 있는 숲으로 이행 중. 초원에서는 향쑥과 명아주
연대	3800~3300 BCE	3800~3300 BCE	3800~3300 BCE
식물군	범람원에서 낙엽수의 미세한 감소. 마황나무, 개암나무, 라임나무, 소나무의 증가	호수가 천천히 사초-이끼 늪지로 전환. 부들 갈대 최고조. 소나무와 라임나무 최고조. 아마도 더 따뜻해졌을 것임	습한 기간, 삼림 확장. 참나무, 느릅나무, 검은오리나무와 함께 라임나무 팽창. 흙에는 습기 증가
연대	아북방대 주기(Sub-Boreal), 3300~2000 BCE	3300~2000 BCE	3300~2000 BCE
식물군	매우 건조. 삼림의 급격한 쇠퇴. 케랄리아(Ceralia) 등장. 명아주류 급증. 서기전 2800~서기전 2000년 건조 상태 최고조	삼림의 전반적 감소. 삼림 중 소나무가 줄어들고, 자작나무 증가. 건조 식물의 지표인 향쑥 급증. 서기전 2000년 무렵 호수가 오리나무 관목으로 뒤덮임	숲 후퇴, 활엽수 감소. 서기전 2800년 무렵 토볼 강의 모호베 늪지대가 말라붙음. 초원 확장

아주 씨와 야생 채소로 만든 죽을 추론할 수 있다. 복원된 인도·유럽 공통조어 어휘는 벌꿀과 벌꿀로 만든 술(mead) 또한 소비했음을 말해주는

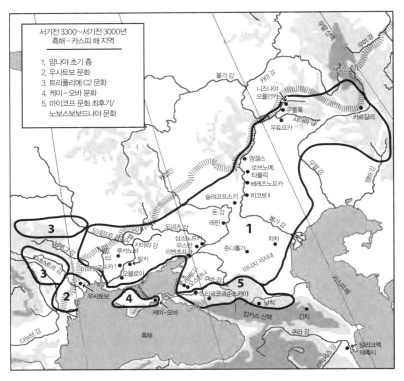

서기전 3300~서기전 3000년
흑해-카스피 해 지역

1. 얌나야 초기 층
2. 우사토보 문화
3. 트리폴리예 C2 문화
4. 케미-오바 문화
5. 마이코프 문화 최후기/
   노보스보보드나야 문화

그림 13.1 약 서기전 3300~서기전 3000년 흑해-카스피 해 지역의 문화 지대

데, 아마도 특별한 경우 먹었을 것이다. 더 큰 규모의 가축 떼는 더 큰 규모의 불평등을 의미했고, 이는 얌나야 무덤들에서 나온 부의 불균형에도 반영되었다. 움직이는 네 바퀴 수레 야영지는 고고학적으로 거의 발견할 수 없기 때문에 새로운 경제가 장악한 거주지를 고고학적으로 목도할 수는 없다.

　얌나야 층은 높은 이동성에 대한 사회적 적응의 명시적인 고고학적 표출이다. 즉 초원에 기반을 두고 움직이는 집들에서 더 큰 규모의 가축 떼를 관리할 수 있는 정치적 인프라를 발명한 것이다. 똑같은 사건의 언어적 메아리는 영어의 *guest*(손님)와 *host*(주인) 사이의 유사성에 보존되어 있다. 이 두 단어는 어근이 같은데, 인도·유럽 공통조어의 어근 **ghos-ti-*에서 파생했다. 〔영어의 *ghost*(유령)는 원래 방문자나 손님을 의미했다.〕 영어에서 2개의 상반되는 사회적 역할인 '손님'과 '주인'은 원래 똑같은 관계의 마주 보는 두 측면이었다. 후기 인도·유럽 공통조어의 손님-주인 관계는 '호의(hospitality)'(똑같은 어근에서 나와 '외국인, 손님'을 뜻하는 라틴어 *hospes*를 거침)와 '친선(**keiwos-*)'이 주인에 의해 손님(주인과 손님의 인도·유럽 공통조어 어근은 똑같은 **ghos-ti-*)에게로 확장될 것을 요구받았다. '호의'를 받는 이와 주는 이의 역할이 나중에는 바뀔 수 있음을 알기 때문이다. 당시 이런 단어의 사회적 의미는 오늘날의 관습이 제기하는 것보다 훨씬 부담이 큰 것이었다. 손님-주인 관계는 맹세와 희생으로 구속되는데, 이는 너무나 중요해서 호메로스의 전사인 글라우코스와 디오메데스는 자신들의 증조부가 손님-주인 관계를 맺었다는 것을 알고는 싸움을 중지하고 서로에게 선물을 주었을 정도다. '호의'를 제공해야 하는 상호 의무는 사회적 단위(부족, 씨족) 사이의 교량으로 기능했으며, 이들 단위는 이러한 의무를 대개 자기 친족이나 함께 거주하는 이들(**h₄erós-*)에게 한정했다. 손님-주인 관계는 유동적인 목축 경제에서 동의만 해주면 자기 영역을 지나 통과할 수 있는 사람들과 환영받지 못하며 규율을 받아들이지도 않고 따라서 보호해 줄 수 없는 사람들을 구별하는 방법으로 매우 유용했을 것이다. 손님-주인이라는 제도는 얌나야 층과 함께 확산한 핵심적인 정체성 규정 혁신 중 하나였을 것이다.[2]

　5000년이 지난 지금 당시의 좀더 유동적인 방향으로의 주거 패턴 변화를 기록하기는 어렵지만 몇 개의 단서는 살아남았다. 늘어난 이동성은 얌나야 초기 쿠르간들의 짧고 단속적인 이용과 방기 그리고 훨씬 후의 재활용이라는 패턴에서 감지할 수 있다. 또 얌나야 초기 쿠르간들에서 지력이 떨어지거나 과잉 방목을 겪은 토양이 없다는 점, 큰 강들 사이의 건조한 고지대인 초원 깊숙한 곳에서 쿠르간이 가장 먼저 등장한 점 등에서 큰 이동성을 감지할 수 있다. 이동성 증가를 나타내는 핵심 지표는 하나의 반증, 즉 돈 강 동쪽에서 고고학적 장기 거주지들이 사라졌다는 점이다. 얌나야 거주지는 돈 강 서쪽의 우크라이나 땅에서는 알려졌다. 하지만 돈 강 동쪽에서 우랄 강까지 이어지는 광대한 러시아 영토에서는—수백 개의 얌나야 쿠르간 묘지를 발견하고 발굴한 무덤도 수천 기에 달하지만(나는 완전한 합계를 접한 적이 없다)—그럴듯한 주거지 유적이 하나도 없다. 주거지의 완전한 부재에 대한 가장 훌륭한 설명은 동부의 얌나야 사람들이 수레 위에서 대부분의 생을 보냈다는 것이다.

얌나야 층은 흑해-카스피 해 초원 전역으로 퍼진 최초의 다소 통일된 의례적·경제적 물질문화였지만, 심지어 물질적으로도 완전히 동질적이었던 적은 없다. 시작 단계에서 이미 2개의 주요 변종, 즉 돈 강 하류의 것과 볼가 강 하류의 것을 포함했고, 팽창하면서 또 다른 지역적 변종들로 발전했다. 이것이 대다수 고고학자들이 이를 얌나야 '문화'라고 부르길 꺼리는 이유다. 그러나 넓게 보면 유사한 여러 관습을 공유했다. 쿠르간 무덤, 네 바퀴 수레 그리고 점점 높아지는 목축의 중요성에 더해 얌나야 초기를 규정하는 고고학적 특징에는 조개껍데기를 혼합하고 표면을 빗살무늬 문양판과 밧줄 압인으로 꾸민 밖으로 테두리가 꺾인 달걀 모양의 토기, 슴베 있는 청동 찌르개, 주조 판형 도끼, 여러 모양의 뼈 핀, 무릎을 굽힌 채 등을 대고 누운 매장 자세, 무덤 바닥의 시신 발·엉덩이·머리 근처에 흩뿌린 대자석, 동북쪽에서 동쪽으로 누운 시체(일반적으로) 그리고 장례식에서 네 바퀴 수레·두 바퀴 수레·양·소·말을 제물로 바친 관습 등이 포함된다. 장례 의식은 아마도 특정 의례와 기도문을 요구하는 조상 숭배와 연결되었을 것이며, 이는 새로운 화자(speaker)들에게 후기 인도·유럽 공통조어를 소개한 언어와 숭배 의례의 결합이라고 할 수 있다.

얌나야 초기 층 내의 가장 명백한 물질적 경계는 동부와 서부 사이에 있다. 동부(볼가 강–우랄 강–북캅카스 초원)의 얌나야 목축 경제는 서부(남부그 강–돈 강 하류)보다 이동성이 강했다. 양자의 대비는 흥미로운 방식으로 동부와 서부 인도·유럽어 지파들의 경제적·문화적 차이에 부합한다. 예컨 대 경작한 곡물의 흔적은 서부 얌나야 주거지 및 묘지의 토기 모두에서 발견되고, 곡물 농업과 관련한 인도·유럽 공통조어의 동일어근어는 서부 인도·유럽 공통조어 어휘에 잘 보존되어 있다. 그러나 동부의 인도·유럽 어군에서 농업과 관련한 동일어근어가 없는 것처럼 동부의 얌나야 토기 에는 곡물 압인이 없다.[3] 서부의 인도·유럽어 어휘에는 길들인 황소를 뜻 하는 *tawr-처럼 아프리카·아시아어에서 차용한 어근이 일부 있다. 아울 러 서부의 얌나야 문화 집단은 트리폴리예 문화와 이웃했고, 트리폴리예 사람들은 아나톨리아의 아프리카·아시아어에서 멀찌감치 파생된 언어를 썼을 것이다. 서부 인도·유럽어 사용자들의 종교 및 의례 관행은 여성을 포용했으며, 서부 얌나야 사람들은 여성상을 만드는 트리폴리예 문화와 경계를 맞대고 있었다. 그러나 동부 인도·유럽어 사용자들의 의례와 신 (god)은 남성에 집중되었고, 동부 얌나야 사람들은 여성상을 만들지 않는 북쪽 및 동쪽의 채집민과 접하고 있었다. 집 안 화로(火爐)의 정령은 서부 인도·유럽어 지파에서 여성(헤스티아(Hestia), 베스타의 여사제(Vestal Virgin))이었고, 인도·이란어 세계에서는 남성(아그니(Agni))이었다. 서부 인도· 유럽어 신화에는 퀸 마그브(Queen Magb)와 발키리(Valkyry) 같은 강력한 여성 신들이 있지만, 인도·이란어 세계에서 전쟁의 격노를 표상하는 신은 마루트(Marut)이다. 볼가 강 일대의 동부 얌나야 무덤들은 그 밖의 어떤 얌나야 문화 지역보다 남성 매장자의 비율이 높다(80퍼센트). 아마도 성(gender)을 대하는 태도에서 동부과 서부의 긴장 때문에 볼가–우랄 지역의 인도·유럽어 방언들에서 여성(feminine gender)이 새로운 중요한 문법적 범주로 따로 분리되었을 것이며, 이러한 여성 구분은 인도·유럽 공통조어 문법을 규정하는 혁신 중 하나였다.[4]

얌나야 층은 인도·유럽어 지파 사이의 관계나 분기 순서에 맞는 방향으로 이웃 지역으로 확산되었을까? 이 또한 고고학적으로 추적하기엔 어려운 주제이지만, 얌나야 사람들의 움직임은 우리가 예상하는 것과 놀랄 만큼 잘 들어맞는다. 첫째, 얌나야 층이 등장하기 직전 볼가–우랄 지역의 레핀 문화는 하위 집단 하나를 떠나보내는데, 이 집단은 서기전 3700~서기전 3500년 무렵 카자흐스탄 초원을 가로질러 알타이 서부에 안착해 아파나시예보 문화를 이뤘다. 레핀 문화와 아파나시예보 문화의 분리는 아마도 선 토하라어와 고전 인도·유럽 공통조어의 분리를 표상할 것이다. 둘째, 3~5세기가량 지난 서기전 3300년 무렵, 초기 얌나야 층이 흑해–카스피 해 초원 전역으로 빠르게 확산하면서 인도·유럽 공통조어 후기 방언 사용자들을 이 지역으로 흩어놓고 지역적 분화의 씨앗을 심었다. 그로부터 1~2세기가량 주춤하다 서기전 3100~서기전 3000년 무렵, 서부 얌나야 지역 내에서 거대한 이주의 물결이 분출해 청동기 초기 동안 다뉴브 강 하곡과 카르파티아 분지로 흘러들었다. 문자 그대로 수천 개의 쿠르간을 이 이주에 따른 것으로 분류할 수 있는데, 이로 인해 몇몇 인도·유럽어 서부 지파의 원시 방언들(선 이탈리아어와 선 켈트어 포함)을 배태했다고 보는 게 합리적일 것이다. 이런 이주의 물결이 느려지다 멈춘 후 서기전 2800~서기전 2600년 무렵, 얌나야 후기 사람들은 카르파티아 산맥의 동쪽 산록 구릉에 봉분 묘지를 만든 밧줄무늬 토기 문화 사람들과 조우했는데, 이 역사적 만남을 통해 북부 인도·유럽어(게르만어, 슬라브어, 발트어)의 선행 방언들이 밧줄무늬 토기 문화 동부 집단 사이에 퍼지기 시작했다. 마지막으로, 청동기 중기가 끝날 무렵인 서기전 2200~서기전 2000년경 볼가 강 중류-우랄 강 지역의 후기 얌나야/폴타프카(Poltavka) 문화에서 하나의 이주 물결이 동쪽의 우랄 산맥 남부 일대로 흘러들어가 신타시타(Sintashta) 문화를 만들어냈는데, 이 문화는 원시 인도·이란어를 사용한 집단들의 것이 거의 확실하다. 이러한 이주에 대해서는 14장과 15장에서 자세히 설명할 것이다.

얌나야 층은 후기 인도·유럽 공통조어에 대한 기대치를 여러 면에서 만족시킨다. 둘은 연대적으로(정확한 시간), 지리적으로(정확한 장소), 물질적으로(네 바퀴 수레, 말, 동물 희생, 부족적 목축) 그리고 언어적으로(지속적인 변경으로 경계 지워진) 일치하며 얌나야 사람들은 후기 인도·유럽 공통조어의 발전에 맞는 방향과 순서로 이주를 결행했다. 초기 인도·유럽 공통조어는 서기전 4000~서기전 3000년 돈 강-볼가 강-우랄 강 지역에서 발전했을 것이다. o-어간(o-stem)과 완전한 네 바퀴 수레 어휘를 갖춘 후기 인도·유럽 공통조어는 서기전 3300년 무렵 시작된 얌나야 층의 등장과 함께 흑해-카스피 해 초원 전역으로 급속히 확산했다. 서기전 2500년 무렵 얌나야 층은 파생 언어 집단으로 갈라지는데, 이는 서기전 2800년 무렵 돈 강-쿠반 강 지역의 카타콤(Catacomb) 문화와 볼가 강-우랄 강 지역의 폴타프카 문화의 등장으로 시작된다. 서기전 2500년 무렵이 되면 후기 인도·유럽 공통조어는 또한 너무나 다양해져서 더 이상 존재하지 않는 수준이 된다(3장 참조). 다시 한 번 강조하지만 인도·유럽 공통조어와 초원의 고고학적 증거의 연관성은 강력하다.

쿠르간 문화는 왜 안 될까

•

인도·유럽 공통조어 공동체의 고고학적 표현으로서 '쿠르간 문화'라
는 개념은 마리야 김부타스가 1956년 처음으로 도입했다.[5] 쿠르간 문
화는 1901년 돈 강 하곡에서 쿠르간 107개를 발굴한 고로드초프(V. A.
Gorodtsov)가 처음으로 규정한 두 문화를 결합한 것이다. 그는 자신의 발
견물을 3개의 연대기적 집단으로 나누었다. 가장 오래된 쿠르간의 가장
깊은 곳에 층을 이루고 있는 가장 오래된 무덤들은 구덩이 무덤(얌나야)이
다. 그다음으로 카타콤 무덤〔카타콤브나야(Katakombnaya)〕이 있고, 그 위는
통나무 무덤〔스루브나야(Srubnaya)〕이 층을 이루고 있다. 고로드초프의 연대
순서는 여전히 서부 초원의 초기, 중기, 후기 청동기 시대의 무덤 유형을
규정한다.[6] 김부타스는 처음 2개(청동기 초기의 구덩이 무덤과 중기의 카타콤 무덤)
를 합쳐 쿠르간 문화에 넣었다. 하지만 훗날 그녀는 또한 유럽의 신석기
후기 및 청동기 문화를 쿠르간 문화에 포함시키기 시작했다. 마이코프 문
화를 비롯해 동유럽의 다수 신석기 후기 문화를 쿠르간 문화 사람들의 이
주를 통해 만들어진 것, 즉 그 파생물로 파악한 것이다. 쿠르간 문화는 너
무나 광범위해서 봉분이 있는 거의 모든 문화와 심지어 봉분이 없는 문화
(바덴 문화처럼)도 포함될 수 있다. 여기서 우리는 김부타스의 쿠르간 문화
개념과 관련해 원래의 핵심적인 한 부분, 곧 러시아와 우크라이나의 청동
기 초기 문화에 대해 논의하는 것이다. 러시아와 우크라이나 고고학자들
은 일반적으로 '쿠르간 문화'라는 용어를 사용하지 않는다. 청동기 초기의

얌나야와 중기의 카타콤 무덤을 하나로 뭉치는 대신 그들은 이 두 집단과 그 시기를 한층 더 세분한다. 나는 둘 사이의 절충안을 모색할 것이다.

　슬라브권 고고학자들은 대체로 얌나야 층을 '문화'로 부르지 않고 '역사·문화 공동체'라고 부른다. 이러한 표현은 얌나야 세계의 사회를 관통하는 한 줄기 문화적 정체성이나 공통된 종족적 기원이 있다는 뜻을 내포한다. 비록 그것이 다양하고 시간의 흐름에 따라 진화했더라도 말이다.[7] 나는 이런 경우에 그게 아마도 사실일 거라고 믿지만, 그런 해석으로 기운 용어의 사용을 피하기 위해 서방의 용어인 '층'을 쓸 것이다. 층은 문화적 정체성에 대해 중립적이다. 7장에서 설명했듯 고고학에서 층이란 물질문화의 어떤 양식이나 방식으로서 광범위한 지역에 걸쳐 현지 문화들이 급격히 받아들이고 그 위에 덮어씌우는 것을 말한다. 이 경우, 동석기 말기 흑해-카스피 해의 5개 문화(12장)는—비록 수준은 다양하지만—얌나야 생활 양식을 급속히 받아들인 현지 문화였다.

동쪽 변경 너머: 알타이를 향한 아파나시예보 이주
●

앞장에서 나는 대륙을 가로질러 알타이 산맥 서쪽에서 아파나시예보 문화를 만들어낸 레핀 문화의 이주를 소개했는데, 아마도 이로 인해 공통의 인도·유럽 공통조어에서 토하라어 지파가 갈라졌을 것이다. 내가 여기서 이것을 설명하는 이유는 아파나시예보 초기 문화를 만들어낸 이주와 '회귀 이주(return migration)' 과정이 얌나야 기간 동안 카자흐 북부 초원을 가로질러 계속 이어졌기 때문이다. 사실 이는 대개 얌나야 층과 관련한 사건으로 논의되었다. 아파나시예보 초기의 방사성 탄소 연대 측정값과 레

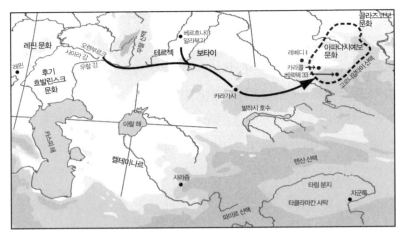

그림 13.2 서기전 3700~서기전 3300년 아파나시예보 이주 시기의 볼가 강에서 알타이까지의 문화 지대

핀 문화의 연대 및 지리적 범위에 대한 이해가 넓어지면서 이주의 시작을 얌나야 이전 레핀 시기로 밀어 올린 것은 최근의 일이다.

얌나야 층이 처음 나타나기 2~3세기 전 볼가 강 중류-우랄 초원의 레핀 유형 공동체는 분쟁을 겪었고, 이것이 일부 집단으로 하여금 우랄 강을 건너 동쪽의 카자흐스탄 초원으로 이동하도록 촉구했다(그림 13.2). 내가 분쟁이라고 말한 이유는 이주민이 마침내 안착한 곳과 고향의 자기 친척들 사이의 엄청난 거리 때문인데, 이는 매우 강한 부정적 척력(斥力, push: 서로 밀어내려는 힘-옮긴이)이 있었음을 암시한다. 반면 볼가 강-우랄 레핀-얌나야 세계의 관계는 끊임없는 양방향 이주로 인해 지속되었고, 따라서 목적지의 어떤 측면이 긍정적 인력(引力, pull: 서로 끌어당기는 힘-옮긴이)을 발휘했음에 틀림없다. 두 지역 사이에 있는 카자흐 북부 초원에 이주민이 거주하지 않았거나 혹은 최소한 쿠르간 묘지를 거의 건설하지 않았다는 사실은 주목할 만하다. 대신, 현지의 기마 보타이-테르섹 문화가 카자흐 초원 북부에서 레핀-아파나시예보 이주가 시작된 바로 그 시점에 일어났다.

이 일련의 움직임과 관련한 특정한 생태적 목표는 서쪽의 토볼 강에서 동쪽의 알타이 산맥까지 이어지는 카자흐 초원 북부에서 간헐적으로 나타나는 소나무 숲이었던 듯하다. 나는 왜 이 소나무 숲이 목표였는지, 땔감과 은신처 말고는 그 이유를 확신하지 못하겠다. 그러나 이 숲은 초원에서 발견된 아파나시예보 관련 몇몇 유적과 일치하며, 아파나시예보 초기 유적이 등장하는 알타이 산맥 서부의 높은 산곡에서도 이 특이한 초원-소나무 숲이 등장한다.[8] 알타이 산맥 서부의 넓은 풀밭과 산지 초원은 서쪽으로는 서시베리아의 이르티시 강(아마도 최초의 접근로)으로 이어지고, 북쪽으로는 오브(Ob) 강 및 예니세이 강(이후의 확산로)과 연결된다. 아파나시예보 문화는 이런 아름다운 환경, 곧 고지 목축에 이상적인 곳에서 서기전 3700~서기전 3400년 무렵(레핀-후기 흐발린스크 시기) 등장했다.[9] 아울러 이 문화는 그곳에서 서기전 2400년 무렵까지 흑해-카스피 해 초원 지역의 얌나야 시기 전체에 걸쳐 번성했다

알타이 산맥은 초기 인도·유럽 공통조어 세계의 동쪽 끄트머리였던 우랄 강 변경에서 동쪽으로 2000킬로미터가량 떨어져 있다. 이 두 지역, 곧 우랄 강과 알타이 산맥 사이에 긴 초원에서 아파나시예보 이주와 관련이 있을 만큼 오래된 쿠르간 묘지는 단 세 곳만 발견되었다. 비록 묘지의 일부 무덤에서 나온 토기들이 레핀 문화의 특성을 갖고 있지만, 이 세 유적은 모두 얌나야 쿠르간 묘지로 분류된다. 2개는 우랄 강에서 동쪽으로 그다지 멀지 않은 토볼 강 일대에 있는데, 이 우바간(Ubagan) I과 베르흐나야알라부가(Verkhnaya Alabuga) 유적은 이주민들이 맨 처음 멈춘 곳으로 보인다. 나머지 하나인 카라가시(Karagash) 쿠르간 묘지는 토볼 강

에서 동쪽으로 1000킬로미터 떨어진 곳—카자흐스탄 중부의 카라간다 (Karaganda) 동남쪽—에서 발견되었다. 카라가시는 고립된 산지 돌출부의 솟아오른 풀숲 경사면에 있는데, 카르카랄린스크(Karkaralinsk) 근처에 있는 이 돌출부는 지평선 위로 우뚝 솟아 있어 매우 쉽게 눈에 띄는 지형지물이다. 카라가시에 있는 쿠르간 2의 동쪽 봉분은 지름이 27미터다. 쿠르간은 1미터 길이의 길쭉한 돌로 쌓은 지름 23미터에 달하는 옹벽을 갖추고 있는데, 이 옹벽은 지상으로 60~70센티미터 돌출해 있다. 옹벽 돌 일부에는 채색을 한 흔적이 있다. 옹벽의 남동쪽 경계 안쪽에 봉분을 만들기 전 원래의 지표 높이에서 깨진 토기 하나가 나왔다. 쿠르간에는 안쪽에 돌을 대서 만든 석관묘 3기가 있었다. 가운데 무덤과 쿠르간 동남부에 있는 무덤 1기는 훗날 도굴을 당했다. 건드리지 않은 유일한 무덤은 쿠르간 북동부에서 발견되었다. 무덤에는 조개껍데기를 혼합한 토기 파편, 테두리를 구리로 싼 나무 사발 파편 하나, 슴베 있는 구리 찌르개 하나, 사각 단면의 구리 송곳 하나, 돌공이 하나를 부장했다. 해골은 40~50세 남성의 것으로 무릎을 세운 채 등을 대고 누운 자세로 서남쪽을 향하고 있었다. 무덤 바닥에는 검은 숯 조각들과 대자석이 깔려 있었다. 금속제 인공물들은 전형적인 얌나야 층 유물이었다. 돌 옹벽, 돌로 내벽을 댄 석관 그리고 토기 한 점은 아파나시예보 유형과 비슷했다. 카라가시에서 정동쪽으로 900킬로미터 떨어진, 이르티시 강 동쪽의 부흐타르타(Bukhtarta) 강 하곡에는 알타이 서부의 봉우리들과 우코크(Ukok) 고원이 있는데, 이곳에서 최초의 아파나시예보 무덤들이 등장했다. 카라가시 쿠르간은 최초의 이주민이 만든 무덤은 아닌 것으로 보이며, 여전히 카자흐스탄을 가로지르는 움직임의 순환에 참여하고 있던 후대 사람들이 만든 얌나야-아파나시예보 쿠르간으로 보인다. 그러나 이 유적은 최초의 이주로를 표시

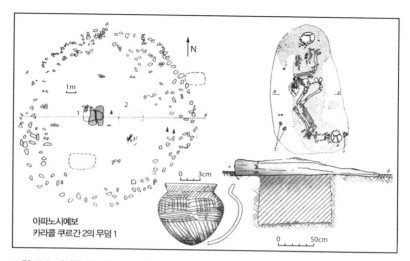

그림 13.3 카라콜 쿠르간 2의 무덤 1. 고르니알타이 산맥 서부의 초기 아파나시예보 무덤. 출처: Kubarev, 1998.

하는 듯하다. 왜냐하면 장거리 이주를 할 때는 기존의 길을 표적으로 삼고 거듭 이용했기 때문이다.[10]

알타이의 초기 아파나시예보 문화는 완전히 발달한 쿠르간 장례 의식과 레핀-얌나야 물질문화를 도입했다. 고르니알타이의 카라콜(Karakol) 쿠르간 2의 아파나시예보 초기 무덤(무덤 1)에는 얌나야 초기의 레핀형 변종으로 분류할 수 있는 우랄 강 일대 출토물과 비슷한 작은 토기 한 점이 있었다(그림 13.3).[11] 무덤 1은 지름 20미터의 돌 옹벽 가운데 있는 나지막한 쿠르간 아래 있었다. 아파나시예보 쿠르간은 항상 그 주위를 둘러싼 돌로 구분할 수 있는데, 매장 구덩이를 덮거나(초기) 돌로 내벽을 댄 석관(후기)을 만들기 위해 커다란 돌 판을 썼다. 아파나시예보 초기 사람들의 두개골은 얌나야 및 서방 사람을 닮았다. 아파나시예보 초기의 베르텍 33 묘지가 발견된 우코크 고원에서 아파나시예보 이주민은 기존의 중석기나 신석기 유적이 없는 처녀지를 차지했다. 아파나시예보 유적에는 또한 알타이 지역에서 가장 오래된 길들인 소, 양, 말의 뼈가 있었다. 발릭티율(Balyktyul)의 아파나시예보 거주지에서는 길들인 양-염소 뼈가 전체의 61퍼센트를 차지했고 소뼈는 12퍼센트, 말뼈는 8퍼센트였다.[12]

레베디(Lebedi) II 같은 현지 쿠즈네츠크-알타이 채집민의 묘지는 알타이 산록 고지의 삼림 혹은 삼림-초지 지대에 있으며 아파나시예보 사람들과 다른 종류의 장신구(곰 치아 목걸이와 엘크나 곰의 뼈를 깎아 만든 조각품), 석기(비대칭적인 굽은 부싯돌 칼), 뿔 도구(작살), 토기〔바이칼 호수 일대 채집민의 전통을 따른 세로보-글라즈코보(Serovo-Glazkovo) 토기 전통과 관련이 있다〕 그리고 장례의식(쿠르간이 없고 무덤을 덮는 석판도 없다)을 보여준다. 시간이 지나면서 북동쪽에 위치한 글라즈코보 채집민 유적의 토기는 아파나시예보 모티프의 영향을 보이기 시작하고, 금속 제품들이 글라즈코보 유적에 등장하기 시작한다.[13]

얌나야 번성기, 즉 서기전 3300년 이후에도 우랄 변경에서 알타이 사이를 인구 집단이 지속적으로 오가며 알타이에 수많은 얌나야 관행을 가져온 것은 분명하다. 알타이와 서사얀(Western Sayan) 산맥의 아파나시예보 묘지에서 금속 물품 100개가량이 나왔는데 그중에는 고전적인 볼가-우랄의 얌나야 유형 소매 달린 도끼 3개, 손잡이 구멍이 있는 주조 구리 망치-도끼 하나, 전형적인 얌나야 유형의 슴베 있는 구리 찌르개가 있었다. 체르니흐는 이런 인공 유물들이 알타이 현지에는 선행 형태가 없는 전형적인 볼가-우랄 얌나야식의 서방 유형이라는 것을 밝혀냈다.[14]

맬러리와 마이어(Victor Mair)는 책으로 쓸 만큼 길게 아파나시예보 이주가 인도·유럽 공통조어에서 토하라어 지파를 분리시켰다고 주장했다. 오래전에 알려졌지만 최근 들어 유명해진, 타클라마칸 사막 북쪽에서 발견된 청동기 후기의 유로포이드 '미라들'(의도적으로 미라로 만든 게 아니라 자연적으로 언 상태에서 마른 것)이 아파나시예보 문화와 타림 분지의 토하라어 사이의 물질적 연결고리가 될 수 있는데, 그중 가장 오래된 미라는 서기전 1800~서기전 1200년의 것이었다. 장례 의식(무릎을 세운 채 등을 대고 누운 자세, 선반과 지붕이 있는 무덤)에 더해 상징적인 연관성도 하나 있다. 고고학자 쿠바레프(V. D. Kubarev)는 알타이의 후기 아파나시예보 무덤(서기전 2500년 무렵의 것으로 추정) 석벽 위에서 '태양을 상징하는 그림'과 머리 장식물들을 발견했는데, 이것들은 타림 분지의 자군룩(Zaghunluq)에서 출토된 서기전 1200년 무렵의 '미라' 뺨에 그려진 것과 같았다. 만약 맬러리와 마이어가 옳다면―옳은 것 같아 보이지만―아파나시예보 후기 목축인들은 알타이에서 남쪽 톈산으로 가축을 몰고 들어간 최초의 사람들 중 하나였고, 서기전 2000년 후 그들의 후손이 톈산을 가로질러 타림 분지 북쪽의 오아시스로 들어갔을 것이다.[15]

초원의 네 바퀴 수레 무덤

●

우리는 네 바퀴 수레가 정확히 언제 처음 유라시아 초원으로 굴러들어왔는지 모른다. 그러나 폴란드 남부 브로노치체에서 나온 점토 잔 위에 찍힌 네 바퀴 수레 이미지의 연도는 확실히 서기전 3500~서기전 3300년으로 정해졌다(4장). 헝가리 바덴 문화의 네 바퀴 수레 모형 토기와 쿠반 강 유역 스타로코르순스카야 쿠르간 2에서 나온 노보스보보드나야 문화의 네 바퀴 수레 무덤은 같은 시대의 것으로 보인다. 초원에서 발굴된 가장 오래된 네 바퀴 수레 무덤의 방사성 탄소 연대 측정값은 서기전 3100~서기전 3000년으로 나왔지만, 이것이 실제로 최초의 네 바퀴 수레 무덤은 아니었을 것이다. 네 바퀴 수레는 얌나야 층이 시작되기 2~3세기 전 흑해-카스피 해 초원에 나타난 것으로 보인다. 네 바퀴 수레의 도움을 받는 새로운 목축 체계를 조직화하고 성공하기까지 얼마간의 시간이 걸렸을 것이다. 얌나야 층의 확산은 그 성공의 신호탄이었다.

2000년 출판한 책에서 알렉산드르 게이(Aleksandr Gei)는 흑해-카스피 해 초원의 얌나야 및 카타콤 문화 네 바퀴 수레 및 두 바퀴 수레 무덤은 257개에 달하고, 방사성 탄소 연대 측정값은 대략 서기전 3100~서기전 2200년 사이라고 밝혔다(그림 4.4, 4.5, 4.6 참조). 발굴된 얌나야-카타콤 무덤 중 네 바퀴 수레나 두 바퀴 수레가 나온 곳은 5퍼센트 미만이고, 이런 수레를 매장한 얼마 안 되는 무덤은 특정 지역에 집중되어 있었다. 가장 큰 네 바퀴 수레 무덤군(120개)은 북캅카스 북부의 쿠반 초원에 있는데, 마이코프에서 그다지 멀지 않은 곳이다. 쿠반의 네 바퀴 수레 대부분(115개)은 노보티토로프스카야(Novotitorovskaya) 문화 유형의 무덤에 있었는데, 이는 초기 얌나야 층에서 나와 발전한 쿠반 지역 현지의 청동기 초기 문화였다.[16]

일반적으로 장례에 사용한 수레는 해체했는데, 바퀴를 매장 구덩이 모서리 근처에 놓아 무덤 자체가 수레를 표상하는 것처럼 보인다. 그러나 드네프르 강 서쪽 루캬노프카(Lukyanovka) 쿠르간의 무덤 1에서 통째로 묻은 네 바퀴 수레 하나가 나왔고, 쿠반 초원의 노보티토로프스카야 쿠르간 9개에서는 온전한 네 바퀴 수레가 발견되었다. 이 10개의 네 바퀴 수레에 기초해 수레 제작 기법의 많은 부분을 상세하게 복원할 수 있다. 네 바퀴 수레 10개는 모두 축을 고정한 상태에서 바퀴가 돌아가는 방식이었다. 바퀴는 나무판 2~3개를 장부축으로 연결해 만들고 지름 50~80센티미터의 둥근 모양으로 잘라냈다. 수레의 몸체는 폭 1미터, 길이 2~2.5미터이고 궤간(두 바퀴 사이의 거리―옮긴이)은 1.5~1.65미터였다. 게이는 레베디 쿠르간 2의 무덤 116에서 나온 노보티토로프스카야 네 바퀴 수레를 복원했는데, 여기엔 수레를 모는 사람을 위한 상자 의자(box seat)가 있었다. 아울러 이 상자 의자는 사각형 뼈대에 박힌 수직 지주대로 된 우리(cage) 같은 구조물로 지지했다. 운전자 뒤쪽은 수레의 내부인데, 바닥을 X자형으로 교차하는 판자로 지지했다(에브딕 쿠르간의 노보스보브드나야 청동 가마솥에 타출 기법으로 새긴 이미지와 유사)(그림 4.3a). 루카노프카 네 바퀴 수레의 뼈대 또한 X자형으로 교차하는 판자로 지지하는 형태였다. 승객과 짐칸은 '차양(tilt)', 곧 적색·백색·흑색의 줄무늬와 구부러진 문양이 그려진 갈대 거적 덮개의 보호를 받았다. 아울러 이 거적은 펠트 안감 위에 꿰매 붙인 것으로 추정된다. 이와 유사하게 채색하고 어떤 종류의 유기물 안감 위에 붙여 만든 갈대 거적들이 얌나야 무덤 바닥에 놓여 있었다(그림 13.4).[17]

초원 수레 무덤의 가장 오래된 방사성 탄소 연대 측정값은 약 서기전 3000년을 1~2세기 전후한 시기이다(표 13.2). 쿠반 초원 오스탄니 쿠르간 1의 무덤 160은 노보티토로프스카야 문화 3기의 것인데 연대는 BP 4440±40년, 즉 서기전 3320~서기전 2930년으로 측정되었다. 나머지 하나는 드네프르 강 하류 발키 쿠르간의 얌나야 초기 무덤 57로서 BP 4370±120년, 즉 서기전 3330~서기전 2880년으로 측정되었다(그림 4.4, 4.5 참조). 두 연대의 확률 분포는 대개 서기전 3000년 이전인데, 이 까닭에 나는 서기전 3100년이란 연대를 사용한다. 하지만 이것들이 초원 최초의 네 바퀴 수레가 아님은 거의 확실하다.[18]

네 바퀴 수레는 서기전 3500~서기전 3300년 무렵 서쪽의 유럽에서, 혹은 남쪽의 메소포타미아에서 마이코프-노보스보보드나야 문화를 통

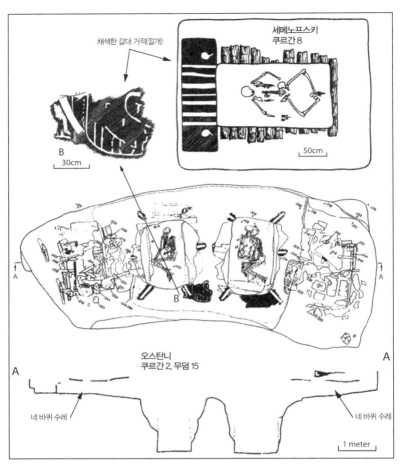

그림 13.4 얌나야 층 및 이와 관련 있는 전통적 무덤들에서 나온 채색한 갈대 거적. 맨 위: 드네스트르 강 하류 초원 지대에 있는 후기 얌나야 층 세메노프스키 쿠르간 8의 무덤 9. 맨 아래: 쿠반 강 초원 지대에 있는 노보티토로브스카야 문화 오스탄니 쿠르간 2의 네 바퀴 수레 2대를 함께 묻은 합장묘 15. 출처: Subbotin 1985, 그림 7.7; Gei 2000.

해 초원에 등장한 것으로 보인다. 우리는 실제로 어디에서 바퀴-축의 원리를 발명했는지 말할 수 없으므로, 어떤 방향에서 초원으로 들어갔는지 모른다. 그러나 수레는 돈 강-볼가 강-우랄 초원, 즉 초기 인도·유럽 공

표 13.2 아파나시예보 이주 및 얌나야 층과 관련한 선별된 방사성 탄소 연대 측정값

실험실 번호		BP 연대	표본	보정한 연대
1. 알타이 산맥의 아파나시예보 문화(출처: Parzinger 2002, 그림 10)				
미확인 유적				
Bln4764		4409±70	?	3310~2910 BCE
Bln4765		4259±36	?	2920~2780 BCE
Bln4767		4253±36	?	2920~3780 BCE
Bln4766		4205±44	?	2890~2690 BCE
Bln4769		4022+40	?	2580~2470 BCE
Bln4919		3936±35	?	2490~2340 BCE
카라-코바 I 울타리 3				
?		5100±50	?	3970~3800 BCE
엘로-바시 울타리 5				
?		4920±50	?	3760~3640 BCE
2. 여러 쿠르간을 함께 건설했지만 각각의 시기가 크게 차이 나는 얌나야 층 쿠르간 묘지				
A. 우크라이나의 얌나야 층 묘지(출처: Telegin et al. 2003)				
아브구스트니프카 묘지				
1기	Ki2118	4800±55	쿠르간 1/무덤 2	3650~3520 BCE
2기	Ki7110	4130±55	쿠르간 5/무덤 2	2870~2590 BCE
	Ki7111	4190±60	쿠르간 4/무덤 2	2890~2670 BCE
	Ki7116	4120±60	쿠르간 4/무덤 1	2870~2570 BCE
베르흐네타라소프카 묘지				
1기	Ki602	4070±120	쿠르간 9/무덤 18	2870~2460 BCE
	Ki957	4090±95	쿠르간 70/무덤 13	2870~2490 BCE
2기	Ki581	3820±190	쿠르간 17/무덤 3	2600~1950 BCE
	Ki582	3740±150	쿠르간 21/무덤 11	2400~1940 BCE
비노그라드노예 묘지				
1기	Ki9414	4340±70	쿠르간 3/무덤 10	3090~2880 BCE
2기	Ki9402	3970±70	쿠르간 3/무덤 25	2580~2340 BCE
	Ki987	3950±80	쿠르간 2/무덤 11	2580~2300 BCE

	Ki9413	3930±70	쿠르간 24/무덤 37	2560~2300 BCE
골로프코프카 묘지				
1기	Ki6722	3980±60	쿠르간 7/무덤 4	2580~2350 BCE
	Ki6719	3970±55	쿠르간 6/무덤 8	2580~2350 BCE
	Ki6730	3960±60	쿠르간 5/무덤 3	2570~2350 BCE
	Ki6724	3950±50	쿠르간 12/무덤 3	2560~2340 BCE
	Ki6729	3920±50	쿠르간 14/무덤 9	2560~2340 BCE
	Ki6727	3910±15	쿠르간 14/무덤 2	2460~2350 BCE
	Ki6728	3905±55	쿠르간 14/무덤 7	2470~2300 BCE
	Ki6721	3850±55	쿠르간 6/무덤 11	2460~2200 BCE
	Ki2726	3840±50	쿠르간 4/무덤 4	2400~2200 BCE
도브로보디 묘지				
1기	Ki2129	4160±55	쿠르간 2/무덤 4	2880~2630 BCE
2기	Ki2107	3980±45	쿠르간 2/무덤 6	2580~2450 BCE
	Ki7090	3960±60	쿠르간 1/무덤 6	2570~2350 BCE
미노프카 묘지				
1기	Ki8296	4030±70	쿠르간 2/무덤 5	2840~2460 BCE
	Ki 421	3970±80	쿠르간 1/무덤 3	2620~2340 BCE
노보셀치 묘지				
1기	Ki1219	4520±70	쿠르간 19/무덤 7	3360~3100 BCE
2기	Ki1712	4350±70	쿠르간 19/무덤 15	3090~2880 BCE
3기	Ki7127	4055±65	쿠르간 19/무덤 19	2840~2470 BCE
	Ki7128	4005±50	쿠르간 20/무덤 8	2580~2460 BCE
오트라드노예 묘지				
1기	Ki478	3990±100	쿠르간 26/무덤 9	2850~2300 BCE
2기	Ki 431	3890±105	쿠르간 1/무덤 17	2550~2200 BCE
	Ki 470	3860±105	쿠르간 24/무덤 1	2470~2140 BCE
	Ki452	3830±120	쿠르간 1/무덤 21	2470~2070 BCE
페레셰피노 묘지				
1기	Ki9980	4150±70	쿠르간 4/무덤 13	2880~2620 BCE

	Ki9982	4105±70	쿠르간 1/무덤 7	2870~2500 BCE
	Ki9981	4080±70	쿠르간 1/무덤 6	2860~2490 BCE
스바토베 묘지				
1기	Ki585	4000±190	쿠르간 1/무덤 1	2900~2200 BCE
	Ki586	4010±180	쿠르간 2/무덤 1	2900~2250 BCE
탈얀키 묘지				
1기	Ki6714	3990±50	쿠르간 1/무덤 1	2580~2460 BCE
	Ki6716	3950±50	쿠르간 1/무덤 3	2560~2340 BCE
2기	Ki2612	3760±70	쿠르간 2/무덤 3	2290~2030 BCE

B. 볼가 강 중류 지역(사마라 강 하곡 프로젝트) 얌나야 층 묘지

니즈나야오를얀카 1

1기	Ki6714	3990±50	쿠르간 1/무덤 1	2580~2460 BCE
	Ki6716	3950±50	쿠르간 1/무덤 3	2560~2340 BCE

그라체프카 II

1기	AA53805	4342±56	쿠르간 5/무덤 2	3020~2890 BCE
	AA53807	4361±65	쿠르간 7/무덤 1	3090~2890 BCE

C. 한 기에 쿠르간 3개를 건설한 볼가 강 중류 지역의 폴타프카 묘지

크라스노사마르스코예 IV 묘지

AA37034	4306±53	쿠르간 1, 무덤 4	2929~2877 BCE
AA37031	4284±79	쿠르간 1, 무덤 1	3027~2700 BCE
AA37033	4241±70	쿠르간 1, 무덤 3 중앙	2913~2697 BCE
AA37036	4327±59	쿠르간 2, 무덤 2 중앙	3031~2883 BCE
AA37041	4236±47	쿠르간 3, 무덤 9 중앙	2906~2700 BCE
AA37040	4239±49	쿠르간 3, 무덤 8	2910~2701 BCE

얌나야-폴타프카의 방사성 탄소 연대 측정값은 각 구간별로 긴 시간적 차이가 있으나 한 구간에 여러 쿠르간을 거의 동시에 만들었음을 보여준다. 이는 초원을 구간별로 활용했음을 알려주는 지표일 수도 있다.

통조어 세계의 동부에 가장 심대한 영향을 미쳤으며, 얌나야 층은 이곳에 가장 오랜 뿌리를 두고 있었다.

뒤이은 얌나야 층의 흑해-카스피 해 초원 전역으로의 확산은 주로 전쟁을 통해 이루어진 것은 아닌 듯하다. 왜냐하면 전쟁의 증거는 단지 최소한으로만 존재하기 때문이다. 그보다는 높은 이동성을 가능케 한 제도와 협정을 공유하는 이들은 잠재적 동맹이 되고 이 제도를 공유하지 않는 이들은 타자로 분리했기 때문에 얌나야 층이 확산했을 것이다. 더 큰 가축 떼 또한 명성과 경제적 부의 증대를 불러왔을 것이다. 왜냐하면 가축을 많이 가진 이들은 빌려줄 가축도 많고 공공 연회에 희생물로 제공할 가축도 많았기 때문이다. 더 큰 규모의 가축 떼는 큰 가축 무리를 거느린 사람들의 딸을 위해 지불할 더 큰 신부 대금으로 해석할 수 있는데, 이로 인해 그들 사이의 사회적 경쟁이 격화했을 것이다. 비슷한 경쟁 역학이 동아프리카에서 누에르족이 확산한 일부 요인이었다(6장). 가장 큰 규모의 가축을 보유하고, 그 때문에 가장 이동성이 컸던 가축 소유자들과 연결된 돈 강-볼가 강의 방언은 아마도 후기 인도·유럽 공통조어였을 것이다.

얌나야 층은 어디에서 시작되었을까

방금 내가 언급했듯 왜 얌나야 층은 가장 오랜 뿌리를 인도·유럽 공통조어 세계의 동부에 두었을까? 초기 얌나야 층을 규정하는 인공물 양식과 장례 의식은 동쪽에서 가장 먼저 출현했다. 대부분의 고고학자들은 가장 오래된 얌나야 변종이 볼가 강-돈 강 초원, 즉 흑해-카스피 해 초원 지대의 가장 건조한 동쪽 끝에서 등장했다는 니콜라이 메르페르트(Nikolai Merpert)의 판단에 동의한다.

메르페르트의 고전적인 1974년 연구에 따르면 얌나야 층은 9개 지역 집단으로 나뉜다. 아울러 그가 구분한 지역은 좀더 젊은 학자들에 의해 갈수록 세분화되었다.[19] 어떻게 정의하든 이런 지역 집단은 동시에 똑같은 연대기적 단계를 거치지 않았다. 텔레긴은 가장 이른 얌나야 A기 토기를 두 변종, 즉 A1 유형과 A2 유형으로 구분했다(그림 13.5).[20] A1 유형 토기는 칼라가 더 길고, 주로 용기 쪽 3분의 1 지점에 수평 방향의 문양을 장식하고, 칼라 위 혹은 아래에 '진주' 돌기가 종종 나타난다. A1 유형은 돈 강의 레핀 문화 토기와 유사하다. A2 유형 토기는 용기 전면(全面)에 장식을 하고 문양은 종종 수직 방향이며, 더 짧고 더 굵고 더 밖으로 꺾인 테두리를 가졌다. A2 유형은 볼가 강 하류의 흐발린스크 토기와 유사하다. 레핀 용기들은 진흙말이를 나선형으로 쌓아 올려 만들었고, 얌나야 A2 유형 용기는 일반적으로 진흙말이를 자루처럼 생긴 움푹한 틀에 대고 두드려 몸체를 만들었는데, 이는 매우 독특한 기술 양식이다. 일부는 의도적으로 조개껍데기를 추가한 듯하며, 일부(특히 A2 유형 용기)는 자연적으로 조개껍데기 및 달팽이 껍데기 조각을 함유한 호수 바닥의 진흙을 사용해 만든 듯하다. A1 및 A2 유형 모두 흑해-카스피 해 초원 전역의 최초 얌나야 무덤들에서 나왔다.

볼가 강 하류와 돈 강 하류의 초기 얌나야 층

시니친(I. V. Sinitsyn)의 통솔 아래 볼가 강 하류에서 이뤄진 1951년과 1953년의 고고학 조사를 통해 볼가 강 동쪽의 둑을 따라 사라토프부터 볼고그라드(당시는 스탈린그라드)까지 15~20킬로미터 간격으로 일련의 규칙적인 청동기 시대 쿠르간 묘지를 발견했다. 이런 쿠르간 중 일부는 층위학적 순서를 이룬 무덤들을 거느렸고, 이 층위학적 증거는 최초의 얌나야

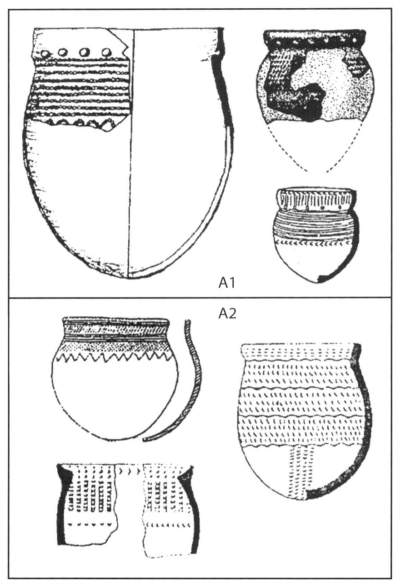

A1

A2

그림 13.5 초기 얌나야 토기 A1 유형(레핀 문화 토기와 유사)과 A2 유형(흐발린스크 토기와 유사). 출처: Telegin et al., 2003.

기념물을 규명하는 데 이용되었다. 층위학적으로 중요한 쿠르간에는 비코보(Bykovo) 묘지 II에 있는 쿠르간 2의 무덤 1(텔레긴의 A1 유형 토기 한 점이 후대의 얌나야 무덤들 아래층에 묻혀 있었다)과 베레즈노프카(Berezhnovka) 묘지 I에 있는 쿠르간 5의 무덤 22와 쿠르간 32의 무덤 2(텔레긴의 A2 유형 토기들이 후대의 무덤들 아래층에 묻혀 있었다)가 포함된다. 1956년 김부타스는 '쿠르간 문화'가 볼가 강 하류에서 시작되었다는 의견을 제시했다. 1974년 얌나야 층에 대한 메르페르트의 종합적 분석은 김부타스의 견해를 지지했다. 최근의 발굴을 통해서는 볼가 강 하류 얌나야 전통의 유래를 다시금 확인했다. 초기 얌나야 토기 A1 유형과 A2 유형 모두의 선형(先形)을 볼가 강 하류의 키질-칵 및 카라-후둑 거주지 유적에서 발견했는데(그림 12.5 참조), 방사성 탄소 연대 측정값이 서기전 4000~서기전 3500년으로 나왔다. 양식이나 의례로 보아 흐발린스크와 얌나야 사이에 낀 것으로 보이는 무덤들도 볼가 강 하류의 사라토프와 볼고그라드 사이의 슬랴코프스키 쿠르간, 엥겔스, 타를릭에서 발견되었다.

A1 유형, 즉 레핀 양식은 돈 강 중류-볼가 강 중류 지역에서 가장 먼저 만들어졌다. 레핀 토기는 돈 강 중류 체르카스스키(Cherkassky) 유적에서 얌나야 토기 아래층에 묻혀 있었는데, 볼가 강 하류에 있는 키질-칵의 산양 사냥꾼 야영지에서 측정하니 연대가 서기전 3950~서기전 3600년으로 나왔다. 가장 이른 레핀 유형 토기는 형태나 장식 면에서 돈 강 하류의 스레드니스톡-콘스탄티노프카 유형과 얼마간 비슷한데, 오늘날에는 돈 강 하류의 콘스탄티노프카 같은 곳에서 마이코프-노보스보보드나야 문화와의 접촉이 초기 레핀 문화의 확산을 자극했고, 레핀 문화를 통해 초기 얌나야 문화가 확산한 것으로 해석한다. 초기 얌나야 층의 슴베 있는 금속 찌르개와 소매 달린 도끼는 확실히 마이코프-노보스보보드나야 유

형을 모방했다.

A2 유형, 즉 흐발린스크 양식은 볼가 강 하류의 후기 흐발린스크 문화 인구 집단 사이에서 시작되었다. 이 자루 모양의 토기는 볼가 강 하류의 얌나야 무덤에서 가장 일반적인 유형인데, 훗날 볼가 강을 따라 볼가 강 중류-우랄 초원으로 확장되고, 이곳에서 A2 유형(즉 흐발린스크 양식)이 서서히 레핀 양식의 얌나야 토기를 대체했다. 그리고 다시 한 번 볼가 강 하류 에브딕에 쿠르간을 만든 이들 같은 후기 마이코프-노보스보보드나야 문화 사람들과의 접촉이 후기 흐발린스크 문화에서 초기 얌나야 층으로의 이동을 자극했을 것이다. 북캅카스에서 들어온 자극 중 하나가 네 바퀴 수레 및 네 바퀴 수레 제작 기술이었을 가능성이 있다.[21]

드네프르 강의 초기 얌나야 층

우크라이나의 초기 얌나야 표준 유적은 미하일로프카 거주지다. 미하일로프카 유적은 쿠르간 묘지가 아니라 거주지이기 때문에 서부 얌나야 층의 생활 방식이 동부보다 주거적으로 더 안정적이었음을 즉각적으로 확인해준다. 드네프르 강 하류 미하일로프카의 전략적인 언덕 요새(1층)는 서기전 3400년 이전에는 해안 초원에서 서쪽과 관계를 맺던 사람들이 점유했다(미하일로프카 I 문화). 서기전 3400~서기전 3300년 이후 미하일로프카(II층)는 레핀-A1 유형 토기를 만들던 사람들이 점유함으로써 동쪽과 관계를 맺었다. 레핀 유형 토기는 돈 강 중류에 깊은 뿌리를 두고 있는 반면 드네프르 강 유역에는 침입해 들어간 것이므로 미하일로프카 I 토기와 상당히 다르다. 미하일로프카 II 문화 자체도 하층과 상층 둘로 나뉜다. 미하일로프카 II 하층은 트리폴리예 C1 후기와 동시대로서 서기전 3400~서기전 3300년으로 추정되는 반면, 상층은 트리폴리예 C2 초기와 동시대로서 서기전 3300~서기전 3000년으로 추정된다. 레핀 유형의 토기는 두 층에서 모두 발견되었다. 미하일로프카 II 고고학적 층의 두께는 60~70센티미터 정도였다. 가옥은 땅을 파내 만든 것과 지표에 세운 것 모두가 있는데, 하나 혹은 2개의 화로를 갖추었다. 아울러 불에 구워 단련한 점토 바닥, 일부를 돌담으로 쌓은 기반 그리고 바닥에 묻힌 두꺼운 갈대 재로 보건대 갈대로 만든 지붕도 있었다. 이 거주지는 볼가 강-돈 강 지역의 레핀 유형 초기 얌나야 공동체와 새로 동맹을 맺거나 혼인 관계를 맺은 사람들이 점유했다.

미하일로프카 II 사람들은 미하일로프카 I 사람들보다 농사를 훨씬 덜 지었다. 미하일로프카 I층에서는 토기 파편 273개당 한 개꼴로 경작한 곡물의 압인이 있었지만, 얌나야 초기 미하일로프카 II층에서는 604개당 한 개로 줄어들었다. 또 얌나야 후기 미하일로프카 III층에서는 4065개당 한 개로 미하일로프카 I의 15분의 1에 불과했다. 이 시기에 동물 뼈 형태로 남은 음식은 얌나야 층의 것들이 미하일로프카 I층보다 45배나 많았다.[22] 따라서 비록 음식물 잔해의 총량은 얌나야 시기 동안 대대적으로 늘어났지만 곡물의 식단 기여도는 줄어들었다. 곡물 압인은 우크라이나 서부의 벨랴예프카(Belyaevka) 쿠르간 1의 무덤 20과 글루보코에(Glubokoe) 쿠르간 2의 무덤 8, 드네스트르 강 하류의 쿠르간 등 얌나야 후기 장례용 토기에서 발견되었다. 이렇게 찍힌 곡물에는 아인콘 밀, 빵 밀, 기장, 보리 등이 있었다. 초원의 목축인들이 언제나 그래왔듯 드네프르-드네스트르 초원의 일부 얌나야 집단은 때때로 작은 곡식밭을 갈았다. 그러나 미하일로프카에서 경작의 중요성은 얌나야 거주지가 더 커질 때조차 줄어들었다.[23]

얌나야 층은 언제 시작되었을까

●

디미트리 텔레긴과 동료들은 얌나야 층 일반 연대의 윤곽을 확립하기 위해 얌나야 무덤들을 대상으로 얻은 210개의 방사성 탄소 연대 측정값을 이용했다. 상당수의 얌나야 무덤들이 속하는 최초의 기간은 약 서기전 3400~서기전 3200년이다. 초기의 방사성 탄소 연대 측정값은 대부분 무덤에서 나온 나무를 표본으로 얻었기에 인골에 영향을 줄 수 있는 기존 탄소의 저수지 효과를 감안해 보정할 필요가 없다. 이 기간의 무덤은 흑해-카스피 해 초원 전역에서 발견된다. 즉 북서부 흑해 초원〔노보셀치(Novoseltsy) 쿠르간 19의 무덤 7, 오데사 지역〕, 드네프르 강 하류 초원〔오블로이(Obloy) 쿠르간 1의 무덤 7, 헤르손 지역〕, 도네츠 초원〔볼론테리프카(Volonterivka) 쿠르간 1의 무덤 4, 도네츠 지역〕, 돈 강 하류 초원〔우스만(Usman) 쿠르간 1의 무덤 13, 로스토프 지역〕, 볼가 강 중류 초원(니즈나야오를얀카(Nizhnaya Orlyanka) I에 있는 쿠르간 1의 무덤 5 및 쿠르간 4의 무덤 1〕 그리고 볼가 강 하류 남쪽의 칼미크 초원〔준다톨가(Zunda Tolga) 쿠르간 1의 무덤 15〕 등이다. 서기전 3400~서기전 3200년 초기 얌나야 층은 흑해-카스피 해 초원을 가로질러 빠르게 확산했음이 틀림없다. 빠른 확산 속도는 흥미로운데, 이는 얌나야 층의 경쟁 우위와 그 우위의 공격적 이용을 시사한다. 기타 지역의 문화들은 고립지에서 몇 세기 동안 살아남았는데, 이는 드네프르 강 유역의 우사토보 유적과 드네스트르 강 유역의 포스트 마리우폴 후기 유적 및 크림 반도의 케미-오바 문화 유적의 방사성 탄소 연대 측정값이 약 서기전 3300~서기전 2800년에서 초기 얌나야의 연대 측정값과 겹치기 때문이다. 서기전 2800년 이후 이 세 집단은 모두 얌나야 후기의 변종들로 대체되었다.[24]

얌나야 사람들은 유목민이었을까

●

초원 유목민들은 스키타이가 서기전 627년 아시리아로 통하는 길에서 약탈을 감행한 이래 정주 문명들을 매혹시키고 공포에 떨게 했다. 우리는 모든 초원 유목민이 읍락도 없고 천막 혹은 멋들어진 양탄자를 깐 수레 위에서 생활하며, 털북숭이 말을 타고 소와 양 떼 사이를 누볐다고 믿는다. 아울러 그들의 괴팍스러운 씨족을 거대하고 무자비한 군대로 조직할 수 있으며, 이렇게 조직한 군대가 약탈 이외에 어떤 뚜렷한 이유도 없이 예측할 수 없는 간격으로 초원에서 쏟아져 나온다는 고정관념에 빠지는 경향이 있다. 그들 특유의 움직이는 목축, 즉 유목 목축(nomadic pastoralism)을 역사가들은 종종 농업 기반 국가들에 의존하는 기생적 적응으로 해석하곤 한다. 이 **의존 가설**(dependency hypothesis)에 의하면 곡물, 금속 그리고 약탈의 필요성 때문에 유목민은 국가가 필요했다. 군대를 먹이고 무장시키기 위해서는 엄청난 양의 음식과 무기가 필요하고 그 군대의 충성심을 관리하기 위해서는 엄청난 규모의 약탈이 필요한데, 이런 규모의 음식과 부는 단지 농경 국가를 통해서만 얻을 수 있다는 것이다. 유라시아의 유목 목축은 초원 지대와 경계를 마주하고 있는 중국이나 페르시아 같은 중앙 집권화한 국가들의 진화에 따른 기회주의적 대응으로 해석해왔다. 그 실상이 어떠했든 얌나야 층의 목축은 유목이었을 리 없다. 왜냐하면 얌나야 사람들이 의존할 어떤 국가가 존재하기도 전에 그들 방식의 목축이 등장했기 때문이다.[25]

그러나 유라시아 유목 목축의 '의존' 모델은 실제로 철기 시대와 중세 유목민의 정치적 및 군사적 조직만 설명해줄 뿐이다. 역사가 니콜라 디 코스모는 유목민 사이의 **정치적** 및 **군사적** 조직은 지도자를 보호하던 대규모 상비군이 진화해 변형된 것임을 증명했다. 요컨대 군대가 암시하는 모든 비용에도 불구하고 군주의 항구적인 근위대가 팽창해 군대가 되었다는 것이다. 유목 목축의 경제적 기반과 관련해 소비에트 민속학자 세르게이 바인시테인(Sergei Vainshtein)과 디코스모는 수많은 유목민이 약간의 보리나 기장을 재배했으며, 여름 이주 동안 몇몇 사람을 남겨 하곡의 작은 농토를 돌보게 했다고 주장했다. 또 유목민은 스스로 유라시아 초원에 풍부하게 매장된 금속 광석을 캐냈고, 스스로 자기 양식(style)의 금속 도구와 무기를 만들었다. 유라시아의 유목 목축을 가능케 한 금속 공예와 생존 경제(subsistence economy)는 수입한 금속이나 인접한 농부들로부터 얻는 잉여 농산물에 의존하지 않았다. 우루크 시기 메소포타미아 같은 중앙 집권화한 농경 국가는 부를 집중시키는 데 매우 능숙했다. 따라서 만약 초원의 목축민이 메소포타미아 부의 일부를 뽑아낼 수 있었다면, 초원의 부족 군대와 정치 구조를 급격히 변화시킬 수 있었을 것이다. 하지만 유목 목축의 일상적 생존 경제는 외부 국가의 원조를 필요로 하지 않았다.[26]

만약 유목 목축이 경제적 용어라면, 즉 정치 구조와 군사적 연맹을 지칭하는 게 아니라 단순히 고도의 주거 이동성에 기초한 목축 경제의 한 형태만 의미하는 것이라면, 그것은 얌나야 층 시기에 이미 나타났다. 청동기 초기의 얌나야 시기 이후, 청동기 중기 카타콤 문화 내에서 이동성과 정주성을 모두 갖춘, 점차 두 갈래로 나뉜 하나의 경제 형태가 나타났다. 이런 정주화 경향은 청동기 후기 스루브나야 문화와 함께 유라시아 초원 북부 전역에서 1년 내내 이용한 항구적 거주지의 출현으로 인해 강화되었다. 마지막으로 새로운 군사적 유형의 이동성 큰 목축 유목은 철기 시대 스키타이와 함께 나타났다. 그러나 스키타이가 이동성에 기초한 목축을 최초로 발명한 것은 아니다. 이는 얌나야 층의 위대한 혁신이었던 것처럼 보인다.

얌나야 목축 패턴

얌나야 목축 체제가 어떻게 작동했는지 알려주는 중요한 단서 하나는 얌나야 쿠르간 묘지의 위치다. 흑해-카스피 해 초원 전역의 얌나야 쿠르간 묘지는 대부분 주요 강의 하곡에 있는데, 종종 대상림과 습지가 내려다보이는 가장 낮은 하안단구에 위치했다. 그러나 또한 얌나야 시기가 시작되자 쿠르간 묘지가 처음으로 주요 하곡 사이의 초원 깊숙한 곳 고지에서 등장했다. 만약 묘지를 부동산에 대한 고대의 소유권 표지로 해석할 수 있다면("이곳은 내 조상들의 묘이다") 초원 내지에서 쿠르간 묘지의 등장은 이곳의 초지가 소유권 없는 야생 상태에서 소유권이 있고 가꿔진 상태로 바뀌었다는 신호다. 1985년 실로프(V. Shilov)는 돈 강 하류와 볼가 강 하류 및 북캅카스 사이의 하곡에 위치한 초원 깊숙한 고지에서 발굴한 쿠르간에 대해 보고했다. 그에 따르면 발굴된 316개의 쿠르간에 있는 799기의 무덤은 주요 하곡을 벗어난 초원 깊숙한 곳에 위치했다. 이런 곳에서 처음 나타난 무덤들은 얌나야 시기의 것이었다. 아울러 얌나야 무덤이 10퍼센트(78기), 카타콤 문화와 관련 있는 청동기 중기 문화 무덤이 45퍼센트(359기), 청동기 후기 스루브나야 문화 무덤이 7퍼센트(58기), 스키타이-사르마트에서 기원한 무덤이 29퍼센트(230기), 역사 시기의 중세 무덤이 9퍼센트(58기)였다. 강의 하곡 사이에 있는 고지 초원에 대한 이용은 청동기 초기에 시작되었으며, 청동기 중기에 이르러 최고조에 달했다.[27]

시실리나(N. Shishlina)는 북캅카스 북부 칼미크 초원의 쿠르간 무덤에서 계절별 식물 자료를 모았는데, 이곳은 실로프가 연구한 지역의 일부이기

표 13.3 흑해-카스피 해 초원 지대의 초기 청동기 무덤 및 거주지에서 발굴된 가축화한 동물들

문화	소(%)	양/염소(%)	말(%)	돼지(%)	개(%)
돈 강-볼가 강 초원, 얌나야 무덤	15	65	8	—	5
미하일로프카 II/III, 얌나야 거주지	59	29	11	9	0.7
레핀(돈 강 하류), 거주지	18	9	55	9	—

주: 퍼센트를 표시하지 않은 것은 종을 구분할 수 없는 것들이다.

도 하다. 시실리나는 얌나야 사람들이 계절에 따라 하곡 저지 초원(사계절 모두 거주)과 하곡에서 15~50킬로미터 안에 있는 깊숙한 고지 초원(아마도 봄과 여름) 사이를 이동했음을 발견했다. 시실리나는 이런 이주 순환 과정의 지역화한 특징을 강조했다. 하곡과 고지 초원 사이를 반복 이동함으로써 얌나야 말기에 이르면 가축이 풀을 과도하게 뜯어 토양이 척박해진 지역(오늘날 청동기 중기 쿠르간 봉분 아래 보존되어 있다)이 생겨났다.

돈 강-볼가 강 초원에서 청동기 가축의 구성은 어떠했을까? 돈 강 동쪽에는 얌나야 거주지가 남아 있지 않으므로 당시의 동물상은 사람의 무덤을 통해 추정해야 한다. 실로프가 두 강의 하곡 및 강 사이의 고지 초원에서 살펴본 2096개의 쿠르간 무덤 중(고지 초원만 대상으로 한 것보다 표본이 훨씬 크다) 얌나야 무덤의 단 15.2퍼센트에서 가축 희생물이 나왔다. 그중 대부분은 양 혹은 염소(합쳐서 65퍼센트)였고, 소는 한참 아래인 두 번째(15퍼센트), 말이 세 번째(8퍼센트), 개가 네 번째(5퍼센트)였다(표 13.3).[28]

서쪽 드네프르 강과 돈 강 하곡 사이의 얌나야 목축 양상은 달랐다. 차이 중 하나는 거주지의 존재인데, 이는 이동성이 적고 정주성이 강한 목축 패턴을 암시한다. 미하일로프카 II층과 III층은 드네프르 강 하곡의 초기 및 후기 얌나야 시기를 규정하는데, 여기서는 소(59퍼센트)가 양(29퍼센

트)보다 많아 양이 압도적인 동쪽과 달랐다. 쿠르간 묘지는 고지 초원으로 겨우 몇 킬로미터 침투해 들어왔을 뿐이고, 대부분은 드네프르 강 하곡 혹은 그 강의 큰 지류에 위치했다. 이렇게 강 주위에서 소를 기르는 경제는 미하일로프카처럼 요새화한 거점에 묶여 있었고, 때로 작은 곡물 농장의 지원을 받았다. 드네프르 강-돈 강 초원에서 돈 강 하류의 리벤초프카(Liventsovka)나 삼소노프카 같은 소규모 얌나야 거주지 10여 개가 발견되었다. 대부분 1헥타르 미만의 것으로 상대적으로 거주 인구 밀도가 낮았지만, 요새화한 해자가 삼소노프카와 미하일로프카 거주지를 보호하고 있었다. 아울러 돌로 된 요새의 벽이 스켈랴-카메놀롬냐(Skelya-Kamenolomnya)에서 발굴되었다. 이들 거주지 모두에서는 소뼈가 다수를 차지하는 것으로 알려졌다.[29]

레핀 동쪽에서는 얌나야 거주지가 발견되지 않았다. 때로 풍화된 세석기 잔해나 얌나야 토기 파편이 하곡 바닥이나 마니치 저지의 호수나 북캅카스의 사막-초원에서 발견되었지만, 온전한 문화층은 없었다. 풀이 더 우거진 초원에서는 작은 지표 유적을 보기가 더 어려운데, 심지어 얌나야 지표 잔해물도 거의 알려진 게 없다. 예컨대 볼가 강 중류의 사마라 주에는 중석기, 신석기, 동석기, 청동기 후기의 거주지가 흩어져 있지만 청동기 초기의 얌나야 거주지는 없었다. 1996년 사마라 강 하곡 프로젝트를 수행하던 중 우리는 페스차니돌(Peschanyi Dol) 하곡의 물줄기를 따라가며 청동기 시대 임시 야영장을 찾기 위해 거주지가 있었을 법한 지역 12곳에 구덩이를 팠다. 페스차니돌 하곡 입구 근처에 있는 마을 우툐프카(Utyevka)는 얌나야 쿠르간 묘지를 네 곳 발견한 지역이다(그림 16.11의 지도 참조). 오늘날 페스차니돌 하곡은 가까이 있는 러시아 시골 마을 세 곳에서 온 소 떼들을 위한 여름 목초지로 쓰인다. 우리는 이 쾌적한 하곡에서 청동기 후기 스루브나야 초기의 토기 잔해 7점을 발견했으며, 하곡 입구에서 큰 규모의 스루브나야 거주지인 바리노프카 유적을 발견했다. 이 청동기 후기 거주지와 야영지 하나에도 청동기 중기에 사람이 살았는데, 두 곳에서 각각 소량의 청동기 중기의 토기 파편이 나왔다. 그러나 우리는 청동기 초기의 파편을 찾지 못했다. 다시 말해, 얌나야 거주지를 발견하지 못했다.

우리가 얌나야 목부들이 겨울, 즉 가축을 데리고 하곡의 숲과 습지라는 보호 지대(이곳에서 대부분의 얌나야 묘지를 발견했다)로 후퇴해야 하는 시기 동안의 야영지를 찾지 못한다면, 그들의 가축 규모가 너무나 커서 겨우내 계속 이동해야 했다는 것을 의미한다. 겨울이 매우 추운 북부의 비슷한 초지 환경에서 캐나다와 몬태나의 블랙풋(Blackfoot) 인디언 30개 집단은 단지 말한테 신선한 풀을 먹이기 위해 겨울 동안 몇 마일씩 여러 차례 움직여야 했다. 그리고 블랙풋 인디언은 소나 양을 먹일 걱정을 할 필요가 없었다. 몽골 목부들은 겨울 동안 한 달에 한 번씩 천막과 가축을 옮긴다. 얌나야 목축 체제도 마찬가지로 이동했을 것이다.[30]

얌나야 목부들은 말 위에서 가축을 돌봤다. 돈 강 유역의 레핀 유적에서 나온 동물 뼈 중 55퍼센트가 말의 것이었다. 볼가 강 남쪽 차차(Tsa-Tsa) 부근의 카스피 해 저지가 내려다보이는 묘지에 있는 쿠르간 7의 무덤 12에 말 두개골이 놓여 있었다. 똑같은 묘지에 있는 쿠르간 1의 카타콤 시기 무덤 5에서는 말 40마리를 희생했다.[31] 이 무덤은 서기전 2500년 무렵 만든 것으로 보인다. 동북쪽을 향한 웅크린 자세의 성인 남성 한 명이 왼쪽으로 누워 있었다. 대자석과 백악석 부스러기가 엉덩이 옆에 놓여 있고, 구리 찌르개 날이 두개골 아래서 발견되었다. 무덤 위에는 말 두개골 40개가 두 줄로 깔끔하게 놓여 있었다. 숫양 두개골 3개는 무덤 바닥에 놓여 있었다. 당시의 말이 프셰발스키 종보다 약간 컸다고 가정하면, 즉 살아 있을 때 무게가 약 400킬로그램이었다면, 말 40마리의 살코기는 8000킬로그램으로 4000명에게 각각 2킬로그램씩 나눠줄 수 있는 양이다. 이는 엄청난 규모의 장례 연회가 있었음을 시사한다. 말은 특출한 의례의 희생물로 제격이었다.

돈 강-볼가 강 초원의 야생 씨앗과 유제품

사마라의 토기 실험실에서 현미경으로 무덤에서 출토된 얌나야 토기 파편을 여러 개 검토해봤지만, 이곳이나 돈 강 동쪽 어떤 곳의 얌나야 토기에서도 경작된 작물의 압인이 나타나지 않았다. 볼가 강 중류 지역 얌나야 사람들의 치아는 충치가 거의 없는 상태였다. 〔사마라 주 얌나야-폴타프카의 어른 치아 428개에서 충치가 하나도 발견되지 않았다(그림 16.12 참조).〕이는 채집민의 사례처럼 탄수화물 섭취가 매우 적은 경우의 치아 상태다.[32] 동부의 얌나야 사람들은 야생 명아주와 비름 씨앗 그리고 심지어 갈대의 줄기나 근경(rhizome)을 먹었던 듯하다. 시실리나는 북캅카스 북부 초원 마니치 저지 동부의 얌나야 무덤 바닥에서 나온 꽃가루 알갱이와 식물석(植物石, phytoliths: 식물의 세포 안에서 만들어진 규소질 덩어리-옮긴이)을 분석한 결과, 명아주와 비름의 꽃가루를 발견했는데, 이 식물들의 헥타르당 산출량 무게는 아인콘 밀보다 크고 경작할 필요도 없었다.[33] 설령 경작할 필요가 있었다 하더라도 그 곡물은 동부 얌나야 식단에서 미미한 역할을 했다.

볼가 강 중류 지역의 얌나야 사람들은 키가 매우 크고 건장했으며 체계적인 전염병의 흔적이 많이 보이지 않았다. 하지만 그 이전이나 이후의 어떤 시기보다 상당히 많은 어린이가 철-결핍 빈혈〔크리브라 오르비탈리아(cribra orbitalia)라고 부르는 뼈의 병변〕에 노출되었다(그림 13.6). 어린이 식단에

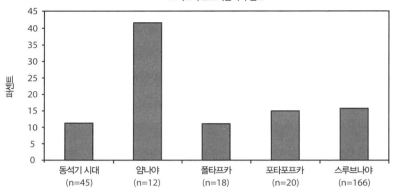

그림 13.6 볼가 강 중류 지역에 있는 사마라 주 문화들의 빈혈과 관련한 크리브라 오르비탈리아 빈도. 출처: Murphy and Khokhlov 2004.

서 유제품의 비중이 너무 높을 경우 빈혈에 이를 수 있다. 왜냐하면 우유의 높은 인(燐) 성분이 철의 흡수를 막기 때문이다.[34] 종종 식단의 상당 부분을 바꾼 초기에는 새로운 식품의 적절한 영양 조합을 확립하기 전에 건강이 악화한다. 또한 얌나야 시기의 이례적인 빈혈 증가는 어린이들 사이에 기생충 부하가 늘어나서 생긴 결과일 수도 있다. 이 또한 사람과 짐승이 가까이 접촉하는 생활 양식에 부합한다. 유제품 기반의 식단을 가능케 하는 젖당 내성을 만드는 돌연변이의 전 세계적 분포에 대한 최근의 유전학적 조사 결과에 따르면, 이 돌연변이가 우랄 산맥 서쪽의 초원에서 서기전 4600~서기전 2800년 최초로 등장했을 것이라고 한다. 이 시기는 동석기 말기(미하일로프카 I)와 청동기 초기 얌나야 시기에 해당한다.[35] 오늘날 유제품을 소화할 수 있는 모든 사람이 갖고 있는 이 돌연변이의 선택은 최근 한층 더 이동성 높은 목축 경제로 옮긴 집단들 사이에서 강했을 것이다.

유제품의 중요성은 인도·유럽 공통조어 신화 및 의례에서 암소의 중요성을 설명해주는데, 심지어 주로 양한테 의존한 사람들 사이에서도 암소는 중요했다. 암소는 유라시아 초원의 어떤 동물보다 많은 젖을 제공하기 때문에 신성했다. 소비에트 민속학자 바인시테인에 따르면 암소는 암말보다 2배, 염소보다 5배의 젖을 생산한다. 바인시테인은 시베리아 투바(Tuva)의 양치기 유목민 중 가난해져서 양을 모두 잃은 이들도 최소한 암소 한 마리는 유지하려고 애쓰는데, 이는 그들에게 먹을 게 있다는 의미라고 지적했다. 목축인이 양으로 부를 계산하는 곳에서조차 암소는 궁극의 젖 생산자였다.[36]

네 바퀴 수레에 기초한 얌나야 목축 경제는 최초의 얌나야 양식 토기처럼 돈 강 동쪽의 초원에서 진화한 것으로 보인다. 토기나 무덤 양식과 달리, 이동성 높은 목양(牧羊)을 전략으로 채택한 동부의 얌나야 목축은 서쪽의 드네프르 초원이나 북쪽의 볼가 강 중류-우랄 초원으로 확장되지 않았다. 이런 곳에서는 소 치기가 목축 경제의 핵심이었다. 대신 사회적·종교적·정치적 제도(손님-주인 협정, 후견인-피후견인 계약, 조상 숭배 의식)는 얌나야 층과 함께 확산했던 것으로 보인다. 동쪽 출신의 새 족장 일부가 드네프르 초원으로 이주했겠지만, 서쪽으로 온 후 그들은 소를 가축 목록에 추가하고 요새화한 주거 근거지에서 살았다.

얌나야의 사회 구조

●

인도·유럽 공통조어 사용자들은 하늘 아버지, 곧 *dyew pəter에게 아들, 살찐 소, 빠른 말을 준 것에 대해 감사했다. 이 남성 신의 중요성은 아마도 세속적 사회 조직의 핵심을 구성하는 목축 단위에서 아버지와 형제의 중요성을 반영한 듯하다. 인도·유럽 공통조어에서 친족 관계 어휘는 부계 상속/부계 거주 사회 세계에 사는 사람들의 것이었다. 아울러 이런 사회에서 권리와 소유권 및 의무는 오직 아버지(어머니가 아니라)로부터 물려받고, 결혼 후에는 남편의 가족 혹은 그 가까이에 거주한다. 거의 모든 인도·유럽어에서 할아버지, 아버지, 형제 그리고 남편의 형제를 의미하는 친족 용어는 명백히 서로 상응하는 어근 속에서 살아남은 반면, 아내 및 아내의 가족과 관련한 것들은 적고 불명확하며 다양하다. 친족 구조는 단지 사회 조직의 일면일 뿐이지만 부족 사회에서는 이것이 사회 단위를 결속하는 접착제였다. 그러나 우리는 언어적 증거는 동질적 부계 중심의 인도·유럽 공통조어 친족 체계를 시사하는 반면, 실제 행동에 대한 고고학적 증거는 더 다양하다는 것을 알게 될 것이다.

몇 년 전 짐 맬러리가 인정했듯 우리는 쿠르간 묘지의 의미에 대해 거의 알지 못하며, 쿠르간 묘지가 얌나야 세계 대부분에 관해 우리에게 남은 고고학적 증거의 전부다.[37] 우리는 쿠르간을 영역을 주장하는 가시적 표지라고 가정할 수 있지만, 처음에 쿠르간을 만든 규칙 혹은 거기에 묻힐 권리를 지닌 이들이 누구인지 혹은 버려지기 전에 얼마 동안 사용했는지 등에 대해 모른다. 고고학자들은 쿠르간을 고정적인 완성품으로 간주하고 글을 쓰는 경향이 있지만 처음 만들어질 때부터 쿠르간은 특정한 사람들, 부족 그리고 사건의 기념물로서 역동적이며 진화하는 것이었다.

쿠르간 매장자의 성별과 의미

우리는 쿠르간이 가족 묘지가 아니라고 확신할 수 있다. 맬러리가 얌나야 무덤 2216기를 조사한 바에 따르면, 얌나야 쿠르간의 중간값(median)은 3기 이하의 얌나야 무덤을 거느리고 있었다. 약 25퍼센트는 겨우 무덤 하나만 있었다. 중앙이나 핵심 무덤에 아이 혼자 묻힌 경우는 하나도 없었다. 요컨대 거기에 묻힌 지위는 어른에 국한되었다. 잘 연구되고 연대가 상세히 알려진 사마라 강 하곡의 100년당 쿠르간 수를 계산해보니, 수많은 얌나야 묘지가 있는 지역에서조차 매 5년 정도마다 쿠르간을 하나꼴로 만들었을 뿐이다. 따라서 쿠르간은 특별한 성인의 죽음을 기념한 것이지, 사회 집단 구성원 모두나 심지어 어떤 특정한 인물의 가족 모두를 위한 것이 아니었다. 볼가 강 하류의 얌나야 무덤 80퍼센트에는 남성이 묻혀 있었다. 에일린 머피(Eileen Murphy)와 호흘로프(A. Khokhlov)는 볼가 강 중류에서 매장자의 성별을 구분할 수 있는 얌나야-폴타프카 무덤의 80퍼센트에 역시 남성이 묻혔음을 확인했다. 우크라이나에서는 남성이 우세했으나 그렇게 강하지는 않았던 듯싶다. 북캅카스 북쪽의 초원에서는 동부의 마니치 저지 초원과 서부의 쿠반-아조프 초원 모두에서 중앙 무덤은 물론 일반 쿠르간 무덤의 여성과 남성 비율이 거의 비슷했다. 맬러리는 동부 마니치 저지의 얌나야 무덤 165기에서 남녀의 분포가 거의 비슷하게 나온 것으로 기술했고, 게이도 쿠반-아조프 초원의 노보티토로프스카야 무덤 400기의 성비 통계를 비슷하게 제시했다. 심지어 크라스노사마르스코예 IV의 경우처럼 볼가 강 중류 지역의 일부 쿠르간에도 여성을 매장한 중앙 무덤이 있었다. 남성이 중앙 무덤을 차지하는 경향이 강한 지역에서조차 남성이 항상 쿠르간 아래 중앙 무덤을 차지한 것은 아니고, 북캅카스 북부 초원(얌나야 시기 이전에는 마이코프 문화의 영향이 가장 강했던 곳)에서는 남성과 여성을 똑같은 비율로 매장했다.[38]

볼가-우랄 지역의 남성 중심 장례는 얌나야 층 내에서 한층 더 남성 중심적인 변종을 보여주는데, 이는 복원된 동부 인도·유럽어 신화 전통의 남성 중심적 신격에 대한 고고학적 유사점이다. 그러나 볼가 강 유역에서도 중앙 무덤에 묻힌 이들은 **완전히** 남성만은 아니었다. 언어학자들이 복원한 인도·유럽 공통조어 사용자들의 부계 상속/부계 거주 사회에서 **모든** 혈통의 수장은 남성이었을 것이다. 중앙 무덤을 비롯해 쿠르간 무덤 5기마다 하나씩 보이는 여성의 등장은 성별이 누가 쿠르간에 묻힐지를 결정하는 유일한 인자는 아니었음을 시사한다. 볼가 강 유역에서조차 왜 성인 여성이 쿠르간 아래 중앙 무덤에 묻혔을까? 훗날 초원 사회에서 여성은 일반적으로 남성에게 부여하는 지위를 차지할 수 있었다. 돈 강 하류와 볼가 강 하류의 스키타이-사르마트 '전사 묘(warrior grave)'의 20퍼센트는 남자처럼 전투 복장을 한 여성들의 것이었는데, 이런 현상이 그리스의 아마조네스 이야기에 영감을 불어넣었을 것이다. 비록 2000년 전의 일이지만 스키타이-사르마트 무덤과 똑같은 지역의 얌나야 쿠르간 아래 중앙 무덤의 성인 여성 빈도가 거의 같다는 것은 적어도 흥미로운 일이다. 아마도 이 지역 사람들은 관습적으로 일부 여성에게 전통적으로 남성이 맡았던 지도자 역할을 부여했던 듯하다.[39]

쿠르간 묘지와 이동성

묘지의 쿠르간들은 짧은 기간 동안 한꺼번에 만들어진 후 버려졌을까, 아니면 사람들이 그 주위에 거주하면서 더 오랜 기간 동안 규칙적으로 재사용했을까? 각 쿠르간을 건립한 간격을 알기 위해 묘지 내의 모든 쿠르간을 대상으로 방사성 탄소 연대 측정값을 얻는 게 이상적일 것이다. 얌나야 묘지에서 조사할 수 있는 쿠르간 수는 대체로 30~40개 혹은 50개일 것이다. 이런 밀도의 방사성 탄소 연대 측정을 수행한 쿠르간 묘지는 대단히 적다.

우리는 텔레긴과 그의 동료들이 얌나야 무덤을 대상으로 얻은 방사성

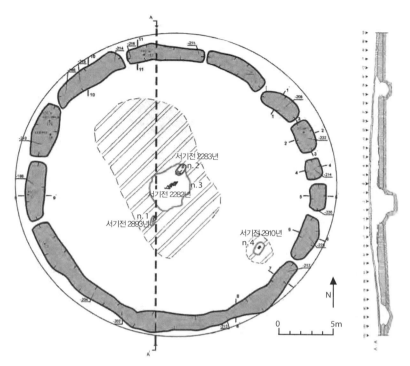

그림 13.7 볼가 강 중류 지역의 폴타프카 문화 크라스노사마르스코예 묘지 4의 쿠르간 1. 서기전 2800년경 쿠르간을 건설할 때 무덤 3기를 동시에 만들었다. 쿠르간 안의 점토층으로 덮인 중앙 무덤, 그 동남쪽의 가장자리 무덤 그리고 덧씌워 만든 무덤. 필자 발굴.

탄소 연대 측정값 210개를 가지고 각 쿠르간을 건립한 간격의 근사치를 계산할 수 있다. 그의 목록에서 우리는 탄소 연대를 측정한 똑같은 묘지에 최소한 2개 이상 쿠르간이 있는 묘지 19기를 찾을 수 있다. 그중 11기, 즉 절반 이상의 묘지에서 2개 이상의 쿠르간이 통계적으로 구분할 수 없는 측정값을 보였다(방사성 탄소 연대 측정값에 대해서는 표 13.2 참조). 이는 쿠르간이 무더기로 짧은 시간 안에 만들어졌음을 시사한다. 많은 경우 묘지는 다시 사용하기 전까지 몇 세기 동안 방치되었다. 예컨대 볼가 강 중류 지역의 크라스노사마르스코예의 폴타프카 문화 묘지에서 이런 패턴을 볼 수 있다. 왜냐하면 우리는 소규모 쿠르간 집단을 이룬 이곳의 쿠르간 3개를 모두 발굴하고 각각으로부터 복수의 방사성 탄소 연대 측정값을 얻었기 때문이다(그림 13.7). 우크라이나의 많은 쿠르간 집단처럼 이 쿠르간 3개는 모두 구별할 수 없을 만큼 짧은 기간에 만들어졌다. 중앙 무덤들은 모두 서기전 2700~서기전 2600년으로 나왔고(측정에 사용한 인골의 N_{15} 함량을 감안해 200년을 줄였음) 그 이후에는 버려졌다. 크라스노사마르스코예 IV 묘지의 경우는 아주 짧은 기간 동안 집약적으로 이용되었다.

만약 초지가 그들을 표시하는 묘지와 같았다면, 초지도 짧은 시간 동안 이용하고 방기했을 것이다. 이 간헐적인 목축 양상은 화전 경작과 유사한데, 아마도 자주 자리를 이동해야 하는 저생산성의 비슷한 환경 조건으로 인해 촉진되었을 것이다. 그러나 가축 몰이는 화전과 달리 짐승 한 마리당 방대한 초지가 필요하고, 가축 떼가 충분히 크기만 하면 교역 상품(울, 펠트, 가죽)을 생산할 수 있었다. 이런 환경에서 초지에 '휴식을 주는 것'은 인구 밀도가 희박한 상황에서만 설득력이 있었을 것이다.[40] 새로운 얌나야 경제가 기존에는 이용하지 않던 하곡 사이의 초지로 확장하는 동안 이런 일이 일어났을 가능성이 있다. 그러나 청동기 초기 네 바퀴 수레를 모는 목축 인구가 늘어나면서 일부 초지는 남용의 징조를 보이기 시작했다. 골예바(A. A. Golyeva)는 청동기 초기 마니치 초원의 얌나야 쿠르간이 새로운 흙과 풀 위에 세워졌음을 밝혀냈지만, 청동기 중기의 카타콤 문화 쿠르간 다수는 이미 지나치게 풀을 뜯긴 토양 위에서 세워졌다.[41] 얌나야 쿠르간 묘지는 새로운 목축 체제가 확장하던 초기 단계의 역동적 측면이다.

인도·유럽 공통조어 사회의 족장들

인도·유럽 공통조어 사용자들은 족장(*weik-potis*)을 따랐는데, 이 족장은 연회와 의식을 후원하고 찬가를 통해 불멸의 존재로 찬양을 받았다. 좀더 부유한 얌나야 무덤들은 아마도 그런 인물을 기렸을 것이다. 쿠르간을 세울 때 필요한 노동의 양을 통해 당시 사회적 위계제의 윤곽을 희미하게나마 추측할 수 있다. 쿠르간이 더 크다는 것은 더 많은 사람이 중앙 무덤에 묻힌 사람의 죽음에 화답해야 한다고 느꼈다는 걸 의미할 수 있다. 대부분의 무덤에는 옷과 아마도 구슬로 보이는 것 한두 개, 갈대 깔개, 나무 기둥과 시신 이외에 다른 부장품이 없다(어떤 경우는 머리만 있음). 다리나 머리 뼈 일부가 붙어 있는 가축의 가죽은 흔치 않은 부장품으로서 전체 무덤의 15퍼센트에서 나오고, 구리 찌르개나 도끼는 매우 드물어서 5퍼센트 미만의 무덤에서만 나왔다. 때로는 토기 파편 일부를 무덤에 던져 넣기도 했다. 이렇게 빈약한 증거로는 망자의 사회적 역할을 규정하기 어렵다.

큰 쿠르간이 가장 부유한 무덤을 품고 있을까? 최소한 두 지역, 즉 우크라이나 드네프르 강 서쪽의 잉굴 강 하곡(발굴한 얌나야 쿠르간 표본 37개)과 볼가-우랄 지역(90개 이상의 쿠르간 표본)을 대상으로 쿠르간의 규모와 무덤의 부를 비교해보았다.[42] 두 지역에서 쿠르간은 규모 면에서 큰 차이가 나는 집단―우크라이나의 쿠르간은 2개, 볼가 강 일대 쿠르간은 4개 집단―으로 분류할 수 있다. 두 지역 공히 제1집단은 지름 50미터 이상의 쿠르간으로서 표준적인 미식축구 경기장의 너비(유럽식 축구 경기장 너비의 3분의 2)와 비슷하다. 이것을 만들려면 500인일(人日, man-day: 1인의 하루 노동량―옮긴이)이 필요하다. 이는 500명이 하루 동안 일하거나 100명이 5일 동안 일하는 노동력 또는 총 500노동일을 의미한다.

그림 13.8 볼가 강 중류 지역의 쿠툴룩 묘지 I, 쿠르간 4의 무덤 1. 커다란 구리 전곤 혹은 곤봉을 갖고 있는 초기 얌나야 남성. 이 전곤은 얌나야 층에서 나온 가장 무거운 금속 물품이다. 사진과 발굴은 쿠즈네초프(Kuznetsov 2005 참조).

어떤 지역에서든 가장 부유한 중앙 무덤 위에 가장 큰 쿠르간이 세워진 것은 아니다. 두 지역에서 부유한 무덤은 중앙의 쿠르간 아래나 가장자리 무덤 모두에서 등장했다. 연구 표본 중 금속을 풍부하게 부장한 무덤이 없는 잉굴 강 하곡에서는 중앙 무덤보다 가장자리 무덤에서 부장품이 더 많이 나왔다. 어떤 경우, 이를테면 크라스노사마르스코예 IV 유적처럼 우리가 하나의 쿠르간 아래 있는 여러 무덤의 방사성 탄소 연대 측정값을 알고 있을 경우 측정값을 겹쳐봄으로써 중앙 무덤과 가장자리의 **더 부유한** 무덤이 동시에 같은 장례식에서 만들어졌다고 확신할 수 있다. 클라디 묘지를 비롯해 일부 노보스보보드나야 쿠르간의 가장 부유한 무덤들은 가장자리의 것으로서 봉분 아래 중심부에서 멀찍이 떨어진 곳에 있었다. 약간의 바퀴 달린 수레를 포함해 가장자리 무덤에 묻은 부장품을 중앙 무덤과 별개의 것으로 간주하는 것은 오해일 수 있다. 적어도 몇몇 경우 더 부유한 가장자리 무덤은 똑같은 장례식에서 중앙 무덤과 함께 만들어졌다.

엘리트의 지위는 건축물뿐만 아니라 인공 유물로도 표시되는데, 가장 광범위하게 퍼진 지위의 징표는 금속 부장품의 존재였다. 얌나야 무덤에서 나온 가장 큰 금속 인공물은 볼가 강 동쪽 사마라 주 사마라 강의 지류인 키넬(Kinel) 강을 내려다보는 쿠툴룩 묘지 I의 쿠르간 4 아래 묻힌 남성의 왼쪽 팔에 놓여 있는 것이다(그림 13.8). 다이아몬드형 횡단면(cross section)의 이 순동 곤봉 혹은 전곤은 무게 750그램에 길이 48.7센티미터, 두께 1센티미터가 넘는다. 쿠르간은 중간 크기로 지름 21미터에 높이는 1미터가 못 되었지만, 중앙 무덤의 구덩이(무덤 1)는 컸다. 무덤의 남자는 몸을 동쪽으로 향하고 무릎을 세운 채 등을 대고 바로 누웠는데, 머리와 엉덩이와 발 부분에 대자석을 뿌렸다. 이는 고전적인 얌나야 초기 양식이

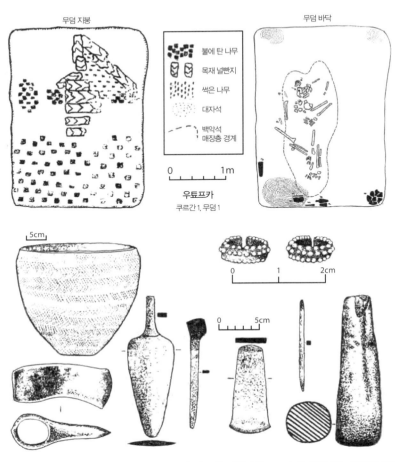

그림 13.9 서기전 2800~서기전 2500년 불가 강 중류 지역의 우툐프카 묘지 I에 있는 쿠르간 1의 무덤 1. 얌나야-폴타프카 층에서 가장 규모가 큰 쿠르간(지름 100미터 이상)에 속하며 가장 부유한 무덤. 표면을 돌기 모양으로 장식한 금 고리, 토기 그릇, 손잡이 구멍 있는 구리 도끼, 구리 단검, 머리가 철로 된 구리 핀, 판형 구리 도끼, 구리 송곳, 돌공이. 출처: Vasiliev 1980.

다. 남자의 뼈에서 떼어낸 표본 2개로 측정한 연대는 약 서기전 3100~서기전 2900년〔BP 4370±75(실험실: AA12570), BP 4400±70(실험실: OxA 4262)〕이었다. 그러나 N$_{15}$ 함유량은 측정치가 너무 오래되었으며 시기를 약 서기전

2900~서기전 2700년으로 수정해야 한다는 것을 보여준다.

사마라 강 하곡에 있는 범람원 위의 우툐프카 마을 근처에는 얌나야-폴타프카 시기 초원에서 가장 부유한 무덤이 있다. 우툐프카 묘지 I의 쿠르간 1은 지름이 110미터다. 중앙 무덤 1은 성인 남성이 묻힌 얌나야-폴툐프카 무덤인데, 똑바로 누운 채 다리는 명확하지 않은 자세로 매장되었다. 이 무덤에서는 돌기 있는 금 고리 2개가 나왔는데, 이는 북캅카스나 아나톨리아의 것과 유사한 독특한 물건이다. 또 슴베 있는 찌르개 하나와 단조한 철 머리가 있는 구리 핀 하나, 판형 구리 도끼 하나, 구리 송곳 하나, 고전적인 볼가-우랄 IIa 유형으로 가볍게 날이 숫은(자루 쪽으로 약간 휜) 소매 있는 구리 도끼 하나 그리고 돌을 갈아 만든 공이 하나가 나왔다(그림 13.9).[43] 볼가-우랄 지역의 수많은 얌나야 무덤에서는 금속 찌르개, 끌, 손잡이 구멍 있는 주조 도끼가 나왔다.

전반적으로 지름 10~110미터까지 서로 다른 규모의 쿠르간을 만드는 데 투입된 노동력의 광범위한 편차를 보면, 비록 항상 무덤의 부유함과 상관이 있는 것은 아니더라도 상하의 차이가 큰 사회정치적 위계질서를 알 수 있다. 1등급으로 분류되는 쿠르간은 부유한 무덤을 거느리는 경향이 있지만 그 무덤이 항상 중앙의 것은 아니고, 작은 쿠르간에서도 부유한 무덤이 종종 나타났다. 일반적으로 흑해 북부 초원 체르니흐의 쿠르간에서 옹벽 혹은 연석, 깎아 만든 석비, 심지어 돌이나 자갈 덮개 등의 추가적인 석물이 나오는 반면, 볼가-우랄 지역의 쿠르간에서는 금속 부장품은 더 풍부하지만 봉분은 단순히 흙으로 된 기념물이었다.[44]

금속 장인의 정체성

얌나야 족장 아래서 초원 대장장이들의 공예품은 개선되고 더욱 섬세해졌다. 흑해-카스피 해 초원의 금속 장인들은 처음으로 정식 구리 주조 제품을 만들었으며, 얌나야 후기에는 심지어 단조 철을 실험했다. 북캅카스 중부〔크라스노다르(Krasnodar)〕와 우랄 산맥〔카르갈리(Kargaly)〕사이, 볼가-우랄 지역 전체를 포함하는 지역에서 얇은 구리 광석(남동석, 공작석) 층이 철을 함유한 사암에 끼어 있었다. 이 구리 광석은 많은 하곡에서 침식으로 노출되었는데, 이것을 얌나야 금속 장인들이 캐냈다. 우랄 강 중류 클라디의 방대한 구리 매장층 및 광산 근처에 있는 오렌부르크 주 페르신(Pershin)의 얌나야 무덤 하나에는 한 남자가 체르니흐 유형 1의 소매 달린 외날 도끼를 만드는 양방 결합식 주형과 함께 묻혀 있었다. 무덤의 연대는 서기전 2900~서기전 2700년(BP 4200±60, BM-3157)으로 추정되었다. 클라디에서 발견한 얌나야 채광 구덩이도 같은 방사성 탄소 연대 측정값이 나왔다. 볼가-우랄 지역의 거의 모든 구리 제품은 이런 현지산 '순수' 구리로 만들었다. 비록 얌나야 초기의 소매 달린 외날 주조 도끼와 슴베 있는 찌르개가 노보스보보드나야의 원작을 모방한 것이긴 하지만 현지에서 현지의 광석을 이용해 만들었다. 북캅카스의 비소 합금 청동은 볼가 강 하류 남쪽에 있는 칼미크 초원의 무덤에 묻힌 사람들과 크림 반도의 케미-오바 유적 사람들이 수입했지만, 볼가-우랄 초원 사람들은 이를 수입하지 않았다.[45]

페르신 무덤이 이 시기의 유일한 대장장이 무덤은 아니다. 일부 얌나야 시기 무덤에서 금속 장인들을 분명하게 알아볼 수 있는데, 아마도 금속 제작이 여전히 샤먼적 마술의 한 형태이며 금속 도구는 죽은 장인의 영혼에 깃든 채로 남아 있다고 생각했기 때문인 것으로 보인다. 드네프르 강 유역의 포스트 마리우폴 대장장이 무덤 2기(12장)와 도끼 주형, 도가니, 튈리르를 부장한 쿠반 초원 레베디 I 유적의 노보티토로프스카야 문화 대

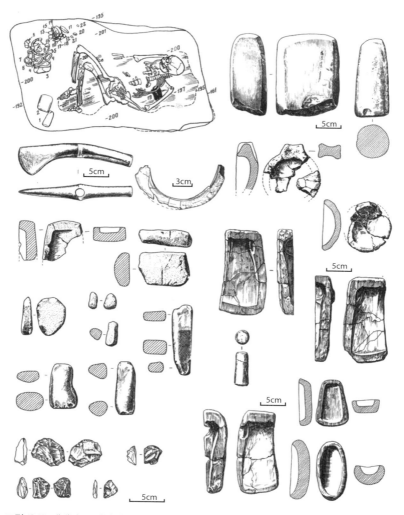

그림 13.10 레베디 I 묘지에 있는 쿠르간 3의 무덤 10. 쿠반 강 초원의 후기 노보티토로프스카야 문화 금속 장인의 무덤으로 서기전 2800~서기전 2500년경의 것으로 추정. 이 장인은 멧돼지 엄니 펜던트를 차고, 팔 아래에는 사문석 망치 – 도끼가 놓여 있었다(왼쪽 위). 발 옆에는 완전한 금속 제작 장비 세트가 놓여 있었다. 무거운 돌망치와 연마기, 예리한 날을 가진 부싯돌 공구, 점토로 된 둥근 도가니(오른쪽 위) 그리고 평판형 및 소매 달린 도끼. 출처: Gei 1986, 그림 1, 4, 6, 7, 9.

장장이 무덤 하나는 얌나야 초기와 동시대의 것으로 보인다(그림 13.10). 우툐프카 I 유적에 있는 쿠르간 2의 경우처럼 다른 무덤에는 금속 제작의 잔여물인 구리 슬래그가 있었다.[46]

청동기 초기 및 중기 초원의 야금술에서 인정받지 못한 측면 하나는 철을 가지고 한 실험이다. 우툐프카 쿠르간 1의 단조 철 머리 구리 핀은 유일한 것이 아니다. 도네츠 강 유역에 있는 게라시모프카(Gerasimovka)의 무덤은 서기전 2500년 무렵의 것으로 추정되는데, 이곳에 비소 합금 청동 손잡이에 철로 만든 날이 있는 칼이 부장되어 있었다. 이 철에는 운석 철에서 볼 수 있는 자철석이나 니켈이 함유되어 있지 않으므로 단조 철로 보인다. 철제품은 드물지만 초원의 대장장이들이 청동기 초기 및 중기에 실험적으로 만든 것 중 일부이며, 히타이트의 아나톨리아나 근동에서 철을 사용하기 시작한 때보다 훨씬 이른 시기의 것들이다.[47]

흑해 북부 초원의 석비

얌나야 층이 흑해-카스피 해 초원에서 발전한 것은 주로 육상 운송의 혁신, 즉 네 바퀴 수레에 기마가 더해져 새로운 종류의 목축 경제가 가능했기 때문이다. 동시에 해상 운송의 혁신, 즉 노가 여럿 달린 긴 배의 도입으로 서기전 3300~서기전 3200년 무렵 그로타-펠로스(Grotta-Pelos) 항해자들에 의한 키클라데스 제도(Cycladic Islands)의 항구적 점령과 트로이 성립보다 앞선 쿰테페(Kum Tepe) 같은 아나톨리아 북서부 무역 공동체의 초기 발전이 가능했던 것으로 보인다.[48] 이 두 층(horizon), 즉 '물의 바다'와 '풀의 바다' 위에 있는 두 층이 흑해 해안 일대에서 접촉하기 시작했다.

서기전 3200~서기전 2600년으로 추정되는 케미-오바 문화는 쿠르간을 만드는 문화로서 크림 반도에 집중되어 있었다. 표면이 검은 이 문화의 토기는 미하일로프카 I 토기의 전통을 이은 것이다. 케미-오바 석관은 평평한 석판으로 내벽을 댔으며 일부는 기하학적 도안을 그렸는데, 이는 노보스보보드나야의 군주 묘(royal grave)와 상통하는 관습이다(예컨대 날칙의 차르 쿠르간). 또한 케미-오바 무덤에서는 커다란 장례 석비가 나왔는데, 그중 다수에는 꼭대기의 사람 머리부터 시작해 팔·손·띠·튜닉·무기·갈고리·샌들을 새기고 전면 혹은 전후 양면에 동물 형상을 새겨놓기도 했다(그림 13.11). 이런 관습은 크림 반도에서 캅카스(이곳에서는 단지 몇 개의 석비만 발견되었을 뿐이다)와 서쪽의 흑해 초원으로 퍼졌다. 흑해 북부 초원의 얌나야 및 카타콤 무덤에서는 최소 300개의 석비를 발견했는데—대부분 무덤 덮개로 재활용했음—그중 절반 이상은 남부그 강과 잉굴 강 사이에 집중되어 있었다.[49] 크림 반도와 흑해 초원에서 장례 석비를 조각하는 일은 서기전 3300년경 이후에 확대된 듯하다. 조각을 한 원래 목적은 알려지지 않았다. 아마도 최초의 쿠르간을 세우기 전 미래에 만들 쿠르간 위치를 표시한 것이거나, 혹은 두 번째 쿠르간을 만들 때까지 첫 번째 쿠르간의 위치를 표시한 것일 수 있다. 어쨌든 일반적으로 이런 석비는 무덤 구덩이 덮개로 재활용한 형태로 발견되었으며, 쿠르간 아래 밀폐된 채로 있었다.

　머리와 구부린 팔, 손, 무기 그리고 심지어 갈고리 같은 특정 물품까지 똑같이 새긴 불가사의하리만큼 유사한 석비가 토스카나 주 북부와 이탈리아 산록에서 비슷한 시기에 나타나고, 비슷한 모양의 석비 조각이 트로이 I의 석조 건물 재료로도 쓰였다. 이렇게 멀리 떨어진 곳에서 나온 놀랄 만큼 유사하고 시기도 같은 장례 석비들이 서로 아무런 연관이 없다고 생

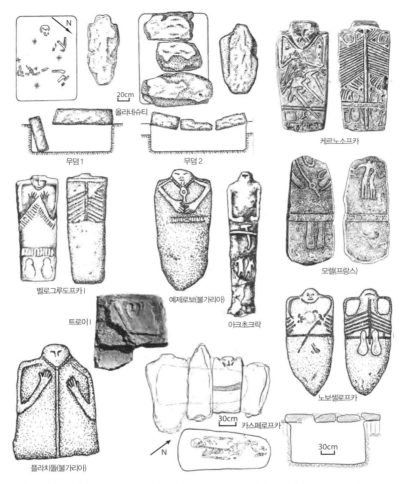

그림 13.11 흑해 초원, 트로이 I, 프랑스 동남부의 인간 모양 석상. 드네스트르 강 하류 초원 지대에 위치한 올라네슈티 쿠르간 2의 무덤 1과 2는 우사토보 문화보다 앞선 서기전 3300년 이전의 것이다. 우크라이나와 크림 반도(케르노소프카, 벨로그루도프카, 아크초크락, 노보셀로프카, 카스페로프카) 그리고 불가리아(플라치돌, 예제로보)의 얌나야 석상들은 서기전 3300~서기전 2500년의 것으로 추정. 트로이 I과 프랑스 동남부(모렐) 산악 지대 유물은 대단히 유사하다. 출처: Telegin and Mallory 1994; Yarovoy 1985.

각하기는 어렵다. 새로이 활성화한 해상 교역이 바다를 가로질러 아이디어와 기술을 옮겼을 것이다. 활성화한 해상 교역이 지중해 동부로 퍼져나갈 때 얌나야 층이 흑해-카스피 해 초원 전역으로 확산했을 것이다. 얌나야 층의 중요성을 완전히 이해하기 위해서는 외부와의 관계를 이해해야한다. 이것이 다음 장의 주제다.

14

서부의 인도·유럽어군

"가능성으로 가득 찬 거친 강이 나의 새 언어로부터 흘러나왔다."

―앤드루 람(Andrew Lam),

'언어 학습, 미래 개발(Learning a Language, Inventing a Future)'(2006)

언어를 단순히 인공 유물과 등치하려 해서는 인도·유럽 공통조어 방언들의 초기 확산을 이해하지 못할 것이다. 물질문화는 종종 언어와 거의 관련을 갖지 않는다. 나는 강고하고 지속적인 변경에 한해서 이 법칙의 예외를 제시했지만, 그것은 하나의 예외일 뿐이다. 언어 확산의 본질은 심리학적인 것이다. 인도·유럽어의 최초 확산은 집단의 자기 지각(self-perception)에 광범위한 문화적 변동이 일어났기 때문이다. 언어의 교체는 항상 자기 지각의 갱신, 즉 자아를 정의하고 재생산하는 문화적 분류 체계의 재구성을 동반한다. 죽어가는 언어에 붙은 부정적 평가로 인해 뒤이은 세대들은 그 중조부 언어를 쓰고자 하는 사람들이 하나도 없을 때까지 계속 축소 방향의 재분류를 이어간다. 언어의 교체와 기존 정체성에 대한 낙인찍기, 곧 평가 절하는 함께 일어난다.

유럽의 선 인도·유럽어군은 낙인찍힌 사회 집단에 대한 소속감과 연관이 있기 때문에 버려졌다. 이 낙인찍기 과정이 어떻게 일어나는지는 매혹적인 질문이며, 거기에는 단순한 침략이나 정복보다 훨씬 다양한 가능성이 있다. 예컨대 족외혼(out-marriage)의 증가가 언어 교체를 초래할 수 있다. 스코틀랜드의 '어부' 대중들이 쓰던 게일어는 제2차 세계대전 후 버려졌는데, 이는 당시의 이동성 증가와 새로운 경제적 기회가 게일어를 쓰는 '어부'와 주위에 있는 영어 사용 집단의 결혼으로 이어졌고, 기존의 폐쇄된 평등주의적 '어부' 공동체가 더 넓은 세계에서 자신들이 차지한 낮은 지위와 대안적인 경제적 기회를 한꺼번에 집약적으로 인지했기 때문이다. 비록 일부 사람들(군인, 전문직 종사자, 교사)만 아주 멀리까지 이동했지만, 게일어는 급속히 사라졌다. 마찬가지로 서기전 3300년 이후 유럽도 일반적으로 이동성 증가와 새로운 목축 경제의 도입, 지위의 등급을 명백하게 구분하는 정치 체제 그리고 지역 간 연계가 강화되는 상황이었으며, 이것이 바로 현지화한 마을 농부 집단이 쓰던 언어와 결부된 폐쇄적 정체성에 낙인을 찍은 맥락이었을 것이다.[1]

언어의 교체를 이해하는 또 다른 방식은 왜 인도·유럽어와 결합한 정체성을 모방하고 추앙했는지 물어보는 것이다. 그것은 인도·유럽어나 그 사용자들의 어떤 핵심적 자질이나 내부의 잠재력 때문이었을 리 없다. 일반적으로 언어 교체는 최고의 명성과 권력의 방향으로 이뤄진다. 최고 지위는 수세기 동안 어떤 하나의 종족 집단(켈트인, 로마인, 스키타이인, 튀르크인, 아메리카인)에 붙을 수 있지만 이는 결국 흘러간다. 그래서 우리는 이 특정한 시대에 어떤 명성과 권력이 인도·유럽 공통조어 사용자의 정체성, 즉 얌나야 정체성에 붙었는지 알아내고자 한다. 이 시기의 초입에 인도·유럽어는 여전히 주로 흑해-카스피 해 초원의 목축 사회에서 사용하던 언어였다. 그들의 지위를 강화하는 데 기여한 중요한 요소로 다섯 가지를 들 수 있다.

1. 흑해-카스피 해 초원 사회는 초원 밖의 어떤 사회보다 말을 기르고 타는 데 익숙했다. 그들은 다른 어떤 곳의 사람보다 말을 더 많이 소유했고, 조사한 바에 따르면 그들의 초원 말은 중부 및 서부 유럽의 습지 및 산악 조랑말보다 컸다. 큰 말은 서기전 3300~서기전 3000년 무렵 중부 유럽의 바덴과 체르나보다 III 및 참(Cham) 유적에서 등장하는데, 아마도 초원에서 수입한 것으로 보인다.[2] 동시에 말은 트랜스캅카스의 초기 트랜스캅카스 문화 유적 대부분에서 등장하며, 그중에는 아나톨리아 동남부에 있는 노르슌테페의 경우처럼 큰 말도 나타났다. 또한 초원에서 말을 기르던 이들은 가장 다루기 쉬운 부계 혈통을 소유했을 것이다. 요컨대 최초로 길들인 종마의 유전적 계통은 심지어 원래 토착 야생말 집단이 있던 곳에서도 보존되었다(10장 참조). 그들이 가장 크고 강할 뿐만 아니라 가장 다루기 쉬운 말을 다른 어떤 이들보다 많이 소유했다면, 초원 사회는 말을 교역함으로써 성장할 수 있었을 것이다. 16세기 중앙아시아의 부하라 칸국은 페르가나 하곡의 말 사육 근거지 덕분에 **매년** 10만 마리의 말을 단 하나의 고객 집단에게 팔았는데, 그 고객은 바로 인도와 파키스탄을 지배하던 무굴 제국 통치자들이었다. 나는 비록 그 정도의 규모를 제시하지는 않겠지만, 초원을 넘어 기마가 처음으로 확산하던 시기의 동석기 말기/청동기 초기 유럽에서 초원 말에 대한 수요는 틀림없이 연간 수천 마리에 달했을 것이다. 아울러 이는 일부 초원의 말 상인들을 부유하게 만들었을 것이다.[3]

2. 기마는 거리를 단축시켜 말을 탄 사람들은 걷는 사람보다 멀리 여행할 수 있었다. 이것이 초래한 인문지리학적 개념의 변화에 더해 말을 탄 사람들은 기능적인 이점을 두 가지 얻었다. 첫째, 그들은 말을 타지 않은 목부보다 큰 가축 떼를 돌볼 수 있었고, 이 초원에서 저 초원으로 더 많은 가축을 데리고 더 쉽게 이동할 수 있었다. 어떤 목부라도 말 위에서는 생산성이 높았다. 둘째, 그들은 습격전에서 도보 전사보다 더 빨리 전진하고 퇴각할 수 있었다. 예상 못한 순간에 나타나 말에서 내린 후 들판에 있는 사람들을 공격하고, 다시 말에 올라타 재빨리 달아날 수 있었다. 거의 모든 지역의 전쟁 수준이 늘어나는 사회적 환경에서 서기전 3300년 이후 유럽 전역에 걸쳐 경작의 경제적 중요성이 떨어졌다. 기마는 불안정의 전반적 증대에 더해 그 대응으로 기마를 더욱 필요하게 만들었고, 말 시장의 확대를 초래했을 것이다(앞의 단락 참조).

3. 인도·유럽 공통조어 사회의 제도에는 맹세(*h₁óitos)에 의해 구속되는 구두 계약의 신성함에 대한 믿음 그리고 충성과 봉사에 대한 대가로 후견인(혹은 신)이 피후견인(혹은 인간)을 보호할 의무에 대한 믿음이 포함된다.《리그베다》(I.162)의 말 희생에 따르는 기도문은 "이 경주마가 우리에게 좋은 소와 좋은 말, 사내아이와 모든 것을 살찌우는 부를 가져다주게 하시옵소서"라고 읊는데, 이는 인간을 신과 엮는 분명한 계약의 천명이다. 일반적으로 인도·유럽 공통조어의 종교에서 신과 인간의 간극은 맹세로 구속력을 갖는 계약과 상호 의무의 신성함을 매개로 이어졌다. 아울러 이는 의심할 나위 없이 힘 있는 자들이 약한 이들, 적어도 그 사회의 우산 아래 들어온 이들에 대한 일상적 행동을 규제하는 중요한 수단이었다. 이 같은 후견인—피후견인 체제는 외부인을 권리와 보호를 누리는 피후견인으로 통합할 수 있었다(요컨대 내부인으로 포용할 수 있었다—옮긴이). 불평등을 합리화하는 이런 방식은 아마

도 초원 사회 제도의 오랜 부분이며 가축 도입으로 부의 차이가 처음 등장했을 때로 소급할 수 있을 것이다.[4]

4. 얌나야 층의 진화와 함께 초원 사회는 이주 행위를 관리할 정치적 기반을 발전시켰음에 틀림없다. 앞장에서 기술한 생활 양식의 변화 및 이동성이 사회적 효과 없이 일어났을 리 없다. 그 효과 중 하나는 손님-주인(*ghos-ti-) 사이의 상호 '환대' 의무의 탄생이었을 것이다. 앞장에서 설명했듯 이런 제도는 누가 사회적 우산에 속하는지 재정의했으며, 새로운 집단에 대한 보호 범위를 넓혔다. 《오디세이》 시절부터 중세까지 유럽에서 이용한 것처럼 이 제도는 외부인을 분명하게 정의된 권리와 보호를 누리는 이들로 통합해내는 새로운 방법으로 매우 유용했을 것이다.[5] 아나톨리아어와 토하라어에 분명 이런 어근이 없다는 점은 이 제도가 얌나야 층 초기의 이동 행위와 관련 있는 새로운 발전이었음을 시사한다.

5. 마지막으로, 초원 사회는 장례식과 관련해 일종의 정교한 정치극(political theater)을 창출했는데, 아마 좀더 흥겨운 공공 행사에서도 그랬을 것이다. 인도·유럽 공통조어에는 선물 주고받기와 관련한 어휘가 있는데, 이는 명성을 확립하고 부를 과시할 목적의 포틀래치(potlatch: 북미 인디언들의 선물 교환 행사―옮긴이) 같은 연회를 지칭하는 것으로 해석된다. 대중적 찬양 시가(poetry) 공연, 동물 희생 그리고 고기와 미드(mead: 벌꿀 술―옮긴이)의 분배는 공연의 핵심 요소였다. 캘버트 왓킨스(Calvert Watkins)는 베다어, 그리스어, 켈트어 그리고 게르만어에서 자신이 "선물의 찬가"라고 부른 특별한 종류의 노래를 발견했는데, 후기 인도·유럽 공통조어에도 거의 확실히 이런 노래가 있었을 것이다. 찬양시는 후견인의 관대함을 선포하고 그가 제공한 선물을 열거했다. 이런 공연은 정체성을 승인하는 박수임과 동시에 새로운 인원을 보충하는 행사였다.[6]

부, 군사력 그리고 한층 생산적인 목축 체제가 서기전 3300년 이후 인도·유럽 공통조어 방언 사용자의 정체성에 명성과 힘을 가져다주었을 것이다. 손님-주인 제도는 맹세로 구속되는 의무적 보호를 새로운 사회 집단으로 확장시켰다. 외부인이 희생만 적절하게 이행하면 인도·유럽어를 사용하는 후견인은 그들에게 수치를 주거나 영원히 복종적인 역할을 강요하지 않으면서 그들을 피후견인으로 받아들이고 통합할 수 있었다. 공공 연회에서 찬양시는 후견인이 관대하게 행동하도록 고무했으며, 그 찬가의 언어를 모든 걸 주관하는 신과 교통하는 매개체로 승인토록 했다. 이 모든 일련의 요소는 인도·유럽 공통조어 확산이 아마도 침략보다는 가맹점 작동 방식(franchising operation)과 비슷했음을 시사한다. 비록 이 체제가 새로운 지역(혹은 가맹점의 수사를 사용하면 '시장')에 처음 침투할 때는 종종 초원으로부터의 실제 이주 및 군사적 대치와 관련이 있었지만, 그것이 일단 새로운 후견인-피후견인 협정(가맹점)을 재생산하기 시작하면 원래 초원 이주민과의 관계는 유전적으로 멀어진 반면 체제를 유지하는 신화·의례·제도는 세대를 거듭하며 재생산되었다.[7]

쿠쿠테니-트리폴리예 문화의 종말과 서부 지파의 뿌리
•

이번 장에서 우리는 영어의 궁극적 조상인 선 게르만어의 분기를 포함해 서부 인도·유럽어의 팽창과 관련한 고고학적 증거를 살펴볼 것이다. 이 특정한 문화 및 시기에만 **유일하게** 선사 시대 언어와 고고학적 문화를 연결시킬 수 있다. 왜냐하면 그 가능성이 3개의 주요 매개 변수에 의해 이미 제약되어 있기 때문이다. 그 제약은 다음과 같다. (1) 인도·유럽 공통조어 후기 방언이 확장했다는 점. (2) 이 방언이 흑해-카스피 해 초원의 고향에서 동부 및 중부 유럽으로 확산했다는 점. (3) 후기 인도·유럽 공통조어로부터 선 이탈리아어, 선 켈트어, 선 게르만어가 갈라져 나온 때가 최소한 이 시기, 즉 서기전 3300~서기전 2500년 무렵이라는 점(3장과 4장의 결론 참조).

가장 오래된 서부 인도·유럽어 지파의 뿌리

이런 제약은 우리로 하여금 초기 얌나야 영역의 서쪽, 즉 서기전 3300년 이후 남부그 강 하곡의 서쪽으로 주의를 돌리게 한다. 이 변경에서 우리는 문화를 가로지르는 접촉의 세 가지 고고학적 실례를 확인할 수 있는데, 이러한 접촉을 통해 흑해 서부 초원 사람들이 초원 밖에 있는 서쪽 사람들과 청동기 초기인 서기전 3300~서기전 2800년 장기간의 관계를 확립했다. 이런 새로운 문화 간 만남은 각기 그 안에서 언어 확산이 일어날 수 있는 맥락을 제공했고, 앞서 설명한 제약 상황을 감안하면 아마도 그와 같은 언어 확산이 일어났을 것이다. 하지만 각각의 사례는 별개로 일어났다.

첫 번째 일어난 일은 초원의 우사토보 문화와 드네스트르 강 상류 및 프루트 강 하곡의 트리폴리에 후기 마을들 간의 긴밀한 융합인데, 이는 주로 토기에서 두드러지지만 다른 관습들에서도 분명히 드러난다(그림 14.1). 고고학적 증거로 보면 통합된 문화에서 초원적 요소는 별도의 기원을 가지며 고지의 농경민에 대해 군사적 우위를 가졌음이 명백하다. 아마도 이런 상황이 초원 언어의 고지대 침투를 촉진했을 것이다. 두 번째 일어난 일은 얌나야 층 사람들이 상당한 무리를 이뤄 다뉴브 강 하곡 및 카르파티아 분지로 들어간 것이다. 이는 진정한 '대중 이동'으로서 다수의

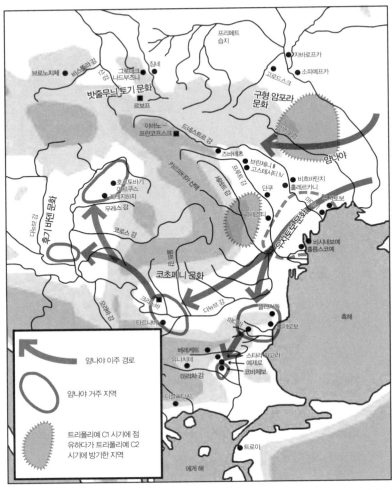

프리페트
습지

자바로프카
소피예프카

브로노치체
비스톨라 강
그로데크
나드부지니
잠네

고로드스크

밧줄무늬토기 문화
로보프

구형 암포라
문화

이바노─
프란코프스크
드네스트르 강

스바네츠
브리제니
고스테시티 IV

암나야

비흐바틴치
흘레르카니

호르토바기
베케르지하자
무레스 강

코로스 강

단쿠

마우토포

리세스티

비시네보예
흘름스코예

코초페니 문화

다뉴브 강

플라치돌
마티텔

예제로보

흑해

코라비아
타르나바

베레케트
유나치테
마리차 강

스타라자고라
예제로
코바체보

디갈러탄시

암나야 이주 경로

암나야 거주 지역

트리폴리예 C1 시기에 점
유하다가 트리폴리예 C2
시기에 방기한 지역

트로이

에게 해

그림 14.1 서기전 3100~서기전 2600년 다뉴브 강 하곡 및 동부 카르파티아 산록으로의 암나야 이주. 더 오래된 인도·유럽어 분파들은 이 이주로 인해 흩어진 방언들로부터 진화한 것으로 추정한다.

외부인 집단이 계속해서 기존의 인간이 거주하는 풍경으로 유입되었음을 의미한다. 이에 따라 또다시─특히 토기 분야에서─이주민과 현지 코초 페니 문화 통합의 고고학적 증거가 나타난다. 현지인과의 통합은 언어 이동을 위한 매개체를 제공했을 것이다. 세 번째 일어난 사건에서 얌나야 층이 멀리 우크라이나 서북쪽에 있는 드네스트르 강 수원 근처의 빗줄무늬 토기 층과의 경계를 향해 확장되었다. 어떤 곳에서는 통합이 전혀 일어나지 않았지만, 이 접촉 지대의 동쪽 측면, 곧 드네프르 강 중류 근처에서는 하나의 혼합 경계 문화가 등장했다. 몇몇 인도·유럽어 서부 지파들의 분기는 이 사건과 어느 정도 연관이 있다고 가정해도 무방할 것이다. 언어적 증거는 이탈리아어, 켈트어 그리고 게르만어가 최소한 토하라어 분기 이후 갈라져 나왔음을 시사한다. (여기에 대해서는 앞장에서 논의했다.) 분기 시점에 대한 추정은 이 무렵 이들 지파가 갈라져 나왔음을 시사하고, 이러한 일들(얌나야 층 사람들의 이주 확산―옮긴이)이 서부 지파의 분기를 초래한 가시적 사건의 훌륭한 후보자처럼 보인다.

쿠쿠테니-트리폴리예 문화의 종말

그들이 쓰던 방언이 갈라져 나와 북서부 유럽의 인도·유럽어 지파(선 게르만어, 선 발트어, 선 슬라브어)의 뿌리 언어가 되도록 했던 이들은 처음에는 서북쪽을 향해 이동한 것으로 추정된다. 이런 일이 서기전 3300~서기전 2600년에 일어났다면 그들은 비틀거리던 마지막 트리폴리예 C2기의 문화 영역을 지나거나 혹은 그곳을 향해 움직였다는 뜻인데, 그 후에 트리폴리예 전통은 완전히 사라졌다. 이 시기(C2기)는 남부그 강 하곡 전체를 포함해 초원과의 경계 근처에 있던 거대한 지역이 갑자기 버려지면서 시작된다. 트리폴리예 문화가 살아남은 지역에서도 트리폴리예 C2 읍락을 구성하는 가옥은 30~40채 이하였다. 가옥 자체도 한층 작고 허술했다. 오래된 모티프와 양식을 고수했지만 정밀한 토기의 제작 빈도는 떨어졌다. 여성상을 사용하던 집안 의례도 줄어들고, 그 여성적 특징도 양식화

표 14.1 우사토보 문화, 여타 트리폴리예 C2 집단 그리고 다뉴브 강 하곡 얌나야 무덤들의 선별된 방사성 탄소 연대 측정값

실험실 번호	BP 연도	표본	보정한 연대
1. 우사토보 문화			
드네스트르 강 하류 마야키 거주지			
Ki-282	4580±120	방어용 해자에서 나온 숯	3520~3090 BCE
Ki-281	4475±130	상동	3360~2930 BCE
Bln-629	4400±100	상동	3320~2900 BCE
UCLA 1642B	4375±60	상동	3090~2900 BCE
Le-645	4340±65	상동	3080~2880 BCE
우사토보, 평평한 무덤 II, 번호를 기록하지 않은 무덤			
UCLA-1642A	4330±60	?뼈	3020~2880 BCE
2. 드네프르 강 중류 트리폴리예 C2 유적			
테테레프 강 돌출부에 있는 요새화한 고로드스크 거주지			
GrN-5090	4551±35	?뼈	3370~3110 BCE
Ki-6752	4495±45	조개껍데기	3340~3090 BCE
키예프 지역 보리스폴 구역의 소피예프카 묘지			
Ki-5012	4320±70	무덤 1, 화장한 뼈	3080~2870 BCE
Ki-5029	4300±45	숯	3020~2870 BCE
Ki-5013	4270±90	광장 M11, 화장한 뼈	3020~2690 BCE
3. 드네스트르강 상류 트리폴리예 C2 유적			
드네스트르 상류의 카미아네츠-포돌스키 지역 트리폴리예 C2 초기의 즈바네츠 거주지			
Ki-6745	4530±50	동물 뼈, 구덩이 가옥 1	3360~3100 BCE
Ki-6743	4480±40	동물 뼈, 지상 가옥 2	3340~3090 BCE
Ki-6754	4380±60	숯	3100~2910 BCE
Ki-6744	4355±60	동물 뼈, 구덩이 가옥 6	3080~2890 BCE
4. 다뉴브 강 하곡 얌나야 무덤			
불가리아 동북부 포루치크-게샤노보 쿠르간 묘지			
Bln-3302	4360±50	미발표 무덤에서 나온 숯	3080~2900 BCE
Bln-3303	4110±50	상동	2860~2550 BCE

Bln-3301	4080±50	상동	2860~2490 BCE
불가리아 동북부 플라치돌 쿠르간 묘지			
Bln-2504	4269±60	숯, 석비 있는 무덤 2	3010~2700 BCE
Bln-2501	4170±50	숯, 수레를 부장한 무덤 1	2880~2670 BCE
루마니아 다뉴브 강 삼각주 바이아하만지아			
GrN-1995	4280±65	무덤에서 나온 숯	3020~2700 BCE
Bln-29	4090±160	무덤에서 나온 숯	2880~2460 BCE
헝가리 동부 케테지하자 쿠르간 3, 무덤 4(쿠르간 3의 가장 나중 무덤)			
Bln-609	4265±80	무덤에서 나온 숯	3020~2690 BCE

하거나 추상화되었다. 아울러 이런 의례조차 완전히 사라졌다. 변화와 관련한 두 가지 주요 사건을 포착할 수 있는데, 그 첫 번째 큰 충격은 초기 얌나야 층이 등장한 때와 같은 시기, 곧 서기전 3300년 무렵 트리폴리예 C1 문화가 C2 문화로 이행하던 과도기에 나타났다. 두 번째이자 마지막 변화의 물결은 초기 얌나야 시기가 끝났을 때, 곧 서기전 2800~서기전 2600년 무렵 트리폴리예 관습의 잔재를 모조리 지워버렸다.

최초의 위기, 곧 서기전 3300년 무렵 트리폴리예 C1/C2 과도기의 위기는 수백 개의 트리폴리예 C1 읍락과 마을을 거느리고 있던 커다란 지역들이 버려진 것에서 명백하게 드러난다(표 14.1). 이렇게 버려진 지역에는 초원 경계에서 가까운 키예프 남쪽의 드네프르 강 서부 지류 중 하나인 로스(Ros) 강 하곡, 초원 경계 근처의 남부그 강 중류 및 하류의 하곡 전체, 역시 초원 경계에서 가까운 루마니아 남동부에 있는 시레트 강 남부와 프루트 강 하곡〔이아시(Iasi)와 비를라드(Bîrlad) 사이〕이 포함된다. 이런 일이 있은 후 오늘날 루마니아 땅에서 살아남은 쿠쿠테니-트리폴리예 유적은 거의 없으며, 그리하여 2000년을 이어져온 쿠쿠테니 계열은 완전히 종말을 고했다. 이 모든 곳이 쿠쿠테니 B2/트리폴리예 C1 기간 동안 조밀한 인구가 거주했던 지역이다. 우리는 버려진 곳들에서 어떤 일이 벌어졌는지 모른다. 남부그 강 하곡에 있는 마이단네츠케의 초대형 트리폴리예 읍락의 폐허 위에 얌나야 쿠르간 하나가 세워졌지만(그림 12.7 참조), 이는 이 지역이 버려진 지 몇 세기 후의 일인 듯하다. 남부그 강 하곡〔세레즐리예프카(Serezlievka)〕의 기타 쿠르간에서 트리폴리예 C2 시기의 조각상과 토기가 나왔으므로 쿠르간을 세운 사람들이 남부그 강 하곡을 차지한 게 분명하다. 하지만 인구가 희박하고 트리폴리예 토기를 썼다는 사실 때문에 이들의 기원에 대한 논쟁이 벌어졌다.[8] 남부그 강 하곡 대부분에서 농경 읍락이 사라지면서, 살아남은 트리폴리예 사람들은 남부그 강 북부와 남부를 차지한 2개의 지리적 집단으로 나뉘었다(그림 13.1 참조).

북쪽의 트리폴리예 C2 집단은 키에프 인근의 드네프르 강 중류와 그 지류에 자리하고 있었는데, 이곳에서 숲-초원은 북쪽의 폐쇄된 숲으로 이어진다. 경계를 오가는 초원 문화들과의 동화는 트리폴리예 C1 시기 차파예프카의 경우처럼 드네프르 강 중류에서 시작해(그림 12.2, 12.6 참조) 트리폴리예 C2 기간에도 이어졌다. 드네프르 강 서쪽의 고로드스크 같은 읍락 및 강 동쪽의 소피예프카(Sofievka) 같은 묘지에서처럼 혼합 문화의 구성 요소에는 스레드니스톡 문화 후기, 얌나야 층 초기, 트리폴리예 문화 후기의 요소 그리고 폴란드 남부(바덴 문화 후기, 푼넬 비커 문화 후기)에서 온 여러 가지 영향이 포함되었다. 이러한 모든 문화 간 조우를 통해 등장한 혼합체는 서서히 독자적 문화로 발전했다.

남쪽의 트리폴리예 C2 집단은 드네스트르 강 하곡 일대에 중심을 두었는데, 아래에서 서술하겠지만 초원 문화인 우사토보 문화와 밀접하게 통합되었다. 드네프르 강과 드네스트르 강에 중심을 두고 살아남은 두 트리폴리예 후기 거주지는 계속 상호 작용을 이어갔지만(드네스트르 강의 부싯돌은 드네프르 강의 유적에 계속 등장한다), 둘 또한 서서히 갈라졌다. 다음 장에서 명백하게 밝혀질 이유들로 인해 나는 드네프르 강 중류에서 등장한 혼합 문화가 서기전 2800~서기전 2600년 이후 선 발트어 및 선 슬라브어 공동체의 진화에 공히 중요한 역할을 했다고 믿는다. 선 게르만어는 일반적으로 분기 도표에서 빠른 자리를 차지한다. 만약 선 게르만어 사용자들이 인도·유럽 공통조어 집단을 떠나 서북쪽으로 떠났다면—마찬가지로—그들은 서기전 2800년 이전에 이들 트리폴리예 거주 중심지 중 하나를 통과해 움직인 셈이다. 그리고 아마도 그것은 드네스트르 강 하곡의 거주지였을 것이다. 아울러 그 초원 측 상대는 우사토보 문화였다.

초원 지배자와 트리폴리예 피후견인: 우사토보 문화

우사토보 문화는 서기전 3300~서기전 3200년 무렵 드네스트르 강 어귀 일대 초원, 즉 서북쪽으로 폴란드 남부까지 이어지는 전략적 회랑 지대에서 등장했다. 드네스트르 강 하곡의 강우 농경 지대는 쿠쿠테니-트리폴리예 공동체가 수천 년 동안 빽빽하게 점유하던 곳이지만, 그들은 결코 초원에 거주지를 세우지 않았다. 서기전 4000년 무렵 수보로보 이주가 있은 이래 쿠르간들이 초원에서 드네스트르 강 어귀를 내려다보았다. 이 쿠르간들은 미하일로프카 I과 체르나보다 I-III을 포함한 여러 문화에 포함된다. 우사토보는 저지(해안에서 가까운 곳, 즉 하류—옮긴이) 초원과 고지(해안에서 먼 곳, 즉 상류—옮긴이) 농경 공동체 사이에 일어난 새로운 수준의 사회적·정치적 통합의 급속한 발전을 대표한다. 초원 집단은 트리폴리예 물질문화를 이용했지만, 자신들의 명성과 부 그리고 군사적 힘의 우위를 명백히 표명했다. 그 경계에 살던 고지 농경민은 묘지에 초원의 매장 관습을 받아들였지만 쿠르간을 세우거나 무기를 무덤에 부장하지 않았다. 이러한 통합 문화는 한쪽에서는 남부그 강 하곡의 트리폴리예 C1 읍락 전부와 다른 한쪽에서는 루마니아 남부의 트리폴리예 B2 읍락이 모조리 버려진 직후 나타났다. 수백 개에 달하는 쿠쿠테니-트리폴리예 농경 공동체의 해체로 인한 혼란은 드네스트르 강 중류 하곡의 트리폴리예 읍락민들로 하여금 피후견인의 지위를 인정하도록 설득했을 것이다. 명백한 후견자 지위가 우사토보 문화를 규정한다.[9]

우사토보와 고지 트리폴리예 읍락 사이의 문화적 통합

우사토보 거주지의 석벽 집들이 오늘날 오데사 근처의 한 만(灣), 즉 흑해 서북쪽 해안 최고의 항구를 내려다보는 수풀로 뒤덮인 능선 꼭대기를 차지했다. 우사토보는 약 4~5헥타르에 달했다. 돌 방어벽은 읍락의 바다 방향을 방어하기 위한 것으로 보인다. 거주지는 오늘날의 마을 건설과 1921년 볼텐코(M. F. Boltenko)가 수행한 첫 발굴 이전의 석회석 채취로 인해 대부분 파괴되었지만 그 일부는 살아남았다(그림 14.2). 고대의 읍락 뒤로 4개의 분리된 묘지가 언덕 능선 위에 자리 잡고 있는데, 모두가 대체로 동시대의 것이다. 2개는 쿠르간 묘지고 2개는 봉분 없는 무덤 묘지다. 읍락과 가장 가까운 쿠르간 묘지 하나에서는 중앙 무덤 절반에 청동 찌르개 및 도끼와 함께 남성이 매장되어 있었다. 이러한 청동 무기는 다른 무덤에서는 발견되지 않는 것은 물론 심지어 둘 중 나머지 쿠르간 묘지에서도 나오지 않았다. 여성상은 봉분 없는 평평한 무덤 묘지와 거주지에서만 발견되었으며, 쿠르간 무덤에서는 나오지 않았다. 평평한 무덤 묘지는 고

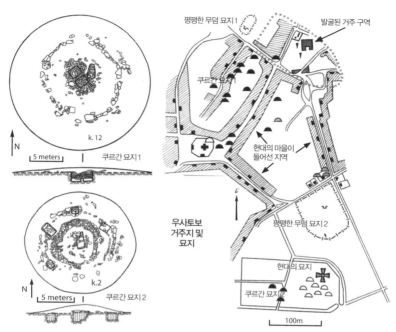

평평한 무덤 묘지1

발굴된 거주 구역

쿠르간 묘지1

현대의 마을이
들어선 지역

k.12

N

5 meters

쿠르간 묘지1

우사토보
거주지 및
묘지

평평한 무덤 묘지2

현대의 묘지

N

k.2

5 meters

쿠르간 묘지2

쿠르간 묘지2

100m

그림 14.2 오데사 동북쪽 가장자리, 오늘날의 만 옆 우사토보 마을 안에 있는 우사토보 거주지(점선 안), 쿠르간 묘지, 봉분 없이 평평한 무덤 묘지 유적. 출처: Patovka 1976(읍락 구획도), Zbenovich 1974(쿠르간).

지의 트리폴리예 마을 외곽에서 볼 수 있는 평평한 무덤 묘지, 특히 드네프르 강 유역의 비흐바틴스키(Vikhvatinskii) 묘지와 비슷했다. 비흐바틴스키 묘지의 3분의 2가량을 발굴한 결과, 61기의 무덤에 매장된 사람들이 뼈가 얇은 지중해형 두상 및 안면을 갖고 있었다. 고지의 묘지들은 초원과 삼림–초원의 강우 농경 지대 사이 경계에 있는 몇몇 다른 트리폴리예 유적(홀레르카니(Holerkani), 리셰슈티(Ryşeşti), 단쿠(Danku))에서도 발견되었다.

서로 다른 사회 집단에게 명백히 다른 장례 방식(쿠르간 혹은 평평한 무덤)을 적용하는 것은 드네스트르 강 유역에 있는 또 하나의 우사토보 거주지인 마야키(Mayaki)에서도 나타난다. 우사토보의 찌르개를 가진 족장들은 초원 족장들의 위계를 장악했을 것이다. 그들과 프루트 강 및 드네스트르 강의 삼림-초원 지대 트리폴리예 마을들과의 관계는 불평등했던 것 같다. 쿠르간 무덤과 무기를 부장한 무덤은 오직 초원에서만 발견되었다. 고지 비흐바틴스키 묘지에는 여성상은 있지만 금속 무기는 없었고, 구리 물품도 단순한 송곳 하나만 있었다. 아마도 우사토보 족장들은 고지의 트리폴리예 피후견인들로부터 정교한 채색 토기를 포함한 조공을 받던 후견인이었던 것으로 보인다. 이런 관계로 인해 명성과 지위의 기울기가 생겼고, 이는 트리폴리예 후기 마을 사람들의 우사토보 언어 채택을 촉진했을 것이다.

동유럽에 대한 모든 고고학적 설명은 우사토보를 트리폴리예 C2 문화로 분류한다. 동유럽의 모든 고고학적 문화는 우선적으로(때로는 오직!) 토기의 유형에 따라 정의한다. 트리폴리예 C2 토기는 우사토보 무덤 및 거주지를 규정하는 특징이었다(그림 14.3). 그러나 알려진—거의 30개에 달하는—우사토보 문화 유적 전부가 오직 초원 지대에만 있다는 사실로 인해 이 문화는 어떤 트리폴리예 문화 변종과도 다르다. 우사토보 유적은 처음에는 드네스트르 강 어귀 일대에 있다가 나중에 프루트 강과 다뉴브 강 어귀로 확장된다. 그 장례 의식은 전적으로 초원의 전통에서 비롯된 것이다. 우사토보의 거친 항아리는 비록 트리폴리예 표준 모양으로 만들어졌지만 얌나야 토기처럼 조개껍데기를 혼합하고 기하학적 문양을 밧줄-압인으로 찍어 꾸몄다. 만약 거주지가 그토록 손상되지 않았다면 우리는 그곳에 트리폴리예 장인들이 전문가로서 일하던 구역이 있었는지 밝혀낼 수 있었을 것이다. 트리폴리예 요소가 어떻게 우사토보 사회에 통합되었는지 탐구하기 위해 우리는 다른 종류의 증거를 살펴봐야 한다.

우사토보 경제는 주로 양과 염소(우사토보와 마야키 유적에서 각각 뼈의 58퍼센트와 76퍼센트를 차지)에 기초했다. 양이 분명히 염소보다 많았는데, 이는 울을 얻기 위한 도축 패턴을 시사한다.[10] 같은 시기인 트리폴리예 C2 기간 동안, 드네프르 강 중류와 드네스트르 강 지역 모두의 고지 읍락들에서─트리폴리예 직물 산업 발전이 가속화한 듯─진흙 베틀 추와 원뿔 모양 가락바퀴의 출현 빈도가 늘어난다. 우사토보 거주지에는 가락바퀴의 수가 비교적 적다.[11] 아마도 상호 교역 관계에서 고지의 트리폴리예 직공들이 초원의 양에서 얻은 울을 완제품으로 만들어낸 듯하다. 우사토보 목부들은 또한 소(28~13퍼센트)와 말(14~11퍼센트)을 키웠다. 우사토보(쿠르간 묘지 I의 쿠르간 11과 3)에서 말의 형상을 새긴 쿠르간 석비 2개가 발견되었고, 투도로보(Tudorovo)의 우사토보 문화 무덤에서 출토된 토기 한 점에도 말 형상이 새겨져 있었다(그림 14.3n). 기마는 목축 및 습격할 때 중요했다. 아울러 말 또한 중요한 교역 상품이었으므로 말이 상징적으로도 중요했던 것으로 보인다.

우사토보 거주지에서 출토된 토기의 찍힌 자국을 보면 그들이 밀(대부분 엠머 밀과 빵 밀)과 보리, 기장(빈도 높음), 귀리(빈도 높음) 그리고 완두를 경작했음을 알 수 있다.[12] 거주지에는 숫돌과 함께 전형적인 곡물 추수로 인해 생긴 마모 흔적이 있는 부싯돌 날이 출토되었다. 이는 드네스트르 초원에서 곡물을 경작했다는 첫 증거이며, 사실상 연간 강수량이 350밀리미터 이하인 곳에서 강우 농업이 위험하다는 것을 감안하면 놀라운 일이다. 곡물은 고지 거주지에서 더 잘 자랐을 테고, 아마도 일정 기간 동안만 우사토보에 머무른 트리폴리예 사람들이 경작했을 것이다.

트리폴리예 C2 정밀 토기는 우사토보에서 사망한 족장들을 위한 선물로서 특히 귀하게 여겨졌다. 섭씨 900도에서 구운 오렌지색 점토 조직의

그림 14.3 (a, e, h, p, q, r)우사토보 쿠르간 묘지 I에서 나온 우사토보 문화 토기; (b) 투도로보의 평평한 무덤; (c) 사라타 쿠르간; (d) 샤바블라트 쿠르간; (f)파르카니 쿠르간 182; (g, j, l) 우사토보 쿠르간 묘지 II; (i) 파르카니 쿠르간 91; (k) 우사토보의 평평한 무덤 묘지 II에서 나온 추상적인 조각 상; (m) 마야키 거주지; (n) 투도로보 쿠르간; (o) 우사토보의 평평한 무덤 묘지 II; (s) 마야키 거주지. 아마도 치즈 여과기처럼 보인다. (진한 색 테두리 안) 비흐바틴스키의 트리폴리예 C2 묘지에서 나온 정교한 사발 하나. 출처: Zbenovich 1968.

트리폴리예 토기는 우사토보 거주지에서 출토된 것의 18퍼센트를 차지하지만, 쿠르간 무덤의 것 중에는 30퍼센트를 차지했다(그림 14.3, 맨 위). 우사토보 및 기타 우사토보 문화 거주지에서 발굴된 토기의 80퍼센트는 겨우 섭씨 700도에서 구운, 조개껍데기를 혼합하고 문양이 없거나 빗줄무늬 압인이 있는 회색 혹은 갈색 토기였다. 이 토기들은 초원의 토기처럼 만들어졌다. 비록 외형은 고지의 트리폴리예 후기 도공들이 만든 것처럼 생겼지만, 장식 모티프 일부는 암나야 미하일로프카 II 유형의 토기와 닮았다. 이러한 우사토보의 조개껍데기 혼합 회색 토기 몇 점은 트리폴리예 정밀 토기처럼 **보이려고** 오렌지색 현탁액(懸濁液)을 두껍게 발랐는데, 이는 이 두 종류의 토기를 실제로 차등적인 것으로 여겼음을 보여준다.[13]

우사토보 쿠르간 무덤의 트리폴리예 채색 토기는 프루트 강 유역의 브린제니(Brynzeny) III과 드네스트르 강 유역에 있는 비흐바틴스키 거주지의 것과 가장 비슷하다. 비흐바틴스키는 우사토보에서 강을 175킬로미터 거슬러 올라간 곳 초원 경계 근처에 있으며, 브린제니 III은 약 350킬로미터 떨어진 카르파티아 산록의 숲으로 우거진 하곡의 가파른 경사면에 있다. 브린제니 유형의 정밀 채색 토기 한 점이 우사토보 쿠르간 묘지 I 쿠르간 12의 중앙 무덤에서 수입된 마이코프 토기 한 점과 이음못 있는 청동 찌르개 하나와 함께 발견되었다. 이 무렵 브린제니 III은 여전히 37채의 2층 플로샤드카 집을 거느리고, 점토 화덕과 커다란 수직 베틀에 사용하는 추 그리고 여성 조각상을 품고 있었다. 이런 전통적인 트리폴리예 관습은 우사토보의 토기와 관련 있는 읍락들에서 살아남았는데, 이는 후견인-피후견인 협정이 그곳들을 보호했기 때문으로 보인다. 죽어가는 트리폴리예 문화와 관련 있는 정체성에 낙인이 찍히고 우사토보 족장과 관련 있는 정체성을 모방함에 따라 브린제니 III과 비흐바틴스키에 살던 사람들은 두 언어를 동시에 사용했을 가능성이 높다. 이후 그들 후손의 언어는 우사토보 언어로 바뀌었다.

비록 트리폴리예 정밀 토기를 우사토보 엘리트를 위한 무덤 부장품으로 선호하긴 했지만, 트리폴리예 문화 자체는 권력과 명성 면에서 부차적인 위치를 차지했다. 이는 장례 관습에서 가장 명백하게 드러난다. 쿠르간 무덤에 묻힌 우사토보 족장들은 평평한 무덤에 묻힌 사람들보다 부유하고 중요했는데, 바로 그 평평한 무덤들이 고지의 비흐바틴스키와 홀레르카니의 트리폴리예 묘지에서 그대로 재생산되었다.

우사토보 족장들과 장거리 교역

우사토보 경제의 또 다른 측면은 장거리 교역인데, 아마도 해상을 통해 이뤄진 것으로 보인다. 알려진 우사토보 거주지 여섯 곳은 모두 해안의 얕은 강어귀를 내려다보는 지역에 있다. 강어귀는 훌륭한 항구 역할을 했을 것이다. 오늘날 이 강어귀들은 토사 퇴적으로 인해 바다와 단절되고 리만(liman: 익곡(溺谷)이라고도 함. 지반 침강이나 해수면 상승으로 육지에 바닷물이 침입해서 해안에 생긴 골짜기—옮긴이)이라고 부르는 소금 호수가 되었지만, 서기전 3000년에는 바다 쪽으로 더 열려 있었을 것이다. 우사토보 거주지 그릇 파편의 1~2퍼센트는 다뉴브 강 하류 하곡에서 온 체르나보다 III형과 II형의 작은 토기 주전자 및 사발의 파편이 차지하는데, 이는 아마도 해안을 따라 불가리아까지 내려가는 교역에 사용한—노로 젓는—기다란 보트에 실려 왔을 것이다. 그러나 이런 체르나보다 그릇들은 우사토보 무덤의 부장품으로 사용된 적이 없다. 온전한 모양의 수입된 후기 마이코프-노보스보보드나야 토기들이 가장 큰 2개의 쿠르간, 곧 우사토보 쿠르간 묘지 I의 쿠르간 12와 13의 두 중앙 무덤 부장품에 포함되어 있다. 수입된 마이코프 토기는 체르나보다 토기와 매우 다른 사회적 의미를 지녔다.

교역으로 인해 우사토보는 트로이 I을 포함해 청동기 초기에 부상하던 에게 해의 해양 족장령들과 연결되었을 것이다. 하얀 유리구슬 하나가 우사토보 쿠르간 묘지 II의 쿠르간 2 무덤 1에서 발견되었는데, 이는 흑해 지역에서 알려진 유리 중 가장 오래된 것이며, 아마도 고대 세계 전체에서도 가장 이른 시기의 유리일 것이다. 가장 단순한 형태의 유리인 글레이즈(Glaze: 유약으로 쓰이는 유리―옮긴이)는 서기전 4500~서기전 4000년 무렵 메소포타미아 북부와 이집트에서 토기에 응용되었다. 글레이즈는 가루로 만든 석영 모래와 석회석에 소다 혹은 재를 섞은 혼합물을 섭씨 약 900도로 가열한 뒤, 끈적거리는 상태로 녹으면 토기를 담그거나 토기에 붓는다. 파이앙스(Faience: 프랑스 채색 도기의 일종. 여기서는 그런 색감의 토기를 말함―옮긴이) 구슬도 똑같은 재료를 써서 구슬 모양으로 만들어 윤이 나도록 제작한 것인데, 이것 역시 비슷한 시기에 시작되었다. 그러나 더 높은 온도를 요구하는 반투명 유리는 이집트 제5왕조 이전, 즉 서기전 2450년 이전으로 연대가 확실히 정해진 것은 없다. 우사토보 구슬과 드네프르 강 중류 소피예프카의 트리폴리예 C2 유적에서 나온 또 다른 구슬 2개는 이것들보다 400~700년 앞서는데, 이는 이집트 제1왕조 혹은 왕조 이전 시기(Pre-Dynastic) 후기에 해당한다. 트리폴리예 문화는 유약을 바른 토기나 파이앙스가 없으므로, 이 유리 기술은 외래의 것이다. 우사토보와 소피예프카의 유리구슬은 지중해 동부 어느 곳에서 제작해 수입된 것이 거의 확실하다. 소피예프카 근처 자발로프카에 있는 또 하나의 트리폴리예 C2 묘지는 방사성 탄소 연대 측정값이 서기전 2900~서기전 2800년으로 나오며 소피예프카와 무덤 유형 및 출토된 토기가 비슷한데, 여기에서 발트산 호박으로 만든 구슬이 나왔다. 이는 북방의 호박을 지중해 사치품과

교환한 최초의 증거일 것이다.[14]

이에 더해 찌르개가 부장된 우사토보의 중앙 무덤 2기(쿠르간 1과 3)와 드네스트르 강 하류 수클레야(Sukleya)의 우사토보 무덤 하나에서는 손잡이 이음못이 있는 찌르개가 출토되었는데, 가운데에 주맥이 있고 양방 결합식 주형으로 주조한 것이었다(그림 14.4, 맨 위 참조). 이런 종류의 날은 아나톨리아의 트로이 II 및 동시대 그리스와 크레테 유적에서도 발견되었다(데이비드 스트로나크(David Stronach)의 구분에 따르면 '유형 4 찌르개'). 유리처럼 우사토보에서 출토된 찌르개는 에게 해의 찌르개보다 오랜 것으로 트로이 I과 동시대의 것처럼 보인다. 그러나 이 경우 찌르개 유형은—유리가 지중해 유역에서 들어온 것과 달리—동남부 유럽 현지에서 발명해 에게 해로 전파되었을 가능성이 크다. 좀 더 단순한 사각 단면의 이음못 구멍이 있는 찌르개(주맥이 없음)는 분명 현지 동남부 유럽 전역에서 만들어졌다. 그것들은 최소 7개의 여타 우사토보 문화 무덤, 드네프르 강 중류 소피예프카의 무덤 그리고 다뉴브 강 하류 하곡의 코초페니 유적에 나타났는데, 방사성 탄소 연대 측정값은 서기전 3000년 바로 전후였다(그림 14.4, 가운데 참조). 차용의 방향과 상관없이 우사토보와 에게 해 공통의 이음못 있는 찌르개 유형은 두 지역 간의 장거리 무역을 가리키며, 이는 노 달린 긴 보트로 이뤄졌을 것이다.[15]

후견인과 피후견인: 우사토보의 전사 족장 무덤

우사토보 쿠르간 묘지 I은 우사토보 거주지와 매우 가깝다(그림 14.2 참조). 이것은 원래 20개가량의 쿠르간을 품고 있었다. 그중 15개는 1921~1973년에 발굴되었다. 각 쿠르간에는 커다란 사각형 돌을 수평으로 쌓아 만든 옹벽 안을 흙으로 채운 중심이 있다. 옹벽 전체는 쿠르간을 확장할 때 흙에 묻혔는데, 이런 확장이 첫 번째 장례식에서 일어난 일인지 완전히 관련 없는 후대의 일인지는 명확하지 않다. 중앙 무덤은 옹벽 원의 중심을 파 들어간 깊은 수직 갱(2미터에 달한다)이며, 대부분의 쿠르간에서 옹벽 안의 중앙 무덤 주위로 석판 뚜껑을 덮은 얕은 구덩이로 된 몇 기(1~3기)의 무덤이 나왔다. 묘지 I의 최소 5개 쿠르간(3, 9, 11, 13, 14)을 봉분 남서쪽에 있는 석비가 지키고 있었다. 석비 하나(쿠르간 13)는 꼭대기를 머리처럼 깎아 사람 모양으로 만들었는데, 동시대 남부그-드네프르 초원의 수많은 얌나야 석비와 비슷하다(그림 13.11 참조). 쿠르간 3(지름 31미터)에는 석비 2개가 나란히 서 있다. 더 큰 것(1.1미터)에는 사람과 사슴 그리고 말 세 마리의 형상이 조각되어 있고, 작은 것에는 말 한 마리만 조각되어 있다. 쿠르간 11(지름 40미터, 우사토보에서 가장 큰 쿠르간)은 옹벽 안에 지름 26미터의 내측 봉분이 따로 있는데, 그 위를 8500개의 돌로 덮어놓았다. 이 쿠르간의 남서쪽 경계에 석비 3개가 있는데, 그중 하나는 2.87미터(크다!)에 달하며 개 혹은 말의 이미지를 새겨놓았다. 이 중앙 무덤은 도굴되었다.

쿠르간 묘지 I의 중앙 무덤에는 오직 성인 남성만 매장했는데, 왼쪽으로 누운 채 웅크린 자세로 묻혔으며 시체의 방향은 동-동북쪽이다. 서남부의 중앙 무덤 및 주변부 무덤들에만 대자석이 뿌려져 있었다. 중앙 무덤 15기 중 7기(1, 3, 4, 6, 9, 12, 14)는 손잡이 연결용 이음못 구멍이 2~4개까지 있는 비소 합금 청동 찌르개를 부장했다. 우사토보에서는 그 밖에 찌르개를 부장한 무덤은 없다(그림 14.4). 청동 찌르개는 우사토보와 당시의 얌나야 층 무덤에 새로운 지위의 상징물로 등장했지만, 얌나야 찌르개는 손잡이를 위한 슴베가 있어 노보스보보드나야 찌르개와 비슷하고 손잡이용 이음못 구멍이 있는 우사토보 및 소피에프카의 것과는 다르다. 또 우사토보의 중앙 무덤들에는 트리폴리에 정밀 토기, 비소 합금 청동 송곳, 판형 도끼, 노보스보보드나야 유형의 끌 2개, 자귀, 은제 고리 및 나선형 꽈배기, 부싯돌 세석기 날 그리고 촉 하단(화살대 연결부—옮긴이)이 빈 부싯돌 화살촉 등이 부장되었다. 청동 무기와 도구는 오직 중앙 무덤들에서만 나왔다.

쿠르간 묘지 II는 묘지 I과 약 400미터 떨어져 있었다. 묘지 II는 원래 10개가량의 쿠르간을 품고 있었는데, 이들 대부분은 묘지 I의 것보다 작고 그중 3개를 발굴했다. 이곳에서는 찌르개는 물론 무기가 나오지 않았고, 단지 작은 금속 제품(송곳, 고리)과 트리폴리예 정밀 채색 토기 그릇 몇 개만 나왔을 뿐이다. 유해 여섯 구의 머리에는 대자석으로 그린 문양이 있었다(그림 14.5). 그중 셋은 머리에 망치 타격을 받아 사망했다. 망치 부상 부위는 쿠르간 묘지 I에서는 나타나지 않았다. 묘지 II는 다른 사회 집단 혹은 지위의 사람, 아마도 전사들을 위한 것으로 보인다. 그러나 머리에 비슷한 물을 들인 붉은 문양은 묘지 I의 쿠르간 12 아래 있는 서남쪽 주변 무덤 2에서도 나타났다. 또한 남부그 강 유역 포팔나야(Popilnaya) 쿠르간 묘지의 일부 얌나야 무덤에서 나온 두개골에도 비슷한 문양이 그려져 있었다.[16]

우사토보의 평평한 무덤들은 얕은 구덩이 위를 커다란 석판으로 덮었으며, 대부분 왼쪽으로 웅크린 시신 한 구가 머리를 동쪽 혹은 동북쪽으로 향하고 있었다. 쿠르간 아래의 가장자리 무덤들도 평평한 무덤들과 같은 형식인데, 두 묘지에는 쿠르간이 없고 오직 평평한 무덤들만 있었다. (평평한 무덤 묘지 I에 36기, 무덤 II에 30기가 있었다.) 쿠르간 묘지의 무덤 51기 중 7기(14퍼센트)에만 어린아이가 묻혔고, 그중 2기에는 어른이 함께 묻혔다. 반면 평평한 무덤 36기 중 12기(33퍼센트)에 어린아이가 묻혀 있었다. 평평한 무덤에 매장된 성인 대부분은 남자이고, 일부는 늙은 여자였다. 각

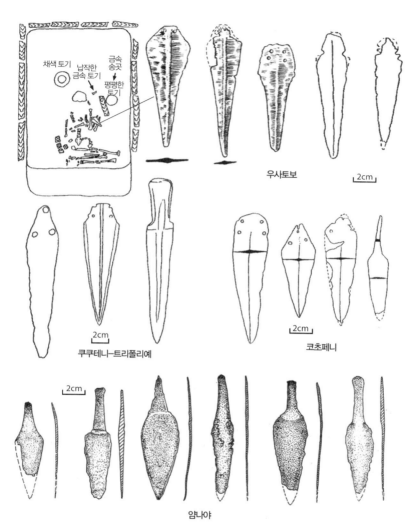

그림 14.4 서기전 3300~서기전 2800년의 청동기 초기 찌르개. (위 열) 우사토보 쿠르간 묘지 쿠르간 3의 가운데 무덤, 주맥 있는 찌르개; 쿠르간 1, 주맥 있는 찌르개; 수클레야 쿠르간, 주맥 있는 찌르개; 쿠르간 9, 렌즈형 단면의 찌르개; 쿠르간 6, 렌즈형 단면의 찌르개. (가운데 열 왼쪽) 드네스트르 강 상류 베르테바 동굴, 이음못 있는 찌르개; 몰도바의 쿠쿠테니 B, 주맥 있는 찌르개; 베르테바 동굴, 금속 찌르개 모양으로 깎아놓은 골재 찌르개. (가운데 열 오른쪽) 다뉴브 강 하류 하곡에서 출토된 코초페니 찌르개. (맨 아래 열) 흑해 북부 초원에서 출토된 얌나야의 슴베 있는 찌르개. 출처: Anthony 1996; Nechitailo 1991.

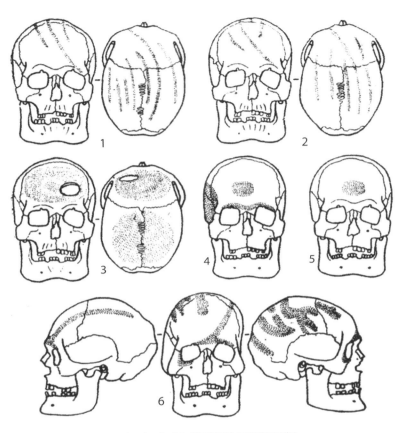

우사토보(1~5), 마야키(6)의 문양을 그려 넣은 두개골

그림 14.5 우사토보 및 마야키 묘지에서 출토된, 대자석으로 문양을 그려 넣은 두개골. 3은 망치에 이마를 맞아 사망한 이의 두개골이다. 출처: Zin'kovskii and Petrenko 1987.

무덤에는 1~5개의 토기 그릇을 부장했지만 금속은 없고 토기 중 4퍼센트는 정밀한 채색 토기였다. 무덤에는 토기 여성상(주로 어린아이의 무덤)과 부싯돌 도구, 발사체 촉이 있고 두개골 15개에는 쿠르간 무덤의 것과 마찬가지로 대자석으로 문양을 그려놓았지만 망치 타격으로 인한 부상은 없었다.

　쿠르간 묘지 I은 이음못 있는 비소 합금 청동 찌르개와 도끼를 자랑하며 은고리를 찼지만 망치 타격 부상을 입은 지도자들을 위한 것인데, 아마도 후견인이었을 것이다. 쿠르간 묘지 II는 할아버지와 할머니·젊은 남자와 어린아이들을 위한 것인데, 이들은 청동 찌르개나 어떤 종류의 금속 무기도 지니지 않았지만 더러는 망치에 머리를 얻어맞아 죽기도 했다. 아마도 전쟁에서 죽은 사람과 그들의 가까운 친족이었을 것이다. 평평한 묘지에는 수많은 어린아이와 몇몇 여성 그리고 늙은이가 묻혔는데, 평범한 토기 외에 찌르개는 없었다. 이들은 모두 내부적으로는 일부 두개골에 그린 붉은 선형 문양을 통해 서로와 연결되는 한편 외부적으로는 얌나야 집단들과 연결되었다. 우사토보의 사회 구조는 남성 중심의 군사 귀족 체제로 해석되어왔지만 뒤메질이 주장한 인도·유럽 공통조어 사용자들의 세 가지 기능 체제, 즉 성직자-후견인(쿠르간 묘지 I), 전사(쿠르간 묘지 II) 그리고 보통 생산자(평평한 무덤)로 구성된 체제와 상당히 닮은 것으로 이해할 수도 있다.

영어의 조상: 우사토보 방언의 기원과 확산

우사토보 문화는 전적으로 초원 문화이며, 초원 경계 부분의 수많은 트리폴리예 읍락들이 영원히 해체된 후 초원 전역으로 얌나야 층이 급격히 확산하던 때와 동시에 나타났다. 우사토보는 종종 초원으로 이주해간 트리폴리예 인구 집단이 만든 것으로 이해되지만, 트리폴리예 농부들은 이전의 2000년 동안 결코 이런 행동을 하지 않았다. 아울러 이웃한 하곡들(시레트 강 하류, 프루트 강 하류, 남부그 강 하곡 전체, 로스 강 하곡)에서 그들은 초원 경계로부터 물러났지 경계를 건너 전진하지 않았다. 우사토보의 장례 관습은 엄격하게 위계적인 것으로서 엘리트를 위해서는 초원의 쿠르간 의례를 준비했다. 우사토보 토기는 비록 거의 전적으로 트리폴리예 토기에서 차용하고 트리폴리예 도공들에 의해 만들어졌지만, 이 분야에서도 일부 거친 토기 위에 찍은 밧줄 문양 장식에서 얌나야 토기와의 유사점을 발견할 수 있다. 우사토보 문화는 트리폴리예 문화와의 긴밀한 통합 때문에 얌나야 층의 일부로 여겨지지 않는다. 하지만 이 문화는 얌나야 층이 등장한 시기와 동시에 초원에서 나타났고, 초원의 오랜 관습의 많은 부분을 되풀이하는 쿠르간 장례 의식을 갖췄다. 희생물과 토기 파편은 얌나야 쿠르간의 남서쪽 심지어 아파나시예보 무덤에서도 나왔다. 두개골에 그린 그림 역시 얌나야 무덤에서 반복된다. 우사토보 문화는 엄청나게 불안정한 시기에 피후견인(트리폴리예 농경민―옮긴이) 지위가 제공하는 보호를 이유로 트리폴리예 농경 마을에 후견인-피후견인 관계를 강요할 능력이 있던 얌나야 초기 층과 관련 있는 초원 씨족들에 의해 시작되었을 것이다. 목축민 후견자들은 즉각 농경민과 밀접하게 통합되었다.

우사토보 족장들의 트리폴리예 피후견인은 우사토보 언어가 북쪽 중부 유럽으로 퍼지도록 한 대리인이었을 수 있다. 몇 세대 동안 피후견인 지위에 있으면서 드네프르 강 상류 사람들은 자기 자신의 피후견인을 확보하려 했을 것이다. 누군가의 피후견인 자신이 다시금 다른 누군가의 후견인이 되는, 차곡차곡 겹쳐 쌓인 위계제가 후견인-피후견인 제도 성장의 특징이다. 북쪽으로 향한 어떤 식의 인구 혹은 정치적 관계 확산의 고고학적 증거는 드네프르 강 상류의 트리폴리예 유적과 폴란드 동남쪽의 후기 푼넬-비커 문화 유적 사이의 토기 교역과 일치한다. 브린제니 III 유형의 트리폴리예 C2 문화 정밀 채색 토기 상당량이 서기전 3000~서기전 2800년으로 측정된 폴란드 남부의 푼넬-비커 문화 거주지, 그중에서도 주로 그로데크나드부즈니(Gródek Nadbuźny)와 짐네(Zimne)에서 발견되었다. 아울러 후기 푼넬-비커 토기들은 즈바네츠(Zhvanets)와 브린제니 III의 트리폴리예 C2 문화 유적으로 수출되었다.[17] 즈바네츠는 트리폴리예 정밀 토기 제작의 중심지로서 굴뚝이 2개 달린 커다란 가마 7개가 있었는데, 현지의 경제적 및 정치적 명성의 원천이었을 가능성이 있다. 폴란드의 유적과 폴란드 남쪽에 근접한 트리폴리예 C2 유적이 단단하게 요새화한 것을 보면, 분쟁이 교역을 따라 일어나거나 양자가 서로를 대체하며 번갈아 나타났다. 코스테시티(Kosteshti) IV의 트리폴리예 C2 문화 거주지는 6미터 너비의 석벽과 5미터 너비의 방어용 해자를, 즈바네츠 거주지는 표면에 돌을 붙인 3열(three lines) 방어벽을 갖췄는데 두 유적은 모두 방어에 적합한 높직한 돌출부에 자리 잡고 있었다.[18] 아버지 세대에서 이미 우사토보 언어를 받아들인 트리폴리예 C2 공동체 지도자들은 폴란드 남부의 후기 푼넬-비커 공동체로 뻗어나가 우사토보 족장이 자신들에게 제시한 것과 똑같은 식의 후견인-피후견인 관계를 맺고자 했을 테고, 이러한 관계의 팽창은 위계제 맨 꼭대기에 있는 우사토보 족장들에 의해 고무되거나 심지어 그들의 지원을 받았을 수 있다.

감히 추측하건대 나는 이 과정이 훗날 선 게르만어의 뿌리가 된 인도·유럽 공통조어 방언들이 중부 유럽에서 처음으로 형성된 방식이었다고 말할 수 있다. 요컨대 방언은 우사토보 문화에서 시작해 드네스트르 강을 거슬러 올라가며 켜켜이 쌓인 후견인과 피후견인 관계망을 통과하고, 결국 드네스트르 강과 비스툴라 강 사이 어딘가의 푼넬-비커 문화 공동체에 의해 사용되기에 이르렀다. 이러한 후기 푼넬-비커 공동체는 나중에 초기 밧줄무늬 토기 공동체로 진화하는데, 이것이 밧줄무늬 층(아래 참조)으로서 선 게르만어 방언이 더 넓은 지역으로 확산하는 매개체를 제공한다.

다뉴브 강 상류 하곡으로의 얌나야 이주

●

서기전 3100년경 흑해–카스피 해 초원 전역에 얌나야 층이 처음으로 빠르게 확산하던 시절 그리고 우사토보 문화가 아직 초기일 때, 얌나야 목부들은 이동을 개시해 초원을 가로지르고 우사토보를 지나 다뉴브 강 하류 하곡으로 들어갔다. 최초의 집단을 따라 서기전 3100~서기전 2800년, 300년 동안 규칙적인 이동의 물결이 이어졌다.[19] 우사토보 족장령을 지나는 길은 손님–주인 관계를 통해 관리되었을 것이다. 이주민은 우사토보 영역에 대해 어떤 소유권도 주장하지 않았다. 최소한 그들은 그곳에서 자신의 무덤을 만들지 않았다. 대신 처음 이동을 시작한 우사토보 동쪽의 남부그 강 하곡과 그 훨씬 동쪽의 초원에서 최소 600~800킬로미터 떨어진 서쪽의 다뉴브 강 하곡으로 계속 이동했다. 가장 많은 수의 얌나야 이주민이 헝가리 동부에서 멈췄는데, 놀랄 만한 이동 거리다. (그들이 택한 길에 따라 800~1300킬로미터에 달했다.) 이는 지속적이고 중요한 인구 이동이었으며, 그런 움직임이 다 그렇듯 그 전에 정찰대가 먼저 들어간 것이 분명하다. 정찰대는 그동안 약간 다른 종류의 사업, 아마도 말 무역에 관한 정보를 모았을 것이다. 정찰대는 단지 몇 지역만을 알아냈고, 이곳들이 이주민의 목적지가 되었다.[20]

다뉴브 강 하곡을 향한 얌나야 이주는 최소 다섯 곳을 특정한 목적지로 삼았다(그림 14.1 참조). 아마도 최초의 것으로 보이는 쿠르간 묘지 집단이 불가리아에 있는 바르나 만(灣) 서북쪽의 높은 평원에서 나타났다(플라치돌(Plachidol), 마다라(Madara) 및 인근의 쿠르간 묘지들). 이 묘지 집단은 청동기 초기에 중요한 현지 중심지이던 예제로보(Ezerovo) 요새 거주지를 내려다보고 있었다. 두 번째 쿠르간 묘지 집단은 서남쪽으로 200킬로미터 떨어진 발칸의 고지대[코바체보(Kovachevo)와 트로야노보(Troyanovo) 묘지]에서 등장했다. 이 묘지들은 발칸 산맥의 봉우리들과 마리차(Maritsa) 강 사이의 비옥한 평원을 굽어보고 있는데, 이 평원 위에 있는 예제로(Ezero)나 미하일리치(Mihailich) 같은 오래된 텔은 다시금 사람들이 들어와 요새화했다. 세 번째 목적지는 다뉴브 강 하곡을 따라 300킬로미터 더 올라간 불가리아 서북 지방[타르나바(Tarnava)]으로, 드넓은 다뉴브 강 평원을 내려다보는 나지막한 능선 위에 있었다. 불가리아 내에서 서로 멀리 떨어져 있는 이 묘지 집단 3개에는 최소한 17개의 얌나야 묘지가 포함되며, 각각의 얌나야 묘지는 5~20개씩의 쿠르간을 거느렸다. 다뉴브 강 건너 서북쪽의 불가리아 묘지 집단에서 서쪽으로 100킬로미터만 가면 나오는 루마니아 남서쪽에는 더 큰 규모의 쿠르간 묘지 집단이 등장한다. 이곳 올테니아(Oltenia) 지방 남부의 크라이오바(Craiova) 남쪽 라스트(Rast) 일대의 다뉴브 강을 굽어보는 저지 평원에는 얌나야 쿠르간 최소 100개가 점점이 자리 잡고 있다. 타르나바와 라스트 쿠르간들은 똑같은 지역에 속하므로 다뉴브 강(오늘날의 국경)에 의해 분리된 하나의 집단으로 간주할 수 있다.

서쪽으로 계속 나아가 코초페니 문화 영역으로 들어선 얌나야 이주민은 아이언 게이츠(Iron Gates: 다뉴브 협곡의 이름—옮긴이) 주위의 산을 넘는 길을 발견했다. 이곳에서 다뉴브 강은 길고 가파른 협곡을 세차게 흘러 세르비아의 넓은 평원으로 들어갔다. 몇몇 쿠르간 무리가 아이언 게이츠 서쪽의 세르비아 북부 평원[야부카(Jabuka)]에서 네 번째 집단을 형성했다. 마지막 다섯 번째 가장 큰 쿠르간 집단은 헝가리 동부의 쾨뢰스 강(루마니아어로는 크리슈 강) 북쪽에 있는 티사(Tisza) 강 동쪽 평원에서 등장했다.[21] 헝가리 동부의 묘지 집단이 세운 쿠르간 수는 알려지지 않았지만, 에체디(I. Ecsedy)는 최소 3000개가 6000~8000제곱킬로미터에 걸쳐 흩어져 있는 것으로 추산했다. 고고학자들은 얌나야 묘지 45개의 지도를 그렸는데, 각자는 5~35개의 쿠르간을 거느리고 있다. 케테지하자의 쿠르간 하나는 체르나보다 III 거주지의 잔해물 위에 지었다. 기타 목적지들보다 헝가리 동부에 얌나야 인구가 가장 많이 모인 것으로 보인다. 그중 일부는 가죽 모자를 쓰고, 은제 관자놀이 고리를 하고, 개 송곳니 목걸이를 찬 채 매장되었다.

바르나, 예제로, 코초페니 근처의 첫 세 묘지 집단은 아마도 피후견인을 찾는 야심 찬 남자들에 의해 피후견인 거주지 지역과의 근접성 때문에 선택한 듯하다. 반면 나머지 두 집단은 가축을 늘리고자 했던 이들이 초지를 보고 선택한 듯하다. 다섯 군데 모두에서 얌나야 장례 의식은 비슷했는데, 현지 고유의 방식이 아니라 유입된 것이었다. 쿠르간의 지름은 15~60미터였다. 무덤구덩이 바닥에는 종종 유기물 깔개의 흔적이 있는데, 일부는 초원의 경우처럼 문양이 그려져 있었다(그림 14.6). 중앙 무덤에는 성인(불가리아의 경우는 80퍼센트가 남성)이 등에 땅을 대고 무릎을 세운 채(일부는 옆으로 웅크린 모습) 머리를 서쪽(혹은 불가리아에서는 이따금 남쪽)을 향한 자세로 묻혀 있었다. 대부분은 흑해 초원의 얌나야 인구 사이에서 두드러진 것처럼 원시 유로포이드형의 두개골-안면 모양을 갖고 있었다. 무덤에는 대체로 부장품이 없지만 일부에는 부싯돌 도구, 개 이빨에 구멍을 뚫어 만든 구슬 혹은 구리·은·금을 한 번 반 꼬아 만든 관자놀이 고리가 있었다. 헝가리에서는 대자석 덩어리 하나가 머리 근처에 놓여 있고, 루마니아와 불가리아에서는 머리에 대자석 한 덩이가 놓인 것에 더해 대자석 가루를 무덤 바닥에 뿌리고 두개골과 다리·발·손을 대자석 가루로 칠했다. 케테지하자 현지에는 대자석을 만드는 적철광이 없기 때문에 점토 덩어리를 붉게 물들여 대자석 흉내를 냈는데, 이는 다른 광물이 출토되

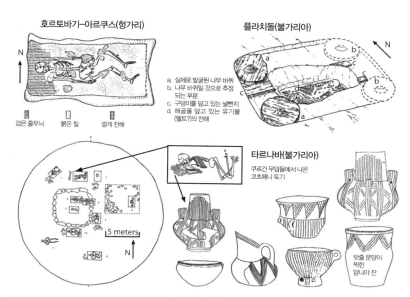

호르토바기-아르쿠스(헝가리)

N

a. 실제로 발굴된 나무 바퀴
b. 나무 바퀴일 것으로 추정
   되는 부분
c. 구덩이를 덮고 있는 널빤지
d. 해골을 덮고 있는 유기물
   (펠트?)의 잔해

검은 줄무늬   붉은 칠   깔개 잔해

플라치돌(불가리아)

N

타르나바(불가리아)
쿠르간 무덤들에서 나온
코초페니 토기

5 meters

N

빗줄 문양이
찍힌
얌나야 잔

그림 14.6 서기전 3000년 무렵 얌나야 이주와 관련한 불가리아 및 헝가리 동부의 쿠르간 무덤과 토기. 불가리아 서북부 타르나바 쿠르간 1 아래의 무덤들에서는 주로 코초페니 토기가 나왔지만, 쿠르간 2 아래의 무덤 하나에는 전형적인 얌나야 잔이 있었다. 출처: Ecsedy 1979; Panaiotov 1989; Sherratt 1986.

는 지역으로부터 이 의례 행위를 수입했다는 명백한 증거다. 루마니아 구르바네슈티(Gurbaneşti)의 점토 그릇에는 탄화한 대마 씨가 들어 있었는데, 이는 대마초(*Cannabis*)를 피운 최초의 증거다. 세라트는 대마초 흡연은 얌나야 이주민에 의해 다뉴브 강 하곡으로 들어왔다는 의견을 제시했다. 불가리아 동북쪽 플라치돌의 얌나야 무덤 하나(쿠르간 1의 무덤 1)에는 나무로 만든 네 바퀴 수레의 바퀴 4개가 초원의 많은 무덤들처럼 무덤 네 귀퉁이에 놓여 있었다(그림 14.6). 바르나 근처에 있는 이 집단의 묘지에서는 초원의 얌나야 및 케미-오바 석비와 같은 사람 모양의 석비도 있었다.

보통 얌나야 이주의 원천은 얌나야 무덤들이 일관성 있게 서쪽으로 향하고 있는 드네스트르 강 하류 초원이라고 말한다. 그러나 드네스트르 강 하류 초원은 서기전 3100~서기전 2800년 우사토보 문화가 점유하고 있었다. 드네스트르 강 초원의 얌나야 무덤들은 우사토보 무덤 위에 층을 이루고 있으며, 대부분의 방사성 탄소 연대 측정값은 서기전 2800~서기전 2400년이다. 따라서 이들 대부분은 다뉴브 강 하곡으로의 이주 이후의 것이다. 얌나야 층의 드네스트르 변종은 그보다 다뉴브 강 하곡에서 초원으로의 회귀 이주를 보여주는 것일 수 있다. 왜냐하면 중요한 이주 흐름은 대부분 회귀 이주의 물결을 만들어내기 때문이다. 다뉴브 강 삼각주 바로 북쪽 초원에 위치한 얌나야 네 바퀴 수레 무덤들〔홀름스코예(Kholmskoe)와 비시네보예(Vishnevoe)를 비롯한 여러 무덤〕은 우사토보 무덤 층 위에 층을 이루고 있으므로, 불가리아 플라치돌의 얌나야 네 바퀴 수레 무덤보다 후대에 만들어졌을 것이다. 다뉴브 강 하곡으로의 이주는 우사토보 동쪽의 남부그 강, 잉굴 강 그리고 드네프르 강 하곡 일대의 초원에서 시작되었을 것이다. 드네프르-남부그 강 지역에서는 서쪽을 향하고 있는 얌나야 무덤들이 소수 변종으로 발견된다. 드네프르 강 하류의 발키(쿠르간 1의 무덤 57)에 있는 가장 오래된 얌나야 네 바퀴 수레 무덤(약 서기전 3000년)은 서향이었다.[22]

무엇이 이러한 움직임의 출발점이었을까? 잘 알려진 후보자는 초원의 목초지 부족이다. 그러나 나는 네 바퀴 수레에 기초한 새로운 경제의 초기 팽창 기간 동안, 초지가 절대적으로 부족했다고 믿기는 어렵다는 것을 발견했다. 만약 다뉴브 강 하곡으로의 이주가 훗날의 이주로 발전한 습격으로 시작되었다면, 우리는 그 습격을 초래한 원인이 무엇인지 물어야 한다. 11장에서 초원의 전쟁 원인에 관해 논하면서 나는 인도·유럽 공통조어의 **트리토** 신화를 언급했는데, 이 신화는 소 떼 습격을 정당화했다. 지위 높은 가문들 간의 경쟁이 가축으로 계산되는 신부 대금의 상승을 가져왔고, 이것이 절대 부족하지 않음에도 동물과 초지의 부족을 초래했을 가능성이 있다. 그리고 인도·유럽 공통조어 사회의 성년식은 모든 젊은이를 바깥으로 내보내 약탈을 하도록 했다.

비밀 결사(Männerbünde) 혹은 크리오스(krios: 그리스 신화에 나오는 크로노스의 티탄족 형제-옮긴이) 제도, 즉 의식적으로 강요된 습격 기간 동안 맹세에 의해 서로 간 및 조상들과 결속된 젊은이들의 전사-형제 관계는 인도·유럽 공통조어 사회 성년식의 핵심으로 복원되었다.[23] 이러한 의식과 관련한 물질적 특성은 개 혹은 늑대인데, 젊은 입회자들은 개나 늑대로 상징되었다. 일부 인도·유럽어 전통에서는 성년식 기간 동안 젊은이들이 늑대나 개의 가죽을 뒤집어썼다. 흑해 서부 초원의 얌나야 무덤에서는 종종 개의 송곳니를 펜던트로 착용했는데, 얌나야 이주의 진원지로 추정되는 지역 중 하나인 잉굴 강 하곡에서 이런 현상이 두드러졌다.[24] 크리오스와 관련한 두 번째 물질적 특징은 허리띠다. 크리오스 습격자들은 벨트 외에는 아무것도 차지 않았다(약간 후대의 게르만 및 켈트 예술의 전사상(warrior figure)과 같은 것. 예컨대 앵글로색슨의 핑글샘(Finglesham) 벨트 버클). 습격에 나선 입회자들은 벨트 2개를 찼고 그 지도자는 하나를 찼다. 지도자가 하나를 찬 것은 전쟁의 신/조상에 대한 하나의 맹세에 구속됨을 상징하고, 입회자들이 2개를 찬 것은 신/조상과 지도자에게 이중으로 구속됨을 상징한다. 잉굴 강과 남부그 강 하곡 사이의 얌나야 무덤 수백 기 위에 사람 모양 석비가 세워져 있는데, 이곳은 개 송곳니 펜던트가 흔히 출토된 바로 그 지역이다. 석비에 새기거나 그린 가장 흔한 의류품은 벨트였고, 종종 도끼 한 자루와 샌들 한 쌍을 새기거나 그리기도 했다. 일반적으로 벨트는 하나인데, 아마도 습격대의 지도자를 상징하는 듯하다. 불가리아의 플라치돌 근처 얌나야 이주민이 벨트를 찬 석비를 세웠다는 사실은 이주민

과 크리오스 습격이라는 상징 사이의 또 다른 연관성을 제시한다.[25]

다뉴브 강 하곡에서 얻을 수 있는 기회에 대한 긍정적인 소문 등 다른 견인 요소가 있었음이 분명하다. 왜냐하면 이주민이 단지 습격에만 그치지 않고 목적지에서 눌러앉아 살기로 결정했기 때문이다. 지금 이러한 견인 요소를 밝히는 것은 어렵지만, 피후견인을 얻을 수 있는 기회가 중요한 견인 요소 중 하나였을 것이다.

언어의 교체와 얌나야 이주

얌나야 이주는 동남부 유럽 전역의 극심한 유동성과 변화의 시기에 발생했다. 불가리아의 예제로, 유나치테, 두베네-사로프카(Dubene-Sarovka) 등 발칸 고지 평원의 텔은 거의 1000년 동안의 방기를 거친 뒤 청동기 초기가 시작된 서기전 3300~서기전 3200년 무렵 다시 점유되었다. 재점유한 텔 거주지는 상당한 규모의 석벽 혹은 해자와 방책으로 요새화되었다. 얌나야 이주의 목적지 중 하나가 바로 이 지역이었다. 몇 킬로미터에 걸쳐 얌나야 쿠르간이 이어지는데, 이 쿠르간들은 눈에 띄게 그 주위의 풍광을 압도한다. 반면 다뉴브 강 하류 하곡 및 발칸 현지의 묘지들은 스타라자고라(Stara Zagora) 근처 베레케트 텔 거주지의 묘지처럼 일반적으로 눈에 띄는 지표 기념물이 없다.[26]

얌나야 이주와 관련 있는 일련의 새로운 인공물 형태가 다뉴브 강 중류 및 하류 전역으로 급속히 확산했다. 초원의 화살촉을 닮은─바닥(화살대 이음부─옮긴이)이 움푹한─화살촉이 불가리아의 새로 점유된 텔 유적(예제로) 및 에게 해의 마케도니아(디킬리타시 IIIB)에 등장했다. 이는 침입한 얌나야 집단들과의 싸움을 나타내는 것일 수도 있다. 그리스와 에게 해로 이어지는 모라바(Morava) 강 및 스트루마(Struma) 강 하곡을 포함해 다뉴브 강 중류와 하류 전역에 새로운 토기 양식이 확산했다. 이 양식의 특징을 규정하는 것은 하얀 물감으로 표면을 바른 밧줄무늬 토기이다.[27] 겉을 하얗게 칠하고 밧줄무늬를 넣은 토기는 얌나야 무덤에서도 등장했다. 얌나야 이주민은 아마도 한 지역을 다른 지역과 결합시키는 데 일정한 역할을 했을 수 있고, 이를 통해 새로운 양식이 퍼지는 데 일조했을 것이다. 그러나 확산된 토기 양식은 그들 자신의 것이 아니었다. 얌나야 이주민은 일반적으로 무덤에 토기를 부장하지 않았고, 또 그럴 경우에는 현지의 토기 양식을 차용했기 때문에 그들만의 토기에 대한 족적은 거의 찾아볼 수 없다.

다뉴브 강 하류의 수많은 얌나야 쿠르간에는 코초페니 토기가 있었다. 코초페니 문화는 루마니아 서부와 트란실바니아의 산악 은신처에서 서기전 3500년경부터 진화한 문화로, 고 유럽의 뿌리에서 나온 것으로 보인다. 코초페니 거주지는 몇몇 가구로 이루어진 소규모 농경 마을이었다. 거주지의 주인들은 죽은 이를 화장하고 그 재를 봉분 없는 무덤에 묻었는데, 무덤 일부에는 우사토보 찌르개와 유사한 이음못 있는 찌르개가 있었다.[28] 크라이오바 인근의 평원에 도착한 얌나야 목축민은 이 지역을 통제하는 것이 아이언 게이츠 근처의 산악로를 따라 다뉴브 강 하곡을 오르내리는 데 결정적이라는 사실을 깨달았다. 그들은 코초페니 공동체의 지도자들과 동맹 혹은 후견인-피후견인 계약을 맺고, 이를 통해 코초페니 토기를 획득했다(아마도 덜 눈에 띄는 코초페니 물품들을 포함해). 이는 우사토보 후견인들이 트리폴리예 피후견인들로부터 토기를 얻은 것과 마찬가지다. 멀리 몰도바 타라클리야(Tarakliya)의 얌나야 쿠르간에서도 코초페니 그릇이 발견되는데, 아마도 회귀 이주민의 무덤이었을 것이다. 불가리아 북서부의 타르나바 쿠르간 1(그림 14.6)에는 특이하게 6기의 얌나야 무덤에 코초페니 토기 6개가 모여 있었다.[29] 불가리아의 얌나야 쿠르간에는 대부분 토기가 없지만, 토기가 발견된 경우에는 종종 코초페니의 것이었다.

얌나야 족장들의 상황은 바스가 16세기 파키스탄의 스와트 강 하곡에서 유수파이 파탄(Yusufai Pathan)의 침입을 묘사한 것과 유사했을 것이다. 침입자는 "정치적으로 분화하지 않은 마을 사람들의 바다(sea)에 직면하자 그 중앙에 권위의 섬(island)을 조직하고자 했으며, 이 섬에서 주위를 둘러싼 바다에 영향력을 행사하려 했다. 그 밖의 토지 소유자들도 비슷한 섬을 구축했는데, 일부는 영향력의 범위가 서로 겹쳤으며 또 어떤 것은 그들 사이의 통제가 미치지 않았다".[30] 이주민 족장이 현지 마을 사람들에게 스스로를 필요불가결한 존재로 만들고 자신에게 복속하게끔 하는 방식은 마을 사람들이 충성과 봉사 및 최고의 땅을 선사한 대가로 그들에게 보호와 호의를 보장하고 그들이 생산한 농작물에 대한 권리를 인정하는 것이었다. 얌나야 목축 집단은 같은 수의 농경민에게 필요한 것보다 많은 목초지가 필요했는데, 이것이 얌나야 사람들이 사용 가능한 초지 대부분과 이 초지를 잇는 이주로에 대한 사용권을 주장하고 결국에는 동남부 유럽 대부분을 망라하는 토지 소유권을 창출해낸 이유였을 것이다. 발칸의 텔 거주지를 재점유한 것은 새로운 이원적 경제, 즉 농경민이 요새화한 텔에 거주하며 얌나야 후견인들이 가져가서 줄어든 초지에 대한 대응으로 곡물 생산을 늘리는 경제의 일환이었을 것이다.

다뉴브 강 하류와 발칸 산맥의 서로 멀리 떨어진 작은 지역에 있던 얌나야 거주지는 여기저기 흩어진 섬과 같은 곳에 인도·유럽 공통조어 방언들을 안착시켰는데, 만약 이 언어들이 서로 고립된 채 유지되었다면 수세기를 거치면서 수많은 인도·유럽어로 분화했을 것이다. 헝가리 동부의 수천 개에 달하는 얌나야 쿠르간은 더 많은 이주민 인구 집단에 의

한 더 지속적인 토지 점유가 있었음을 보여주는데, 부분적으로는 단지 그 수만으로도 권력과 명성을 얻었을 것이다. 이 지역 집단은 선 이탈리아어와 선 켈트어라는 두 언어를 낳았을 수 있다. 얌나야 거주지 서쪽, 곧 부다페스트 근처 체펠(Csepel) 유형의 벨 비커 문화 유적은 연대가 서기전 2800~서기전 2600년으로 추정된다. 그들은 동쪽의 얌나야와 서쪽의 오스트리아/남부 독일 사이의 다리 역할을 했을 가능성이 있는데, 이를 통해 얌나야 방언들이 헝가리에서 오스트리아와 바이에른(바바리아) 지역으로 확산하고, 그곳에서 선 켈트어로 진화했을 것이다.[31] 선 이탈리아어는 헝가리에 남아 있던 방언들 사이에서 진화했고, 결국 골호장지(骨壺葬地, Urnfield: 화장한 뼈를 담은 항아리를 묻은 묘지―옮긴이) 문화 및 빌라노바(Villanova) 문화를 통해 이탈리아로 확산했을 것이다. 에릭 햄프(Eric Hamp)와 다른 학자들은 이탈리아어와 켈트어의 부모 언어가 같다는 주장을 부활시켰는데, 그렇다면 하나의 이주 물결이 두 언어의 조상이 된 방언을 품고 있었을 것이다.[32] 그러나 고고학적으로 이곳의 얌나야 이주는 다른 곳의 경우와 마찬가지로 쿠르간 이외에는 지속적인 물질적 흔적을 남기지 않았다.

밧줄무늬 토기 층과 얌나야의 접촉

●

밧줄무늬 토기 층은 종종 유럽에 인도·유럽어, 즉 게르만어계·발트어계·슬라브어계 언어를 도입한 문화들의 고고학적 징후로 언급된다. 서기전 3000년 이후 밧줄무늬 토기 층은 우크라이나에서 벨기에까지 북유럽 거의 대부분으로 퍼졌고, 최초의 급속한 확산은 주로 서기전 2900~서기전 2700년에 일어났다. 밧줄무늬 토기 층을 규정하는 특징들로는 거주지 유적을 거의 사라지게 만든 이동성 큰 목축 경제(초원 얌나야 층의 경우와 매우 유사), 봉분 아래 한 사람만 묻는 거의 보편적인 장례법의 채택(얌나야와 흡사), 폴란드의 푼넬-비커 문화 유형에서 기원한 것으로 보이는 돌망치-도끼의 확산 그리고 특정 유형의 밧줄 문양 장식이 있는 잔 및 비커(큰 잔)와 관련한 음용 문화의 확산을 들 수 있다. 특히 이런 용기 중 다수는 현지의 푼넬-비커 토기 변종에서 원형적 양식을 발견할 수 있다. 밧줄무늬 토기 층의 물질문화는 대부분 북유럽 토착의 것이지만, 그 아래 깔린 행동 양식은 얌나야 층의 것과 매우 유사하다. 즉 소가 끄는 네 바퀴 수레와 말을 이용하는 이동성에 기초한 목축 경제의 광범위한 도입 그리고 의례에서 똑같이 가축의 지위와 가치가 올라가는 점 등이 그것이다.[33] 밧줄무늬 층의 경제적·정치적 구조는 분명 초원에서 먼저 일어난 얌나야 층의 영향을 받았으며, 내가 방금 주장했듯이 폴란드 남동부의 일부 밧줄무늬 토기 층 집단은 우사토보 문화 및 후기 트리폴리에 문화와의 연결을 통해 인도·유럽어를 쓰는 후기 푼넬-비커 사회로부터 진화했을 것이다. 밧줄무늬 토기 층은 북유럽 평원 청동기 문화 대부분의 진화를 위한 물질적 기반을 확립했고, 따라서 게르만어와 발트어 혹은 슬라브어의 기원에 관한 논쟁 대부분은 밧줄무늬 토기 층을 눈여겨본다.

얌나야 층과 밧줄무늬 토기 층은 서기전 2800~서기전 2600년 무렵 우크라이나의 리보프(L'vov)와 이바노-프란코프스크(Ivano-Frankovsk) 사이의 드네스트르 강 상류 산록의 구릉을 마주하고 있었다(그림 14.1 참조). 그 시기 밧줄무늬 토기 층 초기 묘지는 리보프 서쪽의 드네프르 최상류 수원 지대에 한정되어 있었는데, 이곳은 바로 이전에 트리폴리에 후기 집단이 스며든 푼넬-비커 문화 후기 사람들이 차지했던 지역이다. 여러 사람들이 밑듯 만약 이 지역의 밧줄무늬 토기 층 사회가 현지의 푼넬-비커 문화에서 기원해 진화했다면, 그들은 이미 인도·유럽어를 사용했을 것이다. 서기전 2700~서기전 2600년 밧줄무늬 토기 층과 얌나야 후기 목부들은 미드, 곧 벌꿀 술이나 맥주잔을 들고 드네스트르 강 상류에서 만났다.[34] 이 만남은 언어 교체의 또 다른 기회였고, 선 게르만어의 방언은 여기서 기원했거나 혹은 이 추가적인 접촉으로 인해 풍성해졌을 것이다.

밧줄무늬 토기 층이 북유럽 전역에서 선포한 광범위한 상호 관계의 패턴은 언어 확산을 위한 최적의 매개체를 제공했다. 밧줄무늬 토기 층이 진화하기 이전 푼넬-비커 문화에 기초한 인구들 사이에서 사용하던 인도·유럽 공통조어 방언들의 통합을 통해서든 혹은 이후의 밧줄무늬 토기 층과 얌냐야 층의 접촉을 통해서든 혹은 양자 모두를 통해서든 후기 인도·유럽 공통조어는 이 매개체의 동쪽 끝으로 침투했다. 사람들이 인도·유럽어를 모방한 것은 아마도 이 언어를 쓰는 족장들이 북유럽에서 기를 수 있는 양보다 큰 규모의 소와 양과 말 떼를 가졌고, 영역 확산에 이미 적응한 정치적·종교적 문화를 가졌기 때문일 것이다. 게르만어의 조상이 된 방언들은 드네스트르 강과 비스툴라 강 사이의 작은 지역에서 먼저 채택된 후 천천히 확산했을 것이다. 다음 장에서 살펴보겠지만 슬라브어 및 발트어는 드네프르 강 중류에서 사용한 방언들로부터 진화했을 것이다.[35]

그리스어의 기원
●

아나톨리아어 분기 이후의 주요 언어로 초원에서 기원했기 힘든 유일한 언어는 그리스어다. 그 이유 중 하나는 연대에 있다. 즉 선 그리스어는 인도·유럽 공통조어 자체가 아니라 더 후대의 인도·유럽어 방언 및 언어 집합에서 갈라져 나왔을 것이다. 그리스어는 아르메니아어와 프리기아어의 특징을 공유하고, 후자의 두 언어는 서기전 1200년 이전 동남부 유럽에서 사용했던 것으로 보인다. 따라서 그리스어는 불가리아의 얌나야 이주민이 썼던 언어에서 진화한 어떤 동남부 유럽 언어와 같은 배경을 가졌을 것이다. 3장에서 언급했듯 선 그리스어는 또한 선 인도·이란어와 많은 특징을 공유한다. 이러한 언어적 증거는 선 그리스어가 동남부 유럽의 동쪽 경계에서 쓰였음을 시사하는데, 그곳에서 서쪽의 선 아르메니아어와 선 프리기아어 및 동쪽의 선 인도·이란어와 일부 특징을 공유했을 것이다. 서부의 카타콤 문화 초기가 이런 요구 사항을 만족시킨다(그림 15.5 참조). 왜냐하면 이 문화는 한쪽으로는 동남부 유럽과 접촉하고 다른 한쪽으로는 동쪽에서 발전한 인도-이란 세계와 접촉했기 때문이다. 그러나 내가 아는 한 서쪽 초원에서 곧장 그리스로 이동한 카타콤 문화 이주를 규명하는 것은 불가능하다.

서기전 1650년 무렵 그리스어를 최초로 사용한 것이 확실한 미케네의 수갱묘 군주들과 관련 있는 수많은 인공물 유형 및 관습은 초원 및 동남부 유럽의 문화와 연결된다. 이러한 유사점에는 전차용 말을 위한 특정 유형의 뺨대, 특정 유형의 투겁 창날 그리고 심지어 죽은 자를 위한 가면을 만드는 것까지 포함된다. 가면은 대략 서기전 2500~서기전 2000년 잉굴 강변의 카타콤 후기 문화에서 흔했다. 그러나 수갱묘 군주들을 그리스까지 데려온 특정한 이주의 원천을 규명하기는 대단히 어렵다. 그리스어 혹은 원시 그리스어를 그리스로 수입한 사람들은 몇 차례에 걸쳐―아마도 바다를 이용해―흑해 서부 초원에서 남동부 유럽, 아나톨리아 서부, 그리스로 들어감으로써 경로를 찾기 어렵게 만들었을 것이다. 서기전

2400~서기전 2200년경 그리스의 헬라도스 II/III 과도기는 오랫동안 새로운 사람들이 도래한 것으로 추정되는 급격한 변화의 시기로 여겨져왔지만, 이 문제를 해결하는 것은 이 책의 범주를 벗어난다.[36]

결론: 초기의 서부 인도·유럽어 확산

●

인도·유럽어 사용자들의 유럽 침공은 없었다. 내가 제시한 것처럼 실제로 그런 일이 있었다면, 드네프르 강 상류로 우사토보 방언이 확산한 과정은 다뉴브 강 하곡으로 들어간 얌나야 이주와 아주 달랐을 것이다. 그러나 그런 이주조차 계획된 군사적 침략은 아니었다. 그보다는 고향의 씨족에게서 떨어져 나온 흑해 초원 부족의 분파가 자신들이 보기에 좋은 초원과 피후견인을 확보할 기회가 있다고 생각한 장소로 이동한 것이다. 이주해 들어간 얌나야 족장들은 이후 권위의 섬들을 조직하고 자기 가축을 위해 전용한 땅에 대한 통제권을 확립하기 위해 의례 및 정치 제도를 활용했는데, 그러자면 인근의 현지인들에게 후견인-피후견인 계약을 통해 법률적 지위를 허용할 필요가 있었다. 서기전 2000년 이후까지 서부의 인도·유럽어군은 동부 및 중부 유럽 전역에서 여기저기 흩어진 섬에 국한되었을 가능성이 크다.[37] 그럼에도 불구하고 동카르파티아와 다뉴브 강 상류 하곡으로의 이동은 선 이탈리아어·선 켈트어·선 게르만어(궁극적으로 영어의 탄생을 초래한 언어)가 갈라져 나오는 정확한 순서, 정확한 시점 그리고 정확한 방향에서 일어났다.

15

전차를 탄 북부 초원의 전사

1992년 러시아어로 된 《신타시타》의 출간은 초원 고고학의 새 시대를 열었다.[1] 신타시타는 우랄 산맥 동쪽의 북부 초원에 있는 거주지 유적이다. 거주지와 그 인근의 묘지는 1972~1987년 수많은 고고학자들에 의해 발굴되었다. 그러나 1992년 이후에야 이 유적의 중요성이 명백해지기 시작했다. 신타시타는 지름 140미터의 요새화한 원형 읍락으로서 통나무로 보강한 토벽으로 둘러싸고, 토벽에는 통나무로 된 망루가 있었다(그림 15.1). 벽 바깥에는 V자 단면의 해자가 성인 남성의 어깨 높이까지 파여 있었다. 토볼 강 상류의 서부 지류인 신타시타 강이 유적의 절반을 쓸어버렸지만, 31개 가옥의 잔해는 남았다. 원래의 읍락은 아마도 50~60가구로 구성되었던 듯하다. 이처럼 요새화한 거점은 초원에서는 전례가 없는 것이다. 좀더 작은 규모의 거주지가 얌나야 시기 돈 강 서쪽(예를 들어 미하일로프카)에서 나타나긴 했다. 그러나 신타시타의 벽, 문 그리고 가옥은 그 이전에 있던 초원의 어떤 요새화한 유적보다 훨씬 튼튼했다. 그리고 각

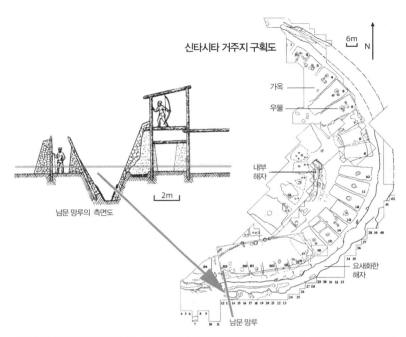

그림 15.1 신타시타 거주지. 통나무로 보강한 토벽 안의 원형 터에 배열한 사다리꼴 가옥들과 발굴자가 재구성한 남문의 망루 및 바깥쪽 방어벽. 출처: Gening, Zdanovich and Gening 1992, 그림 7, 12.

가옥 전체의 내부에서 야금 활동의 흔적, 곧 슬래그, 화덕, 화로(불을 피운 흔적) 그리고 구리를 발견했다. 신타시타는 요새화한 야금 산업의 중심지였다.

거주지 밖에는 5개의 매장 복합 단지가 있었는데, 이곳에서 풍성한 발굴 성과를 얻었다(그림 15.2). 가장 놀라운 발견은 전차의 잔해였는데, 방사성 탄소 연대 측정값은 이것이 어떤 곳에서 알려진 전차보다 오래된 것이라는 사실을 보여주었다. 전차는 뚜렷한 쿠르간이 없는 직사각형 무덤 구덩이 40개로 이뤄진 묘지에서 출토되었는데, 이 묘지는 '신타시타 묘지

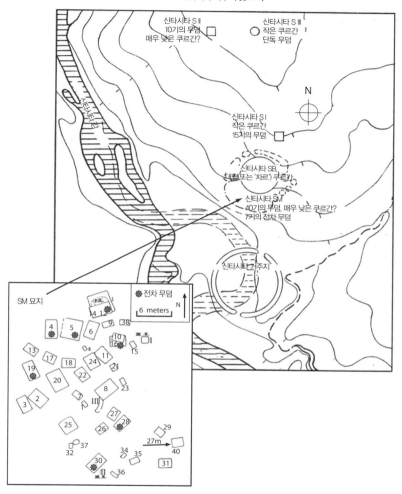

신타시타 거주지 및 묘지

신타시타 S II
10기의 무덤
매우 낮은 쿠르간?

신타시타 S III
작은 쿠르간
단독 무덤

N

신타시타 S I
작은 쿠르간
15기의 무덤

신타시타 SB
'대형(또는 '차르') 쿠르간

신타시타 SM
40기의 무덤, 매우 낮은 쿠르간?
7기의 전차 무덤

신타시타 거주지

SM 묘지

전차 무덤

6 meters

N

그림 15.2 신타시타 거주지의 풍경과 부속 묘지 그리고 SM의 세부도. 출처: Gening, Zdanovich and Gening 1992, 그림 2, 42.

(Sintashta mogila)'의 러시아어 약자를 따서 SM이라고 명명되었다. 나머지 매장 복합 단지 네 곳 중 첫 번째 것은 중간 규모의 쿠르간(S I: 신타시타 I)

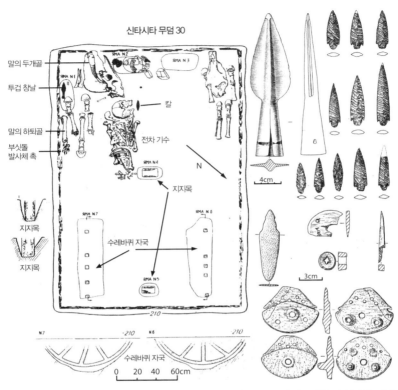

신타시타 무덤 30

말의 두개골
투겁 창날

말의 하퇴골
부싯돌
발사체 촉

지지목

지지목

칼

전차 기수

N

지지목

수레바퀴 자국

4cm

3cm

수레바퀴 자국

0 20 40 60cm

그림 15.3 신타시타 SM, 무덤 30. 수레바퀴 자국, 말 부대(horse team)의 두개골 및 하퇴골, 재갈을 고정한 뺨대, 무기 등을 부장했다. 출처: Gening, Zdanovich and Gening 1992, 그림 111, 113, 114.

으로 지름 32미터에 봉분의 높이는 1미터에 불과하고, 그 아래 무덤 16기가 있었다. 두 번째는 쿠르간 없는 평평한 묘지(S II)인데 무덤 10기를 거느렸다. 세 번째인 소규모 쿠르간(S III)은 지름 16미터에 다섯 사람의 부분적 유해가 남아 있는 무덤 1기 위에 세웠다. 그리고 마지막 네 번째로 지름 85미터, 높이 4.5미터에 이르는 SB〔러시아어 Sintashta bolshoi('거대한 신타시타'라는 뜻―옮긴이)의 약자〕쿠르간은 원래 지표면의 뗏장으로 만든 중앙 무덤(오래전에 도굴되었음) 위에 세워졌다. SB 쿠르간의 남쪽 가장자리는 SM

북쪽 가장자리를 덮고 있으므로, 비록 방사성 탄소 연대 측정값은 SM이 미미하게 빠른 것으로 나오지만 SM보다 늦게 만들어진 것이다. 40개의 SM에는 믿기 어려울 정도의 부장품이 묻혀 있었다. 그중에는 무덤 하나의 안과 위에 통째로 묻은 여덟 마리의 말(무덤 5), 골제 원반 모양의 뺨대, 살 있는 바퀴를 단 전차, 구리 및 비소 합금 도끼와 찌르개, 부싯돌 및 골제 발사체 촉, 비소 합금 청동 투겁 창날, 돌을 갈아 만든 전곤 머리, 많은 토기 그리고 몇몇 금은제 장신구가 포함되었다(그림 15.3). 이런 무덤 부장품 중 인상적인 것은 무기, 수레 그리고 동물의 희생이지 왕관이나 보석이 아니었다.

신타시타의 묘지와 거주지 방사성 탄소 연대 측정값은 귀찮을 정도로 다양해서 SM의 무덤 11에서 나온 나무로 측정한 서기전 2800~서기전 2700년(BP 4200±100) 무렵부터 S II의 무덤 5로 측정한 서기전 1800~서기전 1600년(BP 3340±60) 무렵까지 나온다. 나중에 그 밖의 수많은 신타시타 유형 유적에서 발견되었듯 신타시타에는 더 오래된 폴타프카 요소가 있는데, 이것이 더 오랜 연대가 나오는 이유인 듯하다. SB 쿠르간에 있는 중앙 무덤의 나무로 측정한 결과는 일관성이 있어(BP 3520+65, 3570+60 그리고 3720+120) 서기전 2100~서기전 1800년경으로 측정되었다. 이와 비슷한 아르카임(Arkaim) 거주지 유적 및 몇몇 신타시타 묘지〔크리보예오제로(Krivoe Ozero), 카멘니암바르(Kamenny Ambar)〕그리고 신타시타와 밀접하게 연결된 볼가 강 지역의 포타포프카 유형 무덤을 대상으로 수행한 방사성 탄소 연대 측정에서도 똑같은 연대 범위가 나왔다(표 15.1).

신타시타 장례 희생을 자세히 살펴보니《리그베다》의 장례 의식과 놀랄 만큼 유사하다는 것이 밝혀졌다. 금속 생산 산업의 규모는 초원의 채광 및 야금과 관련한 새로운 조직화 그리고 구리 및 청동 수요의 대대적

표 15.1 우랄 강 남부 및 볼가 강 중류 초원의 신타시타−아르카임(S) 및 포타포프카(P) 문화의 선별된 연대

실험실 번호	BP 연대	표본	C, K	보정한 연대
신타시타 SB 대형 쿠르간(S)				
GIN−6186	3670±40	자작나무 통나무		2140~1970 BCE
GIN−6187	3510±40	자작나무 통나무		1890~1740 BCE
GIN−6188	3510±40	자작나무 통나무		1890~1740 BCE
GIN−6189	3260±40	자작나무 통나무		1610~1450 BCE
신타시타 SM 묘지(S)				
Ki−653	4200±100	무덤 11, 나무	K	2900~2620 BC
Ki−658	4100±170	무덤 39, 나무	K	2900~2450 BC
Ki−657	3760±120	무덤 28, 나무	C	2400~1970 BC
Ki−864	3560±180	무덤 19, 나무	C	2200~1650 BCE
Ki−862	3360±70	무덤 5, 나무	C, K	1740~1520 BC
크리보예오제로 묘지, 쿠르간 9, 무덤 1(S)				
AA−9874b	3740±50	말뼈 1	C, K	2270~2030 BC
AA−9875a	3700±60	말뼈 2		2200~1970 BC
AA−9874a	3580±50	말뼈 1		2030~1780 BC
AA−9875b	3525±50	말뼈 2		1920~1750 BC
카멘니암바르 5(S)				
OxA−12532	3604±31	쿠르간 2: 무덤 12, 사람 뼈		2020~1890 BCE
OxA−12530	3572±29	쿠르간 2: 무덤 6, 사람 뼈	K	1950~1830 BCE
OxA−12533	3555±31	쿠르간 2: 무덤 15, 사람 뼈		1950~1780 BCE
OxA−12531	3549±49	쿠르간 2: 무덤 8, 사람 뼈	C, K	1950~1770 BCE
OxA−12534	3529±31	쿠르간 4: 무덤 3, 사람 뼈		1920~1770 BCE
OxA−12560	3521±28	쿠르간 4: 무덤 1, 사람 뼈		1890~1770 BCE
OxA−12535	3498±35	쿠르간 4: 무덤 15, 사람 뼈		1880~1740 BCE
우툐프카 묘지 VI(P)				
AA−12568	3760±100	쿠르간 6: 무덤 4, 사람 뼈	K	2340~1980 BC
OxA−4264	3585±80	쿠르간 6: 무덤 6, 사람 뼈		2110~1770 BC

OxA-4306	3510±80	쿠르간 6: 무덤 4, 사람 뼈	K	1940~1690 BC
OxA-4263	3470±80	쿠르간 6: 무덤 6, 사람 뼈	K	1890~1680 BC
포타포프카 묘지 I(P)				
AA-12569	4180±85	쿠르간 5: 무덤 6, 개 뼈*		2890~2620 BC
AA-47803	4153±59	쿠르간 3: 무덤 1, 사람 뼈*		2880~2620 BC
OxA-4265	3710±80	쿠르간 5: 무덤 13, 사람 뼈		2270~1960 BC
OxA-4266	3510±80	쿠르간 5: 무덤 3, 사람 뼈		1940~1690 BC
AA-47802	3536±57	쿠르간 3: 무덤 1, 말 두개골*		1950~1770 BC
기타 포타포프카 묘지(P)				
AA-53803	4081±54	쿠툴룩 I, 쿠르간 1:1, 사람 뼈		2860~2490 BC
AA-53806	3752±52	그라셰프카 II 쿠르간 5:3, 사람 뼈		2280~2030 BC

*주 17 참조.
전차를 부장한 무덤은 C(chariot), 징 박힌 원반형 뺨대를 부장한 묘는 K(cheekpiece)로 표기.

인 증가를 시사한다. 탄탄한 요새화는 놀랄 만큼 규모가 크고 결연한 공격대의 존재를 암시한다. 그리고 흑해-카스피 해 지역의 쿠르간 의례, 수레 매장, 무기 유형이 우랄 강 동쪽에 나타났다는 것은 우랄 경계가 마침내 사라졌다는 것을 의미한다.

1992년 이후 신타시타 문화에 대한 정보가 급격하게 불어났는데, 거의 모두 러시아어로 쓰였고 그 대부분은 아직 충분히 연구되지 않았거나 내가 쓰는 것처럼 활발한 논쟁 가운데 있다.[2] 신타시타는 서쪽의 우랄 강 상류에서 동쪽의 토볼 강 상류 사이, 곧 우랄 산맥 동남쪽에 집중되어 있는―서로 관련 있는―20개 이상의 요새화한 거주지 중 하나에 불과하다. 즈다노비치(G. B. Zdanovich)가 발굴한 아르카임 거주지는 침식으로 손상되지 않았으며, 이 거주지의 50~60개 구조물 중 27개가 모습을 드러냈다(그림 15.4). 아르카임 거주지의 모든 가옥에는 금속 생산 설비가 있었다. 이 지역은 컨퍼런스의 중심지이자 국가적 역사 기념물이 되었다. 신타시타와

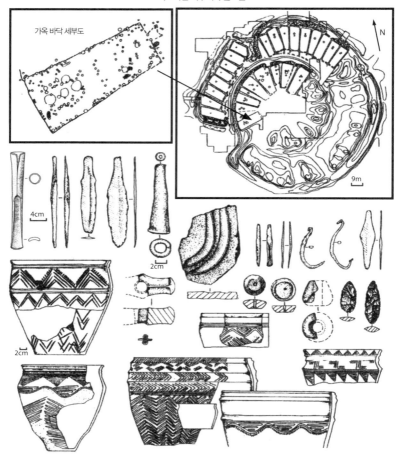

그림 15.4 아르카임 거주지, 가옥 세부도, 낫이나 칼날 주조용 거푸집을 포함한 인공물. 출처: Zdanovich 1995, 그림 6.

아르카임은 수많은 흥미로운 질문을 제기했다. 왜 금속을 생산하는 이 요새화한 읍락들이 그때 그 장소에 나타났을까? 왜 그토록 단단하게 요새화했을까? 누구를 두려워한 것일까? 구리 수요가 증가한 것일까, 단순히 구리 작업 및 채굴 방식만 바뀐 것일까? 아니면 둘 다일까? 이런 거점을 구축한 사람들이 전차를 발명했을까? 그리고 그들이 원래의 아리안, 즉 훗날 《리그베다》와 《아베스타》를 집성한 사람들일까?[3]

삼림 변경의 최후: 삼림의 빗줄무늬 토기 목부들
●

신타시타 문화의 기원을 이해하자면 훨씬 서쪽에서 시작해야 한다. 기존의 트리폴리예 문화 지역이던 드네스트르 강과 드네프르 강 사이에서 서기전 2800~서기전 2600년 벌어진 빗줄무늬 토기, 구형 암포라 및 얌나야 인구 집단 간의 상호 작용은 삼림-초원 지대의 하곡 및 산록 구릉을 망라한 지역에서 복잡한 지역 문화의 장기판(checkerboard)을 만들어냈다 (그림 15.5). 남쪽의 초원 지대에서는 얌나야 후기 및 일부 우사토보 후기 집단이 여전히 쿠르간을 세우고 있었다. 일부 얌나야 후기 집단은 북쪽의 삼림-초원 지대로 침투해 드네스트르 강, 남부그 강, 드네프르 강 하곡을 거슬러 올라갔다. 구형 암포라를 만들던 동부 카르파티아 집단은 리보프 일대의 드네스트르 강 상류에서 동쪽으로 키예프 일대의 삼림-초원 지대로 이동했다가 다시 드네스트르 강으로 물러났다. 폴란드 남부의 빗줄무늬 토기 집단이 키예프 일대에서 그들을 대체했다. 이렇게 결합된 구형 암포라 문화와 빗줄무늬 문화의 동쪽을 향한 팽창의 영향 아래, 이미 복잡한 혼합체였던 얌나야의 영향을 받은 드네프르 강 중류 하곡의 트리폴리예 후기 사람들은 키예프 일대의 삼림-초원 지역에서 드네프르 중류 문화(Middle Dnieper culture)를 만들어냈다. 이것이 키예프 북쪽의 러시아 삼림 지대로 밀고 들어간 최초의 식품 생산/목축 문화였다.[4]

드네프르 중류 문화와 파탸노보 문화

드네프르 중류 문화 사람들은 가축 사육 경제(지역에 따라 소, 양, 돼지)를 북쪽의 삼림 지대로 가져갔는데, 드네프르 강과 데스나 강을 따라 올라가면 나오는 오늘날의 벨라루스 지역이 그곳이다(그림 15.5). 그들은 습지와 개방호(開放湖, open lake) 그리고 삼림 속에 자연적 통로가 있는 강변 범람원을 따라 올라갔다. 이런 개활지에는 동물을 위한 풀과 갈대가 있고, 강은 충분한 물고기를 공급했다. 드네프르 중류 문화의 가장 이른 시기 유적은 서기전 2800~서기전 2600년 무렵, 가장 나중 것은 서기전 1900~서기전 1800년까지 이어졌다.[5] 드네프르 중류 문화 초기의 토기는 카르파티아 및 폴란드 동부의 밧줄무늬 토기 문화의 토기와 분명한 유사점을 보이며, 드네프르 중류 문화 토기는 드네프르 상류와 비스툴라 상류 사이의 그르제다소칼스카(Grzeda Sokalska) 근처 밧줄무늬 토기 문화 무덤에서도 발견되었다.[6] 스레드니스톡 문화 후기와 얌나야 층의 요소도 드네프르 중류 토기에서 나타났다(그림 15.6). 드네프르 중류 문화 묘지에는 쿠르간도 있고 평평한 무덤도 있고, 화장도 있고, 매장도 있는데 얌나야 및 카타콤 문화의 것과 같은 바닥(화살대 이음부―옮긴이)이 빈 부싯돌 화살촉, 구형 암포라 문화의 것과 같은 커다란 사다리꼴 부싯돌 도끼, 밧줄무늬 토기 문화의 것과 같은 '전투 도끼(battle-axe)' 등을 부장했다. 드네프르 중류 문화는 분명 초원 집단과 드네프르 강의 전략적인 여울 부근 키예프 일대의 삼림-초원 집단 간 일련의 조우와 교환을 통해 등장했다.[7]

파탸노보(Fatyanovo) 문화는 드네프르 중류 문화의 동북부 가장자리에서 등장했다. 소를 치는 목부들이 남쪽으로 흐르는 드네프르 강 유역을 떠나 소나무-참나무-자작나무 숲을 지나고 볼가 강 상류로 들어가는 오카(Oka) 강처럼 북쪽으로 흐르는 강 유역으로 이동한 후, 독자적인 파탸

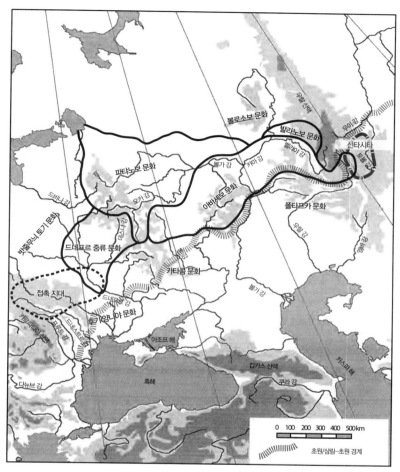

그림 15.5 청동기 중기, 서기전 2800~서기전 2200년의 문화 집단

노보 유형의 토기를 만들기 시작했다. 그러나 파탸노보 토기는 여전히 밧줄무늬 토기 문화/구형 암포라 문화가 혼합한 특징을 보이며, 파탸노보 문화는 드네프르 중류 문화의 초기 변종에서 파생한 것으로 보인다. 궁극적으로 파탸노보 유형의 토기, 무덤 그리고 소 사육 경제는 볼가 강 상류

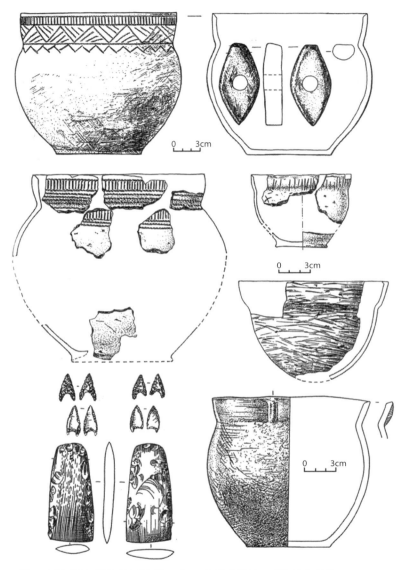

그림 15.6 벨라루스 유적에서 출토된 드네프르 중류 문화의 토기와 석기. 출처: Kryvaltsevich and Kovalyukh 1999, 그림 2, 3.

유역 분지 거의 전역으로 퍼져나갔다. 드비나 강에서 오카 강까지의 방대한 파탸노보 서부 영역에서 알려진 파탸노보 거주지는 매우 드물지만, 300곳 이상의─쿠르간 없는─대규모 파탸노보식 평평한 무덤 묘지가 강이나 습지를 내려다보는 언덕에서 발견되었다. 토착 삼림 채집민 문화인 동석기 후기 볼로소보(Volosovo) 문화는 토기나 경제 그리고 시체 처리 관습 측면에서 파탸노보 문화와 매우 다르다. 볼로소보 문화는 파탸노보 개척자들이 볼가 강 중류 및 상류로 밀고 들어감으로써 사라졌다.

드네프르 중류 문화와 파탸노보 문화 이주민은 강과 호수의 이름이 라트비아어 및 리투아니아어와 관련된 발트어계 방언으로 불리는 곳에서 겹쳤다. 언어학자들이 그린 지도에 따르면, 드네프르 강 상류 및 중류 유역과 볼가 강 상류를 거쳐 멀리 동쪽의 오카 강에 이르는 지역이다. 이러한 이름은 과거 발트어를 쓰던 인구 집단의 거주 범위를 보여주는데, 이들은 한때 오늘날보다 훨씬 큰 지역을 차지했다. 드네프르 중류 문화와 파탸노보 문화 이주는 선 발트어 방언을 사용하는 인구 집단을 볼가 강 상류 유역에 자리 잡도록 했을 것이다. 선 슬라브어는─뒤에 남은─드네프르 강 중류와 드네스트르 강 상류 사이 집단들에서 발전했을 것이다.[8]

파탸노보 집단은 볼가 강을 따라 내려가며 동쪽으로 퍼지면서 우랄 산맥 서부 구릉의 구리 광석을 발견했고, 이 지역의 카마 강 하류에서 장기적인 거주지를 만들었다. 향후 거의 모든 파탸노보 금속 제작의 중심지가 된 볼가-카마 지역은 나머지 파탸노보 문화와 갈라져 따로 발라노보(Balanovo) 문화라고 부른다. 발라노보는 파탸노보 동부의 정주 금속 작업장인 것처럼 보인다. 발라노보 영역의 남쪽 가장자리, 곧 강들이 다시 남쪽으로 흐르는 볼가 강 중류와 돈 강 상류의 삼림-초원 지대에서 네 번째 집단(드네프르 중류, 파탸노보, 발라노보에 이어)이 등장했다. 아바셰보(Abashevo)

문화가 그것인데, 빗줄무늬 토기 전통의 후손으로서 러시아 삼림 지대의 가장 동쪽까지 들어온 문화다. 아바셰보 문화는 신타시타 문화의 기원에 중요한 역할을 했다.

아바셰보 문화

아바셰보 문화는 서기전 2500년 무렵 혹은 그보다 약간 늦은 시기에 시작된 듯하다. 볼가 강 중류 페프키노(Pepkino)에 있는 아바셰보 후기 쿠르간의 연대는 서기전 2400~서기전 2200년(3850±95, Ki-7665)으로 나왔다. 나는 그 무덤이 실제로 서기전 2200년 즈음에 건설되었다고 생각한다. 아바셰보 후기의 전통은 우랄 산맥 서부에서 서기전 1900년까지 지속된 것으로 보이는데, 신타시타 시기까지 이어진 것이 확실하다. 왜냐하면 신타시타와 포타포프카(Potapovka) 무덤에서 아바셰보 후기 그릇들이 나왔기 때문이다. 아바셰보 초기의 토기 양식은 신타시타 토기에 강력한 영향을 주었다.

비록 일부는 볼가 강 중류의 초원 북부 지대까지 뻗어나갔지만 아바셰보 유적은 주로 삼림-초원 지대에서 발견되었다. 삼림-초원 지대 안에서 아바셰보 유적은 서쪽의 돈 강 상류(거주지 유적이 많다. 예컨대 콘드라쇼프카(Kondrashovka) 거주지)부터 중앙의 볼가 강 중류 지대(주로 쿠르간 묘지로 대표된다. 그중에는 아바셰보 표준 유적인 아바셰보 쿠르간 묘지 포함) 그리고 동쪽의 벨라야 강을 따라 올라가 구리가 풍부한 우랄 산맥 남서쪽 구릉 지대로 이어지는 지대(이곳에도 거주지가 많다. 예컨대 구리 용융 흔적이 풍부한 발란바시(Balanbash) 거주지)까지 분포한다. 유적지 중 단 2개만 요새화했으며, 다수는 짧은 기간만 거주한 것으로 보인다. 가장 동쪽의 아바셰보 유적은 우랄 산맥 서쪽 산록의 경사면 일대를 둘러싸고 있으며 우랄 강 상류 유역

으로 뻗어 있는데, 바로 이 유적들이 신타시타의 기원에 특별한 역할을 했다.[9]

서기전 2500년 이전 이 지역을 점유하고 있던 볼로소보 채집민 일부는 아바셰보 집단으로 흡수되었고, 일부는 북쪽으로 이동했다. 아바셰보 영역의 북쪽 경계에서, 밧줄무늬 압인이 있는 아바셰보 토기와 빗살무늬가 찍힌 볼로소보 토기는 때때로 볼샤야고라(Bolshaya Gora) 같은 유적에 있는 같은 구조물에서 발견된다.[10] 볼로소보 후기 집단과 우랄 산맥 서쪽의 아바셰보 집단 간 접촉은 치르코프스카(Chirkovska) 등의 과도기적 북방 삼림 문화에 소 사육 경제와 야금술을 전파하는 데 도움을 준 것으로 보인다.

아바셰보 초기의 토기는 파탸노보/발라노보의 밧줄무늬 토기와 일부 유사한 반면, 아바셰보 초기 무덤은 쿠르간으로 덮여 있어 파탸노보의 봉분 없는 무덤과 달랐다. 아바셰보 쿠르간은 주위를 파낸 둥그런 도랑 안에 있으며, 무덤구덩이 가장자리에는 바위 선반이 있고, 시체는 옆으로 누워 웅크리거나 바로 누워 무릎을 세운 자세인데 이는 볼가 강 유역 폴타프카 문화의 장례 관습에서 유래한 것이다. 또한 아바셰보 토기의 장식 문양은 모티프(수평 방향의 선과 점, 수평 방향의 홈)나 기술(조개껍데기 혼합) 양면에서 초원의 카타콤 문화 토기 전통의 영향이 증대했음을 보여준다. 허리가 잘록한 칼 같은 일부 아바셰보 금속물 유형은 카타콤과 폴타프카 유형을 모방한 것이다. 저명한 아바셰보 문화 전문가 프랴힌(A. D. Pryakhin)은 이 문화가 파탸노보/발라노보 문화와 카타콤/폴타프카 문화 집단 간 접촉으로 인해 남부 삼림-초원 지대에서 기원했다고 결론 내렸다. 많은 부분에서 아바셰보 문화는 초원의 관습이 북쪽의 삼림-초원 지대로 전파되는 도관(導管)이었다. 러시아 고고학자 대부분은 아바셰보 문화를 인도·

이란어 사용자들과 관련 있는 경계 문화로서 파타노보 문화와는 다른 것으로 해석한다.[11]

발란바시 등 벨라야 강 하곡의 아바셰보 거주지에는 도가니, 슬래그, 거푸집 쓰레기 등이 있었다. 아바셰보 대장장이들은 자루 구멍 있는 주조 도끼, 칼, 투겁 창날 그리고 투겁 끌을 만들었다. 분석을 마친 아바셰보 금속 제품의 절반가량은 우랄 서남부의 사암질 동광석에서 나온 순동으로 만들었고(특히 장신구의 경우) 절반가량은 우랄 동남부의 석영질 동광에서 추출한 것으로 보이는 비소 합금 청동으로 만들었는데(특히 도구와 무기), 나중에 신타시타 광부들도 똑같은 동광석을 활용했다. 아바셰보의 신분 높은 이들의 무덤에는 구리 및 은 장신구, 반원형 순동 및 은 팔찌, 손잡이 구멍 있는 주조 도끼, 허리 잘록한 칼을 부장했다(그림 15.7). 아바셰보의 신분 높은 여자들은 독특한 머리띠를 찼는데, 띠 위를 판형 혹은 관형의 구슬로 장식하고 그 사이사이에―구리와 은으로 만든―두 번 꼰 나선형 및 장미꽃 모양의 펜던트를 매달았다. 이런 머리띠는 아바셰보 문화 특유의 것이며 정치적 및 종족적 지위의 표시로 보인다.[12]

아바셰보 여인의 머리띠에서 볼 수 있는 분명한 정체성 표시는 격렬한 전쟁(단순한 습격이 아니라 실제 전쟁)의 맥락에서 드러난다. 수라(Sura) 강 하류의 아바셰보 영역 북쪽 끝 인근에 있는 페프키노 묘지의 길이 11미터에 달하는 무덤구덩이 하나에는 28구의 젊은이 유해가 들어 있었다. 그중 18명은 목이 잘렸고, 나머지는 머리와 팔에 도끼에 맞은 상처가 있고, 수족은 절단된 상태였다. 이 다인(多人) 합장묘의 연대는 서기전 2200년 무렵으로 나왔는데, 아바셰보 토기와 체르니흐 V 유형의 손잡이 구멍 있는 도끼를 만드는 양방 결합식 거푸집 그리고 도가니를 부장했다. 무덤 위로 쿠르간 하나만 세웠으므로 벌어진 사건은 하나인 듯한데, 분명 심각한 전

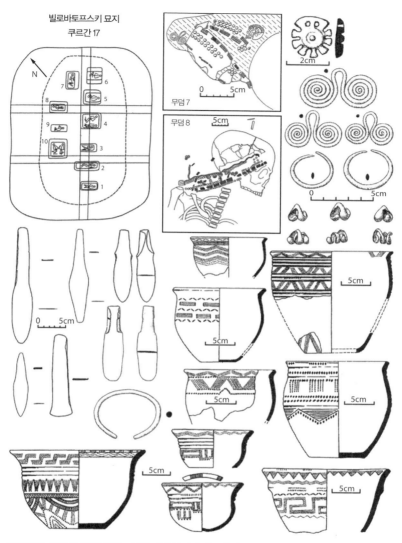

그림 15.7 볼가 강 중류 삼림-초원 지대의 아바셰보 문화 무덤과 이곳에서 출토된 금속 물품들(오른쪽 위)에는 독특한 구리 주물 장미 모양이 포함되어 있다. 우랄 남부 지역에서 출토된 토기들(오른쪽 아래). 출처: O.V. Kuzmina 1999, 그림 23, 24(토기); Bol'shov 1995, 그림 13(무덤 부장품).

투 혹은 학살이었을 것이다. 무덤에 여자나 어린이가 없다는 사실은 거주지에서 일어난 학살이 아님을 나타낸다. 만약 이것이 전쟁의 결과라면 아바셰보 측 병력은 280~560명 정도였을 것이다. 부족 간 전쟁에서 병력의 사망률은 드물게 10퍼센트에 달했고 보통 5퍼센트 이상이었기 때문이다.[13] 이 정도 병력이라면 상당한 수준의 지역 간 정치적 통합을 요구했을 것이다. 아울러 격렬한 전쟁, 아마도 놀랄 만한 규모의 전쟁은 아바셰보 시기 정치적 풍경의 일부였을 것이다. 이런 맥락에서, 신타시타 거주지 둘레의 요새화와 새로운 전투 기술의 발명(전차를 포함해)은 의미를 갖기 시작한다.

언어학자들은 선 인도·이란어와 인도·이란 공통조어로부터 초기의 피노·우그리아어로 차용된 말들을 밝혀냈다. 우랄 산맥 남쪽 일대에서 볼로소보와 아바셰보 간 접촉의 고고학적 흔적은 이러한 차용이 일어난 매개체였을 것이다. 피노·우그리아어에 차용된 초기 인도·이란 공통조어의 단어들에는 피노·우그리아어의 *asera가 된 인도·이란 공통조어의 *asura-(하느님, 신), 피노·우그리아어의 *mete가 된 인도·이란 공통조어의 *med^{h}u-(벌꿀), 피노·우그리아어의 *kekrä가 된 인도·이란 공통조어의 *čekro-(바퀴), 피노·우그리아어의 *orya가 된 인도·이란 공통조어의 *arya-(아리안) 등이 있다. 인도·이란 공통조어의 *arya-, 즉 자기들을 부르는 이름인 '아리안'은 선 사미어(Pre-Saami)에 차용되어 *orja가 되었는데, 이는 '서남쪽(southwest)'을 의미하는 *oarji의 어근이며 '남쪽 사람(southerner)'을 의미하는 *ārjel의 어근인데, 이런 사실은 아리아인의 조상들의 세계가 일찍이 우랄 지역 남쪽에 있었음을 확인해준다. 똑같은 차용어인 *arya-어근은 핀어 및 페름어 지파(핀어, 코미어, 우드무르트어)에서 '노예(slave)'를 의미하는 단어로 발전하는데, 이는 당시 인도·이란 공통조어

사용자들과 피노·우그리아어 사용자들 사이의 적대감을 보여주는 하나의 단서다.[14]

동부 초원의 신타시타 이전 문화

신타시타 거점들이 나타나기 이전, 아바셰보 후기 시대 우랄-토볼 초원에는 누가 살았을까? 그곳에는 현지 선행 문화 2개와 그와 관련 없는 이웃 몇몇이 있었다.

신타시타 선행 문화

훗날 신타시타 거주지들이 차지한 초원 지대 바로 북쪽, 즉 삼림-초원 지대 남부는 아바셰보 후기 문화 거주지가 흩어져 있었다. 아바셰보 광부들은 우랄-토볼 지역에서 출토되는 —비소를 풍부하게 함유한— 석영질의 구리 광석을 자주 다뤘다. 아바셰보 후기 문화 우랄 변종의 소규모 거주지들이 우랄 강 상류 하곡과 멀리 동쪽의 토볼 강 상류에서도 나타난 듯하다. 우랄 지역에서 만든 아바셰보 토기의 기하학적 곡선이 최초로 중요하고도 새로운 장식 모티프가 되었으며(그림 15.7 참조), 이 기하학적 곡선은 신타시타 시기에도 중요한 모티프로 남았다. 신타시타 초기 무덤 일부에는 아바셰보 후기 토기가 묻혀 있고, 우랄 산맥 서쪽의 일부 아바셰보 후기 유적에는 신타시타 유형의 금속 무기와 신타시타 문화에서 유래한 것으로 추정되는 원반형 뺨대 등의 전차 장비가 나왔다. 그러나 우랄의 아바셰보 사람들은 장례용으로 동물을 대규모로 희생시키지 않았으며, 그들의 금속 제품 유형이나 장신구 다수는 신타시타의 것과 달랐다.

아울러 비록 그들의 거주지 일부를—신타시타 거주지처럼—작은 도랑으로 두르긴 했지만, 이 또한 일반적인 것은 아니었다.

나중에 신타시타 문화가 등장한 바로 그 북부 초원 지대는 일찍이 폴타프카 문화 목부들이 점유했다. 폴타프카 문화는 본질적으로 초기 얌나야층의 볼가-우랄식을 이어받은 것이었다. 폴타프카 목부 집단은 아마도 서기전 2800~서기전 2600년 동쪽의 우랄-토볼 초원으로 이동한 듯하다. 폴타프카의 토기 장식 모티프(V자 문양의 수직 열)는 신타시타 토기에 매우 흔하게 나타난다. 폴타프카 쿠르간 묘지(연대 미측정) 하나가 훗날 요새화한 아르카임 유적이 들어선 하곡의 습한 저지 근처에서 남쪽으로 400미터 떨어진 낮은 능선에 있다.[15] 알렉산드로프스카 IV 묘지에는 소규모(지름 10~20미터) 쿠르간이 21개 있는데, 이는 상대적으로 큰 폴타프카 묘지다(그림 15.8). 그중 6개를 발굴했는데, 모두가 전형적인 폴타프카 매장 의식과 들어맞았다. 즉 쿠르간 주위에 도랑을 팠고, 그 아래에 바위 선반을 얹은 무덤 하나가 있다. 시신은 유기물 깔개 위에서 왼쪽이나 오른쪽 옆으로 누운 채 잔뜩 웅크린 자세이고, 머리 옆이나 이따금 시신 전체 주위에 대자석 혹은 백악석을 뿌렸다. 아울러 토기 하나 혹은 부싯돌 도구 하나를 부장했으며, 아무것도 부장하지 않은 경우도 있었다. 가끔은 동물 뼈 일부가 바깥쪽 도랑에 떨어져 있었다. 쿠이삭(Kuisak)의 신타시타 거주지 아래층에는 폴타프카 거주지가 층을 이루고 있는데, 폴타프카 거주지는—얌나야 거주지처럼—일반적으로 알려진 게 없으므로 흥미로운 곳이다. 불행히도 이 유적은 그 위에 세운 신타시타 거주지로 인해 심각하게 훼손되었다.[16]

볼가 강 중류 지역에서 포타포프카 문화는 신타시타 문화의 동시대 자매 문화로서 비슷한 무덤, 금속 유형, 무기, 말 희생 그리고 전차 조종 장

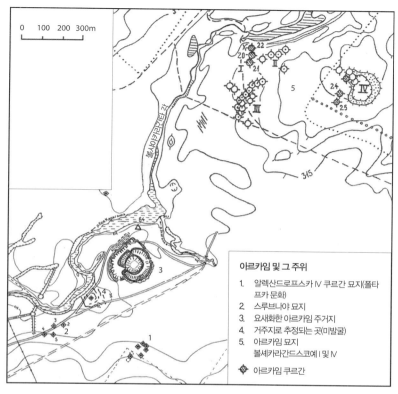

그림 15.8 아르카임 거주지 풍경. 알렉산드로프스카 IV의 쿠르간 묘지들(1), 쿠르간 6개를 포함한 더 오래된 폴타프카 묘지; 발굴된 신타시타 문화 쿠르간 2개(24와 25)와 볼셰카라간드스코예 I 및 IV(5). 출처: Zdanovich 2002, 그림 3과 Batanina and Ivanova 1995, 그림 2를 합성한 것임.

비(뼈 빰대와 채찍 손잡이)가 출토되었는데, 방사성 탄소 연대 측정값도 같은 시기인 서기전 2100~서기전 1800년으로 나왔다. 신타시타 토기와 마찬가지로 포타포프카 토기는 수많은 폴타프카 장식 특징을 보유하고 있으며, 포타포프카 무덤은 이따금 기존의 폴타프카 기념물 바로 위에 세워지기도 했다. 일부 신타시타 거점이 기존의 폴타프카 거주지 위에 세워지고 그것들을 합병한 것처럼 포타포프카 무덤 일부는 기존의 폴타프카 무덤 자체를 뚫고 만들면서 기존의 무덤을 훼손했다.[17] 이것을 우연의 일치라고 보기는 어렵다. 기존의 폴타프카 씨족과의 상징적 연관성이 이런 선택을 견인했을 것이다.

폴타프카 목부들은 광대한 카자흐 평원을 가로질러 서기전 3000년 이전 제라프샨 강 하곡, 오늘날의 사마르칸트 인근에 건설된 중앙아시아 도시 문명의 전초지인 사라즘을 향해 탐사를 개시했을 것이다(그림 16.1 참조). 북쪽에 위치한 사라즘은 서기전 2500년 무렵 우랄 산맥 동쪽으로 밀려들어온 초원 목부들의 행동 범위 바로 바깥에 놓여 있었다.[18]

중앙아시아와 삼림 지대의 사냥꾼과 상인

토볼 강 초원의 폴타프카 영역과 제라프샨 강 하곡의 사라즘 사이에는 최소 2개의 서로 다른 채집민 집단이 살았다. 남쪽의 아랄 해 남부·서부·동부 언저리에는 켈테미나르(Kelteminar) 문화가 있었다. 이 문화는 상대적으로 정주적인 사냥꾼이자 채집민의 것으로서 이들은 초원의 습지 및 호수 근처와 거대한 시베리아호랑이가 어슬렁거리던 아무다리야 강(옥서스 강)과 제라프샨 강 하류 강둑의 덤불(투가이(tugai)라고 부르는 덤불 숲)에 갈대로 씌운 커다란 집을 세웠다. 켈테미나르 사냥꾼들은 투가이에서 들소와 멧돼지를 추적하고, 초원과 사막에서는 영양·오나거·박트리아 낙타(쌍봉낙타—옮긴이)를 쫓았다. 키질쿰 사막 남쪽에는 야생말이 서식하지 않았으므로 켈테미나르 사냥꾼들은 말을 본 적이 없었다. 하지만 그들은 물고기를 많이 잡고 야생 석류와 살구를 모았다. 아울러 문양을 새기거나 압인을 찍은 독특한 토기를 만들었다. 딩길제(Dingil'dzhe) 6 같은 켈테미나르 초기 유적은 서기전 5000년 무렵의 제벨 동굴(Dzhebel Cave) IV층 것과 매우 유사한 부싯돌 세석기 산업을 갖추고 있었다. 켈테미나르 채집민은 이 무렵, 곧 서기전 6000년대 말 즈음에 토기를 만들기 시작한 것으로 보인다. 켈테미나르 후기 문화는 서기전 2000년 무렵까지 존속했다. 켈테미나르 토기는 사라즘(II층)에서 발견되지만, 아무다리야 강 북쪽의 키질쿰 사막이 북쪽 초원과의 남북 간 교통을 방해하는 효과적인 장벽이었던 것으로 보인다. 제라프샨 강 하류와 아랄 해 동남쪽 사막 지대의─광맥이 지상에 노출된─터키석은 남쪽으로 이란까지 팔려갔지만 북쪽 초원으로는 들어가지 않았다. 터키석 장신구는 사라즘, 이란 고원의 수많은 초기 도시 그리고 심지어 마이코프 족장 무덤(12장)에서도 등장하지만, 북쪽의 초원 지대 거주민들 사이에서는 보이지 않는다.[19]

상당히 다른 두 번째 채집민 문화가 아랄 해와 시르다리야〔고대의 약사르테스(Jaxartes)〕 강 북쪽의 북부 초원에 존재했다. 이곳에서 사막은 카자흐스탄 중부 및 북부 초원으로 들어가며 사라진다. 이 지역의 가장 큰 육식 동물은 늑대이며 가장 큰 초식 포유류는 야생말과 사이가 산양이었다. (모두 켈테미나르 지역에는 없는 종이다.) 풀이 좀더 무성한 북쪽 초원에는 후기 보타이-테르섹 문화의 후예들이 여전히 말을 타고 사냥하고 물고기를 잡았지만, 그중 일부는 길들인 소와 양을 더러 키웠으며 금속을 제조하기도 했다. 이심 강 중류에 있는 세르게이프카(Sergeivka)의 포스트 보타이(post-Botai) 문화 유적은 방사성 탄소 연대 측정값이 서기전 2800~서기전 2600년경(BP 4160±80, OxA-4439)으로 나왔다. 유적에는 보타이-테르섹 문화 후기의 것과 유사한 토기 및 전형적인 보타이-테르섹 후기의 석기 그리고 말뼈 390개(전체 뼈의 87퍼센트)가량과 소와 양의 뼈 60개(13퍼센트)가 나왔는데, 이는 이 지역 경제에 등장한 새로운 요소다. 화로, 슬래그, 구리 광석 또한 발견되었다. 카자흐스탄 북부에서는 세르게이프카 같은 극소수 유적만 확인되었다. 그러나 세르게이프카 유적은 카자흐스탄 북부에서 서기전 2800~서기전 2600년 무렵 야금술과 약간의 목축을 시작했음을 보여준다. 이러한 혁신을 자극한 것은 토볼 초원의 폴타프카 목부들의 도래였을 것이다. 세르게이프카의 것과 비슷한 토기가 알렉산드로프스카 IV의 폴타프카 무덤들에서 발견되었는데, 이는 양자의 접촉을 확인해준다.[20]

우랄-토볼 초원의 북쪽, 우랄 산맥 동쪽 사면의 삼림을 차지한 채집민은 초기 신타시타 문화에 그다지 영향을 주지 못했다. 이들이 처한 환경은 충분히 풍족해서 그들로 하여금 여전히 오직 사냥과 어렵에 의지해 강둑의 비교적 장기적인 거주지에서 살아갈 수 있도록 했다. 이들은 정식 묘지를 갖지 않았다. 아울러 토기 표면 전체를 복잡한 빗살무늬의 기하학적 모티프로 채웠다. 토기의 장식과 모양은 한쪽에 있는 삼림-초원 지대의 아야츠키(Ayatskii) 및 리프친스키(Lipchinskii) 문화와 다른 한쪽의 보타이-테르섹 문화와 일부 유사했다. 그러나 신타시타 문화가 등장하기 전까지 대부분의 물질문화 측면에서 삼림 지대 문화는 여전히 폴타프카 및 아바셰보 문화와 구별되었고, 이런 관계는 신타시타의 등장으로 변화했다. 서기전 2200~서기전 2100년 무렵 삼림 지대 문화들은 신타시타 관습을 많이 받아들였다. 도가니, 슬래그 그리고 잉곳(Ingot, 주괴)으로 여겨지는 구리 막대가 신타시타 북쪽의 토볼 강에 위치한 타시코보(Tashkovo) II와 이스카(Iska) III 채집민 유적에서 발견되었다. 타시코보 II 토기 일부는 아바셰보 후기 혹은 신타시타에서 차용한 기하학적 곡선 문양을 보여준다. 그리고 타시코보 II와 안드레예프스코예오제로(Andreevskoe Ozero) XII의 가옥은 신타시타나 아르카임처럼 하나의 중앙 광장을 중심으로 원형으로 배치했는데, 이는 삼림 지대에서는 예외적인 거주지 배치 방식이다.

신타시타 문화의 기원

●

서기전 2500년 무렵 이후 한층 차갑고 건조한 기후가 유라시아 초원에
영향을 미치더니, 서기전 2000년 무렵에는 이러한 기후가 정점에 이르렀
다. 유라시아 대륙의 습지와 호수 바닥에서 채취한 고대의 꽃가루 핵은
이런 사건이 습지 식물 공동체에 미친 영향을 보여준다.[21] 삼림은 후퇴하
고 초지가 팽창했으며 습지가 줄어들었다. 이미 우랄 산맥 남서쪽이 볼가
강 중류 초지보다 건조하고 추웠던 산맥 남동부의 초원은 더욱 건조해졌
다. 서기전 2100년 무렵 폴타프카와 아바셰보의 혼합된 목부 집단이 토볼
강 상류와 우랄 강 하곡 사이, 가축 떼가 겨울을 나기에 필수적이고 당시
줄어들던 습지 근처의 요새화한 거점들에서 거주하기 시작했다(그림 15.9
참조). 일반적으로 유라시아 초원의 목축민은 겨울 쉼터로 습지를 선호했
는데, 3미터까지 자라는 갈대로부터 먹이와 보호처를 얻을 수 있었기 때
문이다. 근동의 중석기 후기 채집민의 이동성을 연구하는 동안, 마이클 로
젠버그(Michael Rosenberg)는 이동성 강한 집단은 경쟁 증대와 생산성 하락
의 위협을 받으면 필수불가결한 자원이 있는 곳 근처에 거주하는 경향이
있음을 발견했다. 그는 이 과정을 '음악 의자 놀이(game of musical chairs: 음
악이 나오는 동안 춤을 추다가 음악이 멈추면 의자에 먼저 앉는 놀이 ‒ 옮긴이)'[22]에 비유
했는데, 필수적인 자원을 잃는 위험을 피하는 것이 재빨리 자리에 앉는
이유다. 이 경우 필수적인 자원이란 겨울에 소 떼를 키우는 데 필요한 습
지다. 대부분의 신타시타 거주지는 구불구불 흘러가는 강의 습한 범람원
을 내려다보는 하상의 제1단구에 세워졌다. 비록 단단히 요새화하긴 했
지만 이 거주지들은 근처의 더 방어하기 쉬운 언덕 대신 습하고 낮은 지
대에 위치했다(그림 15.2와 15.8 참조).

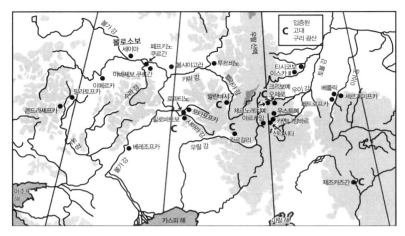

그림 15.9 돈 강과 이심 강 사이 초원 북부와 삼림 – 초원 남부 지대의 청동기 시대(서기전 2100 ~ 서기전 1800년) 구리 광산을 포함한 유적들. 신타시타 – 포타포프카 – 필라토프카 복합체는 아마도 인도·이란어 사용 집단의 고고학적 징후일 것이다.

서기전 2100~서기전 1800년경 우랄-토볼 초원에는 신타시타 유형의 벽을 둘러친 거주지가 20개 이상 세워졌다. 이들의 인상적인 요새화는 필수 자원이 있는 겨울 주거지로 사람과 가축을 모으는 것만으로는 그곳을 지키기 충분하지 않았음을 보여준다. 방어벽과 망루 또한 필요했다. 습격이 고질적이었음에 틀림없다. 격화된 싸움은 전술적 혁신을 촉진했는데, 그중 가장 중요한 것이 가벼운 전차의 발명이었다. 북부 초원에서 경쟁 부족 집단 간의 이런 고조된 분쟁은 방어벽이 보이는 곳에서 행하는 장례식의 정교한 의식과 연회를 동반했다. 경쟁 관계에 있는 주인(host)들 사이의 분쟁이 전차를 묻거나 말을 통째로 희생시키는 등 포틀래치 유형의 초과 지출로 이어진 것이다.

신타시타 사회는 흑해-카스피 해 초원 세계의 동쪽 경계에 자리한 지리적 위치로 인해 채집민 문화에서 도시 문명까지 수많은 새로운 문화에 노출되었다. 도시 문명과의 접촉은 금속 생산, 장례 희생 그리고 전쟁 증대의 가장 큰 원인인 것처럼 보이는데, 이것이 신타시타 문명의 특징이기도 하다. 벽돌로 방어벽을 쌓은 중앙아시아의 박트리아–마르기아나 고고학 복합체(Bactria-Margiana Archaeological Complex, BMAC)는 북부 초원의 금속 광부들을 거의 무한한 구리 시장과 연결시켰다. 오늘날 이라크에 있는 도시 우르에서 발견된 라르사의 림신(Rim-Sin of Larsa, 서기전 1822~서기전 1763년) 통치기의 한 문서는 한 번의 선적으로 구리 1만 8333킬로그램을 받았다고 기록했는데, 그 대부분이 단 한 사람의 상인에게 책정된 것이었다.[23] 이 유구하고 잘 돌아가는 아시아 무역망은 서기전 2100~서기전 2000년 무렵 처음으로 북쪽의 유라시아 초원과 연결되었다(신타시타와 BMAC 유적 간의 접촉에 대해서는 16장 참조).

미증유의 금속 수요 증가는 신타시타 가옥의 바닥에 가장 분명하게 기록되어 있다. 신타시타 거주지는 특화한 금속 생산 중심지였다. 신타시타, 아르카임, 우스트예(Ust'e)에서 발굴한 모든 구조물에서 금속을 녹이는 화로와 구리 광석을 가공할 때 생기는 슬래그가 나왔다. 완성한 금속 물품 대다수는 비소 합금 청동으로서 비소의 함량은 12.5퍼센트였다. 주석 합금 청동은 금속 제품의 단 2퍼센트 미만이었다. 신타시타에서는 금속 물품 36퍼센트가 비소 함량이 높은 구리(비소 0.1~1퍼센트)로 만들어졌으며, 48퍼센트는 비소 합금 청동(비소 1퍼센트 이상)으로 분류할 수 있다. 합금이 아닌 순동 물품은 신타시타보다 아르카임에서 더 흔했는데, 신타시타에서는 순동이 금속 물품의 겨우 10퍼센트에 불과했지만 아르카임에서는 거의 절반이 순동이었다. 풀무의 입구로 사용한 듯한 점토로 만든 둥근 관, 즉 튈리르가 무덤과 거주지에서 발견되었다(그림 15.4 참조). 크리보예 오제로의 무덤에서는 도가니 파편들이 나왔다. 손잡이 구멍 있는 청동 도끼와 창날을 주조하려면 양방 결합식 폐쇄 주형(Closed two-piece molds)이 필요하다(그림 15.10 참조). 굽은 낫이나 막대기 모양의 동괴를 만드는 일체형 개방 주형(Open single-piece molds)은 아르카임 주거지에서 발견되었다. 무게 50~130그램의 주괴, 즉 금속 막대는 수출용으로 생산한 듯하다. 우랄 강 상류 동쪽에 있는 보로프스카야야마(Vorovskaya Yama) 유적 한 곳에서만 2~3퍼센트의 구리를 함유한 석영질 광석 6000톤을 채굴한 것으로 추정된다.[24]

사회적 및 정치적 변화의 강력한 자극제인 전쟁 또한 신타시타 문화의 형태를 만들었는데, 높아진 분쟁 위협이 기존 사회 질서를 해체하고 권력을 획득할 새로운 기회를 주었기 때문이다. 최근 니콜라 디코스모는 철기 시대 초원에서 복잡한 정치 구조가 등장한 이유는 주로 격화된 전쟁으로 인해 서로 경합하는 족장들이 만든 상시적인 호위대가 군대를 이룰 만큼 규모를 키웠으며, 이로 인해 이들을 조직하고 먹이고 보상하고 통제하기 위해 국가와 유사한 제도를 구축했기 때문이라고 주장했다. 수전 베힉은 1200년 이후 유라시아 초원에서 신타시타 초기 시대에 비견할 만큼 건조한 기후적 취약성이 증가하던 시절, 북아메리카 서남부의 사막과 초지에서 일어난 정치적 변화를 연구했다. 북아메리카 서남부에서 기후가 악화하던 시기에 전쟁이 급격히 증가했다. 베힉은 동시에 장거리 무역이 크게 늘어난 것을 발견하기도 했다. 1350년 이후 무역은 이전보다 40배나 늘어났다. 전쟁에서 승리하기 위해 족장들은 충돌이 발생하기 전 동맹-결성 의례에 자금을 대고 충돌 후에는 동맹에게 보상할 자금을 위한 부가 필요했다. 마찬가지로 청동기 중기 후반 초원의 기후 위기 시기, 서로 경쟁하는 초원의 족장들은 새로운 신분 표시 귀중품을 찾는 동안 중앙아시아 문명의 북쪽 전초지인 제라프샨 강 하곡에서 사리즘의 상인들을 발견

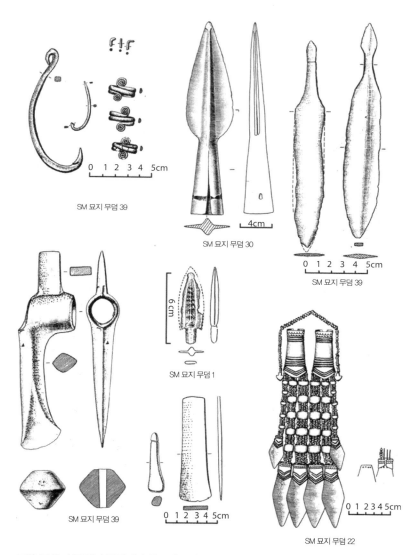

0 1 2 3 4 5cm

SM 묘지 무덤 39

4cm

SM 묘지 무덤 30

0 1 2 3 4 5cm

SM 묘지 무덤 39

6cm

SM 묘지 무덤 1

SM 묘지 무덤 39

0 1 2 3 4 5cm

0 1 2 3 4 5cm

SM 묘지 무덤 22

그림 15.10 신타시타 무덤에서 출토된 무기, 도구 및 장신구. 출처: Gening, Zdanovich and Gening 1992, 그림 99, 113, 126, 127.

했을 것이다. 비록 중앙아시아와의 연결은 족장들 간의 오랜 경쟁으로 인해 시작되었지만, 일단 연결되자 이는 전쟁과 금속 생산 그리고 초원 문화 간의 의례적 경쟁을 근본적으로 뒤바꾼 관계를 만들어냈다.[25]

신타시타 문화의 전쟁: 요새화와 무기

•

우랄 남부 초원에서 전쟁 강도의 두드러진 증대는 세 가지 요소를 통해 분명히 드러난다. 즉 일반적인 거대 요새 읍락들의 등장, 무덤의 무기 부장품 증가, 새로운 무기와 전술의 발전이 그것이다. 오늘날까지 발굴된 모든 신타시타 거주지, 심지어 구조물을 6개 정도 가진 체르노레치예(Chernorech'ye) III(그림 15.11 참조)과 14~16개를 가진 우스트예 거주지 같은 상대적으로 작은 것들도 V자형의 해자와 통나무로 보강된 토벽으로 요새화했다.[26] 우스트예, 아르카임 그리고 신타시타에서는 목책 초소를 토벽 안에 세웠다. 공동체는 자신들의 집이 공격을 받을 수 있다는 두려움을 느낄 이유가 있을 때 높은 벽과 문을 만든다.

벽 밖에 있는 무덤들에도 이제 이전보다 훨씬 많은 무기를 부장했다. 러시아 고고학자 예피마호프(A. Epimakhov)는 신타시타 문화의 5개 묘지—볼셰카라간드스코예(Bol'shekaragandskoe, 아르카임 요새의 묘지), 카멘니암바르 5, 크리보예오제로, 신타시타, 손체(Solntse) II—에서 발굴한 무덤의 카탈로그를 출간했다.[27] 카탈로그에는 무덤 181기 안에 있던 242명의 매장자 목록도 있다. 그중 65기의 무덤 안에는 무기가 있었다. 242명 중 단 79명만 성인이었는데 그 가운데 43명, 즉 54퍼센트는 무기와 함께 묻혔다. 무기와 함께 묻힌 성인 대부분의 성별은 구별할 수 없지만, 성별이 밝혀진

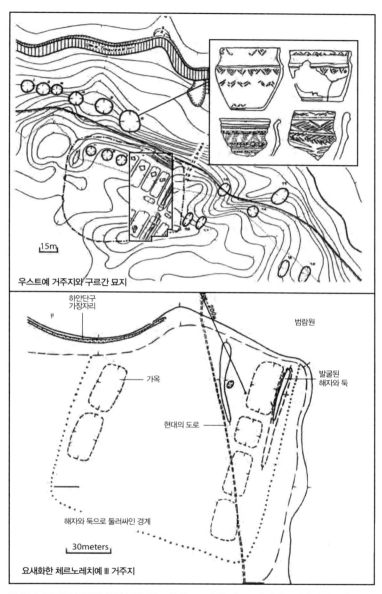

그림 15.11 벽으로 둘러싼 한층 작은 규모의 우스트예와 체르노레치예 III 신타시타 유형 거주지.
출처: Vinogradov 2003, 그림 3.

13명 중 11명은 남성이었다. 신타시타 문화의 성인 남성 대부분은 무기와 함께 묻힌 것으로 보인다. 폴타프카, 카타콤, 아바셰보 문화 무덤에서 무기는 흔치 않은 것이었다. 초원보다 아바셰보 무덤에서 무기가 더 자주 나왔지만, 아바셰보 무덤 대부분에서는 어떤 종류의 무기도 부장하지 않았다. 부장한 경우에도 도끼 한 자루 혹은 발사체 촉 하나가 전부였다. 내가 읽은 신타시타 이전의 청동기 초기 및 중기 쿠르간 무덤들에 관한 보고서에 따르면 무기를 부장한 것은 10퍼센트 미만으로 보인다. 신타시타 문화 성인 무덤의 무기 부장 빈도(54퍼센트)는 훨씬 높았다.

새로운 유형의 무기도 등장했다. 신타시타 무덤에서 출토된 무기 대부분의 유형은 기존에 나타난 것들로서 청동 혹은 순동 찌르개와 판형 도끼, 자루 구멍이 있는 도끼, 투겁 창날, 돌을 갈아 만든 전곤 머리 그리고 부싯돌 혹은 골제 발사체 촉 등이었다. 그러나 신타시타 문화 무덤에서는 더 길고 무거운 발사체 촉을 엄청나게 매장했다. 새로운 투창에는 무거운 청동 혹은 순동 재질에 두꺼운 나무 자루를 끼우는 투겁이 있었다. 더 작고 가벼운 투겁 창날은 파탸노보 문화 유적에서 간간이 등장했지만, 신타시타의 창날은 한층 더 컸다(그림 15.3 참조). 또한 신타시타 무덤들에는 두 종류―피침형(lanceolate)과 끼움촉(stem)이 있는 것―의 부싯돌을 떼어 만든 발사체 촉이 있었다(그림 15.12 참조). 바닥이 평평하거나 약간 패인 피침형 촉은 신타시타 시기에 더 길어지고 처음으로 무덤에 무더기로 부장했다. 이것들은 화살용으로 보이는데, 선사 시대의 화살촉은 가볍고 대부분 바닥이 평평하거나 약간 오목하기 때문이다. 평평하거나 약간 패인 피침형 부싯돌 촉은 신타시타 무덤 7기에서 발견되었는데, 한 무덤에서 10개까지(SM 무덤 39) 나왔다. 베를릭 II 유적에 있는 쿠르간 10의 전차 무덤에는 피침형 촉 5개를 한 묶음으로 부장했다.

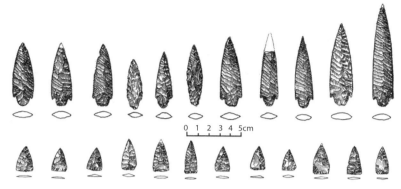

그림 15.12 신타시타 문화의 부싯돌 발사체 촉 유형. (위) 초원 문화의 새로운 유형으로서 투창의 도입과 관련 있는 것으로 추정된다. (아래) 초원 문화의 기존 유형으로서 화살촉으로 쓰인 듯하다. 하지만 한층 오래된 청동기 초기나 중기 무덤에서 발굴한 것들은 더욱 삼각형에 가깝다. 출처: Gening, Zdanovich and Gening 1992.

더 흥미로운 것은 완전히 새로운 유형의 부싯돌 촉으로서 바닥에 끝으로 갈수록 가늘어지는 끼움촉이 있다. 아울러 촉의 어깨 부위가 뚜렷하며 중심선이 두껍고 4~6센티미터 길이의 좁다란 날을 가졌다. 이 새로운 끼움촉이 있는 촉은 아마도 투창용이었을 것이다. 좁고 두꺼운 날은 투창촉으로 가장 이상적인데—화살에 비해—무거운 투창 자루는 충격 순간 관통 면에 더 큰 회전력을 주기 때문이다. 더욱이 좁고 두꺼운 촉은 얇은 촉보다 부러지지 않고 더 깊이 박힐 수 있다.[28] 끼움촉이 달린 창촉은 자루 끝에 끼우는 투겁 이음부(socketed foreshaft)에 장착하는데, 이는 화살보다 창이나 투창에서 발견할 수 있는 복잡한 방식이다. 끼움촉이 있는 더 작은 촉은 이전의 파탸노보나 발라노보 문화 도구에도 있고, 107기의 무덤 중 하나에서 끼움촉 있는 촉이 하나 나온 볼로소보-다닐로프스키 묘지에서 볼 수 있듯 가끔씩 무덤에 부장하기도 했다. 그러나 이것은 신타시타 유형의 것보다 훨씬 짧았다(겨우 3~4센티미터). 신타시타의 끼움촉 있는 촉은 무덤 하나에 20개까지(신타시타 SM의 전차 무덤 20) 무더기로 발견되었고, 볼가 강 중류의 일부 포타포프카 무덤에서도 나왔다. 끼움촉이 있는 청동 주조 창촉은 똑같은 모양의 부싯돌 촉을 모방한 것으로 보이는데, 이것은 신타시타의 전차 무덤 하나(SM 무덤 16)와 그 밖의 무덤 2기에서 발견되었다(그림 15.10 참조).

신타시타 무덤에서는 무기를 더 빈번하게 부장했다. 새로운 종류의 무기도 나타났는데, 그중 긴 촉은 투창용이었을 것이다. 그리고 이것들을 한데 부장한 것은 전사의 전투 장비를 나타낸 것으로 볼 수 있다. 분쟁 중대와 관련한 또 다른 징후는 이 시기 초원의 인공물 중 가장 뜨거운 논쟁 대상인 전차, 즉 말이 끄는 가벼운 전차다.

신타시타 전차: 전쟁의 엔진

전차는 살 달린 바퀴 2개를 달고, 기수가 서서 조종하고, 재갈 물린 말이 끌고, 일반적으로 돌격할 때 사용하는 수레다. 일체형(바퀴살 없는 원통형) 바퀴를 달거나 기수가 앉아 모는 수레는 두 바퀴 수레(cart)지 전차가 아니다. 전차는 속력을 내기 위해 고안한 바퀴 달린 빠른 수레였는데, 육상 수송을 영원히 바꾼 혁신이었다. 살 달린 바퀴가 속도를 가능케 한 핵심 요소였다. 최초의 살 달린 바퀴는 나무를 구부리는 소목 공예와 정밀 목공 작업의 놀라운 결과였다. 바퀴 테두리는 나무를 조립해 붙인 완벽한 원이어야 하며, 하나하나 깎은 바퀴살을 바깥쪽 바퀴에 뚫어놓은 구멍에 박고 여러 개의 끼움 구멍이 있는 안쪽 바퀴통에 연결해 전체를 단단하게 고정해야 하는데, 이 모든 부분을 수공구(hand tool)로 나무를 깎고 가늠해서 만들었다. 전차의 몸체(사람을 태우는 곳)는 단 몇 개의 나무 버팀목으로 구성했다. 후대의 이집트 전차는 고리버들로 몸체를 만들고 몸체에 충격을 흡수하기 위해 바닥에 가죽 끈을 사용하고 뼈대만 나무로 만들었다. 전차는 처음에는 의례 때 달리기 시합용으로 고안한 듯하지만 급격히 무기로 바뀌면서 그 능력이 역사를 바꾸었다.

오늘날 대부분의 권위자들은 서기전 1900~서기전 1800년경 근동 사회에서 전차를 발명했다고 믿는다. 최근까지 학자들은 초원의 전차가 근동의 것보다 늦었다고 믿었다. 카자흐스탄 동부 산악 지대와 러시아령 알타이에서 발견한 전차 그림—지상에 노출된 바위 위에 새긴 조각—은 청동기 후기 안드로노보(Andronovo) 층에 속하며 서기전 1650년 이후의 것으로 여겨졌다. 초원의 무덤에서 발견된—뿔이나 뼈로 만든—원반형 뺨대는 전차 부대의 굴레로 고안한 기존 미케네 그리스의 뺨대를 모방한 것으로 알려졌다. 미케네 문명은 서기전 1650년 무렵 시작되었으므로 초원의 뺨대 또한 서기전 1650년 이후의 것으로 추정되었다.[29]

1992년경 이래 초원의 전차 무덤에 관한 정보가 늘어나 이러한 전통적 견해에 도전장을 내밀었다. 초원의 전차에 관한 고고학적 증거는 오직 무덤에서만 살아남았는데, 바퀴는 무덤 바닥을 파낸 구덩이 안에 있었다. 바퀴 아랫부분은 썩으면서 지면에 흔적을 남겼다(그림 15.13 참조). 이런 흔적에 의하면, 바퀴는 나무를 구부려 만든 바깥 테두리의 지름이 1~1.2미터에 달하고 10~12개의 사각 단면 바퀴살을 달았다. 수레 무덤의 명확한 수에 대해서는 의견이 일치하지 않는데, 바퀴살의 흔적이 매우 희미하기 때문이다. 그러나 보수적인 추정을 따르더라도 9개 묘지에서 전차 무덤 16기를 발견했다. 모두 우랄-토볼 초원의 신타시타 문화나 신타시타 동쪽 카자흐스탄 북부의 페트로프카 문화에 속하는 것들이었다. 페트로프카 문화는 신타시타 문화 후기와 동시대의 것으로서 연대는 서기전 1900~서기전 1750년으로 추정되며, 그 자체가 신타시타 문화에서 나와

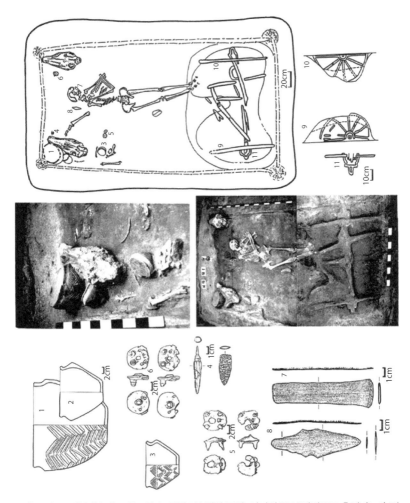

그림 15.13 크리보예오제로 쿠르간 9, 무덤 1의 전차 무덤. 서기전 2000년경으로 추정. (1~3) 전형적인 신타시타 유형 토기 셋. (5~6) 사슴의 가지 뿔로 만든 징 박힌 원반형 뺨대 두 쌍. (4) 뼈 및 부싯돌 재질의 발사체 촉 각각 하나. (7~8) 가운데가 잘록한 청동 찌르개(단검) 하나와 평판 청동 도끼 하나. (9~10) 무덤 바닥의 구멍에 끼워진 바퀴로 인해 생긴 살 달린 바퀴 자국. (11) 미술가가 복원한 왼쪽 바퀴통의 잔재. 출처: Anthony and Vinogradov 1995, 사진 Vinogradov.

발전한 것으로 보인다.[30]

학자들은 초원의 전차가 훌륭한 전쟁 수단이었는지, 혹은 단지 행진이나 의례에서 쓰는 상징적 수레로서 우수한 근동의 진품을 조잡하게 모방한 것인지에 대해 의견이 서로 다르다.[31] 놀랍게도 이런 논쟁은 전차의 양 바퀴 사이의 거리에 초점을 맞춘다. 근동에서 전쟁에 쓰던 전차는 승차 인원이 둘 심지어 셋이었다. 요컨대 조종사와 궁수 그리고 때로는 나머지 둘을 날아오는 적의 무기로부터 방어하는 방패수가 탔다. 측정이 가능할 정도로 잘 보존된 가장 오래된 근동의 전차, 곧 서기전 1400~서기전 1300년 무렵 이집트 전차의 두 바퀴 사이 거리는 1.54~1.8미터였다. 전차를 안정시키는 데 필요한 부분인 바퀴통은 축을 따라 양쪽으로 최소 20센티미터 돌출되어 있었다. 그렇다면 안쪽으로 돌출된 바퀴통 부분(좌우 20+20센티미터)과 두 사람을 태울 최소 1미터 폭의 차체를 고려하면 바퀴 사이 거리는 최소 1.4~1.5미터여야 한다. 따라서 궤간이 1.4~1.5미터 미만인 신타시타와 페트로프카 문화의 전차들은 전쟁에 적합하지 않은 행진용 혹은 의례용 수레로 여겨졌다.

이처럼 초원 전차의 기능적 유용성을 일축하는 것은 다음의 여섯 가지 이유에서 타당성이 없다. 먼저 초원의 전차는 여러 규격으로 만들어졌는데, 그중 카멘니암바르 5에서 나온 2대와 신타시타(SM 무덤 4와 28)에서 나온 2대 및 베를릭(페트로프카 문화)에서 나온 2대는 궤간이 1.4~1.6미터여서 2명을 태우기에 충분했다. 영어로 출간한 첫 번째 사례들은 신타시타(SM 무덤 19)나 크리보예오제로(쿠르간 9의 무덤 1) 등에서 나온 것인데 궤간이 1.2~1.3미터에 불과하고, 그 밖에 신타시타 전차 3대(SM 무덤 5, 12, 30)와 나머지 크리보예오제로 전차 1대도 마찬가지다. 초원 전차의 유용성을 부정하는 주장은 이 6대에 집중되어 있는데, 이것들은 궤간이 좁음에도 불구하고 대부분 무기와 함께 묻혔다. 그러나 다른 초원 전차 6대는 일부 이집트의 전차만큼 폭이 넓었다. 궤간 약 1.5미터의 수레 하나(신타시타 SM 무덤 28)가 성인 2명의 부분 유해가 남아 있는 무덤 안에서 나왔는데, 아마도 그 둘은 승차자였을 것이다. 전쟁용 전차는 승차자 2명이 필요하다는 의심스러운 가정을 받아들인다 해도 다수의 초원 전차는 그 정도로 충분히 컸다.[32]

두 번째, 초원의 전차는 반드시 궁수들의 발판으로 쓰인 게 아니다. 초원에서 더 선호한 무기는 투창이었을 것이다. 한 사람의 '전사-조종사'는 한 손에 고삐를 잡고 다른 손으로 투창을 던질 수 있다. 전차에서 선 자세로 '조종사-전사'는 온몸을 이용해 창을 던질 수 있는 반면, 등자(300년 무렵 발명) 없는 말에 탄 기수는 팔과 어깨만으로 던져야 한다. 투창을 던지는 전차사는 말 등에 탄 기수보다 먼저 타격할 수 있다. 전차사와 달리 기수는 투창이 가득 든 커다란 자루를 가지고 다닐 수 없으므로 첫 번째 투척이 실패했을 경우 이중으로 불리할 수 있다. 활로 무장한 기수가 투창을 던지는 전차사보다 약간 더 능숙할 수는 있었을 것이다. 베레조프카(Berezovka) 쿠르간 3의 무덤 2와 스바토베(Svatove) 쿠르간 12의 무덤 12에서 나온 활의 잔해로 추정해보건대 청동기 시대 초원의 궁수들은 1.2~1.5미터 길이의 활을 이용한 듯하다.[33] 말 위에서 이 정도 길이의 활을 쓰려면 오직 측면으로(오른손잡이 사수의 경우는 왼쪽) 발사하는 방법밖에 없는데, 이 방식은 장궁을 쓰는 기수를 취약하게 만들었다. 따라서 청동기 시대에 투창으로 무장한 전차사는 말 위의 기수를 위협할 수 있었다. 투창용으로 적합한 끼움촉이 긴 촉이 일부 전차 무덤(신타시타 SM 무덤 4, 5, 30)에서 나왔다. 초원의 전차사들이 투창을 사용했다면, 전투에서 한 사람이 좁은 폭의 전차를 탈 수도 있었을 것이다.

세 번째, 만약 '조종사-전사' 한 사람이 전투할 때 무기를 활로 바꿀 필요가 생기면, 고삐를 엉덩이에 두르고 말을 조종하면서 활을 쏠 수 있었을 것이다. 이집트 파라오 무덤의 그림은 이런 식으로 말을 조종하면서 활을 쏘는 모습을 묘사하고 있다. 비록 이런 그림에서는 오직 파라오만 묘사하는 게 전통이었겠지만 메리 리타우어(Mary Littauer)는 이집트 왕가의 필경사도 이런 방식으로 전차를 조종하면서 활 쏘는 모습으로 그려졌고, 람세스 3세가 리비아 사람들과 싸우는 장면을 묘사한 그림에서도 이집트 2인승 전차의 궁수가 엉덩이에 고삐를 두르고 있음을 언급했다. 전차에 올라탄 동료는 한 손으로 조종을 돕고 한 손으로는 방패를 들었다. 에트루리아(Etruria)와 로마의 전차사들도 종종 엉덩이에 고삐를 두르고 전차를 몰았다.[34] 비록 한 손으로 고삐를 옮겨 잡고 한 손으로 투창을 던지는 게 더 안전했겠지만, '조종사-전사' 한 명이 엉덩이에 고삐를 두르는 식으로 활을 쏠 수도 있었을 것이다.

초원 전차의 기능성을 일축할 수 없는 네 번째 이유는 궤간 좁은 전차를 포함한 이런 전차 대부분이 무기와 함께 묻혔다는 점이다. 나는 신타시타와 페트로프카 전차 무덤 12기의 부장품을 모두 살펴봤는데, 그중 10기에서 무기가 나왔다. 가장 흔한 무기는 투창 촉이었지만 허리 부분이 잘록한 찌르개와 판형 도끼 및 자루 구멍 있는 도끼와 돌을 갈아 만든 전곤 머리 그리고 20센티미터 길이의 금속 투겁 창날도 하나 있었다(신타시타 SM 무덤 30; 그림 15.3 참조). 앞서 언급한 예피마호프의 카탈로그에 의하면 신타시타의 모든 전차 무덤에는—매장자의 성별을 구별할 수 있는 경우—모두 성인 남성만 있었다. 만약 초원의 전차를 전쟁을 위해 고안한 것이 아니라면, 왜 대부분 남성 조종사 및 무기와 함께 묻혔겠는가?

다섯 번째, 전차가 등장한 바로 그때 새로운 유형의 굴레 빰대가 초원에 등장했다(그림 15.14 참조). 뺨대는 뿔이나 뼈로 만들었는데, 모양은 긴 타원형 원반 혹은 방패 모양이었다. 가운데에 구멍이 뚫려 있어 끈을 꿰어 재갈을 굴레에 연결시킬 수 있도록 했고, 나머지 여러 곳에도 구멍을 내 코끈(noseband)과 뺨끈(cheek-strap)에 부착할 수 있었다. 뾰족한 징, 즉 프롱(prong)이 안쪽 면에 있어 조종사가 반대쪽으로 고삐를 당길 경우 입꼬리의 부드러운 살을 압박해 말이 즉각적으로 반응하도록 했다. 이런 새롭고 더욱 혹독한 조종술의 발전은 조종 팀에 의한 빠르고 정확한 조작이 필요했음을 시사한다. 원반형 뺨대가 쌍으로 나온 경우에는 다른 종류의 장치와 더불어 다른 모양의 것도 종종 함께 발견되었는데, 마치 말의 오른쪽과 왼쪽 혹은 오른쪽 말과 왼쪽 말을 미묘하게 다른 방식으로 통제할 필요가 있었음을 보여주는 듯하다. 예컨대 크리보예오제로(쿠르간 9의 무덤 1)의 경우 왼쪽 말의 뺨대는 가운데 구멍 위에 위쪽 코끈 방향으로 치우친 곳에 구멍이 뚫려 있었다(그림 15.13 참조). 오른쪽 말의 뺨대는 그렇게 위쪽으로 치우친 구멍이 없었다. 이와 유사하게 양쪽의 모양이 다른 쌍, 즉 위쪽으로 치우친 구멍이 있는 것과 없는 것의 쌍이 카멘니암바르의 전차대와 함께 묻혔다(그림 15.14 참조). 왼쪽 말의 뺨대에만 있는 치우친 구멍은 고삐에 부착한 코끈을 연결한 것으로 보이는데, 고삐를 당길 경우 코끈이 안쪽(왼쪽) 말의 코를 압박해 브레이크 작용을 하도록 한 반면, 바깥쪽(오른쪽) 말은 자유롭게 달리도록 내버려둔 듯하다. 이런 방식은 왼쪽으로 선회하는 질주대(racing team)의 경우에만 적용하는 방식이다.《리그베다》에서 묘사했듯 전차 질주는 종종 목숨을 건 도전에 비유되었고, 베다의 질주대는 왼쪽으로 선회했다. 전체적인 디자인이 동일하고 안쪽에 날카로운 징을 박은 전차대용 골제 뺨대가 훗날 미케네의 수직갱 무덤 IV에서 나왔고, 금속제 뺨대는 레반트의 텔하로르(Tel Haror)에서 나왔다. 가장 오

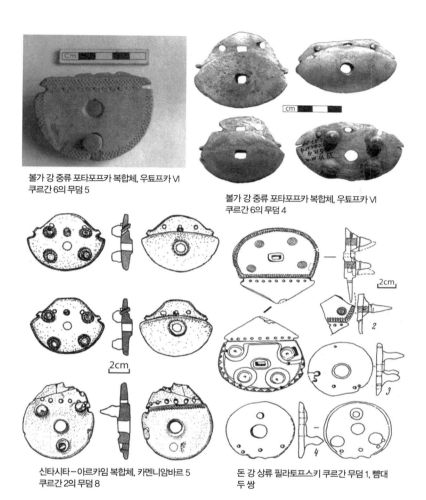

볼가 강 중류 포타포프카 복합체, 우표프카 VI
쿠르간 6의 무덤 5

볼가 강 중류 포타포프카 복합체, 우표프카 VI
쿠르간 6의 무덤 4

신타시타-아르카임 복합체, 카멘니암바르 5
쿠르간 2의 무덤 8

돈 강 상류 필라토프스키 쿠르간 무덤 1, 뺨대
두 쌍

그림 15.14 신타시타, 포타포프카, 필라토프카 유형의 무덤들에서 나온 징 박힌 원반형 뺨대. 왼쪽 위 우표프카 VI의 격자무늬 판 아래 있는, 연이은 나선형 문양의 띠는 한때 미케네에서 유래한 것으로 여겨졌다. 그러나 초원의 이런 유물은 미케네보다 더 오래된 것이다. 사진은 저자. 그림은 Epimakhov 2002; Siniuk and Kosmirchuk 1995.

래된 것은 초원에서 나왔다.[35]

마지막으로, 초원 전차가 더 우수한 근동의 전차를 조잡하게 모방한 것이라는 주장의 여섯 번째 결함은 초원 전차의 가장 이른 사례가 근동의 어떤 전차 이미지보다 오래되었다는 사실이다. 바퀴살 있는 바퀴가 찍힌 자국이 있는 신타시타 문화 무덤 5기, 즉 신타시타 묘지의 무덤 3기(SM 묘지 무덤 5, 19, 28)와 크리보예오제로 무덤 하나(쿠르간 9의 무덤 1) 그리고 카멘니암바르 5의 무덤 하나(쿠르간 2의 무덤 8)로부터 방사성 탄소 연대 측정 값 8개를 얻었다. 그중 3개(BP 3760±120, 3740±50 , 3700±60)는 확률 분포가 압도적으로 서기전 2000년 이전으로 나오는데, 이는 초원에서 최초의 전차가 **아마도** 서기전 2000년 이전에 나타났을 것이라는 점을 시사한다(표 15.1). 일반적으로 전문적인 전차 장비로 여겨지는 원반형 **뺨대**는 방사성 탄소 연대 측정값이 서기전 2000년 이전인 신타시타 및 포타포프카 유형의 무덤에서도 나온다. 반면 근동의 가장 오래된 전차, 즉 당나귀나 오나거가 아니라 **말**이 끌고, 입술뚜레나 코뚜레가 아니라 **재갈**로 조종하고, 앉아 있는 게 아니라 **서 있는** 조종사가 조종하는 살 있는 바퀴 둘을 단 수레의 실물 이미지는 서기전 1800년 무렵 고 시리아의 인장에서 처음 나타난다. 미술로 표현된 근동에서 가장 오래된 살 바퀴 둘을 단 수레는 연대가 서기전 1900년 무렵으로 추정되는 카룸카네시(Karum Kanesh) II 유적의 인장에서 나타나지만, 이 인장에 묘사된 '말과 동물'은 종이 불명확하고(아마도 현지의 당나귀나 오나거) 재갈이 아니라 코뚜레로 조종하는 것이었다(그림 15.15 참조). 시리아 북부의 텔브락(Tell Brak)을 발굴한 결과, 이 아카드(Akkad) 후기와 우르 III 시기, 즉 '중간' 연대기('middle' chronology)의 기준에 의하면 서기전 2350~서기전 2000년의 벽으로 둘러싼 고대 대상(隊商) 도시 곳곳에서 두 바퀴 수레 모형 102개와 '말과 동물'의 조각상 191개를 복원했다. '말과 동물'의 조각상 중 말이 확실한 것은 하나도 없었다. 수레 모형 중 두 바퀴 수레는 흔했지만, 바퀴가 일체형이고 조종사

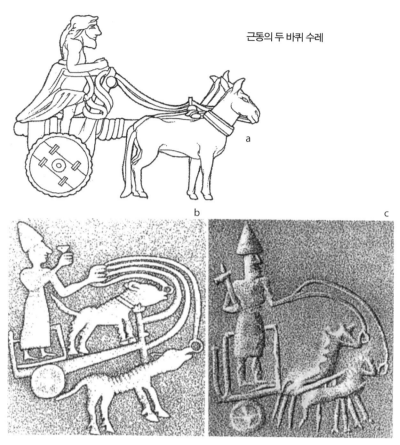

근동의 두 바퀴 수레

그림 15.15 전차 등장 이전 근동의 두 바퀴 고속 수레: (a) 두 마리의 당나귀-오나거 유형의 '말과 동물'이 끄는 입식 탈것의 구리 모형으로서 일체형 바퀴를 달고 있다. 텔아그랍(Tell Agrab), 서기전 2700~서기전 2500년; (b, c) '말과 동물(?)'이 끄는 살이 4개 있는 바퀴 달린 수레의 인장 각인 이미지로서 코뚜레 혹은 입술뚜레로 조종한다. 카룸카네시 II, 서기전 1900년. 출처: Raulwing 2000, 그림 7.2, 10.1

의 좌석이 붙어 있었다. 전차 모형은 발견되지 않았다. 근동의 여타 지역과 마찬가지로 여기에서도 서기전 1800년경 이전의 전차는 발견되지 않았다.[36]

전차는 초원에서 가장 먼저 발명했고, 전투에 사용했다. 전차는 초원의 말 및 징 박은 뺨대와 더불어 중앙아시아를 거쳐 근동으로 유입되었다(16장 참조). 말이 끄는 전차는 서기전 2900~서기전 2000년 이집트 초기 왕조, 아카드, 우르 III 시기 왕의 군대가 도시 간 전투에 끌고 가던 당나귀·오나거 교잡종이 끄는 기존의 일체형 바퀴를 단 전투용 두 바퀴 수레 혹은 네 바퀴 수레보다 빠르고 조작하기 쉬웠다. 수많은 책과 카탈로그에서 전차로 잘못 묘사한, 이처럼 육중하고 투박한 수레는 한 가지 면에서 초원의 전차와 유사했다. 요컨대 이 수레들은 일관되게 궁수가 아니라 투창을 던지는 전사가 타는 것으로 그려졌다. 말이 끄는 전차는 근동에 등장하자마자 재빨리 궁수들을 위한 빠른 발사대로서 도시 간 전투를 지배했다. 전차에 궁수를 결합한 것은 근동에서 일어난 혁신으로 보인다. 전차의 바퀴도 달리 만들어 살이 넷 혹은 여섯에 불과했는데, 이는 초원의 디자인에 덧붙인 또 하나의 개선이었다.

서기전 1500~서기전 1350년 시리아 북부 미탄니 왕국의 전차 전술은 고 인도어 전차 전문 용어와 함께 초원 어딘가에서 유입된 듯하다. 여기서 전차는 5~6대 단위의 중대로 구성했고, 여섯 중대(전차 30~36대)가 보병과 결합해 여단장 지휘 아래 놓였다. 1000년 후 중국 주(周)나라에서도 비슷한 편제가 나타난다. 요컨대 전차 5대가 모여 대(隊)를 이루고 대 다섯(전차 25대)이 모여 정편(正偏)을 이루었으며, 각각의 전차 한 대를 10~25명의 보병이 지원했다.[37] 초원의 전차 또한 보병 혹은 심지어 기병의 지원을 받으며 중대 단위로 작전을 수행했을 것인데, 이들은 손에 무기를 들고 적을 추적하거나 떨어진 전차사를 구하는 역할을 했을 것이다.

전차는 초원의 부족 간 전쟁에서 효과적이었다. 전차는 굉음을 내며 빠르고 위협적이었다. 또 능숙한 조종사가 한 자루에 가득 든 투창을 던질 수 있는 높은 발판도 있었다. 전차가 울퉁불퉁한 노면을 빠른 속도로 달릴 때, 조종사는 다리로 그 반동을 흡수해야 하고 튀어 오르는 쪽으로 무게중심을 옮겨야 했다. 선회 구간을 달릴 때는 안쪽의 말을 끌어당기고 바깥쪽 말의 고삐는 느슨하게 해야 했다. 이런 작업을 제대로 하면서 동시에 창을 던지려면 많은 연습이 필요했을 것이다. 전차는 부를 과시하는 최고의 물품이었다. 왜냐하면 전차는 만들기 어려울뿐더러 그것을 몰려면 특별히 훈련받은 마대(馬隊)와 대단한 운동 기술을 가진 기수가 필요했기 때문이다. 따라서 일상 노동의 많은 부분을 고용한 목부들에게 전가할 수 있는 여유 있는 이들만이 사용할 수 있었다. 전차는 조종사가 상당한 동맹을 만들 자금이 있거나 혹은 그런 능력을 가진 사람들의 후원을 받는다는 물질적 증거였다. 이를 종합하면, 요새 및 무기의 유형과 수 그리고 전차전이라는 전술적 혁신 등 이 모든 것이 서기전 2100년 무렵 이후 신타시타 초기 북부 초원에서 분쟁의 규모와 강도가 모두 증가했음을 보여준다. 아울러 전차가 새로운 분쟁에서 중요한 역할을 했음이 분명하다.

가치의 경연

•

신타시타 족장들의 장례 관습과 《리그베다》 장례 찬가 사이의 유사점(아래 참조)은 전차 매장지 주위에서 시가가 울려 퍼졌음을 시사한다. 고고학은 족장의 장례에 엄청난 규모의 잔치가 뒤따랐음을 보여준다. 시가와 잔치는 매장 행사의 핵심으로서 특권층의 고급스러움과 지위 및 권력을 강조했다. 이런 의식을 인류학자 아파두라이(A. Appadurai)는 "가치의 경연(tournaments of value)"이라고 불렀는데, 엘리트 집단의 소속 자격을 규정하고 대부분의 사람을 배제한 명백한 경계 안으로 정치적 경쟁을 집중하기 위해 거행되었다. 이러한 희생극의 속성을 이해하려면, 먼저 일상의 대중적 식단을 이해해야 한다.[38]

아르카임에서 나온 흙을 물에 띄워 씨앗과 숯을 걸러내자 탄화한 보리알이 아주 조금 나왔다. 하지만 양이 너무나 적어 사실상 이것이 신타시타 문화 유적에서 나왔는지, 후대의 거주지에서 나왔는지 확신할 수 없었다. 아르카임에 매장된 사람들은 충치가 없는데, 이는 그들이 탄수화물 함유량이 매우 적은 식품을 섭취했다는 것을 나타낸다.[39] 그들의 치아는 '사냥꾼-채집자'와 같았다. 알란드스코예(Alands'koe) 거점을 시험 발굴한 결과 탄화한 기장이 나왔는데, 이는 일부 유적에서 기장을 경작했을 가능성을 보여준다. 아울러 크리보예오제로의 묘지에 묻힌 사람 중에 충치를 가진 이가 있으므로 일부 공동체가 경작한 곡물을 소비했을 수 있다. 몇 세기 후 청동기 후기 초원의 식단에서도 여전히 중요한 역할을 한 명아주나 비름에서 야생 씨앗을 채취함으로써 간헐적인 곡물 재배를 보완했을 것이다. 신타시타 식단에서 재배 곡물은 미미한 역할을 한 것으로 보인다.[40]

신타시타 묘지의 동물 희생 규모는 매우 성대한 장례식의 존재를 알려준다. 일례로 신타시타 SM 묘지 북쪽 가장자리의 희생 단지(Sacrificial Complex) 1을 들 수 있다(그림 15.16 참조). 50센티미터 깊이의 구덩이에 말 6마리, 소 4마리, 양 2마리의 머리와 발굽이 뒤집어진 항아리 주위에 두 줄로 마주 보며 묻혀 있었다. 이 한 번의 희생으로 6000파운드(2700킬로그램)의 살코기가 제공되었는데, 장례식 참가자를 3000명이라고 할 때 1명당 2파운드(0.9킬로그램)를 제공할 수 있는 양이다. 거대 쿠르간 하나가 북쪽으로 몇 미터 떨어진 곳에 세워져 있는데, 이걸 세우는 데 3000노동일이 필요했을 것으로 추산한다.[41] 이 쿠르간을 세우는 데 필요한 노동력과

신타시타 묘지 SM 희생 단지 1

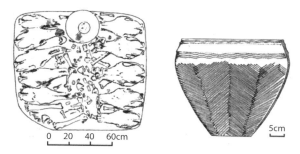

0 20 40 60cm

5cm

그림 15.16 신타시타 SM 묘지 유적 북쪽 가장자리의 희생 단지 1. 출처: Gening, Zdanovich and Gening 1992, 그림 130.

희생 단지 1에서 계산한 음식의 양은 서로 부합한다. 그러나 거대 쿠르간은 특이한 것이고, 신타시타의 나머지 봉분은 작고 낮다. 만약 그 밖의 신타시타 매장지에서 행한 희생이 노동자들을 먹이는 데 필요했다 해도 그들이 무엇을 만들었는지는 명확하지 않다. 희생물은 노동자들에게 제공한 것이라기보다 장례 조객들에게 제공한 음식으로 보는 것이 더 그럴듯해 보인다. 장례식 한 번에 말 8마리까지 희생하던 신타시타 장례 잔치는 수백 명 심지어 수천 명의 손님에게 음식을 대접했을 것이다. 잔치를 주관하는 행동은 부족 사회에서 명성과 권력을 위해 가장 흔하고 일관성 있게 사용하던 방식이었다.[42]

신타시타 장례 희생제에서 말이 중심 역할을 한 것은 초원에서 전례가 없던 일이다. 말뼈는 청동기 초기와 중기의 무덤에서 나오기도 하지만 그 수가 많지 않고, 양이나 소의 뼈처럼 빈번하게 나타나지도 않는다. 신타시타와 아르카임 거주지 쓰레기 더미의 동물 뼈 중 60퍼센트가 소, 26퍼센트가 양-염소 그리고 13퍼센트가 말의 것이었다. 비록 소가 육류 식단의 큰 부분을 제공했지만 묘지 희생물 뼈 중 소의 것은 단 23퍼센트, 양-염소 37퍼센트, 말이 39퍼센트였다. 말을 어떤 동물보다 많이 희생했는데, 장례 희생지의 말뼈 빈도는 거주지 쓰레기 더미보다 3배 많다. 동물학자 가이두첸코(L. Gaiduchenko)는 아르카임 요새를 수출용 말 사육에 특화한 곳으로 보았는데, 인골의 높은 N_{15} 동위원소 수준을 보면 N_{15} 함량이 매우 낮은 말을 자주 먹지는 않은 것으로 판단되기 때문이다. 이들 유적에서는 말보다 N_{15} 함량이 훨씬 많은 소와 양으로부터 얻은 음식이 식단의 대부분을 차지했을 것이다.[43] 신타시타 묘지 5개를 대상으로 한 예피마호프의 카탈로그에 의하면 가장 빈번하게 희생된 동물은 말이었다. 하지만 181기의 무덤 중에서 말을 희생한 경우는 48기 이하, 즉 전체 무덤의 27퍼센트이며 2마리 이상을 희생한 경우는 13퍼센트에 불과했다. 무덤의 3분의 1에 무기를 부장했지만, 말을 희생한 무덤의 3분의 1에는 무기를 부장하지 않았고 2마리 이상 희생한 무덤의 83퍼센트에서는 무기가 함께 나왔다. 이처럼 신타시타 무덤 중 소수에서만 말을 희생했는데, 일단 말을 희생한 무덤에서는 일반적으로 무기도 부장했다. 이는 대규모 말 떼의 소유와 잔치 주관 그리고 전사 신분 사이의 상징적 연관성을 보여준다.

신타시타 무덤에서는 보석이나 장신구가 별로 나오지 않았고, 거주지 유적에는 커다란 가옥이나 창고 시설이 없었다. 사회적 위계 체제의 징후인 수공예 특화 흔적은 금속 공예를 제외하면 전반적으로 미미했다. 심지어 금속 공예 측면에서는 모든 거주지에 있는 모든 가구가 금속 작업을 한 것으로 보인다. 커다란 가옥이나 창고 시설, 혹은 수공예 장인의 부재로 인해 일부 전문가들은 신타시타 문화가 강력한 사회적 위계 체제를 지녔는지 의심했다.[44] 신타시타 묘지는 전체 연령 및 성별 스펙트럼의 단면을 보여주는데, 그중에는 어린이도 다수 포함되어 있어 일반적인 청동기 초기 혹은 이른 청동기 중기 초원의 매장 의례보다는 포용적인 장례 의식을 행했던 것으로 보인다. 다른 한편, 신타시타 묘지 대부분은 방어벽 안 거주지 인구의 작은 일부 이상을 감당할 정도로 충분한 무덤을 거느리지 않았다. 신타시타 요새에는 50~60개의 구조물이 있고, 그에 따른 묘지에는 단 66기의 무덤만 있을 뿐이며 그 대부분도 어린이의 것이다. 만약 거주지에서 250명이 여섯 세대(150년) 동안 살았다면, 1500기 이상의 무덤을 만들었어야 한다. 신타시타 묘지에서는 몇몇 예외적인 가문에만 장례 기회가 주어졌고, 그런 가족의 경우 어린이를 포함한 가족 전체가 이런 식의 영예를 누렸다. 이 같은 특권은 말이나 전차 희생과 마찬가지로 아무나 주장할 수 있는 게 아니었다. 말, 전차, 무기 그리고 복수의 동물 희생이 신타시타 족장 무덤의 성격을 규정했다.

신타시타 문화의 장례 희생 의식은 고고학과 역사의 중요한 연결 고리다. 이 희생 의식은 《리그베다》, 즉 인도·이란어로 보존된 가장 오래된 텍스트가 묘사한 의례와 흡사하게 닮았다.

신타시타와 아리아인의 기원
●

고 인도어로 쓰인 가장 오래된 텍스트는 《리그베다》의 '계보(family books)', 곧 2~7권이다. 이 찬가와 기도문, 곧 만달라(mandala)는 서기전 1500~서기전 1300년 무렵 집성되었지만, 상당수는 더 이른 시기에 쓰였다. 《아베스타》에서 가장 오래된 부분인 〈가타〉는 가장 오래된 이란어 텍스트인데, 서기전 1200~서기전 1000년경 자라투스트라가 작성한 듯하다. 이 두 언어의 조상인―문서로 남지 않은―부모어, 즉 공통의 인도·이란어는 서기전 1500년 훨씬 이전에 존재했음이 확실하다. 왜냐하면 이 시기에는 이미 고 인도어가 북시리아의 미탄니 문서에 등장하기 때문이다(3장 참조). 공통의 인도·이란어는 신타시타 시기, 즉 서기전 2100~서기전 1800년 사이에 쓰였을 것이다. 원시 고 인도어는 서기전 1800~서기전 1600년 무렵 원시 이란어와 갈라져 독자적인 언어로 등장했을 것이다(16장 참조). 《리그베다》와 《아베스타》는 모두 공통 부모어인 인도·이란어 정체성의 본질이 언어적인 동시에 의례적인 것이며, 종족적인 것이 아님을 보여준다. 만약 어떤 개인이 올바른 신에게 올바른 형식의 전통적 찬가와 시가를 써서 올바른 방법으로 희생을 올리면, 그가 바로 아리안이다.[45] 그렇지 않은 개인은 다시우(Dasyu)인데, 이 역시 인종이나 종족적 꼬리표가 아니라 의례적이고 언어적인 것으로서 신과 인간 사이에 주어진 순환을 교란한 자라는 뜻이다. 요컨대 우주의 질서인 *rta*(《리그베다》) 혹은 *aša*(《아베스타》)를 위협한 자다. **정확한 단어로** 수행한 의례가 아리아인이 되는 요체였다.

신타시타 및 아르카임 유적에서 확인한 의례와 나중의《리그베다》에 묘사된 의례 사이의 유사점은 여러 면에서 인도·이란어의 기원 문제를 해결해준다.[46]《리그베다》10.18의 쿠르간에 대한 언급("그들에게 망자를 이 언덕 아래 묻도록 하라"), 기둥("아버지들로 하여금 그대를 위해 이 기둥을 잡도록 하라")과 지주 벽("나는 그대 주위의 모든 흙에 벽을 대나니, 내가 이 흙덩이를 놓을 때 그대를 다치지 않게 하라")을 갖춘 지붕 있는 묘실에 대한 언급도 이러한 유사점에 포함된다. 이 구절은 신타시타와 포타포프카-필라토프카 무덤구덩이에 대한 정확한 묘사인데, 구덩이의 나무 둥치로 된 지붕을 나무 기둥과 나무 지주 벽이 받치고 있다.《리그베다》1.162에는 족장의 장례식 희생에 관한 묘사도 있다. "다리를 손상시키지 말고 정확한 방식으로 놓아라. 희생물을 잘라 한 조각 한 조각 크게 외쳐라." 신타시타, 포타포프카, 필라토프카 무덤의 말 희생은 이 묘사와 일치한다. 요컨대 말의 다리를 관절 부위에서 조심스럽게 잘라 무덤 안과 위에 놓았다. 신타시타 장례 의식의 희생제에서 말을 선호한 것은 신타시타와 이전의 초원 문화를 구별하는 희생물 선택인데, 이 또한《리그베다》의 묘사와 일치한다. 똑같은 찬가에서 또 다른 시는 이렇게 노래한다. "경주마를 요리하는 것을 보는 이, '냄새가 좋구나! 가져가라!'고 하는 이 그리고 커다란 쟁반에 담긴 고기를 나눠주길 기다리는 이. 그들의 인정(approval: 희생물이 '잘 익었다, 맛있다' 따위를 인정하는 것—옮긴이)이 우리를 고무케 하라." 이 구절은 중요한 인물의 장례식에 참석한 사람들을 대접하는 공공 연회를 묘사한 것인데, 수백 심지어 수천 킬로그램의 고기를 제공하고 신타시타 무덤에 매장된 말, 소, 염소, 양의 머리와 발굽이 암시하는 연회와 정확히 일치한다.《리그베다》5.85에서 바루나는 항아리를 쏟아 비를 해방시킨다. "바루나가 통을 뒤집어 주둥이를 아래로 향하게 했다. 이와 함께 온 세상의 왕이 대지를 비로 적신다." 신타시타의 희생 매장지 1에는 뒤집어진 항아리가 2열로 도열한 희생물들 사이에 있는데, 이 의례는 거대 쿠르간을 건립할 때 행한 것처럼 보인다.[47] 마지막으로, 《리그베다》는 이런 행사에 항상 뒤따르는 시가와 연설의 중요성을 웅변으로 기록한다. "희생제 모임에서, 우리에게 힘을 가진 이로서 위대한 말을 하게 하라"는 '계보' 중 하나의 몇몇 다른 찬가(《리그베다》 2.12, 2.23, 2.28)에서 반복하는 표준적인 끝맺음 구절이다. 이러한 대중 공연은 하객의 관심을 인도·이란어의 의례 체계 및 언어로 끌어들이고 돌리는 데 중요한 역할을 했다.

의례, 정치 그리고 전투에서 신타시타 혁신의 분출은 이후 유라시아 초원 문화에 오랫동안 지속적으로 영향을 미쳤다. 이것이 신타시타 문화가 인도·이란적 정체성과 언어 도가니(crucible)의 가장 분명하고도 최적의 후보인 또 다른 이유다. 유라시아 초원 청동기 후기의 핵심 문화 집단인 스루브나야와 안드로노보 층(16장 참조)은 포타포프카-신타시타 복합체에서 기원하고 성장했다.

저자가 발굴한 스루브나야 유적은 인도·이란어(아마도 심지어 인도·유럽 공통조어) 의례와 초원의 고고학적 흔적 사이의 또 다른 유사점에 대한 놀라운 증거를 간직하고 있었다. 이를테면 동지에 거행하는 한겨울의 신년 희생제와 성년식이 그것이다. 많은 인도·유럽어 신화와 의례는 이 행사에 관해 언급한다. 이 행사의 기능 중 하나는 젊은이를 처음으로 전사 범주(비밀 결사, 크리오스)에 가입시키는 것인데, 그 중요한 상징물은 개 또는 늑대였다. 개는 죽음을 표상한다. 요컨대 여러 마리의 개 혹은 머리 여럿 달린 개(케르베로스, 사르바라)가 저승의 입구를 지킨다. 성년식에서 죽음은 노년이나 청소년에게 모두 찾아드는데, 소년은 전사가 됨으로써 죽음의 개에게 먹이를 줄 수 있다. 《리그베다》에서는 한겨울의 희생제를 수행하는 전사들의 '맹세 형제(oath brotherhood)'를 브라탸스(Vrâtyas) 또는 '개 사제(dog-priest)'라고도 불렀다. 이 희생제에서는 많은 시합이 열렸는데, 그중에는 시 낭송과 전차 경주도 있었다.[48]

사마라 강 하곡에 있는 크라스노사마르스코예의 스루브나야 거주지에서 우리는 서기전 1750년 무렵으로 추정되는 청동기 후기의 한겨울 개 희생제 흔적을 발견했는데, 이는 복원된 한겨울의 신년 의례와 놀랄 만큼 유사했다. 이 유적에서 개는 한겨울에만 도축(다수는 동지 전후에 도축)한 반면 소나 양은 연중 상시 도축했다. 개 뼈가 모든 동물 뼈의 40퍼센트를 차지했다. 최소 18마리, 아마도 그 이상을 도축한 듯하다. 네리사 러셀(Nerissa Russell)은 도축한 개의 머리를 불에 태운 후 도끼로 10~12개의—크기가 거의 같고 작은—깔끔한 조각으로 나눴음을 밝혀냈다. 머리 뒤쪽의 남은 부분은 의례적으로 표준적인 작은 조각으로 나누지 않았는데, 소나 양의 경우는 이런 식으로 도축한 게 하나도 없었다. 크라스노사마르스코예에서 발굴된 구조물은 한겨울 희생제를 마친 후 개의 잔해를 버렸던 곳으로 보인다. 이 희생 유적은 고고학적 맥락에서 스루브나야 문화에 속하지만, 초기 스루브나야 문화는 포타포프카와 아바세보 문화에서 직접 파생한 것이다. 아울러 이 두 문화는 신타시타 문화와 똑같은 권역에 속하며 시기적으로도 거의 비슷하다. 크라스노사마르스코예 유적은 한겨울 개 희생제가 《리그베다》에 묘사된 '개 사제'의 성년식과 같은 식으로 볼가 강 중류 초원에서 행해졌음을 보여준다. 비록 신타시타 거주지에서 한겨울 개 희생 의식에 관한 그런 직접적 증거는 확인되지 않았지만, 신타시타 무덤에 묻힌 사람들 다수가 개 송곳니 목걸이를 차고 있었다. 카멘니암바르 5 유적의 신타시타 쿠르간 묘지 쿠르간 5 무덤 2의 젊은이(아마

도 성년식을 거행할 나이) 8명을 합장한 묘에서는 개 송곳니 펜던트 19개가 나왔다.[49]

여러 자잘한 분야에서 돈 강 상류와 토볼 강 사이의 초원 북부 문화는 《리그베다》와 《아베스타》의 아리아인과 공통의 친연 관계를 보여준다. 그들은 서기전 2100~서기전 1800년 전차를 발명했고, 스스로를 거점에 기초한 족장령으로 조직했으며, 새로운 종류의 무기로 무장하고, 대중에게 휘황찬란한 부와 관대함을 과시하는 새로운 장례 의식을 만들었으며, 초원에서 이전에는 상상하지 못했던 규모로 금속을 채굴하고 생산하기 시작했다. 그들의 행동은 유라시아 대륙 전역으로 울려 퍼졌다. 우랄 산맥 동쪽의 변경은 예전에 서쪽 변경이 그랬듯 해체되기 시작했다. 야금술과 신타시타 거주지 형태 일부가 북쪽의 시베리아 초원으로 전파되었다. 전차대는 우크라이나 초원의 므노고발리코바야(Mnogovalikovaya, MVK) 문화를 통해 서쪽으로 동남부 유럽의 몬테오루(Monteoru)(Ic1-Ib기), 바틴(Vatin), 오토마니(Otomani) 문화 등으로 전파되었다. 아마도 이때 훗날 아르메니아어, 알바니아어, 프리기아어에 갑자기 등장하는 *satəm* 방언들이 함께 퍼진 것으로 보이는데, 이 언어들은 모두 동남부 유럽에서 진화한 것으로 여겨진다. (선 그리스어는 확실히 이 사건 이전에 분화했을 것이다. 왜냐하면 *satəm* 혁신을 공유하지 않기 때문이다.) 그리고 우랄 변경이 마침내 무너졌다. 목축 경제는 동쪽으로 우랄 산맥을 넘어 전파되었다. 그와 함께 신타시타 동쪽의 딸(파생어)들, 훗날 역사에서 이란어 혹은 베다어의 아리아인으로 등장할 자식들도 따라갔다. 이런 동부 및 남부와의 연계로 인해 결국 북부 초원 문화는 아시아 문명과 마주하기에 이르렀다.

16

유라시아 초원의 개방

서기전 2300~서기전 2000년 무렵 교역과 정복의 힘줄이 서로 멀리 떨어진 고대 세계의 여러 지역을 상호 작용하는 단일한 체제로 끌어들였다. 지역 간 교역을 추동한 원동력은 금속, 보석, 장식용 돌, 이국적인 목재, 가죽 제품, 동물, 노예 그리고 권력에 대한 아시아 도시들의 게걸스러운 수요였다. 이처럼 상호 작용하는 지역들은 도시의 중심과 권력을 끌어들이는 그들의 능력(대부분의 사회에서 사회적 명성의 원천 중 하나)에 대한 지식에 접근하고 이를 통제할 기회를 얻었다.[1] 결국 모방과 저항이라는 문화적 방법을 통해서든 조약과 동맹이라는 정치적 방법을 통해서든 수많은 지역의 중심지는 자신들의 성쇠를 관계망 꼭대기에 있는 근동·이란·남아시아의 도시들과 연결시켰다. 지역 중심지들은 한편으로는 교역에 쓸 원료를 물색하고 한편으로는 자신들 내부의 권력에 대한 욕망을 충족하기 위해 바깥으로 영향력을 확대했다. 이처럼 팽창적이면서도 투박한 소비 및 경쟁 체제 가장자리에는 도시 중심지를 알지 못하는, 적어도 처음에

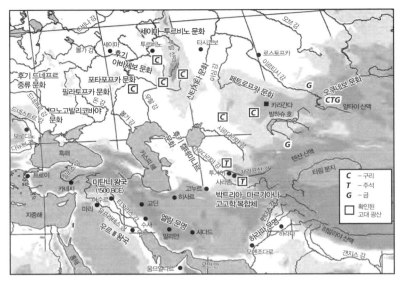

그림 16.1 서기전 2200~서기전 1800년 초원과 아시아 문명 및 초원과 제라프산 계곡의 청동기 시대 광산

는 알지 못했던 부족 문화들이 있었다(그림 16.1과 16.2). 하지만 그들도 결국 이러한 흐름에 끌려들어갔다. 서기전 1500년경에는 유라시아 초원과 그다지 멀지 않은 곳에서 고 인도어를 쓰며 전차를 몰던 용병들이 시리아 북부 근동 도시 문명의 중심지에 미탄니 왕국을 세웠다.[2]

어떻게 초원의 족장들이 근동의 왕조 정치에 끼어들 수 있었을까? 그들은 그 밖에 어떤 곳으로 갔을까? 청동기 시대의 고대 세계를 서로 연결하는 과정에서 유라시아 초원이 맡은 중요한 역할을 이해하기 위해 우리는 먼저 도시 중심지, 즉 원료에 대한 수요가 가장 컸던 곳에서 출발해야 한다.

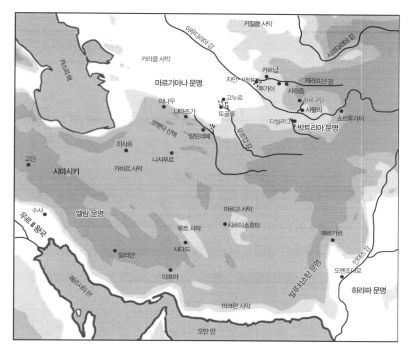

그림 16.2 서기전 2200~서기전 1800년 무렵 메소포타미아, 이란, 중앙아시아, 인더스 계곡의 문명

청동기 시대 제국과 말 교역

서기전 2350년경 아카드의 사르곤 왕이 메소포타미아와 시리아 북부의 봉건 왕국들을 정복해 하나의 거대 국가로 통합함으로써 세계에서 가장 오래된 도시들을 처음으로 한 명의 왕이 다스리게 되었다. 170년간 지속된 아카드는 서부 및 중부 이란에 경제적·정치적 흥미를 가졌는데, 이로 인해 교역이 증가했다. 교역은 때로 군사 원정의 지원을 받았다. 휘날리는 갈기와 짧은 귀 그리고 기다란 꼬리 털 때문에 당나귀 및 오나거와 구분되는 말의 이미지가 아카드 시기 근동의 미술에서 등장하기 시작했다.

말은 비록 여전히 드물고 이국적인 동물이었지만, 아카드 인장 일부는 격렬한 전투 장면에서 남자가 '말과 동물'을 타고 있는 형상을 담고 있다(그림 16.3). 아마도 몇몇 아카드 말은 아카드인들에게 엘람인(Elamite)이라고 알려진 서부 이란의 족장 및 군주들로부터 얻었을 것이다.

엘람어는 비(非)인도·유럽어로 이란 서부 전역에서 쓰였다. 일련의 벽으로 둘러싸인 도시와 무역 중심지들이 이란 고원에 펼쳐져 있었는데 고딘(Godin)·말리얀·코나르산달(Konar Sandal)·히사르(Hissar)·샤르이소흐타·샤다드(Shahdad)를 비롯한 여러 곳이 밝혀졌다. 고대 안샨(Anshan)의 말리얀은 고원에 있는 가장 큰 도시로, 분명 수사에 있는 엘람의 왕과 연맹한 엘람의 도시였을 것이다. 그 밖에 벽돌로 쌓은 몇몇 읍락은 거의 대부분 말리얀보다 작았는데, 시마시키(Shimashki)라고 일컫는 연맹의 일부로서 말리얀 북쪽 카스피 해 남쪽에 있었다. 시마시키 연맹의 문서에 기록된 59명의 개인 이름 중 단 12개만을 엘람어로 분류할 수 있었다. 나머지는 알려지지 않은 비인도·유럽어계 언어였다. 이란 고원 동쪽에는 인더스 강가의 거대한 벽돌 도시에 중심을 둔 인도-파키스탄의 하라파(Harappa) 문명이 ─ 명확히 해독되지 않았지만 아마도 오늘날의 드라비다어와 관련 있을 가능성이 있는 ─ 자신들의 언어를 기록하기 위해 고유의 문자를 썼다. 하라파 도시들은 보석, 열대 목재 그리고 금속을 배에 싣고 페르시아 만을 항해해 오만에서 쿠웨이트까지 이어진 해안 왕국들의 고리를 따라 서쪽으로 수출했다. 하라파는 메소포타미아의 설형문자 기록에 '멜루하(Melukkha)'라고 알려진 나라였을 것이다.[3]

아카드 군대와 교역망은 멀리 광범위하게 영향을 끼쳤지만, 아카드 내부에는 무기로 정복할 수 없는 적이 있었으니 바로 수확의 실패가 그것이었다. 아카드 시기의 기후는 더 춥고 건조해져서 제국의 농업 경제가

그림 16.3 근동과 중앙아시아의 '말과 동물'을 타고 있는 사람을 나타낸 초기 이미지. (위) 키시에서 발굴한 아카드 인장의 이미지. 서기전 2350~서기전 2200년(출처: Buchanan 1966); (가운데) 아프가니스탄의 도굴된 무덤에서 나온 BMAC 인장의 이미지. 서기전 2100~서기전 1800년(출처: Sarianidi 1986); (아래) 우르 III기의 압바칼라 인장 이미지. 슈 신 왕을 위해 동물을 내주는 사람의 이미지가 새겨져 있다. 서기전 2050~서기전 2040년(출처: Owen 1991).

고통을 겪었다. 예일 대학의 하비 웨이스(Harvey Weiss)는 당시 아카드 북부의 도시 일부가 완전히 버려졌고, 그 주민들은 남쪽에 있는 메소포타미아 남부의 관개 범람 평원으로 이동했을 것이라고 주장했다.[4] 이란 서부 고원 족장들의 연맹체인 구티족(Gutians)이 서기전 2170년 아카드 군대를 물리치고 아카드의 도시를 점령했다. 그 도시의 흔적은 아직까지 발견되지 않았다.

서기전 2100년 무렵, 그때까지도 고대 수메르인의 도시였던 오늘날 이라크 남부 우르 제3왕국(우르 III기)의 초대 왕이 구티족을 몰아내고 메소포타미아 남부의 권력을 재확립했다. 서기전 2100~서기전 2000년, 우르 III기의 짧은 시기는 최초 도시들의 언어인 수메르어가 왕국의 행정어로 쓰이던 마지막 때였다. 수메르의 우르 III기 왕들과 이란 고원에 있는 엘람 도시 국가들 사이의 쓰라린 전쟁이 한 세기 동안 이어졌는데, 때로는 협상과 정략결혼으로 전쟁이 멈추기도 했다. 우르의 왕 슈 신(Shu-Sin)은 엘람을 지나 시마시키를 통과한 자신의 군대가 마침내 카스피 해에 닿는 곳까지의 길을 정복했노라고 자랑했다.

서기전 2100~서기전 2000년 투쟁과 제국의 시기에 말의 뼈가 이란 고원에서 파르스(Fars)의 말리얀 같은 거대 도시나 이란 서부의 고딘테페(Godin Tepe) 같은 요새화한 행정 중심 등 중요한 유적들에서 처음으로 등장한다. 단단한 재질, 아마도 금속 재질의 재갈 흔적이 말리얀에서 출토된 일부 '말과 동물(노새와 말 모두)'의 치아에서 나타났다. 빌 섬너(Bill Sumner)가 발굴하고 멜린다 제더가 워싱턴의 스미소니언 자연사박물관으로 가져간 이 치아들은 1985년 우리(필자 부부—옮긴이)가 재갈 흔적 프로젝트를 시작했을 때 처음 검토한 고고학 표본이었다. 이제 우리는 당시에는 의심만 하고 있던 것에 대해 알고 있다. 즉 말리얀의 카프타리(Kaftari) 시기 말과 노새는 모두 경질 재갈을 물었다. 이란에서 재갈은 '말과 동물'을 다루는 새로운 기술로서 이보다 앞선 메소포타미아의 미술 작품에 등장하는 입술뚜레나 코뚜레와는 다른 것이었다. 물론 서기전 2000년 무렵이면 초원에서 재갈과 재갈로 인한 마모 흔적은 매우 오래된 것이었다.[5]

또한 말은 메소포타미아에서 우르 III기에 최초로 상당히 많은 수가 발견되었다. 이때는 '말'이라는 단어가 문헌 기록에 최초로 등장한 시기다. 그 의미는 '산(山) 당나귀'란 뜻으로, 말이 이란 서부와 아나톨리아 동부를 통해 메소포타미아로 들어왔음을 보여준다. 우르 III기의 왕들은 이국적인 놀이의 일환으로 말을 사자의 먹이로 주었다. 그들은 말이 끄는 전차를 사용하지 않았다. (말이 끄는 전차는 아직 근동에 도입되지 않은 상태였다.) 그러나 일체형 바퀴를 달고 투창으로 무장한 전쟁용 네 바퀴 수레 및 두 바퀴 수레가 있었는데, 더 작은 현지의 '말과 동물', 즉 다루기 쉽지만 작은 당나귀나 더 크지만 거의 길들이기 불가능한 오나거, 즉 야생 당나귀가 팀을 이뤄 이러한 수레를 끌었다. 아울러 당나귀-오나거 교잡종도 수메르의 전쟁용 두 바퀴 수레 및 네 바퀴 수레를 끈 듯하다. 말은 처음에 더 크고 강한 당나귀-말 교잡종, 즉 노새를 생산하기 위한 육종용 가축으로 사용했을 가능성이 있다. 말리얀에서는 노새에 재갈을 물렸다.

수메르인은 말이 당나귀나 오나거에게는 없는 아치형 목(arched-neck)을 자랑거리로 갖고 있다는 것을 인정했다. 왕 슐기(Shulgi)는 한 명문(銘文)에서 자신을 "꼬리를 휘젓는 대로(大路)의 말"에 비유했다. 우리는 우르 III 왕국의 대로에서 말이 정확히 어떤 역할을 했는지 확신할 수 없지만, 슈신 왕의 동물 지출관인 압바칼라(Abbakalla) 한 사람을 묘사한 인장 낙인에서 남자 한 명이 달리는 말처럼 보이는 '말과 동물'을 타고 있는 걸 볼 수 있다(그림 16.3 참조).[6] 사람이 말의 신체 비례를 가진 동물 위에 두 다리를 벌린 채 타고 있는—똑같은 시기의—토기 조각상도 있고, 우르 III 시기 혹은 그 직후의 것으로 추정되는 토기 판에도 남자들이 말로 보이는 '말과 동물'에 올라타고 있는 모습을 볼 수 있다. (어떤 이는 어색하게 엉덩이에 올라타고 어떤 이는 좀더 자연스럽게 앞으로 붙어 앉았다.) 우르 III기에 전차를 보여주는 이미지는 없고, 메소포타미아에서 최초의 명확한 말 이미지에는 사람이 올라타고 있다.[7]

서기전 2000년경 엘람과 시마시키 연맹은 우르 III 왕국의 마지막 왕 입비 신(Ibbi-Sin)을 격퇴한 뒤 그를 사슬에 묶어 엘람으로 끌고 갔다. 이 놀라운 사건이 벌어진 후, 엘람과 시마시키의 왕들이 몇 세기 동안 메소포타미아 정치를 장악했다. 서기전 2000~서기전 1700년 이란 고원의 고엘람(말리얀)과 시마시키(히사르? 고딘?) 군주들의 권력, 독립성 그리고 부는 정점에 달했다. 그들이 우르 III 왕국과 협상해 내놓은 조약은 선물 및 교역 협정으로 타결되었고 이로 인해 청금석, 동석(凍石) 조각 그릇, 구리, 주석 그리고 말이 한 군주에게서 다른 군주로 건네지는 통로가 마련되었다. 신타시타 문화는 바로 이 시기에 등장하지만, 2000킬로미터 북쪽의 멀리 떨어진 우랄-토볼 초원에서 모습을 드러냈다. 금속 및 말 교역이 두 세계를 하나로 묶었을 것이다. 엘람이 입비 신을 격퇴할 때 초원에서 온 신타시타 전차 용병들의 도움을 받았을까? 그럴 가능성이 있다. 전차처럼 살 있는 바퀴 둘을 달고—조종사가 서서 몰지만—입술뚜레나 코뚜레를 낀 '말과 동물'이 끄는 수레 이미지가 입비 신이 패배한 직후 아나톨리아의 인장에 등장하기 시작한다. 이것들은 아직 흔치 않았지만 변화를 예비하고 있었다.

금속 교역은 탐광자들이 이전에는 북쪽 유라시아 초원 문화를 남쪽의 이란과 분리시키던 중앙아시아의 사막을 가로질러 광맥을 탐사하도록 한 최초의 동기를 제공했을 것이다. 고 엘람 왕들의 전성기 동안 근동의 상인들에겐 엄청난 양의 금속이 필요했다. 서기전 1776~서기전 1761년 시리아 북부의 강력한 도시 국가 마리(Mari)의 왕 지므리 림(Zimri-Lim)은 재위 8년째 되는 해에 단 한 번의 순방길에 동맹들에게 총 410킬로그램의 주석(청동이 아니라 주석)을 선물로 나눠주었다. 또한 지므리 림은 대중들 앞에서 말을 탄다는 이유로 조언자로부터 책망을 들었는데, 기마는 여전히 아시리아 왕의 영예를 모독하는 행위였다.[8]

> 우리 왕께서는 자신의 왕위를 영예롭게 여기시길. 당신께서는 하네안족(Haneans)의 왕인 동시에 아카드인의 왕이십니다. 군주께서는 말을 타지 마시고, 전차나 '쿠다누(kudanu)' 노새를 탐으로써 왕위를 영예롭게 하소서.

지므리 림의 조언자는 왕이 전차를 탈 수 있다는 사실을 인정했다. 그 무렵 근동의 군주들은 전차와 또 다른 종류의 바퀴 달린 수레를 1000년 이상 타왔다. 그러나 단지 무례한 야만인들만이 땀에 찌들고 냄새 나는 커다란 동물 등에 실제로 올라탔다. 지므리 림 시절 말은 여전히 상스러운 이방인에게나 어울리는 이국적 동물이었다. 말의 공급이 꾸준히 이뤄지기 시작한 것은 서기전 2100~서기전 2000년이었다. 서기전 2000년 이후 전차가 근동 전역에서 등장했다. 그렇다면 어떻게?

주석 교역과 북쪽으로 가는 관문

주석은 청동기 시대 근동에서 가장 중요한 교역 상품이었다. 마리의 궁정 기록에 의하면, 주석의 가치가 같은 무게 은의 10배였다고 한다. 구리-주석 합금은 대장장이들이 주조하기도 쉽고, 기존에 사용하던 순동이나 비소 합금 청동보다 단단하고 가벼우며 밝은 색상의 금속을 만들어냈다. 잉글랜드나 말레이시아에 대규모 주석 매장층이 있었지만, 이곳들은 청동기 시대 근동 상인들이 미치는 범위 훨씬 밖에 있었다. 세르비아 서부에 소규모 주석 매장층이 있었고, 다뉴브 강 하곡에서 드문드문 발견되는 고 유럽의 구리 물품은 주석 함량이 높은데 아마도 이곳이 원산지였던 것으로 보인다. 그러나 이곳에서는 고대의 광산이 발견되지 않았다. 아나톨리아 동부 골테페(Goltepe) 인근의 고대 광산에서 서기전 2000년 이전 미량의 주석을 공급했다. 하지만 밝혀진 주석의 함량은 매우 낮고, 서기전 2000년 이후 주석은 엄청난 비용을 들여가며 시리아 북부에서 아나톨리아로 **수입**되었다. 주석은 멀리 동쪽 어딘가에서 시리아 북부로 들어왔다. 마리 왕 지므리 림의 문서에는 간단하게 주석을 말리안(안샨)과 수사의 상인을 통해 엘람에서 가져왔다고 쓰여 있다. 서기전 2100년 무렵 라가시(Lagash) 통치자 구데아(Gudea)의 조상(彫像)에 새겨진 글은 '멜루하의 주석'에 대해 언급하는데, 이는 주석이 하라파 상인들에 의해 아라비아 만을 따라 올라왔음을 암시하는 것으로 여겨졌다. 하지만 그 구절은 잘못 해석한 것이다. 인더스 강 하곡의 도시 모헨조다로와 하라파의 금속 물품을 조사한 결과 30퍼센트는 의도적인 주석 합금 청동이었다. 그러나 대부분은 주석 함량이 너무 낮아(70퍼센트는 주석 단 1퍼센트에 구리 99퍼센트의 합금) 최적의 주석 합금 청동 제작법(주석 8~12퍼센트, 구리 88~92퍼센트)이 하라파에 아직 알려지지 않았던 것으로 보인다. 그럼에도 '멜루하'는 메소포타미아에서 쓰인 주석의 공급원 중 하나였을 수 있다. 주석 합금 청동은 아라비아 만으로 들어가는 입구인 오만의 유적에서 하라파로부터 수입한 토기 및 구슬과 박트리아에서 만든 인장과 함께 발견되었다. 오만은 주석을 생산하지 못했지만 인더스 강 하곡에서 주석을 들여오는 항구이자 환

적 장소였을 수 있다.[9]

주석은 어디에서 왔을까? 엘람의 왕과 하라파의 상인이 수출한 주석이 똑같은 원산지의 것일 가능성은 있을까? 그럴 가능성은 충분히 있다. 가장 그럴듯한 원산지는 아프가니스탄 서부와 북부인데, 이곳에서는 비록 고대의 광산을 발굴하지 못했지만 현대의 금속 탐사자들이 주석 광석을 발견했다. 그리고 또 한 곳은 제라프샨 강 하곡인데, 이곳의 사라즘 유적지 근처에서 고대 세계의 가장 오래된 주석 광산이 발견되었다. 사라즘은 또한 말, 전차 그리고 초원의 문화가 처음 중앙아시아의 가장자리에 닿기 전 통과해야 하는 관문이었다.

사라즘은 서기전 3500년 이전(1기는 BP 4880±30, 4940±30) 나마즈가 (Namazga) I-II 문화의 북부 식민지로 건설되었다. 나마즈가 근거지의 거주지들〔나마즈가, 아나우(Anau), 알틴-데페(Altyn-Depe), 게옥수르(Geoksur)〕은 이란 고원에서 흘러나오는 강들이 중앙아시아의 사막으로 들어가는 충적선상지(沖積扇狀地)에 위치한 농경 읍락이다. 나마즈가 농경민을 북쪽의 카라쿰 사막을 가로질러 사라즘으로 유인한 것은 아마도 제라프샨 강 하류 근처의 사막에서 지상에 노출된 터키석이었을 것이다. 그들은 켈테미나르 채집민을 통해 이 광맥에 대해 알았을 테고, 사라즘은 터키석의 집산지로 세워졌을 것이다. 사라즘은 터키석 광상에서 100킬로미터 넘게 강을 거슬러 올라간 제라프샨 강 중류의 고지대에 위치하는데, 이곳의 하곡은 풀이 무성하고 작물도 잘 자랐다. 사라즘은 커다란 읍락으로 성장해 마침내 30헥타르 이상을 차지했다. 이곳 사람들은 터키석, 홍옥수, 은, 구리 그리고 청금석과 함께 묘지에 묻혔다. 사라즘 II기 유적에서 켈테미나르 후기 토기를 발견했는데, 연대가 서기전 3000~서기전 2600년경(BP 4230±40)으로 밝혀졌다. 아울러 제라프샨 강 하류 근처 사막의 카프타르니쿰

(Kaptarnikum)과 랴블랴칸(Lyavlyakan)의 켈테미나르 후기 야영장에서는 터키석 작업장을 발견했다. 제라프샨 원산 및 이란 북동부 니샤푸르 인근 원산의 터키석은 교역을 통해 메소포타미아, 인더스 강 하곡 그리고 추측하건대 마이코프(마이코프 족장은 터키석 구슬을 꿴 목걸이와 함께 매장되었다)까지 들어갔다. 그러나 또한 제라프샨에는 구리, 납, 은 그리고 주석의 다금속 광상도 있었다.

이상하게도 사라즘 자체에서는 주석이 발견되지 않았다. 도가니, 슬래그 그리고 금속을 녹이는 용광로가 적어도 사라즘 III기 거주지(방사성 탄소 연대 측정값 서기전 2400~서기전 2000년)에서 등장하는데, 제라프샨 강 하곡의 풍부한 구리 광석을 가공하기 위한 것으로 추정된다. 사라즘 III 유적에서 다양한 구리 칼, 찌르개, 거울, 낚싯바늘, 송곳 그리고 머리가 넓적한 핀 등이 나왔다. 대부분은 순동으로 만들었지만 일부 물품은 1.8~2.7퍼센트의 비소를 함유하고 있었는데, 의도적인 비소 합금 청동인 것으로 보인다. 주석 합금 청동은 나마즈가 IV기 동안 코펫닥(Kopet Dag) 본거지와 알틴-데페 및 나마즈가에서 소량 나왔는데, 시기는 사라즘 II 후기 및 사라즘 III 시기에 해당한다. 소량의 주석은 강에서 추출한 사광(沙鑛)에 불과한 것으로 추정되는데, 비록 우리가 사라즘에서는 볼 수 없지만 서기전 2000년 이전 제라프샨에서 채취한 것으로 여겨진다.[10]

제라프샨 강 하곡의 주석 광산은 1997~1999년 보로프카(N. Boroffka)와 파르징어(H. Parzinger)가 발견/조사했다.[11] 청동기 시대의 작업장이 있는 주석 광산 두 곳도 발굴되었다. 가장 큰 광산은 제라프샨 강 하류의 카르납(우즈베키스탄)의 사막에 있는데, 사라즘에서 170킬로미터가량 떨어진 곳이다. 이 지역은 미량의 주석을 함유한 석석(錫石: 주석 원광―옮긴이)을 채굴하는 곳인데, 주석 함량은 일부 표본이 22퍼센트를 보이기도 하지만 일반적으로는 3퍼센트가량으로 추정된다. 토기와 방사성 탄소 연대 측정값은 카르납 광산이 안드로노보 층(아래 참조)과 연관된 북쪽 초원 사람들의 작업장이었음을 보여준다. 아울러 그 연대는 서기전 1900~서기전 1300년(가장 오래된 것은 Bln 5127, BP 3476±32, 즉 서기전 1900~서기전 1750년. 표 16.1 참조)이다. 나마즈가 V/VI 토기 몇 조각이 카르납의 안드로노보 채광 야영지에서 발견되었다. 그 밖의 채광 단지는 제라프샨 강 상류(타지키스탄)의 무시스톤(Mushiston)인데, 사라즘에서 동쪽으로 겨우 40킬로미터 떨어진 곳에 위치한다. 이곳에서는 황석석(stannite)과 석석 및 구리 광석을 다뤘는데 주석의 함량이 매우 높았다(최대 34퍼센트). 안드로노보 광부들은 또한 무시스톤에 자신들의 토기를 남겼는데, 그곳에서 나온 나무 기둥의 방사성 탄소 연대 측정값은 카르납과 동시대였다. 사라즘은 이 안드로노보 광부들이 채광을 개시했을 때 버려진 듯하다. 제라프샨의 주석 광산들이 초원 문화가 도래하기 전에도 채광되었는지는 알려지지 않았다.

사라즘은 서기전 2000년 무렵, 바로 나마즈가 V/VI 과도기에 버려졌다. 제라프샨 강 하류의 자만-바바(Zaman Baba) 문화의 더 작은 마을들도 사라즘과 거의 같은 시기에 버려졌다.[12] 자만-바바 문화는 200년 일찍 제라프샨 강 하류 삼각주의 커다란 오아시스에 관개 농경 체계로 지탱되는 혈식 가옥의 작은 마을을 만들었다. 자만-바바와 사라즘은 북쪽의 초원에서 온 사람들이 제라프샨에 도착했을 때 버려졌다.[13]

사라즘은 아카드 및 우르 III 시기 남쪽으로 구리와 터키석을 수출했다. 이런 상황이 초원의 구리 채굴자와 말 상인을 도시 교역의 사슬로 끌어들일 수 있었을까? 이것이 신타시타 거주지의 구리 생산 급증 및 동시대인 2100년 무렵 이란과 메소포타미아에서 시작된 말의 출현을 설명할 수 있을까? 대답은 사라즘 남쪽 중앙아시아의 벽으로 둘러싸인 도시들의 폐

표 16.1 초원의 후기 청동기 초기 문화의 선별된 방사성 탄소 연대 측정값

실험실 번호	BP 연대	쿠르간	무덤	평균 절편 BCE	BCE
1. 사마라 주 크라스노사마르스코예 쿠르간 묘지 유적 IV의 청동기 후기 포크로프카 및 스루브나야 문화 무덤					
AA37038	3490±57	쿠르간 3	1	1859, 1847, 1772	1881~1740
AA37039	3411±46	쿠르간 3	6	1731, 1727, 1686	1747~1631
AA37042	3594±45	쿠르간 3	10	1931	1981~1880
AA37043	3416±57	쿠르간 3	11	1733, 1724, 1688, 1688	1769~1623
AA37044	3407±46	쿠르간 3	13	1670, 1668, 1632	1685~1529
AA37045	3407±46	쿠르간 3	16	1730, 1685	1744~1631
AA37046	3545±65	쿠르간 3	17	1883	1940~1766
AA37047	3425±52	쿠르간 3	23	1735, 1718, 1693	1772~1671
2. 사마라 주 크라스노사마르스코예 거주지					
포크로프카 및 스루브나야 문화 거주지들의 구조물 기반과 구조물 밖의 문화층					
		구역	분반	층	
AA41022	3531±43	L5	2	3	1879, 1832, 1826, 1790	1899~1771
AA41023	3445±51	M5	1	7	1741	1871~1678
AA41024	3453±43	M6	3	7	1743	1867~1685
AA41025	3469±45	N3	3	7	1748	1874~1690
AA41026	3491±52	N4	2	6	1860, 1846, 1772	1879~1743
AA41027	3460±52	O4	1	7	1745	1873~1685
AA41028	3450±57	O4	2	5	1742	1874~1679
AA41029	3470±43	P1	4	6	1748	1783~1735
AA41030	3477±39	S2	3	4	1752	1785~1738
AA41031	3476±38	R1	2	5	1750	1875~1706
AA41032	3448±47	N2	2	4	1742	1858~1685
AA47790	3311±54	O5	3	3	1598, 1567, 1530	1636~1518
AA47796	3416±59	Y2	2	4	1736, 1713, 1692	1857~1637
AA47797	3450±50	Y1	3	5	1742	1779~1681
구조물 내의 우물로 여겨지는 깊은 구덩이에서 나온, 물에 흠뻑 젖은 포크로프카 문화 인공물					
AA47793	3615±41	M2	4	−276	1948	1984~1899

AA47794	3492±55	M2	4	−280	1860, 1846, 1773	1829~1742
AA47795	3550±54	M2	4	−300	1884	1946~1776
호수 바닥의 침식된 부분에서 나온 스루브나야 및 포크로프카 문화 인공물						
AA47791	3494±56	호수 발견물 1		0	1862, 1845, 1774	1881~1742
AA47792	3492±55	호수 발견물 2		0	1860, 1846, 1773	1829~1742
페스차니돌 계곡에 있는 PD 1의 스루브나야 목축 야영지						
AA47798	3480±52	A 16	3	3	1758	1789~1737
AA47799	3565±55	I 18	2	2	1889	1964~1872
3. 우즈베키스탄 제라프샨 강 하곡의 카르납 채광 야영지의 안드로노보-알라쿨 점유지						
Bln-5127	3476±32					1880~1740
Bln-141274	3280±40					1620~1510
Bln-141275	3170±50					1520~1400
Bln-5126	3130±44					1490~1310
4. 알라쿨-안드로노보 거주지와 쿠르간 무덤들						
알라쿨 쿠르간 15, 무덤 1						
Le-924	3360±50	숯				1740~1530
수브보티노 쿠르간 17, 무덤 3						
Le-1126	3460±50	나무				1880~1690
수브보티노 쿠르간 18, 중앙 무덤						
Le-1196	3000±50	나무				1680~1510
타스티-부탁 거주지						
Rul-614	3550±65	나무, 구덩이 14				2010~1770
Le-213	3190±80	나무, 구덩이 11				1600~1320

허에 놓여 있다. 이는 제라프샨 변경에 안드로노보 광부들이 등장하기 전 북부 초원의 문화와 상호 교류한 도시들이다.

박트리아-마르기아나 고고학 복합체

●

서기전 2100년 무렵 상당수 인구가 이란 고원 북부의 무르갑(Murgab) 강 삼각주를 식민지로 만들었다. 무르갑 강은 아프가니스탄 서부의 산맥에서 흘러내려 사막 지대를 구불구불 180킬로미터 흐른 후 두꺼운 토사를 내려놓아 80~100킬로미터의 비옥한 부채꼴 경작지를 만들어낸다. 이곳이 마르기아나, 즉 중앙아시아에서 가장 풍요로운 오아시스 중 하나로 성장한 지역이다. 이주민은 현지 청동기 말기, 나마즈가 V기 동안 이 처녀지에 벽으로 둘러싼 읍락과 궁전[고누르(Gonur), 토골록(Togolok)]을 만들었다(그림 16.4). 그들은 이란 고원 전역에서 주기적으로 발생하는 군사적 충돌을 피해 탈출했거나, 악화하는 가뭄 시기에 더 안정적인 유량을 가진 더 큰 하천에 새로 자리를 잡았을 것이다. 그들의 유해를 조사한 인류학 연구에 의해 그들이 이란 고원에서 왔다는 게 밝혀졌으며, 그들의 토기 유형은 코펫닥의 나마즈가 V 유형 읍락에서 생겨난 것으로 보인다.[14]

서기전 2100~서기전 2000년 마르기아나의 식민지화에 이어 서기전 2000~서기전 1800년 나마즈가 VI의 훨씬 풍요로운 시기가 뒤따랐는데, 이것이 현지 청동기 후기의 시작이다. 벽으로 둘러싼, 새로 만든 읍락들이 아무다리야 강 상류 하곡으로 퍼져나갔는데 이곳의 처녀지에 사팔리 테페(Sapalli-Tepe), 다실리(Dashly) 3, 자르쿠탄(Djarkutan)이 들어섰다. 박트리아와 마르기아나 읍락들은 독자적인 유형의 인장 묶음과 건축 양식, 벽돌로 안벽을 댄 무덤 양식 그리고 토기를 공유했다. 박트리아와 마르기아나의 청동기 후기 문명은 박트리아-마르기아나 고고학 복합체, 곧 BMAC라고 부른다. 관개 시설을 갖춘 전원을 두꺼운 황색 벽돌 벽으로 두르고 좁은 문과 높다란 귀퉁이의 망루를 갖춘 커다란 읍락들이 차지했

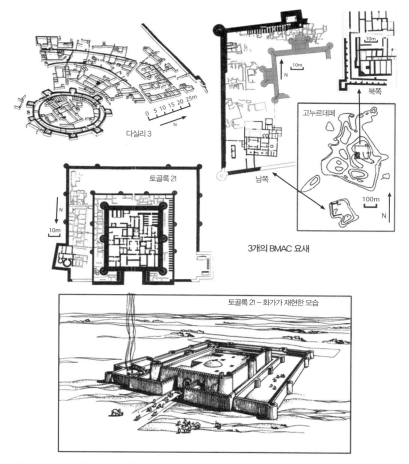

그림 16.4 서기전 2100~서기전 1800년 중앙아시아 BMAC의 벽으로 둘러싸인 성채 세 곳. 박트리아의 다실리 3에 있는 읍락과 중앙의 원형 요새/사원의 벽 기초(출처: Sarianidi 1977, 그림 13); 마르기아나 고누르데페의 벽 기초(출처: Hiebert 1994에서 합성; Sarianidi 1995); 마르기아나 토골록 21의 벽 기초와 화가가 재현한 모습(출처: Hiebert 1994; Sarianidi 1987).

다. 규모가 더 큰 읍락들은 벽을 두른 궁전이나 요새로서 사원을 거느렸다. 자르쿠탄의 벽돌 가옥과 거리는 거의 100헥타르를 차지했으며, 높은 벽으로 둘러싼 가로 세로 100미터에 달하는 요새의 관할 아래 있었다. 현지 군주들은 0.5헥타르에 불과한 토골록 1처럼 더 작지만 두꺼운 벽을 두르고 커다란 모퉁이 탑을 구비한 거점에서 통치했다. 중앙아시아의 벽을 두른 이러한 읍락과 요새의 번잡한 가옥 및 거리에서 교역과 수공업이 번성했다. 통치자들은 메소포타미아, 엘람, 하라파, 아라비아 만의 문명과 관계를 맺고 있었다.

서기전 2000~서기전 1800년 BMAC 양식과 수출품(특히 활석을 깎아 만든 자그마한 단지)이 이란 고원 전역의 수많은 유적과 묘지에서 등장한다. BMAC의 것처럼 문장을 새긴 도끼가 이란 동부 및 중부의 샤다드 및 여타 유적에서 나왔다. 하라파와 엘람 문명의 경계에 있는 발루치스탄의 메르가르(Mehrgarh) VIII 묘지 유적에는 BMAC 인공물이 너무나 많아 BMAC 사람들이 실제로 발루치스탄으로 이주했음을 시사한다. BMAC 양식의 인장, 상아 빗, 활석 그릇 그리고 토기 고블렛(goblet: 손잡이는 없고 받침대만 있는 컵─옮긴이)이 아라비아 만에 있는 오만 반도의 움알나르(Umm-al-Nar)에서 시작해 해안을 따라 올라가 쿠웨이트의 팔라이카(Falaika) 섬에 이르는 지역에서 등장했다. BMAC 읍락의 구슬 장인들은 인도양산〔줄무늬고둥(*Engina medicaria*), 큰거미고둥(*Lambis truncate sebae*)〕과 지중해산〔좁쌀무늬고둥(*Nassarius gibbosulus*)〕 조개껍데기는 물론 활석, 설화석고(雪花石膏: 고대에 조각용으로 많이 사용한 대리석─옮긴이), 청금석, 터키석, 은, 금을 사용했다.[15]

BMAC 대장장이들은 청동, 납, 은, 금으로 아름다운 물품을 만들었다. 그들은 매우 세밀한 금속 물품 제작을 가능케 한 실납법으로 섬세한 조상을 만들었다. 아울러 독특하게 아래로 굽은 날을 갖추고 문장을 새긴 자루 구멍 있는 청동 도끼, 슴베 있는 찌르개, 거울, 동물 및 사람의 주조 조상으로 장식한 핀 그리고 독특하고 다양한 금속 격실형 인장 (compartmented seals)은 만들기도 했다(그림 16.5). 최초의 식민지 시기인 나마즈가 V기에 사용한 금속은 비합금 구리, 비소 합금 청동, 납 함량이 8~10퍼센트에 이르는 구리-납 합금이었다.

서기전 2000년 무렵 나마즈가 VI/BMAC 시기, 주석 합금 청동은 BMAC 유적에서 갑자기 두드러지게 등장한다. 주석 합금 청동은 사팔리와 자르쿠탄의 두 BMAC 유적에서는 혼했는데, 인접한 다실리 3과 박트리아에서도 전체 금속 물품의 단 9퍼센트에 그친 반면 이 두 곳은 50퍼센트에 달했다. 마르기아나에서 주석 합금 청동은 드물었다(고누르에서는 금속 전체의 10퍼센트 미만, 토골록에서는 전혀 없음). 주석 합금 청동은 제라프샨과 가까운 박트리아에서만 풍부했다. 제라프샨의 주석 광산은 서기전 2000년경 BMAC가 막 성숙해가던 시기에 만들어지거나 급격히 확대된 것으로 보인다.[16]

중앙아시아에는 야생말이 없었고, 현지의 '말과 동물'은 오나거였다. 이전에 야생말은 오늘날의 카자흐스탄 중부 남쪽으로는 돌아다니지 않았다. BMAC 유적에서 발견된 말은 전부 교역을 통해 멀리 북쪽의 초원에서 들여온 게 틀림없다. BMAC 거주지 유적과 그 근처에 버려진 동물 뼈에는 말의 것이 없었다. 거주지의 쓰레기 매장지에서 발견한 뼈는 양 혹은 염소의 것이었다. 아시아 제부 소 (zebu cattle: 인도 소—옮긴이)와 박트리아 낙타도 등장했다. 박트리아 미술에서 이 동물들은 네 바퀴 수레나 두 바퀴 수레를 끄는 것으로 나온다. 일체형 나무 둥치 바퀴를 단 작은 장례용 네 바퀴 수레와 청동 징을 박은 바퀴가 서기전 2100~서기전 2000년경 마르기아나의 고누르〔가장 초기의 유적을 오늘날의 폐허 북쪽 가장자리에서 발견했으므로 고누르노스(Gonur North)라고 부른다〕 최초 건설기의 군주 무덤에 매장

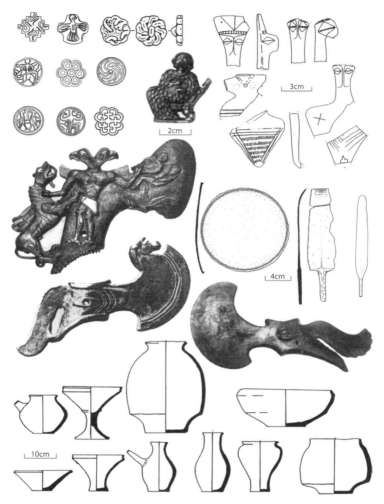

그림 16.5 서기전 2100~서기전 1800년 BMAC의 인공 유물. (왼쪽 맨 위) 박트리아-마르기아나 인장 표본(출처: Salvatori 2000 and Hiebert 1994에 의거해 각색); (가운데 맨 위) 고누르노스에서 출토된 은제 주조 핀 머리로, 의례복을 입은 여신 형상을 하고 있다(출처: Klochkov 1998, 그림 3); (오른쪽 맨 위) 고누르노스에서 출토된 점토 여성 인물상(출처: Hiebert 1994); (왼쪽 가운데) 미술품 시장에서 구한 자루 구멍 있는 문장 도끼로, 박트리아-마르기아나 유적에서 출토된 것으로 보임. 아래쪽 도끼 장식은 말 머리처럼 보인다(출처: Aruz 1998, 그림 24; Amiet 1986, 그림 167); (오른쪽 가운데) 고누르노스에서 출토된 눈 문양 부적이 있는 도끼와 구리거울 및 찌르개(출처: Hiebert 1994; Sarianidi 1995, 그림 22); (맨 아래) 고누르에서 출토된 토기 모양(출처: Hiebert 1994).

되어 있었다.

고누르노스의 초기 거주지와 관련 있는 고누르의 이런 무덤에서 말 한 마리가 나왔다. 벽돌로 안벽을 댄 무덤구덩이에 분명 무덤 자체에서 살해당한 게 분명한 뒤틀린 성인 시신 10구가 나왔는데, 그중 한 명은 일체형 바퀴를 단 장례용 소형 네 바퀴 수레 위에 쓰러져 있었다. 무덤에는 또한 개 전신 하나, 낙타 전신 하나 그리고 목이 잘린 망아지의 몸통(아리안의 말 희생 방식과 정반대)도 있었다. 이 무덤은 거의 '군주급(royal)' 무덤에 가까운 희생물을 바친 것으로 여겨진다. 군주 무덤의 부장품에는 청동 말 머리 조상이 있었는데, 아마도 나무 지팡이의 둥근 끄트머리 장식으로 생각된다. 또 하나의 말 머리 형상이 문장을 새긴 BMAC 유형의 구리 도끼 장식으로 등장했지만, 불행히도 이는 미술품 시장에서 구매한 것으로 지금은 루브르 박물관이 소장하고 있다. 마지막으로 박트리아의 BMAC 묘지(아프가니스탄)에서 도굴한 듯한 BMAC 양식의 인장에 말처럼 보이는 '말과 동물'을 타고 질주하는 사람의 형상이 보인다(그림 16.3 참조). 이 디자인은 동시대 우르 III 시기 압바칼라 인장의 '달리는 말 위의 기수' 형상(인장의 기수는 머리를 땋았고 한 사람은 걸어가는 형상)과 유사하다.

이런 발견은 말이 중앙아시아에서 서기전 2100~서기전 2000년 무렵 등장했지만 결코 식용으로 쓰이지 않았음을 시사한다. 말은 높은 지위를 나타내는 물품의 상징적 장식물로서만 나타나며, 어떤 경우에는 장례식의 희생물로 등장한다. 이란과 메소포타미아 전역에서 말이 동시에 등장하는 상황과 초원 및 남쪽의 문명 사이에 있는 BMAC의 위치를 고려하면, 말은 교역 상품이었을 것이다. 서기전 2000~서기전 1900년 무렵 전차가 BMAC, 이란 그리고 근동의 군주들에게 소개되면서 말의 수요는 대략 연간 수만 마리에 달했을 것이다.[17]

중앙아시아의 초원 이주민

프레드 히베르트(Fred Hiebert)가 마르기아나에 있는 서기전 2100~서기전 2000년으로 추정되는 고누르노스의 벽으로 두른 읍락을 발굴한 결과 새로운 종류의 낯선 토기 파편이 등장했는데, 이는 고누르의 다른 어떤 토기와도 달랐다. 그것은 천을 댄 형틀을 사용해 타날법(打捏法, paddle-and-anvil: 주걱-모루 기법-옮긴이)으로 만들었는데, 바로 세운 형틀에 천을 씌우고 그 위에 흙을 발라 주걱으로 두드려 기본 모양을 만든 후 형틀을 제거하고 마무리했다. 이는 신타시타 토기를 만들던 방식이기도 하다. 이런 낯선 토기 조각은 초원에서 수입한 것이다. 이 단계(신타시타 초기에 해당)에서 고누르에는 초원의 토기가 매우 드물었는데, 바로 이때 망아지가 고누르노스 묘지에서 희생물 구덩이에 던져졌다. 접촉의 초기 흔적으로 볼 수 있는 또 다른 하나는 '아바셰보 유형과 비슷한' 수평 줄무늬 문양 있는 토기 조각들인데, 제라프샨 강 하류 카르납의 주석 채광 야영지에서 발견되었다. 아바셰보 문화 후기는 신타시타와 동시대다.

서기전 2000~서기전 1800년 BMAC 고전기 동안 초원 사람들과의 접촉은 훨씬 더 뚜렷해졌다. 초원의 토기가 마르기아나의 지방 거점인 토골록 1, 고누르사우스(Gonur South)의 중앙 요새 안 그리고 박트리아에 있는 벽을 두른 자르쿠탄의 궁전/사원 안으로 옮아갔다(그림 16.6). 이런 토기 파편들은 분명 초원 문화에서 온 것이다. 이와 비슷한 디자인을 크리보예오제로(쿠르간 9의 무덤 3, 쿠르간 10의 무덤 13)의 신타시타 토기에서도 발견할 수 있지만, 카르납의 안드로노보 광부들이 쓰던 토기처럼 서기전 1900~서기전 1800년 이후의 안드로노보 초기(알라쿨 변종) 유형 토기에서 더 흔히 발견할 수 있다. 비록 고전적인 BMAC 유적에서 발견되는 초원의 토기는 소량이지만 광범위하게 퍼져 있으며, 이것이 북부 초원의 문화에서

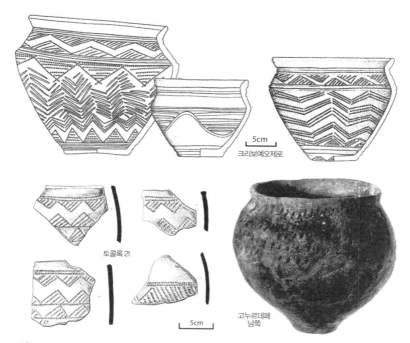

그림 16.6 고누르사우스 벽 안에서 발견된 온전한 초원의 토기(출처: Hiebert 1994); 토골록 21 벽 안에서 발견된 지그재그 문양이 있는 초원의 토기 파편(출처: Kuzmina 2003); 우랄 초원 크리보 예오제로의 무덤에서 출토된 비슷한 모티프의 신타시타 토기 파편(출처: Vinogradov 2003, 그림 39, 74).

유래한 것이라는 데는 의심할 나위가 없다. 이런 맥락에서 서기전 2000~ 서기전 1800년인 이 초원 토기들의 원산지로 투가이의 페트로프카 문화 혹은 카르납의 주석 광산에 처음 도착한 알라쿨-안드로노보의 광부들이 가장 유력한데, 둘 모두 제라프샨 강 하곡에 위치하고 있다.[18]

투가이의 페트로프카 거주지는 사라즘에서 강을 따라 27킬로미터만 내 려가면 나오는데, 훗날 중세 중앙아시아에서 가장 큰 대상 교역 도시로 성장한 사마르칸트와 그리 멀지 않다. 투가이도 사마르칸트보다는 훨씬 미약했겠지만, 초기 남북 교역망에서 그와 비슷한 역할을 했을 것이다.

페트로프카 문화(아래 참조)는 신타시타 문화의 동쪽 지파다. 투가이의 페트로프카 문화 사람들은 구리를 녹이는 화덕 2개와 구리 슬래그가 남은 도가니들 그리고 최소한 한 개의 가옥을 만들었다. 그들의 토기로는 천을 씌운 형틀을 써서 타날 기법으로 만든 최소 22개의 항아리가 있다. 대부분 부순 조개껍데기를 혼합했는데, 이는 페트로프카 문화 도공들의 표준적인 혼합법이다. 그러나 둘은 활석계 광석을 부숴 혼합 재료로 썼다. 활석으로 혼합한 점토는 신타시타, 아바셰보 그리고 심지어 삼림 지대 우랄 채집민 문화의 전형적 토기이므로 이 토기 두 점은 우랄 초원에서 제라프샨 강 하곡으로 옮아갔을 것이다. 토기의 외형과 찍힌 문양은 고전적인 페트로프카 문화 초기의 것이었다(그림 16.7). 상당수의 페트로프카 인구 집단이 우랄-이심 초원에서 투가이로 이주한 것으로 보이는데, 이들은 아마도 토기 및 여타 재산을 실은 네 바퀴 수레를 타고 왔을 것이다. 그들이 남긴 쓰레기 더미에는 소, 양, 염소의 뼈가 있지만 북부 초원에 있는 친척들과 달리 말을 먹지는 않았다. 투가이 유적에서는 전형적인 시라즘 말기(IV기) 유형처럼 녹로로 만든, 붉거나 검게 윤을 낸 직물 형태의 컵 조각들이 발견되었다. 소규모 발굴지에서 드러난 바에 따르면 그들이 수행한 중심적인 활동은 구리를 녹이는 일이었다.[19]

초원 이주민은 전차를 갖고 투가이로 왔다. 시라즘에서 동쪽으로 1킬로미터 떨어진 자르드차-칼리파(Zardcha-Khalifa)의 무덤 한 곳에는 가로 3.2미터 세로 2.1미터의 타원형 구덩이에 한 남성이 오른쪽으로 웅크리고 누운 채 머리를 북쪽으로 향하고 숫양의 유해와 함께 묻혀 있었다.[20] 무덤 부장품에는 녹로로 만든 나마즈가 VI 토기 세 점이 있었는데, 이는 사팔리와 자르쿠탄 같은 박트리아의 BMAC 유적에서 만든 전형적인 그릇과 같다. 그리고 구유통 모양의 주둥이를 가진 청동 그릇(전형적인 BMAC 유형)

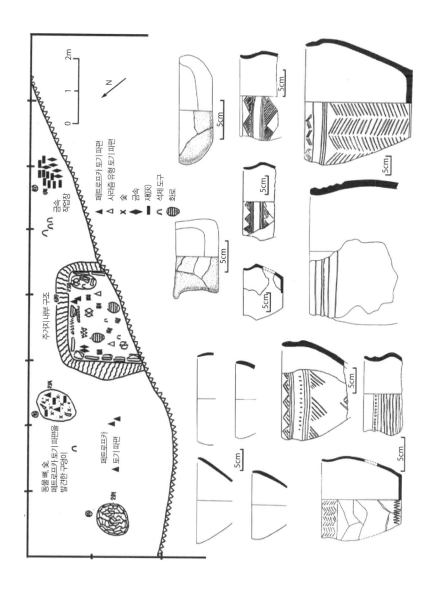

그림 16.7 제라프샨 강가 투가이의 페트로프카 거주지. (맨 위) 발굴 지도; (왼쪽 가운데) 사라즘 IV형과 같은, 외부에서 들여온 붉은 그릇; (오른쪽 가운데) 금속 작업장에서 나온 거친 토기 도가 니 둘; (맨 아래) 페트로프카 토기. 출처: Avanessova 1996에 의거해 각색.

과 또 다른 그릇 2개의 파편, 트럼펫 모양의 귀걸이 한 쌍, 금 단추 하나, 한쪽 끝에 작은 주물 말(horse)이 붙은 곧은 청동 핀 하나, 돌공이 하나, 양 끝을 둥근 고리 모양으로 처리한 막대형 청동 재갈 2개, 신타시타 유형 원반 모양의 온전한 골제 뺨대 2개 및 또 다른 뺨대 2개의 파편이 있었다(그림 16.8). 막대형 청동 재갈 2개는—지금까지 알려진 것으로는—세계에서 가장 오래된 금속 재갈이다. 뺨대가 4개 있다는 것은 이것들이 전차 마대(馬隊)용임을 시사한다. 비록 징 박힌 원반 모양의 뺨대가 다수의 페트로프카 무덤에서도 등장하지만, 이들 뺨대는 신타시타 양식 특유의 것(가운데 구멍 주위의 돌출부가 유형학적 세부 장식의 핵심이다)이다. 자르드차-칼리파 무덤은 북쪽에서 온 이주민으로 수많은 BMAC 사치품을 획득한 이의 것으로 추정된다. 그는 BMAC에서는 유일한 것으로 알려진 말 모양의 장식을 가진 핀과 함께 묻혔는데, 이 핀은 오직 그만을 위해 만든 것으로 보인다. 자르드차-칼리파의 족장은 말 상인이었을 가능성이 있다. 이 무렵 제라프샨 강 하곡과 그 바로 북쪽의 페르가나 강 하곡은 좋은 말들의 번식지가 되었을 것이다. 이후 고대 세계에서 이곳은 말로 유명해졌다.

고누르노스 무덤의 직물 문양을 찍은 토기와 희생된 망아지 및 카르납에서 출토된 아바셰보(?) 유형으로 보이는 토기 파편은 서기전 2100~서기전 2000년 무렵 우르 III의 왕들이 여전히 엘람을 통치하던 시기 북쪽 초원과 남쪽 도시 문명 간 접촉 및 교역의 탐색 단계를 보여준다. 정보와 숭배 관행까지 남쪽에서 역으로 북쪽의 신타시타 초기 사회들로 유입되었을 것이다. 페트로프카 문화가 신타시타에서 갈라져 나온 카자흐스탄의 동쪽 변경에서는 남쪽에서 비롯된 유혹이 1000킬로미터 넘는 적대적인 사막을 가로지르는 이주를 촉발했다. 서기전 1900년 무렵 페트로프카 사람들이 투가이에 금속 제작 식민지를 건설하면서 두 번째 단계가 시작

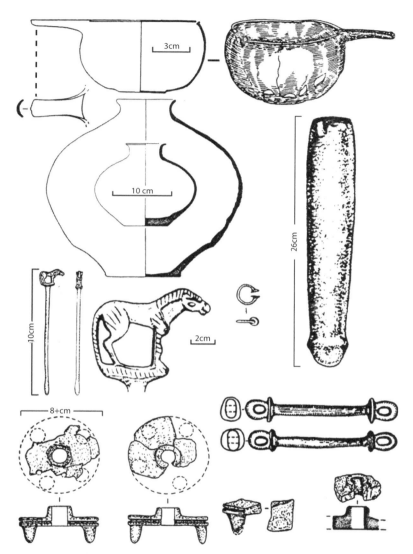

그림 16.8 제라프샨 강가 자르드차-칼리파의 무덤에서 나온 물품들. 골 파인 주둥이가 달린 청동 그릇과 토기 항아리는 서기전 2000~서기전 1800년 BMAC의 전형적 유물; 구리 주조 말 장식 핀은 BMAC의 주조 기법을 보여줌; 청동 막대 재갈은 이렇게 이른 시기까지 소급되는 첫 번째 것임; 돌 절굿공이, 트럼펫 모양의 귀걸이, 골제 뺨대는 초원 유형. 출처: Bobomulloev 1997, 그림 2, 3, 4.

되었는데, 그 표지는 전차를 모는 북쪽 초원 부족들의 중앙아시아로의 실제 이주였다. 사라즘과의 관계를 통해 지탱되던 자만-바바 마을들은 페트로프카 광부들이 투가이에 도착할 무렵 버려졌다. 초원 부족들은 제라프샨의 광석 자원을 전용했고, 그들의 말과 전차는 사라즘 사람들의 자체 방어를 불가능하게 만들었을 것이다.

초원의 중앙아시아산 교역품

신타시타나 페트로프카 문화 거주지에 BMAC 물품이 나타났을까? 단지 몇몇 역교역(return trade)의 실마리가 밝혀졌을 뿐이다. 흥미로운 혁신 하나는 새로운 문양 모티프, 즉 계단식 피라미드 혹은 총안(銃眼) 문양이었다. 계단식 피라미드 혹은 총안 문양은 신타시타, 포타포프카, 페트로프카 토기 표면에 등장했다. 계단식 피라미드 문양은 나마즈가, 사라즘, BMAC의 토기와 보석 및 금속 물품은 물론 심지어 말리얀의 원시 엘람(Proto-Elamite) 궁전 벽화에도 기본적 요소였다(그림 16.9, 맨 아래). 계단식 피라미드 문양을 수평으로 반복하면 일렬의 총안 모양이 되고, 네 방향으로 반복하면 계단식 십자가 모양이 된다. 청동기 시대는 물론 신석기 시대에도 초원에서는 기존의 어떤 토기에조차 이런 모티프가 등장한 적이 없다. 러시아 토기 고고학 연구계에서는 문양 모티프 그림표를 정기적으로 발행하고 있다. 나는 몇 년 동안 이 그림표를 스캔해오고 있지만, 신타시타 이전의 어떤 문양에서도 계단식 피라미드 문양을 발견하지 못했다. 계단식 피라미드 문양은 북부 초원의 토기가 처음으로 BMAC 유적에서 등장하는 바로 그 시점에 최초로 북쪽 초원에 나타났다. 이 문양은 볼가 강 중류의 포타포프카 토기(포타포프카 쿠르간 1, 2, 3, 5에서 각각 하나씩 출토)에서는 작은 비중(전체의 5퍼센트 미만)으로 나타나고 우랄-토볼 초원의 신타시타

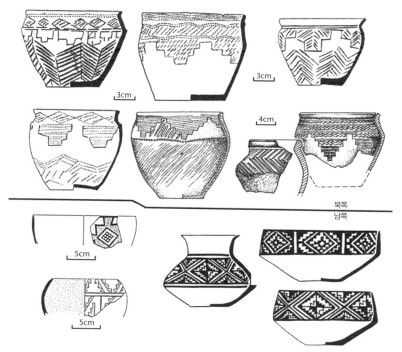

그림 16.9 계단식 피라미드 혹은 총안 문양 모티프의 초원 및 중앙아시아 토기: (맨 위쪽 열 및 두 번째 열 왼쪽) 볼가 강 중류 지대 포타포프카 무덤들에서 출토된 토기, 서기전 2100~서기전 1800년(출처: Vasiliev, Kuznetsov and Semenova 1994, 그림 20, 22); (가운데 열의 나머지 토기) 신타시타 SII 묘지의 무덤 1(출처: Gening, Zdanovich and Gening 1992, 그림 172); (맨 아래 열 왼쪽) 사라즘 II층, 서기전 3000~서기전 2500년(출처: Lyonnet 1996, 그림 4, 12); (맨 아래 오른쪽) 알틴데페, 발굴지 1, 매장지 296(출처: Masson 1988, 전면 삽화 27).

토기에서도 비슷한 빈도로 등장한다. 이 문양은 훗날 페트로프카 및 안드로노보 토기 문양 요소의 표준이 되었다. (그러나 우랄 산맥 서쪽의 스루브나야 토기에서는 그렇지 않았다.) 비록 사라즘 혹은 BMAC 토기가 신타시타 문화의 맥락에서는 발견되지 않았지만, 이 문양은 북쪽의 금속과 거래하는 상품이었을 직물을 통해 북쪽 초원으로 전해졌을 가능성이 있다. 나는 신타시타 도공들이 수입한 BMAC 직물의 문양을 모방했을 것이라고 추측한다.

접촉을 보여주는 다른 표지도 있다. 두 가닥으로 꼰 납선(lead wire)이 쿠이삭의 신타시타 거주지 금속 물품 중에서 발견되었다. 이전에는 초원에서 납을 순수한 금속 형태로 발견한 적이 없는데, 사라즘에서는 10킬로그램에 달하는 납 주괴를 발굴했다. 쿠이삭의 납선은 제라프샨에서 수입한 것으로 보인다. 아프가니스탄산 청금석이 크라스노예즈나먀(Krasnoe Znamya)에서 발견되었다.[21] 마지막으로, 북쪽에서도 신타시타 시기 세이마−투르비노(Seima-Turbino) 유형의 금속 물품에서 실납 주조법이 최초로 나타났다. (여기에 대해서는 아래에서 자세히 설명할 것이다.) 실납법은 BMAC 대장장이들에게는 익숙했다. 북쪽에서 남쪽의 장식 모티프(계단식 피라미드), 원재료(납과 청금석), 거울 하나 그리고 금속 제작 기법(실납법) 등이 나타나는 시기와 남쪽에서 북쪽 초원의 토기, 전차 조종용 뺨대, 재갈 흔적 그리고 말뼈가 등장하는 시기는 거의 같았다.

서기전 2100~서기전 2000년 무렵 신타시타 거주지의 가장 이른 시기에 시작된, 갑작스럽게 규모가 커진 구리 생산은 분명 수요의 가파른 증가에서 기인했을 것이다. 중앙아시아가 가장 적합한 후보지다. 금속 생산의 증가는 북쪽 초원 사회의 내부 정치에 깊은 영향을 주었고, 이 사회는 즉각 방대한 양의 청동을 이용하고 소비하는 데 익숙해졌다. 비록 북부 초원의 생산자들은 짧은 기간 동안만 중앙아시아 시장과 직접 접촉한 듯하지만, 초원 내부의 수요는 청동기 후기 내내 높은 상태를 유지했다. 말하자면, 금속 생산의 펌프에 마중물을 대자 금속이 계속 흘러나왔다. 마중물 대기는 남쪽 도시 시장과의 접촉을 통해 일어난 일이지만, 이후의 흐름은 초원 및 그 북쪽 삼림 지대의 금속 이용량을 늘렸다. 또한 이로 인해 유럽 내에서 교환의 순환(cycle of exchange)이 시작되었고, 이는 서기전 2100년 이후 유라시아 초원의 금속 호황으로 이어졌다.

서기전 1900년 이후 제라프샨 강 하곡에서 접촉 지대가 발전했고, 이어 남쪽으로 확장해 BMAC 읍락들의 핵심 요새들도 여기에 포함되었다. 제라프샨에서 북쪽 초원의 이주민은 켈테미나르 후기 사람들 및 BMAC로부터 파생한 인구 집단과 섞였다. 이런 환경에서 고 인도어 방언들이 발달 중인 이란어 방언에서 갈라져 나와 진화한 것으로 보인다. 제라프샨-박트리아 접촉 지대가 어떻게 스스로를 북쪽 초원과 분리시켰는지 이해하려면, 신타시타 문화가 끝난 후 북쪽 초원에서 무슨 일이 있었는지 살펴봐야 한다.

유라시아 초원의 개방

스루브나야 문화(혹은 통나무-무덤 문화)는 청동기 후기 우랄 산맥에서 드네프르 강까지 서부 초원에서 가장 중요한 문화였다(그림 16.10). 그리고 안드로노보 층은 청동기 후기 우랄 산맥에서 알타이와 톈산까지 동부 초원의 핵심 복합체였다. 둘 모두 볼가 강 중류와 토볼 강 사이의 포타포프카-신타시타 복합체로부터 성장했다. 서기전 1900~서기전 1800년 스루브나야와 안드로노보의 출현으로 사상 처음 대체적으로 유사한 문화들의 고리가 중국 가장자리에서 유럽 변경까지 확장되었다. 대륙을 가로질러 혁신과 원자재가 움직이기 시작했다. 초원 세계는 단순히 전달자에 불과했던 게 아니라 자신 또한 혁신의 중심이었는데, 특히 청동 야금술과 전차전에서 혁신을 이루었다. 전차를 모는 중국 상(商)나라의 왕들과 그리스 미케네의 군주들은 서기전 1500년 무렵 동시대인으로 고대 세계의 양 끝에 위치했지만, 공히 청동기 후기 유라시아 초원의 목축민에게 기술적인 빛

그림 16.10 유라시아 초원의 청동기 시대 후기 문화. 서기전 1900~서기전 1500년

을 지고 있었다.

스루브나야 문화: 서부 초원의 목축과 채집

●

우랄 산맥 서쪽, 볼가 강 중류 지역의 포타포프카 및 아바셰보 후기 집단들은 포크로프카 복합체로 발전하는데, 이 복합체의 연대는 서기전 1900~서기전 1750년으로 추정된다. 포크로프카는 원시 스루브나야(proto-Srubnaya) 단계로서 곧장 스루브나야 문화(서기전 1800~서기전 1200년)로 급속하게 발전했다. 스루브나야 물질문화는 서쪽으로 멀리 드네프르 강 하곡까지 퍼졌다. 스루브나야 문화의 가장 두드러진 특징 중 하나는 동쪽의 우랄 산맥에서 서쪽의 드네프르 강까지 남쪽 초원 북부와 북쪽 삼림-초원 지대 남부 전역에서 수백 개의 소규모 거주지가 등장한 것인데, 그중 대부분은 단 몇 채의 가옥만 거느렸다. 비록 서기전 2400~서기전 2100년 카타콤 문화 시기 거주지가 돈 강 동쪽의 몇몇 장소에서 다시 등장하고 돈 강 서쪽의 우크라이나에서는 므노고발리코바야 시기(서기전 2100~서기전 1800년)에 그 수가 다소 늘어났지만, 스루브나야 시기는 신석기 이래 최초로 드네프르 강에서 우랄 산맥 남부를 넘어 카자흐스탄 북부까지 북부 초원 전역에서 거주지가 등장한 때였다.

이렇게 정주 가옥으로 되돌아간 이유는 명백하지 않다. 스루브나야 거주지 대부분은 요새화하거나 방어 시설을 갖추고 있지 않았다. 대부분 집중된 마을이 아니라 소규모 개별 가옥 혹은 확대 가족의 목장이었다. 목축의 양상은 이동보다는 지역화한 듯하다. 1999~2001년 사마라 강 하곡 프로젝트를 수행하는 동안, 우리는 하곡 입구 근처의 바리노프카

(Barinovka)에 있는 스루브나야 거주지에서 시작해 지류의 한 하곡에 있는 페스차니돌을 따라 올라가며 뻗어 있는 일련의 스루브나야 목축 야영지를 발굴함으로써 현지 스루브나야의 목축 패턴을 연구했다(그림 16.11). 가장 큰 목축 야영지(PD 1과 2)는 본 거주지에서 가장 가까운 곳에 있었는데, 바리노프카의 반지름 4~6킬로미터 이내에 위치했다. 바리노프카에서 상류로 올라갈수록 스루브나야 야영지는 더 작아지고 토기 파편도 더 희박해졌다. 그리고 바리노프카에서 상류로 약 10~12킬로미터가량을 넘어가자 청동기 후기의 목축 야영지를 전혀 발견할 수 없었다. 심지어 수원에서 하천으로 흘러가는 샘 주위의 물이 풍부하고 초지가 무성한 곳에서도 야영지는 없었다. 이로 미루어보건대 목축 체제는 새로운 거주 패턴과 함께 지역화한 듯하다. 볼가 강 중류 초원의 스루브나야 경제는 장거리 이주를 필요로 하지 않았던 듯싶다.

이런 정주 현상에 대한 전통적인 설명은 이 시기가 북부 초원 전역에서 농경을 광범위하게 채택한 때였다는 것이다.[22] 그러나 이 설명은 모든 곳에 확실하게 들어맞지는 않는다. 사마라 강 하곡의 크라스노사마르스코예 거주지에서는 개 희생물이 발견되었는데(15장), 이곳에서는 포크로프카 요소(서기전 1900~서기전 1800년)와 스루브나야 요소(서기전 1800~서기전 1700년)가 똑같은 구조물 내에 층을 이루고 있었다. 스루브나야 시기 구조물은 우물막(well-house)과 장작 헛간처럼 보이는데, 이곳에서 다양한 집안일을 하고 음식물 쓰레기를 구덩이에 묻었다. 이 구조물은 1년 내내 사용되었다. 앤 파이크 테이(Anne Pike-Tay)가 동물 치근(齒根)의 계절 띠(seasonal bands)를 분석한 결과, 소와 양을 모든 계절에 도축했음이 밝혀졌다. 그러나 농업은 없었다. 라우라 포포바(Laura Popova)는 청동기 후기 거주지에서 재배한 곡물의 씨앗·꽃가루 혹은 식물석을 전혀 찾지 못했

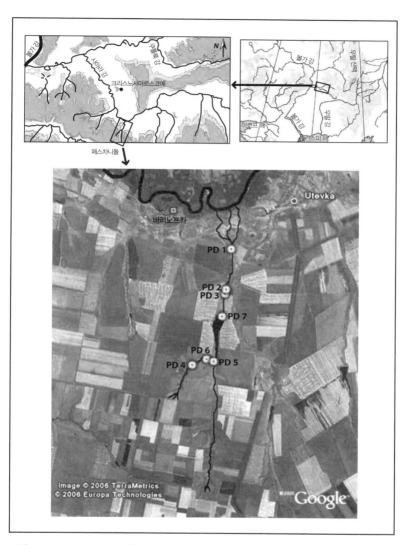

그림 16.11 1995~1996년 단기(短期) 야영지를 발굴하기 위해 조사한 사마라 강 지류의 페스차니돌 하곡. PD 1, 2, 3은 2000년 발굴한 스루브나야 목축 야영지다. 번호를 매긴 모든 유적지에서는 최소 한 개 이상의 스루브나야 토기 파편이 나왔다. 바리노프카는 규모가 좀더 큰 스루브나야 거주지로서 1996년 시험 탐사를 했으나 역사 시대의 거주지로 인해 심각하게 훼손된 것으로 밝혀졌다. 필자의 발굴. 아래의 이미지 출처는 Google Earth™ image, © 2006 Terra Metrics, 2006 Europa Technologies.

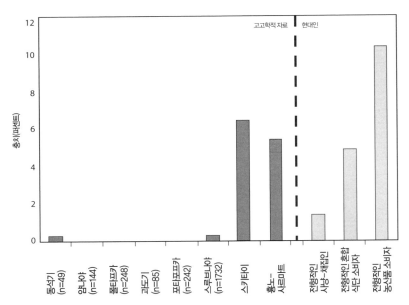

그림 16.12 서로 다른 식품 경제권 인구의 충치 발생 빈도(오른쪽 막대 3개). 투바의 스키타이-사르마트 묘지 유골의 경우(가운데 막대 2개)와 볼가 강 중류 지대에 있는 사마라 주 선사 시대 인구의 경우(왼쪽의 나머지 막대). 빵은 확실히 사마라 주 거주자들의 식단에 포함되지 않았다. 출처: Murphy 2003; Murphy and Khokhlov 2001.

고, 단지 야생 명아주와 비름의 씨앗만 발견했을 뿐이다. 머피와 호흘로프는 사마라 주의 12개 스루브나야 묘지에서 발견된 192구의 성인 유해를 검토했다. 충치가 전무하다는 것은 일반적으로 저탄수화물 식단과 관련이 있는데, 이는 전형적인 채집자 집단의 치아 특징으로서 빵을 먹는 이들에게는 흔치 않다(그림 16.12). 치아 증거는 식물학적 근거를 확인해준다. 북부 초원에서는 빵을 전혀 또는 그다지 먹지 않았다.

크라스노사마르스코예 구덩이에서 우리는 많은 야생 씨앗을 발견했는데, 그중에는 명아주와 비름 씨앗도 있었다. 현대의 야생 명아주는 밀집해 자라는 잡초로서 헥타르당 500~1000킬로그램의 씨앗을 생산할 수 있어 645~835킬로그램을 생산하는 아인콘 밀과 거의 비슷하다.[23] 비름도 똑같이 다수확 품종이다. 소, 양, 말에서 얻는 고기 및 젖과 어울리면 이 야생 씨앗은 충분한 식단을 구성한다. 비록 우크라이나 돈 강 서쪽의 스루브나야 거주지에서 곡물 경작의 명백한 증거가 발견되지는 않았지만, 돈 강 동쪽에서도 지금까지 종종 가정해온 것보다 농업이 훨씬 덜 중요했을 가능성이 있다. 최소한 돈 강 동쪽의 일부 지역에서는 청동기 후기에 이르기까지 목축과 채집이 북부 초원 경제의 기반이었다.[24]

만약 농업이 답을 주지 않는다면, 신타시타에서 초기에 일어난 일을 포함해 청동기 중기/후기 북부 초원 사람들은 왜 정주를 선택했을까? 15장에서 설명했듯 기후 변화가 핵심 원인이었을 것이다. 서기전 2500~서기전 2000년 춥고 건조한 기후가 유라시아 초원에 영향을 주었다. 이런 기후 악화는 동시대 아카드의 농업에 타격을 주고 하라파 문명을 약화시켰다. 가장 이른 시기의 신타시타와 아르카임에서 일어난 일들을 포함해 청동기 중기 말엽에서 청동기 초기 초엽의 정주 현상은 목축을 위한 가장 풍요로운 겨울나기 장소에 대한 통제권을 유지하기 위한 수단으로 해석할 수 있다. 수많은 지역에서 그랬던 것처럼 특히 이런 동물이 농업을 포함하지 않은 경제에서 핵심적 식품 공급원이었다면 더욱더 그렇다. 청동기 후기 초엽의 크라스노사마르스코예는 사마라 강 하류에서 가장 넓은 습지 중 한 곳을 내려다보는 위치에 있었다.

구리 광산 근처에서도 영구 거주지 몇 곳이 발전했다. 북부 초원에서도 소 떼의 먹이가 유일한 중요 자원은 아니었다. 채굴과 청동 작업은 청동기 후기 초원 전역에서 중요한 산업이 되었다. 우랄 남부의 오렌부르크 근처 카르갈리에 광대한 스루브나야 채광 중심지가 있었고, 카자흐스탄 중부의 카라간다 근처에서도 또 다른 대규모 구리 광산들을 운영했다. 사마라 주 남부에 있는 미하일로프카 오브시안카(Mikhailovka Ovsianka)의 채굴 야영지처럼 소규모 채광 야영지들이 수많은 소규모 동광 노두지(露頭地: 암석이나 지층이 토양이나 그 밖의 식생으로 덮여 있지 않고 지표면에 드러나 있는 곳―옮긴이)에 세워졌다.[25]

우랄 동쪽의 1기: 페트로프카 문화

우랄 산맥 동쪽의 청동기 후기 최초의 문화는 페트로프카 문화인데, 이는 신타시타 문화의 동쪽 지파로서 연대는 서기전 1900~서기전 1750년 무렵으로 추정된다. 페트로프카 문화의 물질문화와 장례 관습은 신타시타와 너무나 비슷해 많은 고고학자들(나를 포함해)은 이 둘을 지칭하는 말로 '신타시타-페트로프카 문화'라는 합성어를 사용해왔다. 그러나 페트로프카 토기는 모양과 장식 면에서 신타시타 토기와 차이가 있으며, 몇몇 유적에서는 신타시타 매장층 위에 층을 이루고 있다. 따라서 페트로프카 유적이 일반적으로 신타시타보다 늦은 것은 분명하다. 표준 유적인 페트로프카 II를 비롯해 가장 오래된 유적은 카자흐스탄 북부 초원의 이심 강가에 있는 거주지들이다(그림 16.13). 페트로프카 문화는 이심 초원의 세르게이프카 문화 같은 기존의 보타이 문화 이후의 '말-중심' 문화에 뿌리를 둔 사람들을 흡수한 것으로 보이지만, 그들의 흔적은 물질적으로 (그리고 아마도 언어적으로) 거의 포착되지 않는다. 페트로프카 유형 토기는 우스트예의 경우에서처럼 몇몇 요새화한 신타시타 거주지에서 신타시타 토기를 대체한다. 우스트예에서 신타시타 거주지는 불타고 페트로프카 거주지로 대체되는데, 페트로프카 거주지는 신타시타와 다른 계획에 따라 세워졌

페트로프카 거주지 구획도

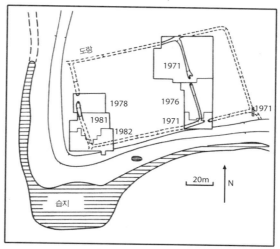

1971년에 발굴한 지역의 세부 현황

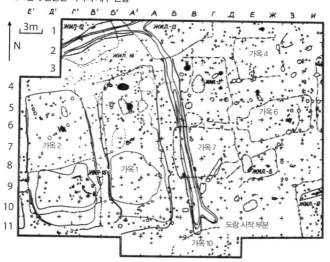

그림 16.13 서기전 1900~서기전 1750년 무렵 페트로프카 문화의 전형적인 거주지. (위) 거주지를 둘러싼 원래의 도랑과 나중에 동쪽으로 넓힌 도랑의 일반적 구획도(Zdanovich 1988, 그림 12); (아래) 본래 거주지 동북쪽 귀퉁이에 재건축한 가옥들이 서로 겹치고, 원래의 동쪽 도랑 위로 새 가옥들을 세웠다(출처: Maliutina 1991, 그림 14). 이 거주지의 층위학적 복잡성으로 인해 유물의 단계 및 연대에 대한 논란이 일어났다.

다. 크리보예오제로와 카멘니암바르에서 페트로프카 무덤들은 기존의 신타시타 쿠르간을 뚫고 들어가 만들었다.[26]

페트로프카 II 거주지는 깊이가 1미터도 안 되는 좁은 도랑에 둘러싸여 있는데, 아마도 배수로였을 것이다. 24개의 커다란 가옥은 땅을 파내고 만든 바닥 위에 세웠으며, 크기는 가로 세로 6×10미터에서 8×18미터 사이였다. 가옥들은 범람원을 내려다보는 하상단구 위에 서로 가까이 붙어 지었는데, 이는 중심이 있는 가옥 배치 형태로서 스루브나야 문화의 분산된 농가 배치와 상당히 달랐다. 페트로프카 II 거주지는 알라쿨과 페데로보 유형을 포괄하는 고전적인 안드로노보 층 토기를 만든 사람들에 의해 다시 점유되었는데, 이 층은 페트로프카 층 위에 놓여 있다. 그리고 안드로노보 읍락의 뒤를 사르가르(Sargar) 토기를 쓰던 '최후의 후기 청동기 문화' 거주지가 이어받았다. 이 층의 순서 때문에 페트로프카 II는 카자흐스탄 초원의 신석기 후기 연대의 중요한 척도가 되었다. 전차는 베를릭 II와 크리보예오제로의 페트로프카 초기 무덤 몇몇에서 계속 부장했고, 다수의 골제 원반형 뺨대가 페트로프카 유적에서 출토되었다. 그러나 페트로프카 시기 북부 초원에서 전차 부장은 서서히 멈추며, 장례 희생 동물의 크기와 수도 줄어들었다. 아울러 대규모 신타시타 유형 요새도 더 이상 거주지 주변에 구축하지 않았다.

페트로프카 거주지와 쿠르간 묘지는 남쪽으로 카자흐스탄 중부의 건조한 사막으로 뻗어 있고 거기에서 제라프샨 강가의 투가이까지 이어지는데, 카자흐스탄 중부에서 1200킬로미터 넘게 떨어진 거다. 또한 페트로프카 문화는 아파나시예보 문화 계승자인 알타이 서부의 오쿠네보(Okunevo) 문화와 접촉한 것으로 보인다. 중심부가 있는 페트로프카 문화 영구 거주지는 유목적 목축민의 단기 야영지와 다르므로 페트로프카 문화가 연례적으로 이뤄진 장거리 이주에 기초한 것으로 보이지는 않는다. 중심부가 있는 영구 촌락에 살지 않던 역사 시대 초기의 유목민은 시르다리야 강의 습지에서 겨울을 보내고 카자흐스탄 북부의 초원에서 여름을 보냈는데, 이런 연례 순환 이동으로 그들은 매년 겨울 중앙아시아 문명의 문턱에 닿곤 했다. 그러나 페트로프카 경제는 덜 유목적이었던 듯하다. 만약 페트로프카 사람들이 장거리 목축 이주를 실행하지 **않았다면**, 그들이 남쪽의 제라프샨으로 이동한 것은 연례 목축 패턴에 의한 우연한 부산물이라기보다(대체로 이렇게 가정한다) 의도적인 것, 즉 교역이나 약탈 혹은 영광을 얻는 동기에 이끌린 것이라고 볼 수 있다. 후대의 연례적 목축 이동 패턴은 실제로 최소한 봄과 가을에 가축 떼를 끌고 초원과 제라프샨 강 하곡 사이에 있는 사막 및 준(準)사막을 건너는 게 가능했음을 보여준다.[27]

신타시타 거주지와 마찬가지로 페트로프카 거주지에는 흔히 두 부분으로 된 용광로, 슬래그 그리고 풍부한 구리 용융 흔적이 보인다. 그러나 신타시타와 달리 페트로프카 금속 물품은 대부분 주석 합금 청동으로 만들었다.[28] 제라프샨 강 하곡과 더불어 페트로프카의 주석 합금 청동에 쓰인 주석의 원산지는 알타이 산맥 서부의 구릉일 가능성이 있다. 페트로프카 초기 동안 페트로프카 영역 북쪽의 삼림-초원 지대에서는 놀라운 변화가 일어났다.

삼림-초원 지대의 세이마-투르비노 층

세이마-투르비노 층은 초원-삼림 및 삼림 지대의 채집민이 일찍이 북부 초원에서 일어난 엘리트 경쟁과 교역 및 전쟁의 순환 고리로 진입했음을 나타낸다. 세이마-투르비노 층의 주석 합금 청동 창, 찌르개, 도끼는 고대 세계에서 기술적으로나 미적으로 가장 세련된 것이지만, 일부 지역(타시코보 II)에서는 여전히 사냥과 어렵에 의존하던 삼림 및 삼림-초원 사회 자체에서 만들어진 것들이다. 이러한 매우 고품질의 주석 합금 청동 물품은 알타이 서록 구릉 지대의 이르티시 강 중류 및 하류와 오브 강 상류에 위치한 엘루니노(Elunino)와 크로토보(Krotovo) 문화에서 가장 먼저 등장했다. 이런 곳은 그런 대단한 야금술을 보여주기에는 대단히 외진 지역이다. 그러나 주석과 구리 그리고 금괴 모두를 카라간다 동쪽 600킬로미터 지점에 있는 이르티시-부흐타르타(Irtysh-Bukhtarta) 합류 지점 부근에서 찾을 수 있다. 이런 광물 자원을 이용해 새로운 야금술이 비약적으로 발전한 것처럼 보인다.

시기적으로 가장 빠르고 중요한 세이마-투르비노 묘지 중 하나는 이르티시 강 중류에 있는 옴스크 주의 로스토프카에 있었다(그림 16.14). 하지만 유해 보존도는 빈약하다. 무덤 38기 중 다수에 인골이 전혀 없거나 단지 일부만 있었던 듯하다. 전신 유해가 보존된 곳을 보면 시신이 바로 누운 채 팔과 다리를 펴고 있었다. 부장품은 무덤 내부는 물론 가장자리의 의례용 매장지에도 있었다. 양쪽의 부장품에는 주석 합금 청동 투겁 창날, 손잡이 끝에 주조 상을 새긴 외날 굽은 칼, 삼각형과 마름모꼴로 장식한 속 빈 청동 도끼가 있었다. 무덤 21에는 이런 세 가지 무기를 만드는 모든 종류의 양방 결합식 주형이 있었다. 부장품 중에는 또한 신타시타 무덤에서 발견한 것과 같은 유형의 끼움촉 있는 부싯돌 발사체 촉, 갑옷을 만들기 위한 구멍 뚫린 골판 그리고 크로토보 토기 파편 1900개가 있었다(그림 16.14). 무덤 하나(무덤 2)에는 박트리아-마르기아나 복합체, 곧 BMAC와의 교역을 통해 얻은 것으로 보이는 아프가니스탄산 청금석 구슬 하나가

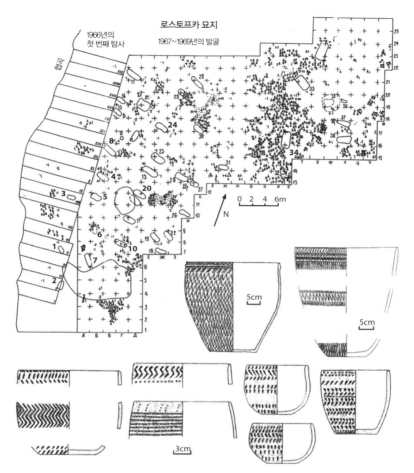

그림 16.14 세이마-투르비노 문화의 가장 중요한 유적 중 하나인 옴스크 주 근처의 로스토프카 묘지 유적. 무덤에는 순서가 매겨져 있다. 검은색 점은 무덤 위 혹은 옆에 매장되어 있는 토기, 금속 물품 및 기타 인공물을 나타낸다. 모든 항아리는 크로토보 유형과 일치한다. 출처: Matiushchenko and Sinitsyna 1988, 그림 4, 81, 82, 83.

바이칼 지역에서 온 것으로 보이는 연옥 구슬들과 함께 꿰어져 있었다.[29]

페트로프카 대장장이들과 함께 세이마-투르비노 대장장이들은 중앙아시아 북쪽에서 정식으로 주석 합금 청동을 사용한 이들이다. 그러나 세이

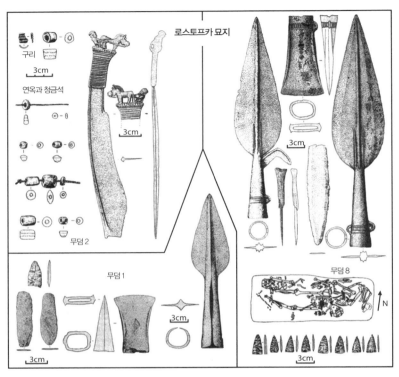

그림 16.15 로스토프카 묘지 유적 무덤 1, 2, 8에서 출토된 부장품. 실납 기법으로 만든 '말을 묶는 남자의 상'과 중공성형 기법으로 만든 창 및 도끼는 BMAC의 대장장이들로부터 배운 기술적 혁신으로 여겨진다. 무덤 1에는 아프가니스탄산 청금석 및 바이칼 호 근처 원산으로 추정되는 연옥으로 만든 구슬이 함께 묻혀 있었다. 출처: Matiushchenko and Sinitsyna 1988, 그림 6, 7, 17, 18.

마-투르비노 대장장이들은 실납법(찌르개 손잡이의 장식을 만들기 위한 기법—옮긴이)과 박육-중공성형법(薄肉-中空成型法, thin-walled hollow-mold casting: 투겁 창과 속 빈 도끼를 만드는 데 이용한 기법—옮긴이)에 통달했다는 점에서 독특했다. 신타시타 모루 위에서는 청동 판을 투겁 형틀 둘레로 구부린 후 솔기를 단조 가공해 투겁 창날을 만들었다(그림 16.15). 세이마-투르비노 투겁 창날은 금속 용융액을 조중자(吊中子, suspended core)가 있는 주형에 부어 가운데는 비고 슬기가 없이 만들었는데, 이는 훨씬 복잡한 공정으로서 비소 합금 청동보다 주석 합금 청동으로 작업하기가 수월했다. 도끼도 비슷한 방식으로 만들었는데, 조중자 둘레로 주석 합금 청동 용융액을 부어 만들어 속이 비었다. 실납법과 중공성형법은 BMAC 문명에서 배운 것으로 보이는데, 이곳이 합리적으로 추론할 수 있는 인근의 기술 공급원이기 때문이다. (아마도 포로로 잡은 숙련 기술자를 통해서?)

알타이 서부/이르티시 강 중류의 핵심 지역을 넘어가면 세이마-투르비노 층은 하나의 문화가 아니었다. 그곳에는 표준적인 토기와 거주지 유형 혹은 심지어 표준적인 장례 의식도 없었다. 반면 시베리아 남부의 삼림-초원 지대 전역의 부상하는 엘리트 집단이 세이마-투르비노 금속 제작 기법을 채택했는데, 이는 초원 북부의 신타시타와 페트로프카 엘리트들에 대한 대응 및 경쟁 때문인 것으로 보인다. 독창적이고 독자적인 일련의 새로운 금속 유형이 동쪽에서 서쪽의 삼림-초원 지대 전역으로 급격히 확산해 우랄 동쪽에서 나타난 때와 거의 같은 시기에 우랄 서쪽의 후기 아바세보 및 치르코프스카야(Chirkovskaya) 묘지에서도 등장했다(서기전 1900년 무렵부터). 삼림 지대에서 이 같은 확산 현상의 신속성과 범위는 놀라울 정도다. 새로운 금속 유형은 급격한 권력 구조의 정치적 변화와 더불어 이주보다는 모방에 의해 확산된 것으로 보인다. 세이마-투르비노 창날, 찌르개, 도끼는 카마 강 하류의 삼림, 남쪽으로 오카 강 그리고 멀리 남쪽 몰도바의 보로디노(Borodino) 유적, 동카르파티아 구릉지에 분포한다. 우랄 동쪽에서 세이마-투르비노 청동기 대부분은 주석 합금이며, 우랄 동쪽의 것은 대부분 비소 합금이다. 주석 산지는 동쪽에 있었지만, 세이마-투르비노 야금술의 양식 및 방식은 알타이에서 카르파티아까지 삼림-초원 및 삼림 지대 전역으로 전파되었다. 보로디노 유적에는 바이칼 호 근처에서 채석한 것으로 보이는 연옥으로 만든 도끼 한 점이 있었다. 동쪽으로는 세이마-투르비노 금속 유형(중공성형법으로 만든, 옆 고리가 있는 투겁 창날과 도끼)이 당시 서서히 발전하던 원시 중국 국가의 서북쪽 언저리 유적에서 등장하는데, 준가르 분지를 가로질러 톈산 북쪽을 지나는 교역망을 경유한 것으로 보인다.[30]

근래 세이마-투르비노 층의 연대는 상당히 변했다. 세이마-투르비노의 투겁 창날 및 찌르개와 미케네 무덤에서 나온 유물의 유사성 때문에 세이마-투르비노 층은 한때 서기전 1650년 이후로 비정되었다. 그러나 지금은 징 박힌 뺨대의 경우처럼 미케네의 투겁 창날이 동쪽에서 유래한 것이지 그 반대 방향은 아니라는 게 명백해졌다. 세이마-투르비노와 신타시타는 부분적으로 연대가 겹치므로 세이마-투르비노 문화는 서기전 1900년 이전에 시작되었을 것이다.[31] 세이마-투르비노와 신타시타 무덤들은 같은 종류의 부싯돌 발사체 촉을 부장하고 있다. 신타시타의 단조 투겁 창날은 세이마-투르비노의 더 정교한 중공성형 투겁 창날의 단순한 원형이었을 것이다. 세이마-투르비노 유형의 중공성형 창날이 크리보에 오제로의 페트로프카 문화 전차 무덤(쿠르간 2의 무덤 1)에 묻혀 있고, 신타시타 유형의 틀에 대고 구부린 후 단조한 창날은 로스토프카의 세이마-투르비노 묘지(무덤 1)에 등장한다(그림 16.15 참조).

북부 초원(신타시타와 페트로프카)과 삼림-초원 지대(세이마-투르비노)의 금속 제작 기술은 100~200년가량 서로 떨어져 독립적인 채로 남아 있었다. 그러나 안드로노보 시기가 시작되면서 둘은 합쳐졌고, 손잡이에 고리가 있는 외날 칼 등의 일부 중요한 세이마-투르비노 금속 유형이 안드로노보 공동체에서 널리 유행했다.

우랄 동쪽의 2기: 안드로노보 층

●

안드로노보 층은 청동기 후기인 서기전 1800~서기전 1200년 우랄 동쪽 초원의 주요한 고고학 복합체로서 우랄 서쪽 스루브나야 층의 자매다. 안드로노보 유적은 우랄 초원에서 동쪽으로 알타이의 예니세이 강 상류 초원까지 그리고 북쪽의 삼림 지대 남부에서 남쪽으로 중앙아시아의 아무다리야 강까지 걸쳐 있다. 안드로노보에는 2개의 하위 집단이 있는데, 바로 알라쿨(Alakul)과 페데로보(Federovo)가 그것이다. 그중 가장 빠른 알라쿨 복합체는 서기전 1900~서기전 1800년경 몇몇 지역에서 나타났다. 안드로노보 층은 토기 장식과 모양만을 약간 수정한 채로 페트로프카 문화에서 직접적으로 자라났다. 비록 일부 전문가들은 둘이 완전히 독자적인 기원을 갖고 있다고 주장하지만, 페데로보 양식은 알라쿨 양식의 남부 혹은 동부 변형에서 발전했을 것이다. 안드로노보는 신타시타와 페트로프카를 통해 유전된 수많은 관습과 양식을 계승했다. 소규모 가족 쿠르간 묘지, 바싹 붙여서 지은 10~40채가량의 가옥을 가진 거주지, 비슷한 창과 찌르개 유형, 비슷한 장신구를 계승했다. 심지어 토기 표면을 장식하는 모티프, 즉 곡선과 매달린 삼각형(hanging triangle), '소나무' 모양, 계단식 피라미드, 지그재그 문양도 같았다. 그러나 전차는 더 이상 부장하지 않았다.

알라쿨과 페데로보는 안드로노보 층 내의 서로 다른 문화로 알려져 있지만 내가 보기에―필자가 비록 청동기 후기 토기 유형학의 전문가가 아니라는 사실을 인정하더라도―둘의 토기 유형은 비슷하다. 두 토기의 모양은 단지 약간 다를 뿐이다. (페데로보 토기가 일반적으로 더 들쭉날쭉하며 높이에 비해 넓적한 편이다.) 장식 모티프도 다양하지만 공통된 주제를 갖고 있다.

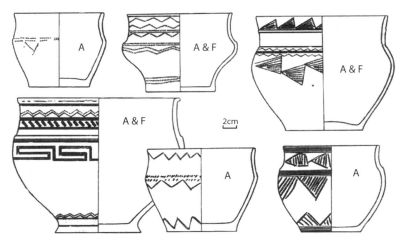

그림 16.16 러시아 첼랴빈스크 주 우이(Ui) 강 유역 프리플로디로그(Priplodyi Log) 쿠르간 묘지 I
에서 출토된 전형적인 알라쿨 유형(A)과 페데로보 유형의 특징을 가진 알라쿨 유형(A&F)으로 설
명할 수 있는 안드로노보 토기. 하나의 토기에 두 유형의 특성이 동시에 나타날 수도 있다. 출처:
Maliutina 1984, 그림 4.

〔일부 페데로보 모티프는 알라쿨 모티프의 '기울어진(italicized)', 즉 '앞쪽으로 경사진' 버전
이다.〕 두 유형의 토기와 그 파편은 우랄-토볼 초원에서 시작해 남동쪽으로
카자흐스탄 초원까지 똑같은 유적에서 발견되며, 종종 같은 집이나 구덩
이 혹은 같은 묘지의 인접한 쿠르간에서도 나온다. 일부 토기는 페데로보
요소를 가진 알라쿨 유형으로 설명되므로, 두 변종은 똑같은 토기에 등장
할 수도 있다(그림 16.16). 일부 유적〔이심 초원의 노보니콜스코에(Novonikol'skoe)와
페트로프카 II, 카자흐스탄 중부의 아타수(Atasu) 1〕의 몇몇 중요한 출토물에서 알
라쿨 토기는 페데로보 토기 아래층을 점하고 있지만, 페데로보 토기가 알
라쿨 토기 아래층에 있는 경우는 없었다. 알라쿨의 가장 이른 방사성 탄
소 연대 측정값(서기전 1900~서기전 1700년)이 페데로보의 가장 이른 측정값
(서기전 1800~서기전 1600년)보다 약간 빠르므로, 비록 많은 유적에서 둘이

빈번하게 뒤섞여 있지만 알라쿨 문화가 페데로보 문화보다 1~2세기 일찍 시작된 듯하다. 페데로보 토기를 가진 쿠르간이 종종 무덤 주위에 더 크고 복잡한 석조 구조물을 가졌고 죽은 이를 화장한 반면, 알라쿨 토기를 부장한 쿠르간들은 좀더 단순하고 죽은 이를 대개 맨몸으로 묻었다. 같은 거주지에서, 심지어 같은 집 혹은 구덩이에서 두 토기 유형이 함께 등장하므로 둘을 서로 다른 종족 집단으로 쉽사리 간주할 수는 없다.[32]

안드로노보 층의 확산은 소와 양 떼에 기초한 경제가 우랄 동쪽의 초원 거의 전역에서 성숙·강화되었음을 의미한다. 모든 지역에서 영구 거주지가 등장했는데, 50~250명이 커다란 집에서 살았다. 겨울에도 우물이 물을 공급했다. 일부 거주지는 구리를 녹이는 정교한 화덕을 갖추고 있었다. 일부 지역에서는 소규모 농업이 미약한 역할을 했겠지만 그에 대한 직접적인 증거는 없다. 북부 초원에서는 소가 양보다 더 중요한(이심 초원에서는 소뼈가 전체의 46퍼센트, 양/염소 뼈 37퍼센트, 말뼈 17퍼센트였다) 반면, 카자흐스탄 중부에서는 양이 소보다 많았고 말의 비중도 한층 컸다(양/염소 뼈 46퍼센트, 소뼈 29퍼센트, 말뼈 24퍼센트).[33]

오랜 기간 동안 확립된 부족 문화 지역에서는 상대적으로 동질적인 물질문화가 여러 언어를 가리는 게 일반적이지만, 장거리 이주를 감행한 초기 이주민 세대 사이에서 언어와 물질문화의 연관 관계는 강하다. 안드로노보 층의 원천은 하나의 단일 문화, 즉 신타시타 문화에 의한 경제적·군사적·의례적 혁신의 특출 난 폭발에서 확인할 수 있다. 신타시타 관습의 많은 부분이 그 동쪽의 딸 문화인 페트로프카 문화에 간직되었다. 신타시타의 거점들에서 사용한 언어는 페트로프카 및 안드로노보 사람들이 쓰던 언어의 오랜 형태일 가능성이 매우 크다. 인도·이란어와 이란 조어의 방언들은 안드로노보 물질문화와 함께 확산했을 것이다.

페트로프카 금속처럼 안드로노보 금속 대부분은 주석 합금 청동이다. 안드로노보 광부들은 제라프샨 강 그리고 아마도 이르티시 강 상류에서 주석을 캐냈을 것이다. 안드로노보 구리 광산들은 두 지역에서 번성했다. 하나는 카라간다 남쪽의 우스펜스키(Uspenskyi) 근처로 공작석과 남동석 산화 광석을 사용했고, 다른 하나는 울루타우(Ulutau) 구릉지 남쪽의 제즈카즈간(Dzhezkazgan) 근처로 황화 광석을 이용했다(그림 15.9 참조). 알려진 최소 7개의 광산 중 하나는 1500미터 길이에 폭 500미터, 깊이 15미터에 달했다. 광석은 우스펜스키 광산에서 아타수 1 같은 구리를 녹이는 거주지로 운송되었다. 이곳을 발굴한 결과 열쇠 모양의 구리 용융로 3개를 발견했는데, 돌로 안벽을 댄 4미터 길이의 송풍로가 있어 2단의 원형 용융로로 바람을 보내는 방식이었다. 카라간다 지역의 구리 광산은 청동기 시기 동안 3만~5만 톤의 용융 구리를 생산한 것으로 추산된다.[34] 이런 장소들에 있는 노동과 설비는 수출을 위해 조직한 산업체의 존재를 시사한다.

중앙아시아를 대상으로 한 교역과 아마도 약탈 목적의 습격은 놀랄 만큼 먼 북쪽의 초원에 뚜렷한 증거를 남겼다. 녹로로 만든 나마즈가 VI 토기가 박트리아에서 2000킬로미터 북쪽에 있는 카자흐스탄 북부 콕체타프(Kokchetav) 근처의 파블로프카(Pavlovka) 거주지에서 발견되었다. 나마즈가 토기는 가옥 두 곳의 바닥에서 발견된 토기의 12퍼센트를 차지했다. 나머지는 페데로보 유형의 안드로노보 토기였다.[35] 수입한 중앙아시아산 토기는 매우 섬세한 백색 혹은 적색의 점토 조직을 가졌는데, 대체로 장식이 없으며 전형적인 나마즈가 VI 유형인 받침 있는 접시 등의 형태였다(그림 16.17). 파블로프카는 페트로프카와 페데로보 유형의 토기가 모두 출토된 면적 5헥타르가량의 거주지다. 중앙아시아 토기는 페데로보 요소와 연관이 있는 것으로 알려졌다.

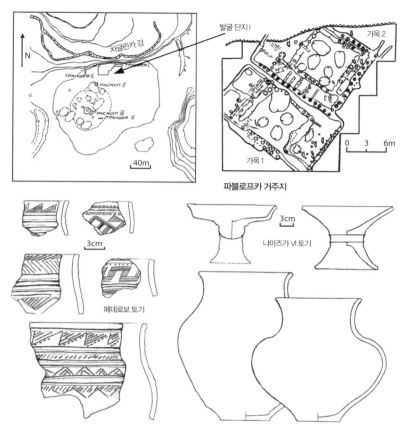

그림 16.17 카자흐스탄 북부 콕체타프 지역의 알라쿨-페데로보의 파블로프카 거주지. 집터 2개에는 수입한 나마즈가 Ⅵ 토기 파편이 전체의 10퍼센트 이상을 차지했다. 출처: Maliutina 1991, 그림 4, 5.

중앙아시아 접촉 지대의 원시 베다 문화

서기전 1900년 무렵 페트로프카 이주민이 제라프샨 강 하곡의 투가이에서 구리를 캐기 시작했다. 그 뒤를 더 큰 규모의 안드로노보 파견대가 따랐는데, 그들은 카르납과 무시스톤에서 주석을 캤다. 서기전 1800년 이후 안드로노보 채광 야영지, 쿠르간 묘지 그리고 목축 야영지가 제라프샨 강 중류 및 상류 하곡으로 퍼져나갔다. 그 밖의 안드로노보 집단이 제라프샨 강 하류와 아무다리야 강 하류의 삼각주(지금은 오늘날의 삼각주 동쪽 사막에 위치)로 이주해 정주 관개 농경민이 되었는데, 이는 안드로노보 문화의 타자바갑(Tazabagyab) 변종으로 알려졌다. 그들은 안드로노보 가옥과 흡사한, 바닥을 파낸 몇 개의 커다란 집으로 이뤄진 거주지에 살았다. 아울러 안드로노보 토기를 쓰고 안드로노보 양식의 굽은 청동 칼과 꼰 귀고리를 사용했다. 또한 여러 안드로노보 거주지처럼 거주지 내에서 구리를 녹였다. 하지만 그들은 쿠르간 묘지 대신 120기 이상의 무덤을 거느린 콕차(Kokcha) 3 묘지처럼 봉분 없이 평평한 무덤에 죽은 이를 안장했다(그림 16.18).[36]

서기전 1800년경 벽으로 둘러싸인 BMAC 중심지들의 규모가 급격히 줄어들고 오아시스들은 각자의 토기와 물품 유형을 발전시키며, 안드로노보-타자바갑 토기가 박트리아와 마르기아나의 교외에 광범위하게 등장했다. 비록 많은 BMAC 거주지에 여전히 사람들이 살고 그 안에서 나마즈가 VI 양식의 토기를 계속 만들었지만, 프레드 히베르트는 이런 변화의 규모를 강조하기 위해 이를 포스트 BMAC 시기라고 불렀다.[37] 그러나 안드로노보-타자바갑 양식의 문양을 새긴 거친 토기가 포스트 BMAC 요새 내부는 물론 간간이 있는 벽돌 벽 밖의 목축 야영지에서 함께 발견되었다. 이탈리아 조사팀이 타히르바이(Takhirbai) 3에서 포스트 BMAC 벽돌 요새 밖 남동쪽의 자그마한 안드로노보-타자바갑 혈식 가옥을 발굴했고, 미국 발굴단은 부분적으로 버려진 고누르 유적의 벽 밖에서 비슷한 주거지를 발견했다. 이 무렵 무너져가는 벽 바로 밖에 살던 사람들과 벽 안에 살던 사람들 중 적어도 일부는 긴밀한 관계를 맺고 있었을 것이다.

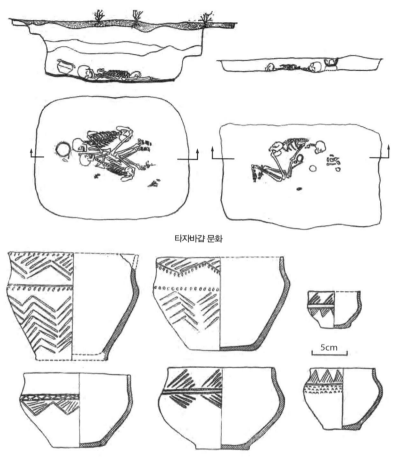

타자바갑 문화

그림 16.18 아무다리야 강 하류 옛 물길 위 콕차 3 묘지에서 발견한 타자바갑–안드로노보 문화의 무덤. 이런 유형의 토기는 서기전 1700~서기전 1500년 쇠퇴하는 중앙아시아 BMAC의 마지막 거주지에서 유행했다. 출처 Tolstov and Kes' 1960, 그림 55.

동쪽 박트리아에서는 이와 비슷한 문양을 새긴 거친 토기를 만들던 사람들이 자르쿠탄이란 도시의 광대한 폐허(100헥타르) 위에 숙영지를 만들었다. 몰랄리테페(Mollali-Tepe)처럼 벽을 둘러친 중심지 일부에는 여전히 사람이 거주했지만 그 규모는 줄어들었다. 오늘날 타지키스탄에 있는 박트리아 오아시스 고지(highland)에는 박시(Vaksh)와 비시켄트(Bishkent) 유형의 쿠르간 묘지들이 포스트 BMAC와 안드로노보–타자바갑 전통 요소가 섞인 토기와 함께 등장했다.[38]

서기전 1800~서기전 1600년 광물(구리, 주석, 터키석)과 목축 생산물(말, 유제품, 가죽) 교역의 통제는 구(舊) BMAC 오아시스 읍락과 거점을 차지한 안드로노보–타자바갑 목축민에게 엄청난 경제적 이익을 가져다주었으며, 전차전은 그들에게 군사적 통제권을 부여했다. 아울러 사회적·정치적·군사적 통합이 뒤따랐을 것이다. 결국 문양을 새긴 단순한 초원의 토기는 새로운 토기 제작 전통에 자리를 내주고, 마르기아나와 코펫닥의 회색으로 윤을 낸 토기와 박트리아 및 그 동쪽 타지키스탄의 채색 토기가 주류를 이룬다.

서기전 1600년경 이란 동부와 중앙아시아에서 과거 BMAC가 있던 지역의 오래된 교역 읍락, 도시, 벽돌로 지은 요새화한 건물들이 모두 버려졌다. 이란 고원에서 가장 큰 도시이던 말리안은 광대한 폐허 안에 있는, 벽돌로 둘러싼 자그마한 가옥군과 탑으로 줄어들었다. 엘람 왕들의 대리인이었을 엘리트 행정가들은 여전히 그 폐허 위에서 살았다. 이란을 가로질러 발루치스탄으로 목축 경제가 퍼졌는데, 이곳의 피락(Pirak)에서 서기전 1700년 무렵의 것으로 추정되는 말을 탄 기사의 점토 모형이 나왔다. 아울러 새로운 군사 기술로서 전차 부대가 근동 전역에 등장했다. 서기전 1500년 무렵 고 인도어를 쓰는 전차 전사들이 시리아 북부에서 후르리어를 쓰는 왕국을 통치했다. 그들의 맹세는 《리그베다》의 중심을 이루는 신격(인드라, 바루나, 미트라, 나사티아스)과 개념, 곧 *r̥ta*('우주의 질서'를 뜻함—옮긴이)를 언급하고, 언어는 《리그베다》에 쓰인 고 인도 산스크리트어 방언이었다.[39] 미탄니 왕조는 동시대에 동쪽의 펀자브 지방으로 들어간, 고 인도어를 쓰는 좀더 알려진 이들과 똑같은 민족언어학적 집단이 세웠다. 다수의 베다 학자들에 의하면 그들은 펀자브에서 서기전 1500~서기전 1300년 무렵《리그베다》를 집성했다. 두 집단은 박트리아와 마르기아나 의 안드로노보/타자바걉/거친새김무늬 토기 유형의 혼합 문화에서 기원 했을 것이다.[40]

《리그베다》의 언어는 혼합적 기원의 흔적을 많이 간직하고 있다. '인 드라'라는 신의 이름과 '소마(*Soma*)'라는 약(drug)의 신 이름은《리그베다》 의 종교에서 핵심 요소인데, 이 둘은 접촉 지대에서 차용한 것으로서 비 (非)인도·이란어 단어다. 인도·이란어의 '힘과 승리의 신' 베레트라그나 (Verethraghna)가 차용된 신인 인드라에게 이전되고, 인드라는 발전하고 있던 고 인도 문화의 핵심 신격이 된다.[41] 인드라는《리그베다》에 나오 는 250개 찬가의 주인인데, 이는 전체 찬가의 4분의 1에 해당하는 분량이 다. 인드라는 다른 어떤 신보다 소마와 관련이 있는데, 소마는 각성 작용 을 하는 약(마황(*Ephedra*)에서 추출한 것으로 추측)으로 BMAC에서 차용한 것 인 듯하다. 소마의 중요성이 올라간 것은 고 인도어 사용자 사회의 독특 한 특징이다. 인드라는 후대의 아베스타 이란어 기록에서 작은 악마에 불 과하다. 이란어 방언들은 남쪽의 문명과 거리를 유지했던 북부 초원의 안 드로노보 및 스루브나야 사람들 사이에서 발전한 것으로 보인다. 고 인도 어와 의례는 중앙아시아의 접촉 지대에서 발전했다.[42]

인도·이란어와 베다 산스크리트어로 차용된 단어

《리그베다》의 고 인도어는 다른 어족에 속하는 언어들로부터 차용한 최 소 383개의 비인도·유럽어 단어들을 포함하고 있다. 알렉산데르 루보츠키(Alexander Lubotsky)는 고 인도어 및 이란어의 공통 조상인 공통의 인도·이란어 시기에 이미 훗날 고 인도어를 풍부하게 만든 바로 그 비인도·유럽계 언어로부터 이미 단어들을 차용했을 것이라고 주장했다. 그는 고 인도어와 아베스타어가 갈라져 진화하기 **이전** 공통의 인도·이란어로 차용되어 들어간 후, 나중에 두 파생 언어 중 하나 혹은 모두로 전승된 비인도·유럽어계 단어 55개의 목록을 만들었다. 공통의 인도·이란어를 쓰던 이들은 비인도·유럽어계 언어 집단과 접촉하고 그들의 단어를 차용했는데, 훗날 분화된 고 인도어 사용자들은 **똑같은 외래 언어 집단**으로부터 더 많은 단어를 빌려 썼다. 이러한 발견은 공통의 인도·이란어 및 형성기 고 인도어의 지리적 위치에 대한 중대한 함의를 제공한다. 즉 공통의 인도·이란어와 형성기 고 인도어는 똑같은 외래 언어 집단과 틀림없이 상호 작용할 수 있었다.

공통의 인도·이란어로 차용된 55개 단어 목록에는 빵(*nagna-*), 보습(*sphāra*), 운하(*iavīā*), 벽돌(*išt(i)a-*), 낙타(*Huštra-*), 당나귀(*khara-*), 희생 사제(*ućig-*), 소마(*anću-*), 인드라(*indra-*) 등이 있었다. BMAC의 요새와 도시는 관개 농업, 벽돌, 낙타, 당나귀 등의 말을 빌리는 데 최적의 원천이었다. 종교 용어의 음운 체계가 똑같으므로 이것들은 아마도 같은 원천에서 나왔을 것이다. 종교 용어의 차용은 일부 공통의 인도·이란어를 쓰던 사람들과 BMAC의 요새 거주자들 사이에 밀접한 문화적 관계가 있었음을 시사한다. 이렇게 차용된 남쪽 문명의 숭배 의식은 페트로프카 문화를 신타시타 문화와 구분하는 특징 중 하나일 것이다. 페트로프카 사람들은 최초로 북부 초원에서 중앙아시아의 북쪽 가장자리 투가이로 이주해 간 이들이었다.

루보츠키는 고 인도어가 차용 원천에 가까운 인도·이란어 남부의 전위 언어로서 발전했다는 의견을 제시했다. 고고학적 증거는 루보츠키의 의견을 지지한다. 가장 이른 고 인도어 방언들은 서기전 1800~서기전 1500년 무렵, 북쪽에서 내려온 이주민에 의해 제라프샨 남쪽의 접촉 지대에서 발전했을 것이다. 이주민은 현지의 포스트 BMAC 요새 거주지에 융합되고, 아마도 이 쇠퇴하고 있던 요새들의 운명을 지배했을 것이다. 그들은 확실히 목축적 가치관을 갖고 있었다. 《리그베다》에서 구름은 우유를 가득 품은 얼룩 암소에 비유되며, 우유와 버터는 번영의 상징이다. 우유, 버터, 소 그리고 말은 신에게 바치는 적절한 제물이며, 인드라는 강력한 황소에 비유되고 부는 살찐 소와 날렵한 말로 계산되었다. 농산물은 결코 신에게 제물로 바치지 않았다. 《리그베다》의 사람들은 벽돌집에 살지 않았던 반면, 그들의 적인 다시우는 벽으로 두른 거점에서 살았다. 전쟁과 경주에 전차를 사용했고, 신들은 하늘을 가로질러 전차를 몰았다. 거의 모든 신은 남성이었다. 유일하게 중요한 여성 신은 '새벽의 신〔우샤스(Usas)―옮긴이〕'이었지만 그녀는 인드라, 바루나, 미트라, 아그니 혹은 성스러운 쌍둥이보다 힘이 약했다. 장례법은 화장(페데로보 무덤)과 매장(안드로노보와 타자바갸 무덤)이 모두 있었다. 초원 문화는 이런 모든 세세한 믿음과 관행의 한 원천으로서 인정할 수 있는 반면, 주름치마를 입은 여신과 벽돌 요새 및 관개 농업을 갖춘 BMAC 문화는 분명 그렇지 않다.

접촉 첫 단계에서 신타시타 혹은 페트로프카 문화, 혹은 두 문화 모두는 BMAC에서 일부 단어와 의례를 차용했고, 이것이 공통의 인도·이란어에 있는 55개 외래 용어의 존재를 설명한다. 이들 용어 중에는 '소마'가 있는데, '소마'는 '하오마(haoma)'라는 이란의 의례 용어로 남아 쓰였다. 두 번째 단계에서 고 인도어 사용자들은 기존의 BMAC 거주지 그늘 아래 살던 시절 같은 언어로부터 훨씬 더 많은 단어를 차용했으며, 남쪽으로 아프가니스탄과 이란으로 탐사를 개시했다. 고고학은 언어학적 증거가 제시하는 것과 상당히 부합하는 양상을 보여준다.

초원이 유라시아 전역을 잇는 다리가 되다

•

종종 유라시아 초원은 멀고 소박한 곳, 자원은 부족하고 문명 세계의 중심과 멀리 떨어진 곳으로 여겨진다. 그러나 청동기 후기에 초원은 대륙 가장자리에서 생겨난 그리스, 근동, 이란, 인도 아대륙, 중국 문명을 잇는 다리가 되었다. 전차 기술, 말과 기마, 청동 야금술 그리고 전략적 위치가 초원 사회에 그때까지 한 번도 갖지 못한 중요성을 부여했다. 바이칼 호 근처의 연옥이 카르파티아 산맥 구릉의 보로디노 유적에 등장했고, 초원의 말과 주석이 이란에 등장했으며, 박트리아의 토기가 카자흐스탄 북부 페데로보 거주지에 나타났고, 그리스에서 중국까지 고대 세계 전역에 전차가 등장했다. 초원에서 중국으로 이어진 길은 타림 분지의 동쪽 끝을 통과하는데, 이곳의 사막 언저리 묘지에는 갈색 머리와 흰 피부에 울로 된 옷을 입은 사람들의 마른 미라가 묻혀 있다. 이들의 연도는 서기전 1800년까지 거슬러 올라간다. 서기전 2000~서기전 1600년경 중국과 타림 분지의 경계인 간쑤(甘肅)의 치자(齊家) 문화는 말, 트럼펫 모양의 귀고리, 칼자루 끝에 고리가 있는 외날 청동 주조 칼, 초원 유형의 도기를 획득했다.[43] 이 무렵 중국에서 최초의 국가가 등장했고, 서기전 1800년경부터는 서쪽 세계와 혁신을 교환하기 시작했다. 스루브나야와 안드로노보 층은 초원을 일련의 고립된 문화적 웅덩이에서 소통의 통로로 변형시켰다. 아울러 이러한 변형은 유라시아 역사의 역학을 항구적으로 바꾸었다.

17

말(word)과 행동

오늘날 인도·유럽어 문제는 고고학적 발견과 언어학상의 발전이 불과 15년 전만 해도 풀 수 없는 것으로 남아 있던 문제들을 서서히 잠식함으로써 해결되기에 이르렀다. 1991년 '철의 장막'이 걷히면서 서방 학자들은 초원의 연구 성과들을 더욱 편하게 이용할 수 있었고, 새로운 협동적인 고고학 프로젝트와 방사성 탄소 연대 측정 프로그램이 만들어졌다. 아울러 조앤나 니컬스, 사라 토머슨(Sarah Thomason), 테렌스 코프먼(Terrence Kaufman) 같은 언어학자들은 언어의 확산과 수렴을 이해하는 새로운 방법들을 내놓았다. 흐발린스크 묘지 유적과 신타시타 전차 매장지들이 공개되면서 초원 선사 시대의 예상치 못한 풍성함이 드러났다. 언어학적·고고학적 발견은 서기전 4500~서기전 2500년 흑해-카스피 해 초원 지대에서 인도·유럽 공통조어를 사용했을 가능성으로 수렴되고 있으며, 나머지 가능성들은 점점 새로운 증거와 부합하기 어려워졌다. 나는 지금도 수많은 합리적 관찰자들을 괴롭히는 질문들에 대한 답을 제시하는 것으로 이 책을 시작했다.

첫 번째 질문은 선사 시대의 언어 경계를 선사 시대의 물질문화 속에서 감지할 수 있느냐는 것이다. 나는 선사 시대의 언어 경계들이 지속적인 경계와 상호 연관이 있으며, 일반적으로 드문 이 현상이 흑해-카스피해 초원 지대에서는 놀랄 만큼 일상적이었다고 주장한다. 또 하나의 문제는 이주를 다루는 상반된 태도인데, 서방 고고학자들은 이주를 선사 시대 문화의 변화를 설명하는 데 사용하길 꺼리고 동유럽의 고고학자들은 지나치게 열성적으로 사용한다는 점이다. 이런 접근법의 차이로 인해 동방의 해석을 서방의 고고학자들은 진지하게 고려하지 않았다. 나는 동서의 이런 양 극단을 한데 모으기 위해 어떻게 이주가 예측 가능한 인간의 일반적 행동으로 작동했는지 설명하는 인구학, 사회학, 인류학의 모델을 가져와 소개했다. 가장 큰 논란을 초래하는 문제는 언제 말을 길들이고 기마를 시작했는지 보여주는 설득력 있는 증거가 없다는 점이다. 재갈은 분명 기마와 관련한 말 치아의 병리학적 징후 유무를 통해 이 문제를 해결해줄 수 있을 것이다. 별개이지만 이와 관련한 논쟁이 목축 유목 경제는 얌나야 층처럼 이른 시기에 가능했을까, 혹은 목축 유목 경제는 철기 시대 이후에야 시작되는 기마에 종속되는가, 혹은 목축 유목 경제는 역시 철기 시대에 초원 경계에서 시작된 국가 경제에 종속되는가라는 질문을 둘러싸고 벌어졌다. 사마라 강 하곡 프로젝트는 청동기 시대 초원 목축 경제의 식물학적 및 계절적 측면을 검토한 결과 목축 경제가 연중 항구적인 거주지에서조차 재배 곡물에 의존하지 않았다는 사실을 알아냈다. 청동기 시대 초원의 목축 경제는 완전히 자기 지속적이며 독립적이었다. 즉 야생 씨앗 식물이 충분했고, 이 씨앗들은 곡물을 재배하지 않는 곳에서 식량으로 소비되었다. 목축 유목 경제는 식량 공급을 위해 철기 시대의 국가들에 기대지 않았다. 마지막으로, 서부 초원의 서사적 문화사는 대부분의 서방 언어학자 및 고고학자들에게 불가해한 것이었다. 나는 이 책의 상당 부분을 난마처럼 얽힌 연대학, 문화 집단, 기원, 이주, 영향력 등에 대한 논쟁을 뚫고 길을 내려는 노력에 할애했다. 아울러 초원의 고고학에 관해 내가 모르는 부분을 줄이려 했지만, 연방 기금으로 진행한 매사추세츠(볼가 강 유역에 있는 사마라 주의 절반 크기도 안 된다) 고고학 프로젝트에서 보낸 몇 년과 그 프로젝트에 참가한 우리 모두가 매사추세츠 및 인접한 로드아일랜드(사마라 주의 10분의 1 크기다)의 고고학을 이해하는 게 불가능하다고 생각했다는 사실도 염두에 두었다. 그럼에도 불구하고 나는 내가 읽고 본 것을 통해 의미 있는 길을 발견해냈다. 앞으로도 이 주제에 관한 논쟁이 이어질 테지만 나는 여러 음으로부터 하나의 화음이 등장하리라는 것을 알고 있다.

말(horse)과 바퀴
●

운송 기술의 혁신은 인간의 사회적·정치적 삶을 바꾸는 가장 강력한 요인 중 하나다. 자가용 승용차의 등장으로 교외, 쇼핑 몰, 주간 고속도로가 생겨났다. 아울러 중공업을 변화시키고, 광범위한 석유 시장을 만들어냈다. 대기를 오염시키고, 가족을 곳곳에 흩어놓았다. 일탈한 젊은이들이 섹스를 즐기는, 굴러다니는 따뜻한 공간을 제공했다. 또 개인의 지위와 정체성을 표현하는 강력하고도 새로운 방법을 유행시켰다. 기마의 시작, 네 바퀴 수레와 두 바퀴 수레의 발명, 살 달린 바퀴를 가진 전차의 발전은 누적 효과를 발생시켰다. 이런 효과의 속도는 한층 더뎠지만 결국은 마찬가지로 심오했다. 그 효과 중 하나는 유라시아를 일련의 서로 연결되지 않은 문화 집합체에서 상호 작용하는 하나의 시스템으로 이행시켰다는 점이다. 어떻게 그런 일이 벌어졌는지 밝히는 게 이 책의 주요 초점이다.

대부분 역사학자들은 기마와 최초의 바퀴 달린 수레로 인해 발생한 변화의 목록을 제시하면서 전쟁을 생각한다. 그러나 말은 처음 그것을 음식으로 생각한 인간들에 의해 가축화한 동물이다. 말은 값싼 겨울용 고기 공급원이었다. 왜냐하면 소나 양은 겨울 동안 꼴과 물을 제공해야 하지만 말은 겨울 초원을 돌아다니며 스스로 먹고살 수 있었기 때문이다. 사람들이 길들인 동물로서 말에 익숙해진 후 그리고 아마도 비교적 유순한 부계 혈통이 확립된 후, 누군가가 재미 삼아 특히 순종적인 말을 발견하고 올라탔을 것이다. 그러나 기마는 곧 가축화한 소, 양, 말 떼를 관리하는 데서 가장 중요한 유용성을 발견했다. 이 기능 하나만으로도 기마는 더 적은 사람들이 더 큰 규모의 가축 떼를 관리하고 더 효과적으로 이동하는 것을 가능케 한 중요한 발전이었다. 가축화한 동물이 음식과 의복의 주요 공급처인 초원 세계에서 이런 기능은 실로 중요했다. 서기전 4800~서기전 4600년 말은 볼가 강 중류 흐발린스크의 장례 의식에서 사용한 명백히 가축화한 동물 목록에 포함되었다.

서기전 4200~서기전 4000년 무렵 흑해-카스피 해 초원에 살던 사람들은 습격시 진퇴를 위해 말을 이용했던 것으로 보인다. 일단 말 위에 올라타자 부족 간 분쟁에서 이들의 기마 이용을 막을 방법이 없었다. 유기물 재갈은 완벽한 기능을 발휘했고, 동석기 초원의 말들은 올라타기에 충분할 정도로 컸다[13~14핸드(1핸드=4인치)]. 서기전 5200~서기전 4800년 무렵 소 떼와 양 떼를 거느리자마자 초원 부족의 지도자들은 석제 전곤을 갖고 다니기 시작했다. 서기전 4200년 무렵 인간의 기동성은 한층 더 좋아졌다. 이전의 합장묘와 달리 단독 무덤은 죽은 이의 개인적 지위와 영광을 강조하는데, 신분 높은 이들의 묘는 말 머리 모양의 석제 전곤과 기타 무기를 부장했다. 그리고 습격하는 무리들은 발칸산 구리로 자신의 부를 늘리기 위해 수백 킬로미터를 이동했다. 그들은 이 구리를 드네프르-아조프 초원의 친척들과 무역하는 데 사용하거나 선물로 주었다. 서기전 4200~서기전 4000년의 고 유럽 몰락은 적어도 일부는 그들의 행동 탓이었을 것이다.

역사학자들은 대체로 초원의 기마 목축민과 정주 농경 사회의 관계를 수보로보 집단과 고 유럽의 대치처럼 폭력적이거나 혹은 기생적인 것 혹은 이 둘에 모두 해당하는 것으로 여겼다. 자체적으로는 곡물, 금속, 부(wealth) 중 어느 하나도 생산할 수 없어 이 모든 것에 굶주린 '야만적' 목축 사회는 그들의 '문명화한' 이웃을 먹이로 삼았고, 그들 없이는 생존할 수 없는 것으로 여겨졌다. 그러나 이런 관념은 소비에트 민속학자 세르게이 바인시테인과 서방 역사학자 니콜라 디코스모 및 우리 자신의 식물학적 연구가 보여준 것처럼 역사 시기에서조차 부정확하거나 불완전한 것이다. 목축 경제는 충분한 양의 식품을 생산했다. 평균적으로 유목민이 중세 중국이나 유럽의 농경민보다 더 잘 먹었다. 초원의 광부와 장인들은 스스로 충분한 양의 광석을 캐내고 자신의 금속 도구나 무기를 만들어냈다. 사실상 러시아와 카자흐스탄의 방대한 구리 광산과 제라프샨의 주석 광산은 근동의 청동기 문명이 **이들한테** 의지했음을 보여준다. 이 책에서 다룬 선사 시대에 관해 말하자면, 중세 중국이나 페르시아 문명과 초원의 군사화한 유목민 관계에 기초한 어떤 모델도 시대착오적이다. 비록 수보로보-노보다닐로프카 기간 동안 초원 사회가 다뉴브 강 하류 하곡의 이웃을 약탈했던 것으로 보이지만, 동시에 그들은 쿠쿠테니-트리폴리에 이웃과 분명 더 긴밀하게 융합해 매우 우호적인 관계를 맺고 있었다. 마이코프 상인들은 돈 강 하류의 초원 거주지를 방문했으며, 심지어 직공들을 그곳으로 데려간 것처럼 보인다. 평화적인 교환 및 문화 간 관계를 규정하는 관습은 습격의 관습과 마찬가지로 중요했다.

복원된 인도·유럽 공통조어 어휘와 인도·유럽의 비교신화학은 두 가지 중요한 융합적 제도가 무엇인지 밝혀냈다. 하나는 후견인과 피후견인 사이의 맹세에 구속받는 관계로서 강자와 약자 및 신과 인간 사이의 호혜적 의무를 규정한 것이다. 또 하나는 주객(主客) 관계로서 이런저런 보호를 일상적인 사회적 범위 밖에 있는 사람들에게까지 확장시킨 것이다. 첫 번째 제도, 즉 불평등을 공인하는 것은 아마도 매우 오래된 제도로서 목축 경제를 받아들인 시점인 서기전 5200~서기전 5000년대까지 그리고 처음으로 명백한 부의 차이가 등장한 시기까지 소급된다. 두 번째 제도는 얌나야 층이 시작될 무렵 규제받지 않는 지리적·사회적 공간으로의 이주를 규제하기 위해 발전한 것일 수 있다.

아마도 서기전 3300년 무렵 바퀴 달린 수레가 초원에 도입되자 그들은 또다시 목축 경제에서 첫 번째 용도를 발견했다. 초기의 네 바퀴 수레나 두 바퀴 수레는 속도가 느렸다. 일체형 바퀴를 단 수레는 아마도 황소가 끌었을 것이고, 그 위에는 갈대로 엮은 매트로 만든 아치형 지붕이 있었다. 이 갈대 매트는 원래 펠트 안감에 붙어 있었던 것으로 보인다. 얌나야 시기 무덤은 종종 부식된 여러 가지 유기물과 함께 갈대 부스러기를 포함하고 있다. 때로 이 매트들은 빨강색, 검정색 및 흰색의 줄무늬 및 곡선 문양으로 칠했는데 분명 장례 의식을 위한 것이었다. 네 바퀴 수레 덕분에 목축인은 가축을 데리고 하곡 사이 깊은 초원 지대로 수레에 실은 텐트, 식품, 물에 의지해 한 번에 몇 주 또는 몇 달 동안 이주할 수 있었다.

얌나야 목부들의 경우 일반적인 연간 이동 거리는 50킬로미터 미만으로 보인다. 하지만 네 바퀴 수레에 의한 큰 짐의 운송과 말 따위를 이용한 재빠른 운송의 결합은 초원 경제에 혁명을 불러일으켜 대부분의 유라시아 초원 지대를 효과적으로 이용할 수 있게끔 했다. 지금까지 대부분 황무지로서 이용하지 않던 초원 지대는 이렇게 익숙해졌다. 서기전 3300년 무렵 얌나야 층은 흑해-카스피 해 초원 지대를 가로질러 폭발적으로 확장되었다. 아마도 이와 함께 인도·유럽 공통조어도 이동하며, 화자들이 서로 떨어져 그 방언들이 여기저기 흩어졌을 것이다. 아울러 그들의 이주는 게르만어, 발트어, 슬라브어, 켈트어, 이탈리아어, 아르메니아어, 프리기아어 등의 씨앗을 뿌렸을 것이다.

전차는 전적으로 속도만을 위해 고안한 최초의 바퀴 달린 수레로서 우랄 초원 남부의 신타시타 문화 무덤(서기전 2100년)에서 처음으로 출토되었다. 전차는 훗날 위협적인 것으로 밝혀졌다. 전차는 믿을 수 없을 정도로 만들기 어려운데, 목공과 나무를 구부리는 소목 기술의 경이로운 결과물이다. 전차는 특별히 훈련받은 빠르고 강한 복수의 말이 필요하다. 곡선 주로에서 전차를 몰기 위해 전차사는 각 말들의 고삐를 독립적으로 움직이면서 무게중심을 이동시켜 등받이도 없이 요동치는 전차의 균형을 유지해야 한다. 빠른 전차를 조종하면서 목표에 정확히 투창을 던지는 것은 더욱 어려운 일이지만, 신타시타 전차 무덤에서 나온 증거는 그들이 바로 이런 일을 했다는 것을 보여준다. 균형 감각과 힘은 물론 많은 시간과 자원을 가진 남자들만 전차 위에서 싸우는 법을 배울 수 있었다. 전차 위에서 투창을 던지는 전사 부대가 도끼와 창, 찌르개를 든 피후견인 및 지원자들로 구성된 보병 또는 기병의 지원을 받으며 전장으로 돌진했다. 이는 지금까지 한 번도 볼 수 없었던 새롭고도 치명적인 전투 기술로서 도시 국가의 왕들도 곧 경탄하기에 이르렀다.

이렇게 전차를 모는 전사들의 영웅적 세계는 《일리아드》와 《리그베다》의 시들을 통해 희미하게 기억되었다. 이것이 중앙아시아와 이란의 문명에 소개된 것은 서기전 2100년 무렵 이국적인 신타시타 혹은 페트로프카 이방인들이 아마도 북방에서 온 새로운 종류의 말을 타고 질주하면서 제라프샨 강둑 위에 나타났을 때였다. 처음에 사라즘과 자만-바바 주민들에게는 이렇게 이상한 방식으로 돌아다니는 게 우스꽝스러웠을 것이다. 그러나 이 두 지역은 곧 버려졌다. 서기전 2000~서기전 1800년 최초의 페트로프카 및 알라쿨-안드로노보 집단이 제라프샨 강 하곡에 정착해 구리와 주석을 캐기 시작했다. 말과 전차가 근동 전역에 걸쳐 나타나고 도시 간 싸움이 처음으로 잘 훈련된 말에 의존했다. 고 인도 종교는 아마도 북방으로부터 유래한 이주민 사이에서 제라프샨 강과 이란 사이의 접촉 지대에서 기존의 중앙아시아적 요소와 새로운 인도·유럽적 요소가 혼합 및 결합으로써 등장했을 것이다. 그 이후 유라시아 초원 사람들은 중앙아시아, 남아시아, 이란 그리고—매개 집단을 통해—중국 문명과 계속 직접적 관련을 맺었다. 이리하여 유라시아 대륙의 중심을 차지하고 있던 황무지는 대륙을 관통하는 경제 및 정치에서 한몫을 하기 시작했다.

제러드 다이아몬드는 《총, 균, 쇠(Guns, Germs, and Steel)》에서 유라시아 문명은 아프리카와 아메리카의 문명에 비해 환경적 이점을 누렸는데, 이는 부분적으로 유라시아 대륙이 동서 방향으로 전개되어 있어 농경·목축·바퀴 달린 수레 등의 혁신이 대략 똑같은 위도상에 위치한 덕분에 기본적으로 비슷한 환경 지대 사이로 빠르게 확산할 수 있었기 때문이라고 주장했다.[1] 그러나 우랄 변경 지대처럼 지속적인 문화 경계는 이런 혁신의 전파를 동일한 초원의 생태 지대 안에서조차 수천 년씩 지연시켰다.

목축 경제는 사마라 강 원류 근처 볼가 강 중류 지대에서 서기전 4800년 무렵 받아들여졌다. 그러나 인접한 같은 위도상의 카자흐스탄 북부 초원의 채집민 및 수렵민은—비록 서기전 3700~서기전 3500년 무렵 기마를 받아들였음에도 불구하고—이어진 2000년 동안 길들인 소와 양 떼를 받아들이지 않았다. 다이아몬드가 서술한 잠재적인 지리적 이점은 수천 년, 즉 결코 짧다고 할 수 없는 시간 동안 인간의 익숙한 방식에 대한 존중과 외래 방식에 대한 불신 때문에 좌절되었다. 이런 경향은 매우 상이한 두 문화가 원거리 이주를 통하거나 생태학적 경계 지대에서 접촉할 경우 과도하게 발전한다. 우랄 경계 지대의 경우 흐발린 해가 우랄 산맥 동쪽과 서쪽의 인구를 수천 년 동안 격리시켰고, 흐발린 해가 밀려난 후 이를 대신한(8장 참조) 소금기 있는 사막-초원은 도보 약탈자들에게 심각한 생태적 장벽으로 남았다. 우랄 강 변경 같은 지역은 외래 방식에 대한 뿌리 깊고 고집스러운 반대 전통의 지속적인 경계선이 되었다.

이렇게 강고한 변경이 장기간 지속된 것은 선사 시대 부족 정치 세계에서는 드물었던 것으로 보인다. 현대의 민족 국가들이 이런 강고한 변경을 전 세계 어디에서나 표준적인 경계선으로 만들고 애국주의와 감정적 배타주의 그리고 예리하게 정의한 경계를 따라 다른 국가에 의심의 눈초리를 보내는 것을 장려한 후에야 우리는 점차 이것에 익숙해졌다. 과거 부족 시대에는 장기간 예리하게 대치하는 일이 흔치 않았다. 그러나 흑해-카스피 해 초원은 흔치 않은 수의 부족 간 경계 지대를 보여주는데, 이는 그런 경계 지대를 만들어내고 유지하는 두 가지 요소, 즉 예리한 환경적 이행대가 이 지역을 가로지르고 또한 이 지역이 복잡한 장거리 이주의 역사를 갖고 있었기 때문이다.

고고학과 언어

●

인도·유럽어군은 다단계의 불균등한 과정을 통해 비인도·유럽어군을 대체했는데, 이런 과정은 영어의 세계적 확산과 더불어 오늘날에까지 이르고 있다. 이 복잡하고 지루한 역사의 모든 사건을 설명해줄 단 한 가지 요소는 없다. 요컨대 인종, 인구학, 인구 압력 혹은 허구적인 정신적 자질도 아니다. 인도·유럽어 확산에서 세 가지 가장 중요한 단계는 첫째 라틴어를 사용하던 로마 제국의 흥기(한니발에 의해 거의 좌절될 뻔한 사건), 둘째 아시아·아메리카·아프리카에서 에스파냐·영국·러시아 및 프랑스 식민지 권력의 확산, 마지막으로 최근의 영어를 사용하는 서방 자본주의 교역 시스템의 승리인데 이로써 미국의 상업영어(business English)가 영국의 식민지 영어에 올라탔다. 어떤 역사학자도 이런 사건이 하나의 근원적 원인을 공유한다고 주장하지 않을 것이다. 이들로부터 우리가 언어 확산에 관해 이끌어낼 수 있는 어떤 교훈이 있다면 아마도 처음의 확산이 이후의 확산을 더 쉽게 만들 수 있다는 것〔('만국 공통어' 효과(lingua franca effect)〕과 언어는 일반적으로 군사적 및 경제적 권력의 뒤를 따른다는 것〔콜린 렌프루가 말하는 이른바 '엘리트 지배' 효과(elite dominance effect)〕뿐일 것이다. 이 책에서 설명한 최초의 인도·유럽어군 확산은 인도·유럽어의 영역적 범위를 확장함으로써 훗날의 확산을 위한 작은 기반을 다졌지만, 이 언어의 지속적 확산은 결코 불가피한 것이 아니었으며 각각의 단계는 각각의 지역적 원인과 효과를 갖고 있었다. 이런 지역적 사건이 허구적인 정신적 요인보다 훨씬 중요하고 의미 있다.

최초 인도·유럽 공통조어 방언들의 흑해-카스피 해 초원 지대 외부 세계로의 확산은 주로 조직화한 침략이나 일련의 군사적 정복을 통해 이뤄진 것 같지는 않다. 내가 14장에서 제기했듯 인도·유럽 공통조어 방언들의 최초 확산은 침략보다는 가맹 방식으로 이뤄진 것 같다. 최소 몇 명의 초원 추장들이 각자 새로운 지역으로 이동한 게 분명하고, 그들의 도착 이후 소 떼 습격과 폭력이 뒤따랐던 듯하다. 그러나 그들의 궁극적 승리에 똑같이 중요하게 기여한 것은 그들이 누린 제도적 이점(외부인을 권리를 지니고 보호받을 수 있는 개인으로서 자기들 사회로 편입시킨 후견인—피후견인 시스템 및 손님—주인 협약)과 아마도 인도·유럽적 의례와 관련 있는 대중 공연상의 이점이었을 것이다. 그들의 사회 시스템은 자신의 기도를 신과 조상들에게 전달하는 시적 언어는 물론 타인이 받아들인 그들의 신화, 의례 및 제도에 의해 유지되었다. 원래의 이주민 족장들이 남긴 유전적 발자취가 완전히 사라지고 오랜 시간이 흐른 후에도 그들이 도입한 동맹·의무·신화·의례 등의 시스템은 여전히 세대에서 세대로 이어졌다. 결국 이런 유산의 마지막 잔여물은 인도·유럽어족으로 살아남은, 한때 공유했던 언어의 울려 퍼지는 메아리였다.

우리 이전에 살았던 사람들을 이해하는 것, 특히 선사 시대 부족 사회에 살던 이들을 이해하는 것은 어렵다. 고고학은 그들 삶의 어떤 부분에는 밝은 빛을 비추지만 대부분을 어둠 속에 남겨둔다. 역사언어학은 이 어두운 구석들의 일부를 비출 수 있다. 그러나 선사고고학과 역사언어학의 결합은 고약한 역사를 갖고 있다. 이 두 가지 다른 증거가 섞일 때, 순진하든 악의적이든 수많은 허구적 환상이 만들어질 가능성이 위험스럽게 늘어나는 것처럼 보인다. 이런 현상이 일어나는 것을 방지할 방법은 없다. 에릭 홉스봄이 한때 지적했듯 역사학자들은 심각한 편견과 민족주의의 원료를 제공할 운명을 타고났다.[2] 그러나 홉스봄도 이것이 무서워 역사를 포기하지는 않았다.

오늘날 인도·유럽의 고고학에서 과거와 같은 잘못을 쉽사리 반복할 수는 없다. 아리아인에 대한 환상이 시작된 19세기에는 그런 상상에 제약을 걸 물질적 증거와 고고학적 발견이 없었다. 매디슨 그랜트는 빈약한 언어학적 증거(이조차 자기 입맛에 맞게 왜곡했다)에다 적지 않은 인종주의, 그리스와 로마의 고전 문학에서 끌어낸 표지, 사회적 다윈주의(social Darwinism)의 냉혹한 제로섬 정치를 가지고 아리아인을 조작해냈다. 고고학은 실제로 아무런 역할도 하지 않았다. 20세기 초반의 산발적으로 흩어진 고고학적 발견 또한 여전히 기존에 형성된 이 허구적인 틀에 끼워 맞출 수 있었다. 그러나 오늘날은 그렇게 쉽지 않다. 오늘날 인도·유럽 공통조어 사용자들에 대한 설득력 있는 설명은 방대한 양의 고고학적 사실에 기초해야 하며, 선택한 설명의 경로 밖에 있는 사실과 모순되지 말아야 한다. 나는 이 책에서 수많은 고고학적 세부 목록을 활용했는데, 설명이 더 많은 사실에 기초할수록 그리고 다양한 원천에서 나온 다양한 종류의 사실을 사용할수록 오류에 빠질 가능성은 줄어들 것이기 때문이다. 고고학적 사실의 밀도와 언어적 증거의 질을 개선했으므로, 두 학문 영역의 장점이 각각 독립적으로 최악의 남용이 일어나지 않도록 점검하는 역할을 해야 한다. 나는 비록 직접적인 고고학적 증거가 거의 없는 것들(그중 중요한 것으로는 후견인-피후견인 및 손님-주인 관계)에 대해 언어학적 복원법을 사용했지만, 적어도 양자는 고고학적 증거를 통해 제시된 종류의 사회와 양립할 수 있을 것이다.

긍정적 측면에서, 고고학적 증거와 복원된 인도·유럽 공통조어 어휘의 결합은 선사 시대에 대한 완전히 새로운 종류의 정보를 제공할 수 있다. 이런 전망이 언어학자와 고고학자들로 하여금 계속 프로젝트를 밀고 나가도록 하는 추동력이다. 많은 중대한 지점에서, 내가 여기서 제시한 해석들은 인도·유럽어 사회의 제도, 의례 그리고 내가 복원한 인도·유럽어에서 발견해 고고학적 현장에 적용한 단어들의 안내를 받았다. 그러나 나는 인도·유럽 공통조어로부터 재료를 끌어내 고고학적 증거를 검토하는 렌즈로 활용함으로써 달성할 수 있는 무언가의 표면을 가까스로 긁었을 뿐이다. 상호 보완적으로, 고고학적 자료는 언어학자들이 이상화한 인도·유럽어 세계에 실생활의 복잡성과 모순을 추가한다. 우리는 서기전 3000년 무렵 다뉴브 강 하곡으로 이주한 얌나야 족장들이 이룬 개인적 업적이나 그들의 이름을 복원할 수 없을 것이다. 그러나 복원된 인도·유럽 공통조어와 신화의 도움으로 우리는 그들의 가치관, 종교적 신념, 성년식, 친족 체계 그리고 그들이 숭상한 정치적 이상에 대해 얼마간 말할 수 있다. 이와 마찬가지로, 우리가 서기전 2000년 무렵 신타시타 족장들의 장례식에 수반된 엄청난 규모의 동물 희생과 관련한 개인적·인간적 동기를 이해하고자 할 때, 《리그베다》를 읽음으로써 우리는 그들이 공적인 관대함에 부여하는 가치를 이해하는 새로운 방법을 얻는다(아래는 《리그베다》 10.117).

자신의 음식을 친구, 자기 동반자에게 나눠주지 않는 이는 친구가 아니다. 친구로 하여금 그에게 등을 돌리게 하라. 이곳은 그의 삶터가 아니다. 대가 없이 나눠주는 다른 사람을 찾도록 하라, 그가 이방인일지라도. 더 강한 이가 더 필요한 이에게 나눠주도록 하라. 그로 하여금 늘어나는 길(path)을 응시하게 하라. 부(rich)란 전차의 바퀴처럼 굴러가는 것이니, 어떤 이에게서 다른 어떤 이에게로 굴러가느니라.[3]

고고학자들은 수많은 역사적 아이러니를 의식하고 있다. 이를테면 목조 구조물은 불에 탐으로써 보존되고, 쓰레기 구덩이는 신전이나 궁전보다 더 오래 살아남고, 금속의 부식은 함께 묻힌 섬유를 보존한다. 그러나 거의 인정받지 못하는 또 하나의 아이러니가 있다. 그것은 바로 보이지도 않고 순식간에 사라지는 우리 말의 음성 속에다 우리는 미래 세대 언어학자를 위해 현재 세계의 수많은 세부 정보를 간직해놓는다는 사실이다.

부록
방사성 탄소 연대 측정값에 대한 필자의 주

이 책에서 사용한 모든 연대는 서기전(BCE) 및 서기(CE) 값으로서 각각 국제적으로 통용하는 BC 및 AD에 해당한다.

모든 서기전 연대는 보정된 방사성 탄소 측정 연대다. 방사성 탄소 측정 연대는 유기체(대체로 나무나 뼈)가 죽은 시점에서 경과한 시간을 측정한 것으로, 그 유기체에 남아 있는 C_{14}의 잔여량을 계산해서 얻는다. 초기의 방사성 탄소 과학자들은 대기 중 C_{14}의 농도가 일정하며, 따라서 모든 생물체 안의 농도도 일정하다고 생각했다. 아울러 그 농도 또한 항상 유지되며, 사후의 감소 비율도 일정하다는 것을 알아냈다. 이 두 요소(일정한 농도와 감소 비율)는 죽은 유기체가 사후 얼마나 지났는지 결정하는 기반을 형성한다. 그러나 나중의 조사를 통해 대기 중 C_{14} 농도는 시기에 따라 달라진다는 게 밝혀졌는데, 이는 아마도 태양 흑점의 활동과 관련이 있는 것으로 보인다. 서로 다른 시대를 산 유기체는 세포 조직에 각기 다른 양의 C_{14}를 함유하고, 따라서 세포 조직 안의 C_{14}를 계산하는 기준선은 시간에 따라 아래위로 움직인다. 이와 같은 C_{14} 농도의 아래위 편차는 나이가 알려진 유럽 및 북미의 참나무나 강털소나무(bristlecone pines)의 나이테를 통해 측정되었다. 나이테 배열은 방사성 탄소 측정 연대를 보정하기

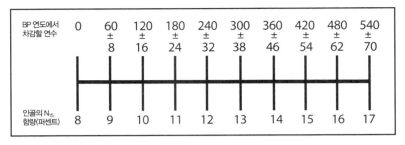

| BP 연도에서 차감할 연수 | 0 | 60 ± 8 | 120 ± 16 | 180 ± 24 | 240 ± 38 | 300 ± 46 | 360 ± 46 | 420 ± 54 | 480 ± 62 | 540 ± 70 |

| 인골의 N₁₅ 함량(퍼센트) | 8 | 9 | 10 | 11 | 12 | 13 | 14 | 15 | 16 | 17 |

그림 A1 시료로 쓴 인골의 N₁₅ 함량(아래)과 보정하기 전 실험실 측정값에서 우선 차감해야 할 연수(위)의 선형 상관관계 제시 모형

위해, 더 정확하게 말하면 연속적으로 배열된 해마다의 나이테를 통해 측정한 최초 C₁₄ 농도의 차이값을 수정함으로써 실험에서 나온 연대를 실제 연도로 변환하는 데 쓰인다. 이 글에서 보정되지 않은 방사성 탄소 연대값은 BP(Before Present)로 표기하고, 보정된 값은 서기전, 곧 BCE로 표기했다. 보정된 값은 '실제' 연도로 측정한 '실제' 날짜다. BP 연도를 BCE 연도로 변환하는 프로그램은 OxCal인데, 옥스퍼드 방사성탄소가속기연구소(Oxford Radiocarbon Accelerator Unit) 웹사이트에서 누구나 무료로 활용할 수 있다.

그런데 **만약 물고기를 매우 많이 먹는 경우라면** 인간의 뼈에서 추출한 시료로 도출한 방사성 탄소 연대는 또 다른 보정을 거쳐야 할 필요가 있다. 염수 바다에서는 조개나 물고기의 뼈 같은 유기물이 물에 녹은 오래된 탄소를 흡수한다고 오래전부터 알려졌다. 이로 인해 조개껍데기나 물고기 뼈의 방사성 탄소 연대 측정값이 너무 높게 나올 수 있다. 이것을 '저수지 효과'라고 부르는데, 바다가 오래된 탄소의 저수지 역할을 하기 때문이다. 최근의 연구 결과에 의하면 담수에 살았던 생물에게도 똑같은 문제가 발생할 수 있는데, 그중 가장 중요한 것은 물고기다. 물고기는 담수에 녹아 있는 오래된 탄소를 흡수하고, 물고기를 많이 먹는 인간은 오래된 탄소를 소화시켜 이를 뼈를 구성하는 데 이용한다. 그러면 이 뼈의 연대가 지나치게 오래된 것으로 나온다. 숯과 말이나 양의 뼈를 시료로 한 측정값은 영향을 받지 않는데, 나무나 초식 동물은 물고기처럼 물에서 직접 오래된 탄소를 흡수하지 않고 물고기를 먹지도 않기 때문이다. 무덤 안의 사람이 많은 양의 물고기를 먹었다면 **같은 무덤에서 나온** 동물의 뼈나 숯보다 몇 세기 더 나이를 먹은 것으로 나올 수도 있다. 오차의 크기는 그 사람이 먹은 물고기의 양과 고기잡이를 한 지표수에 녹아 있는 탄소의 양에 의해 결정된다. 지표수에 녹아 있는 오래된 탄소의 양은 지역마다 다른 것 같지만, 지금까지는 지역적 차이가 어느 정도인지 잘 알려져 있지 않다. 식단에서 물고기가 차지하는 비중은 뼈에 함유된 N_{15}의 양을 기초로 추정할 수 있다. 물고기는 다른 어떤 동물보다 세포 조직 내의 N_{15} 비율이 높고, 따라서 뼈에 N_{15}를 많이 보유한 인간은 많은 양의 물고기를 먹었다고 할 수 있다. 뼈에 N_{15} 함량이 높다는 것은 이 사람의 뼈 연대 측정값이 아마도 지나치게 높을 것이라는 신호다.

초원 지대의 저수지 효과를 보정하기 위한 연구는 내가 이 책을 쓸 무렵 막 시작되었으므로 나로서는 이 문제를 해결할 수 없다. 그러나 초원 고고학의 방사성 탄소 연대 측정값은 묘지에서 얻은 것이고, 그 시료는 종종 인간의 뼈다. 카자흐스탄에서 우크라이나까지 여러 초원의 묘지에서 나온 인간 뼈의 N_{15} 함량을 광범위하게 조사한 결과 대부분의 오래된 초원 지대 식단에서 물고기는 대단히 중요한 부분을 차지하고 있었음을 알 수 있었다. 종종 육류 소비의 50퍼센트에 달했다. 틀린 것으로 추정되는 연대를 제시하고 싶지 않기에 나는 본설(C. Bonsall)과 쿡(G. T. Cook) 및 다른 이들의 접근법을 사용했는데, 그들은 이를 **임시적인**(preliminary)

표 A1 사마라 주의 무덤에서 발굴한 72명의 인골에서 측정한 C_{13}과 N_{15}의 평균 함량

시대	표본 규모	C_{13}	N_{15}	차감 연수
중석기	5	−20.6	13.5	−330±42
신석기	8	−22.3	11.8	−228±30
동석기 초기	6	−20.9	14.8	−408±52
동석기 후기	6	−21.0	13.1	−306±39
청동기 초기	11	−18.7	11.7	−222±30
청동기 중기	11	−19.0	12.0	−240±32
포타포프카	9	−19.1	11.3	−198±26
청동기 후기 초엽	7	−19.1	11.4	−204±27
청동기 후기 말엽	9	−18.9	11.2	−192±26

또는 **불확실한**(speculative) 등의 용어로 표시했다. 그들은 동일한 무덤 내의 인간 뼈와 동물 뼈의 연대 측정값이 다르게 나오는 다뉴브 강 하류 하곡 무덤 5기를 연구했다(7장 참조). 이 무덤에서 나온 자료들은 보정 방법을 제시한다. 인간 해골들의 평균 N_{15} 함량(15.1퍼센트)은 평균적인 방사성 탄소 연대 측정값의 오차(425±55)와 등치되는데, 이러한 오차는 연대를 보정하기 전 도출한 측정값에서 우선 차감해야 한다. 이 평균값들은 인간의 뼈에서 측정한 N_{15} 함량의 최소값과 최대값 사이에 배치할 수 있고, 또한 불확정적이지만 주어진 N_{15} 함량은 연대 측정치의 평균 오차와 등치될 수 있다. 이런 식으로 구성한 눈금이 그림 A1이다. 이 그래프는 초원의 연대학에서 오랫동안 문제되어왔던 차감 계산 문제를 해결하는 결과를 도출하는 것으로 보인다(9장의 주 4, 16, 22 및 12장의 주 30 참조). 내가 이 방식의 연대를 쓸 때, 즉 연대가 주로 인간의 뼈에서 얻은 것일 때, 나는

본문에서 독자들에게 이 사실을 알렸다. 이 방식으로 발생한 오차가 얼마든 이 문제를 무시할 경우의 오차보다는 작을 것이다. 이 책의 표에서 표기한 모든 연대는 정규적인 BP 연대 및 보정한 BCE 연대로서 저수지 효과를 전혀 보정하지 않은 것이다.

그림 A1은 내가 시료로 채택한 인간 뼈의 평균 N_{15} 함량을 알고 있을 경우 연대를 보정하기 위해 차감한 연수의 척도를 보여준다. 맨 위의 숫자는 BP 연도에서 차감해야 할 연수를 나타내며, 맨 아래 숫자는 특정 차감 연수에 해당하는 인골 내의 N_{15} 함량을 나타낸다.

표 A1은 사마라 주에서 수행한 우리의 연구를 기초로 한 것인데, 72명의 인골에서 측정한 서로 다른 시기별 N_{15}의 평균 함량을 보여준다.

주

1부 언어와 고고학

01 모어(母語)의 약속과 정치

1. Bloch 1998: 109.

2. Sapir 1912: 228 참조.

3. Cannon 1995: 28-29.

4. Poliakov 1974: 188-214.

5. Veit 1989: 38.

6. Grant 1916.

7. 《리그베다》의 '외부 기원(external origin)' 구절들에 대해서는 Witzel 1995 참조. '내부 기원(indigenous origin)' 주장에 대해서는 *Journal of Indo-European Studies* 30, nos. 34 (2002); 31, nos. 12 (2003)에서 N. Kazanas가 펼친 논의 참조.

8. 나치가 추구한 아리안 고고학에 대해서는 Arnold 1990 참조.

9. 인도·유럽어와 여신에 대해서는 Anthony 1995b; Eisler 1987, 1990; Gimbutas 1989, 1991 참조. 러시아의 아리안 정체성 정치(Aryan-identity politics)에 관해서는 Shnirelman 1998, 1999 참조.

10. Boaz 1911과 비교하려면 Heidegger 1959: 37-51 참조. 《리그베다》의 비아리아적 요소에 대해서는 Kuiper 1948, 1991 참조.

11. Harding and Sokal 1988.

12. 《아메리칸 헤리티지 딕셔너리(American Heritage Dictionary)》 부록에는 인도·

유럽 공통조어 고유의 어근 1300개가 수록되어 있다. 그러나 똑같은 어근 형태소(root morpheme)에서 복수의 어휘를 복원할 수 있다. 따라서 구별되는 의미를 가진 재구성 어휘의 수는 고유의 어근보다 훨씬 많다.

13. 공통조어와 나뭇가지 모양 도표에 대한 회의적 시각으로는 Lincoln 1991; Hall 1997 참조. 나뭇가지 도표에 대한 좀더 미묘한 관점은 Stewart 1976 참조. 인도·유럽 공통조어를 탄생시킨 '혼성화'와 수렴에 대해서는 Renfrew 1987: 78-86; Robb 1991; Sherratt and Sherratt 1988 참조.

14. 틀에 맞추기에 관해서는 Lakoff 1987: 328-337 참조.

02 어떻게 죽은 언어를 복원할 것인가

1. 이야기는 다음과 같다.

> 털 깎인 양 한 마리가 말 몇 마리를 보았는데, 한 마리는 무거운 짐수레를 끌고 한 마리는 무거운 짐을 싣고 다른 한 마리는 사람을 빠르게 나르고 있었다. 양은 말에게 말했다. "사람이 말을 부리는 걸 보니 마음이 아프군(직역하면 "내 심장이 조여오는군")." 그러자 말이 말했다. "내 말을 들어보게, 양. 그대의 주인인 사람이 양의 털을 깎아 따뜻한 옷을 만들지만, 양은 남은 털이 없는 것을 보니 우리 마음이 아프네." 이 말을 듣고 양은 들판으로 달아났다.

부분적으로만 알려진 언어에서 이렇게 모든 문장을 확신을 갖고 구성하는 것은 불가능하다. 인도·유럽 공통조어 동사의 시제 표시자(tense marker)에 대해서는 논란이 있다. 아울러 관계대명사는 불명확하고, 인도·유럽 공통조어의 정확하게 복원한 보어(complement)에 대해서는 알려진 바가 없다. 언어학자들은 여전히 이를 고전적인 도전거리로 여긴다. Bynon 1977: 73-74; Mallory 1989: 16-17 참조.

2. 이 장은 일반적으로 4개의 기본적인 교과서(Bynon 1977; Beekes 1995; Hock and Joseph 1996; Fortson 2004) 및 Mallory and Adams 1997에 있는 여러 가지 백과사전적 목록에 의존한다.

3. Embleton 1991.

4. Pinker 1994.

5. 음운, 즉 발음의 변화가 형태, 즉 문법의 변화를 초래한 예는 영어에서 발견할 수 있

다. 독일어는 주어나 목적어 및 기타 행위자를 확정하기 위한 복잡한 명사/대명사 격 어미 체계와 동사 어미 체계를 갖고 있는데, 이런 특성은 영어에 없다. 중세 영어의 특정 방언인 고 노섬브리아어(Northumbrian)가 이 특성을 잃음으로써 영어도 이 특성을 잃었다. 고 노섬브리아어 방언을 쓰던 이들은 아마도 부유한 양모 상인들로서 중세 런던의 구어에 강력한 영향을 끼쳤고, 이로 인해 우리가 현대 영어를 갖게 되었다. 고 노섬브리아어 사용자들은 대부분의 독일어 접미사의 마지막 음인 'n'과 'm'을 빠뜨렸다('먹다'라는 단어로 essen 대신 esse'를 씀). 고 영어 말기부터 많은 단모음(여기에 남은 마지막 음 -e처럼)이 벌써 하나의 모음으로 합쳐졌다(sofa의 [uh] 음. 언어학자들은 이 음을 schwa라고 부른다). 발음상의 이 두 가지 변화는 다수 명사들이 더 이상 별도의 어미를 갖지 않으며, 동사의 부정형이나 가정법 복수형도 별개의 어미를 갖지 않는다는 것을 의미했다. 훗날인 1250~1300년 대부분의 영어 구어에서 단어 마지막에 붙는 schwa가 떨어지기 시작했고, 이로 인해 더욱 문법적인 두 가지 범주의 차이는 일소되었다. 주어와 목적어의 차이를 나타내는 여타 안내 표시들과 함께 어순은 고정되었고 'to', 'of', 'by' 등의 보조사를 부정형과 기타 형을 구분하기 위해 도입했다. 발음상의 세 가지 변화는 현대 영어에서 문법적 단순화의 큰 이유였다. Thomason and Kaufman 1988: 265-275 참조.

6. 그림의 법칙에 관해서는 Fortson 2004: 300-304 참조.

7. 일부 언어학자들은 인도·유럽 공통조어의 어근은 k로 시작하는 것이 아니라, 구개-연구개음(palato-velar)인 kh 유형의 소리로 시작한다고 주장하는데, 이 소리는 'satəm 언어군'에서처럼 첫 자음을 앞으로 움직이도록 요구하는 것이 아니라 'centum 언어군'에서처럼 자음이 뒤로 움직일 것을 요구한다. Melchert 1994: 251-252 참조. 이 점을 지적해준 빌 다든(Bill Darden)에게 감사드린다.

8. Hock and Joseph 1996: 38.

9. 복원된 인도·유럽 공통조어의 실제성에 대한 회의적 관점에 대해서는 Bynon 1977; Zimmer 1990 참조. 긍정적 관점에 관해서는 Hock and Joseph 1996: 532-534; Fortson 2004: 12-14 참조.

10. Hall 1950, 1976.

11. Bynon 1977: 72. 미케네어는 기록된 서기전 1350년 당시 과도기적 상태였다. 일부 인도·유럽 공통조어 단어의 k^w 음은 미케네어에서 이미 k 음으로 바뀌었다. *k^w와 *p 사이의 교환 현상은 일부 인도·유럽 공통조어 방언에 이미 존재했던 것으로

보인다.

12. 복원된 의미에 대한 회의적 견해로는 Renfrew 1987: 80, 82, 260 참조. 동일어근어를 비교할 때 비교 대상 어휘들의 의미에 상당히 엄격한 제약을 두어야 한다는 주장에 관해서는 Nichols 1997b 참조.

03 언어와 시간 1: 인도·유럽 공통조어 최후의 사용자

1. Swadesh 1952, 1955; Lees 1953 참조.

2. 여기서 언급한 교체율은 현대 영어의 핵심 어휘를 고 영어, 즉 앵글로색슨어와 비교해 얻은 것이다. 상당수의 고 영어 핵심 어휘는 노르드어에 의해 교체되었다. 그러나 노르드어 역시 게르만어계이므로 대부분의 핵심 어휘는 여전히 게르만어계였다. 이 때문에 우리는 영어의 핵심 어휘 96퍼센트가 여전히 게르만어계이며, 또한 동시에 핵심 어휘의 교체율이 26퍼센트로 높았다고 말할 수 있다.

3. 대부분의 정보는 Embleton 1991, 1986에서 취했다. 또한 McMahon and McMahon 2003; Dyen, Kruskal and Black 1992 참조. 많은 언어학자는 여러 문화를 관통하는 핵심 어휘를 정의할 수 있다는 어떤 주장에도 동의하지 않는다. 예컨대 오스트레일리아 원주민의 언어군은 핵심 어휘라는 것을 갖고 있지 않는 듯하다. 모든 어휘 항목은 똑같이 교체에 취약했다. 우리는 그 이유를 모른다. 논쟁의 쌍방에 대해서는 Renfrew, McMahon and Trask 2000에 소개되어 있다.

4. Meid 1975; Winfred 1989; Gamkrelidze and Ivanov 1984: 267-319.

5. 이바노프는 히타이트어(북부 아나톨리아어)와 루비어(남부 아나톨리아어)를 매개 조어 없이 각각 인도·유럽 공통조어에서 직접 이끌어내어 그 둘을 켈트어와 그리스어만큼이나 다르게 만들었다. 대부분의 기타 언어학자들은 아나톨리아어군이 공통의 원천인 아나톨리아 조어에서 파생했다고 본다. Melchert 2001; Diakonoff 1985 참조. 고전 시대 아나톨리아 서부 해안 지대에서 사용하던 리디아어는 히타이트어와 같은 방언 그룹에서 유래했을 것으로 보인다. 또한 서남 해안에서 사용하던 리키아어는 루비어와 같은 방언 그룹에서 유래했을 것이다. 고전 시대에는 두 언어 모두 사라졌다. 이 주제 전반에 관해서는 Drews 2001 참조.

6. 아나톨리아어군에 관해서는 Fortson 2004: 154-179; Houwink Ten Cate 1995; Veenhof 1995; Puhvel 1991, 1994 참조. 성문음(聲門音)의 관점에 대해서는 Gamkrelidze and Ivanov 1995 참조.

7. 윌루샤는 히타이트 영역 서쪽에 있는 도시다. 그곳이 트로이이고, 트로이인은 루비어를 썼을 가능성이 매우 크다. Watkins 1995: 145-150; Latacz 2004 참조.

8. 얀 푸벨(Jaan Puhvel 1994: 261-262)은 루비어에 미친 비인도·유럽어 기층 효과(substrate effect)를 "교착성 혼성어화로서 …… 아나톨리아어에서 일어난 일은 아이티 같은 곳에서 프랑스어가 변형된 것을 연상케 한다"고 묘사했다. 히티이트어도 이와 비슷한 비인도·유럽어 기층 효과를 드러내며 사용자가 그다지 많지 않았으므로 짐머(Zimmer 1990: 325)는 "전체적으로 아나톨리아어의 인도·유럽어화는 실패했다"고 언급했다.

9. Melchert 2001.

10. Forster 2004; Baldi 1983: 156-159.

11. Lehrman 2001. 레어먼이 인도·유럽 공통조어 특유의 것으로 규정한 혁신은 음운론적 특성 2개(예를 들면 후두음의 탈락), 명사의 형태론적 특성 3개(예를 들면 여성의 추가), 동사의 형태론적 특성 5개다.

12. 인도·히타이트어 가설에 관해서는 Sturtevant 1962 참조. 아나톨리아어를 매우 이른 시기 인도·유럽 공통조어의 파생 언어로 보는 견해에 대해서는 Puhvel 1991 참조. 레어먼(Lehrman 2001)은 아나톨리아어에서 '남자(man)'를 칭하는 말이 인도·유럽 공통조어와 달랐음을 지적했다. 이 단어는 대체로 핵심 어휘로 여겨지는 것이다. 아나톨리아어 *pāsna-는 또한 '남근(penis)'을 뜻하는 어근을 썼고, 인도·유럽 공통조어 *wiro- 또한 '강인함(strength)'을 뜻하는 어근을 썼다. 그러나 인도·유럽 공통조어와 아나톨리아 조어는 '할아버지' 및 '딸'을 칭할 때 동일어근어를 공유했으므로, 양자의 친족 관계를 나타내는 용어는 겹친다. 고전 인도·유럽 공통조어와 아나톨리아어는 선 인도·유럽 공통조어의 방언 연결 고리에서 아마도 다른 시기 다른 장소로부터 갈라져 나왔을 것이다.

13. 그리스의 선 그리스어(군)에 관해서는 Hainsworth 1972; Francis 1992 참조.

14. 인도어 지파의 가장 오래된 언어를 지칭하기 위해 나는 '인도·아리안어' 대신 '고인도어'라는 용어를 썼다. 오늘날 표준적인 명명법에 의하면 부모 언어는 '인도·이란어', 가장 오랜 이란어 파생어는 '아베스타 이란어', 가장 오랜 인도어 파생어는 '인도·아리안어'인데 여기서 아리안이란 말은 필요 없다. 두 언어의 사용자는 모두 아리안이었기 때문이다. 《리그베다》의 언어와 역사에 관해서는 Erdosy 1995 참조.

15. 미탄니 문서에 나오는 고 인도어 용어에 관해서는 Thieme 1960; Burrow 1973;

Wilhelm 1995 참조. 나는 미탄니의 이름들에 대해 언급해준 마이클 위첼(Michael Witzel)에게 감사한다. 모든 착오는 나 자신의 것이다.

16. 자라투스트라가 서기전 1000년 전 인물이라는 견해는 Boyce 1975; Skjærvø 1995 참조. 고대 그리스어 문헌에 의해 널리 알려진 '전통적인' 생존 연대는 그보다 500년 후다. Malandra 1983 참조.

17. 클랙슨과 햄프(Clackson 1994; Hamp 1998)는 선 아르메니아어는 그리스-인도-이란어 블록과 관련이 있다고 주장했다. 또한 앤틸라의 등어선(等語線) 지도(Antilla 1972, 그림 15.2)도 참조. 맬러리와 애덤스(Mallory and Adams 1997)의 연구에는 수많은 공유된 어휘 항목에 관한 묘사와 토론이 들어 있다. 나는 리처드 디볼드가 1994년 10월 그리스어/인도·이란어의 관계에 관한 분석을 담은 긴 편지를 보내준 것에 감사한다. 이 편지에서 그는 공통의 언어적 혁신들로 보면 그리스어와 이란어는 더 긴밀하게 연결되고, 그리스어와 인도어는 다소 덜 긴밀하다고 지적했다.

18. 미완료 시제의 시적 기능 공유에 대해서는 Rijksbaron 1988; Drinka 1995 참조. 시학, 공유 구문 그리고 무기 관련 용어에 관한 검토는 Watkins 1995, 2장, 435-436 참조.

19. Ringe et al. 1998; Ringe, Warnow and Taylor 2002 참조. Rexová, Frynta and Zrzavý 2003은 이와 유사한 분기학적 방법을 순순하게 일련의 어휘적 데이터에 적용했다.

04 언어와 시간 2: 양모, 바퀴 그리고 인도·유럽 공통조어

1. 'wool' 용어의 어원에 관해서는 Darden 2001, 특히 201-204쪽 참조. 실제 직물에 관해서는 Barber 2001, 1991; Good 1998 참조.

2. '방적 불가능' 인용은 Barber 2001: 2에서 가져왔다. 현대 가축 양의 미토콘드리아 DNA는 모든 것이 고대에 일어난 두 번의 가축화 사건에서 유래했음을 보여준다. 모든 유럽 양과 근동 양을 포함하는 집단 B는 아나톨리아 동부 혹은 이란 서부의 무플론 종 양(*Ovis orientalis*)의 후손이다. 또 하나의 집단 A는 또 다른 중북부 이란의 무플론 종 양의 후손으로 보인다. 기타 구세계 양(*Ovis ammon, Ovis vignei*)들은 길들인 양의 유전자에 기여하지 않았다. Hiendleder et al. 2002 참조. 양의 가축화에 관한 일반적 논의로는 Davis 1987; Harris 1996 참조.

3. 미술가들은 우루크 IV기(서기전 3400~서기전 3100년)의 이안나(Ianna) 신전에 직물을 만드는 여인들을 묘사했다. 훗날 수메르의 달(months) 호칭 안에 양모용 양이

포함되었다. 동물학적 증거에 의하면 달의 이름은 우루크 후기 혹은 그 이후에 정해진 것이지 그 이전은 아니다.

4. 근동에서 울 생산에 관한 동물학적 증거는 폴락(Pollack 1999: 140-147)이 검토했다. 아르슬란테페에 관해서는 Bökönyi 1983 참조. 울 생산용 양의 더 이른 연대를 보여주는 2개의 동떨어진 증거가 있다. 유프라테스 강 유역에 있는 하치네비 A기 거주지(서기전 4100~서기전 3800년)에서 방추가 출토되었는데 울을 꼬기에 적절해 보이는 가벼운 스핀들이었다. Keith 1998 참조. 이란 서부(케르만샤)의 테페사랍(Tepe Sarab)에서 출토된 진흙 양 모형은 울이 풍부한 털을 가지고 있는데, 이것이 나온 층의 연대는 서기전 5000년경으로 추정된다. 더 광범위한 논의는 Good 2001 참조.

5. 흐발린스크에서 출토된 카프리드(양 그리고/혹은 염소: 영양의 일종―옮긴이)에 관해서는 Petrenko 1984 참조. 페트렌코는 흐발린스크 무덤의 카프리드 전체의 사망 시기를 보고하지 않았지만, 보고된 것 12두 중 6두는 성숙한 것이었다. 희생물 매장지 #11에는 카프리드 뼈가 139개 있었는데 이는 다 자란 것 4두, 거의 자란 것 5두의 것이었다. 다 자란 것의 어깨 높이는 평균 78센티미터로 신석기 유럽의 여타 카프리드보다 거의 15센티미터나 더 컸다. 스보보드노예의 양에 관해서는 Nekhaev 1992: 81 참조. 헝가리의 양에 대해서는 Bökönyi 1979: 101-116, 폴란드의 양에 관해서는 Milisauskas 2002: 202 참조.

6. 노보스보보드나야의 울에 관해서는 Shishlina, Orfinskaya and Golikov 2003 참조. 북캅카스 초원의 카타콤 시기 울(서기전 2800~서기전 2200년 무렵)에 관해서는 Shishlina 1999 참조. 울에 관한 세라트의 추가적 언급은 Sherratt 1997a의 예전 글을 수정한 부분에 들어 있다.

7. 바퀴통을 의미하는 용어는 종종 다른 항목에도 포함되고, 또한 인도·유럽 공통조어에서 '배꼽(naval)'을 의미하기도 했으므로, 그 정확한 의미는 명확하지 않다. 바퀴/네 바퀴 수레 어휘에 관해서는 Specht 1944 참조. 영향력 있는 세 편의 추가 자료로는 Gamkrelidze and Ivanov 1984: 718-738; Meid 1994; Häusler 1994 참조. 나는 이 주제에 관한 내용을 1988년(Anthony and Wailes 1988)에 처음 출간하고 이어서 Anthony 1991a, 1995a을 출간했다. 이 책에서 다루는 대부분의 주제와 함께 인도·유럽 공통조어의 바퀴 관련 어휘에 대한 뛰어난 검토로는 Mallory and Adams 1997 참조.

8. 돈 린지는 1997년 편지에서 *hurki*-에 반대하는 주장을 내게 전해줬다. 빌 다든(Bill Darden 2001)은 아나톨리아어 용어들에 관해 논의했다.

9. 나는 내게 1838~1840년 이뤄진, 서로 다른 노면에서 네 바퀴 수레와 두 바퀴 수레가 받는 부하 실험에 주의를 기울이도록 해준 메리 리타우어에게 빚을 졌다. 이 실험에서 똑같은 중량일 경우 네 바퀴 수레의 부하는 두 바퀴 수레의 1.6배라는 것이 밝혀졌다. Ryder 1987 참조.

10. 가장 이른 시기의 바퀴 달린 수레에 관해서는 Bakker et al. 1999; Piggott 1983 참조. 유럽의 바퀴에 관해서는 Häusler 1992; Hayen 1989, 메소포타미아의 바퀴에 관해서는 Littauer and Crouwel 1979; Oates 2001 참조. 초원의 수레 매장에 관한 가장 포괄적인 분석으로는 아직 출판되지 않았지만 이즈비체르(Izbitser 1993)의 상트페테르부르크 물질문화사연구소를 위한 논문이 있다. 이즈비체르는 뉴욕 메트로폴리탄 미술박물관의 자기 직위에서 영문판 업데이트 작업을 하고 있다. 기타 중요한 초원의 수레에 관한 설명으로는 Mel'nik and Serdiukova 1988; Gei 2000: 175-192의 네 바퀴 수레에 관한 설명 부분 참조.

11. 세라트의 논문들은 Sherratt 1997에 편집 및 수정한 상태로 수록되었다. 그는 초원의 기마는 근동의 당나귀 타기에서 영감을 받았다고 계속 주장한다(1997: 217). 2차 생산품 혁명에 관한 초기의 비판적 대응은 Chapman 1983 참조.

12. 러시아의 신석기 썰매에 대해서는 Burov 1997 참조. 이들 대부분은 구부린 나무로 만든 활주부(날)를 갖췄으며, 장부와 장부촉으로 끼워 맞춘 것이었다. 이는 바퀴와 목판 바퀴(wooden-slat tire)를 만드는 데 필요한 목공 기술이다.

13. 여기서 내가 이용한 렌프루의 가설은 Renfrew 2001으로 출간되었다. 이에 동의하는 고고학자들의 견해로는 Zvelebil and Zvelebil 1988; Zvelebil 1995; Robb 1991, 1993 참조. 로버트 드루스(Robert Drews 2001)는 다른 장소에서 출발했지만 결국 렌프루를 지지하게 되었다.

14. 아나톨리아 신석기인의 시리아 북부 기원에 관해서는 Bar-Yosef 2002 참조. 이들이 아프리카·아시아 언어 집단에 속하는 것으로 보인다는 점에 대해서는 Militarev 2002 참조.

15. Gray and Atkinson 2003; Balter 2003의 리뷰 참조. 언어학자 트라스크(L. Trask)가 그레이와 앳킨슨의 방법을 비판하자, 그레이가 그의 홈페이지(http://www.psych.auckland.ac.nz/psych/research/Evolution/GrayRes.htm. 2004년 3월 갱신)에서

반박했다.

16. 인도 · 유럽어 단어 '돌다(turn)', '회전하다(turn around)', '감다(wind)', '말다(roll)' 등의 경우와 함께 Buck 1949: 664 참조. '돌다'에서 바퀴〔wheel=도는 것(the turner)〕로의 자연적 · 독립적 발전에 관한 그레이의 주장은 바퀴를 의미하는 복원된 인도 · 유럽 공통조어 용어가 2개라는 사실에 의해 복잡해졌는데, 나머지 하나는 인도 · 유럽 공통조어 동사 *reth-, 즉 '달리다〔바퀴=달리는 것(the runner)〕'에 기초한 것으로서 의미론적으로 다르게 발전했다.

17. Renfrew 2001: 40-45; 2000. 몇천 년 동안 인도 · 유럽 공통조어가 생존했다는 렌프루의 인도 · 유럽 공통조어 장수(長壽) 가설은 일부 언어학자들의 지지를 받고 있다. 인도 · 유럽 공통조어가 중석기 시대에서 빗줄무늬 토기 시기가 끝날 때까지, 즉 서기전 6000~서기전 2200년까지 사용되었다는 견해로는 Kitson 1997, 특히 198-202쪽 참조.

18. Childe 1957: 394.

19. Mallory 1989: 145-146; Anthony 1991a. 아프리카에 관해서는 Nettles 1996 참조.

05 언어와 장소: 인도 · 유럽 공통조어 고향의 위치

1. 인도 · 유럽 공통조어의 고향에 관한 이론들은 Mallory 1989, 6장 참조. 소련에서 과거를 정치적으로 이용한 예로는 Shnielman 1995, 1999; Chernykh 1995; Kohl and Tsetskhladze 1995 참조. 아리안-유로피언(Aryan-European) '인종'에 대한 신념에 관해서는 Kuhl 1994; Poliakov 1974 참조.

2. 흑해-카스피 해 초원 고향 가설은 영어로는 김부타스와 맬러리에 의해 가장 명백히 옹호되었다〔Gimbutas 1970, 1977, 1991; Mallory 1989(개정판 Mallory and Mair 2000)〕. 비록 김부타스의 고향 문제 해법에 동의하지만, 나는 그녀의 연대 배열과 그녀가 제시한 인도 · 유럽 공통조어 확산의 이유 그리고 쿠르간-문화 이주(Kurgan-culture migrations) 개념에는 동의하지 않는다. 이에 대해서는 Anthony 1986에서 자세히 설명했다.

3. Dixon 1997: 43-45 참조. 마찬가지로 짐머(Zimmer 1990: 312-313)도 "복원은 순수한 추상으로써 위치를 지우거나 연대를 지정할 수 없다. ……복원된 항목에 관한 어떤 언어학적 해석도 불가능하다"고 했다.

4. 나뭇가지 모형은 일부 지역적 수렴 현상을 배제하거나 부정하지 않는다. 모든 언어

는 (어떤 언어에서 분리되어 나온) 분기 구조와 인접 언어와의 수렴 요소 모두에 기초한다. 지역적 차용에 관해서는 Nichols 1992 참조.

5. Thomason and Kaufman 1992; Nichols 1992; Dixon 1997 참조. 모두 인도·유럽어군이 인도·유럽 공통조어에서 파생했다는 주장을 지지한다. 딕슨(Dixon 1997: 31)은 비록 일부 어족 나뭇가지 모형을 만들기 위해 쓰인 범주에 대해 비판적이지만 "어족 나뭇가지 모형에서 인도·유럽어 간의 발생학적 연관성은 물론 탁월하게 증명되었다"고 언급했다. 수렴에 대한 여러 가지 접근법에 관한 간결한 검토는 Hock and Joseph 1996: 388-445에서 볼 수 있다.

6. 인접한 언어들 간의 점진적 수렴은 사회적 환경에 따라 몇몇 다른 종류의 유사성을 만들어낼 수 있다. 가능성의 범위에는 다음과 같은 것이 포함된다. (1) 무역 용어 (trade jargons): 교역이나 물물교환의 목적을 위해 겨우 의사소통을 할 정도로 인접 언어들의 단어를 조잡하게 조합한 것. (2) 피진어(pidgins): 식민지적 접촉(colonial encounter) 공간에서 무역 용어나 복수의 부분적으로 알려진 언어들로부터 발생하며, 그 공간에서는 식민지 표적 언어(target language)가 대부분의 내용을 제공한다. (3) 혼성어(creoles): 피진어에서 진화하거나 다종족 강제 노동 공동체에서 갑작스레 발생할 수 있는데, 이곳에서도 역시 식민지 표적 언어가 대부분의 내용을 제공한다. 피진어와 달리 혼성어는 자연 언어(natural language)의 핵심적 문법을 가지고 있지만, 그것은 줄어들고 단순화한 형태다. 물론 혼성어는 노래, 시 그리고 수사법에서 다른 많은 자연 언어만큼 표현력이 있다. 따라서 이 언어의 문법이 간단하다고 해서 가치가 낮은 것은 아니다. 이 모든 말하기 방법은 대대적인 문법적 단순화의 병목을 거친다. 인도·유럽어 문법은 혼성어 문법과 전혀 닮지 않았다. Bickerton 1988; Thomason and Kaufman 1988 참조.

7. 펄그램(Pulgram 1959)은 비교 연구 방법을 현대 로마어의 'coffee'에 적용하면 '커피'를 뜻하는 고전 라틴어의 가짜 라틴어 어근이 만들어진다고 주장했다. 그러나 펄그램의 주장은 홀(Hall 1960, 1976)에 의해 반박을 받았다. 펄그램의 주장을 렌프루 (Renfrew 1987: 84-86)가 인용했지만 디아코노프(Diakonov 1988: 주 2)는 이를 수정했다.

8. 발트-슬라브어에 간직된 선 인도·유럽어 기층 용어에 관해서는 Andersen 2003 참조. 그리스어 및 선 그리스어 지명에 관해서는 Hester 1957; Hainsworth 1972; Renfrew 1998 참조. 북유럽에서는 최소 3개의 사멸한 비인도·유럽어가 있었음이

밝혀졌다. (1) 고대 유럽의 강 이름 체계(hydronomy) 언어: 주로 비인도·유럽어 강 이름에 남아 있음. (2) 새 이름 언어: 찌르레기(blackbird), 종다리(lark), 왜가리 (henon) 등의 일부 새 이름에 남아 있고, 초기 게르만어/켈트어/라틴어 등이 차용한 용어들에도 남아 있는데 광석(ore), 번개(lightning) 등이 여기에 포함된다. (3) 이중 자음(geminates) 언어: 이 언어의 흔적은 단지 일부 특이한 음에만 남아 있는데 인도·유럽어의 전형과는 매우 다르며, 주로 게르만어로 차용되었지만 켈트어 단어 일부에도 있다. 여기에는 단어 끝에 자음을 반복하는 것과 놉(knob, 'k'는 묵음)처럼 단어 머리에 나오는 [kn-] 등이 포함된다. Schrijver 2001; Venneman 1994; Huld 1990; Polomé 1990; Krahe 1954 참조.

9. 인도·유럽 공통조어의 고향을 북유럽으로 제한한 용어로서 *beech* 및 *salmon*에 대해서는 Thieme 1958 참조. 프리드리히(Friedrich 1970)는 오늘날 너도밤나무를 뜻하는 *beech*가 몇몇 인도·유럽어 지파에서 너도밤나무, 참나무, 딱총나무 등 다양한 의미로 쓰였다는 것과 어쨌든 캅카스 산맥에서 일반적인 너도밤나무가 자란다는 것을 밝혀 북유럽계의 나무 이름임을 진단하는 수단으로 *beech*를 쓸모없게 만들었다. 디볼드(Diebold 1985)는 인도·유럽 공통조어의 지리적 위치를 한정하는 수단으로써 '연어'를 쓸 수 없다는 증거들을 요약했다. 꿀벌에 관한 탁월한 주장으로는 Carpelan and Parpola 2001 참조. 또한 연어와 너도밤나무에 관한 Mallory and Adams 1997도 참조.

10. 인도·유럽 공통조어 *peku-*에 대한 해석은 방브니스트(Benveniste 1973: 40-51)를 따랐다.

11. 이 인도·유럽 공통조어 시절 사회의 복원 모습은 Benveniste 1973, Mallory and Adams 1997에 있는 수많은 항목 그리고 Gamkrelidze and Ivanov 1995에 기초했다.

12. 인도·유럽 공통조어와 우랄 조어의 연관에 대해서는 Carpelan, Parpola and Koskikallio 2001, 특히 코이불레토(Koivulehto)와 칼리오(Kallio)의 글을 볼 것. 더불어 Janhunen 2000; Sinor 1988; Ringe 1997 참조.

13. 예니세이 고향설은 Napol'skikh 1997 참조.

14. Koivulehto 2001.

15. Janhunen 2000에는 일부 대명사의 경우 약간 다른 형태로 제시되어 있다. 니컬스는 나에게 보낸 메모에서 어미 '-*m*' 과 '-*n*'을 공유한 어형 변화는 실상을 보여주기에 그다지 강력한 것이 아니며, 오직 공유된 어형 변화 패러다임 전체만이 판단의 근거가

될 수 있다고 했다. 또한 비강음(鼻腔音)은 발생 빈도가 높으며 명백하게 문법적인 어미에서 나타나는 경향이 있다. 그러므로 여기서 정말 중요한 것은 대명사다.

16. Nichols 1997a.

17. 성문음 이론에 대해서는 Gamkrelidze and Ivanov 1973; Hopper 1973 참조. 그들의 현재 의견을 보려면 Gamkrelidze and Ivanov 1995 참조.

18. 성문음 이론에 대한 논의는 Diakonov 1985; Salmons 1993; Szemerényi 1989 참조.

19. 셈어-인도·유럽 공통조어 차용어와 카르트벨리아어-셈어-인도·유럽 공통조어 차용어에 관한 비판적 논의로는 다음 참조. Diakonov 1985: 122-140; Nichols 1997a, 부록. 카르트벨리아 조어의 확산 혹은 분열 연대에 대해서는 Harris 1991 참조.

06 언어의 고고학

1. 내가 적용한 정의는 프레스콧(Prescott 1987)의 견해를 따랐다. 파커(Parker 2006)는 다른 식으로 용어를 정의했다. 그는 'boundary'를 경계 일반(나는 'border'를 썼다)을 의미하는 것으로, 'border'를 정치적 및 군사적인 특정한 경계선(내가 'boundary'로 쓴 것과 다소 비슷하다)을 의미하는 것으로 제시했다. 파커는 자신의 용어 정의를 이런 단어들이 보통 때 어떻게 쓰이는가에 대한 통속적 이해에 부분적으로 기반을 두려 했다. 고상한 목표다. 그러나 나는 통속어 용법에 어떤 일관성이 있다는 데 동의하지 않고, 확립된 정의를 쓰는 것을 선호한다. 경계지 문학(border-land literature)에 대해 평하면서 더낸과 윌슨(Donnan and Wilson 1999: 45-46)은 프레스콧을 따라 'border'를 경계 일반을 칭하는 용어로 사용했다. 내 생각의 많은 부분을 빚지고 있는 고전적인 저작은 Barth 1969이다. 종족 경계에 대한 고고학적 논의로는 Shennan 1989; Stark 1998 참조.

2. 중세 유럽의 지역적 정체성에 대해서는 Russell 1972; Bartlett 1993 참조. 부족과 경계 지워진 문화에 대한 인류학적 해체에 관해서는 Fried 1975; Wolf 1982, 1984; Hill 1992; Moore 2001 참조. 종족에 대한 경계-해체적 접근을 고고학적으로 잘 활용한 것으로는 Wells 2001; Florin 2001; MacEachern 2000; James 1999 참조.

3. Hobsbawm 1990; Giddens 1985; Gellner 1973 참조. 기든스(Giddens 1985: 120)는 민족 국가를 "경계 지워진 권력-담지자(bordered power-container)"로 언급한 것으로 유명하다. 고대의 부족과 경계에 대한 다른 해석으로는 Smith 1998 참조. 그는 '원초론자(primordialist)'로 비난받는다. 그의 변론으로는 7장 참조. 또한

Armstrong 1982도 참조.

4. 남아프리카의 발사체 촉(투창 날 혹은 화살촉 따위―옮긴이)과 어족에 관해서는 Weissner 1983 참조. 물질문화와 종족에 대한 훌륭한 검토로는 Jones 1997, 특히 6장 참조.

5. 뉴기니에 관해서는 Terrell 2001; Terrell, Hunt and Godsen 1997 참조. 생물학적 특징과 문화 및 언어는 분리되어 서로 관련이 없다는 주장의 원본은 Boaz 1911의 서문 참조. 캘리포니아에 대해서는 Jordan and Shennan 2003 참조. 그 밖의 예로는 Silver and Miller 1997: 79-98 참조.

6. 지속적인 변경은 1970년대에 활발한 연구 주제였다. 스파이서(Spicer 1971)와 캐스틸 및 쿠시너가 스파이서에게 헌정한 한 권의 책(Castile and Kushner 1981) 참조. 이 논문들의 초점은 낙인찍힌 소수자 정체성의 지속성이었다. 고고학에서, 선사 '문화 지역(cultural areas)'의 장기 지속에 관해서는 오래전 엔리히(Ehrich 1961)가 논의했다. 이 주제를 다시 도입한 것은 Kuna 1991; Neustupny 1991이며, 이 주제에 대한 나의 첫 논문은 Anthony 2001이다.

7. 허드슨 계곡의 이로쿼이/알곤키 변경에 대해서는 Chilton 1998 참조. 선형 토기 변경에 대해서는 Zvelebil 2002 참조. 야스토르프/할슈타트 변경에 대해서는 Wells 1999 참조.

8. 엠버링(Emberling 1997)은 복수의 물질문화 범주에서 뚜렷하게 드러나는 물질문화의 경계를 나타내는 용어로 '강고한(robust)' 대신 '중복되는(redundant)'을 썼다. 아울러 그는 이런 중복성은 이러한 경계가 사회적으로 특히 중요하다는 것을 나타낸다고 인식했다.

9. 웨일스어/영어 변경의 유전적 경계에 대해서는 Weale et al. 2002 참조. 바젤 근처의 경계에 대해서는 Gallusser 1991 참조. 브르타뉴 문화에 대해서는 Jackson 1994; Segalen 1991 참조. 이탈리아 내의 게르만어/로망스어 변경에 대해서는 Cole and Wolf 1974 참조.

10. 우카얄리 인용문은 DeBoer 1990: 102. 언어와 유전적 상관관계에 대해서는 Jones 2003 참조.

11. 이로쿼이족에 대해서는 Wolf 1982: 167; 1984: 394 참조. 이와 대조되는 것으로는 Tuck 1978; Snow 1994; Richter 1992 참조. 무어(Moore 2001: 43) 역시 아메리카 인디언 부족들 사이의 혼인을 문화적·언어적 혼합의 일반적 지표로 사용했다. "이

런 결혼 자료에 의하면, 이 사회에서 저 사회로 사람들의 지속적인 이동과 이로 인한 유전자, '언어' 그리고 문화의 이동이 드러난다"(강조는 필자).

12. 기능 지대의 경계에 관해서는 Labov 1994 참조. 기능 지대에 관해서는 Chambers and Trudgill 1998; Britain 2002 참조.

13. Cole and Wolf 1974: 81-282 참조. 또한 Barth 1969도 참조. 콜과 울프는 이탈리아의 지속적인 변경 하나에 대해 통찰력 있는 분석을 써냈다. 그리고 1982년 울프는 그의 가장 잘 알려진 저작을 출판하고, 유럽 외 부족의 경계는 침투성과 가변성이 훨씬 컸다는 의견을 제시했다. 내 생각에 이런 견해를 쌓는 와중에 그는 자신의 이전 현장 연구와 상반되는 의견 일부를 표출한 것으로 보인다.

14. 당구공의 비유에 관해서는 Wolf 1982: 6, 14 참조. 이주 과정 일반에 관해서는 Anthony 1990, 1997 참조. 아메리카 서남부를 연구하는 고고학자들은 다른 어떤 지역 연구자들보다 이주 이론을 더 밀고 나갔다. 하나의 예를 들면 Spielmann 1998 참조. 이로쿼이 고고학의 이주 이론에 관해서는 Sutton 1996 참조.

15. 4개의 식민지 문화 지역에 관해서는 Fischer 1989; Glassie 1965; Zelinsky 1973 참조. 1980년대와 1990년대 고고학은 문화지리학에서 멀어졌지만 역사학자와 민속학자들은 탐구를 계속했다. Upton and Vlach 1986; Noble 1992 참조. 역사학자들의 북아메리카 문화지리학에 대한 관심은 Nash 1984 참조.

16. Clark 1994.

17. Kopytoff 1987.

18. 누에르족에 관해서는 Kelley 1985 참조. 신부 대금 통화(currency)의 변화가 기초적 생존 경제에 미치는 영향에 관해서는 Cronk 1989 참조.

19. 식민지 이주민 사이 방언의 평준화에 관해서는 Siegel 1985; Trudgill 1986; Britain 2004 참조. 평준화의 정도는 수많은 사회적, 경제적, 언어적 요인에 달려 있다. Mufwene 2001 참조. 남북아메리카에서 에스파냐어의 평준화에 관해서는 Penny 2000 참조. 미국 영어 방언의 역사에 관해서는 Fischer 1989 참조.

20. 헌장 집단에 관해서는 Porter 1965; Breen 1984 참조. 오하이오의 독일인 이주민에 관해서는 Wilhelm 1992 참조. 뉴잉글랜드의 청교도 헌장 집단에 관해서는 Fischer 1989: 57-68 참조. 마야에 관해서는 비록 지금은 이주에 기초한 그의 역사 서술에 대한 비판이 제기되었지만 폭스(Fox 1987) 참조. '꼭대기 가족'에 관해서는 Alvarez 1987, 푸에블로 인디언에 관해서는 Schlegel 1992 참조.

21. 식민지 이주민들 사이 물질문화의 평준화와 단순화에 관해서는 Noble 1992; Upton and Vlach 1986 참조. 부르마이스터(Burmeister 2000)는 주거지 건축의 외형은 일반적 기준에 순응하는 경향이 있는 반면, 종족적 특성은 내부의 세부적 장식과 외관에 의해 표현된다고 지적했다.

22. 경계에 관한 보아스식 접근법에 대한 검토는 Bashkow 2004에 들어 있다.

23. 프랑스의 지역들에 대해서는 Chambers and Trudgill 1998: 109-123, 마사이족에 대해서는 Spear and Waller 1993, 미얀마에 관해서는 Leach 1968, 1960 그리고 미얀마에 대한 다른 해석은 Lehmann 1989 참조.

24. 언어와 생태학에 관해서는 Hill 1996; Nettles 1996 참조. 힐의 논문은 나중에 Terrell 2001: 257-282에 실려 출판되었다. Milroy 1992도 참조.

25. 생태학적으로 결정된 언어의 '확산 지대'라는 개념은 Nichols 1992에서 가져왔다. 건조 지대와 언어 확산에 관한 비슷한 생각을 Silver and Miller 1997: 79-83에서 확인할 수 있다. 렌프루(Renfrew 2002)는 '확산 지대'라는 용어를 급격한 언어의 확산이 있는 모든 지역, 특히 생태와 관계없이 개척 농민의 팽창이 있었던 곳에는 어디든 적용했다. 그러나 캠벨(Campbell 2002)은 이러한 용어 정의의 혼합에 대해 경고했다.

26. 중국에 관해서는 DiCosmo 2002; Lattimore 1940 참조.

27. 아촐리의 기원에 관해서는 Atkinson 1989, 1994 참조.

28. 청동기 시대 족장령의 성장에 관한 유사한 모형은 앳킨슨의 사례 연구보다 훨씬 앞서 길먼(Gilman 1981)에 의해 출판되었다.

29. 파탄-발루치 간의 이동에 대해서는 Mallory 1992; Barth 1972; Noelle 1997 참조.

2부 유라시아 초원의 개방

07 어떻게 죽은 문화를 복원할 것인가

1. 크리스티안 톰센의 '세 시대 체제'에 관해서는 Bibby 1956 참조.

2. 나는 일반적으로 동석기와 청동기 시대 연대학에 관해 상트페테르부르크 물질문화사연구소의 빅토르 트리포노프의 견해를 따른다. Trifonov 2001 참조.

3. 방사성 탄소 연대 측정이 유럽 선사 시대에 대한 우리의 이해에 끼친 충격에 관해서

는 Renfrew 1973 참조.

4. 민물고기에 축적된 오랜 탄소의 문제는 Cook et al. 2002; Bonsall et al. 2004에 설명되어 있다. 나는 그들의 방법을 써서 보정 척도(correction scale)를 만들었는데, 이 책의 부록에 실려 있다.

5. 러시아 고고학에서 방사성 탄소 연대 측정값에 대한 좋은 역사적 검토로는 Zaitseva, Timofeev and Sementsov 1999 참조.

6. 변화하는 역사적 상황에 대응한 문화적 정체성 변동의 좋은 예로는 Haley and Wilcoxon 2005 참조. 상황 정치 하나로는 문화적 정체성에 대한 감정적 유대를 설명하기 불충분하다는 에릭 울프와 앤서니 스미스의 논평은 Cole and Wolf 1974: 281-282; Smith 1998, 7장에 있다.

7. 기술 양식과 문화적 경계에 대해서는 Stark 1998 참조.

08 최초의 농부와 목부: 흑해-카스피 해 지역의 신석시

1. 여기에 나오는 천신 3명의 이름은 인도·유럽 공통조어로 거의 확실히 증명할 수 있다. '디에우스 파터(Dyeus Pater)', 즉 '하늘의 아버지'가 가장 확실하다. '폭풍/전쟁의 신'은 방언마다 이름이 다르지만 각 지파의 이름은 모두 번개, 망치 혹은 곤봉, 전쟁과 관련이 있다. '성스러운 쌍둥이'도 지파마다 이름이 다르다〔인도어로 나사티야스(Nāsatyas), 그리스어로 카스토르(Kastōr)와 폴리데우케스(Polydeukēs), 발트어로 디에바 델리(Dieva Dēli)〕. 그들은 행운과 관련이 있으며, 종종 성스러운 암말의 쌍둥이 자식으로 표현된다. *Trito에 관해서는 Watkins 1995; Lincoln 1981: 103-124 참조. 더 최근의 것으로는 Lincoln 1991, 1장 참조. 쌍둥이에 관해서는 Puhvel 1975; Mallory and Adams 1997: 161-165 참조.

2. 인도·유럽어 사회의 3기능 구분에 관해서는 Dumezil 1958; Littleton 1982 참조. Mallory 1989: 128-142에 멋진 검토가 들어 있다. 인도·유럽어 시가에서 3행 및 2행 구절 엮음의 가장 인상적인 예로는 서기전 160년 카토(Cato)에 의해 보존된 전통적인 라틴 시 '들판의 정화(Lustration of the Fields)'에 대한 캘버트 왓킨스(Calvert Watkins)의 분석 참조. 그 구조는 반복되는 3행으로 표현되었다. Watkins 1995: 202-204 참조.

3. 프셰발스키는 1881년 이 말에 대해 처음 묘사한 폴란드의 대령 프셰발스키의 이름을 딴 것이다. 러시아 귀족 프레데릭 폰 팔즈페인(Frederic von Falz-fein)과 독일의

동물 수집가 카를 하겐베크(Carl Hagenbeck)는 1899년과 1901년 몽골에서 이 종의 말 수십 마리를 잡았다. 현대의 모든 프셰발스키 종은 이 종 15마리가량의 후손이다. 그들의 야생 사촌들은 제2차 세계대전 후 멸종할 때까지 사냥되었다. 마지막 개체는 1969년 몽골에서 목격되었다. 동물원에서 기른 개체들을 몽골의 보호구역 두 곳으로 돌려보냈는데, 그곳에서 다시 한 번 번성하고 있다.

4. 우랄 산맥 서쪽과 동쪽의 후기 구석기 시대 문화의 차이에 관해서는 Boriskovskii 1993; Lisitsyn 1996 참조.

5. 빙하기 카스피 해, 즉 흐발린 해와 흑해에 관한 광범위한 연구로서 '노아의 홍수' 가설까지 포함하고 있는 것으로는 Yanko-Hombach et al. 2006 참조.

6. 소 목축민들 사이의 모계제 쇠퇴에 관해서는 Holden and Mace 2003 참조.

7. 초기 유럽 소의 Y 염색체에 관한 자료는 Gotherstrom et al. 2005 참조. MtDNA에 관해서는 Troy et al. 2001; Bradley et al. 1996 참조.

8. 농경 변경의 인구학에 관해서는 Lefferts 1977; Simkins and Wernstedt 1971 참조.

9. 다뉴브 강 하류 하곡의 가장 오랜 크리슈 문화 유적에 관해서는 Nica 1977 참조. 벨그라드 북쪽 평원의 스타르체보 거주지에 관해서는 Greenfield 1994 참조.

10. 동카르파티아의 크리슈 이주민에 관해서는 Dergachev, Sherratt and Larina 1991; Kuzminova, Dergachev and Larina 1998; Telegin 1996; Ursulescu 1984 참조. 숫자 30은 발굴된 유적의 수를 말한다. 크리슈 토기는 우르슬레스쿠(Ursulescu 1984)가 나열한 훨씬 많은 발굴하지 않은 노천 유적에서 보이는 것으로 알려져 있다. 헝가리 동쪽의 크리슈 경제에 대해서는 Vörös 1980 참조.

11. 신석기 시대의 빵에 관해서는 Wahren 1989 참조. 크리슈 문화 사람들은 네 종류의 밀 작물을 포함한 농장을 가꾸었다. 네 종류의 밀, 즉 아인콘(이삭에 낱알 한 개씩 달린 밀, 즉 1립밀), 엠머(2립밀), 스펠트, 빵 밀과 보리, 기장, 완두는 모두 동유럽 토착종이 아니라 도입한 것이었다. 식물 증거에 관해서는 Yanushevich 1989; Pashkevich 1992 참조.

12. Markevich 1974:14.

13. 동카르파티아 크리슈 문화의 기원에서, 동화된 채집민이 했음직한 역할에 대해서는 Dergachev, Sherratt and Larina 1991; 특히 Zvelebil and Lillie 2000 참조.

14. 개척 농부들과 언어의 확산에 관해서는 Bellwood and Renfrew 2002; Bellwood 2001; Renfrew 1996; Nichols 1994 참조. 야생 동물과 가축의 상징적 대립에 관해

서는 Hodder 1990 참조.

15. 고고학자 대부분은 그리스의 신석기가 아나톨리아 농경민의 이주로 인해 시작되었다는 페를레(Perlés 2001)의 주장을 받아들인다. 그리스로부터 발칸으로의 최초 확산에 관해서는 Fiedel and Anthony 2003 참조. 그리고 Zvelebil and Lillie 2000; Van Andel and Runnels 1995도 참조. 신석기 시대에 갑판 없는 배를 타고 에게해를 건넌 것에 대해서는 Broodbank and Strasser 1991 참조.

16. *tawro-s*에 관해서는 Nichols 1997a: 부록 참조. 아프리카·아시아 언어와 초기 신석기에 대해서는 Militarev 2003 참조.

17. 부그-드네스트르 문화에 대한 고전적인 러시아어 연구들은 Markevich 1974; Danilenko 1971에 있다. 영어로 된 고전적인 논의는 Tringham 1971에 있다. 더 최근의 연구로는 Telegin 1977, 1982, 1996; Wechler, Dergachev and Larina 1998 참조.

18. 흑해 일대의 중석기 집단들에 관해서는 Telegin 1982; Kol'tsov 1989 참조. 도브루자의 중석기에 관해서는 Paunescu 1987 참조. 동물학적 분석으로는 Benecke 1997 참조.

19. 가장 초기 엘샨카 유적의 연대 측정은 조개껍데기로 했으므로, 기존의 탄소로 인한 영향을 보정해야 할 것이다. 보정 후의 엘샨카 연대는 서기전 6500~서기전 6200년으로 늦춰질 것이다. 마모노프(Mamonov 1995)와 같은 책 안의 여타 논문 참조. 방사성 탄소 연대 측정값에 대해서는 Timofeev and Zaitseva 1997 참조. 이런 침니/진흙/점토 토기의 제작 및 기술에 관해서는 Bobrinskii and Vasilieva 1998 참조.

20. 라쿠셰치니야르의 연대에 관해서는 Zaitseva, Timofeev and Sementsov 1999 참조. 라쿠셰치니야르 발굴에 관해서는 Belanovskaya 1995 참조. 라쿠셰치니야르는 깊숙한 층을 이룬 유적이었다. 텔레긴(Telegin 1981)은 퇴적층 14를 가장 오래된 문화적 점유지로 기술했다. 여기서 나는 설명하지 않았지만, 9~20층까지의 토기 그릇에 붙어 있는 유기 잔여물로부터 일련의 새 방사성 탄소 연대 측정값을 도출했다. 15~20층은 가장 오래된 문화층 아래 있었을 것이므로, 나는 이 토기의 맥락을 확신할 수 없다. 이 측정값을 보정하면 서기전 7200~서기전 5800(BP 7930±130~6825±100)년 범위다. 이 연대가 옳다면, 이 토기는 유사한 여타 토기들보다 1500년 앞선 것이다. 또한 양은 돈 강 하류 하곡에서 서기전 7000년 무렵에 나타났다. 길들인 양 전부가 서기전 8000~서기전 7500년경 터키 동부 시리아 북부 및 이

라크의 모계 유전자 풀에서 나왔음이 유전적으로 증명되었고, 캅카스와 아나톨리아 북서부, 혹은 유럽 여타 지역의 서기전 7000년까지 소급되는 어떤 유적에서도 길들인 양은 발견되지 않았다. 라쿠셰치니야르(8층 측정값: BP 6070+100, 5890+105)에서 출토된 숯으로 측정한 연대의 최고값은 서기전 5200~서기전 4800년 무렵이었는데, 초원에서 최초의 가축에 관한 여타 연대값들과 들어맞는다. 만약 측정된 유기 잔여물이 끓인 물고기로 가득했다면, 이는 500년의 보정이 필요하다. 그러면 가장 이른 값이 서기전 6400~서기전 6200년경으로 내려간다(좀더 합리적으로 보이는 수치). 나는 연대가 오염되었고 양은 후대의 층에서 혼입되었을 것으로 생각한다.

21. 우크라이나의 중석기 말기 및 신석기 시대 방사성 탄소 연대 측정값 155건에 관해서는 Telegin et al. 2002; 2003 참조.

22. 부그-드네스트르 문화의 식물성 음식에 관해서는 Yanushevich 1989; Kuzminova, Dergachev and Larina 1998 참조. 중기 유적인 소로키 I/1a층의 보리와 기장이 찍힌 흔적에 관한 보고서가 Markevich 1965에 들어 있다. 야누셰비치는 1989년 발간한 부그-드네스트르 유적 목록에 이러한 흔적이 있는 유적을 넣지 않았다. 이것은 내가 아는 한 보리와 기장 흔적이 보고된 유일한 부그-드네스트르 유적이다.

23. 여기에 사용한 연대는 사람의 뼈로 측정한 것이 아니라서 보정이 필요 없다. 뼈의 백분율은 Markevich 1974, 표 7과 Benecke 1997에서 가져왔다. 베네케는 돼지나 소가 흑해 북쪽 지역에서 독자적으로 길들여졌다는 소비에트 시절의 주장을 일축했다. 텔레긴(Telegin 1996: 44)도 이에 동의했다. 우랄 산맥 남부의 물리노에서 서기전 7000년으로 추정되는 길들인 양의 뼈가 출토되었는데, 마티우신(Matiushin 1986)은 이를 중앙아시아로부터의 이주 증거로 언급했다. 그러나 라쿠셰치니야르의 깊은 층에 있었다고 주장하는 양처럼 이것들도 그들의 어버이로 제시된 제이툰(Djeitun)의 양보다도 **오랜** 것인데, 야생 양은 러시아 토착이 아니다. 양의 뼈는 더 후대의 신석기 층에서 들어온 것으로 보인다. 마티우신의 보고는 층위학적인 비일관성 때문에 비판을 받았다. Matiushin 1986 참조. 그리고 이에 대한 비판으로는 Vasiliev, Vybornov and Morgunova 1985; Shorin 1993 참조.

24. Zvelebil and Rowley-Conwy 1984.

25. 포로로 잡힌 여인들과 그들의 지나친 순응적 행동에 관해서는 DeBoer 1986 참조. 기술 양식에 관한 고고학적 문헌은 방대하지만, 좋은 안내서로는 Stark 1998 참조.

26. 동카르파티아 산록의 선형 토기 문화는 서기전 5500~서기전 5400년 무렵 크리슈 문화와 겹쳤다. 이 사실은 후기 크리슈 문화의 그루마제슈티(Grumazeşti)와 사카 로프카 등의 유적에서 일부 선형 토기 파편이 발견되는 것으로 알 수 있다. 사카로 프카 유적에는 부그-드네스트르 유형 토기 파편도 있었는데, 이는 세 문화 집단이 잠시 공존했음을 보여준다.

27. 물론 농경민들 사이에도 공유와 후함이 있다. 그러나 농부들은 일정한 잠재적 음식 은 음식이 아니라 투자라는 것도 이해했다. 농부들 사이에서 음식에 대한 후함은 시절이 좋지 않을 때는 실질적으로 제한된다. 채집민 사이에는 대체로 이런 것이 없다. Peterson 1993; Rosenberg 1994 참조.

28. 드네프르-도네츠 문화에 대한 최초의 저술로는 Telegin 1968 참조. 영어로 된 논 문은 Telegin and Potekhina 참조. 이번 장에서 나는 첫 번째 시기, 즉 드네프르- 도네츠 I 문화에 대해서만 논의했다.

29. 드네프르-도네츠 I 문화의 떼어 만든 도끼에 관해서는 Neprina 1970; Telegin 1968: 51-54 참조.

30. 바실리예프카 V는 드네프르-도네츠 II 묘지로 발표되었지만, 그 방사성 탄소 연대 측정값은 드네프르-도네츠 I기에 속하는 연대임을 나타내며, 바실리예프카 I과 V 는 중석기 말기(대략 서기전 7000~서기전 6000년)로 발표되었으나 방사성 탄소 연 대 측정값은 매우 초기 중석기, 즉 서기전 8000년에 가까운 값을 보인다. 바실리예 프카 II와 마리예프카 유적은 신석기 시대의 것으로 발표되었으나 토기가 없고 중석 기 말기의 방사성 탄소 연대 측정값, 즉 서기전 6500~서기전 6000년을 보인다. 그 러므로 중석기 말기 유적인 듯하다. 인간의 골격 형태 변화는 중석기 말기와 신석 기 사이에 일어난 것으로 생각되었지만(Jacobs 1993) 오늘날은 중석기 초기와 말 기 사이에 일어난 것으로 본다. 이러한 연대 수정은 아직 일반적으로 승인받지 못 했다. 방사성 탄소 연대 측정값에 관해서는 Telegin et al. 2002, 2003 참조. 그리고 Jacobs 1993과 나의 대답(Anthony 1994)도 함께 참조.

31. 바르폴로미예프카에 관해서는 Yudin 1998, 1988 참조.

32. 동물학자 비비코바는 마트베예프 쿠르간의 서기전 6400~서기전 6000년 층에서 길 들인 짐승(양, 소, 말)을 발견했다. 오늘날은 독일의 동물학자 베네케나 우크라이 나의 고고학자 텔레긴 모두 우크라이나에서 독자적으로 동물의 가축화가 이루어 졌다는 비비코바의 주장을 신뢰하지 않는다. 마트베예프 쿠르간(쿠르간이 아니

라 거주지다)은 아조프 해 북쪽 미우스(Mius) 강 하곡, 마리우폴 근처에 자리하고 있다. 두 유적은 각각 1968년과 1973년에 발굴되었는데 각각 번호 1과 2를 붙였다. 두 곳 모두 그레베니코프 유형의 세석기 부싯돌 도구를 가지고 있었으므로 그와 동시대 유적으로 여겨졌다. 마트베예프 쿠르간 1을 대상으로 한 방사성 탄소 연대 측정값 2개의 평균은 대략 서기전 6400~서기전 6000년이지만, 마트베예프 쿠르간 1을 대상으로 한 하나의 측정값은 약 서기전 4400~서기전 4000년으로 나왔다. 쿠르간 2 시기 이 지역에서 양을 비롯한 길들인 짐승은 흔했다. 모든 깊이에서 출토된 인공물은 하나의 문화 매장층 유물로 분석 및 보고되었다. 그러나 쿠르간 1의 대다수 부싯돌 도구와 동물 뼈는 40~70센티미터 깊이에서 출토되었고 (Krizhevskaya 1991: 8), 주거지 바닥과 화로터는 80~110센티미터 깊이에 있었다 (Krizhevskaya 1991: 16). 쿠르간 1과 2에서 출토된 동물 뼈 대부분은 주로 말·오나거·멧돼지 등 야생 동물의 것이었는데, 이는 더 이전 시기의 것으로 보인다. 그러나 길들인 말, 소, 양의 것으로 보이는 뼈들은 더 후대 시기 후대 층에서 왔을 것이다. Krizhevskaya 1991 참조. 층위학적 비일관성이 매우 오래전에 길들인 동물이 있었다고 주장하는 흑해-우랄 유적 세 곳(라쿠셰치니야르, 물리노, 마트베예프 쿠르간)의 보고서를 신뢰하지 못하게 만든다.

09 소, 구리 그리고 족장

1. 연회에 관해서는 Benveniste 1973: 61-63, 선물 목록에 관해서는 Mallory and Adams 1997: 224-225, 최근의 간단한 리뷰로는 Fortson 2004: 19-21 참조.

2. 초원에서 동석기의 시작을 결정하는 연대는 주로 사람의 뼈를 가지고 측정한 것이지만, 고 유럽의 연대는 그렇지 않다. 동석기 시대 드네프르-도네츠 II 문화의 시작을 알리는 연대인 서기전 5200~서기전 5000년은 다시 보정하기 전 -238±30을 차감한 것이다. 여기에 대한 논의는 아래의 주 16에 있다.

3. '고 유럽'은 마리야 김부타스가 재생한 용어로 처음에는 아마 신석기 유럽의 농경 문화를 근동의 문명들과 구분하기 위해 사용했지만, 그녀는 이 용어를 동남부 유럽을 신석기 시대 여타 모든 유럽 지역과 구분하기 위해서도 쓴다. Gimbutas 1991, 1974 참조. 연대, 경제, 환경 및 유적지 묘사에 관한 것으로는 Bailey and Panayotov 1995; Lichardus 1991 참조. '고 유럽(Alteuropa)'이라는 용어의 기원에 관해서는 Schuchhardt 1919 참조.

4. 연대 측정값 대부분은 동물 뼈나 숯에서 얻었으므로 보정이 필요없다. 볼가 강 지역에서 가장 오래된 구리는 흐발린스크에서 나왔다. 흐발린스크의 연대는 N_{15} 함량이 매우 높은(평균 14.8퍼센트) 사람 뼈에서 얻어 연대가 너무 높게(서기전 5200~서기전 4700년 무렵) 나온 것으로 보인다. 이럴 경우 흐발린스크 구리는 분명 그 원산지였을 동남부 유럽 대부분의 구리보다 오히려 빠르다. 나는 저수지 효과를 상쇄하기 위해 원래 측정된 연대에서 400년을 차감했는데, 이렇게 하면 흐발린스크 묘지의 연대는 서기전 4600~서기전 4200년이 된다. 이 연대가 고 유럽의 순동 시대 개화기와 더 잘 일치하고 사리에도 맞다.

5. 당시의 소가 정기적으로 무거운 짐을 옮겼다는, 소뼈를 대상으로 한 병리학적 분석은 Ghetic and Mateesco 1973; Marinescu-Bîlcu et al. 1984 참조.

6. 기호와 표기에 관해서는 Gimbutas 1989; Winn 1981 참조. 여성상에 관한 가장 뛰어난 저작은 Pogozhcva 1983이다.

7. 불가리아 서남쪽 슬라티나의 동석기 초기 유적에서 구리 도구들이 발견되었고, 다뉴브 강 삼각주 남쪽 도브루자 구릉 지대 흑해 해안의 신석기 말기 하만지아 IIB 유적에서 구리 장신구 및 공작석이 발견되었다. 이 둘은 모두 서기전 5000년 무렵의 것으로 추정된다. 불가리아의 고 유럽 금속에 관해서는 Pernicka et al. 1997 참조. 다뉴브 강 중류에 대해서는 Glumac and Todd 1991 참조. 동석기 야금술에 대한 일반적 개관으로는 Chernykh 1992; Ryndina 1998 참조.

8. 동석기 시대의 식생 변화에 관해서는 Willis 1994; Marinescu-Bîlcu, Crciumaru and Muraru 1981; Bailey et al. 2002 참조.

9. Kremenetski et al. 1999; Kremenetski 1997 참조. 인도·유럽 공통조어의 기원 논쟁에서 '너도밤나무 라인' 관점을 따르는 이들에게, 이 꽃가루 연구는 애틀랜틱기의 너도밤나무 숲이 드네스트르 고지대에서 자라나 아마도 서쪽으로 드네프르 지역까지 확장되었다는 것을 보여준다.

10. 토기의 순서에 관해서는 Ellis 1984: 48, 주 3 참조. 선 쿠쿠테니 I기는 처음에는 트라이안–데알룰 비에이(Traian-Dealul Viei) 유적에서 발견된 토기를 기반으로 했는데, 나중에 적은 양의 비슷한 토기들이 다른 네 유적에서도 나오면서 그 시기 구분이 타당해졌다. 트리폴리예 문화에 대한 개관으로는 Zbenovich 1996 참조.

11. Marinescu-Bîlcu et al. 1984.

12. 남부그 강 하곡의 일부 트리폴리예 A 거주지[루가치(Lugach), 가르드(Gard) 3]에

서는 부그-드네스트르 문화 토기 파편이 발견되었고, 기타 유적지에서는 부그-드네스트르 형태의 부싯돌 세석기 날이 발견되었다. 이런 흔적들은 일부 후기 사람들이 남부그 강 하곡의 트리폴리예 A 마을로 흡수되었다는 것을 암시한다. 그러나 후기 부그-드네스트르 토기는 반죽, 혼합, 굽기, 모양, 장식 면에서 트리폴리예 토기와 상당히 다르다. 그러므로 기존의 토기에서 트리폴리예 토기로 옮겨갔다는 것은 명백하고 의미심장한 행동이었을 것이다. 트리폴리예 물질문화에서 부그-드네스트르 문화의 특징이 없는 점에 대해서는 Zbenovich 1980: 164-167 참조. 그리고 루가치와 가르드 3에 관해서는 Tovkailo 1990 참조.

13. 베르나셰프카에 관해서는 Zbenovich 1980 참조. 루카브루블레베츠카야의 트리폴리예 A 거주지에 관해서는 Bibikov 1953 참조.

14. 카르부나 저장물에 관해서는 Dergachev 1998 참조.

15. 이 부분에서 내가 기술한 동석기 초기 문화들은 또한 신석기 후기 혹은 신동석기(Neo-Eneolithic)라고 일컫기도 한다. 텔레긴(Telegin 1987)은 마리우폴-니콜스코예 유형의 드네프르-도네츠 II 묘지를 신석기 후기 유적이라 불렀고, 유딘(Yudin 1988)은 바르폴로미예프카 1층과 2층을 신석기 말기 유적으로 규정했다. 그러나 1990년대 텔레긴은 드네프르-도네츠 II를 묘사하기 위해 '신동석기'라는 용어를 쓰기 시작하고, 유딘(Yudin 1993)은 바르폴로미예프카를 동석기 유적으로 부르기 시작한다. 나는 이 변화를 받아들여야 한다. 그래서 마리우폴-니콜스코예(드네프르-도네츠 II) 유형 및 흐발린스크와 바르폴로미예프카를 포함한 동시대의 모든 유적은 동석기 초기 유적으로 불린다. 신석기 후기는 분명히 사라졌다. 이 책의 용어상 순서는 신석기 초기(수르스키), 신석기 중기(부그-드네스트르, 드네프르-도네츠 I), 동석기 초기(트리폴리예 A, 드네프르-도네츠 II, 흐발린스크), 동석기 후기(트리폴리예 B/C1, 스레드니스톡-레핀)이다. 드네프르-아조프의 핵심 지역들에 관해서는 Telegin and Potekhina 1987; Telegin 1991 참조. 볼가 강 중류 지역에 관해서는 Vasiliev 1981; Agapov, Vasiliev and Pestrikova 1990 참조. 카스피 해 연안 저지에 관해서는 Yudin 1988, 1993 참조.

16. 드네프르-도네츠 II 유적지 인골의 평균 N_{15} 수준은 11.8퍼센트였는데, 이는 부록에 서술한 방법에 따르면 BP 연대에서 대략 -228 ± 30을 차감해야 함을 의미한다. 나는 드네프르-도네츠 II 문화의 BP 연대에서 228년을 빼서 다시 보정했다. 가장 초기 드네프르-도네츠 II 유적(데레이프카, 야시노바트카)의 재조정하지 않은 보정

연대(나이테에 의한 기본 보정만 하고 저수지 효과를 다시 보정해주지 않은 값)는 서기전 5500~서기전 5300년으로 나오는데(표 9.1 참조), 이 값들은 항상 너무 오 래된 것으로 보인다. 이 연대라면 드네프르-도네츠 II 문화는 부그-드네스트르 문 화 중기 및 크리슈 문화기와 동시대가 된다. 그러나 드네프르-도네츠 II 문화는 대 개 부그-드네스트르 문화 **이후**, 트리폴리예 A 시기에 나타났다. (저수지 효과를 감 안해) 다시 조정한 드네프르-도네츠 II의 방사성 탄소 연대 측정값은 층위학적 자 료 및 드네프르-도네츠 II 유적에서 발견된 트리폴리예 A 토기 파편과도 더 부합한 다. 측정 연대 목록은 Trifonov 2001; Rassamakin1999; Telegin et al. 2002, 2003 참조.

17. 동물상 목록은 Benecke 1997: 637-638; Telegin 1968: 205-208 참조. 뼈의 N_{15} 함 량에 관해서는 Lillie and Richards 2000 참조. 서방의 독자들은 드네프르-도네츠 II 문화의 경제가 수렵과 어렵에 기초한 것이라는 영어로 된 저작들의 진술(Zvelebil and Lillie 2000: 77; Telegin, et al. 2003: 465; Levine 1999: 33) 때문에 혼란스러 울 것이다. 드네프르-도네츠 II 사람들은 소와 양을 먹었는데, 쓰레기 구덩이에서 소와 양 뼈의 비중은 30~78퍼센트에 달했다. 독일의 동물학자 베네케(Benecke 1997: 637)는 직접 흑해 북쪽의 수많은 수집된 뼈 무더기를 조사한 후 "드네프르- 도네프 문화 II층과 겹치는 이 동물군 집합으로 판단하면 가축이 등장했다는 게 최 초로 명백해진다"고 결론 내렸다. 사람들은 가축을 보유하고 있었으며 더 이상 사 냥꾼-채집자가 아니었다.

18. 텔레긴(Telegin 1968: 144)은 곡식 줄기를 베다 생긴 반짝이는 마모 흔적이 있는 5~14센티미터 크기의 부싯돌 날들에 대해 기술했다. 알곡이 찍힌 흔적들이 있는 북서부 드네프르-도네츠 II 거주지 목록은 Pashkevich 1992, Okhrimenko and Telegin 1982에 들어 있다. 드네프르-도네츠 II 사람들의 충치에 관한 설명은 Lillie 1996 참조.

19. Telegin 1968: 87

20. 바실리예프카 II 묘지는 최근 중석기 후기, 서기전 7000년경으로 측정되었다. 애초 에 이 묘지는 무덤 건축과 매장 자세의 일부 세부 특징에 의해 드네프르-도네츠 II 문화로 분류되었다. 텔레긴 등(Telegin et al. 2002)은 '마리우폴 문화'를 뒤로 소급 해서 바실리예프카 II 유적을 그 안에 포함시켰다. 그러나 바실리예프카 묘지는 드 네프르-도네츠 II-마리우폴 무덤들을 규정하는 모든 유형의 인공물과 수많은 무덤

특징이 없다. 드네프르-도네츠 II 묘지는 서기전 5400~서기전 5200년 이후의 것임이 명백하게 측정되었다. 바실리예프카 II 유적은 중석기 후기의 것이다.

21. 장례 연회에 관해서는 Telegin and Potekhina 1987: 35-37, 113, 130 참조.

22. 나는 흐발린스크 인골의 14.8퍼센트로 측정된 높은 N_{15} 함량을 고려해 인골에서 측정한 연대를 보정했다. 14.8퍼센트는 기본 보정 이전에 방사성 탄소 연대 측정값에서 평균 −408±52년을 먼저 차감해야 한다는 것을 의미한다(연대 측정에 관한 필자의 주 및 7장 참조). 이 작업을 거친 후 나는 흐발린스크 묘지의 연대로 서기전 4700/4600~서기전 4200/4100년을 얻었는데, 이 연대는 스레드니스톡의 연대와 겹친다. 우크라이나와 러시아 고고학자 중 많은 이들도 양식 및 유형론적 기반으로 볼 때 양자가 겹친다고 생각한다. 이렇게 보정된 연대로 인해 볼가 강 하류의 후기 흐발린스크 문화(지금은 서기전 3600~서기전 3400년)와 최초의 얌나야 문화 사이의 간극도 줄어든다. Agapov, Vasiliev and Pestrikova 1990; Rassamakin 1999 참조.

23. 흐발린스크 II 유적에 대해 공식적으로 발표하기 전까지는 43기라는 무덤의 수는 유보적이다. 나는 구두로 이 수치에 대해 들었다.

24. 목축 경제에 따른 남성의 지위 상승에 관해서는 Holden and Mace 2003 참조.

25. Anthony and Brown 2000에서 우리는 무덤 위에 있는 단 12개의 '희생물 매장층'에 기초해 흐발린스크 묘지에서 발굴된 말, 소, 양의 수를 더 적게 보고했다. 나중에 나는 2개의 보고서(Petrenko 1984; Agapov, Vasiliev and Pestrikova 1990, 표 1, 2)에 나오는 동물을 뼈 전체를 취합했다. 그들은 희생물 매장층 10과 11에서 출토된 양의 수를 다르게 기술했는데, 이 차이로 인해 양의 최소 개체 수는 42두 혹은 70두가 되었다.

26. 흐발린스크 I과 II 유적의 금속에 관해서는 Ryndina 1998: 151-159 참조.

27. 장신구에 관해서는 Vasiliev 2003 참조.

28. 최초의 길들인 동물들이 근동에서 북캅카스를 넘어 들어왔을 가능성에 대해서는 Shnirelman 1992; Jacobs 1993, 그 반대 의견에 대해서는 Anthony 1994 참조.

29. Yanushevich 1989.

30. 날칙에 대해서는 Gimbutas 1956: 51-53에 기술되어 있다.

31. 나는 Gei 2000: 193에서 이 무덤에 대해 언급한 것을 보았다.

32. 처음에는 준가르 유적에서 출토된 뼈에 길들인 소의 뼈가 있다고 보고되었다. 그러

나 동물학자 파벨 코신체프(Pavel Kosintsev)는 2001년 내게 그 뼈들은 모두 오나거나 말이었고 명백한 가축의 것은 없었다고 말했다.

33. 볼가 강 동쪽, 카스피 해 북부 연안 저지의 신석기 문화는 멜렌트예프(Melent'ev 1975)에 의해 처음으로 세로글라지프카(Seroglazivka) 문화로 불렸다. 세로글라지프카 문화는 준가르 유적과 비슷한 신석기 채집민 야영지 및 후대의 바르폴로미예프카처럼 가축 뼈가 있는 유적들을 포함했다. 1998년 유딘은 새로운 이름으로 '오를로프카 문화'를 제안하고, 이 이름을 가축이 있는 동석기 초기 유적에 적용해야 한다고 주장했다. 바르폴로미예프카에 관해서는 Yudin 1998, 1988 참조. 키야시코 (Kiyashko 1987)는 라즈도르스코에 유적에 대해 다루었다. 더 오래되었지만 여전히 많은 정보를 주는 책으로는 Telegin 1981 참조.

34. 오를로프카 유적에 대해서는 Mamontov 1974에서 처음으로 기술했다.

35. 스예제 묘지 유적과 함께 사마라 신석기 문화는 일반적으로 흐발린스크보다 앞선 것으로 여겨진다. 왜냐하면 스예제 무덤 하나에 드네프르-도네츠 II와 정확히 똑같은 멧돼지 엄니 장식판이 들어 있었기 때문이다. 오늘날 방사성 탄소 연대 측정값은 초기 흐발린스크 문화가 사마라 신석기 문화 후기(그리고 드네프르-도네츠 II 후기)와 겹친다는 것을 보여준다. 군두로프카의 사마라 신석기 거주지 유적에서 흐발린스크 유형의 토기가 출토되었다. 사마라 문화는 흐발린스크 문화 이전에 시작된 것으로 보인다. Vasiliev and Ovchinnikova 2000 참조. 스예제에 관해서는 Vasiliev and Matveeva 1979 참조. 동물 뼈에 관해서는 Petrenko 1984: 149; Kuzmina 2003 참조.

10 말의 가축화와 기마의 기원: 치아 이야기

1. Clayton and Lee 1984; Clayton 1985 참조. 최근의 업데이트로는 Manfredi, Clayton and Rosenstein 2005 참조.

2. 재갈 마모 흔적에 관한 초기의 기술은 Clutton-Brock 1974; Azzaroli 1980 참조. 이런 종류의 마모 흔적 원인에 대한 의문들은 오랜 시간이 흐른 후 페인(Payne 1995)에 의해 제기되었다.

3. 우리는 스미소니언 협회의 멜린다 제더, 펜실베이니아 대학의 뉴 볼튼 수의학 센터, 네바다 주의 위네무카 토지국, 펜실베이니아 주립대학의 론 카이퍼로부터 말 치아를 제공받았다. 우리는 당시 존스홉킨스 대학에 있던 샌드라 올센과 팻 십먼(Pat

Shipman)으로부터 치아의 본을 뜨고 모형을 만드는 과정을 배웠다. 메리 리타우어는 귀중한 조언과 함께 자신의 비할 데 없는 서재를 쓰도록 배려했다. 우리의 첫 번째 단계는 웨너-그렌 재단과 미국철학회의 보조금 지원을 받았다.

4. 말의 MtDNA에 관해서는 Jansen et al. 2002; Vila et al. 2001 참조. 말의 Y 염색체에 관해서는 Lindgren et al. 2004 참조.

5. 아나톨리아의 '말과 동물'에 관해서는 Summers 2001과 차탈효육 프로젝트에 대한 온라인 보고서 참조. 유럽의 말에 대해서는 Benecke 1994; Peške 1986 참조.

6. 중석기 및 신석기 혹해-카스피 해 지역의 말에 관해서는 Benecke 1997; Vasiliev, Vybornov and Komarov 1996; Vasilev 1998 참조. 신석기 사마라 지역 이바노프스카야의 말뼈에 관해서는 Morgunova 1988 참조. 같은 책 속의 I. Kuzmina 1988도 참조.

7. 몽골의 말 기르기에 관해서는 Sinor 1972; Smith 1984 참조. 1886년 눈폭풍이 왔을 당시 소와 말 떼에 관해서는 Ryden 1978: 160-162 참조. 야생말에 관해서는 Berger 1986도 참조.

8. 이 방법들에 관한 검토로는 Davis 1987 참조. 기마와 관련한 척추의 병리 현상에 관해서는 Levine 1999b 참조. 구유 씹기에 관해서는 Bahn 1980, 이에 대한 비판으로는 White 1989 참조.

9. 이 책에서는 베네케와 드리슈(Benecke and Von den Driesch 2003)의 그래프들을 그림 10.3으로 합쳤다. Bökönyi 1974도 참조. 데레이프카 유적에 대한 비판적 견해로는 Uerpmann 1990 참조.

10. 씨받이 암컷 무리(harem band: 종마 한 마리에 씨받이 암컷 여럿과 어린 말들로 이뤄진 조직─옮긴이)에서 미성숙한 개체까지 포함한 암수의 비는 대략 2 대 1이어야 한다. 그러나 미성숙 수말의 성은 판단하기 어려운데, 수컷을 확인하는 핵심 표지인 송곳니가 네다섯 살이 되기 전까지는 나지 않기 때문이다. 뼈로 보면, 하나의 암컷 무리는 단 하나의 확인 가능한 수컷(송곳니가 난 성숙한 종마)만 가질 것이다.

11. 사망했을 때 말의 연령은 발치된 어금니 크라운(crown: 대체로 치근 위 노출 부분을 의미─옮긴이)의 높이, 즉 치아 뿌리의 양 갈래 분기점에서 치아 교합면까지의 거리를 측정해 알 수 있다. 크라운의 길이는 나이가 들어감에 따라 치아 마모로 인해 짧아진다. 스피니지(Spinage 1972)는 얼룩말 자료를 기반으로 말의 '크라운 높

이 대(對) 나이'의 통계치를 최초로 출간했다. 레빈(Levine 1982)은 엑스레이를 이용한 방법으로 작은 표본의 통계치를 출판했다. 우리는 우리의 더 큰 표본을 대상으로 직접 측정한 결과 대체로 레빈의 수치를 확인했다. 그러나 우리는 크라운의 높이에만 의존한 나이 측정치는 기껏해야 ±1.5년의 불확실성 정도(3년 범위)를 갖는다는 걸 알아냈다. 같은 말의 좌우 P_2 크라운 높이는 5밀리미터까지 차이 날 수 있는데, 이를(5밀리미터) 나이에 의한 마모도로 환산하면 보통 세 살 이상 분량으로 해석될 것이다. 아래의 주 18 참조.

12. 비비코바(Bibikova 1967, 1969)는 17개의 성별 확인 가능한 하악골 중 15개는 수컷의 것이었다고 말했다. 나는 16두의 수컷 중 14두를 차지하며, 철기 시대의 것으로 혼합되어 들어간 의례용 종마를 제외했다. 비비코바는 데레이프카 말뼈 전체에 관한 보고서를 출판한 적이 없지만 다음과 같이 언급했다. 즉 최소 개체 수는 52두였다. 개체의 23퍼센트는 한 살에서 두 살 사이였다[아마도 긴 골 융합(long bone fusion: 성장판이 연골에서 단단한 뼈 조직으로 바뀌면서 뼈의 본체에 뼈의 끝이 완전히 융합되고 성장판이 닫힌다. 뼈 몸체와 끝의 융합 정도로 나이를 판단한다—옮긴이)을 보고]. 성별 확인 가능한 턱 조각 17개 중 15개가 다섯 살 이상의 수컷 것인데, 다섯 살 이상이라야 송곳니가 나기 때문이다. 그곳에는 아주 늙은 개체가 없었다. 레빈의 사망 연령 통계는 1998년 보유하고 있던 치아 전체의 크라운 높이 측정에 기초한 것으로 최소 개체 수는 단 16마리에 불과했는데, 원래 수집한 개체의 3분의 2를 잃어버렸다. 이 남아 있는 개체의 단 7퍼센트만 긴 골 융합에 기초해 한 살에서 두 살 사이로 추정되었고(1999b: 34), 살아남은 치아의 3분의 1가량은 철기 시대 의례용 종마였다. 레빈의 사망 연령 그래프는 Levine 1990, 1999a, 1999b 참조.

13. 크리스천 조지는 플로리다 대학 지질과학 석사 논문의 일환으로 레이지 '말과 동물'의 P_2를 분석했다. 150만 년 전의 레이지 '말과 동물'은 에쿠스 '레이디'였는데, 에쿠스 스코티(Equus scotti)의 동부 변종으로 보이는 이 말은 란촐라브리안 동물군(Rancholabrean fauna)에서 흔히 볼 수 있으며 먹이나 치열 또는 크기가 진짜 말과 대단히 유사하다. 이 유적에서 나온 성숙한 개체의 P_2 113개 중 39개는 연령, 손상, 병리 현상 때문에 제외되었고 74개가 측정 가능했다. George 2002; Anthony, Brown and George 2006; Hulbert, Morgan and Webb 1995 참조. 우리는 펜실베이니아 대학의 뉴 볼튼 센터, 코넬 대학의 수의약학 칼리지, 네바다 주

의 위네무카 토지국, 당시 펜실베이니아 주립대학교에 있던 론 카이퍼의 관대함 덕분에 이런 말의 P_2를 모을 수 있었다.

14. 기마 실험을 지원해준 국립과학재단과 이 실험을 주관하고 관리해준 뉴욕 주립대학교 코블스킬 캠퍼스에 감사를 드린다. 스티브 맥켄지 박사는 이 프로젝트를 감독했고, 승마와 기록은 '말 조련 및 행동 프로그램'의 두 학생 스테파니 스카젠스키(Stephanie Skargensky)와 미셸 벨레이(Michelle Beleyea)가 맡아주었다. 폴 트로타(Paul Trotta)는 부싯돌 도구로 뼈 재갈과 뿔 뺨대를 만들었고, 랜더스 로프워크스(Randers Ropeworks)의 방 노드룬드(Vagn Noeddlund)가 대마 줄을 제공했다. 메리 리타우어와 샌드라 올센은 재갈과 형틀 제작에 귀중한 제안을 해주었다. 잘못이 있다면 모두 우리의 것이다.

15. 한 번도 재갈을 물린 적 없는 말 세 마리에 부드러운 재갈을 물리고 실험 전에 경사면 깊이를 측정하니 평균 1.1밀리미터로 재갈을 문 적 없는 홍적세 '말과 동물'과 같았고, 표준편차는 0.42밀리미터였다. 실험 후의 평균은 2.04밀리미터로, 실험 전보다 2 표준편차(표준편차×2) 이상 컸다. 다시 300시간을 타면 경사면 깊이가 3밀리미터 이상, 즉 우리가 고고학적으로 발굴한 말의 재갈 착용 여부를 판단하는 기준을 넘을 것이다.

16. 재갈을 몰랐던 레이지 '말과 동물'로부터 얻은 치아 74개의 편차 폭(range of variation)은 우리가 수집한 재갈을 물리지 않은 현대 말의 치아 31개보다 컸는데, 이는 표본의 크기를 감안하면 놀랍지 않다. 측정값의 분포는 정상이었고 재갈을 물린 말과 레이지 말의 평균 차이를 검증하기 위한 T-테스트에 의하면 유의미한 차이가 드러났다. 이리하여 고고학적으로 발굴된 표본들의 재갈 착용 여부를 결정하는 임계치 3밀리미터는 레이지 말 자료의 지지를 받는다.

17. 레빈은 우리의 재갈 마모 흔적 연구의 문제점을 6개로 개괄했다(Levine 1999b: 11-12 and 2004: 117-120). 그녀는 그 문제점들을 모양이 천차만별이고 기능도 완전히 추측적인 굴레 뺨대와 함께 자신이 "잘못된 직접 증거"라고 부른 항목에 넣었다. 우리는 레빈의 비판이 사실 관계의 착오, 왜곡 그리고 오해에 기초한 것이라고 믿는다. 이 여섯 가지 문제점 제기에 대한 우리의 대답은 Anthony, Brown and George 2006 참조. 우리는 여전히 우리의 재갈 흔적 분석에 대해 확신하고 있다.

18. 말의 영구치 P_2는 반대 측 치아와의 교합 마모에 의해 두 살에서 세 살 사이에 편평해진다. 브라운은 크라운의 높이가 5밀리미터 이상이고 교합부의 길이-너비 비

율이 2.1 이상일 경우 세 살 이하 말의 치아로 판단했기에, 우리는 이것들을 재갈 흔적 연구에서 제외했다(Brown and Anthony 1998: 338-340). 사망시 추정 연령을 이렇게 정확하게 하기 위해 크라운의 높이와 교합면의 길이-너비 비율을 결합한 사람은 브라운이 처음이었다. 그녀가 이 방법을 쓰지 않았다면 우리는 2~3세 말의 치아를 사용하는 것을 피하기 위해 표본 중 절반을 버려야 했을 것이다. 크리스천 조지도 레이지 표본에서 젊은 말(3세 이하)을 제외하기 위해 브라운의 방법을 이용했다. 조지가 경사면 깊이 3.05에 이르는 P_2를 하나 발견했다는 것을 주목해야 한다. 그러나 이것은 세 살 미만 연령의 말 치아로 보인다.

19. 벤드리(Bendrey 2007)는 이 책이 인쇄소로 갔을 때, 프라하와 잉글랜드 동물원의 재갈을 문 적 없는 프셰발스키 종 말을 대상으로 새로운 경사도 측정값을 발표했다. 벤드리는 허락받은 연령(3세 이상, 21세 이하)의 말 15마리에서 P_2 29개를 측정한 결과, 깊이가 3밀리미터 이상인 것이 3개, 즉 10퍼센트로 나타났다고 밝혔다. 우리는 경사면 깊이가 3밀리미터에 달하는 것을 105개 중에서 하나, 즉 1퍼센트 이하만 발견했다. 프셰발스키 종 말의 경사면은 모두 윗니 P_2와의 부정교합으로 인한 것이었다. 깊이 3밀리미터를 보이는 것 중 하나는 언더바이트(underbite: 아랫니가 윗니보다 너무 앞으로 나간 부정교합. 주걱턱—옮긴이)를 치료하기 위해 수의적으로 작게 다듬는 치료를 한 것이었다. 부정교합은 홍적세 '말과 동물'이나 네바다 무스탕보다 동물원에서 기르는 프셰발스키 말에서 더 빈번하게 나타난다. 모든 프셰발스키 말은 야생에서 포획한 15마리 개체의 후손인데, 이 시조 말들이 유독 심한 부정교합을 가졌을 수 있다. 또한 길들인 말들은 이 시조들과 함께 사육되었는데, 이로 인해 다른 치아와 턱 크기를 가진 유전자가 섞였을 수 있다.

20. Raulwing 2000: 61. 언급한 참고도서와 함께 참조.

21. 데레이프카에 관해서는 Telegin 1986 참조. 말뼈에 관해서는 Bibikova 1967, 1970; Bökönyi 1974, 1978, 1979; Nobis 1971 참조.

22. 데레이프카에서 말 길들이기의 전통적 증거에 대한 비판으로는 Anthony 1986, 1991b; Levine 1990 참조.

23. 키예프 동물학연구소에서 우리의 연구는 관대하고 사려 깊은 나탈랴 벨란이 주관했고, 러시아의 사마라에서는 이고르 바실리예프가, 카자흐스탄의 페트로파블로프스크에서는 빅토르 자이베르트가 주관했다. 부다페스트에서는 산도르 뵈쾨니가 우아한 방식으로 우리를 환대해주었는데, 그는 그로 인해 널리 알려졌고 또 그리움을

받는다. 프로젝트는 국립과학재단의 지원금으로 유지되었다. 보고서로 Anthony and Brown 1991; Anthony, Telegin and Brown 1991 참조.

24. Häusler 1994.

25. 데레이프카 의례용 말의 연대 수정에 관해서는 Anthony and Brown 2000 참조. Anthony and Brown 2003에도 반복해서 실었다.

26. 보타이와 테르섹 양자의 토기는 우랄 산맥 남동쪽 삼림-초원 지대의 아야츠키, 리프친스키, 수르탄다(Surtanda) 등으로 알려진 채집민 문화의 일정한 영향을 받았다. 보타이-테르섹 문화는 이런 문화들의 남쪽 삼림-초원 지대 분파로서 기원했을 것이다. 영어로 된 보타이와 테르섹 문화에 대한 기술은 Kislenko and Tatarintseva 1999, 러시아어로 된 것은 Zaibert 1993 참조. 보타이 및 관련 유적들의 말 잔해에 대해서는 Olsen 2003; Brown and Anthony 1998 참조.

27. 코자이 1 유적의 말 치아에 대한 우리의 최초 측정(카자흐스탄 페트로파블로프스크의 한 호텔 방에서 측정)에 의하면 치아 하나가 3밀리미터 이상 깊이의 마모 경사면을 보였다. 이것이 2006년 이전 우리가 코자이의 측정값에 대해 설명한 바다. 우리는 코자이 1 말 치아 12개 본은 다시 측정하고(Anthony, Brown and George 2006) 경계선에 있던 측정값 '2.9+밀리미터'가 실제로는 정확히 3밀리미터라는 데 의견의 일치를 보았다. 이로써 재갈 마모 흔적을 보이는 치아는 2개가 되었다. 코자이의 기타 P_2 2개가 2밀리미터 이상의 측정값을 보였는데, 이는 야생말 사이에서는 비정상적으로 높은 값이다.

28. 보타이의 말을 야생말로 설명하는 자료는 Levine 1999a, 1999b; Benecke and von den Dreisch 2003; Akhinzhalov, Makarova and Nurumov 1992에 있는 Ermolova의 논문 등이 있다.

29. Olsen 2003: 98-101 참조.

30. French and Kousoulakou 2003: 113.

31. 카자흐 북부 초원에서 아트바사르 신석기 문화가 보타이에 선행한다. Kislenko and Tatarintseva 1999 참조. 베네케와 드리슈(Benecke and von den Driesch 2003: 표 6.3)는 연대가 보타이 이전인 아트바사르 유적에서 길들인 양과 소의 뼈가 발견되었다고 보고했다. 이것은 사실이다. **그러나** 그들이 인용한 러시아와 카자흐스탄 저자들은 길들인 양과 소의 뼈는 후대에 신석기 층으로 혼입된 것이라고 설명했는데, 그것들은 야생 동물의 뼈보다 덜 풍화된 상태였다. 아힌잘로프

(Akhinzhalov), 마카로바 그리고 누루모프(Nurumov)는 아트바사르의 동물 뼈를 야생말과 짧은 뿔 바이슨, 사이가 산양, 가젤, 붉은사슴 그리고 물고기에 기초한 채집 경제를 나타내는 것으로 해석했다. 길들인 동물은 보타이 시대 말기에 나타났다. 아트바사르 유적지 동물 뼈의 풍화 차이에 대한 그들의 언급은 Akhinzhalov, Makarova and Nurumov 1992: 28-29, 39 참조.

32. 로그빈(Logvin 1992)과 가이두첸코(Gaiduchenko 1995)는 보타이와 같은 시대의 카자흐스탄 카스테나이 근처 투가이 초원에 집중된 동석기 테르섹 문화 유적지의 일부 동물 뼈, 특히 쿰케슈(Kumkeshu) I 유적의 뼈를 길들인 소의 뼈로 해석했다. 다른 동물학자 마카로바는 테르섹의 '소과 동물' 뼈를 야생 바이슨의 것으로 해석했다(Akhinzhalov, Makarova and Nurumov 1992:38). 일부 길들인 동물이 흑해-카스피 해 목부들의 거주지와 더 가까웠던 일부 테르섹 유적지에 있었을 수 있다. 그러나 보타이에서 발견된 것은 없다. 쿰케슈 I에 대해서는 Logvin, Kalieva and Gaiduchenko 1989 참조.

33. 캅카스의 말에 관해서 나는 메즐루미안(Mezhlumian 1990)의 학술회의 발표문 내용에 의존했다. 테헤란 서쪽 카브레스탄(Qabrestan) 유적의 말의 것으로 보이는 치아(Mashkour 2003 참조)와 고딘테페의 말의 것일 수 있는 치아가 보여주듯 서기전 3000년 이전 일부 말이 캅카스 산맥을 통해 이란으로 건너갔을 수 있다. 그럼에도 불구하고 이란 동부, 중앙아시아, 혹은 인도 아대륙의 서기전 2000년 이전 매장층에서 명백한 말의 유해가 출토된 적이 한 번도 없다는 사실은 그 반대의 경우를 주장한다. 이 논쟁에 대한 개관은 Meadow and Patel 1997 참조.

34. 중부 유럽의 말에 관해서는 Benecke 1994; Bökönyi 1979; Peške 1986 참조.

35. Khazanov 1994: 32.

36. 전쟁과 신분 표시 물품의 교역에 관해서는 Vehik 2002 참조.

37. 아메리카의 유사한 경우는 Anthony 1986에 설명되어 있다. 기마와 말 사육이 평원 인디언 문화에 끼친 효과에 대한 가장 자세한 분석은 Ewers 1955에 있다.

38. 기마가 1500년 이전 시작되었다는 것을 반박하는 주장 하나는 초원 말이 올라타기에는 너무 작았다는 것이다. 그러나 데레이프카와 보타이 말의 70퍼센트는 어깨 높이가 136~144센티미터, 즉 13~14핸드 정도였고, 일부는 15핸드였다. 요컨대 로마 기병대의 말과 크기가 똑같았다. 또 하나의 주장은 밧줄이나 가죽 재갈은 전투 시 말을 통제하기에 적합하지 않다는 것이다. 그러나 이는 사실이 아님을 아메리카

인디언들이 증명했다. 뉴욕 주립대학 코블스킬 캠퍼스의 우리 학생도 밧줄 재갈로
말을 '문제없이' 통제했다. 세 번째 주장은 초원의 기수들이 말 엉덩이에 올라탔다
는 것인데, 이는 당나귀 타기에 적합한 방법으로 초원에서는 존재하지 않았다. 우
리는 동석기 기마에 대한 이러한 의문을 Anthony, Brown and George 2006에서
반박했다. 동석기 시대의 기마에 반대하는 주장에 관해서는 Sherratt 1997a: 217;
Drews 2004: 42-50; Renfrew 2002; E. Kuzmina 2003: 213 참조.

39. 활의 잔여물이 볼가 강 유역 베레조프카 쿠르간 3의 무덤 2에서 발견되었는데, 이
무덤은 포크로프카(Pokrovka) 유형으로서 서기전 1900~서기전 1750년 무렵으
로 측정되었다. 활은 몸체에 보강용 뼈 판을 대고 양끝에 뾰족한 뼈를 단 복합궁이
었다. 보존된 조각으로 보아 길이는 1.4~1.5미터, 즉 양단 사이의 길이가 거의 다
섯 자(尺)였다. Shishlina 1990; Malov 2002 참조. 초기의 활과 궁술에 관해서는
Zutterman 2003 참조.

40. 나는 화살촉에 관한 이런 아이디어 일부를 머스카렐라 박사에게 빚지고 있다. 투겁
달린 청동 화살촉의 최초 등장과 그 사용에 관한 논의로는 Derin and Muscarella
2001 참조. 철기 시대 초기 아랄 해 지역의 투겁 화살촉에 관한 안내 책자와 논의
는 Itina and Yablonskii 1997 참조. 서기전 2000년 무렵에 이미 초원에서 투겁 달
린 창날이 만들어졌고, 더 작은 투겁 창날이 서기전 1500년 무렵 후기 청동기 시대
중반 초원의 유적들에서 간헐적으로 나타나기 시작하지만, 그 잠재력은 즉각 이용
되지 못했다. 기마 궁술에 이상적인 활과 화살 그리고 화살촉은 서서히 진화했다.

41. 부족 간 전쟁에 관해서는 Keeley 1996 참조.

11 고 유럽의 종말과 초원의 부상

1. 바르나의 금에 대해서는 Bailey 2000: 203-224; Lafontaine and Jordanov 1988;
Eleure 1989 참조.

2. Chapman 1989.

3. 베레케트의 동떨어진 거주지에 관해서는 Kalchev 1996, 포드고리차에 관해서는
Bailey et al. 1998 참조.

4. 일사량 감소는 서기전 4000~서기전 3800년 바닥을 치는데, Perry and Hsu 2000;
Bond et al. 2001에 이와 관련한 내용이 있다. 스위스 알프스 산맥의 피오라 변동에
관해서는 Zöller 1977 참조. 서기전 4000년 무렵의 그린란드 얼음 핵에 나타난 기온

강하 표지에 대해서는 O'Brien et al. 1995 참조. 독일의 참나무 나이테에 나타난 중부 유럽의 기후 변화에 관해서는 Leuschner et al. 2002 참조. 흑해 초원에 관해서는 Kremenetski, Chichagova and Shishlina 1999 참조.

5. 홍수와 농업의 변화에 대해서는 Bailey et al. 2002 참조. 지나친 목축으로 인한 초지 고갈과 토양 침식에 관해서는 Dennell and Webley 1975 참조.

6. 질라바에 관해서는 Comsa 1976 참조.

7. 꽃가루의 변화는 Marinova 2003에 설명되어 있다.

8. 서기전 4000년 무렵 라시냐-발라톤 문화와 함께 주조 구리 제품이 헝가리 서부에서 정기적으로 나타나기 시작한다. Banffy 1995; Parzinger 1992 참조.

9. Todorova 1995: 90; Chernykh 1992: 52. 집을 불태우는 것은 동석기 시대의 고의적인 의례적 행동이었던 듯하다. Stevanovic 1997 참조. 그러나 서기전 4000년 무렵 다뉴브 강 하류 하곡과 발칸의 마지막 동석기 읍락들을 소멸시킨 마지막 불길 뒤로 전 지역 규모의 거주지 방기와 급격한 문화적 변화가 뒤따랐다. 북아메리카 남서부(1000~1400년)와 메소아메리카(중미)의 후기 고전기 마야 유적(700~900년)에서 일어난 전 지역 규모의 대규모 거주지 방기는 격렬한 전쟁과 관련한 것이었다. Cameron and Tomka 1993 참조. 서기전 4100~서기전 3800년 무렵 다뉴브 강 하류 하곡을 강타한 기후 변화는 텔 주거지를 사람이 살지 못하게끔 만들지는 않은 것으로 보인다. 그러므로 전쟁이 적절한 설명인 것처럼 보인다.

10. 카라노보 VI 말기 과다 방목과 토양 침식의 증거로는 Dennell and Webley 1975 참조. 동석기 유나치테의 파괴에 관해서는 Merpert 1995; Nikolova 2000 참조.

11. Todorova 1995.

12. 토기 작업장에 관해서는 Ellis 1984, 부싯돌 작업장에 관해서는 Popov 1979 참조. 나는 우크라이나 철자법〔트리필예(Tripil'ye), 토마시프카(Tomashivka)〕대신 러시아 철자법〔트리폴리예(Tripolye), 토마쇼프카(Tomashovka)〕를 쓰는데, 트리폴리예를 비롯한 많은 유적지 이름이 우크라이나 밖 문헌들에서 러시아어 철자법으로 고착되었기 때문이다.

13. 인구학에 관해서는 Dergachev 2003; Masson 1979 참조. 볼그라드-알데니 피난민의 도주에 관해서는 Sorokin 1989 참조.

14. 트리폴리예 B1 전쟁 일반에 관해서는 Dergachev 2003, 1998b; Chapman 1999 참조. 드루치 1에 관해서는 Ryndina and Engovatova 1990 참조. 이 부분에 대한 그

밖의 많은 정보는 Chernysh 1982의 개괄적인 논문에 의존했다.

15. 쿠쿠테니 C라는 명칭은 오직 조개껍데기를 혼합한 토기 유형을 칭하는 데 국한한다. 쿠쿠테니 문화의 연대는 쿠쿠테니 B2에서 끝난다. 쿠쿠테니 C 토기는 쿠쿠테니 A3/트리폴리예 B1 시기로 연대가 측정되는 유적에서 처음 나타났고, 결국 토기 제작 방식을 장악했다. Ellis 1984: 40-48 참조.

16. 텔레긴에 의하면 쿠쿠테니 C 토기에 영향을 준 초원의 원천은 일반적으로 초기 스레드니스톡 문화 Ib기로 규정되고, 혹은 라사마킨에 의하면 이는 스켈랴 문화로 규정된다.

17. 조개껍데기 혼합은 지속적인 재가열로 인해 온도 충격에 노출된 용기에 내구성과 충격 저항성을 더해주며, 또한 증발 냉각 효과를 늘려서 용기를 조리 혹은 차가운 식수 저장에 적합하도록 한다. 쿠쿠테니 C 토기와 섬세한 채색 토기는 수혈식 가옥(pit-house)과 커다란 2층 지상 가옥에서 모두 발견되었다. 거주지에서 쿠쿠테니 C 토기와 섬세한 토기 분포의 맥락적 차이는 아직 설명되지 않았다. 일부 유적에서는 쿠쿠테니 C 토기가 급작스럽게 등장한 것으로 보인다. 폴리바노프야르의 트리폴리예 B2 거주지에는 전통적인 내화 점토를 혼합한 거친 토기들이 있었지만 트리폴리예 C1 거주지로 가면 모양과 문양이 다르며 조개껍데기를 혼합한 C형 토기로 바뀐다. 반면 섬세한 채색 토기는 두 시기 사이에서 명백한 연속성을 보인다. Bronitsky and Hamer 1986; Gimbutas 1977; Marinescu-Bilcu 1981 참조.

18. 말 머리 모양 전곤에 대해서는 Telegin et al. 2001; Dergachev 1999; Gheorgiu 1994; Govedarica and Kaiser 1996 참조.

19. 두개골 모양에 관해서는 Necrasov 1985; Marcsik 1971 참조. 안면뼈가 얇은 '지중해형' 트리폴리예 두개골은 트라이안(트리폴리예 B2)의 의례용 기단 매장층에서 발견되었다.

20. 미르노예에 관해서는 Burdo and Stanko 1981 참조.

21. 동쪽으로의 이주에 관해서는 Kruts and Rizhkov 1985 참조.

22. 철기 시대 유목민 기병대의 전형은 대단한 영향력을 가졌던 메르페르트(Merpert 1974, 1980)와 김부타스(Gimbutas 1977)의 저서에서 비롯된 듯하다.

23. '엉거주춤한 착석(awkward seat)' 가설은 말의 엉덩이에 엉거주춤하게 앉아 있는 기수를 묘사한 근동의 이미지에 근거한 것인데, 이 자세는 당나귀를 타는 데 더 적합하다. 당나귀는 어깨가 낮고 엉덩이가 높고 펑퍼짐하다. 만약 당나귀를 탈 때 앞

으로 당겨 앉으면 고기를 숙이기 때문에 앞쪽으로 땅에 떨어지기 십상이다. 그러므로 당나귀를 타는 이는 뒤쪽 엉덩이에 앉아야 한다. 말은 어깨가 높아서 기수가 앞쪽으로 앉는다. 그렇게 하면 갈기를 붙잡을 수 있다. 엉덩이에 올라타려면 밀치고 뛰어 올라야 하는데, 그럴 경우엔 붙잡을 것이 없다. 미술 작품의 이미지에서 기수들이 말 엉덩이에 타고 있는 것은 근동 특히 이집트의 예술가들이 서기전 1000년 이전에는 말보다 당나귀를 타는 데 익숙했기 때문일 것이다. 초원의 기수들이 말을 타면서 당나귀 타는 방식을 적용했다는 것은 본질적으로 타당성이 없다. 이 논쟁에 관해서는 Drews 2004: 40-55 참조.

24. 고 유럽과 흑해 초원의 동석기 문화 간 상호주의와 경제적 교환에 관해서는 Rassamakin 1999: 112; Manzura, Savva and Bogotaya 1995; Nikolova 2005: 200 참조. 니콜로바는 이동식 목축은 고 유럽의 불가리아에서 이미 경제 체제의 일부였다고 주장했지만, 그녀가 인용한 유고딘스카(Yagodinska) 동굴 유적은 고 유럽이 붕괴한 시기 혹은 그 직후인 서기전 3900년으로 방사성 탄소 연대 측정값이 나왔다. 텔 경제 체제에서 고지 목축 거주지는 작은 규모에 상대적으로 덜 중요한 부분이었고, 단지 일련의 위기로 인해 이들은 새로운 경제 체제의 기초가 되었다.

25. Ewers 1955: 10.

26. '주다'와 '받다'에 관해서는 Benveniste 1973: 53-70 참조. 특히 이를 뜻하는 히타이트어 용어는 66-77쪽, 인용문에 대해서는 53쪽 참조. 히타이트어 *pai*는 동사 접두사 pe-가 *ai*와 결합한 것인데, 토하라어에 '주다'는 의미를 가진 *ai*-에 반영되어 있다. 또한 Mallory and Adams 1997: 224-225의 '주다' 항목 참조.

27. 상호주의적 음식 교환에 관해 자주 인용하는 민족학적 예는 원예(horticultural)를 하는 푸에블로 인디언과 버팔로 도보 사냥꾼인 평원 인디언 간의 교환이다. 그러나 수전 베힉은 최근의 연구에서 푸에블로 인디언과 평원의 들소 사냥꾼은 음식이 아니라 신분을 나타내는 상품, 즉 부싯돌 화살촉이나 채색 토기 및 터키석을 교환했다는 의견을 제시했다. 그녀에 의하면 1250년 이후 대평원에서 분쟁이 격화된 시기 동안 교역이 실제로 크게 늘었다. Vehik 2002 참조.

28. Kershaw 2000 참조.

29. 맬러리와 애덤스(Mallory and Adams 1997: 82-83)의 '신부 대금' 참조.

30. 동아프리카에서 채집민이자 벌치기 집단의 하나인 무코고도족(Mukogodo)은 가축을 키우는 부족과 상호 접촉하기 시작한 후 자신들도 가축을 획득해야만 했다. 왜

냐하면 무코고도족 이외의 구혼자들이 소를 결혼 대금으로 제시할 때 벌집을 제시해서는 아내를 얻을 수 없었기 때문이다. 한마디로 소가 더 값어치 있었다. 무코고도족은 계속해서 자손을 유지하기 위해 목축민이 되었다. Cronk 1989, 1993 참조.

31. Ewers 1955: 185-187.

32. 스레드니스톡 유적은 두 층, 즉 스레드니스톡 1층과 2층이 있다. 아래층(스레드니스톡 1)은 동석기 초기 드네프르-도네츠 II 문화 사람들이 점거했던 곳이고, 위층이 동석기 후기 스레드니스톡 문화의 표준 유적이다. 더 오랜 문헌들에서 스레드니스톡 문화는 때로 드네프르-도네츠 II 문화에 해당하는 스레드니스톡 1(혹은 스레드니스톡 I)과 구별하기 위해 스레드니스톡 2, 혹은 스레드니스톡 II 문화라고 불렸다.

33. 스레드니스톡 문화에 대해 정의한 것은 텔레긴(Telegin 1973)이다. 스레드니스톡 문화의 주요 거주지인 데레이프카 유적은 텔레긴(Telegin 1986)에 의해 영어로 쓰였는데, 쿠쿠테니 C 토기의 스레드니스톡 기원에 관해서는 111-112쪽 참조. 텔레긴의 연대 개요는 Telegin 1987에 영어로 쓰였다.

34. 라사마킨의 새로운 모형과 관련해 영어로 된 가장 길고 자세한 판본은 123쪽짜리 논문, Rassamakin 1999이다. 텔레긴의 스레드니스톡 문화 네 시기(Ia, Ib, IIa, IIb기)는 라사마킨에 의하면 다음과 같이 최소 3개의 독자적이고 연속적인 문화로 구분할 수 있다. (1) 서기전 4500~서기전 4000년의 스켈랴 문화(스트릴차스켈랴 유적의 이름을 따서 만들었으며, 텔레긴의 스레드니스톡 Ib기에 해당한다). (2) 서기전 3600~서기전 3200년 사이의 크비탸나 문화(크비탸나는 텔레긴에 의하면 스레드니스톡 Ia기 유적이지만, 라사마킨은 이것을 옮겨서 텔레긴의 **가장 늦은** 단계인 IIb와 등치시켰다). (3) 서기전 3200~서기전 3000년의 데레이프카 문화(텔레긴에 의하면 IIa 유적으로, 방사성 탄소 연대 측정값은 서기전 4200~서기전 3700년). 텔레긴은 층위학, 동시에 출토된 무덤 부장품(grave associations), 방사성 탄소 연대 측정값을 고수한 반면 라사마킨은 양식상의 논거에 의존한 것 같다.

35. 스레드니스톡 토기에 관해서는 Telegin 1986: 45-63; 1973: 81-101 참조. 골상학 연구로는 Potekhina 1999: 149-158 참조.

36. 몰리우호르부고르의 씨앗에 관해서는 Pashkevich 1992: 185 참조. 데레이프카의 도구에 관해서는 Telegin 1973: 69, 43 참조. 비비코바는 실제로 말뼈 2412개와 최소 52마리의 개체를 보고했다. 나는 '의례용 종마'의 하악골, 두개골, 중수골을 제외했다.

37. 스레드니스톡 문화에 관해서는 단 4개의 거주지와 동물 뼈 표본이 보고되었을 뿐이다. 대부분은 우려스러울 만큼 작고(뼈 몇백 개) 발굴 과정에서 체(screen)를 사용하지 않아(여전히 사용하지 않는다) 발굴지마다 뼈 복원에 차이가 있다. 이런 이유로 밝혀진 동물 뼈의 비율은 단지 대략적인 안내자로 간주할 수밖에 없다. 동물상에 관한 보고서의 영문 번역은 Telegin 1986 참조.

38. 라사마킨(Rassamakin 1999: 128)은 그가 데레이프카 2라고 명명한 데레이프카 묘지를 스켈랴 시기, 즉 서기전 4000년 이전의 것으로 분류하고, 데레이프카 거주지 유적을 서기전 3300~서기전 3000년 무렵의 동석기 후기로 귀속시켰다. 텔레긴은 거주지로 측정한 방사성 탄소 연대 측정값과 묘지에서 발굴된 트리폴리예 B2 사발을 근거로 양자를 같은 시기의 것으로 분류했다.

39. 뿔로 만든 '뺨대'에 대한 여러 해석에 관해서는 Dietz 1992 참조.

40. 수보로보-노보다닐로프카 집단에 대해서는 Nechitailo 1996; Telegin et al. 2001 참조. 유적의 금속 분석은 Ryndina 1998: 159-170, 영어로 된 요약은 194-195쪽 참조. 영어로 된 수보로보-노보다닐로프카 집단에 관한 논의는 적다. 수보로보-노보다닐로프카 문화를 포괄하는 스켈랴 문화에 대한 라사마킨의 설명에 더해 Dergachev 1999; Manzura, Savva and Bogotaya 1995 참조. 그리고 Mallory and Adams 1997에는 '수보로보'라는 이름 아래 유용한 항목들이 제시되어 있다.

41. Telegin 2002, 2001.

42. 노보다닐로프카 무덤의 물리적 유형에 관한 논의는 Potekhina 1999: 149-154에 있다. 다뉴브 강 하류 하곡의 유형에 관한 기술은 Telegin et al. 2001에 있는 포테히나의 글과 Necrasov and Cristescu 1973 참조.

43. 린다나(Ryndina 1998: 159-170)는 지우르지울레슈티, 수보로보, 노보다닐로프카, 페트로-스비추노보 그리고 차플리 유적의 무덤에서 나온 구리 물품들을 조사했다. 바르나와 구멜니차의 구리에 대해서는 Pernicka et al. 1997 참조. 그들은 발칸 광산의 종말과 카르파티아산 광석으로의 이동을 서기전 4000년 무렵의 일로 기록했다.

44. 볼가 초원의 말 머리 사례가 오렌부르크 근처 노보오르스크와 사마라 근처 레뱌진카에서 발견되었다. 돌을 갈아 만든 전곤 머리에 관해서는 Kriukova 2003 참조.

45. 고 유럽의 무기에 대해서는 Chapman 1999 참조.

46. 유럽당나귀는 바르나와 두란쿨락 묘지에서 의례용으로 특별한 위상을 가지고 있

었지만, 식용으로는 중요하지 않았으며 멸종 위기에 있었다. 말은 체르나보다 I 시기 이전에는 볼그라드 문화의 변종 유적을 제외하면 다뉴브 강 하곡의 동석기 거주지나 묘지에서는 드물거나 없었다. 구멜니차와 관련해 볼그라드 문화 유적에서는 말뼈는 전체의 약 8퍼센트를 차지했다. 기타 다뉴브 강 하곡의 고 유럽 유적에서는 말뼈가 별로 없거나 아예 없었다. 바르나와 두란쿨락의 '말과 동물'에 관해서는 Manhart 1998 참조.

47. 남서부 지방의 전쟁과 원거리 무역의 증가에 관해서는 Vehik 2002 참조. 디코스모 (DiCosmo 1999)는 초원에서 전쟁의 증가가 기존 제도의 구조적 변화를 촉진했고, 이런 변화가 나중에 커다란 유목 군대를 가능케 했다고 주장했다.

48. 트리폴리예 A 후기/B1 초기 거주지와 볼그라드 문화의 접촉에 대해서는 Burdo 2003에 요약되어 있다. 대부분의 접촉은 트리폴리예 A 후기(AIII2기와 III3기)에 이루어졌다.

49. 볼그라드 유적에 관해서는 Subbotin 1978, 1990 참조.

50. 침입 묘지에 대해서는 Dodd-Oprițescu 1978 참조. 금과 구리 저장물에 관해서는 Makkay 1976 참조.

51. 수보로보 쿠르간 집단에 대해서는 Alekseeva 1976 참조. 코프착 쿠르간에 대해서는 Beilekchi 1985에 설명되어 있다.

52. 지우르지울레슈티 유적에 대해서는 Haheu and Kurciatov 1993에 간략하게 설명되어 있다. 지우르지울레슈티를 대상으로 한 방사성 탄소 연대 측정값은 Ki-7037 실험실 표본에서 BP 5380±70, 즉 보정 후 서기전 4340~서기전 4040년이었다. 나는 Telegin et al. 2001: 128의 연대값은 잘못 인쇄된 것이라고 들었다.

53. 묘지에 속하지 않고 홀로 떨어진 노보다닐로프카 무덤에 대해서는 Telegin 1973: 113에 설명되어 있다. 페트로-스비추노보와 차플리에 관해서는 Bodyans'kii 1968; Dobrovol'ski 1958 참조.

54. 콜먼(Coleman 2000)에 의하면 서기전 4000~서기전 3500년경 전 지역적 텔 거주지 방기가 있었다. 나는 어떻게 이런 일이 그리스어 사용자들을 그리스로 데려간 사건이 될 수 있는지 모르겠다. 왜냐하면 그리스어는 인도·이란어 지파와 많은 특성을 공유하며(3장 끝부분 참조) 인도·이란어는 훨씬 뒤에 나타났기 때문이다. 아마도 서기전 4000년의 위기는 선 아나톨리아어 사용자들을 유럽 동남쪽으로 데려갔을 것이다.

55. 로마 제국 붕괴 후 불가리아에서 도시의 해체에 관해서는 Madgearu 2001 참조. 메이스(Mace 1993)는 곡물 생산량이 떨어지면 소가 아사를 방지하는 보험임을 언급한다. 소 떼는 분쟁 기간 동안 보호받는 장소로 옮길 수 있다. 농업 생산이 하락하고 분쟁이 증가하는 상황에서 가축 몰이에 더 크게 의존하는 것은 경제적으로 상당히 의미 있는 행동일 것이다.

56. 약탈, 부당하게 얻은 재산, 노획에 관한 인도·유럽 공통조어에 대해서는 Benveniste 1973: 131-137, 파탄인들 사이의 언어 교체에 관해서는 Barth 1972 참조.

57. 체르나보다 I에 관해서는 Morintz and Roman 1968; Roman 1978; 또한 Georgieva 1990; Todorova 1995; Ileva 1993 참조. 최근의 훌륭한 요약은 Manzura 1999에 들어 있다. 오스트로불코르불루이 묘지에 관해서는 Nikolova 2002, 2000 참조.

58. 세라트는 서기전 4000~서기전 2500년 사이 음료 용기는 꿀(벌꿀 술의 기본 원료)과 곡물(맥주의 원료)을 함유한 음료를 대접하기 위해 쓰였으며, 두 가지 재료는 청동기 초기 '벨 비커' 문화 잔에 의해 직접적으로 증명된다는 의견을 제시했다. 그는 꿀은 소량으로만 이용 가능했으며, 연회에서 양조 음료를 할당하고 긁어모은 것을 핵심 계층에게 풀어주는 역할을 하던 엘리트들의 통제 아래 있었을 것이라는 의견을 내놓았다. 인도·유럽 공통조어에는 꿀을 의미하는 단어(*melit-)와 여기에서 파생한 벌꿀 음료를 의미하는 단어(*medhu-)가 있다.

59. 체르나보다 I-렌젤 후기의 말에 관해서는 Peke 1986; Bökönyi 1979 참조.

60. 목축에 관해서는 Greenfield 1999; Bökönyi 1979; Milisauskas 2002: 202 참조.

61. 시우스에 대한 기도문은 Puhvel 1991 참조.

12 초원 경계에 뿌려진 변화의 씨앗: 마이코프 족장과 트리폴리예 읍락

1. 린디나(Ryndina 1998: 170-171)가 수보로보 이후 시기 동안의 초원 무덤에서 계산한 구리 물품은 79개였는데, 수보로보-노보다닐로프카 무덤에서 362개를 헤아린 것과 비교된다.

2. Telegin 2002, 1988, 1987 참조. 또한 Nikolova and Rassamakin 1985; Rassamakin 1999 참조. 미하일로프카에 대한 초기 보고서는 Lagodovskaya, Shaposhnikova and Makarevich 1959; Shaposhnikova 1961(이 논문에서 아래층과 위층의 구분을 언급했다); Shevchenko 1957 참조. 저지 미하일로프카 무덤들의 층위학적 위치에 대해서는 Cherniakov and Toshchev 1985 참조. 미하일로프카 I 토기의 방사성 탄

소 연대 측정값은 Videiko and Petrenko 2003에 기록되어 있다. 코토바와 스피치나(Kotova and Spitsyna 2003)에 의하면 미하일로프카 II 초기는 서기전 3500년 무렵에 시작되었다.

3. 미하일로프카 I의 마이코프 토기 파편에 관해서는 Nechitailo 1991: 22 참조. 기타 토기 교환에 관해서는 Rassamakin 1999: 92; Telegin 2002: 36 참조.

4. Pashkevich 2003.

5. 청동기 초기 동남부 유럽의 양은 동석기 양보다 상당히 컸는데, 뵈쾨니(Bökönyi 1987)는 이 양을 서기전 3500년경 이후 등장한 새로운 울 생산용 품종으로 분류했다.

6. 체르나보다 유적의 발굴지 세 곳에서 연속적인 고고학적 문화 3개가 발굴되었다. 가장 오래된 것은 체르나보다 I 문화로 서기전 4000~서기전 3600년 무렵의 것이고, 그다음은 체르나보다 III 문화로 서기전 3600~서기전 3000년 무렵, 바덴 문화와 동시대의 것이다. 그리고 가장 나중 것이 체르나보다 II 문화로 서기전 3000~서기전 2800년 무렵의 것이다. 미하일로프카 I은 체르나보다 I 말기 및 체르나보다 III의 전반기와 동시대로 보인다. Manzura, Savva and Bogatoya 1995 참조.

7. 올라네슈티의 미하일로프카 I 무덤에 관해서는 Kovapenko and Fomenko 1986, 소콜로프카의 무덤에 관해서는 Sharafutdinova 1980 참조.

8. Potekhina 1999: 150-151.

9. '포스트 마리우폴'이라는 이름은 1970년대에 코발레바가 처음 붙였다. Nikolova and Rassamakin 1985; Telegin 1987; Kovaleva 2001 참조.

10. 포스트 마리우폴 금속 유형에 관해서는 Ryndina 1998: 170-179 참조.

11. 그 무덤 둘은 오렐-사마라 지역의 베르흐나야 마예프카 XII 유적 쿠르간 2의 무덤 10과 사마르스카 쿠르간 1의 무덤 6이다. Ryndina 1998: 172-173 참조.

12. 라즈도르스코예에 관해서는 Kiyashko 1987, 1994 참조.

13. 레핀 유적에서 말뼈의 비율은 종종 80퍼센트로 알려졌다. 실로프(Shilov 1985b)는 그 수를 재검토해 55퍼센트라는 비율을 얻었는데, 역시 대단히 높은 수치다.

14. 체르카스카야의 레핀/얌나야 문화에 관해서는 Vasiliev and Siniuk 1984: 124-125 참조.

15. 카라-후둑과 키질-칵 유적에 관해서는 Barynkin and Vasiliev 1988, 식물상에 관해서는 I. Kuzmina 1988 참조. 또한 Ivanov and Vasiliev 1995; Barynkin, Vasiliev and Vybornov 1998도 참조. 키질-칵의 방사성 탄소 연대 측정값에 대해서는

Lavrushin, Spiridonova and Sulerzhitskii 1998: 58-59 참조. 볼가 강 하류의 흐발 린스크 후기 무덤에 대해서는 Dremov and Yudin 1992; Klepikov 1994 참조.

16. 크루츠는 차파예프카 토기를 트리폴리예 C1 후기의 유형으로 분류한 반면, 비데이 코는 이를 트리폴리예 B2 후기 거주지로 보았다. 비데이코는 서로 다른 거주지 집단 들마다 다른 속도로 토기 공예 전통이 변했다고 주장했다. 그의 주장에 의하면, 드네 프르 집단(차파예프카)에서는 더 일찍이 트리폴리예 C1 양식으로 전환한 남부그 강 집단의 초대형 거주지들보다 트리폴리예 B2 양식의 관습이 더 오래 남았다. 트리폴 리예 C2 양식은 드네스트르 강 유역 우사토보에서는 서기전 3400~서기전 3300년 무렵 시작되었지만, 드네프르 강 유역에서는 서기전 3100년 무렵에 시작되었다.

17. Kruts 1977: 48.

18. 초거대 유적에 대해서는 Videiko 1990과 같은 책 안의 기타 논문들 참조. 또한 Shmagli and Videiko 1987; Kohl 2007도 참조.

19. 마이단네츠케에서는 엠머 밀과 스펠트 밀이 복원된 곡물 중 가장 흔했다. 가옥 하 나에서 보리와 완두도 나왔다. 소(가축의 35퍼센트, 최소 개체 수)가 가장 중요한 육류 공급원이었고, 돼지(27퍼센트)와 양(26퍼센트)이 두 번째였다. 나머지 가축의 11퍼센트는 개와 말이 반반을 차지했다. 약 15퍼센트는 붉은사슴, 멧돼지, 바이슨, 토끼, 조류였다. 소, 돼지 그리고 풍부한 야생 동물의 존재는 거주지 근처에 상당 한 숲이 있었음을 보여준다. 20제곱킬로미터 정도의 숲이면 읍락에 충분한 땔감을 제공할 수 있었을 텐데, 5인 가구당 2.2헥타르의 견목(대체로 활엽수) 숲이면 지속 가능한 정도의 숲이라는 계산이 나온다. 생태계 악화가 명백해 보이지 않으므로 읍 락을 포기한 것은 전쟁 때문이었을 것이다. Shmagli and Videiko 1987: 69 참조. 그리고 위에서 언급한 Videiko 1990에서 경제에 관한 몇몇 논문 참조.

20. 드네프르 강변의 폴리바노프야르의 트리폴리예 B1 거주지는 양질의 부싯돌 광맥 노두부를 내려다보는 위치에 있었다. 가옥 하나는 집중적으로 부싯돌 도구를 제작 하는 곳이었는데, 도구 제작의 전 과정을 볼 수 있었다. 나중의 트리폴리예 C1 거 주지에서 발굴된 구조물 6개 모두가 부싯돌 작업장이었는데, 다른 곳에서 초기의 윤곽 잡기를 마친 것을 가지고 와서 이곳에서 새로운 물품을 만들어냈다(육중한 부싯돌 도끼와 10센티미터 길이의 끌). 트리폴리예 C1 거주지는 부싯돌 장인들을 위해 특화된 읍락이 되었다. 마이단네츠케는 드네프르산 부싯돌로 만든 완제품을 수입했는데, 아마도 폴리바노프야르에서 제작한 것으로 추측된다. 남부그 강 하곡

동쪽 베셀리쿠트〔Veseli Kut(150헥타르)〕의 트리폴리에 B2 읍락의 구조물 2개는 토기 작업장으로 판명되었다. 토기 제작을 위한 건물 8개가 바르바로프카 VIII 유적(40헥타르 경내에 가옥 200채 ─ 이 지역에서 가장 큰 읍락)에서 발견되었고, 이와 유사한 토기 공장이 드네스트르 강변의 페트레니(Petreni)에서 발견되었는데 이역시 지역에서 가장 큰 읍락이었다. 마이단네츠케에서는 일렬로 배열한 여덟 가구가 베틀(70개에 달하는 베틀 추 묶음을 통해 밝혀졌다)을 갖고 있었고, 일부는 2대를 가졌는데 아마도 전문적인 방직공들의 구역으로 짐작된다. 폴리바노프야르에 관해서는 Popova 1979, 토기 작업장에 관해서는 Ellis 1984 참조.

21. 우루크의 팽창에 대해서는 Algaze 1989; Stein 1999; Rothman 2001 참조. 하치네비의 구리 생산에 관해서는 Özbal, Adriaens and Earl 2000, 이란의 구리에 관해서는 Matthews and Fazeli 2004 참조. 울 생산용 양에 관해서는 Bökönyi 1983; Pollack 1999.

22. 소스와 베리클데예비에 관해서는 Kiguradze and Sagona 2003; Rothman 2003 참조.

23. 마이코프 유형과 같은 토기가 베리클데예비의 쿠라-아락세스 이전 층들에서 발견되었다. 마이코프 문화 초기는 트랜스캅카스 문화 초기 이전에 시작했다. Glonti and Dzhavakhishvili 1987 참조.

24. 선 마이코프 스보보드노에(pre-Maikop Svobodnoe) 문화에 대해서는 Nekhaev 1992; Trifonov 1991 참조. 초원과 스보보드노에의 교역에 관해서는 Nekhaev 1992; Rassamakin 2002 참조.

25. 마이코프 족장 무덤에 묻힌 사람들의 매장 자세는 명확하지 않다. 마이코프 문화에 대한 영어로 된 설명은 Chernykh 1992: 67-83 참조. 꽤 오래전의 서술로는 Childe 1936; Gimbutas 1956: 56-62 참조. 러시아어로 된 길고 자세한 설명은 Munchaev 1994 참조. 노보스보보드나야 무덤에 관해서는 Rezepkin 2000 참조. 북캅카스 고고학 문화의 역사에 관해서는 Trifonov 1991 참조.

26. 황소가 달린 금은제 막대기 통에 관해서는 Chernopitskii 1987 참조. 47센티미터 길이의 이음못이 있는 구리 날에 대해서는 Munchaev 1994: 199에서 강조했다.

27. Rostovtseff 1922: 18-32는 마이코프 문화는 동기 시대의 것, 즉 아나톨리아의 용어를 쓰자면 동석기 후기 문화라고 주장했다. 그러나 마이코프는 북캅카스의 청동기 문화로 확고히 자리 잡음으로써 원래 관련을 맺었던 아나톨리아의 청동기 문화보다 얼마간 일찍 시작했다. 오늘날 일부 러시아 고고학자들은 마이코프 문화 후기는

청동기 초기에 속하지만, 초기는 동석기 후기에 속한다는 의견을 제시했다. 마이코프 문화의 연대에 관해서는 Trifonov 1991, 2001 참조. 나 자신의 잘못된 연대에 관해서는 Glumac and Anthony 1992 참조. 나는 로스토프체프를 믿었어야 했다.

28. 아나톨리아의 인장에 대해서는 Nekhaev 1986; Munchaev 1994: 169, 표 49: 1-4 참조.

29. 갈루가이에 관해서는 Korenevskii 1993, 1995 참조. 식물상에 대해서는 1995: 82에 기술되어 있다. 코레네프스키는 갈루가이 유적이 아르슬란테페 VIA에서 이주한 사람들이 만든 개척자 유적지라고 생각했다. 마이코프의 말에 관해서는 Chernykh 1992: 59 참조.

30. Rezepkin 1991, 2000은 마이코프와 노보스보보드나야는 동시대의 별개 문화라고 주장했다. 갈루가이(마이코프)와 클라디(노보스보보드나야) 유적의 방사성 탄소 연대 측정값이 비슷하게 나오는 것이 이를 시사한다. 그러나 갈루가이는 숯을 표본으로 측정했고 클라디는 인골을 대상으로 했는데, 클라디 사람들이 물고기를 많이 먹었다면 인골은 물고기에 저장된 오래된 탄소의 영향을 받았을 것이다. N_{15} 함량을 11퍼센트(초원에서 알려진 하한 수준)로 가정하고 보정하면, 가장 오래된 클라디 유적 연대는 서기전 3700~서기전 3500년 무렵에서 서기전 3500~서기전 3350년경으로 떨어질 것이다. 나는 전통적인 견해를 따라 노보스보보드나야 문화를 마이코프 문화에서 자라난 것으로 제시한다. 레제프킨은 노보스보보드나야 토기를 TRB 문화, 즉 푼넬 비커 문화의 토기와 비교하고, 클라디의 측면에 창이 있는(porthole) 거석 무덤들을 푼넬 비커 문화의 측면에 창이 있는 고인돌 무덤과 비교했다. 그는 노보스보보드나야 문화가 폴란드에서 일어난 이주와 함께 시작되었다고 주장했다. 세르게이 코레네프스키(Sergei Korenevskii 1993)는 두 시기를 다시 뒤로 돌려 하나의 문화로 묶으려 시도했다. 검게 윤을 낸 토기는 동석기 후기와 청동기 초기 아나톨리아의 쾨스크회육(Kösk Höyük)이나 피나르비시(Pınarbişi) 등에서 발견되는데, 이곳이 더 가까운 대안적 원천이다.

31. Shishlina, Orfinskaya and Golikov 2003.

32. 알리케메테페시의 구슬에 관해서는 Kiguradze and Sagona 2003: 89 참조.

33. 마이코프-노보스보보드나야 문화와 세 기르단 쿠르간 사이의 연관성은 레제프킨과 트리포노프가 언급했는데, 이 연관성을 기술한 러시아어로 된 양자의 논문은 공히 2000년에 출간되었다. 이 논문들이 뉴욕 메트로폴리탄 미술박물관의 엘레나 이

즈비체르(Elena Izbitser)에 의해 머스카렐라에게 전해져 관심을 끌게 되었다. 머스카렐라(Muscarella 2003)는 이 역사를 개관했다.

34. 장거리 교역의 상징적 힘에 대해서는 Helms 1992 참조. 원시적 가치에 관해서는 Dalton 1977; Appadurai 1986 참조.

35. 노보스보보드나야의 네 바퀴 수레 무덤에 관해서는 Rezepkin and Kondrashov 1988: 52 참조.

36. Shilov and Bagautdinov 1998.

37. 마이코프 문화와 초원 사이의 접촉에 관해서는 Nechitailo 1991 참조. 라사마킨(Rassamakin 2002)은 트리폴리예 문화 후기의 카스페로프카 유형의 트리폴리예 문화 이주민들이 노보스보보드나야 문화의 형성에 영향을 주었다고 주장했다

38. 대마초는 초원에서 메소포타미아로 수출되었을 것이다. 그리스어 *kánnabis*와 게르만 조어 *hanipiz*는 수메르어의 *kunibu*와 관련이 있는 것으로 보인다. 수메르어는 서기전 1700년 무렵 광범위하게 쓰였던 사어(死語)이므로 이 연관 관계는 매우 오래전에 생겼을 것이고, 우루크 후기의 국제 교역이 적절한 맥락을 제공한다. Sherratt 2003, 1997c 참조. 포도주가 관련된 상품이었을 수 있다. 그리스어, 라틴어, 아르메니아어, 히타이트어에서 '포도주'를 의미하는 말의 어근은 원천이 같다(동일어근어). 그리고 일부 언어학자들은 이 말의 어근이 셈어 혹은 아프리카·아시아어에서 기원했다고 생각한다. Hock and Joseph 1996: 513 참조.

39. 캅카스의 말에 관해서는 Munchaev 1982; Mezhlumian 1990; Chernykh 1992: 59 참조. 노르슌테페와 아나톨리아에 대해서는 Bökönyi 1991 참조.

13 네 바퀴 수레를 타는 초원 사람들: 인도·유럽 공통조어 사용자

1. 얌나야 시기의 기후 변화에 관해서는 Kremenetski 1997b, 2002 참조.

2. 어근 *ghos-ti-*는 오직 이탈리아어, 게르만어, 슬라브어에서 살아남았지만 그 제도는 더 광범위했다. 방브니스트(Benveniste 1973: 273-288)의 'Phílos' 설명 부분 그리고 맬러리와 애덤스(Mallory and Adams 1997)의 'guest'와 'friend' 설명 부분 참조. 이바노프는 루비어의 *kaši-*(방문하다)가 인도·유럽 공통조어의 *ghos-ti-*와 동일어근어일 것이라 추측했지만, 그 관계는 명확하지 않다. '호의' 관한 설명은 Gamkrelidze and Ivanov 1995: 657-658 참조. 훗날 인도·유럽어 사회에서 이 제도는 상인과 방문한 엘리트, 혹은 귀족을 보호하는 핵심 제도였다. Kristiansen and

Larsson 2005: 236-240 참조. 아울러 Rowlands 1980도 참조.

3. 맬러리가 언급했듯 인도·유럽어 동부 지파들은 일부 농업과 관련된 어휘를 가졌다. 동부 인도·유럽어 사용자들은 쟁기로 간 농토, 곡물, 왕겨 등에 관해 이야기했다. 동부와 서부의 고고학적 대비는 언어적인 것보다 더 극명한데, 양자의 차이는 사람들이 알고 말할 수 있었던 것(언어)과 그들이 대부분의 시간 동안 실제로 어떻게 행동했는가(고고학) 사이의 차이를 반영한다. Mallory and Adams 1997의 '농사', '밭', '쟁기' 항목 참조.

4. 아나톨리아어에 보존되어 있는 원시 인도·유럽 공통조어의 형태로부터 고전 인도·유럽 공통조어를 구별하는 열 가지 혁신 중 하나로 명사의 여성을 드는 견해로는 Lehrman 2001 참조. 서부 인도·유럽어의 아프리카·아시아어로부터의 차용에 관해서는 Hock and Joseph 1996: 513 참조. 루드라(Rudra)의 여성 배우자에 관해서는 Kershaw 2000: 212 참조.

5. Gimbutas 1956: 70ff. 동유럽 고고학의 문을 연 그녀의 이런 선구적인─영어로 된─종합이 없었다면 나는 이 분야에 천착할 수 있으리란 생각을 결코 하지 못했을 것이다. 그럼에도 불구하고 나는 곧장 김부타스의 견해에 동의할 수 없었다. Anthony 1986 참조. 나는 1991년 에드가 폴로메(Edgar Polomé)가 조직하고 텍사스 오스틴에서 열린 미국인문학재단(National Endowment for the Humanities) 학술회의에서 그녀와 며칠을 보낼 수 있어 대단히 기뻤다.

6. 1903년 고로드초프의 북도네츠 강 고고학 탐사 100주년을 기념해 청동기 시대를 대상으로 학술회의가 세 번 열렸다(혹은 최소 세 번을 기획했다). 최초의 학술회의는 2001년 사마라에서 열렸고, 회의록은 초원 청동기 문화에 관한 귀중한 밑그림이 되었다. Kolev et al. 2001 참조.

7. 얌나야 '역사─문화 공동체'에 관해서는 Merpert 1974: 123-146 참조.

8. 이 초원─소나무 숲 식생 군락은 《소련 지도(Atlas SSSR)》(S. N. Teplova 편집, 88-89쪽)에서 '19번'이라고 불렸다. 이 식생 군락은 저지와 산지 초원 환경에서 모두 나타난다.

9. 아파나시예보의 방사성 탄소 연대 측정값은 표 13.2에 있다. 아파나시예보 방사성 탄소 연대 측정값은 대체로 무덤 안의 나무에서 얻은 것으로 보이지만, 일부는 인골에서 얻은 것이다. 비록 아파나시예보 인골의 N_{15} 측정값을 보지는 못했지만, 이후에 알타이 지역 무덤에서 출토된 인골의 질소 함량은 10.2~14.3퍼센트였다. 이 책

에서 내가 쓰는 보정 척도를 적용하면, 인골로 측정한 아파나시예보 연대는 130~375년 높게 나왔을 것이다. 그러나 앞서 말했듯이 대부분의 측정치는 인골이 아닌 나무를 표본으로 얻었으므로 나는 측정치를 보정하지 않았다.

10. 로그빈(V. N. Logvin 1995)은 카자흐스탄 북부의 연대가 정해지지 않은 일부 봉분 없는 무덤들이 얌나야 초기 혹은 레핀 문화 사람들과 보타이-테르섹 사람들의 단명한 혼거를 나타내는 것이라고 말했다. 카라가시 쿠르간에 관해서는 Evdokimov and Loman 1989 참조.

11. 볼가-우랄 지역의 가장 이른 시기 얌나야 무덤(포크로프카 묘지 1, 쿠르간 15, 무덤 2; 로파티노 쿠르간 1, 무덤 31; 게라시모프카 II, 쿠르간 4, 무덤 2)에서 나온 토기는 레핀 문화의 영향을 받은 것이었다. 그리고 고르니알타이 지역의 가장 이른 아파나시예보 문화 쿠르간(베르텍 33, 카라콜)에서 나온 토기 또한 레핀의 영향을 받은 것으로 보인다.

12. 아파나시예보에 관해서는 Molodin 1997; Kubarev 1988 참조. 두개계측점(頭蓋計測點, craniometrics)에 관해서는 Hemphill and Mallory 2003; Hemphill, Christensen and Mustafakulov 1997 참조. 발릭티율에 남아 있는 동물 잔해에 관해서는 Alekhin and Gal'chenko 1995 참조.

13. 현지 문화에 관해서는 Weber, Link and Katzenberg 2002; Bobrov 1988 참조.

14. Chernykh 1992: 88; Chernykh, Kuz'minykh and Orlovskaya 2004.

15. 토하라어와 아파나시예보 문화의 연관성에 관해서는 Mallory and Mair 2000 참조.

16. 초원의 수레 무덤 총계와 노보티토로프스카야 문화의 네 바퀴 수레에 관해서는 Gei 2000: 176 참조. 발키 쿠르간의 얌나야 네 바퀴 수레 무덤에 관해서는 Lyashko and Otroshchenko 1988 참조. 루카노프카의 얌나야 수레에 관해서는 Mel'nik and Serdyukova 1988 참조. 다뉴브 강 삼각주 북쪽의 얌나야 수레 무덤에 관해서는 Gudkova and Chernyakov 1981 참조. 2001~2002년 투레츠키와 모르구노바가 발굴한 슈마예보(Shumaevo) 묘지 II 유적의 쿠르간 2와 6의 얌나야 수레 무덤들은 수십 년 동안 볼가-우랄 지역에서 발견한 최초의 네 바퀴 수레 무덤이다. 바퀴 하나는 쿠르간 6에서 나왔고 3개가 쿠르간 2에서 나왔다. Morgunova and Turetskii 2003 참조. 초기의 바퀴 달린 수레 전반에 관해서는 Bakker, et al. 1999 참조.

17. 멜닉과 세르디우코바(Mel'nik and Serdiukova 1988: 123)는 얌나야 네 바퀴 수레는 실제적인 용도는 없고 그저 순수하게 근동의 왕들이 의례에서 쓰던 것을

모방해서 자기들의 의례에 사용한 것이라고 주장했다. 이는 내가 생각하는 것보다 더 얌나야 사람들이 실용적인 감각보다 멀리 떨어진 근동의 상징을 더 숭배한 것으로 간주하는 듯하다. 이 의견은 또한 얌나야 시절 이동성에 기반을 둔 경제로의 변화를 설명하지 못한다. 비록 무덤에 넣은 일부 수레들이 가볍게 만든 장례 용품이라 해도, 이것이 더 튼튼한 진짜 수레가 없었다는 것을 의미하지는 않는다.

18. 이즈비체르(Izbitser 1993)는—바퀴 2개만 발견된 무덤을 포함해—초원의 수레는 모두 네 바퀴 수레였다고 주장했다. 그녀의 의견은 전차의 기원에 관한 논쟁에서 초원 문화는 두 바퀴 수레를 만든 경험이 없는 것으로 보인다는 주장을 하는 데 인용되어왔다. Littauer and Crouwel 1996: 936 참조. 그러나 발키 쿠르간의 무덤 57을 비롯해 수많은 무덤에는 바퀴가 2개만 있다. 에브딕에서 출토된 노보스보보드나야 문화 가마솥에 새겨진 이미지는 두 바퀴 수레로 보인다. 이즈비체르는 카타콤 문화(서기전 2800~서기전 2200년)에 속하는 토기의 두 바퀴 수레 모형과 북캅카스 바다니(Badaani) 유적의 초기 트랜스캅카스 문화, 즉 쿠라–아락세스 문화(서기전 3500~서기전 2500년)의 모형도 수레가 아닌 다른 무언가를 묘사한 것으로 해석한다. 반면 게이는 나처럼 두 바퀴 수레와 네 바퀴 수레 모두의 증거를 본다. Gei 2000: 186 참조.

19. 메르페르트(Merpert 1974)가 정의한 드네프르 지역은 시볼라프(Syvolap 2001)에 의해 최소 6개 이상의 소지역으로 나뉘었다.

20. Telegin, Pustalov and Kovalyukh 2003.

21. Sinitsyn 1959; Merpert 1974; Mallory 1977 참조. 흐발린스크 문화의 발견을 감안해 메르페르트의 기획을 재고한 것으로는 Dremov and Yudin 1992; Klepikov 1994 참조. 볼가 강–돈 강–캅카스 지역의 모든 얌나야 초기 변종에 대한 개괄 및 그 연대에 관해서는 Vasiliev, Kuznetsov and Turetskii 2000 참조.

22. 미하일로프카 I 유적에서 1166개의 동물 뼈가 발굴된 반면, 미하일로프카 II와 III 유적에서는 도합 5만 2540개가 발견되었다.

23. 얌나야 씨앗 압인에 관해서는 Pashkevich 2003 참조. 파시케비치는 미하일로프카 II 유적을 레핀 문화의 거주지로 간주하는데, 이는 본문에서 언급한 토기의 소속에 관한 논쟁을 반영한다. Kotova and Spitsyna 2003도 참조.

24. 얌나야 층 및 카타콤 문화의 연대기에 관해서는 Trifonov 2001; Gei 2000; Telegin,

Pustalov and Kovalyukh 2003 참조. 서부 얌나야 및 카타콤의 연대에 관해서는 Kośko and Klochko 2003 참조.

25. 이 견해는 하자노프와 바필드(Khazanov 1994; Barfield 1989)의 저서에 잘 설명되어 있다.

26. 초원 유목민의 작물 경작에 대해서는 Vainshtein 1980; DiCosmo 1994 참조. 곡물을 아주 적게 먹었던 근대 유목민에 관해서는 Shakhanova 1989 참조. 근위대의 군대로의 성장에 관해서는 DiCosmo 1999, 2002 참조.

27. Shilov 1985b.

28. 칼미크 초원 쿠르간들의 계절적 표지에 대한 연구로는 Shishlina 2000 참조. 드네프르 초원에서 얌나야 목축 양상에 대한 언급으로는 Bunyatyan 2003 참조.

29. 삼소노프카에 관해서는 Gei 1979을 보고, 리벤초프카에 관해서는 Bratchenko 1969 참조. 이곳에서 소 떼가 다수를 차지했다는 것은 Shilov 1985b: 30에서 언급했다.

30. 칼미키야 공화국의 마니치 저지 지상에 흩어져 있는 얌나야 석기와 토기에 대한 언급은 Shishlina and Bulatov 2000, 볼가 강 하류와 북캅카스 초원에 대한 것은 Sinitsyn 1959: 184 참조. 이런 지역들의 사막 혹은 준사막 조건이 풀이 지표를 가리는 북쪽의 초원보다 지상 유적을 더 잘 보이게 만든다. 사마라 주에서 우리는 오늘날의 지표 20~30센티미터 아래서 청동기 후기 거주지들을 발견했다. Anthony et al. 2006 참조. 블랙풋 인디언들의 겨울 야영지에 관해서는 Ewers 1955: 124-126에 이렇게 설명되어 있다. "'푸른 풀 황소(인디언의 이름―옮긴이)'는 커다란 말 떼를 가진 무리는 여름마다 몇 차례 야영지를 옮겨야 한다고 말했다. ……그러나 하루 이하의 짧은 이동이면 또 하나의 겨울 야영지로서 적절한 자원이 있는 새로운 장소에 도달할 수 있다. ……부족의 모든 인원을 하나의 커다란 마을에 수용하기엔 연료와 목초에 대한 수요가 너무 크다." 이런 식의 이동 행태가 얌나야 야영지를 찾기 어렵게 만들었을 것이다.

31. 차차 무덤에 대해서는 Shilov 1985a에 설명되어 있다.

32. 퀸스 대학 벨파스트 캠퍼스(Queen's University Belfast)의 에일린 머피는 사마라 강 하곡 프로젝트의 일환으로 볼가 강 중류 얌나야 사람들의 치아 병리 현상을 흉노와 기타 묘지의 차아와 비교하는 연구를 수행했다. 미출간 내부 보고서는 Murphy and Khokhlov 2004에 있다. Anthony et al. 2006도 참조. 서로 다른 인구 집단 사이의 충치에 대한 연구는 Lukacs 1989 참조.

33. 얌나야 무덤의 식물석에 관해서는 Shishlina 2000 참조. 명아주와 아인콘 밀의 산출량 비교는 Smith 1989를 따랐다. 비름은 빵 밀보다 단백질 함량(g/kg)이 22퍼센트 많고 명아주는 34퍼센트 많다. 밀은 이 두 식물보다 탄수화물이 많다. 영양소 비교는 Gremillion 2004 참조.

34. 얌나야 인골에서 철 결핍 빈혈 병변의 빈도가 높은 것에 관해서는 Murphy and Khokhlov 2004; Anthony et al. 2006 참조.

35. 젖당 내성에 관해서는 Enattah 2005 참조.

36. 암소, 젖 식품 그리고 빈곤에 관해서는 Vainshtein 1980: 59, 72 참조.

37. Mallory 1990.

38. 얌나야 무덤주의 성별에 관해서는 Murphy and Khokhlov 2004; Gei 1990; Häusler 1974; Mallory 1990 참조.

39. '아마조네스' 무덤에 관해서는 Davis-Kimball 1997; Guliaev 2003 참조.

40. 알렉산드르 게이(Alexandr Gei 1990)는 청동기 후기 노보티토로프스카야 문화 인구 밀도를 100제곱킬로미터당 8~12명, 청동기 중기 카타콤 문화 시기 쿠반 초원의 인구 밀도를 12~14명으로 추산했다. 그러나 쿠르간은 이런 사람들 중 소수가 죽었을 때만 만들었으므로 게이의 수치는 실제 인구 밀도를 10배 정도 작게 계산한 것이다. 무덤에 근거해 그가 추산한 인구 밀도의 10배, 즉 100제곱킬로미터당 120명의 인구 밀도는 목축이 경제의 핵심 요소인 오늘날의 몽골과 비슷했을 것이다.

41. Golyeva 2000.

42. 지위와 장례식에 투입된 노동일의 등치에 관해서는 Binford 1971 참조. 또한 Dovchenko and Rychkov 1988와 그들의 연구에 대한 맬러리의 분석(Mallory 1990)과 Morgunova 1995도 참조.

43. 우툐프카 I 묘지 쿠르간 1의 무덤 1에서 나온 돌기 장식 있는 금 고리 2개는 놀라운 것이다. 왜냐하면 금제 돌기를 만들고 이것을 적용하는 기술은 매우 특수한 것으로서 약 서기전 2500년(트로이 II, 메소포타미아의 초기 왕조 III기에 해당)에 나타난 것이기 때문이다. 당시 볼가 강 중류 지역은 소아시아의 트로아드(Troad)와 어떤 식의 연계망으로 연결된 것처럼 보인다. 우툐프카 무덤의 도끼는 초기 유형인데, 노보스보보드나야나 얌나야 유형과 비슷하고, 이는 매우 이른 시기의 폴타프카 문화 시기를 암시한다. 바실리예프가 보기에 무덤의 모양과 인공물 꾸러미를

종합하면 이 무덤은 얌나야 후기-폴타프카 초기 연대의 것, 즉 서기전 2800년 무렵의 것이다. 무덤은 방사성 탄소 연대를 측정하지 않았다. 우툐프카 I 유적 및 그와 비슷한 것들에 관해서는 Vasiliev 1980 참조. 전곤을 부장한 쿠툴룩 무덤에 관해서는 Kuznetsov 1991, 2005 참조. 전체적 개관으로는 Chernykh 1992: 83-92 참조.

44. Chernykh 1992: 83-92.

45. 페르신의 얌나야 무덤에 관해서는 Chernykh; Isto 2002 참조. 볼가 강 일대의 '순수한' 구리에 관해서는 Korenevskii 1980 참조.

46. 포스트 마리우폴 무덤에 관해서는 Ryndina 1998: 170-179, 레베디 무덤에 관해서는 Chernykh 1992: 79-83, 보로실로프그라드(Voroshilovgrad) 무덤에 관해서는 Berezanskaya 1979 참조.

47. 철제 날에 관해서는 Shramko and Mashkarov 1993 참조.

48. 노를 단 긴 보트는 키클라데스 II 문화 초기, 서기전 2900~서기전 2800년 이후까지 실제로 미술품에 묘사된 것이 남아 있지 않다. 그러나 키클라데스 제도에서 사람이 거주하는 섬의 비중이 서기전 3300년 무렵 시작된 키클라데스 I 문화 초기 동안 10퍼센트에서 90퍼센트로 크게 늘었다. 이는 오직 믿을 만한 해상 운송 수단이 있어야만 가능하다. 20~30명의 노군을 태울 수 있는 긴 보트는 키클라데스 II 문화 초기 이전에 나타난 것으로 보인다. Broodbank 1989 참조.

49. 오데사 주의 케미-오바 문화 무덤에 관해서는 Subbotin 1995 참조. 흑해 북부 초원의 석비 전반에 관해서는 Telegin and Mallory 1994 참조.

14 서부의 인도·유럽어군

1. 언어 교체에 관한 훌륭한 논문으로는 Kulick 1992의 도입 부분 참조. 스코틀랜드의 게일어에 관해서는 Dorian 1981; Gal 1978 참조.

2. 참 문화의 갈렌베르크 유적에 관해서는 Ottaway 1999 참조. 뵈뵈니는 중부 유럽에 나타난 더 큰 말 품종의 통계적 원천을 데레이프카 유적의 말 집단에서 찾았다. 베네케는 중석기 후기 다뉴브 삼각주 북쪽 초원 미르노예의 말이 더 가까운 짝이라는 의견을 제시했다. 그러나 둘은 새로 등장한 더 큰 말 품종의 원산은 초원이라는 것에 동의한다. Benecke 1994: 73-74; Bökönyi 1974 참조.

3. 부하라의 말 교역에 관해서는 Levi 2002 참조. 나는 피터 골든(Peter Golden)과 라나

비르 차크라바르티(Ranabir Chakravarti) 덕분에 이런 점에 관심을 가질 수 있었다.

4. Polomé 1991.《리그베다》구절의 번역은 O'Flaherty 1981: 92 참조.

5. Kristiansen and Larsson 2005: 238.

6. 연회에 관해서는 Benveniste 1973: 61-63참조. 그리고 Mallory and Adams 1997: 224-225의 'GIVE' 항목; Markey 1990 참조. 시인에 관해서는 Watkins 1995: 73-84 참조. 부족 사회에서 연회의 일반적 중요성에 관해서는 Dietler and Hayden 2001 참조. 족장과 시인이 상호 의존적이었다는 사실에 관한 민속학적 유사 사례로는 Lehman 1989 참조.

7. 맬러리(Mallory 1998)는 '쿨투르쿠겔(Kulturkugel)'이라는 위트 있는 수사법, 즉 표적 문화에 뚫고 들어간 후 새로운 문화의 피부를 얻지만 그 언어적 핵심은 유지하고 있는 '언어/문화적 탄환(bullet)'의 비유를 사용해 이 과정을 표현한다.

8. 광범위하게 흩어져 있는 초원의 쿠르간 무덤들에는 수입한 트리폴리예 C2 토기(여타 수입 토기들 중)와 세레즐리예프카의 경우처럼 트리폴리예식의 도식적인 막대기 머리상(像)이 있다. 남부그 강 하곡의 세레즐리예프카 유형의 무덤들은 역시 수입한 트리폴리예 C2 토기를 부장하고 있는 드네프르–아조프 초원의 지보틸로프카–볼찬스크(Zhivotilovka-Volchansk) 집단의 얌나야 무덤들과 동시대의 것으로 보이는데, 이 무덤들의 방사성 탄소 연대 측정값은 서기전 2900~서기전 2800년으로 측정되었다. 라사마킨(Rassamakin 1999, 2002)은 지보틸로프카–볼찬스크 무덤들이 드네프르 삼림 지대의 트리폴리예 C2 사람들이 드네프르 강 동쪽 초원 깊숙한 곳으로 이주한 것을 나타낸다고 생각했다. 그러나 얌나야 무덤에서 발견된 토기 하나는 이주한 트리폴리예 사람들의 것이라기보다는 기념품, 선물, 혹은 획득물로 해석하는 것이 가장 간단하다. 얌나야 무덤에는 토기가 거의 등장하지 않는다. 우크라이나 초원에서 트리폴리예 C2 토기와 마이코프 후기 토기 및 구형 암포라 문화 유형의 토기들이 그랬듯 코초페니 토기가 다뉴브 강 하곡 얌나야 무덤들의 이 관습적 공백을 메웠다.

9. 우사토보 문화에 관해서는 Zbenovich 1974; Dergachev 1980; Chernysh 1982; Patovka et al. 1989 참조. 우사토보 유적 발굴의 역사에 관해서는 Patovka 1976 참조. 체르나보다 I 문화와 우사토보 문화 이전 해안가 초원의 쿠르간들과의 제휴는 Manzura, Savva and Bogatoya 1995에 설명되어 있다. 우사토보 문화 내의 체르나보다 I 특성은 Boltenko 1957: 42에 설명되어 있다. 최근의 방사성 탄소 연대 측정

값에 대해서는 Videiko 1999에서 논의하고 있다.

10. 우사토보의 동물상에 관해서는 Zbenovich 1974: 111-115 참조.

11. 가락바퀴에 관해서는 Dergachev 1980: 106 참조.

12. 우사토보의 고 식물상에 관해서는 Kuz'minova 1990 참조.

13. 우사토보 토기에 관해서는 Zbenovich 1968 참조. 같은 책 54쪽의 오렌지색 현탁액에 담근 회색 토기에도 잠깐 주목하자.

14. 우사토보와 체르나보다 III 후기 및 마이코프 후기 문화 간 교역에 관해서는 Zbenovich 1974: 103, 141 참조. 우사토보에서 발견된 단 하나의 유리구슬은 인을 함유하고 있어 하얗게 물들었다. 구슬은 돌 뚜껑 아래의 무덤구덩이에서 발견되었는데, 뚜껑 위로 돌무더기 그리고 그 위로 쿠르간이 덮고 있었다. 서양 배(pear) 모양의 구슬은 지름이 9밀리미터였고, 지름 5밀리미터의 구멍이 뚫려 있었으며, 표면에 약간 더 어두운 융기부가 있었다. 구리로 색을 낸(초록색-파란색) 원통형 구슬 2개는 키예프 근처 드네프르 강 유역 소피예프카의 트리폴리에 C2 문화 무덤 125에서 발견되었는데, 연대는 1~2세기 늦은 것으로 서기전 3000~서기전 2800년경(소피예프카의 다른 3개 무덤에서 얻은 연대값은 BP 4320+70, BP 4270+90, BP 4300+45)으로 측정되었다. 나머지 구슬 2개가 이 무덤 근처의 지표에서 발견되었는데 무덤에서 나온 것은 확실히 아니었다. 소피예프카와 우사토보의 유리는 모두 소다가 아닌 재를 알칼리로 이용해 만들었다. 재를 이용한 제조법은 근동에서 사용되었다. 분석에 관해서는 Ostroverkhov 1985 참조. 소피예프카의 방사성 탄소 연대 측정값과 자발로프카 출토 호박 구슬의 측정값에 관해서는 Videiko 1999 참조.

15. 찌르개에 관해서는 Anthony 1996 참조. 노 달린 긴 보트에 관해서는 이 책 13장 끄트머리 및 Broodbank 1989 참조.

16. 대자석 칠을 한 두개골에 관해서는 Zin'kovskii and Petrenko 1987 참조.

17. 짐네에 관해서는 Bronicki, Kadrow and Zakościelna 2003; Movsha 1985; Kośko 1999 참조.

18. 요새화에 관해서는 Chernysh 1982: 222 참조.

19. 이주의 연대에 관해서는 Boyadziev 1995 참조.

20. 헝가리의 커다란 묘지 집단에 관해서는 Ecsedy 1979, 1994 참조. 올테니아의 묘지 집단에 관해서는 Dumitrescu 1980 참조. 세르비아 북부의 집단에 관해서는 Jovanovich

1975 참조. 불가리아의 것에 관해서는 Panayotov 1989 참조. 전체적인 개관으로는 Nikolova 2000, 1994 참조. 동남부 유럽의 이주 시기의 상대적 연대 전반에 관해서는 Parzinger 1993 참조. 플라치돌의 네 바퀴 수레 무덤에 관해서는 Sherratt 1986 참조. 석비에 관해서는 Telegin and Mallory 1994 참조. 에체디는 장식 없는 석비를 헝가리의 얌나야 쿠르간 근처에서 발견했다고 언급했다.

21. 헝가리의 무덤들은 다뉴브 강 하류 하곡을 따른 이주 물결의 연장이라기보다, 곧장 카르파티아를 가로질러 트리폴리예 후기 문화의 영역을 통과해 지나간 별도 이주 물결의 결과였을 가능성이 있다.

22. 드네스트르 초원의 심장인 오데사 주에 있는 얌나야 무덤 대부분의 연대는 상당히 늦어서 서기전 2800~서기전 2600년경에 시작하는데, 이 무렵은 우사토보 문화가 사라진 뒤였다. 몇몇 좀더 이른 연대의 쿠르간(세메노프스키 쿠르간 11, 14; 리만 쿠르간 2; 노보셀치 쿠르간 19)이 있지만, 세메노프스키 쿠르간 두 곳 아래 있는 주요 무덤은 모두 우사토보 무덤이었고, 모든 얌나야 무덤은 부수적인 것이었다. 층위학은 나로 하여금 이른 연대값에 대해 의문을 품도록 한다. 얌나야 층은 우사토보 문화 이후에 오데사 주 초원을 접수한 것으로 보인다. Gudkova and Chernyakov 1981; Subbotin 1985 참조.

23. Kershaw 2000; 또한 Mallory and Adams 1997의 크리오스와 전쟁 항목 참조. 이와 관련한 제도인 소 떼 습격은 Walcot 1979에서 논의했다.

24. 잉굴 강의 얌나야 층 개 이빨 장신구에 관해서는 Bondar and Nechitailo 1980 참조.

25. 초원의 석비에 관해서는 Telegin and Mallory 1994 참조. 벨트의 상징적 중요성에 관해서는 Kershaw 2000: 202-203; Falk 1986: 22-23 참조.

26. Kalchev 1996.

27. Nikolova 1996.

28. Alexandrov 1995.

29. Panayotov 1989: 84-93.

30. Barth 1965: 69.

31. 다뉴브 강 중류의 벨 비커 문화의 장식 잔 양식, 가정용 토기 유형, 무덤과 찌르개 유형은 서기전 2600년 무렵 모라비아와 독일 남부에서 채택했다. 이 물질적 연결망은 선 켈트어 방언들이 독일로 확산하는 다리 역할을 했을 가능성이 있다. Heyd, Husty and Kreiner 2004 중에서도 특히 폴커 헤이드가 쓴 마지막 절 참조.

32. 이탈리아어와 켈트어의 연관성에 관해서는 Hamp 1998; Schmidt 1991 참조.

33. 바퀴 달린 수레의 효용에 관해서는 Maran 2001 참조.

34. Szmyt 1999, 특히 178-188쪽 참조.

35. 슬라브어의 고향에 관해서는 Darden 2004 참조.

36. 콜먼(Coleman 2000)은 그리스어 사용자들이 신석기 말기/청동기의 과도기, 즉 서기전 3200년 무렵 그리스로 들어갔다고 주장했다. 만약 인도·유럽어가 이렇게 이른 시기에 그리스로 전파되었다면 내 생각에 그 언어는 아나톨리아어 유형에 더 가까웠을 것이다. 그리스어의 북부 초원 기원을 주장하지만, 더 후대로 가면 내 시나리오와 더 잘 들어맞는 의견에 관해서는 Lichardus and Vladar 1996; Penner 1998 참조. Makkay 2000에서는 똑같은 증거를 다른 목적으로 취합했고, 여기에 대해서는 Kristiansen and Larsson 2005에서 자세히 논의했다. 수갱묘 군주들과 북방의 연관성에 관한 또 하나의 주장을 Davis 1983에서 제기했다. 또한 로버트 드루스(Robert Drews 1988)도—비록 출발지를 아나톨리아로 보았지만—수갱묘 군주는 북방에서 이주한 사람들의 지배자였다고 주장했다.

37. Mallory 1998: 180.

15 전차를 탄 북부 초원의 전사

1. 신타시타에 관한 원본 보고서는 Gening, Zdanovich and Gening 1992 참조.

2. 신타시타 문화는 1992년까지도 승인되지 않았다. 체르니흐(Chernykh 1992: 210-234)는 신타시타 유형의 금속을 '안드로노보 역사-문화 공동체(Andronovo historico-cultural community)'의 한 부분으로 논의하고, 이를 서기전 1600~서기전 1500년의 것으로 분류했다. 1992년 도르카스 브라운과 나는 니콜라이 비노그라도프(Nikolai Vinogradov)를 방문하고, 방사성 탄소 연대 측정을 위해 크리보예오제로 전차 무덤의 뼈 표본을 취해도 좋다는 허락을 받았다. 그 결과는 Anthony 1995a와 Anthony and Vinogradov 1995 두 책에 있다. 크리보예오제로 묘지의 완전한 보고서로는 Vinogradov 2003 참조. 아르카임 묘지 및 거주지에 관해서는 Zdanovich 1995; Kovaleva and Zdanovich 2002 참조. 카멘니암바르의 신타시타 묘지에 관해서는 Epimakhov 2002 참조. 광범위한 개괄로는 Grigoriev 2002 참조. 그러나 그의 견해는 신타시타 문화를 비롯한 여타 수많은 초원 문화가 아나톨리아와 시리아로부터의 일련의 인구 이동으로 인해 발생했다는 가정에 의해 흠집이 생겼는데,

이 두 지역은 그가 인도 · 유럽어의 고향이라고 주장한 곳이다. 중앙아시아와의 관련에 관해서는 Lamberg-Karlovsky 2002 참조. 학술회의 자료는 Jones-Bley and Zdanovich 2002; Boyle, Renfrew and Levine 2002; Levine, Renfrew and Boyle 2003 참조.

3. 나는 여기서 아리안이라는 용어를 1장에서 정의한 대로《리그베다》와《아베스타》의 찬가와 시를 만든 사람들 및 그들 바로 윗세대의 인도 · 이란어를 쓴 이들의 자기 호칭이라는 의미로 사용한다.

4. 서기전 2800~서기전 2600년 무렵 밧줄무늬 토기 문화, 구형 암포라 문화, 얌나야 층의 접촉 지대에 관해서는 Szmyt 1999, 특히 178-188쪽 참조. 또한 Machnik 1999; Klochko, Koko and Szmyt 2003도 참조. 드네프르 중류 문화의 기원에서 얌나야, 트리폴리예 후기(차파예프카) 그리고 밧줄무늬 토기 문화의 혼합 요소들의 고고학적 증거에 관한 고전적 검토물로는 Bondar 1974가 있다. 최근의 검토 하나(Telegin 2005)는 드네프르 중류 문화에 얌나야 층이 끼친 영향을 강조한다.

5. 드네프르 중류 문화의 연대에 관해서는 Kryvaltsevich and Kovalyukh 1999; Yazepenka and Koko 2003 참조.

6. Machnik 1999.

7. 드네프르 중류 문화가 등장하기 전, 서기전 3000~서기전 2800년 키예프 근처의 드네프르 강 동쪽은 혼합 기원의 트리폴리예 C2 후기 소피예프카 집단이 차지했다. 이 집단은 죽은 이를 화장하고 우사토보의 것과 유사한 이음못 있는 찌르개를 사용했으며, 초원의 밧줄무늬 압인 토기 요소와 트리폴리예 토기 요소를 모두 갖고 있는 토기를 만들었다. 소피예프카 거주지에 관해서는 Kruts 1977: 109-138, 방사성 탄소 연대 측정값에 관해서는 Videiko 1999 참조.

8. Carpelan and Parpola 2001 참조. 거의 전공 논문 길이의 이 글은 이번 장에서 논의한 주제 대부분을 포괄한다. 유전적 관점에서 본 밧줄무늬 토기 문화의 이주에 대해서는 Kasperavičiūtė, Kučinskas and Stoneking 2004 참조.

9. 발라노보, 아바셰보, 볼로소보에 관해서는 Bol'shov 1995 참조. 아바셰보 토기에 관해서는 Kuzmina 1999 참조. 아바셰보에 관한 고전적인 저작은 Pryakhin 1976인데 Pryakhin 1980으로 개정했다. 영어로 된 설명은 Carpelan and Parpola 2001에 더해 Chernykh 1992: 200-204; Koryakova and Epimakhov 2007 참조.

10. 볼로소보 문화에 대해서는 Korolev 1999; Vybornov and Tretyakov 1991; Bakharev

and Obchinnikova 1991 참조.

11. 아바셰보와 인도·이란어의 관계에 대해서는 Carpelan and Parpola 2001; Pryakhin 1980 참조.

12. 머리띠에 관해서는 Bol'shov 1995 참조.

13. 부족 간 전쟁에 관해서는 Keeley 1996 참조.

14. Koivulehto 2001; Carpelan and Parpola 2001 참조.

15. 알렉산드로프스카 IV 쿠르간 묘지에 관해서는 Ivanova 1995: 175-176 참조.

16. 쿠이삭 거주지에 관해서는 Maliutina and Zdanovich 1995 참조.

17. 표 1의 AA47803 표본은 서기전 2900~서기전 2600년 무렵의 것으로 측정되었는데, 폴타프카 시기의 인골인 이것은 나중에 훨씬 깊이 들어간 후대의 포타포프카 무덤 구덩이에 의해 끊기고 목이 잘렸다. 포타포프카 무덤 위의 희생된 말은 AA47802 표본에 의해 서기전 1900~서기전 1800년 무렵으로 측정되었다. 비록 거의 1000년 이나 떨어진 것이지만 발굴 당시 마치 함께 매장한 것처럼 보였는데, 포타포프카 시대 말의 두개골이 머리가 떨어진 폴타프카 유해의 어깨 위에 놓여 있었다. 말과 사람의 뼈로 측정한 연대값을 모두 얻기 전까지 이것들은 인도·이란어 신화에서 중요한 조합인 '켄타우로스(반인반마)', 즉 참수된 사람의 머리를 말의 머리로 바꾼 것으로 해석되었다. 그러나 네리사 러셀과 에일린 머피는 말과 사람 모두 여성 (암컷)임을 밝혀냈고, 또한 연대는 이 둘이 1000년의 차이를 두고 매장되었다는 것을 보여준다. 마찬가지로 AA12569 표본은 오래전 폴타프카 시기에 희생된 개의 것이었지만, 똑같은 묘지의 후대 포타포프카 쿠르간 5의 무덤 6 가장자리에서 발견되었다. 이전의 폴타프카 희생물과 무덤들이 후대 포타포프카 묘지 I의 쿠르간 3과 5 아래에서 발견되었다. 폴타프카 장례 매장층은 포타포프카 무덤 갱부들에 의해 너무나 심하게 훼손되어 방사성 탄소 연대 측정값으로 우리가 다시 검토하기 전까지는 확인되지 못한 채로 있었다. 나와 비노그라도프(Anthony and Vinogradov 1995)는 이 두 방사성 탄소 연대 측정값(포타포프카 무덤에 있는 폴타프카 시대의 사람과 개 뼈)이 나오기 5~6년 전 '켄타우로스'일 가능성을 언급했다. 지금은 물론 이 주장을 폐기해야만 한다.

18. 사라즘에 관해서는 Isakov 1994 참조.

19. 켈테미나르 문화에 관해서는 Dolukhanov 1986; Kohl, Francfort and Gardin 1984 참조. 켈테미나르에 대한 고전적인 저작은 Vinogradov 1981이다.

20. 세르게이프카의 방사성 탄소 연대 측정값은 Levine and Kislenko 2002 참조. 그러나 그들은 세르게이프카를 안드로노보 시기, 즉 서기전 1900~서기전 1700년에 속하는 것으로 잘못 논의하고 있음을 주의하라. 또한 Kislenko and Tatarintseva 1990도 참조. 폴타프카의 영향을 받은 또 하나의 채집-목축 과도기 집단은 이심 강 북부 삼림-초원 지대의 비시네프카 I 토기 집단이다. Tatarintseva 1984 참조. 알렉산드로프스카의 폴타프카 문화 묘지에서 출토된 세르게이프카 토기 파편에 관해서는 Maliutina and Zdanovich 1995: 105 참조.

21. 기후 악화에 관해서는 Blyakharchuk et al. 2004; Kremenetski 2002, 1997a, 1997b 참조.

22. Rosenberg 1998.

23. 메소포타미아의 금속 교역에 관해서는 Muhly 1995; Potts 1999: 168-171, 186 참조.

24. 금속과 채광에 관해서는 Grigoriev 2002: 84; Zaikov, Zdanovich and Yuminov 1995 참조. 또한 Kovaleva and Zdanovich 2002도 참조. 그리고리예프는 각 가구에서 발견된 슬래그의 양은 각 가구가 금속을 생산했다고 보기엔 너무 적다는 의견을 냈다. 그러나 산업적인 생산 현장에서도 슬래그는 종종 소량으로만 발견되고, 모든 가구가 슬래그와 생산 설비(상향 통풍을 돕는 송풍관이 붙은 화덕)를 갖추고 있다는 것은 초원에서 전례 없는 금속 생산의 강도를 보여준다.

25. DiCosmo 1999, 2002; Vehik 2002 참조.

26. 체르노레치예 III의 경우와 마찬가지로 우스트예도 니콜라이 비노그라도프가 발굴했다. 비노그라도프는 친절하게도 우스트예의 구획도와 사진을 보여주었는데, 그곳에는 페트로프카 문화 거주지 층 아래에 신타시타 가옥들이 선명하게 층을 이루고 있었다.

27. 인공 유물 카탈로그는 Epimakhov 2002: 124-132 참조.

28. 발사체 촉에 관해서는 Knecht 1997; Van Buren 1974 참조. 그리스에서 전차전 상황의 투창에 관해서는 Littauer 1972; Littauer and Crouwel 1983 참조.

29. 전차 암각화에 관해서는 Littauer 1977; Samashev 1993; Jacobsen-Tepfer 1993 참조. 초원의 뺨대가 미케네의 뺨대에서 유래했다는 견해에 관해서는 E. Kuzmina 1980 참조. 유럽의 뺨대에 관한 개관은 Hüttel 1992 참조. 리타우어와 크로웰(Littauer and Crouwel 1979)은 전차가 초원 아리안들의 초강력 무기였다는 제2차 세계대전 이전의 견해를 전복하는 설득력 있는 근동기원설을 주장했다. 피곳(Piggott 1983,

1992)은 거의 즉각 근동기원설에 대한 반박을 개시했다. 무레이(Moorey 1986) 또한 여러 지역에서 갖가지 요소를 발명해 전차로 결합했다는 견해를 지지했다.

30. 전차 총 16대가 무덤에 부장되었다는 의견에 대해서는 Epimakhov 2002: 124-132 참조. 20대로 추정하는 의견으로는 Kuzmina 2001: 12 참조. 쿠즈미나의 유적 목록에는 신타시타(전차 무덤 7기), 카멘니암바르(2기), 손체 II(3기), 크리보예오제로 (3기) 그리고 카자흐스탄 북부의 울리바이(1기)와 케네스(1기)와 베를릭 II(2기)와 사탄(1기) 등의 페트로프카 무덤이 포함되었다.

31. 초원의 전차에 기능성이 없다는 주장에 대해서는 Littauer and Crouwel 1996; Jones-Bley 2000; Vinogradov 2003: 264, 274 참조. 초원의 전차가 효과적인 전쟁 수단이었다는 것을 옹호하는 주장은 Anthony and Vinogradov 1995; Nefedkin 2001 참조.

32. 협궤 전차에 관한 영어로 된 기술로는 Gening 1979; Anthony and Vinogradov 1995; Anthony 1995a 참조. 이에 대한 중요한 답변 2개는 Littauer and Crouwel 1996; Jones-Bley 2000 참조. 전쟁에서 전차의 한계에 대해서는 Littauer 1972; Littauer and Crouwel 1983 참조.

33. 청동기 시대 초원의 활에 관해서는 Grigoriev 2002: 59-60; Shishlina 1990; Malov 2002; Bratchenko 2003: 199 참조. 고대 근동과 이란의 활에 관해서는 Zutterman 2003 참조.

34. Littauer 1968 참조.

35. 원반형 뺨대에 대해서는 Priakhin and Besedin 1999; Usachuk 2002; Kuzmina 2003, 1980 참조. 왼쪽과 오른쪽의 차이에 관해서는 Priakhin and Besedin 1999: 43-44 참조. 《리그베다》의 전차에 관해서는 Sparreboom 1985 참조. 레반트의 금속 사례에 관해서는 Littauer and Crouwel 1986, 2001 참조. 이런 유형의 뺨대는 동남부 유럽에서 오토마니, 몬테오루, 바틴 문화의 맥락에서 등장해 미케네 시대의 그리스로 전파된 듯하다. 이 문화들의 방사성 탄소 연대 측정값에 관해서는 Forenbaher 1993을 참조하고, 이런 맥락 속의 뺨대에 대해서는 Boroffka 1998; Hüttel 1994 참조. 미케네 전차대의 유라시아 기원은 왜 미케네 전차사들이 북부 초원의 초기 전차사들과 마찬가지로, 때로는 창 혹은 투창을 가지고 다녔는지 설명하는 듯하다. 그리스의 전차에 관해서는 Crouwel 1981 참조.

36. 근동의 전차 증거에 관한 검토로는 Oates 2003 참조. 좀더 이전의 연구로는

Moorey 1986; Littauer and Crouwel 1979 참조. 텔브락의 수레에 관해서는 Oates 2001: 141-154 참조. 우리가 '하위' 연대기('low' chronology)를 인정한다면(실제로 점점 더 개연성이 높아지고 있지만), 우르 III의 최후와 최초의 전차 원형의 연대는 서기전 2000년에서 서기전 1900년으로 낮춰져야 한다. Reade 2001 참조.

37. 미탄니의 전차 중대에 관해서는 Stillman and Tallis 1984: 25, 중국의 전차 중대에 관해서는 Sawyer 1993: 5 참조.

38. '가치의 경연'에 관해서는 Appadurai 1986: 21 참조.

39. 인체의 병리 현상에 관해서는 Lindstrom 2002 참조. 그는 가장 나이 든 사람들도 충치가 전혀 없다는 것에 주목한다(161쪽). 린드스트롬은 신타시타 유적 발굴에 참여한 최초의 서방 고고학자다.

40. 아르카임의 지형학자 이고르 이바노프는 2000년 내게 아르카임에 관개 수로가 있다는 보고는 잘못된 것이며, 그것은 자연 지형이라고 이야기해줬다.

41. 희생 단지 1에 관해서는 Zdanovich and Gening 1992: 234-235를 참조하고, SB 쿠르간을 세우는 데 필요한 노동일에 대해서는 같은 책 370쪽 참조.

42. 부족 사회의 연회에 관해서는 Hayden 2001 참조.

43. 동물상에 관해서는 Kosintsev 2001; Gaiduchenko 1995 참조. 사람과 동물 뼈의 N_{15} 동위원소에 관해서는 Privat 2002 참조.

44. 신타시타의 사회적 위계제에 대한 회의적 견해로는 Epimakhov 2000: 57-60 참조.

45. Witzel 1995: 109. Kuiper 1991에서 인용.

46. 신타시타를 어떻게 인도·이란인들과 연결시키는지에 관한 여러 이론으로는 Parpola 1988, 2004~2005; E. Kuzmina 1994, 2001; Witzel 2003 참조.

47. 모든 인용은 O'Flaherty 1981의 것이다.

48. 인도·유럽어 사회의 개 희생제 및 신년 성년식에 관해서는 Kershaw 2000; Kuiper 1991, 1960 참조.

49. Epimakhov 2002; Anthony et al. 2005.

16 유라시아 초원의 개방

1. 이국적인 지식과 권력에 관해서는 Helms 1992 참조.

2. 미탄니의 인도어 용어에 관해서는 이 책 3장; Thieme 1960; Burrow 1973 참조.

3. 엘람어는 비인도·유럽어로서 어느 어족에 속하는지 확실하지 않은 언어다. 댄 포츠

(Dan Potts)가 강조했듯 이란 서부 고원 사람들은 자신을 지칭하는 종족적 명칭으로 이런저런 하나의 일괄적이고 공통적인 용어를 쓴 적이 결코 없다. 심지어 그들 모두가 엘람어를 쓰지도 않았다. Potts 1999: 24 참조. 말의 등장에 관해서는 Oates 2003 참조.

4. Weiss 2000 참조. 또한 Perry and Hsu 2000도 참조.

5. 고딘테페 유적의 '말과 동물' 뼈의 94퍼센트는 오나거였다. 고딘 IV에서 나온 어금니와 발목뼈는 서기전 3000~서기전 2800년으로 측정되는데, 말의 것일 수도 있다. 고딘에서 의심할 나위 없이 명확한 말의 뼈는 III기인 서기전 2100~서기전 1900년에 나타났다. Gilbert 1991 참조. 말리얀의 말과 노새에 관해서는 Zeder 1986 참조. 말리얀의 재갈 흔적은 명확한 재갈 마모 흔적으로서는 근동에서 가장 이르다. 텔브락 유적의 당나귀 P_2에 구리에 긁힌 흔적이 있다고 보고되었지만, 이는 다른 이유(아마도 부식된 입술뚜레)로 생겼을 것이다. Clutton-Brock 2003 참조.

6. Owen 1991.

7. "Fahren und Reiten", 즉 "몰고 탄다"는 구절은 1939~1968년 조제프 바이스너(Joseph Weisner)의 영향력 있는 저술들의 제목에 등장하는데, 이 구절에서 용어의 배열(즉 '몰기'를 '타기' 앞에 놓은 점)은 근동의 청동기 문명들에서 역사적으로 전차가 기마에 선행했음을 말하는 속기(速記, shorthand) 형태의 언급이 되었다. 확실히 근동에서 바퀴 달린 수레는 기마보다 빨랐고 말이 모는 전차가 기병대보다 훨씬 이전에 근동의 전투를 장악했지만, 이것은 기마전을 전차전보다 더 늦게 발명했기 때문이 아니다(10장 참조). 만약 기마 이미지의 연대를 서기전 1800년 이전으로 확정할 수 있다면—아마도 그런 것 같지만—이것들은 근동의 미술에서 전차를 끄는 말보다 먼저 나타난 것이다. Weisner 1939, 1968; Drews 2004: 33-41, 52; Oates 2003 참조.

8. 지므리 림의 조언자의 조언에 관해서는 Owen 1991; 주 12 참조.

9. 주석 원산지에 관해서는 Muhly 1995: 1501-1519; Yener 1995; Potts 1999: 168-171, 186 참조. 동석기 시대 세르비아의 주석-구리 합금에 관해서는 Glumac and Todd 1991 참조. 구데아 명문의 오독 가능성에 관해 나는 크리스 손톤(Chris Thornton)에게 빚을 졌다. 그리고 그를 통해 그레그 포셀(Greg Possehl)과 스티븐 틴니(Steven Tinney)에게도 빚을 졌다. 아라비아 만의 해상 주석 교역에 관해서는 Weeks 1999, 움알나르의 박트리아 빗에 대해서는 Potts 2000: 126 참조. 하라파의 금속에 관해서

는 Agrawal 1984 참조.

10. 제라프샨의 다금속 광석이 아나우 근처 일긴리-데페(Ilgynly-Depe)의 금속을 생산했을 것이다. 일긴리의 슴베 있는 칼이 주종을 이루는 62개의 구리 인공물 중 하나가 미량의 주석을 함유하고 있었다. Solovyova et al. 1994 참조. 나마즈가 IV기의 서기전 3000년대 초반의 주석 합금 청동에 대해서는 Salvatori et al. 2002 참조. 사라즘에 관해서는 Isakov 1994 참조. 사라즘의 방사성 탄소 연대 측정값과 금속에 관해서는 Isakov et al. 1987 참조.

11. 제라프샨의 주석 광산에 관해서는 Boroffka et al. 2002; Parzinger and Boroffka 2003 참조.

12. 자만-바바 무덤들은 켈테미나르 문화와 나마즈가 V/VI 유형 문화 사이에 있는 혼합 문화로 여겨졌다. Vinogradov 1960: 80-81 참조. 그리고 또한 카타콤 문화 사람들이 중앙아시아로 이주했다는 가설 아래 카타콤 문화와의 혼합으로도 여겨졌다. Klejn 1984 참조. 나는 전자를 지지한다. 자만-바바에 관한 최근의 논쟁에 대해서는 E. Kuzmina 2003: 215-216 참조.

13. 리오네트(Lyonnet 1996)는 사라즘 IV기가 나마즈가 IV기, 즉 서기전 3000년대 중반에 끝나는 것으로 보았다. 나는 투가이에서 페트로프카 토기와 사라즘 후기 토기가 동시에 출토되는 점과 사라즘 III 유적이 서기전 2400~서기전 2000년 사이 점유되었음을 보여주는 방사성 탄소 연대 측정값을 근거로 사라즘의 마지막을 나마즈가 V 후기/VI 초기 사이로 본다. 방사성 탄소 연대 측정값에 근거하면 사라즘 IV는 더 후대의 것이어야 한다.

14. 두개골 유형의 분류에 관해서는 Christensen, Hemphill and Mustafakulov 1996 참조.

15. BMAC에 관해서는 Hiebert 1994, 2002 참조. 살바토리(Salvatori 2000)는 히베르트의 의견에 동의하지 않고, BMAC는 서기전 2100년 훨씬 이전에 남쪽의 침입 요소가 아니라 현지의 뿌리에서 자랐다는 의견을 제시함으로써 BMAC의 성장을 더 점진적인 것으로 만들었다. 메르가르 VIII의 BMAC 유적에 관해서는 Jarrige 1994 참조. 아라비아 만의 BMAC 물품들에 관해서는 Potts 2000; During Caspers 1998; Winckelmann 2000 참조.

16. 박트리아의 주석 합금 청동과 마르기아나의 납-구리 합금에 관해서는 Chernykh 1992: 176-182; Salvatori et al. 2002 참조. 사라즘의 납 주괴에 관해서는 Isakov 1994: 8 참

조. 이란의 영향에 관해서는 Thornton and Lamberg-Karlovsky 2004 참조.

17. BMAC의 말뼈에 관해서는 Salvatori 2003; Sarianidi 2002 참조. 기수의 이미지가 있는 BMAC 인장에 관해서는 Sarianidi 1986 참조. 테헤란 서쪽 카브레스탄 유적의 것으로 짐작되는 말 치아 몇 개가 보여주듯 서기전 3000년 이전 말 일부가 캅카스를 통해 이란 서부로 들어왔을 수 있다. Mashkour 2003 참조. 이란 동부나 인도 아대륙에서 말의 유해로 확정된 것으로 서기전 2000년 이전의 것은 발견되지 않았다. Meadow and Patel 1997 참조.

18. BMAC 유적의 초원 토기 파편에 관해서는 Hiebert 2002 참조. 카르납의 '아바세보와 유사한' 토기 파편에 관해서는 Parzinger and Boroffka 2003: 72, 그림 49 참조.

19. 투가이에 관해서는 Hiebert 2002; E. Kuzmina 2003 참조. 그리고 최초의 보고서는 Avanessova 1996 참조. 토기 두 점에서 볼 수 있는 활석 혼합, 즉 이것들이 우랄 남부 초원에서 만들어졌다는 표지는 Avanessova 1996: 122에 설명되어 있다.

20. 자르드차-칼리파에 관해서는 Bobomulloev 1997; E. Kuzmina 2001, 2003: 224-225 참조.

21. 쿠이삭의 납선에 관해서는 Maliutina and Zdanovich 1995: 103 참조. 청금석 구슬과 크라스노예즈나먀 무덤에 관해서는 E. Kuzmina 2001: 20 참조.

22. 스루브나야의 생계에 관해서는 Bunyatyan 2003; Ostroshchenko 2003 참조.

23. 명아주 생산량에 관해서는 Smith 1989: 15-69 참조.

24. 사마라 강 하곡 프로젝트에 관해서는 Anthony et al., 2006 참조. 이곳에서 얻은 성과는 사마라 주에 있는 또 하나의 스루브나야 거주지 키빗(Kibit)에서 재현되었다. 이 유적은 포포바(L. Popova)와 피터슨(D. Peterson)이 발굴했는데, 경작한 곡물은 없고 명아주 씨앗은 많았다.

25. 클라디의 거대한 스루브나야 채광 중심지에 관해서는 Chernykh 1997, 2004 참조. 카자흐스탄 아타수 근처의 채광 중심지에 대해서는 Kadyrbaev and Kurmankulov 1992 참조.

26. 신타시타와 페트로프카의 층위학적 관계에 관해서는 Vinogradov 2003; Kuzmina 2001: 9 참조. 페트로프카 문화는 청동기 시대 후기의 시작을 알리는 과도기적 문화였다. 페트로프카 문화 그리고 페트로프카와 알라쿨 및 페데로보의 층위학적 관계에 관해서는 Maliutina 1991 참조. 나는 이 모든 P-k 문화(Potapovka, Petrovka처럼 모두 철자 'P'와 'k'가 들어 있다―옮긴이)를 일렬로 정돈하는 작업의 어려움

을 인정하려 한다. 볼가 강 중류의 폴타프카 문화는 청동기 중기 최후의 포타포프카 문화로 진화하고 이어 후기 청동기 초반의 포크로프카 문화로 이행하는데, 이 문화는 카자흐스탄의 후기 청동기 초반의 페트로프카 문화와 동시대의 것이다.

27. 카자흐스탄에서 유목민의 남북 이동에 관해서는 Gorbunova 1993/1994 참조.

28. 페트로프카 금속에 관해서는 Grigoriev 2002: 78-84 참조.

29. 로스토프카 묘지에 관해서는 Matiushchenko and Sinitsyna 1988 참조. 영어로 된 전반적인 논의로는 Chernykh 1992: 215-234; Grigoriev 2002: 192-205 참조.

30. 세이마–투르비노 중공성형 청동 주조법과 이 기술이 간쑤의 치자 문화를 통해 이른 시기 중국에 끼친 영향에 관해서는 Mei 2003a, 2003b; Li 2002 참조. 또한 Fitzgerald-Huber 1995; Linduff, Han and Sun 2000도 참조.

31. 연대에 관해서는 Epimakhov, Hanks and Renfrew 2005 참조. 세이마–투르비노 문화는 우랄 산맥 서쪽에서 시작해 동쪽으로 전파된 듯하다. 그렇다면 신타시타의 요새화는 삼림 지대의 세이마–투르비노 전사 무리들의 출현에 대한 대응으로 간주할 수 있지만, 이것은 소수 의견이다. Kuznetsov 2001 참조.

32. 동일한 토기에 나타나는 알라쿨과 페데로보 요소에 관해서는 Maliutina 1984 참조. 둘 사이의 층위학적 관계에 관해서는 Maliutina 1991 참조. 방사성 탄소 연대 측정 값에 대해서는 Parzinger and Boroffka 2003: 228 참조

33. E. Kuzmina 1994: 207-208.

34. 카라간다 근처의 안드로노보 광산에 관해서는 Kadyrbaev and Kurmankulov 1992 참조. 제즈카즈간 근처의 광산에 대해서는 Zhauymbaev 1984 참조. 구리 생산 추정치는 Chernykh 1992: 212 참조.

35. 파블로프카의 나마즈가 VI 토기에 관해서는 Maliutina 1991: 151-159 참조.

36. 제라프샨의 안드로노보 유적에 관해서는 Boroffka et al. 2002 참조. 예전 아무다리야 강 삼각주의 타자바갑 유적에 관해서는 Tolstov and Kes' 1960: 89-132 참조.

37. Hiebert 2002.

38. 포스트 BMAC의 목축 집단으로서 무늬 새긴 거친 토기를 만든 이들에 관해서는 Salvatori 2003: 13 또한 Salvatori 2002 참조. 박시와 비시켄트 집단에 관해서는 Litvinsky and P'yankova 1992 참조.

39. Witzel 1995.

40. 《리그베다》 2권과 4권은 이란 동부와 아프가니스탄의 지명들을 언급한다. 6권은

머나먼 곳으로부터 수많은 강을 건너고 좁을 길을 지나는 동안 '다시우'라 일컫는 원주민과 싸움을 벌이며 왔다고 주장하는 두 부족에 관해 설명한다. 이런 세부 묘사는 아리아인들이 이란 동쪽과 파키스탄에서 인도 아대륙으로 들어가는 길을 싸워가며 개척했음을 시사한다. 비록 이 시기에 말 같은 일부 새로운 요소들이 중앙아시아에서 인도 아대륙으로 움직인 것이 포착되고 침입한 토기 양식이 여기저기서 나타나지만, 어떤 물질문화도 고 인도어를 따라 전파되지는 않았다. 이에 대한 논의로는 Parpola 2002; Mallory 1998; Witzel 1995: 315-319 참조.

41. 차용어로서 '인드라'와 '소마'에 관해서는 Lubotsky 2001 참조. 인드라는 원래 별개의 것이던 속성들을 긁어모았다. 즉, 곤봉은 미트라의 것이었고, 그의 별칭 일부와 전투력 그리고 모양을 바꾸는 능력도 베레트라그나의 것이었다. 그리고 거대한 뱀을 패대기친 것은 영웅 트라타오나(Thrataona), 즉 셋째(Third One)의 업적이었다. 고 인도어 시인들은 이러한 인도·이란어 세계의 특성을 인드라에게 부여했다. 인도·이란어의 베레트라그나, 즉 '힘과 승리의 신'의 가장 두드러진 측면은 모양을 바꾸는 능력, 특히 멧돼지로 바뀌는 능력이었다. Malandra 1983: 80-81 참조.

42. 사리아니디는 BMAC 사람들이 이란어를 썼다는 의견을 제시했다. 사리아니디는 토골록 21과 토골록 1 그리고 고누르에 있는 벽으로 둘러친 건물 내부의 '하얀 방들'이 조로아스터교의 것과 같은 '불의 신전'이라고 주장했다. 아울러 그곳에서 마황과 대마와 양귀비 씨앗이 든 그릇이 나왔는데, 이는 소마(《리그베다》) 혹은 하오마(《아베스타》)와 같은 것이라고 주장했다. 그러나 헬싱키 및 레이덴 대학교의 고생물학자들이 고누르와 토골록 21의 '하얀 방'의 씨앗과 줄기 압인을 검토한 결과 그릇에는 대마나 마황이 없음이 밝혀졌다. 대신 압인은 기장의 씨앗과 줄기에 의해 생긴 것으로 본다. Bakels 2003 참조. BMAC 문화는 인도·이란어(사회)와 잘 들어맞지 않는다. BMAC 사람들은 벽돌로 만든 요새화한 읍락에서 살며 관개 농업에 의존했고, 도상학적으로 두드러진 여신(주름치마를 입은 여신)을 섬겼다. 말은 별로 없었고, 전차도 없었으며, 쿠르간 묘지를 만들지 않았고, 조심스럽게 잘라낸 말의 다리를 무덤 안에 넣지도 않았다.

43. Li 2002; Mei 2003a.

17 말(word)과 행동

1. Diamond 1997 참조.

2. Hobsbawm 1997: 56. "역사는 마치 양귀비가 헤로인 중독의 원재료인 것처럼 민족주의나 종족주의 혹은 근본주의 이데올로기의 원재료다. ……이런 상황은 두 방면으로 우리에게 영향을 끼친다. 우리는 일반적으로 역사적 사실에 책임을 지며 특별히 역사의 정치-이데올로기적 남용을 비판할 책임이 있다."

3. O'Flaherty 1981: 69.

옮긴이의 글

기상천외한 일이라고 할 수밖에 없다, 몇몇 예외를 제외하고 오늘날 전 유럽·이란·인도 아대륙의 거의 대부분 지역이 하나의 모어에서 파생한 언어를 사용하고 있다는 사실은. 영어든 이탈리아어든 페르시아어든 그 뿌리는 인도·유럽 공통조어라는 한 명의 어머니라고 한다. 특히 영어의 위세는 날로 커져서 바다를 건너 대륙의 동쪽 끝에 있는 한반도에서조차 광풍을 일으키고 있다. 저자는 언제 인도·유럽 공통조어가 생겨나서 어떻게 확산하고 특정한 지역에 정착해 진화했는지를 밝히고자 언어학과 고고학이라는 두 바퀴가 달린 수레를 타고 유라시아 전역을 종횡무진 달린다.

저자가 내린 결론은 다음과 같다. 인도·유럽 공통조어는 처음에 흑해·카스피 해 초원 지역의 특정 부족이 사용하던 언어였다. 이 언어는 강고한 물질문화적 경계 때문에 동이나 서로 확장하지 못하고 초원 지대에서 자체로 진화하다가, 물질문화적 경계가 허물어지는 시기에 사방으로 급격히 확산한다. 이 언어의 확산이 최고조에 이른 시기는 얌나야 (문화)층의 확산 시기, 즉 서기전 3300년 무렵이다. 이 얌나야 (문화)층이 폭발적으로 확산할 수 있었던 물질문화적 요인은 두 바퀴 혹은 네 바퀴가 달린 수레와, 사람을 등에 태우거나 수레를 끌고 달리는 초원의 엔진인 말 덕분이었다. 한편 인도·유럽어 계통 언어가 여타 현지 언어들을 밀어 낸 제도적 요인으로는 후견인-피후견인 제도를 제시한다. 인도·유럽 공통조어를 쓰는 후견인의 우산 아래 들어가면 피후견인으로서 보호를 받을 수 있었다. 우산 아래 들어간 피후견인은 점차 사회적 위계제의 꼭대기를 차지한 인도·유럽어 계통 언어 사용자들을 모방해 그 언어를 받아들인다. 이 과정이 반복되면서 이 언어가 확산하고 지역적으로 고착해 각자 자체적으로 진화하면서 오늘날의 인도·유럽어 언어 지도가 만들어졌다는 것이다.

이 책은 본격적인 고고학 서적으로서 학계의 열렬한 찬사를 받았다. 저자가 말의 치아에 나타난 재갈 마모 흔적을 통해 기마의 기원을 서기전 4000년 이전으로 끌어올렸기 때문이다. 말은 인도·유럽어의 급격한 확산을 견인한 빠른 동물이었고, 서쪽의 그리스에서 동쪽으로 중국까지를 하나로 이은 무시무시한 속도의 전차를 끄는 엔진이었다. 저자는 인도·유럽 공통조어를 쓰는 인구 집단이 말을 가축화하고 등에 올라탔으며 말이 끄는 전차를 발명했다고 주장한다. 결국 말의 가축화로 유라시아 전역에 산재하던 수많은 문화 집단들이 하나로 이어졌다는 주장인데, 역자 역시 탐정소설을 읽는 기분으로 기마의 역사를 읽었다.

고고학은 본질적으로 선명한 기록 대신 희미한 흔적만 남긴 사람들의 삶을 복원하는 일이므로 산산이 부서진 토기 조각들을 이어 붙이는 작업이다. 그 파편이라도 온전하다면 복원한 고대인의 삶이 그나마 실제와 가깝겠지만 대부분의 경우 그조차 여의치 않다. 그러므로 고고학은 수많은 추측이 들어갈 수밖에 없으며 합리적인 상상력의 도움을 받지 않을 수 없다. 독자들은 반복되는 추측이 불편할 수 있고, 저자의 추측에서 불합리한 점을 잡아낼 수도 있을 것이다. 역자 역시 많은 세부적인 항목에 의문을 제기하며 글을 옮겼다. 이를테면 언어 변화의 속도를 추정할 때 기록 시대 이전과 그 이후의 변화 속도가 동일하다고 가정할 수 있을까, 또 이주에 의한 물질문화의 변화를 강조하면서 때때로 현지 문화의 역할을 과소평가하는 것은 아닌가 하는 점 등이다. 예컨대, 아파나시예보 문화를 직접 발굴한 러시아 고고학자들은 저자와는 달리 서쪽에서 온 이주 집단의 역할보다 현지인에 의한 기술의 채택을 강조한다. 그럼에도 이 책은 강력한 미덕을 지니고 있으니, 바로 추론 과정을 모두 공개한다는 점이다. 이 책이 많은 추론을 이어가면서도 여전히 탄탄한 논리적 완결성을 유지하는 이유가 바로 여기 있다. 저자와 함께 추론하고 상상하면서 이 책을 읽는다면 독서의 맛이 배가될 것이다.

아울러 이 책은 현재 미국의 학문 수준과 경향을 보여주는 표지다. 저자는 언어의 변동을 고고학적 근거와 연결하고, 이를 통해 황량한 초원의 선사 시대를 복원해내며, 이를 다시 역사 시대와 연결한다. 이 과정에서 저자는 일반적인 고고학이나 인류학적 방법론에 더하여 언어학의 여러 분과는 물론, 신화학·인구학·사회학·동물학·식물학·지질학 등의 방법을 종횡으로 구사한다. 여전히 사회과학의 연구 방법을 받아들여 독자적 연구 방법을 개발하지 못하고 있는 우리로서는 부러운 일이 아닐 수 없다. 또한 저자가 소비에트 붕괴 이후 러시아어로 된 자료들을 대거 이용하는 것을 보며, 아직 제대로 착수조차 못하고 있는 우리의 실정이 부끄럽기도 했다.

두려운 마음으로 이 난해한 책을 번역하기 시작했지만, 마칠 즈음에는 이 책이 분명 여러 학문 분야에 자극을 주리라 확신했다. 궁극적으로 창도적 역할을 하는 것이 학자 본연의 임무겠지만, 창도하기 전에 따라잡기는 필수다. 그런 다짐을 가다듬으며 원래 고고학자도 아닌 역자가 주제넘게도 '따라잡기'라는 소임을 가지고 이 책을 번역했다. 오늘날 유라시아라는 말이 유행하고 때때로 우리 학문의 지리적 지평을 넓혀줄 구세주로 묘사되지만, 이 유라시아처럼 공허한 말도 없다. 우리는 아직 유라시아라는 말에 실질적 의미를 부여할 내용을 만들어내지 못하고 있으니 말이다. 처음 이 책을 소개받았을 때 역자가 준비하는 "유라시아 신화 대전"의 기초 작업으로 적격이라 생각했다. 인문학적 서술의 내용이 공허해지지 않으려면 사회과학적 기반은 아무리 탄탄히 다진다 한들 지나치지 않다.

이 책을 읽는 독자들에게 마리야 김부타스의 '여신(女神) 문명'과 '쿠르간 문화'의 대충돌 가설도 아울러 읽어보기를 권한다. 후견인-피후견인 관계의 확산을 강조하는 저자와 고 유럽과 쿠르간 문화 침입자들의 충돌을 강조한 김부타스의 견해는 차이가 있지만, 저자의 이론은 김부타스의 가설이 없었다면 체계적으로 전개되지 못했을 것이다.

오늘날 국내의 인문·사회과학은 부박한 사회적 풍토 속에서 피기도 전에 지는 꽃처럼 애처롭다. 또한 전반적인 독서 시장의 퇴조로 풍부한 내용을 갖췄더라도 전문적인 용어 몇 개만 첨가되면 읽히지 않는 책이 수두룩하다. 독서에서도 가끔, 얕은 구덩이에서 구리 열 덩이를 건지는 대신 깊게 파서 황금 한 덩이를 건지는 지혜를 발휘할 필요가 있다. 읽기 어렵지만 이 책이 독자들에게 한 덩이 황금이 되리라 기대한다.

어려운 상황에서도 본격 사회과학서를 꾸준히 출판하고 있으며, 부족한 역자에게 이 책을 맡겨준 에코리브르 박재환 대표에게 경의를 표한다. 자그마한 오류까지 지적하고 세심하게 문장을 다듬어준 이형진 님에게도 깊은 감사를 드린다. 그리고 밖에서 일하고 안에서 아이들을 돌보며 남편의 작업이라면 무엇이든 지지해주는 아내 완환은 저술과 번역의 동지다. 이 책은 사실상 그녀의 등에 업혀 번역했다 해도 과장이 아니다.

끝으로 역작을 번역할 기회를 준 저자 데이비드 앤서니에게도 감사의 말을 전한다. 역자의 미련한 번역이 원서의 가치를 해치지 않기를 소망한다.

참고문헌

Agapov, S. A., I. B. Vasiliev, and V. I. Pestrikova. 1990. *Khvalynskii Eneoliticheskii Mogil'nik*. Saratov: Saratovskogo universiteta.

Agrawal, D. P. 1984. Metal technology of the Harappans. In *Frontiers of the Indus Civilization*, ed. B. B. Lal and S. P. Gupta, pp. 163-167. New Delhi: Books and Books, Indian Archaeological Society.

Akhinzhalov, S. M., L. A. Makarova, and T. N. Nurumov. 1992. *K Istorii Skotovodstva i Okhoty v Kazakhstane*. Alma-Ata: Akademiya nauk Kazakhskoi SSR.

Alekhin, U. P., and A. V. Gal'chenko. 1995. K voprosu o drevneishem skotovodstve Altaya. In *Rossiya i Vostok: Problemy Vzaimodeistviya*, pt. 5, bk. 1: *Kul'tury Eneolita-Bronzy Stepnoi Evrazii*, pp. 22-26. Chelyabinsk: 3-ya Mezhdunarodnaya nauchnaya konferentsiya.

Alekseeva, I. L. 1976. O drevneishhikh Eneoliticheskikh pogrebeniyakh severo-zapadnogo prichernomor'ya. In *Materialy po arkheologii severnogo prichernomor'ya* (Kiev) 8:176-186.

Alexandrov, Stefan. 1995. The early Bronze Age in western Bulgaria: Periodization and cultural definition. In *Prehistoric Bulgaria*, ed. Douglass W. Bailey and Ivan Panayotov, pp. 253-270. Monographs in World Archaeology 22. Madison, Wis.: Prehistory Press.

Algaze, G. 1989. The Uruk Expansion: Cross-cultural exchange in Early Mesopotamian civilization. *Current Anthropology* 30:571-608.

Alvarez, Robert R., Jr. 1987. *Familia: Migration and Adaptation in Baja and Alta California, 1800-1975.* Berkeley: University of California Press.

Amiet, Pierre. 1986. *L'Âge des Échanges Inter-Iraniens 3500-1700 Avant J-C.* Paris: Editions de la Réuníion des Musées Nationaux.

Andersen, Henning. 2003. Slavic and the Indo-European migrations. In *Language Contacts in Prehistory: Studies in Stratigraphy*, ed. Henning Andersen, pp. 45-76. Amsterdam and Philadelphia: Benjamins.

Antilla, R. 1972. *An Introduction to Historical and Comparative Linguistics.* New York: Macmillan.

Anthony, David W. 2001. Persistent identity and Indo-European archaeology in the western steppes. In *Early Contacts between Uralic and Indo-European: Linguistic and Archaeological Considerations*, ed. Christian Carpelan, Asko Parpola, and Petteri Koskikallio, pp. 11-35. Memoires de la Société Finno-Ugrienne 242. Helsinki: Suomalais-Ugrilainen Seura.

_____. 1997. "Prehistoric migration as social process." In *Migrations and Invasions in Archaeological Explanation*, ed. John Chapman and Helena Hamerow, pp. 21-32. British Archaeological Reports International Series 664. Oxford: Archeopress.

_____. 1996. V. G. Childe's world system and the daggers of the Early Bronze Age. In *Craft Specialization and Social Evolution: In Memory of V. Gordon Childe*, ed. Bernard Wailes, pp. 47-66. Philadelphia: University of Pennsylvania Museum Press.

_____. 1995a. Horse, wagon, and chariot: Indo-European languages and archaeology. *Antiquity* 69 (264): 554-565.

_____. 1995b. Nazi and Ecofeminist prehistories: ideology and empiricism in Indo-European archaeology. In *Nationalism, Politics, and the Practice of Archaeology*, ed. Philip Kohl and Clare Fawcett, pp. 82-96. Cambridge: Cambridge University Press.

_____. 1994. On subsistence change at the Mesolithic-Neolithic transition in Ukraine. *Current Anthropology* 35 (1): 49-52.

_____. 1991a. The archaeology of Indo-European origins. *Journal of Indo-European Studies* 19 (3-4): 193-222.

_____. 1991b. The domestication of the horse. In *Equids in the Ancient World*, vol. 2, ed. Richard H. Meadow and Hans-Peter Uerpmann, pp. 250-277. Weisbaden: Verlag.

_____. 1990. Migration in archaeology: The baby and the bathwater. *American Anthropologist* 92 (4): 23-42.

_____. 1986. The "Kurgan Culture," Indo-European origins, and the domestication of the horse: A reconsideration. *Current Anthropology* 27:291-313.

Anthony, David W., and Dorcas Brown. 2003. Eneolithic horse rituals and riding in the steppes: New evidence. In *Prehistoric Steppe Adaptation and the Horse*, ed. Marsha Levine, Colin Renfrew, and Katie Boyle, pp. 55-68. Cambridge: McDonald Institute for Archaeological Research.

_____. 2000. Eneolithic horse exploitation in the Eurasian steppes: Diet, ritual, and riding. *Antiquity* 74:75-86.

_____. 1991. The origins of horseback riding. *Antiquity* 65:22-38.

Anthony, David W., D. Brown, E. Brown, A. Goodman, A. Kokhlov, P. Kosintsev, P. Kuznetsov, O. Mochalov, E. Murphy, D. Peterson, A. Pike-Tay, L. Popova, A. Rosen, N. Russel, and A. Weisskopf. 2005. The Samara Valley Project: Late Bronze Age economy and ritual in the Russian steppes. *Eurasia Antiqua* 11:395-417.

Anthony, David W., Dorcas R. Brown, and Christian George. 2006. Early horseback riding and warfare: The importance of the magpie around the neck. In *Horses and Humans: The Evolution of the Equine-Human Relationship*, ed. Sandra Olsen, Susan Grant, Alice Choyke, and László Bartosiewicz, pp. 137-156. British Archaeological Reports International Series 1560. Oxford: Archeopress.

Anthony, David W., Dimitri Telegin, and Dorcas Brown. 1991. The origin of horseback riding. *Scientific American* 265:94-100.

Anthony, David W., and Nikolai Vinogradov. 1995. The birth of the chariot.

Archaeology 48 (2): 36-41.

Anthony, David W., and B. Wailes. 1988. CA review of *Archaeology and Language* by Colin Renfrew. *Current Anthropology* 29 (3): 441-445.

Appadurai, Arjun. 1986. Introduction: Commodities and the politics of value. In *The Social Life of Things: Commodities in Cultural Perspective*, ed. Arjun Appadurai, pp. 3-63. Cambridge: Cambridge University Press.

Armstrong, J. A. 1982. *Nations before Nationalism*. Chapel Hill: University of North Carolina Press.

Arnold, Bettina. 1990. The past as propaganda: Totalitarian archaeology in Nazi Germany. *Antiquity* 64:464-478.

Aruz, Joan. 1998. Images of the supernatural world: Bactria-Margiana seals and relations with the Near East and the Indus. *Ancient Civilizations from Scythia to Siberia* 5 (1): 12-30.

Atkinson, R. R. 1994. *The Roots of Ethnicity: The Origins of the Acholi of Uganda before 1800*. Philadelphia: University of Pennsylvania Press.

____. 1989. The evolution of ethnicity among the Acholi of Uganda: The precolonial phase. *Ethnohistory* 36 (1): 19-43.

Avanessova, N. A. 1996. Pasteurs et agriculteurs de la vallée du Zeravshan (Ouzbekistan) au début de l'age du Bronze: relations et influences mutuelles. In B. Lyonnet, *Sarazm (Tadjikistan) Céramiques (Chalcolithique et Bronze Ancien)*, pp. 117-131. Paris: Mémoires de la Mission Archéologique Française en Asie Centrale Tome 7.

Azzaroli, Augusto. 1980. Venetic horses from Iron Age burials at Padova. *Rivista di Scienze Preistoriche* 35 (1-2): 282-308.

Bahn, Paul G. 1980. "Crib-biting: Tethered horses in the Palaeolithic?" *World Archaeology* 12:212-217.

Bailey, Douglass W. 2000. *Balkan Prehistory: Exclusion, Incorporation, and Identity*. London: Routledge.

Bailey, Douglass W., R. Andreescu, A. J. Howard, M. G. Macklin, and S. Mills. 2002. Alluvial landscapes in the temperate Balkan Neolithic: Transitions to tells. *Antiquity* 76:349-355.

Bailey, Douglass W., and Ivan Panayotov, eds. 1995. Monographs in World Archaeology 22. *Prehistoric Bulgaria*. Madison, Wis.: Prehistory Press.

Bailey, Douglass W., Ruth Tringham, Jason Bass, Mirjana Stefanović, Mike Hamilton, Heike Neumann, Ilke Angelova, and Ana Raduncheva. 1998. Expanding the dimensions of early agricultural tells: The Podgoritsa archaeological project, Bulgaria. *Journal of Field Archaeology* 25:373-396.

Bakels, C. C. 2003. The contents of ceramic vessels in the Bactria-Margiana Archaeological Complex, Turkmenistan. *Electronic Journal of Vedic Studies* 9 (1).

Bakharev, S. S., and N. V. Obchinnikova. 1991. Chesnokovskaya stoiankana na reke Sok. In *Drevnosti Vostochno-Evropeiskoi Lesotepi*, ed. V. V. Nikitin, pp. 72-93. Samara: Samarskii gosudartsvennyi pedagogicheskii institut.

Bakker, Jan Albert, Janusz Kruk, A. L. Lanting, and Sarunas Milisauskas. 1999. The earliest evidence of wheeled vehicles in Europe and the Near East. *Antiquity* 73:778-790.

Baldi, Philip. 1983. *An Introduction to the Indo-European Languages*. Carbondale: Southern Illinois University Press.

Balter, Michael. 2003. Early date for the birth of Indo-European languages. *Science* 302 (5650): 1490-1491.

Bánffy, Ester. 1995. South-west Transdanubia as a mediating area: on the cultural history of the early and middle Chalcolithic. In *Archaeology and Settlement History in the Hahót Basin, South-West Hungary*, ed. Béla Miklós Szőke. Antaeus 22. Budapest: Archaeological Institute of the Hungarian Academy of Sciences.

Bar-Yosef, Ofer. 2002. The Natufian Culture and the Early Neolithic: Social and Economic Trends in Southwestern Asia. In *Examining the Farming/Language Dispersal Hypothesis*, ed. Peter Bellwood and Colin Renfrew, pp. 113-126. Cambridge: McDonald Institute for Archaeological Research.

Barber, Elizabeth J. W. 2001. The clues in the clothes: Some independent evidence for the movement of families. In *Greater Anatolia and the Indo-*

Hittite Language Family, ed. Robert Drews, pp. 1-14. Journal of Indo-European Studies Monograph 38. Washington, D.C.: Institute for the Study of Man.

_____. 1991. *Prehistoric Textiles*. Princeton, N. J.: Princeton University Press.

Barfield, Thomas. 1989. *The Perilous Frontier*. Cambridge: Blackwell.

Barth, Frederik. 1972 [1964]. "Ethnic processes on the Pathan-Baluch boundary." In *Directions in Sociolinguistics: The Ethnography of Communication*, ed. John J. Gumperz and Dell Hymes, pp. 454-464. New York: Holt Rinehart.

_____. 1965 [1959]. *Political Leadership among Swat Pathans*. Rev. ed. London: Athalone.

Barth, Fredrik. 1969. *Ethnic Groups and Boundaries: The Social Organization of Culture Difference*. Repr. ed. Prospect Heights: Waveland.

Bartlett, Robert. 1993. *The Making of Europe: Conquest, Colonization, and Cultural Change, 950-1350*. Princeton, N. J.: Princeton University Press.

Barynkin, P. P., and E. V. Kozin. 1998. Prirodno-kilmaticheskie i kul'turno-demograficheskie protsessy v severnom priKaspii v rannem i srednem Golotsene. In *Arkheologicheskie Kul'tury Severnogo Prikaspiya*, ed. R. S. Bagautdinov, pp. 66-83. Kuibyshev: Kuibyshevskii gosudartsvennyi pedagogicheskii institut.

Barynkin, P. P., and I. B. Vasiliev. 1988. Stoianka Khvalynskoi eneoliticheskoi kulturi Kara-Khuduk v severnom Prikaspii. In *Arkheologicheskie Kul'tury Severnogo Prikaspiya*, ed. R. S. Bagautdinov, pp. 123-142, Kuibyshev: Kuibyshevskii gosudartsvennyi pedagogicheskii institut.

Barynkin, P. P., I. B. Vasiliev, and A. A. Vybornov. 1998. Stoianka Kyzyl-Khak II: pamyatnik epokhi rannei Bronzy severnogo prikaspiya. In *Problemy Drevnei Istorii Severnogo Prikaspiya*, ed. V. S. Gorbunov, pp. 179-192, Samara: Samarskogo gosudarstvennogo pedagogicheskogo universiteta.

Bashkow, Ira. 2004. A neo-Boasian conception of cultural boundaries. *American Anthropologist* 106 (3): 443-458.

Beekes, Robert S. P. 1995. *Comparative Indo-European Linguistics: An Introduction*. Amsterdam: John Benjamins.

Beilekchi, V. S. 1985. Raskopki kurgana 3 u s. Kopchak. *Arkheologicheskie*

Issledovaniya v Moldavii v 1985 g., pp. 34-49. Kishinev: Shtiintsa.

Belanovskaya, T. D. 1995. *Iz drevneishego proshlogo nizhnego po Don'ya*. St. Petersburg: IIMK.

Bellwood, Peter. 2001. Early agriculturalist population diasporas? Farming, language, and genes. *Annual Review of Anthropology* 30:181-207.

Bellwood, Peter, and Colin Renfrew, eds. 2002. *Examining the Farming/Language Dispersal Hypothesis*. Cambridge: McDonald Institute for Archaeological Research.

Bendrey, Robin. 2007. New methods for the identification of evidence for bitting on horse remains from archaeological sites. *Journal of Archaeological Science* 34:1036-1050.

Benecke, Norbert. 1997. Archaeozoological studies on the transition from the Mesolithic to the Neolithic in the North Pontic region. *Anthropozoologica* 25-26:631-641.

_____. 1994. *Archäologische Studien zur Entwicklung der Haustierhaltung in Mitteleuropa und Sódskandinavien von Anfängen bis zum Ausgehenden Mittelalter*. Berlin: Akademie Verlag.

Benecke, Norbert, and Angela von den Dreisch. 2003. Horse exploitation in the Kazakh steppes during the Eneolithic and Bronze Age. In *Prehistoric Steppe Adaptation and the Horse*, ed. Marsha Levine, Colin Renfrew, and Katie Boyle, pp. 69-82. Cambridge: McDonald Institute for Archaeological Research.

Benveniste, Emile. 1973 [1969]. *Indo-European Language and Society*. Translated by Elizabeth Palmer. Coral Gables, Fla.: University of Miami Press.

Berger, Joel. 1986. *Wild Horses of the Great Basin: Social Competition and Population Size*. Chicago: University of Chicago Press.

Berezanskaya, S. S. 1979. Pervye mastera-metallurgi na territorii Ukrainy. In *Pervobytnaya arkheologiya: poiski i nakhodki*, ed. N. N. Bondar and D. Y. Telegin, pp. 243-256. Kiev: Naukova Dumka.

Bibby, Geoffrey. 1956. *The Testimony of the Spade*. New York: Knopf.

Bibikov, S. N. 1953. *Rannetripol'skoe Poselenie Luka-Vrublevetskaya na Dnestre*. Materialy i issledovaniya po arkheologii SSR 38. Moscow: Akademii Nauk SSSR.

Bibikova, V. I. 1970. K izucheniyu drevneishikh domashnikh loshadei vostochnoi Evropy, soobshchenie 2. *Biulleten moskovskogo obshchestva ispytatlei prirodi otdel biologicheskii* 75 (5): 118-126.

_____. 1967. K izucheniyu drevneishikh domashnikh loshadei vostochnoi Evropy. *Biulleten moskovskogo obshchestva ispytatelei prirodi Otdel Biologicheskii* 72 (3): 106-117.

Bickerton, D. 1988. Creole languages and the bioprogram. In *Linguistics: The Cambridge Survey*, vol. 2 ed. F. J. Newmeyer, pp. 267-284. Cambridge: Cambridge University Press.

Binford, Lewis. 1971. Mortuary practices: Their study and their potential. In *Approaches to the Social Dimensions of Mortuary Practices*, ed. James A. Brown, pp. 92-112. Memoirs No. 25. Washington, D.C.: Society for American Archaeology.

Blyakharchuk, T. A., H. E. Wright, P. S. Borodavko, W. O. van der Knaap, and B. Ammann. 2004. Late Glacial and Holocene vegetational changes on the Ulagan high-mountain plateau, Altai Mts., southern Siberia. *Palaeogeography, Paleoclimatology, and Paleoecology* 209:259-279.

Bloch, Maurice E. F. 1998. Time, narratives, and the multiplicity of repre sen ta tions of the past. In *How We Think They Think*, ed. Maurice E. F. Bloch, 100-113. Boulder, CO: Westview Press.

Boaz, Franz. 1911. Introduction. In *Handbook of American Indian Languages*, pt. 1, pp. 1-82. Bulletin 40. Washington, D.C.: Bureau of American Ethnology.

Bobomulloev, Saidmurad. 1997. Ein bronzezeitliches Grab aus Zardča Chalifa bei Pendžikent (Zeravšan-Tal). *Archäologische Mitteilungen aus Iran und Turan* 29:122-134.

Bobrinskii, A. A., and I. N. Vasilieva. 1998. O nekotorykh osobennostiakh plasticheskogo syr'ya v istorii goncharstva. In *Problemy drevnei istorii severnogo prikaspiya*, pp. 193-217. Samara: Institut istorii i arkheologii povolzh'ya.

Bobrov, V. V. 1988. On the problem of interethnic relations in South Siberia in the third and second millennia BC. *Arctic Anthropology* 25 (2): 30-46.

Bodyans'kii, O. V. 1968. Eneolitichnii mogil'nik bilya s. Petyro-Svistunovo.

Arkheologiya (Kiev) 21:117-125.

Bogucki, Peter. 1988. *Forest Farmers and Stockherders*. Cambridge: Cambridge University Press.

Bökönyi, Sandor. 1991. Late Chalcolithic horses in Anatolia. In *Equids in the Ancient World*, ed., Richard Meadow and Hans-Peter Uerpmann, vol. 2, pp. 123-131. Wiesbaden: Ludwig Reichert.

_____. 1987. Horses and sheep in East Europe. In *Proto-Indo-European: The Archaeology of a Linguistic Problem*, ed. Susan Skomal, pp. 136-144. Washington, D.C.: Institute for the Study of Man.

_____. 1983. Late Chalcolithic and Early Bronze I animal remains from Arslantepe (Malatya), Turkey: A preliminary report. *Origini* 12 (2): 581-598.

_____. 1979. Copper age vertebrate fauna from Kétegyháza. In *The People of the Pit-Grave Kurgans in Eastern Hungary*, ed. Istvan Ecsedy, pp. 101-116. Budapest: Akademiai Kiado.

_____. 1978. The earliest waves of domestic horses in East Europe. *Journal of Indo-European Studies* 6 (1/2): 17-76.

_____. 1974. *History of Domestic Animals in Central and Eastern Europe*. Budapest: Akademiai Kiado.

Bol'shov, S. V. 1995. Problemy kulturogeneza v lesnoi polose srednego povolzh'ya v Abashevskoe vremya. In *Drevnie Indolranskie Kul'tury Volgo-Ural'ya*, ed. I. B. Vasilev and O. V. Kuz'mina, pp. 141-156. Samara: Samara Gosudarstvennogo Pedagogicheskogo Universiteta.

Boltenko, M. F. 1957. Stratigrafiya i khronologiya Bol'shogo Kulial'nika. *Materiali i issledovaniya po arkheologii severnogo prichernomoriya* (Kiev) 1:21-46.

Bond, G., Kromer, B., Beer, J., Muscheler, R., Evans, M. N., Showers, W., Hoffmann, S., Lotti-Bond, R., Hajdas, I. and Bonani, G., 2001. Persistent solar influence on North Atlantic climate during the Holocene. *Science* 294:2130-2136.

Bondar, N. N. and Nechitailo, A. L., eds. 1980. *Arkheologicheskie pamyatniki po ingul'ya*. Kiev: Naukova Dumka.

Bondar, N. N. 1974. K voprosu o proiskhozhdenii serdnedneprovskoi kul'tury.

Zbornik Filozofickej Fakulty Univerzity Komenského Musaica (Bratislava) 14:37-53.

Bonsall, C., G. T. Cook, R. E. M. Hedges, T. F. G. Higham, C. Pickard, and I. Radovanovic. 2004. Radiocarbon and stable isotope evidence of dietary change from the Mesolithic to the Middle Ages in the Iron Gates: New results from Lepenski Vir. Radiocarbon 46 (1): 293-300.

Boriskovskii, Pavel I. 1993. Determining Upper Paleolithic historico-cultural regions. In From Kostienki to Clovis, Upper Paleolithic: Paleo-Indian Adaptations, ed. Olga Soffer and N. D. Praslov, pp. 143-147. New York: Plenum.

Boroffka, Nikolaus. 1998. Bronze- und früheizenzeitliche Geweihtrensenknebel aus Rumänien und ihre Beziehungen. Eurasia Antiqua (Berlin) 4:81-135.

Boroffka, Nikolaus, Jan Cierny, Joachim Lutz, Hermann Parzinger, Ernst Pernicka, and Gerd Weisberger, 2002. Bronze Age tin from central Asia: Preliminary notes. In Ancient Interactions: East and West in Eurasia, ed. Katie Boyle, Colin Renfrew, and Marsha Levine, pp. 135-159, Cambridge: McDonald Institute for Archaeological Research.

Boyadziev, Yavor D. 1995. Chronology of the prehistoric cultures in Bulgaria. In Prehistoric Bulgaria, ed. Douglass W. Bailey and Ivan Panayotov, pp. 149-191. Monographs in World Archaeology 22. Madison, Wis.: Prehistory Press.

Boyce, Mary. 1975. A History of Zoroastrianism. Vol. 1. Leiden: Brill.

Britain, David. 2002. Space and spatial diffusion. In The Handbook of Language Variation and Change, ed. J. Chambers, P. Trudgill, and N. Schilling-Estes, pp. 603-637. Oxford: Blackwell.

Boyle, Katie, Colin Renfrew, and Marsha Levine, eds. 2002. Ancient Interactions: East and West in Eurasia. Cambridge: McDonald Institute for Archaeological Research.

Bradley D. G., D. E. MacHugh, P. Cunningham, and R. T. Loftus. 1996. Mitochondrial diversity and the origins of African and European cattle. Proceedings of the National Academy of Sciences 93 (10): 5131-5135.

Bratchenko, S. N. 2003. Radiocarbon chronology of the Early Bronze Age of the Middle Don, Svatove, Luhansk region. Baltic-Pontic Studies 12:185-208.

_____. 1976. Nizhnee Podone v Epokhu Srednei Bronzy. Kiev: Naukovo Dumka.

____. 1969. Bagatosha rove poselennya Liventsivka I na Donu. *Arkheologiia* (Kiev) 22:210-231.

Breen, T. H. 1984. Creative adaptations: Peoples and cultures. In *Colonial British America*, ed. Jack P. Green and J. R. Pole, pp. 195-232. Baltimore, Md.: Johns Hopkins University Press.

Britain, David. 2004. Geolinguistics—Diffusion of Language. In *Sociolinguistics: International Handbook of the Science of Language and Society* vol. 1, ed. Ulrich Ammon, Norbert Dittmar, Klaus J. Mattheier, and Peter Trudgill, pp. 34-48, Berlin: Mouton de Gruyter.

Bronicki, Andrzej, Sławomir Kadrow, and Anna Zakościelna. 2003. Radiocarbon dating of the Neolithic settlement in Zimne, Volhynia. *Baltic-Pontic Studies* 12:22-66.

Bronitsky, G., and R. Hamer. 1986. Experiments in ceramic technology: The effects of various tempering material on impact and thermal-shock resistance. *American Antiquity* 51 (1): 89-101.

Broodbank, Cyprian. 1989. The longboat and society in the Cyclades in the Keros-Syros culture. *American Journal of Archaeology* 85:318-337.

Broodbank, Cyprian, and T. F. Strasser. 1991. Migrant farmers and the colonization of Crete. *Antiquity* 65:233-245.

Brown, D. R., and David W. Anthony. 1998. Bit wear, horseback riding, and the Botai site in Kazakstan. *Journal of Archaeological Science* 25:331-347.

Bryce, T. 1998. *The Kingdom of the Hittites*. Oxford: Clarendon.

Buchanan, Briggs. 1966. *Catalogue of Ancient Near Eastern Seals in the Ashmolean Museum*. Vol. 1, *Cylinder Seals*. Oxford: Clarendon.

Buck, Carl Darling. 1949. *A Dictionary of Selected Synonyms in the Principal Indo-European Languages*. Chicago: University of Chicago Press.

Bunyatyan, Katerina P. 2003. Correlations between agriculture and pastoralism in the northern Pontic steppe area during the Bronze Age. In *Prehistoric Steppe Adaptation and the Horse*, ed. Marsha Levine, Colin Renfrew, and Katie Boyle, pp. 269-286. Cambridge: McDonald Institute for Archaeological Research.

Burdo, Natalia B. 2003. Cultural contacts of early Tripolye tribes. Paper delivered at

the Ninth Annual Conference of the European Association of Archaeologists. St.
.Petersburg, Russia.

Burdo, Natalia B., and V. N. Stanko. 1981. Eneoliticheskie nakhodki na stoianke
Mirnoe. In *Drevnosti severo-zapadnogo prichernomor'ya*, pp. 17-22. Kiev:
Naukovo Dumka.

Burmeister, Stefan. 2000. Archaeology and migration: Approaches to an archaeological
proof of migration. *Current Anthropology* 41 (4): 554-555.

Burov, G. M. 1997. Zimnii transport severnoi Evropy i Zaural'ya v epokhu Neolita i
rannego metalla. *Rossiskaya arkheologiya* 4:42-53.

Burrow, T. 1973. The Proto-Indoaryans. *Journal of the Royal Asiatic Society* (n. 5.)
2:123-40.

Bynon, Theodora. 1977. *Historical Linguistics*. Cambridge: Cambridge University
Press.

Cameron, Catherine, and Steve A. Tomka, eds. 1993. *Abandonment of Settlements
and Regions: Ethnoarchaeological and Archaeological Approaches*. Cambridge:
Cambridge University Press.

Campbell, Lyle. 2002. What drives linguistic diversification and language spread?
In *Examining the Farming/Language Dispersal Hypothesis*, ed. Peter Bellwood
and Colin Renfrew, pp. 49-63. Cambridge: McDonald Institute for Archaeological
Research.

Cannon, Garland. 1995. "Oriental Jones: Scholarship, Literature, Multiculturalism, and
Humankind." In *Objects of Enquiry: The Life, Contributions, and influences of Sir
William Jones*, pp. 25-50. New York: New York University Press.

Carpelan, Christian, and Asko Parpola. 2001. Emergence, contacts and dispersal
of Proto-Indo-European, proto-Uralic and proto-Aryan in archaeological
perspective. In *Early Contacts between Uralic and Indo-European: Linguistic and
Archaeological Considerations*, ed. Christian Carpelan, Asko Parpola, and Petteri
Koskikallio, pp. 55-150. Memoires de la Société Finno-Ugrienne 242. Helsinki:
Suomalais-Ugrilainen Seura.

Castile, George Pierre, and Gilbert Kushner, eds. 1981. *Persistent Peoples: Cultural*

Enclaves in Perspective. Tucson: University of Arizona Press.

Chambers, Jack, and Peter Trudgill. 1998. *Dialectology*. Cambridge: Cambridge University Press.

Chapman, John C. 1999. The origins of warfare in the prehistory of Eastern and central Europe. In *Ancient Warfare: Archaeological Perspectives*, ed. John Carman and Anthony Harding, pp. 101-142. Phoenix Mill: Sutton.

_____. 1989. The early Balkan village. In *The Neolithic of Southeastern Europe and Its Near Eastern Connections*, ed. Sándor Bökönyi, pp. 33-53. Budapest: Varia Archaeologica Hungarica II.

_____. 1983. The Secondary Products Revolution and the limitations of the Neolithic. *Bulletin of the Institute of Archaeology* (London) 19:107-122.

Cherniakov, I. T., and G. N. Toshchev. 1985. Kul'turno-khronologicheskie osobennosti kurgannykh pogrebenii epokhi Bronzy nizhnego Dunaya. In *Novye Materialy po Arkheologii Severnogo-Zapadnogo Prichernomor'ya*, ed. V. N. Stanko, pp. 5-45, Kiev: Naukovo Dumka.

Chernopitskii, M. P. 1987. Maikopskii "baldachin." *Kratkie soobshcheniya institut arkheologii* 192:33-40.

Chernykh, E. N., ed. 2004. *Kargaly*. Vol. 3, *Arkheologicheskie materialy, tekhnologiya gornometallurgicheskogo proizvodstva, arkheobiologicheskie issledovaniya*. Moscow: Yaziki slavyanskoi kul'tury.

_____. 1997. *Kargaly: Zabytyi Mir*. Moscow: NOX.

_____. 1995. Postscript: Russian archaeology after the collapse of the USSR: Infrastructural crisis and the resurgence of old and new nationalisms. In *Nationalism, Politics, and the Practice of Archaeology*, ed. Philip L. Kohl and Clare Fawcett, pp. 139-148, Cambridge: Cambridge University Press.

_____. 1992. *Ancient Metallurgy in the USSR*. Cambridge: Cambridge University Press.

Chernykh, E. N., and K. D. Isto. 2002. Nachalo ekspluatsii Kargalov: Radiouglerodnyi daty. *Rossiiskaya arkheologiya* 2: 44-55.

Chernykh, E. N., E. V. Kuz'minykh, and L. B. Orlovskaya. 2004. Ancient metallurgy of northeast Asia: From the Urals to the Saiano-Altai. In *Metallurgy in Ancient Eastern Eurasia from the Urals to the Yellow River*, ed. Katheryn M. Linduff, pp. 15-36. Lewiston, Me.: Edwin Mellen.

Chernysh, E. K. 1982. Eneolit pravoberezhnoi Ukrainy i Moldavii. In *Eneolit SSSR*, ed. V. M. Masson and N. Y. Merpert, pp. 165-320. Moscow: Nauka.

Childe, V. Gordon. 1957. *The Dawn of European Civilization*. 6th ed. London: Routledge Kegan Paul.

_____. 1936. The axes from Maikop and Caucasian metallurgy. *Annals of Archaeology and Anthropology* (Liverpool) 23:113-119.

Chilton, Elizabeth S. 1998. The cultural origins of technical choice: Unraveling Algonquian and Iroquoian ceramic traditions in the Northeast. In *The Archaeology of Social Boundaries*, ed. Miriam Stark, pp 132-160. Washington, D.C.: Smithsonian Institution Press.

Chretien, C. D. 1962. The mathematical models of glottochronology. *Language* 38: 11-37.

Christensen, A. F., Brian E. Hemphill, and Samar I. Mustafakulov. 1996. Bactrian relationships to Russian and Central Asian populations: A craniometric assessment. *American Journal of Physical Anthropology* 22:84-85.

Clackson, James. 1994. *The Linguistic Relationship between Greek and Armenian*. Oxford: Blackwell.

Clark, Geoffry. 1994. Migration as an explanatory concept in Paleolithic archaeology. *Journal of Archaeological Method and Theory* 1 (4): 305-343.

Clark, Grahame. 1941. Horses and battle-axes. *Antiquity* 15 (57): 50-69.

Clayton, Hilary. 1985. A fluoroscopic study of the position and action of different bits in the horse's mouth. *Equine Veterinary Science* 5 (2): 68-77.

Clayton, Hilary M., and R. Lee. 1984. A fluoroscopic study of the position and action of the jointed snaffle bit in the horse's mouth. *Equine Veterinary Science* 4 (5): 193-196.

Clutton-Brock, Juliet. 2003. Were the donkeys of Tell Brak harnessed with a bit? In *Prehistoric Steppe Adaptation and the Horse*, ed. Marsha Levine, Colin Renfrew, and Katie Boyle, pp. 126-127. Cambridge: McDonald Institute for Archaeological Research.

_____. 1974. The Buhen horse. *Journal of Archaeological Science* 1:89-100.

Cole, John W., and Eric Wolf. 1974. *The Hidden Frontier: Ecology and Ethnicity in an Alpine Valley*. New York: Academic Press.

Coleman, John. 2000. An archaeological scenario for the "Coming of the Greeks" ca. 3200 BC. *Journal of Indo-European Studies* 28 (1-2): 101-153.

Comsa, Eugen. 1976. Quelques considerations sur la culture Gumelnitsa. *Dacia* 20:105-127.

Cook, G. T., C. Bonsall, R. E. M. Hedges, K. McSweeney, V. Boroneanţ, L. Bartosiewicz, and P. B. Pettitt, 2002. Problems of dating human bones from the Iron Gates. *Antiquity* 76:77-85.

Cronk, Lee. 1993. CA comment on transitions between cultivation and pastoralism in Sub-Saharan Africa. *Current Anthropology* 34 (4): 374.

_____. 1989. From hunters to herders: Subsistence change as a reproductive strategy. *Current Anthropology* 30:224-34.

Crouwel, Joost H. 1981. *Chariots and Other Means of Land Transport in Bronze Age Greece*. Allard Pierson Series 3. Amsterdam: Allard Pierson Museum.

Dalton, G. 1977. Aboriginal economies in stateless societies. In *Exchange Systems in Prehistory*, ed. Timothy Earle and J. Ericson, pp. 191-212, New York: Academic Press.

Danilenko, V. M. 1971. *Bugo-Dnistrovs'ka Kul'tura*. Kiev: Dumka.

Darden, Bill J. 2001. On the question of the Anatolian origin of Indo-Hittite. In *Greater Anatolia and the Indo-Hittite Language Family*, ed. Robert Drews, pp. 184-228. Journal of Indo-European Studies Monograph 38. Washington, D.C.: Institute for the Study of Man.

_____. 2004. Who were the Sclaveni and where did they come from? *Byzantinische Forschungen* 28:133-157.

Davis, E. M. 1983. The gold of the shaft graves: The Transylvanian connection. *Temple University Aegean Symposium* 8:32-38.

Davis, Simon J. M. 1987. *The Archaeology of Animals*. New Haven: Yale University Press.

Davis-Kimball, Jeannine. 1997. Warrior women of the Eurasian steppes. *Archaeology* 50 (1): 44-49.

DeBoer, Warren. 1990. Interaction, imitation, and communication as expressed in style: The Ucayali experience. In *The Uses of Style in Archaeology*, ed. M. Conkey and Christine Hastorf, pp. 82-104. Cambridge: Cambridge University Press.

_____. 1986. Pillage and production in the Amazon: A view through the Conibo of the Ucayali Basin, eastern Peru. *World Archaeology* 18 (2): 231-246.

Dennell, R. W., and D. Webley. 1975. Prehistoric settlement and land use in southern Bulgaria. In *Palaeoeconomy*, ed. E. S. Higgs, pp. 97-110. Cambridge: Cambridge University Press.

Dergachev, Valentin A. 2003. Two studies in defense of the migration concept. In *Ancient Interactions: East and West in Eurasia*, ed. Katie Boyle, Colin Renfrew, and Marsha Levine, pp. 93-112. McDonald Institute Monographs. Cambridge: University of Cambridge Press.

_____. 1999. Cultural-historical dialogue between the Balkans and Eastern Europe (Neolithic-Bronze Age). *Thraco-Dacica* 20 (1-2): 33-78.

_____. 1998a. *Karbunskii Klad*. Kishinev: Academiei Ştiinţe.

_____. 1998b. Kulturell und historische Entwicklungen im Raum zwischen Karpaten und Dnepr. In *Das Karpatenbecken und Die Osteuropäische Steppe*, ed. Bernhard Hänsel and Jan Machnik, pp. 27-64. München: Südosteuropa-Schriften Band 20, Verlag Marie Leidorf GmbH.

_____. 1980. *Pamyatniki Pozdnego Tripol'ya*. Kishinev: Shtiintsa.

Dergachev, V., A. Sherratt, and O. Larina. 1991. Recent results of Neolithic research in Moldavia (USSR). *Oxford Journal of Prehistory* 10 (1): 1-16.

Derin, Z., and Oscar W. Muscarella. 2001. Iron and bronze arrows. In *Ayanis I. Ten Years' Excavations at Rusahinili Eiduru-kai 1989-1998*, ed. A. Çilingiroğlu and M. Salvini, pp. 189-217. Roma: Documenta Asiana VI ISMEA.

Diakonov, I. M. 1988. Review of *Archaeology and Language*. *Annual of Armenian Linguistics* 9:79-87.

_____. 1985. On the original home of the speakers of Indo-European. *Journal of Indo-European Studies* 13 (1-2): 93-173.

Diamond, Jared. 1997. *Guns, Germs, and Steel: The Fates of Human Societies*. New York: Norton.

DiCosmo, Nicola. 2002. *Ancient China and Its Enemies: The Rise of Nomadic Power in East Asian History*. Cambridge: Cambridge University Press.

_____. 1999. State Formation and periodization in Inner Asian prehistory. *Journal of World History* 10 (1): 1-40.

_____. 1994. Ancient Inner Asian Nomads: Their Economic basis and its significance in Chinese history. *Journal of Asian Studies* 53 (4): 1092-1126.

Diebold, Richard. 1985. *The Evolution of the Nomenclature for the Salmonid Fish: The Case of "huchen" (Hucho spp.)*. Journal of Indo-European Studies Monograph 5. Washington, D.C.: Institute for the Study of Man.

Dietler, Michael, and Brian Hayden, eds. 2001. *Feasts*. Washington, D.C.: Smithsonian Institution Press.

Dietz, Ute Luise. 1992. Zur frage vorbronzezeitlicher Trensenbelege in Europa. *Germania* 70 (1): 17-36.

Dixon, R. M. W. 1997. *The Rise and Fall of Languages*. Cambridge: Cambridge University Press.

Dobrovol'skii, A. V. 1958. Mogil'nik vs. Chapli. *Arkheologiya* (Kiev) 9:106-118.

Dodd-Opriţescu, 1978, Les elements steppiques dans l'Énéolithique de Transylvanie. *Dacia* 22:87-97.

Dolukhanov, P. M. 1986. Foragers and farmers in west-Central Asia. In *Hunters in Transition*, ed. Marek Zvelebil, pp. 121-132. Cambridge: Cambridge University Press.

Donnan, Hastings, and Thomas M. Wilson. 1999. *Borders: Frontiers of Identity, Nation, and State*. Oxford: Berg.

Dorian, N. 1981. *Language Death: The Life Cycle of a Scottish Gaelic Dialect*.

Philadelphia: University of Pennsylvania Press.

Dovchenko, N. D., and N. A. Rychkov. 1988. K probleme sotsial'noi stratigrafikatsii plemen Yamnoi kul'turno-istoricheskoi obshchnosti. In *Novye Pamyatniki Yamnoi Kul'tury Stepnoi Zony Ukrainy*, pp. 27-40. Kiev: Naukova Dumka.

Dremov, I. I., and A. I. Yudin. 1992. Drevneishie podkurgannye zakhoroneniya stepnogo zaVolzh'ya. *Rossiskaya arkheologiya* 4:18-31.

Drews, Robert. 2004. *Early Riders*. London: Routledge.

_____, ed. 2001. *Greater Anatolia and the Indo-Hittite Language Family*. Journal of Indo-European Studies Monograph 38. Washington, D.C.: Institute for the Study of Man.

_____. 1988. *The Coming of the Greeks: Indo-European Conquests in the Aegean and the Ancient Near East*. Princeton, N. J.: Princeton University Press.

Drinka, Bridget. 1995. Areal linguistics in prehistory: Evidence from Indo-European aspect. In *Historical Linguistics 1993*, ed. Henning Andersen, pp. 143-158. Amsterdam: John Benjamins.

Dumezil, Georges. 1958. *L'Idéologie Tripartie des Indo-Européens*. Brussels: Latomus.

Dumitrescu, Vladimir. 1980. Tumuli from the period of transition from the Eneolithic to the Bronze Age excavated near Rast. In *The Neolithic Settlement at Rast*, appendix 3, pp. 126-133. British Archaeological Reports International Series 72. Oxford: Archaeopress.

During Caspers, E. C. L. 1998. The MBAC and the Harappan script. *Ancient Civilizations from Scythia to Siberia* 5 (1): 40-58.

Dyen, I., J. B. Kruskal, and P. Black. 1992. An Indo-European classification: A lexicostatistical experiment. *Transactions of the American Philosophical Society* 82 (5): 1-132.

Ecsedy, István. 1994. "Camps for eternal rest: Some aspects of the burials by the earliest nomads of the steppes." In *The Archaeology of the Steppes: Methods and Strategies*, ed. Bruno Genito, pp. 167-176. Napo: Instituto universitario oreintale series minor 44.

_____, ed. 1979. *The People of the Pit-Grave Kurgans in Eastern Hungary*. Budapest:

Akadémia Kiadó.

Ehrich, Robert W. 1961. On the persistence and recurrences of culture areas and culture boundaries during the course of European prehistory, protohistory, and history. In *Berichte über den V Internationalen Kongress für Vor- und Frühgeschichte*, pp. 253-257. Berlin: Gebrüder Mann.

Eisler, Riane. 1990. The Gaia tradition and the partnership future: An ecofeminist manifesto. In *Reweaving the World*, ed. Irene Diamond and G. F. Orenstein, pp. 23-34. San Francisco: Sierra Club Books.

_____. 1987. *The Chalice and the Blade*. San Francisco: Harper and Row.

Eleure, C., ed. 1989. *Le Premier Or de l'Humanité en Bulgaria 5e millénaire*. Paris: Musées Nationaux.

Ellis, Linda. 1984. *The Cucuteni-Tripolye Culture: A Study in Technology and the Origins of Complex Society*. British Archaeological Reports International Series 217. Oxford: Archaeopress.

Emberling, Geoff . 1997. Ethnicity in complex societies: Archaeological perspectives. *Journal of Archaeological Research* 5 (4): 295-344.

Embleton, Sheila. 1991. Mathematical methods of genetic classification. In *Sprung from Some Common Source: Investigations into the Prehistory of Languages*, ed. Sidney Lamb and E. Douglass Mitchell, pp. 365-388. Stanford: Stanford University Press.

_____. 1986. *Statistics in Historical Linguistics*. Bochum: Brockmeyer.

Enattah, Nabil Sabri. 2005. *Molecular Genetics of Lactase Persistence*. Ph.D. dissertation, Department of Medical Genetics, Faculty of Medicine, University of Helsinki, Finland.

Epimakhov, A. V. 2002. *Iuzhnoe zaural'e v epokhu srednei bronzy*. Chelyabinsk: YUrGU.

Epimakhov, A., B. Hanks, and A. C. Renfrew. 2005. Radiocarbon dating chronology for the Bronze Age monuments in the Transurals, Russia. *Rossiiskaia Arkheologiia* 4:92-102.

Erdosy, George, ed. 1995. *The Indo-Aryans of Ancient South Asia: Language,*

Material Culture and Ethnicity. Indian Philology and South Asian Studies 1. Berlin: Walter de Gruyter.

Euler, Wolfram. 1979. *Indoiranisch-griechische Gemeinsamkeiten der Nominalbildung und deren Indogermanische Grundlagen*. Innsbruck: Institut für Sprachwissenschaft der Universität Innsbruck, vol. 30.

Evdokimov, V. V., and V. G. Loman. 1989. Raskopi Yamnogo kurgana v Karagandinskoi Oblasti. In *Voprosy arkheologii tsestral'nogo i severnogo Kazakhstana*, ed. K.M. Baipakov, pp. 34-46. Karaganda: Karagandinskii gosudarstvennyi universitet.

Ewers, John C. 1955. *The Horse in Blackfoot Indian Culture*. Washington, D.C.: Smithsonian Institution Press.

Falk, Harry. 1986. *Bruderschaft und Würferspiel*. Freiburg: Hedwig Falk.

Fiedel, Stuart, and David W. Anthony. 2003. Deerslayers, pathfinders, and icemen: Origins of the European Neolithic as seen from the frontier. In *The Colonization of Unfamiliar Landscapes*, ed. Marcy Rockman and James Steele, pp. 144-168. London: Routledge.

Fischer, David Hackett. 1989. *Albion's Seed: Four British Folkways in America*. New York: Oxford University Press.

Fitzgerald-Huber, Louise G. 1995. Qijia and Erlitou: The question of contacts with distant cultures. *Early China* 20:17-67.

Florin, Curta. 2001. *The Making of the Slavs*. Oxford: Oxford University Press.

Forenbaher, S. 1993. Radiocarbon dates and absolute chronology of the central European Early Bronze Age. *Antiquity* 67:218-256.

Forsén, J. 1992. *The Twilight of the Early Helladics: A Study of the Disturbances in East-Central and Southern Greece toward the End of the Early Bronze Age*. Jonsered, Sweden: P. Åströms Förlag.

Fortson, Benjamin W., IV. 2004. *Indo-European Language and Culture: An Introduction*. Oxford: Blackwell.

Fox, John W. 1987. *Maya Postclassic State Formation*. Cambridge: Cambridge University Press.

Francis, E. D. 1992. The impact of non-Indo-European languages on Greek and

Mycenaean. In *Reconstructing Languages and Cultures*, ed. E. Polome and W. Winter, pp. 469-506. Trends in Linguistics: Studies and Monographs 58. Berlin: Mouton de Gruyter.

French, Charly, and Maria Kousoulakou. 2003. Geomorphological and micromorphological investigations of paleosols, valley sediments and a sunken-floored dwelling at Botai, Kazakstan. In *Prehistoric Steppe Adaptation and the Horse*, ed. Marsha Levine, Colin Renfrew, and Katie Boyle, pp. 105-114. Cambridge: McDonald Institute for Archaeological Research.

Fried, Morton H. 1975. *The Notion of Tribe*. Menlo Park, Calif.: Cummings.

Friedrich, Paul. 1970. *Proto-Indo-European Trees*. Chicago: University of Chicago Press.

Gaiduchenko, L. L. 1995. Mesto i znachenie Iuzhnogo Urala v eksportno-importnikh operatsiyakh po napravleniu vostok-zapad v eopkhu bronzy. In *Rossiya i vostok: Problemy vzaimodeistviya*, pt. 5, bk. 1: *Kul'tury eneolita-bronzy stepnoi evrazii*, pp. 110-115. Chelyabinsk: 3-ya Mezhdunarodnaya nauchnaya konferentsiya.

Gal, S. 1978. *Language Shift: Social Determinants of Linguistic Change in Bilingual Austria*. New York: Academic Press.

Gallusser, W. A. 1991. Geographical investigations in boundary areas of the Basle region ("Regio"). In *The Geography of Border Landscapes*, ed. D. Rumley and J. V. Minghi, pp. 32-42. London: Routledge.

Gamkrelidze, Thomas V., and Vyacheslav Ivanov. 1995. *Indo-European and the Indo-Europeans: A Reconstruction and Historical Analysis of a Proto-Language and a Proto-Culture*. Vol. 1. Translated by Johanna Nichols. Edited by Werner Winter. Trends in Linguistics: Studies and Monographs 80. Berlin: Mouton de Gruyter.

____. 1984. *Indoevropeiskii iazyk i indoevropeitsy*. Tiflis: Tbilisskogo Universiteta.

____. 1973. Sprachtypologie und die Rekonstruktion der gemeinindogermanischen Verschlüsse. *Phonetica* 27:150-156.

Gei, A. N. 2000. *Novotitorovskaya kul'tura*. Moscow: Institut Arkheologii.

____. 1990. Poyt paleodemograficheskogo analiza obshchestva stepnykh skotovodov epokhi bronzy: po pogrebal'nym pamyatkikam prikuban'ya. *Kratkie Soobshcheniya Institut Arkheologii* 201:78-87.

____. 1986. Pogrebenie liteishchika Novotitorovskoi kul'tury iz nizhnego pri kuban'ya. In *Arkheologicheskie Otkrytiya na Novostroikakh: Drevnosti severnogo kavkaza* (Moscow) 1:13-32.

____. 1979. Samsonovskoe mnogosloinoe poselenie na Donu. *Sovietskaya arkheologiya* (2): 119-131.

Gellner, Ernest. 1973. *Nations and Nationalism*. Ithaca, N.Y.: Cornell University Press.

Gening, V. F. 1979. The cemetery at Sintashta and the early Indo-Iranian peoples. *Journal of Indo-European Studies* 7:1-29.

Gening, V. F., G. B. Zdanovich, and V. V. Gening. 1992. *Sintashta*. Chelyabinsk: Iuzhnoural'skoe knizhnoe izdatel'stvo.

George, Christian. 2002. *Quantification of Wear in Equus Teeth from Florida*. MA thesis, Department of Geological Sciences, University of Florida, Gainesville.

Georgieva, P. 1990. Ethnocultural and socio-economic changes during the transitional period from Eneolithic to Bronze Age in the region of the lower Danube. *Glasnik Centara za Balkanoloških Ispitavanja* 26:123-154.

Gheorgiu, Drago. 1994. Horse-head scepters: First images of yoked horses. *Journal of Indo-European Studies* 22 (3-4): 221-250.

Ghetie, B., and C. N. Mateesco. 1973. L'utilisation des bovines a la tracation dans le Neolithique Moyen. *International Conference of Prehistoric and Protohistoric Sciences* (Belgrade) 10:454-461.

Giddens, Anthony. 1985. *The Nation-state and Violence*, Cambridge: Polity.

Gilbert, Allan S. 1991. Equid remains from Godin Tepe, western Iran: An interim summary and interpretation, with notes on the introduction of the horse into Southwest Asia. In *Equids in the Ancient World*, vol. 2, ed. Richard H. Meadow and Hans-Peter Uerpmann, pp. 75-122. Wiesbaden: Reichert.

Gilman, Antonio. 1981. The development of social stratification in Bronze Age Europe. *Current Anthropology* 22 (1): 1-23.

Gimbutas, Marija. 1991. *The Civilization of the Goddess*. San Francisco: Harper.

____. 1989a. *The Language of the Goddess*. London: Thames and Hudson.

____. 1989b. Women and culture in Goddess-oriented Old Europe. In *Weaving the Visions*, ed. Judith Plaskow, and C. C. Christ, pp. 63-71. San Francisco: Harper and Row.

____. 1977. The first wave of Eurasian steppe pastoralists into Copper Age Europe. *Journal of Indo-European Studies* 5 (4): 277-338.

____. 1974. *The Goddesses and Gods of Old Europe: Myths and Cult Images (6500-3500 B.C.)*, London: Thames and Hudson.

____. 1970. Proto-Indo-European culture: The Kurgan Culture during the fifth, fourth, and third millennia B.C. In *Indo-European and the Indo-Europeans*, ed. George Cardona, Henry Hoenigswald, and Alfred Senn, pp. 155-198. Philadelphia: University of Pennsylvania Press.

____. 1956. *The Prehistory of Eastern Europe, Part 1*. Cambridge: American School of Prehistoric Research Bulletin 20.

Glassie, Henry. 1965. *Pattern in the Material Folk Culture of the Eastern United States*. Philadelphia: University of Pennsylvania Press.

Glonti, L. I. and A. I. Dzhavakhishvili. 1987. Novye dannye o mnogosloinom pamyatniki epokhi Eneolita-Pozdnei Bronzy v shida Kartli-Berkldeebi. *Kratkie Soobshcheniya Institut Arkheologii* 192:80-87.

Glumac, P. D., and J. A. Todd. 1991. Eneolithic copper smelting slags from the Middle Danube basin. In *Archaeometry '90*, ed. Ernst Pernicka and Günther A. Wagner, pp. 155-164. Basel: Birkhäuser Verlag.

Glumac, Petar, and David W. Anthony. 1992. Culture and environment in the prehistoric Caucasus, Neolithic to Early Bronze Age. In *Chronologies in Old World Archaeology, 3rd ed.*, ed. Robert Ehrich, pp. 196-206. Chicago: Aldine.

Golyeva, A. A. 2000. Vzaimodeistvie cheloveka i prirody v severo-zapadnom Prikaspii v epokhu Bronzy. In *Sezonnyi ekonomicheskii tsikl naseleniya severo-zapadnogo Prikaspiya v Bronzovom Veke*, vol. 120, ed. N. I. Shishlina, pp. 10-29. Moscow: Trudy gosudarstvennogo istoricheskogo muzeya.

Good, Irene. 2001. Archaeological textiles: A review of current research. *Annual*

Review of Anthropology 30:209-226.

____. 1998. Bronze Age cloth and clothing of the Tarim Basin: The Chärchän evidence. In *The Bronze Age and Early Iron Age Peoples of Eastern Central Asia*, ed. Victor Mair, vol. 2, pp. 656-668. Journal of Indo European Studies Monograph 26. Washington, D.C.: Institute for the Study of Man.

Gorbunova, Natalya G. 1993/94. Traditional movements of nomadic pastoralists and the role of seasonal migrations in the formation of ancient trade routes in Central Asia. *Silk Road Art and Archaeology* 3:1-10.

Gotherstrom, A., C. Anderung, L. Hellborg, R. Elburg, C. Smith, D. G. Bradley, H. Ellegren 2005. Cattle domestication in the Near East was followed by hybridization with aurochs bulls in Europe. *Proceedings of Biological Sciences* 272 (1579): 2337-44.

Govedarica, B., and E. Kaiser. 1996. Die äneolithischen abstrakten und zoomorphen Steinzepter Südostund Europas. *Eurasia Antiqua* 2:59-103.

Grant, Madison. 1916. *The Passing of the Great Race; or, The Racial Basis of European History*. New York: Scribner's.

Gray, Russell D., and Quentin D. Atkinson. 2003. Language-tree divergence times support the Anatolian theory of Indo-European origin. *Nature* 426 (6965): 435-439.

Greenfield, Haskell. 1994. Preliminary report on the 1992 excavations at Foeni-Sălaş: An early Neolithic Starčevo-Criş settlement in the Romanian Banat. *Analele Banatului* 3:45-93.

____. 1999. The advent of transhumant pastoralism in temperate southeast Europe: A zooarchaeological perspective from the central Balkans. In *Transhumant Pastoralism in Southern Europe*, ed. L. Bartosiewicz and Haskell Greenfield, pp. 15-36. Budapest: Archaeolingua.

Gremillion, Kristen J. 2004. Seed processing and the origins of food production in eastern North America. *American Antiquity* 69 (2): 215-233.

Grigoriev, Stanislav A. 2002. *Ancient Indo-Europeans*. Chelyabinsk: RIFEI.

Gudkova, A. V., and I. T. Chernyakov. 1981. Yamnye pogebeniya s kolesami u s. Kholmskoe. In *Drevnosti severo-zapanogo prichernomor'ya*, pp. 38-50. Kiev: Naukovo Dumka.

Guliaev, V. I. 2003. Amazons in the Scythia: New finds at the Middle Don, Southern Russia. *World Archaeology* 35 (1): 112-125.

Haheu, Vasile, and Serghei Kurciatov. 1993. Cimitirul plan Eneolitic de lingă satul Giurgiuleşti. *Revista Arkheologică* (Kishinev) 1:101-114.

Hainsworth, J. B. 1972. Some observations on the Indo-European placenames of Greece. In *Acta of the 2nd International Colloquium on Aegean Prehistory*, pp. 39-42. Athens: Ministry of Culture and Sciences.

Haley, Brian D., and Larry R. Wilcoxon. 2005. How Spaniards became Chumash and other tales of ethnogenesis. *American Anthropologist* 107 (3): 432-445.

Hall, Jonathan M. 1997. *Ethnic Identity in Greek Antiquity*. Cambridge: Cambridge University Press.

Hall, Robert A., Jr. 1976. *Proto-Romance Phonology*. New York: Elsevier.

———. 1960. On realism in reconstruction. *Language* 36:203-206.

———. 1950. The reconstruction of Proto-Romance. *Language* 26:6-27.

Hamp, Eric. 1998. Whose were the Tocharians? In *The Bronze Age and Early Iron Age Peoples of Eastern Central Asia*, ed. Victor H. Mair, vol. 1, pp. 307-346. Journal of Indo-European Studies Monograph 26. Washington, D.C.: Institute for the Study of Man.

Hänsel, B. 1982. Südosteuropa zwischen 1600 und 1000 V. Chr. In *Südosteuropa zwischen 1600 und 1000 V. Chr.*, ed. B. Hänsel, pp. 1-38. Berlin: Moreland Editions.

Harding, R. M., and R. R. Sokal. 1988. Classification of the European language families by genetic distance. *Proceedings of the National Academy of Sciences* 85:9370-9372.

Harris, Alice C. 1991. Overview on the history of the Kartvelian languages. In *The Indigenous Languages of the Caucasus*, vol. 1, *The Kartvelian Languages*, ed. Alice C. Harris, pp. 7-83. Delmar, N.Y.: Caravan Books.

Harris, D. R., ed. 1996. *The Origins and Spread of Agriculture and Pastoralism in*

Eurasia. London: University College.

Häusler, A. 1994. Archäologische Zeugnisse für Pferd und Wagen in Ost- und Mitteleuropa. In *Die Indogermanen und das Pferd: Festschrift für Bernfried Schlerath*, ed. B. Hänsel and S. Zimmer, pp. 217-257. Budapest: Archaeolingua.

_____. 1992. "Der ursprung der Wagens in der Diskussion der gegenwart." *Archäologische Mitteilungen aus Nordwestdeutschland* 15:179-190.

_____. 1974. *Die Gräber der älteren Ockergrabkultur zwischen Dnepr und Karpaten*. Berlin: Akadmie-Verlag.

Hayden, Brian. 2001. Fabulous feasts: A prolegomenon to the importance of feasting. In *Feasts*, ed. M. Dietler, and Brian Hayden, pp. 23-64. Washington, D.C.: Smithsonian Institution Press.

Hayen, Hajo. 1989. Früheste Nachweise des Wagens und die Entwicklung der Transport-Hilfsmittel. *Mitteilungen der Berliner Gesellchaft für Anthropologie, Ethnologie und Urgeschichte* 10:31-49.

Heidegger, Martin. 1959. *An Introduction to Metaphysics*. 1953 [1935]. Translated by Ralph Manheim. New Haven: Yale University Press.

Helms, Mary. 1992. Long-distance contacts, elite aspirations, and the age of discovery. In *Resources, Power, and Inter-regional Interaction*, ed. Edward M. Schortman and Patricia A. Urban, pp. 157-174. New York: Plenum.

Hemphill, Brian E., A. F. Christensen, and Samar I. Mustafakulov. 1997. Trade or travel: An assessment of interpopulational dynamics among Bronze-Age Indo-Iranian populations. *South Asian Archaeology, 1995: Proceedings of the 13th Meeting of the South Asian Archaeologists of Europe, Cambridge, UK*, ed. Bridget Allchin, pp. 863-879, Oxford: IBH.

Hemphill, Brian E., and J. P. Mallory. 2003. Horse-mounted invaders from the Russo-Kazakh steppe or agricultural colonists from western Central Asia? A craniometric investigation of the Bronze Age settlements of Xinjiang. *American Journal of Physical Anthropology* 124 (3): 199-222.

Hester, D. A. 1957. Pre-Greek placenames in Greece and Asia Minor. *Revue Hittite et Asianique* 15:107-119.

Heyd, V., L. Husty, and L. Kreiner. 2004. *Siedlungen der Glockenbecherkultur in Süddeutschland und Mitteleuropa*. Büchenbach: Arbeiten zur Archäologie Süddeutschlands 17 (Dr. Faustus Verlag).

Hiebert, Frederik T. 2002. Bronze age interaction between the Eurasian steppe and Central Asia. In *Ancient Interactions: East and West in Eurasia*, ed. Katie Boyle, Colin Renfrew, and Marsha Levine, pp. 237-248, Cambridge: McDonald Institute for Archaeological Research.

_____. 1994. *Origins of the Bronze Age Oasis Civilizations of Central Asia*. Bulletin of the American School of Prehistoric Research 42. Cambridge, Mass.: Peabody Museum of Archaeology and Ethnology, Harvard University.

Hiendleder, Stefan, Bernhard Kaupe, Rudolf Wassmuth, and Axel Janke. 2002. Molecular analysis of wild and domestic sheep. *Proceedings of the Royal Society of London* 269:893-904.

Hill, Jane. 1996. Languages on the land: Toward an anthropological dialectology. In *David Skomp Distinguished Lectures in Dialectology*. Bloomington: Indiana University Press.

Hill, Jonathon D. 1992. Contested pasts and the practice of archaeology: Overview. *American Anthropologist* 94 (4): 809-815.

Hobsbawm, Eric. 1997. *On History*. New York: New Press.

_____. 1990. *Nations and Nationalism since 1780*. Cambridge: Cambridge University Press.

Hock, Hans Henrich, and Brian D. Joseph. 1996. *Language History, Language Change, and Language Relationship: An Introduction to Historical and Comparative Linguistics*. Berlin: Mouton de Gruyter.

Hodder, Ian. 1990. *The Domestication of Europe: Structure and Contingency in Neolithic Societies*. Cambridge: Cambridge University Press.

Holden, Clare, and Ruth Mace. 2003. Spread of cattle led to the loss of matriliny in Africa: A co-evolutionary analysis. *Proceedings of the Royal Society B* 270:2425-2433.

Hopper, Paul. 1973. Glottalized and murmured occlusives in Indo-European.

Glossa 7:141-166.

Houwink Ten Cate, P. H. J. 1995. Ethnic diversity and population movement in Anatolia. In *Civilizations of the Ancient Near East*, ed. Jack M. Sasson, John Baines, Gary Beckman, and Karen R. Rubinson, vol. 1, pp. 259-270, New York: Scribner's.

Hulbert, R. C., G. S. Morgan, and S. D. Webb, eds. 1995. Paleontology and Geology of the Leisey Shell Pits, Early Pleistocene of Florida. *Bulletin of the Florida Museum of Natural History* 37 (1-10).

Huld, Martin E. 2002. "Linguistic science, truth, and the Indocentric hypothesis." *Journal of Indo-European Studies* 30 (3-4): 353-364.

____. 1990. "The linguistic typology of Old European substrata in north central Europe." *Journal of Indo-European Studies* 18:389-417.

Hüttel, Hans-Georg. 1992. "Zur archäologischen Evidenz der Pfredenutzung in der Kupferund Bronzezeit." In *Die Indogermanen und das Pferd: Festschrift für Bernfried Schlerath*, ed. B. Hänsel and S. Zimmer, pp. 197-215. Archaeolingua 4. Budapest: Archaeolingua Foundation.

Ilčeva, V. 1993. Localités de periode de transition de l'énéolithique a l'âdu bronze dans la region de Veliko Tirnovo. In *The Fourth Millennium B.C.*, ed. Petya Georgieva, pp. 82-98. Sofia: New Bulgarian University.

Isakov, A. I. 1994. Sarazm: An agricultural center of ancient Sogdiana. *Bulletin of the Asia Institute* (n. s.) 8:1-12.

Isakov, A. I., Philip L. Kohl, C. C. Lamberg-Karlovsky, and R. Maddin. 1987. Metallurgical analysis from Sarazm, Tadjikistan SSR. *Archaeometry* 29 (1): 90-102.

Itina, M. A., and L. T. Yablonskii. 1997. *Saki Nizhnei Syrdar'i.* Moscow: Rosspen.

Ivanov, I. V., and I. B. Vasiliev. 1995. *Chelovek, Priroda i Pochvy Ryn-Peskov Volgo-Ural'skogo Mezhdurech'ya v Golotsene.* Moscow: Intelleckt.

Ivanova, N. O. 1995. Arkheologicheskaya karta zapovednika Arkaim: Istotiya izucheniya arkheologicheskikh pamyatnikov. In *Arkaim*, ed. G. B. Zdanovich, pp. 159-195. Chelyabinsk: "Kammennyi Poyas."

Izbitser, Elena. 1993. Wheeled vehicle burials of the steppe zone of Eastern Europe and the Northern Caucasus, 3rd to 2nd millennium B.C. Doctoral Thesis, Institute of the History of Material Culture, St. Petersburg, Russia.

Jackson, Kenneth H. 1994. *Language and History in Early Britain*. Dublin: Four Courts.

Jacobs, Kenneth. 1993. Human postcranial variation in the Ukrainian Mesolithic-Neolithic. *Current Anthropology* 34 (3): 311-324.

Jacobsen-Tepfer, Esther. 1993. *The Deer-Goddess of Ancient Siberia: A Study in the Ecology of Belief*. Leiden: Brill.

James, Simon. 1999. *The Atlantic Celts: Ancient People or Modern Invention?* London: British Musem Press.

Janhunen, Juha. 2001. "Indo-Uralic and Ural-Altaic: On the diachronic implications of areal typology." In *Early Contacts between Uralic and Indo-European: Linguistic and Archaeological Considerations*, ed. Christian Carpelan, Asko Parpola, and Petteri Koskikallio, pp. 207-220. Memoires de la Société Finno-Ugrienne 242. Helsinki: Suomalais-Ugrilainen Seura.

_____. 2000. Reconstructing Pre-Proto-Uralic typology: Spanning the millennia of linguistic evolution. In *Congressus Nonus Internationalis Fenno-Ugristarum*, pt. 1: *Orationes Plenariae & Orationes Publicae*, ed. Anu Nurk, Triinu Palo, and Tõnu Seilenthal, pp. 59-76. Tartu: CIFU.

Jansen, Thomas, Peter Forster, Marsha A. Levine, Hardy Oelke, Matthew Hurles, Colin Renfrew, Jürgen Weber, and Klaus Olek. 2002. Mitochondrial DNA and the origins of the domestic horse. *Proceedings of the National Academy of Sciences* 99:10905-10910.

Jarrige, Jean-Francois. 1994. The final phase of the Indus occupation at Nausharo and its connection with the following cultural complex of Mehrgarh VIII. *South Asian Archaeology* 1993 (1): 295-313.

John, B. S. 1972. The linguistic significance of the Pembrokeshire Landsker. *The Pembrokeshire Historian* 4:7-29.

Jones, Doug. 2003. Kinship and deep history: Exploring connections between culture areas, genes, and languages. *American Anthropologist* 105 (3): 501-514.

Jones, Siân. 1997. *The Archaeology of Ethnicity: Constructing Identities in the Past and Present*. London: Routledge.

Jones-Bley, Karlene. 2000. The Sintashta "chariots." In *Kurgans, Ritual Sites, and Settlements: Eurasian Bronze and Iron Age*, ed. Jeannine Davis-Kimball, Eileen Murphy, Ludmila Koryakova, and Leonid Yablonsky, pp. 135-140. BAR International Series 89. Oxford: Archeopress.

Jones-Bley, Karlene, and D. G. Zdanovich, eds. 2002. *Complex Societies of Central Eurasia from the 3rd to the 1st Millennium BC*. Vols. 1 and 2. Journal of Indo-European Studies Monograph 45. Washington, D.C.: Institute for the Study of Man.

Jordan, Peter, and Stephen Shennan. 2003. Cultural transmission, language, and basketry traditions amongst the California Indians. *Journal of Anthropological Archaeology* 22:42-74.

Jovanovich, B. 1975. Tumuli stepske culture grobova jama u Padunavlu, *Starinar* 26:9-24.

Kadyrbaev, M. K., and Z. Kurmankulov. 1992. *Kul'tura Drevnikh Skotobodov i Metallurgov Sary-Arki*. Alma-Ata: Gylym.

Kalchev, Petar. 1996. Funeral rites of the Early Bronze Age flat necropolis near the Bereket tell, Stara Zagora. In *Early Bronze Age Settlement Patterns in the Balkans*, pt. 2. Reports of Prehistoric Research Projects 1 (2-4): 215-225. Sofia: Agatho Publishers, Prehistory Foundation.

Kallio, Petri. 2001. Phonetic Uralisms in Indo-European? In *Early Contacts between Uralic and Indo-European: Linguistic and Archaeological Considerations*, ed. Christian Carpelan, Asko Parpola, and Petteri Koskikallio, pp. 221-234. Memoires de la Société Finno-Ugrienne 242. Helsinki: Suomalais-Ugrilainen Seura.

Kasperavičiūtė, D., V. Kučinskas, and M. Stoneking. 2004. Y chromosome and mitochondrial DNA variation in Lithuanians. *Annals of Human Genetics* 68:

438-452.

Keeley, Lawrence, H. 1996. *War before Civilization*. New York: Oxford University Press.

Keith, Kathryn. 1998. Spindle whorls, gender, and ethnicity at Late Chalcolithic Hacinebi Tepe. *Journal of Field Archaeology* 25:497-515.

Kelley, Raymond C. 1985. *The Nuer Conquest*. Ann Arbor: University of Michigan Press.

Kershaw, Kris. 2000. *The One-Eyed God: Odin and the Indo-Germanic Männerbünde*. Journal of Indo-European Studies Monograph 36. Washington, D.C.: Institute for the Study of Man.

Khazanov, Anatoly. 1994 [1983]. *Nomads and the Outside World*. Rev. ed. Madison: University of Wisconsin Press.

Kiguradze, Tamaz, and Antonio Sagona. 2003. On the origins of the Kura-Araxes cultural complex. In *Archaeology in the Borderlands*, ed. Adam T. Smith and Karen Rubinson, pp. 38-94. Los Angeles: Cotsen Institute.

Kislenko, Aleksandr, and N. Tatarintseva. 1999. The eastern Ural steppe at the end of the Stone Age. In *Late Prehistoric Exploitation of the Eurasian Steppe*, ed. Marsha Levine, Yuri Rassamakin, A. Kislenko, and N. Tatarintseva, pp. 183-216. Cambridge: McDonald Institute for Archaeological Research.

Kitson, Peter R. 1997. Reconstruction, typology, and the "original homeland" of the Indo-Europeans. In *Linguistic Reconstruction and Typology*, ed. Jacek Fisiak, pp. 183-239, esp. pp. 198-202. Berlin: Mouton de Gruyter.

Kiyashko, V. Y. 1994. *Mezhdu Kamnem i Bronzoi*. Vol. 3. Azov: Donskie drevnosti.

_____. 1987. Mnogosloinoe poselenie Razdorskoe i na Nizhnem Donu. *Kratkie soobschcheniya institut arkheologii* 192:73-79.

Klejn, L. 1984. The coming of the Aryans: Who and whence? *Bulletin of the Deccan College Research Institute* 43:57-69.

Klepikov, V. M. 1994. Pogrebeniya pozdneeoliticheskkogo vremeni u Khutora Shlyakhovskii v nizhnem Povolzh'e. *Rossiskaya arkheologiya* (3): 97-102.

Klochko, Viktor I., Aleksandr Kośko, and Marzena Szmyt. 2003. A comparative chronology of the prehistory of the area between the Vistula and the Dnieper: 4000-1000 BC. *Baltic-Pontic Studies* 12:396-414.

Knecht, Heidi, ed. 1997. *Projectile Technology*. New York: Plenum.

Kniffen, F. B. 1986. Folk housing: Key to diffusion. In *Common Places: Readings in American Vernacular Architecture*, ed. Dell V. Upton and John M. Vlach, pp. 3-23. Athens: University of Georgia Press.

Kohl, Philip, 2007. *The Making of Bronze Age Eurasia*. Cambridge: Cambridge University Press.

Kohl, Philip L., and Gocha R. Tsetskhladze. 1995. Nationalism, politics, and the practice of archaeology in the Caucasus. In *Nationalism, Politics, and the Practice of Archaeology*, ed. Philip L. Kohl and Clare Fawcett, pp. 149-174. Cambridge: Cambridge University Press.

Kohl, Philip L., Henri-Paul Francfort, and Jean-Claude Gardin. 1984. *Central Asia Palaeolithic Beginnings to the Iron Age*. Paris: Editions recherche sur les civilisations.

Koivulehto, Jorma. 2001. The earliest contacts between Indo-European and Uralic speakers in the light of lexical loans. In *Early Contacts between Uralic and Indo-European: Linguistic and Archaeological Considerations*, ed. Christian Carpelan, Asko Parpola, and Petteri Koskikallio, pp. 235-263. Memoires de la Société Finno-Ugrienne 242. Helsinki: Suomalais-Ugrilainen Seura.

Kolev, U. I., Kuznetsov, P. F., Kuz'mina, O. V., Semenova, A. P., Turetskii, M. A., and Aguzarov, B. A., eds. 2001. *Bronzovyi Vek Vostochnoi Evropy: Kharaketristika Kul'tur, Khronologiia i Periodizatsiya*. Samara: Samarskii gosudarstvennyi pedagogicheskii universitet.

Kol'tsov, L. V., ed. 1989. *Mezolit SSSR*. Moscow: Nauka.

Kopytoff, Igor. 1987. The internal African frontier: The making of African Political culture. In *The African Frontier: The Reproduction of Traditional African Societies*, ed. Igor Kopytoff, pp. 3-84, Bloomington: Indiana University Press.

Korenevskii, S. N. 1995. *Galiugai I, poselenie Maikopskoi kul'tury*. Moscow:

Biblioteka rossiskogo etnografa.

_____. 1993. *Drevneishee osedloe naselenie na srednem Tereke*. Moscow: Stemi.

_____. 1980. O metallicheskikh veshchakh i Utyevskogo mogil'nika. In *Arkheologiya Vostochno-Evropeiskoi Lesostepi*, ed. A. D. Pryakhin, pp. 59-66. Voronezh: Vorenezhskogo universiteta.

Korpusova, V. N., and S. N. Lyashko. 1990. Katakombnoe porgebenie s pshenitsei v Krimu. *Sovietskaya Arkheologiia* 3:166-175.

Korolev, A. I. 1999. Materialy po khronologii Eneolita pri Mokshan'ya. In *Voprosy Arkheologii Povolzh'ya, Sbornik Statei*, Vol. 1, ed. A. A. Vybornov and V. N. Myshkin, pp. 106-115. Samara: Samarskii gosudarstvennyi pedagogicheskii universitet.

Koryakova, L., and A. D. Epimakhov, 2007. *The Urals and Western Siberia in the Bronze and Iron Ages*. Cambridge: Cambridge University Press.

Kosintsev, Pavel. 2001. Kompleks kostnykh ostatkov domashnikh zhivotnykh iz poselenii i mogilnikov epokhi Bronzy Volgo-Ural'ya i ZaUral'ya. In *Bronzovyi Vek Vostochnoi Evropy: Kharakteristika Kul'tur, Khronologiya i Periodizatsiya*, ed. Y. I. Kolev, pp. 363-367. Samara: Samarskii gosudarstvennyi pedagogicheskii universitet.

Kośko, Aleksander, ed. 1999. *The Western Border Area of the Tripolye Culture*. Baltic-Pontic Studies 9. Poznań: Adam Mickiewicz University.

Kośko, Aleksandr, and Viktor I. Klochko, eds. 2003. *The Foundations of Radiocarbon Chronology of Cultures between the Vistula and Dnieper, 4000-1000 BC*. Baltic-Pontic Studies 12. Poznán: Adam Mickiewicz University.

Kotova, Nadezhda, and L. A. Spitsyna. 2003. Radiocarbon chronology of the middle layer of the Mikhailivka settlement. *Baltic-Pontic Studies* 12:121-131.

Kovaleva, I. F. 2001. "Vityanutye" pogrebeniya iz raskopok V. A. Gorodtsovym kurganov Donetchiny v kontekste Postmariupol'skoi kul'tury. In *Bronzovy Vek Vostochnoi Evropy: Kharakteristika Kul'tur, Khronologiya i Periodizatsiya*, ed. Y. I. Kolev, pp. 20-24. Samara: Samara gosudarstvennyi pedagogicheskii universitet.

Kovaleva, V. T., and Zdanovich, G. B., eds. 2002. *Arkaim: Nekropol (po materialam kurgana 25 Bol'she Karaganskoe Mogil'nika)*. Chelyabinsk: Yuzhno-Ural'skoe knizhnoe izdatel'stvo.

Kovapenko, G. T., and V. M. Fomenko. 1986. Pokhovannya dobi Eneolitu-ranni Bronzi na pravoberezhzhi Pivdennogo Bugu. *Arkheologiya* (Kiev) 55:10-25.

Krahe, Hans. 1954. *Sprach und Vorzeit*. Heidelberg: Quelle und Meyer.

Kremenetski, C. V. 2002. Steppe and forest-steppe belt of Eurasia: Holocene environmental history. In *Prehistoric Steppe Adaptation and the Horse*, ed. M. Levine, C. Renfrew, and K. Boyle, pp. 11-27. Cambridge: Cambridge University Press.

_____. 1997a. Human impact on the Holocene vegetation of the South Russian plain. In *Landscapes in Flux: Central and Eastern Europe in Antiquity*, ed. John Chapman and Pavel Dolukhanov, pp. 275-287. London: Oxbow Books.

_____. 1997b. The Late Holocene environment and climate shift in Russia and surrounding lands. In *Climate Change in the Third Millennium BC*, ed. H. Dalfes, G. Kukla, and H. Weiss, pp. 351-370. New York: Springer.

Kremenetski, C. V., T. Böttger, F. W. Junge, A. G. Tarasov. 1999. Late- and postglacial environment of the Buzuluk area, middle Volga region, Russia. *Quaternary Science Reviews* 18:1185-1203.

Kremenetski, C. V., O. A. Chichagova, and N. I. Shishlina. 1999. Palaeoecological evidence for Holocene vegetation, climate and land-use change in the low Don basin and Kalmuk area, southern Russia. *Vegetation History and Archaeology* 8 (4): 233-246.

Kristiansen, Kristian, and Thomas Larsson. 2005. *The Rise of Bronze Age Society: Travels, Transmissions, and Transformations*. Cambridge: Cambrideg University Press.

Kriukova, E. A. 2003. Obraz loshadi v iskusstve stepnogo naseleniya epokhi Eneolita-Rannei Bronzy. In *Voprosy Arkheologii Povolzh'ya*, pp. 134-143. Samara: Samarskii nauchnyi tsentr RAN.

Krizhevskaya, L. Y. 1991. *Nachalo Neolita v stepyakh severnogo Priochernomor'ya*.

St. Petersburg: Institut istorii material'noi kul'tury Akademii Nauk SSSR.

Kruts, V. O. 1977. Pozdnetripol'skie pamyatniki srednego Podneprov'ya. Kiev: Naukovo Dumka.

Kruts, V. O., and S. M. Rizhkov, 1985, Fazi rozvitku pam'yatok Tomashivs'ko-Syshkivs'koi grupi. *Arkheologiya* (Kiev) 51:45-56.

Kryvaltsevich, Mikola M., and Nikolai Kovalyukh. 1999. Radiocarbon dating of the Middle Dnieper culture from Belarus. *Baltic Pontic Studies* 7:151-162.

Kubarev, V. D. 1988. *Drevnie rospisi Karakola*. Novosibirsk: Nauka.

Kühl, Stefan. 1994. *The Nazi Connection: Eugenics, American Racism, and German National Socialism*. New York: Oxford University Press.

Kuiper, F. B. J. 1991. *Aryans in the Rig-Veda*. Amsterdam: Rodopi.

_____. 1960. The ancient Aryan verbal contest. *Indo-Iranian Journal* 4:217-281.

_____. 1955. Rig Vedic Loanwords. *Studia Indologica* (Festschrift für Willibaldkirfel), pp. 137-185. Bonn: Selbst Verlag des Orientalishen Seminars des Universität.

_____. 1948. *Proto-Munda Words in Sanskrit*. Amsterdam: Noord-Hollandische Uitgevers Maatschappij.

Kulick, Don. 1992. *Language Shift and Cultural Reproduction: Socialization, Self, and Syncretism in a Papuan New Guineau Village*. Cambridge: Cambridge University Press.

Kuna, Martin. 1991. The structuring of the prehistoric landscape. *Antiquity* 65: 332-347.

Kuzmina, I. E. 1988. Mlekopitayushchie severnogo pri Kaspiya v Golotsene. *Arkheologocheskie Kul'tury Severnogo Prikaspiya*, ed. R. S. Bagautdinov, pp. 173-188. Kuibyshev: Samarskii gosudarstvennyi pedagogicheskii universitet.

Kuzmina, Elena E. 2003. Origins of pastoralism in the Eurasian steppes. In *Prehistoric Steppe Adaptation and the Horse*, ed. Marsha Levine, Colin Renfrew, and Katie Boyle, pp. 203-232. Cambridge: McDonald Institute for Archaeological Research.

_____. 2001. The first migration wave of Indo-Iranians to the south. *Journal of Indo-European Studies* 29 (1-2): 1-40.

____. 1994. *Otkuda prishli indoarii?* Moscow: MGP "Kalina" VINITI RAN.

____. 1980. Eshche raz o diskovidniykh psaliakh Evraziiskikh stepei. *Kratkie Soobshcheniya Institut Arkheologii* 161:8-21.

Kuzmina, O. V. 1999. Keramika Abashevskoi kul'tury. In *Voprosy Arkheologii Povolzh'ya, Sbornik Statei*, vol. 1, ed. A. A. Vybornov and V. N. Myshkin, pp. 154-205. Samara: Samarskii gosudarstvennyi pedagogicheskii universitet.

Kuzminova, N. N. 1990. Paleoetnobotanicheskii i palinologicheskii analizy materialov iz kurganov nizhnego podnestrov'ya. In *Kurgany Eneolita-Eopkhi Bronzy Nizhnego Podnestrov'ya*, ed. E. V. Yarovoi, pp. 259-267. Kishinev: Shtiintsa.

Kuzminova, N. N., V. A. Dergachev, and O. V. Larina. 1998. Paleoetnobotanicheskie issledovaniya na poselenii Sakarovka I. *Revista Arheologică* (Kishinev) (2): 166-182.

Kuznetsov, Pavel. 2005. An Indo-European symbol of power in the earliest steppe kurgans. *Journal of Indo-European Studies* 33 (3-4): 325-338.

____. 2001. Territorial'nye osobennosti i vremennye ramki perekhodnogo perioda k epokhe Pozdnei Bronzy Vostochnoi Evropy. In *Bronzovyi Vek Vostochnoi Evropy: Kharakteristika Kul'tur, Khronologiya i Periodizatsiya*, ed. Y. I. Kolev et al., pp. 71-82. Samara: Samarskii gosudarstvennyi pedagogicheskii universitet.

____. 1991. Unikalnoe pogrebenie epokhi rannei Bronzy na r. Kutuluk. In *Drevnosti Vostochno-Evropeiskoi Lesostepi*, ed. V. V. Nikitin, pp. 137-139. Samara: Samarskii gosudarstvennyi pedagogicheskii institut. Labov, William. 1994. *Principles of Linguistic Change: Internal Factors*. Oxford: Blackwell.

Lafontaine, Oskar, and Georgi Jordanov, eds. 1988. *Macht, Herrschaft und Gold: Das Gräberfeld von Varna (Bulgarien) und die Anfänge Einer Neuen Europäischen Zivilisation*. Saarbrücken: Moderne Galerie des Saarland-Museums.

Lagodovskaya, E. F., O. G. Shaposhnikova, and M. L. Makarevich. 1959. Osnovnye itogi issledovaniya Mikhailovskogo poseleniya. *Kratkie soobshcheniya institut arkheologii* 9:21-28.

Lakoff, George. 1987. *Women, Fire and Dangerous Things: What Categories Reveal about the Mind.* Chicago: University of Chicago Press.

Lam, Andrew. 2006. *Learning a Language, Inventing a Future.* Commentary on National Public Radio, May 1, 2006.

_____. 2005. *Perfume Dreams: Reflections on the Vietnamese Diaspora.* Foreword by Richard Rodriguez. Berkeley: Heyday Books.

Lamberg-Karlovsky, C. C. 2002. Archaeology and language: The Indo-Iranians. *Current Anthropology* 43 (1): 63-88.

Latacz, Joachim. 2004. *Troy and Homer: Toward a Solution of an Old Mystery.* Oxford: Oxford University Press.

Lattimore, Owen. 1940. *Inner Asian Frontiers of China.* Boston: Beacon.

Lavrushin, Y. A., E. A. Spiridonova, and L. L. Sulerzhitskii. 1998. Geologo-paleoekologocheskie sobytiya severa aridnoi zony v polednie 10- tys. let. In *Problemy Drevnei Istorii Severnogo Prikaspiya*, ed. V. S. Gorbunov, pp. 40-65. Samara: Samarskogo gosudarstvennogo pedagogicheskogo universiteta.

Leach, Edmund R. 1968. *Political Systems of Highland Burma.* Boston: Beacon.

_____. 1960. The frontiers of Burma. *Comparative Studies in Society and History* 3 (1): 49-68.

Lees, Robert. 1953. The basis of glottochronology. *Language* 29 (2): 113-127.

Lefferts, H. L., Jr. 1977. Frontier demography: An introduction. In *The Frontier, Comparative Studies*, ed. D. H. Miller and J. O. Steffen, pp. 33-56. Norman: University of Oklahoma Press.

Legge, Tony. 1996. The beginning of caprine domestication in southwest Asia. In *The Origins and Spread of Agriculture and Pastoralism in Eurasia*, ed. David R. Harris, pp. 238-262. London: University College London Press.

Lehman, F. K. 1989. Internal inflationary pressures in the prestige economy of the Feast of Merit complex: The Chin and Kachin cases from upper Burma. In *Ritual, Power and Economy: Upland-Lowland Contrasts in Mainland Southeast Asia*, ed. Susan D. Russell, pp. 89-101. Occasional Paper 14. DeKalb, Ill.: Center for Southeast Asian Studies.

Lehmann, Winfred. 1989. Earlier stages of Proto-Indo-European. In *Indogermanica Europaea*, ed. K. Heller, O. Panagi, and J. Tischler, pp. 109-131. Grazer Linguistische Monographien 4. Graz: Institut für Sprachwissenschaft der Universität Graz.

Lehrman, Alexander. 2001. Reconstructing Proto-Hittite. In *Greater Anatolia and the Indo-Hittite Language Family*, ed. Robert Drews, pp. 106-130. Journal of Indo-European Studies Monograph 38. Washington, D.C.: Institute for the Study of Man.

Leuschner, Hans Hubert, Ute Sass-Klaassen, Esther Jansma, Michael Baillie, and Marco Spurk. 2002. Subfossil European bog oaks: Population dynamics and long-term growth depressions as indicators of changes in the Holocene hydro-regime and climate. *The Holocene* 12 (6): 695-706.

Levi, Scott C. 2002. *The Indian Diaspora in Central Asia and Its Trade, 1550-1900*. Leiden: Brill.

Levine, Marsha. 2004. Exploring the criteria for early horse domestication. In *Traces of Ancestry: Studies in Honor of Colin Renfrew*, ed. Martin Jones, pp. 115-126. Cambridge: McDonald Institute for Archaeological Research.

____. 2003. Focusing on Central Eurasian archaeology: East meets west. In *Prehistoric Steppe Adaptation and the Horse*, ed. Marsha Levine, Colin Renfrew, and Katie Boyle, pp. 1-7. Cambridge: McDonald Institute for Archaeological Research.

____. 1999a. Botai and the origins of horse domestication. *Journal of Anthropological Archaeology* 18:29-78.

____. 1999b. The origins of horse husbandry on the Eurasian steppe. In *Late Prehistoric Exploitation of the Eurasian Steppe*, ed. Marsha Levine, Yuri Rassamakin, Aleksandr Kislenko, and Nataliya Tatarintseva, pp. 5-58. Cambridge: McDonald Institute for Archaeological Research.

____. 1990. Dereivka and the problem of horse domestication. *Antiquity* 64:727-740.

_____. 1982. The use of crown height measurements and eruption-wear sequences to age horse teeth. In *Ageing and Sexing Animal Bones from Archaeological Sites*, ed. B. Wilson, C. Grigson, and S. Payne, pp. 223-250. British Archaeological Reports, British Series 109. Oxford: Archaeopress.

Levine, Marsha, and A. M. Kislenko. 2002. New Eneolithic and Early Bronze Age radiocarbon dates for northern Kazakhstan and south Siberia. In *Ancient Interactions: East and West in Eurasia*, ed. Katie Boyle, Colin Renfrew, and Marsha Levine, pp. 131-134, Cambridge: McDonald Institute for Archaeological Research.

Levine, Marsha, Colin Renfrew, and Katie Boyle, eds. 2003. *Prehistoric Steppe Adaptation and the Horse*. Cambridge: McDonald Institute for Archaeological Research.

Li, Shuicheng. 2002. The interaction between northwest China and Central Asia during the second millennium BC: An archaeological perspective. In *Ancient Interactions: East and West in Eurasia*, ed. Katie Boyle, Colin Renfrew, and Marsha Levine, pp. 171-182. Cambridge: McDonald Institute for Archaeological Research.

Lichardus, Jan, ed. 1991. *Die Kupferzeit als historische Epoche*. Bonn: Dr. Rudolf Hebelt GMBH.

Lichardus, Jan, and Josef Vladar. 1996. Karpatenbecken-Sintashta-Mykene: ein Beitrag zur Definition der Bronzezeit als Historischer Epoche. *Slovenska Archeologia* 44 (1): 25-93.

Lillie, Malcolm C. 1996. Mesolithic and Neolithic populations in Ukraine: Indications of diet from dental pathology. *Current Anthropology* 37 (1): 135-142.

Lillie, Malcolm C., and M. P. Richards. 2000. Stable isotope analysis and dental evidence of diet at the Mesolithic-Neolithic transition in Ukraine. *Journal of Archaeological Science* 27:965-972.

Lincoln, Bruce. 1981. *Priests, Warriors, and Cattle: A Study in the Ecology of Religions*. Berkeley: University of California Press.

_____. 1991. *Death, War and Sacrifice: Studies in Ideology and Practice*. Chicago:

University of Chicago Press.

Lindgren, G., N. Backström, J. Swinburne, L. Hellborg, A. Einarsson, K. Sandberg, G. Cothran, Carles Vilà, M. Binns, and H. Ellegren. 2004. Limited number of patrilines in horse domestication. *Nature Genetics* 36 (3): 335-336.

Lindstrom, Richard W. 2002. Anthropological characteristics of the population of the Bolshekaragansky cemetery, kurgan 25. In *Arkaim: Nekropol (po materialam kurgana 25 Bol'she Karaganskoe Mogil'nika)*, ed. V. T. Kovaleva and G. B. Zdanovich, pp. 159-166, Chelyabinsk: Yuzhno-Ural'skoe knizhnoe izdatel'stvo.

Linduff, Katheryn M., Han Rubin, and Sun Shuyun, eds. 2000. *The Beginnings of Metallurgy in China*. New York: Edwin Mellen Press.

Lisitsyn, N. F. 1996. Srednii etap pozdnego Paleolita Sibiri. *Rossiskaya arkheologiya* (4): 5-17.

Littauer, Mary A. 1977. Rock carvings of chariots in Transcaucasia, Central Asia, and Outer Mongolia. *Proceedings of the Prehistoric Society* 43:243-262.

____. 1972. The military use of the chariot in the Aegean in the Late Bronze Age. *American Journal of Archaeology* 76:145-157.

____. 1968. A 19th and 20th dynasty heroic motif on Attic black-figured vases? *American Journal of Archaeology* 72:150-152.

Littauer, Mary A., and Joost H. Crouwel. 1996. The origin of the true chariot. *Antiquity* 70:934-939.

____. 1986. A Near Eastern bridle bit of the second millennium BC in New York. *Levant* 18:163-167.

____. 1983. Chariots in Late Bronze Age Greece. *Antiquity* 57:187-192.

____. 1979. *Wheeled Vehicles and Ridden Animals in the Ancient Near East*. Leiden: Brill.

Littleton, C. S. 1982. *The New Comparative Mythology*. Berkeley: University of California Press.

Litvinsky, B. A., and L. T. P'yankova. 1992. Pastoral tribes of the Bronze Age in the Oxus valley (Bactria). In *History of the Civilizations of Central Asia*, ed.

A. H. Dani and V. M. Masson, vol. 1, pp. 379-394. Paris: UNESCO.

Logvin, V. N. 1995. K probleme stanovleniya Sintashtinsko-Petrovskikh drevnostei. In *Rossiya i Vostok: Problemy Vzaimodeistviya*, pt. 5, bk. 1: *Kul'tury Eneolita-Bronzy Stepnoi Evrazii*, pp. 88-95. Chelyabinsk: 3-ya Mezhdunarodnaya nauchnaya konferentsiya.

_____. 1992. Poseleniya Tersekskogo tipa Solenoe Ozero I. *Rossiskaya arkheologiya* (1): 110-120.

Logvin, V. N., S. S. Kalieva, and L. L. Gaiduchenko. 1989. O nomadizme v stepyakh Kazakhstana v III tys. do n. e. In *Margulanovskie chteniya*, pp. 78-81. Alma-Ata: Akademie Nauk Kazakhskoi SSR.

Lubotsky, Alexsander. 2001. The Indo-Iranian substratum. In *Early Contacts between Uralic and Indo-European: Linguistic and Archaeological Considerations*, ed. Christian Carpelan, Asko Parpola, and Petteri Koskikallio, pp. 301-317. Helsinki: Suomalais-Ugrilainen Seura.

Lukacs, J. R. 1989. Dental paleopathology: Methods for reconstructing dietary patterns. In *Reconstruction of Life From the Skeleton*, ed. M. Y. Iscan, and K. A. R. Kennedy, pp. 261-286. New York: Alan Liss.

Lyashko, S. N., and V. V. Otroshchenko. 1988. Balkovskii kurgan. In *Novye pamyatniki yamnoi kul'tury stepnoi zony Ukrainy*, ed. A. A. Zolotareva, pp. 40-63. Kiev: Naukovo Dumka.

Lyonnet, B., ed. 1996. *Sarazm (Tajikistan). Céramiques (Chalcolithiques et Bronze Ancien)*. Mémoire de la Mission Archéologique Française en Asie Centrale 7. Paris: De Boccard.

Mace, Ruth. 1993. Transitions between cultivation and pastoralism in sub-Saharan Africa. *Current Anthropology* 34 (4): 363-382.

MacEachern, Scott. 2000. Genes, tribes, and African history. *Current Anthropology* 41 (3): 357-384.

Machnik, Jan. 1999. Radiocarbon chronology of the Corded Ware culture on Grzeda Sokalska: A Middle Dnieper traits perspective. *Baltic-Pontic Studies* 7:221-250.

Madgearu, Alexandru. 2001. The end of town life in Scythia Minor. *Oxford Journal of Archaeology* 20 (2): 207-217.

Makkay, Janos. 2000. *The Early Mycenaean Rulers and the Contemporary Early Iranians of the Northeast*. Tractata Miniscula 22. Budapest: szerzo kiadása.

____. 1976. Problems concerning Copper Age chronology in the Carpathian Basin: Copper Age gold pendants and gold discs in central and south-east Europe. *Acta Archaeologica Hungarica* 28:251-300.

Malandra, William. 1983. *An Introduction to Ancient Iranian Religion*. Minneapolis: University of Minnesota Press.

Maliutina, T. S. 1991. Stratigraficheskaya pozitsiya materilaov Fedeorovskoi kul'tury na mnogosloinikh poseleniyakh Kazakhstanskikh stepei. In *Drevnosti Vostochno-Evropeiskoi Lesostepi*, ed. V. V. Nikitin, pp. 141-162. Samara: Samarskii gosudarstvennyi pedagogicheskii institut.

____. 1984. Mogil'nik Priplodnyi Log 1. In *Bronzovyi Vek Uralo-Irtyshskogo Mezhdurech'ya*, pp. 58-79. Chelyabinsk: Chelyabinskii gosudarstvennyi universitet.

Maliutina, T. S., and G. B. Zdanovich. 1995. Kuisak—ukreplennoe poselenie protogorodskoi tsivilizatsii iuzhnogo zaUral'ya. In *Rossiya i Vostok: Problemy Vzaimodeistviya*, pt. 5, bk. 1: *Kul'tury Eneolita-Bronzy Stepnoi Evrazii*, pp. 100-106. Chelyabinsk: 3-ya Mezhdunarodnaya nauchnaya konferentsiya.

Mallory, J. P. 1998. A European perspective on Indo-Europeans in Asia. In *The Bronze Age and Early Iron Age Peoples of Eastern Central Asia*, ed. Victor H. Mair, vol. 1, pp. 175-201. Philadelphia: University of Pennsylvania Press.

____. 1992. Migration and language change. *Peregrinatio Gothica III, Universitetets Oldsaksamlings Skrifter Ny Rekke* (Oslo) 14:145-153.

____. 1990. Social structure in the Pontic-Caspian Eneolithic: A preliminary review. *Journal of Indo-European Studies* 18 (1-2): 15-57.

____. 1989. *In Search of the Indo-Europeans*. London: Thames and Hudson.

____. 1977. The chronology of the early Kurgan tradition. *Journal of Indo-European Studies* 5:339-368.

Mallory, J. P., and Douglas Q. Adams. 1997. *Encyclopedia of Indo-European Culture*. London: Fitzroy Dearborn.

Mallory, J. P., and Victor H. Mair. 2000. *The Tarim Mummies: Ancient China and the Mystery of the Earliest Peoples from the West*. London: Thames and Hudson.

Malov, N. M. 2002. Spears: Signs of archaic leaders of the Pokrovsk archaeological cultures. In *Complex Societies of Central Eurasia from the 3rd to the 1st Millennium BC*, vols. 1 and 2, ed. Karlene Jones-Bley and D. G. Zdanovich, pp. 314-336. Journal of Indo-European Studies Monograph 45. Washington, D.C.: Institute for the Study of Man.

Mamonov, A. E. 1995. Elshanskii kompleks stoianki Chekalino IV. In *Drevnie kul'tury lesostepnogo povolzh'ya*, pp. 3-25. Samara: Samarskogo gosudarstvennogo pedagogicheskogo universiteta.

Mamontov, V. I. 1974. Pozdneneoliticheskaya stoianka Orlovka. *Sovietskaya arkheologiya* (4): 254-258.

Manfredi, J., Hilary M. Clayton, and D. Rosenstein. 2005. Radiographic study of bit position within the horse's oral cavity. *Equine and Comparative Exercise Physiology* 2 (3): 195-201.

Manhart, H. 1998. Die vorgeschichtliche Tierwelt von Koprivec und Durankulak und anderen prähistorischen Fundplätzen in Bulgarien aufgrund von Knochenfunden aus archäologischen Ausgrabungen. *Documenta Naturae* (München) 116:1-353.

Manzura, I. 1999. The Cernavoda I culture. In *The Balkans in Later Prehistory*, ed. Lolita Nikolova, pp. 95-174. British Archaeological Reports, International Series 791. Oxford: Archaeopress.

Manzura, I., E. Savva, and L. Bogotaya. 1995. East-west interactions in the Eneolithic and Bronze Age cultures of the north-west Pontic region. *Journal of Indo-European Studies* 23 (1-2): 1-51.

Maran, Joseph. 2001. Zur Westausbreitung von Boleráz-Elementen in Mitteleuropa. In *Cernavoda III-Boleráz, Ein vorgeschichtliches Phänomen zwischen dem Oberrhein und der unteren Donau*, ed. P. Roman, and S. Diamandi, pp. 733-

752. Bucharest: Studia Danubiana.

_____. 1998. *Kulturwandel auf dem Griechischen Festland und den Kykladen im späten 3. Jahrtausend v. Chr.* Bonn: Habelt.

Marcsik, Antónia. 1971. Data of the Copper Age anthropological find of Bárdos-Farmstead at Csongrád-Kettöshalom. *A Móra Ferenc Múzeum Évkönyve* (2): 19-27.

Marinescu-Bîlcu, S. 1981. Tîrpeşti: From prehistory to history in Eastern Romania. British Archaeological Reports, International Series 107. Oxford: Archeopress.

Marinescu-Bîlcu, S., Alexandra Bolomey, Marin Cârciumâru, and Adrian Muraru. 1984. Ecological, economic and behavioral aspects of the Cucuteni A4 community at Draguşeni. *Dacia* 28 (1-2): 41-46.

Marinesu-Bîlcu, Silvia, M. Cârciumaru, and A. Muraru. 1981. Contributions to the ecology of pre- and proto-historic habitations at Tîrpeşti. *Dacia* 25:7-31.

Marinova, Elena. 2003. The new pollen core Lake Durankulak-3: The vegetation history and human impact in Northeastern Bulgaria. In *Aspects of Palynology and Paleontology*, ed. S. Tonkov, pp. 279-288. Sofia: Pensoft.

Markevich, V. I. 1974. *Bugo-Dnestrovskaya kul'tura na territorii Moldavii.* Kishinev: Shtintsa.

_____. 1965. Issledovaniia Neolita na srednem Dnestre. *Kratkie soobshcheniya institut arkheologii* 105:85-90.

Markey, T. L. 1990. Gift, payment, and reward revisited. In *When Worlds Collide: The Indo-Europeans and the Pre-Indo-Europeans*, ed. T. L. Markey and John Grippin, pp. 345-362. Ann Arbor, Mich.: Karoma.

Markovin, V. I. 1980. O nekotorykh voprosakh interpretatsii dol'mennykh i drugikh arkheologicheskikh pamyatnikov Kavkaza. *Kratkie soobshchenniya institut arkheologii* 161:36-45.

Mashkour, Marjan. 2003. Equids in the northern part of the Iranian central plateau from the Neolithic to the Iron Age: New zoogeographic evidence. In *Prehistoric Steppe Adaptation and the Horse*, ed. Marsha Levine, Colin Renfrew, and Katie Boyle, pp. 129-138. Cambridge: McDonald Institute for

Archaeological Research.

Masson, V. M. 1988. *Altyn-Depe*. Translated by Henry N. Michael. University
Museum Monograph 55. Philadelphia: University of Pennsylvania Press.

_____. 1979. Dinamika razvitiya Tripol'skogo obshchestva v svete paleo-demograficheskikh
otsenok. In *Pervobytnaya Arkheologiya, Poiski i Nakhodki*, ed. N. N. Bondar
and D. Y. Telegin, pp. 204-212. Kiev: Naukovo Dumka.

Matiushchenko, V. I., and G. V. Sinitsyna. 1988. *Mogil'nik u d. Rostovka Vblizi
Omska*. Tomsk: Tomskogo universiteta.

Matiushin, G. N. 1986. The Mesolithic and Neolithic in the southern Urals and
Central Asia. In *Hunters in Transition: Mesolithic Societies of Temperate
Eurasia and Their Transition to Farming*, ed. M. Zvelebil, pp. 133-150. Cambridge:
Cambridge University Press.

Matthews, Roger, and Hassan Fazeli. 2004. Copper and complexity: Iran and
Mesopotamia in the fourth millennium BC. *Iran* 42:61-75.

McMahon, April, and Robert McMahon. 2003. Finding families: Quantitative
methods in language classification. *Transactions of the Philological Society*
10:7-55.

Meadow, Richard H., and Ajita Patel. 1997. A comment on "Horse Remains from
Surkotada" by Sándor Bökönyi. *South Asian Studies* 13:308-315.

Mei, Jianjun. 2003a. Cultural interaction between China and Central Asia during
the Bronze Age. *Proceedings of the British Academy* 121:1-39.

_____. 2003b. Qijia and Seima-Turbino: The question of early contacts between
northwest China and the Eurasian steppe. *Bulletin of the Museum of Far
Eastern Antiquities* 75: 31-54.

Meid, Wolfgang. 1994. Die Terminologie von Pferd und Wagen im Indogermanischen.
In *Die Indogermanen und das Pferd*, ed. B. Hänsel and S. Zimmer, pp. 53-65.
Budapest: Archaeolingua.

_____. 1975. Probleme der räumlichen und zeitlichen Gliederung des Indogermanischen.
In *Flexion und Wortbildung*, ed. Helmut Rix, pp. 204-219. Weisbaden: Reichert.

Melchert, Craig. 2001. Critical responses. In *Greater Anatolia and the Indo-Hittite*

Language Family, ed. Robert Drews, pp. 229-235. Journal of Indo-European Studies Monograph 38. Washington, D.C.: Institute for the Study of Man.

_____. 1994. *Anatolian Historical Phonology*. Amsterdam: Rodopi.

Melent'ev, A. N. 1975. Pamyatniki seroglazivskoi kul'tury (neolit Severnogo Prikaspiya). *Kratkie soobshcheniya institut arkheologii* (Moscow) 141:112-118.

Mel'nik, A. A., and I. L. Serdiukova. 1988. Rekonstruktsiya pogrebal'noi povozki Yamnoi kul'tury. In *Novye pamyatniki yamnoi kul'tury stepnoi zony Ukrainy*, ed. N. N. Bondar and D. Y. Telegin, pp. 118-124. Kiev: Dumka.

Merpert, N. Y. 1995. Bulgaro-Russian archaeological investigations in the Balkans. *Ancient Civilizations from Scythia to Siberia* 2 (3): 364-383.

_____. 1980. Rannie skotovody vostochnoi Evropy i sudby drevneishikh tsivilizatsii. *Studia Praehistorica* 3:65-90.

_____. 1974. *Drevneishie Skotovody Volzhsko-Uralskogo Mezhdurechya*. Moscow: Nauka.

Mezhlumian, S. K. 1990. Domestic horse in Armenia. Paper delivered at the International Conference on Archaeozoology, Washington, D.C.

Milisauskas, Sarunas. 2002. *European Prehistory: A Survey*. New York: Kluwer.

Militarev, Alexander. 2002. The prehistory of a dispersal: The Proto-Afrasian (Afroasiatic) farming lexicon. In *Examining the Farming/Language Dispersal Hypothesis*, ed. Peter Bellwood and Colin Renfrew, pp. 135-150. Cambridge: McDonald Institute for Archaeological Research.

Milroy, James. 1992. *Linguistic Variation and Change*. Oxford: Blackwell.

Molleson, Theya, and Joel Blondiaux. 1994. Riders' bones from Kish, Iraq. *Cambridge Archaeological Journal* 4 (2): 312-316.

Molodin, V. I. 1997. Nekotoriye itogi arkheologicheskikh isseldovanii na Iuge Gornogo Altaya. *Rossiiskaya arkheologiya* (1): 37-49.

Moore, John. 2001. Ethnogenetic patterns in Native North America. In *Archaeology, Language, and History*, ed. John E. Terrell, pp. 31-56. Westport, Conn.: Bergin and Garvey.

Moorey, P. R. S. 1986. The emergence of the light, horse-drawn chariot in the

Near East, c. 2000-1500 BC. *World Archaeology* 18 (2): 196-215.

Morgunova, N. L. 1995. Elitnye kurgany eopkhi rannei I srednei bronzy v stepnom Orenburzh'e. In *Rossiya i Vostok: Problemy Vzaimodeistviya*, pt. 5, bk. 1, *Kul'tury Eneolita-Bronzy Stepnoi Evrazii*, pp. 120-123. Chelyabinsk: 3-ya Mezhdunarodnaya nauchnaya konferentsiya.

_____. 1988. Ivanovskaya stoianka v Orenburgskoi oblasti. In *Arkheologocheskie kul'tury severnogo prikaspiya*, ed. R. S. Bagautdinov, pp. 106-122. Kuibyshev: Samarskii gosudarstvennyi pedagogicheskii universitet.

Morgunova, N. L., and M. A. Turetskii. 2003. Yamnye pamyatniki u s. Shumaevo: novye dannye o kolesnom transporte u naseleniya zapadnogo Orenburzh'ya v epokha rannego metalla. In *Voprosy arkheologii povozh'ya*, vol. 3, pp. 144-159. Samara: Samarskii nauchnyi tsentr RAN.

Morintz, Sebastian, and Petre Roman. 1968. Aspekte des Ausgangs des Äneolithikums und der Übergangsstufe zur Bronzezeit im Raum der Niederdonau. *Dacia* 12:45-128.

Movsha, T. G. 1985. Bzaemovidnosini Tripillya-Kukuteni z sinkhronimi kul'turami Tsentral'noi Evropi. *Arkheologiia* (Kiev) 51:22-31.

Mufwene, Salikoko. 2001. *The Ecology of Language Evolution*. Cambridge: Cambridge University Press.

Muhly, J. D. 1995. Mining and Metalwork in Ancient Western Asia. In *Civilizations of the Ancient Near East*, ed. Jack M. Sasson, John Baines, Gary Beckman, and Karen R. Rubinson, vol. 3, pp. 1501-1519. New York: Scribner's.

Munchaev, R. M. 1994. Maikopskaya kul'tura. In *Epokha Bronzy Kavkaza i Srednei Azii: Rannyaya i Srednyaya Bronza Kavkaza*, ed. K. X. Kushnareva and V. I. Markovin, pp. 158-225. Moscow: Nauka.

_____. 1982. Voprosy khozyaistva i obshchestvennogo stroya Eneoliticheskikh plemen Kavkaza. In *Eneolit SSSR*, ed. V. M. Masson and N. Y. Merpert, pp. 132-137. Moscow: Akademiya nauk.

Murphy, Eileen. 2003. *Iron Age Archaeology and Trauma from Aymyrlyg, South Siberia*. British Archaeological Reports International Series 1152. Oxford:

Archeopress.

Murphy, Eileen, and Aleksandr Kokhlov. 2004. Osteological and paleopathological analysis of Volga populations from the Eneolithic to the Srubnaya periods. Samara Valley Project Interim Reports, private manuscript.

Muscarella, Oscar W. 2003. The chronology and culture of Se Girdan: Phase III. *Ancient Civilizations* 9 (1-2): 117-131.

Mytum, Harold. 1994. Language as symbol in churchyard monuments: the use of Welsh in nineteenth and twentieth-century Pembrokeshire. *World Archaeology* 26 (2): 252-267.

Napol'skikh, V. V. 1997. *Vvedenie v Istoricheskuiu Uralistiku*. Izhevsk: Udmurtskii institut istorii, yazika i literatury.

Nash, Gary. 1984. Social development. In *Colonial British America*, ed. Jack P. Green and J. R. Pole, pp. 233-261. Baltimore, Md.: Johns Hopkins University Press.

Nechitailo, A. P. 1996. Evropeiskaya stepnaya obshchnost' v epokhu Eneolita. *Rossiiskaya arkheologiya* (4): 18-30.

_____. 1991. *Svyazi naseleniya stepnoi Ukrainy i severnogo Kavkaza v epokhy Bronzy*. Kiev: Nauknovo Dumka.

Necrasov, Olga. 1985. Doneés anthropologiques concernant la population du complexe culturel Cucuteni-Ariuşd-Tripolié: Phases Cucuteni et Ariuşd. *Annuaire Roumain D'Anthropologie (Bucarest)* 22:17-23.

Necrasov, Olga, and M. Cristescu. 1973. Structure anthropologique des tribus Neo-Eneolithiques et de l'age du Bronze de la Roumanie. In *Die Anfänge des Neolithikums vom Orient bis Nordeuropa VIIIa, Fundamenta*, vol. 3, pp. 137-152. Cologne: Institut für Ur- und Frügeschichte der Universität zu Köln.

Nefedkin, A. K. and E. D. Frolov. 2001. *Boevye kolesnitsy i kolesnichie drevnikh Grekov (XVI-I vv. do n.e.)*. St. Petersburg: Peterburgskoe Vostokovedenie.

Nekhaev, A. A. 1992. Domakiopskaya kul'tura severnogo Kavkaza. *Arkheologicheskie vesti* 1:76-96.

_____. 1986. Pogrebenie Maikopskoi kul'tury iz kurgana u s. Krasnogvardeiskoe.

Sovietskaya arkheologiya (1): 244-248.

Neprina, V. I. 1970. Neolitichne poselenniya v Girli r. Gnilop'yati. *Arkheologiya* (Kiev) 24:100-111.

Nettles, Daniel. 1996. Language diversity in West Africa: An ecological approach. *Journal of Anthropological Archaeology* 15:403-438.

Neustupny, E. 1991. Community areas of prehistoric farmers in Bohemia. *Antiquity* 65:326-331.

Nica, Marin. 1977. Cîrcea, cea mai veche aşezare neolită de la sud de carpaţi. *Studii şi Cercetări de Istore Veche şi Arheologie* 27 (4): 4, 435-463.

Nichols, Johanna. 1997a. The epicentre of the Indo-European linguistic spread. In *Archaeology and Language, I vol. 1, Theoretical and Methodological Orientations*, ed. Roger Blench, and Matthew Spriggs, pp. 122-148. London: Routledge.

_____. 1997b. Modeling ancient population structures and movement in linguistics. *Annual Review of Anthropology* 26:359-384.

_____. 1994. The spread of languages around the Pacific rim. *Evolutionary Anthropology* 3:206-215.

_____. 1992. *Linguistic Diversity in Space and Time*. Chicago: University of Chicago Press.

Nikolova, A. V., and Y. Y. Rassamakin. 1985. O pozdneeneoliticheskie pamyatnikakh pravoberezh'ya Dnepra. *Sovietskaya arkheologiya* (3):37-56.

Nikolova, Lolita. 2005. Social changes and cultural interactions in later Balkan prehistory (later fifth and fourth millennia calBC). *Reports of Prehistoric Research Projects* 6-7:87-96. Salt Lake City, Utah: International Institute of Anthropology.

_____. 2002. Diversity of prehistoric burial customs. In *Material Evidence and Cultural Pattern in Prehistory*, ed. L. Nikolova, pp. 53-87. Salt Lake City: International Institute of Anthropology.

_____. 2000. Social transformations and evolution in the Balkans in the fourth and third millennia BC. In *Analyzing the Bronze Age*, ed. L. Nikolova, pp. 1-8.

Sofia: Prehistory Foundation.

_____. 1996. Settlements and ceramics: The experience of Early Bronze Age in Bulgaria. In *Early Bronze Age Settlement Patterns in the Balkans*, pt. 2, ed. Lolita Nikolova, pp. 145-186. Sofia: Reports of Prehistoric Research Projects 1 (2-4).

_____. 1994. On the Pit-Grave culture in northeastern Bulgaria. *Helis* (Sofi a) 3:27-42.

Nobis, G. 1971. *Vom Wildpferd zum Hauspferd*. Fundamenta Reihe B, vol. 6. Cologne: Bohlau-Verlag.

Noble, Allen G. 1992. Migration to North America: Before, during, and after the nineteenth century. In T*o Build in a New Land: Ethnic Landscapes in North America*, ed. Allen G. Noble, pp. 3-24. Baltimore, Md.: Johns Hopkins University Press.

Noelle, Christine. 1997. *State and Tribe in Nineteenth-Century Afghanistan: The reign of Amir Dost Muhammad Khan (1826-1863)*. Richmond, Surrey: Curzon.

Oates, Joan. 2003. A note on the early evidence for horse and the riding of equids in Western Asia. In *Prehistoric Steppe Adaptation and the Horse*, ed. Marsha Levine, Colin Renfrew, and Katie Boyle, pp. 115-125. Cambridge: McDonald Institute for Archaeological Research.

_____. 2001. Equid figurines and "chariot" models. In *Excavations at Tell Brak*, ed. David Oates, Joan Oates, and Helen McDonald, vol. 2, pp. 279-293. Cambridge: McDonald Institute for Archaeological Research.

O'Brien, S. R., P. A. Mayewski, L. D. Meeker, D. A. Meese, M. S. Twickler, and S. I. Whitlow. 1995. Complexity of Holocene climate as reconstructed from a Greenland ice core. *Science* 270:1962-1964.

O'Flaherty, Wendy Doniger. 1981. *The Rig Veda: An Anthology*. London: Penguin.

Olsen, Sandra. 2003. The exploitation of horses at Botai, Kazakhstan. In *Prehistoric Steppe Adaptation and the Horse*, ed. Marsha Levine, Colin Renfrew, and Katie Boyle, pp. 83-104. Cambridge: McDonald Institute for Archaeological Research.

Okhrimenko, G. V., and D. Y. Telegin. 1982. Novi pam'yatki mezolitu ta neolitu Volini. *Arkheologiya* (Kiev) 39:64-77.

Ostroshchenko, V. V. 2003. The economic preculiarities of the Srubnaya cultural-historical entity. In *Prehistoric Steppe Adaptation and the Horse*, ed. Marsha Levine, Colin Renfrew, and Katie Boyle, pp. 319-328. Cambridge: McDonald Institute for Archaeological Research.

Ostroverkhov, A. S. 1985. Steklyannye busy v pamyatnikakh pozdnego Tripolya. In *Novye materialy po arkheologii severo-zapadnogo prichernomorya*, ed. V. N. Stanko, pp. 174-180. Kiev: Naukovo Dumka.

Ottaway, Barbara S., ed. 1999. *A Changing Place: The Galgenberg in Lower Bavaria from the Fifth to the First Millennium BC*. British Archaeological Reports, n.s. 752. Oxford: Archeopress.

Owen, David I. 1991. The first equestrian: An UrIII glyptic scene. *Acta Sumerologica* 13:259-273.

Özbal, H., A. Adriaens, and B. Earl. 2000. Hacinebi metal production and exchange. *Paleorient* 25 (1): 57-65.

Panayotov, Ivan. 1989. *Yamnata Kultuyra v B'lgarskite Zemi*. Vol. 21. Sofia: Razkopki i Prouchvaniya.

Parker, Bradley. 2006. Toward an understanding of borderland processes. *American Antiquity* 71 (1): 77-100.

Parpola, Asko. 2004-2005. The Nāsatyas, the chariot, and Proto-Aryan religion. *Journal of Indological Studies* 16, 17:1-63.

_____. 2002. From the dialects of Old Indo-Aryan to Proto-Indo-Aryan and Proto-Iranian. In *Indo-Iranian Languages and Peoples*, ed. N. Sims-Williams, pp. 43-102. London: Oxford University Press.

_____. 1988. The coming of the Aryans to Iran and India and the cultural and ethnic identity of the Dāsas. *Studia Orientalia* (Helsinki) 64:195-302.

Parzinger, H. 2002. Germanskii Arkheologogicheskii Institut: zadachi i perspektivy arkheologicheskogo izucheniya Evrazii. *Rossiiskaya arkheologiya* (3): 59-78.

_____. 1993. *Studien zur Chronologie und Kulturgeschichte der Jungstein, Kupfer- und Frühbronzezeit Zwischen Karpaten und Mittelerem Taurus*. Mainz am Rhein: Römish-Germanische Forschungen B 52.

_____. 1992. Hornstaad-Hlinskoe-Stollhof: Zur absoluten datierung eines vor-Badenzeitlichen Horizontes. *Germania* 70:241-250.

Parzinger, Hermann, and Nikolaus Boroffka. 2003. *Das Zinn der Bronzezeit in Mittelasien*. Vol. 1, *Die siedlungsarchäologischen Forschgungen im Umfeld der Zinnlagerstätten*. Archäologie in Iran und Turan, Band 5. Mainz am Rhein: Philipp von Zabern.

Pashkevich. G. O. 2003. Paleoethnobotanical evidence of agriculture in the steppe and the forest-steppe of east Europe in the late Neolithic and the Bronze Age. In *Prehistoric Steppe Adaptation and the Horse*, ed. Marsha Levine, Colin Renfrew, and Katie Boyle, pp. 287-297. Cambridge: McDonald Institute for Archaeological Research.

_____. 1992. Do rekonstruktsii asortmentu kul'turnikh roslin epokhi Neolitu-Bronzi na territorii Ukraini. In *Starodavne Vibornitstvo na Teritorii Ukraini*, ed. S. V. Pan'kov and G. O. Voznesens'ka, pp. 179-194. Kiev: Naukovo Dumka.

Patovka, E. F. 1976. Usatovo: iz istorii issledovaniya. *Materiali i issledovaniya po arkheologii severnogo prichernomoriya* (Kiev) 8:49-60.

Patovka, E. F., et al. 1989. *Pamyatniki tripol'skoi kul'tury v severo-zapadnom prichernomor'ye*. Kiev: Naukovo Dumka.

Payne, Sebastian. 1995. Appendix B. In *The Gordion Excavations (1950-1973) Final Reports*, vol. 2, pt. 1, *The Lesser Phrygian Tumuli: The Inhumations*, ed. Ellen L. Kohler. Philadelphia: University Museum Press.

Paunescu, Alexandru. 1987. Tardenoasianul din Dobrogea. *Studii şi Cercetări de Istorie Veche şi Arheologie* 38 (1): 3-22.

Penner, Sylvia. *Schliemanns Schachtgräberund und der Europäische Nordosten: Studien zur Herkunft der frühmykenischen Streitwagenausstattung*. Vol. 60. Bonn: Saarbrücker Beiträge zur Alterumskunde.

Penny, Ralph. 2000. *Variation and Change in Spanish*. Cambridge: Cambridge

University Press.

Perles, Catherine. 2001. *Early Neolithic Greece*. Cambridge: Cambridge University Press.

Pernicka, Ernst, et al. 1997. Prehistoric copper in Bulgaria. *Eurasia Antiqua* 3:41-179.

Perry, C. A., and K. J. Hsu. 2000. Geophysical, archaeological, and historical evidence support a solar-output model for climate change. *Proceedings of the National Academy of Sciences* 7 (23): 12,433-12,438.

Peške, Lubomir. 1986. Domesticated horses in the Lengyel culture? In *Internationales Symposium Über die Lengyel-Kultur*, pp. 221-226. Nitra-Wien: Archäologisches Institut der Slowakischen Akademie der Wissenschaften in Nitra.

Peterson, Nicholas. 1993. Demand sharing: Reciprocity and the pressure for generosity among foragers. *American Anthropologist* 95 (4): 860-874.

Petrenko, A. G. 1984. *Drevnee i srednevekovoe zhivotnovodstvo srednego povolzh'ya i predural'ya*. Moscow: Nauka.

Piggott, Stuart. 1992. *Wagon, Chariot and Carriage: Symbol and Status in the History of Transport*. London: Thames and Hudson.

———. 1983. *The Earliest Wheeled Transport: From the Atlantic Coast to the Caspian Sea*. New York: Cornell University Press.

———. 1974. Chariots in the Caucasus and China. *Antiquity* 48:16-24.

———. 1962. Heads and hoofs. *Antiquity* 36 (142): 110-118.

Pinker, Steven. 1994. *The Language Instinct*. New York: William Morrow.

Pogozheva, A. P. 1983. *Antropomorfnaya Plastika Tripol'ya*. Novosibirsk: Akademiia nauk, Sibirskoe otdelenie.

Poliakov, Leon. 1974. *The Aryan Myth: A History of Racist and Nationalist Ideas in Europe*. Translated by Edmund Howard. New York: Basic Books.

Pollack, Susan. 1999. *Ancient Mesopotamia*. Cambridge: Cambridge University Press.

Polomé, Edgar C. 1991. Indo-European religion and the Indo-European religious vocabulary. In *Sprung from Some Common Source: Investigations into the*

Prehistory of Languages, ed. S. M. Lamb and E. D. Mitchell, pp. 67-88. Stanford: Stanford University Press.

____. 1990. Types of linguistic evidence for early contact: Indo-Europeans and non-Indo-Europeans. In *When Worlds Collide: Indo-Europeans and the Pre-Indo-Europeans*, ed. T. L. Markey, and John A. C. Greppin, pp. 267-289. Ann Arbor, Mich.: Karoma.

Popova, T. A. 1979. Kremneobrabatyvaiushchee proizvodstvo Tripol'skikh plemen. In *Pervobytnaya Arkheologiya, Poiski i Nakhodki*, ed. N. N. Bondar and D. Y. Telegin, pp. 145-163. Kiev: Nauknovo Dumka.

Porter, John. 1965. *The Vertical Mosaic: An Analysis of Social Class and Power in Canada*. Toronto: University of Toronto Press.

Potekhina, I. D. 1999. *Naselenie Ukrainy v Epokhi Neolita i Rannego Eneolita*. Kiev: Insitut arkheologii.

Potts, Dan T. 2000. *Ancient Magan: The Secrets of Tell Abraq*. London: Trident.

____. 1999. *The Archaeology of Elam*. Cambridge: Cambridge University Press.

Prescott, J. R. V. 1987. *Political Frontiers and Boundaries*. London: Unwin Hyman.

Privat, Karen. 2002. Preliminary report of paleodietary analysis of human and faunal remains from Bolshekaragansky kurgan 25. In *Arkaim: Nekropol (po materialam kurgana 25 Bol'she Karaganskoe Mogil'nika)*, ed. V. T. Kovaleva, and G. B. Zdanovich, pp. 166-171. Chelyabinsk: Yuzhno-Ural'skoe knizhnoe izdatel'stvo.

Pryakhin, A. D., 1980. Abashevskaya kul'turno-istoricheskaya obshchnost' epokhi bronzy i lesostepe. In *Arkheologiya Vostochno-Evropeiskoi Lesostepi*, ed. A. D. Pryakhin, pp. 7-32. Voronezh: Voronezhskogo universiteta.

____. 1976. *Poseleniya Abashevskoi Obshchnosti*. Voronezh: Voronezhskogo universiteta.

Pryakhin, A. D., and V. I. Besedin. 1999. The horse bridle of the Middle Bronze Age in the East European forest-steppe and the steppe. *Anthropology and Archaeology of Eurasia* 38 (1): 39-59.

Puhvel, Jaan. 1994. Anatolian: Autochthonous or interloper? *Journal of Indo-*

European Studies 22:251-263.

_____. 1991. Whence the Hittite, whither the Jonesian vision? In *Sprung from Some Common Source*, ed. Sydney M. Lamb and E. D. Mitchell, pp. 52-66. Stanford: Stanford University Press.

_____. 1975. Remus et Frater. *History of Religions* 15:146-157.

Pulgram, E. 1959. Proto-Indo-European reality and reconstruction. *Language* 35:421-426

Rassamakin, Yuri. 2002. Aspects of Pontic steppe development (4550-3000 BC) in the light of the new cultural-chronological model. In *Ancient Interactions: East and West in Eurasia*, ed. Katie Boyle, Colin Renfrew, and Marsha Levine, pp. 49-74. Cambridge: McDonald Institute for Archaeological Research.

_____. 1999. The Eneolithic of the Black Sea steppe: dynamics of cultural and economic development, 4500-2300 BC. In *Late Prehistoric Exploitation of the Eurasian Steppe*, ed. Marsha Levine, Yuri Rassamakin, Aleksandr Kislenko, and Nataliya Tatarintseva, pp. 59-182. Cambridge: McDonald Institute for Archaeological Research.

Raulwing, Peter. 2000. *Horses, Chariots and Indo-Europeans*. Archaeolingua Series Minor 13. Budapest: Archaeolingua Foundation.

Reade, Julian. 2001. Assyrian king-lists, the royal tombs of Ur, and Indus Origins. *Journal of Near Eastern Studies* 60 (1): 1-29.

Renfrew, Colin. 2002a. Pastoralism and interaction: Some introductory questions. In *Ancient Interactions: East and West in Eurasia*, ed. Katie Boyle, Colin Renfrew, and Marsha Levine, pp. 1-12. Cambridge: McDonald Institute for Archaeological Research.

_____. 2002b. The emerging synthesis: The archaeogenetics of farming/language dispersals and other spread zones. In *Examining the Farming/Language Dispersal Hypothesis*, ed. Peter Bellwood and Colin Renfrew, pp. 3-16. Cambridge: McDonald Institute for Archaeological Research.

_____. 2001. The Anatolian origins of Proto-Indo-European and the autochthony of the Hittites. In *Greater Anatolia and the Indo-Hittite Language Family*, ed.

Robert Drews, pp. 36-63. Journal of Indo-European Studies Monograph 38. Washington, D.C.: Institute for the Study of Man.

_____. 2000. At the edge of knowability: Towards a prehistory of languages. *Cambridge Archaeological Journal* 10 (1): 7-34.

_____. 1998. Word of Minos: The Minoan contribution to Mycenaean Greek and the linguistic geography of the Bronze Age Aegean. *Cambridge Archaeological Journal* 8 (2): 239-264.

_____. 1996. Language families and the spread of farming. In *The Origins and Spread of Agriculture and Pastoralism in Eurasia*, ed. David Harris, pp. 70-92. Washington, D.C.: Smithsonian Institution Press.

_____. 1987. *Archaeology and Language: The Puzzle of Indo-European Origins*. London: Jonathon Cape.

_____. 1973. *Before Civilization: The Radiocarbon Revolution and Prehistoric Europe*. London: Jonathon Cape.

Renfrew, Colin, April McMahon, and Larry Trask, eds. 2000. *Time Depth in Historical Linguistics*. Cambridge: McDonald Institute for Archaeological Research.

Rexová, Katerina, Daniel Frynta, and Jan Zrzavý. 2003. Cladistic analysis of languages: Indo-European classification based on lexicostatistical data. *Cladistics* 19 (2): 120-127.

Rezepkin, A. D. 2000. *Das Frühbronzezeitliche Gräberfeld von Klady und die Majkop-Kultur in Nordwestkaukasien*. Archäologie in Eurasien 10. Rahden: Verlag Marie Leidorf.

_____. 1991. Kurgan 31 mogil'nika Klady problemy genezisa i khronologii Maikopskoi kul'tury. In *Drevnie kul'tury prikuban'ya*, ed. V. M. Masson, pp. 167-197. Leningrad: Nauka.

Rezepkin, A. D. and A. V. Kondrashov. 1988. Novosvobodnenskoe pogrebenie s povozkoy. *Kratkie soobshcheniya instituta arkheologii AN SSSR* 193:91-97.

Richter, Daniel K. 1992. *The Ordeal of the Longhouse: The Peoples of the Iroquois League in the Era of European Colonization*. Chapel Hill: University of North Carolina Press.

Rijksbaron, A. 1988. *The discourse function of the imperfect. In In the Footsteps of Raphael Kühner*, ed. A. Rijksbaron, H. A. Mulder, and G. C. Wakker, pp. 237-254. Amsterdam: J. C. Geiben,

Ringe, Don. 1997. A probabilistic evaluation of Indo-Uralic. In *Nostratic: Sifting the Evidence*, ed. B. Joseph and J. Salmons, pp. 153-197. Philadelphia: Benjamins.

Ringe, Don, Tandy Warnow, and Ann Taylor. 2002. Indo-European and computational cladistics. *Transactions of the Philological Society* 100:59-129.

Ringe, Don, Tandy Warnow, Ann Taylor, A. Michailov, and Libby Levison. 1998. Computational cladistics and the position of Tocharian. In *The Bronze Age and Early Iron Age Peoples of Eastern Central Asia*, ed. Victor Mair, pp. 391-414. Washington, D.C.: Institute for the Study of Man.

Robb, J. 1993. A social prehistory of European languages. *Antiquity* 67:747-760.

_____. 1991. Random causes with directed effects: The Indo-European language spread and the stochastic loss of lineages. *Antiquity* 65:287-291.

Roman, Petre. 1978. Modificări în tabelul sincronismelor privind eneoliticul Tîrziu. *Studii si Cercetări de Istorie Veche şi Arheologie* (Bucharest) 29 (2): 215-221.

Rosenberg, Michael. 1998. Cheating at musical chairs: Territoriality and sedentism in an evolutionary context. *Current Anthropology* 39 (5): 653-681.

_____. 1994. Agricultural origins in the American Midwest: A reply to Charles. *American Anthropologist* 96 (1): 161-164.

Rostovtseff, M. 1922. *Iranians and Greeks in South Russia*. Oxford: Clarendon.

Rothman, Mitchell S. 2003. Ripples in the stream: Transcaucasia-Anatolian interaction in the Murat/Euphrates basin at the beginning of the third millennium BC. In *Archaeology in the Borderlands*, ed. Adam T. Smith and Karen Rubinson, pp. 95-110. Los Angeles: Cotsen Institute.

_____. 2001. *Uruk Mesopotamia and Its Neighbors: Cross-cultural Interactions in the Era of State Formation*. Santa Fe: SAR.

Russell, Josiah Cox. 1972. *Medieval Regions and Their Cities*. Bloomington:

Indiana University Press.

Rutter, Jeremy. 1993. Review of Aegean prehistory II: The prepalatial Bronze Age of the southern and central Greek mainland. *American Journal of Archaeology* 97:745-797.

Ryden, Hope. 1978. *America's Last Wild Horses*. New York: Dutton.

Ryder, Tom. 1987. Questions and Answers. *The Carriage Journal* 24 (4): 200-201.

Ryndina, N. V. 1998. *Dreneishee Metallo-obrabatyvaiushchee Proizvodstvo Iugo-Vostochnoi Evropy*. Moscow: Editorial.

Ryndina, N. V. and A. V. Engovatova. 1990. Opyt planigraficheskogo analiza kremnevykh orudii Tripol'skogo poseleniya Drutsy 1. In *Rannezemledel'cheskie Poseleniya-Giganty Tripol'skoi Kul'tury na Ukraine*, ed. I. T. Chernyakov, pp. 108-114. Tal'yanki: Institut arkheologii akademii nauk USSR.

Salminen, Tapani. 2001. The rise of the Finno-Ugric language family. In *Early Contacts between Uralic and Indo-European: Linguistic and Archaeological Considerations*, ed. Christian Carpelan, Asko Parpola, and Petteri Koskikallio, pp. 385-395. Memoires de la Société Finno-Ugrienne 242. Helsinki: Suomalais-Ugrilainen Seura.

Salmons, Joe. 1993. *The Glottalic Theory: Survey and Synthesis*. Journal of Indo-European Studies Monograph 10. Washington, D.C.: Institute for the Study of Man.

Salvatori, Sandro. 2003. Pots and peoples: The "Pandora's Jar" of Central Asian archaeological research: On two recent books on Gonur graveyard excavations. *Rivista di Archeologia* 27:5-20.

_____. 2002. Project "Archaeological map of the Murghab Delta" (Turkmenistan): Test trenches at the sites of Adzhi Kui 1 and 9. *Ancient Civilizations from Scythia to Siberia* 8 (1-2): 107-178.

_____. 2000. Bactria and Margiana seals: A new assessment of their chronological position and a typological survey. *East and West* 50 (1-4): 97-145.

Salvatori, Sandro, Massimo Vidale, Giuseppe Guida, and Giovanni Gigante. 2002. A glimpse on copper and lead metalworking at Altyn-Depe (Turkmenistan) in the 3rd millennium BC. *Ancient Civilizations from Scythia to Siberia* 8:69-101.

Samashev, Z. 1993. *Petroglyphs of the East Kazakhstan as a Historical Source.* Almaty: Rakurs.

Sapir, Edward, 1912. Language and environment. *American Anthropologist* 14 (2): 226-42.

Sarianidi, V. I. 2002. *Margush: Drevnevostochnoe tsarstvo v staroi del'te reki Murgab.* Ashgabat: Turkmendöwlethebarlary.

_____. 1995. New discoveries at ancient Gonur. *Ancient Civilizations from Scythia to Siberia* 2 (3): 289-310.

_____. 1987. Southwest Asia: Migrations, the Aryans, and Zoroastrians. *Information Bulletin, International Association for the Study of the Cultures of Central Asia* (Moscow) 13:44-56.

_____. 1986. Mesopotamiia i Baktriia vo ii tys. do n.e. *Sovietskaia Arkheologiia* (2): 34-46.

_____. 1977. *Drevnie Zemledel'tsy Afganistana: Materialy Sovetsko-Afganskoi Ekspeditsii 1969-1974 gg.* Moscow: Akademiia Nauka.

Sawyer, Ralph D. 1993. *The Seven Military Classics of Ancient China.* Boulder, Colo.: Westview.

Schlegel, Alice. 1992. African Political models in the American Southwest: Hopi as an internal frontier society. *American Anthropologist* 94 (2): 376-97.

Schmidt, Karl Horst. 1991. Latin and Celtic: Genetic relationship and areal contacts. *Bulletin of the Board of Celtic Studies* 38:1-19.

Schrijver, Peter. 2001. Lost languages in northern Europe. In *Early Contacts between Uralic and Indo-European: Linguistic and Archaeological Considerations,* ed. Christian Carpelan, Asko Parpola, and Petteri Koskikallio, pp. 417-425. Memories de la Société Finno-Ugrienne 242. Helsinki: Suomalais-Ugrilainen Seura.

Schuchhardt, C. 1919. *Alteuropa in seiner Kultur- und Stilentwicklung.* Berlin: Walter de Gruyter.

Segalen, Martine. 1991. *Fifteen Generations of Bretons: Kinship and Society in Lower Brittany, 1720-1980*. Cambridge: Cambridge University Press.

Shakhanova, N. 1989. The system of nourishment among the Eurasian nomads: The Kazakh example. In *Ecology and Empire: Nomads in the Cultural Evolution of the Old World*, pp. 111-117. Los Angeles: University of Southern California Ethnographics Press.

Shaposhnikova, O. G. 1961. Novye dannye o Mikhailovskom poselenii. *Kratkie soobshcheniya institut arkheologii* 11:38-42.

Sharafutdinova, I. N. 1980. Severnaya kurgannaya grupa u s. Sokolovka. In *Arkheologicheskie pamyatniki poingul'ya*, pp. 71-123. Kiev: Naukovo Dumka.

Shaughnessy, Edward L. 1988. Historical perspectives on the introduction of the chariot into China. *Harvard Journal of Asian Studies* 48:189-237.

Shennan, Stephen J., ed. 1989. *Archaeological Approaches to Cultural Identity*. London: Routledge.

Sherratt, Andrew. 2003. The horse and the wheel: The dialectics of change in the circum-Pontic and adjacent areas, 4500-1500 BC. In *Prehistoric Steppe Adaptation and the Horse*, ed. Marsha Levine, C. Renfrew, and K. Boyle, pp. 233-252. McDonald Institute Monographs. Cambridge: University of Cambridge Press.

_____. 1997a [1983]. The secondary exploitation of animals in the Old World. In *Economy and Society in Prehistoric Europe: Changing Perspectives*, rev. ed., ed. Andrew Sherratt, pp.199-228. Princeton, N.J.: Princeton University Press.

_____. 1997b. The introduction of alcohol to prehistoric Europe. In *Economy and Society in Prehistoric Europe*, ed. Andrew Sherratt, pp. 376-402. Princeton, N.J.: Princeton University Press.

_____. 1997c [1991]. Sacred and profane substances: The ritual use of narcotics in later Neolithic Europe. In *Economy and Society in Prehistoric Europe*, ed. Andrew Sherratt, rev. ed. pp. 403-430. Princeton, N.J.: Princeton University Press.

_____. 1986. Two new finds of wooden wheels from Later Neolithic and Early

Bronze Age Europe. *Oxford Journal of Archaeology* 5:243-248.

Sherratt, Andrew, and E. S. Sherratt. 1988. The archaeology of Indo-European: An alternative view. *Antiquity* 62 (236): 584-595.

Shevchenko, A. I., 1957. Fauna poseleniya epokhi bronzy v s. Mikhailovke na nizhnem Dnepre. *Kratkie soobshcheniya institut arkheologii* 7:36-37.

Shilov, V. P. 1985a. Kurgannyi mogil'nik y s. Tsatsa. In *Drevnosti Kalmykii*, pp. 94-157. Elista: Kalmytskii nauchno-issledovatel'skii institut istorii, filogii i ekonomiki.

_____. 1985b. Problemy proiskhozhdeniya kochevogo skotovodstva v vostochnoi Evrope. In *Drevnosti kalmykii*, pp. 23-33. Elista: Kalmytskii nauchno-issledovatel'skii institut istorii, filogii i ekonomiki.

Shilov, V. P., and R. S. Bagautdinov. 1998. Pogebeniya Eneolita-rannei Bronzy mogil'nika Evdyk. In *Problemy drevnei istorii severnogo prikaspiya*, ed. I. B. Vasiliev, pp. 160-178. Samara: Samarskii gosudarstvenyi pedagogicheskii universitet.

Shishlina, N. I., ed. 2000. *Sezonnyi ekonomicheskii tsikl naseleniya severo-zapadnogo Prikaspiya v Bronzovom Veke*. Vol. 120. Moscow: Trudy gosudarstvennogo istoricheskogo muzeya.

_____. ed. 1999. *Tekstil' epokhi Bronzy Evraziiskikh stepei*. Vol. 109. Moscow: Trudy gosudarstvennogo istoricheskogo muzeya.

_____. 1990. O slozhnom luke Srubnoi kul'tury. In *Problemy arkheologii evrazii*, ed. S. V. Studzitskaya, vol. 74, pp. 23-37. Moscow: Trudy gosudarstvennogo oedena Lenina istoricheskogo muzeya.

Shishlina, N. I., and V. E. Bulatov. 2000. K voprosu o sezonnoi sisteme ispol'zovaniya pastbishch nositelyami Yamnoi kul'tury Prikaspiiskikh stepei v III tys. do n.e. In *Sezonnyi Ekonomicheskii Tsikl Naseleniya Severo-Zapadnogo Prikaspiya v Bronzovom Veke*, ed. N. I. Shishlina, vol. 120, pp. 43-53. Moscow: Trudy gosudarstvennogo istoricheskogo muzeya.

Shishlina, N. I., O. V. Orfinskaya, and V. P. Golikov. 2003. Bronze Age textiles from the North Caucasus: New evidence of fourth millennium BC fibres and fabrics. *Oxford Journal of Archaeology* 22 (4): 331-344.

Shmagli, M. M., and M. Y. Videiko. 1987. Piznotripil'ske poseleniya poblizu s. Maidanets'kogo na Cherkashchini. *Arkheologiya* (Kiev) 60:58-71.

Shnirelman, Victor, A. 1999. Passions about Arkaim: Russian nationalism, the Aryans, and the politics of archaeology. *Inner Asia* 1:267-282.

____. 1998. Archaeology and ethnic politics: The discovery of Arkaim. *Museum International* 50 (2): 33-39.

____. 1995. Soviet archaeology in the 1940s. In *Nationalism, Politics, and the Practice of Archaeology*, ed. Philip L. Kohl and Clare Fawcett, pp. 120-138. Cambridge: Cambridge University Press.

____. 1992. The emergence of food-producing economy in the steppe and forest-steppe zones of Eastern Europe. *Journal of Indo-European Studies* 20:123-143.

Shorin, A. F. 1993. O za Uralskoi oblasti areala lesnikh Eneoliticheskikh kul'tur grebenchatoi keramiki. In *Voprosy arkheologii Urala*, pp. 84-93. Ekaterinburg: Uralskii gosudarstvenyi universitet.

Shramko, B. A., and Y. A. Mashkarov. 1993. Issledovanie bimetallicheskogo nozha iz pogrebeniya Katakombnoi kul'tury. *Rossiskaya arkheologiya* (2): 163-170.

Siegel, Jeff. 1985. Koines and koineisation. *Language in Society* 14:357-378.

Silver, Shirley, and Wick R. Miller. 1997. *American Indian Languages: Cultural and Social Contexts*. Tucson: University of Arizona Press.

Simkins, P. D., and F. L. Wernstedt. 1971. *Philippines Migration: Settlement of the Digos-Padada Valley, Padao Province*. Southeast Asia Studies 16. New Haven: Yale University Press.

Sinitsyn, I. V. 1959. Arkheologicheskie issledovaniya Zavolzhskogo otriada (1951-1953). *Materialy i issledovaniya Institut arkheologii* (Moscow) 60:39-205.

Siniuk, A. T., and I. A. Kozmirchuk. 1995. Nekotorye aspekti izucheniya Abashevskoi kul'tury v basseine Dona. In *Drevnie Indolranskie Kul'tury Volgo-Ural'ya*, ed. V. S. Gorbunov, pp. 37-72. Samara: Samarskogo gosudarstvennogo pedagogicheskogo universiteta.

Sinor, Dennis, ed. 1988. *The Uralic Languages*. Leiden: Brill.

_____. 1972. Horse and pasture in Inner Asian history. *Oriens Extremus* 19:171-183.

Skjærvø, P. Oktor. 1995. The Avesta as a source for the early history of the Iranians. In *The Indo-Aryans of Ancient South Asia: Language, Material Culture and Ethnicity*, ed. George Erdosy, pp. 155-176. Indian Philology and South Asian Studies 1. Berlin: Walter de Gruyter.

Smith, Anthony D. 1998. *Nationalism and Modernism*. London: Routledge.

Smith, Bruce. 1989. Origins of agriculture in eastern North America. *Science* 246 (4937): 1,566-1,571.

Smith, John Masson. 1984. Mongol campaign rations: Milk, marmots, and blood? In *Turks, Hungarians, and Kipchaks: A Festschrift in Honor of Tibor Halasi-Kun*, ed. şinasi Tekin and Gönül Alpay Tekin. Journal of Turkish Studies 8:223-228. Cambridge, Mass.: Harvard University Print Office.

Snow, Dean. 1994. *The Iroquois*. Oxford: Blackwell.

Solovyova, N. F., A. N. Yegor'kov, V. A. Galibin, and Y. E. Berezkin. 1994. Metal artifacts from Ilgynly-Depe, Turkmenistan. In *New Archaeological Discoveries in Asiatic Russia and Central Asia*, ed. A. G. Kozintsev, V. M. Masson, N. F. Solovyova, and V. Y. Zuyev, pp. 31-35. Archaeological Studies 16. St. Petersburg: Institute of the History of Material Culture.

Sorokin, V. Y. 1989. Kulturno-istoricheski problemy plemen srednogo Triploya Dnestrovsko-Prutskogo mezhdurechya. *Izvestiya Akademii Nauk Moldavskoi SSR* 3:45-54.

Southworth, Franklin. 1995. Reconstructing social context from language: Indo-Aryan and Dravidian prehistory. In *The Indo-Aryans of Ancient South Asia: Language, Material Culture and Ethnicity*, ed. George Erdosy, pp. 258-277. Indian Philology and South Asian Studies 1. Berlin: Walter de Gruyter.

Sparreboom, M. 1985. *Chariots in the Vedas*. Edited by J. C. Heesterman and E. J. M. Witzel. Memoirs of the Kern Institute 3. Leiden: Brill.

Spear, Thomas, and Richard Waller, eds. 1993. *Being Maasai: Ethnicity and*

Identity in East Africa. Oxford: James Currey.

Specht, F. 1944. *Der Ursprung der Indogermanischen Deklination*. Göttingen: Vandenhoeck and Ruprecht.

Spicer, Edward. 1971. Persistent cultural systems: A comparative study of identity systems that can adapt to contrasting environments. *Science* 174:795-800.

Spielmann, Katherine A., ed. 1998. *Migration and Reorganization: The Pueblo IV Period in the American Southwest*. Anthropological Research Papers 51. Tempe: Arizona State University Press.

Spinage, C. A. 1972. Age estimation of zebra. *East African Wildlife Journal* 10:273-277.

Stark, Miriam T., ed. 1998. *The Archaeology of Social Boundaries*. Washington, D.C.: Smithsonian Institution Press.

Stein, Gil. 1999. *Rethinking World Systems: Diasporas, Colonies, and Interaction in Uruk Mesopotamia*. Tucson: University of Arizona Press.

Stevanovic, Mirjana. 1997. The Age of Clay: The Social Dynamics of House Destruction. *Journal of Anthropological Archaeology* 16:334-395.

Stewart, Ann H. 1976. *Graphic Representation of Models in Linguistic Theory*. Bloomington: Indiana University Press.

Stillman, Nigel, and Nigel Tallis. 1984. *Armies of the Ancient Near East*. Worthing, Sussex: Flexiprint.

Sturtevant, William. 1962. The Indo-Hittite hypothesis. *Language* 38:105-110.

Subbotin, L. V. 1995. Grobniki Kemi-Obinskogo tipa severo-zapadnogo Prichernomor'ya. *Rossiskaya arkheologiya* (3): 193-197.

_____. 1990. Uglubennye zhilishcha kul'tury Gumelnitsa v nizhnem podunav'e. In *Rannezemledel'cheski poseleniya-giganty Tripol'skoi kul'tury na Ukraine*, ed. I. T. Chenyakov, pp. 177-182. Tal'yanki: Institut arkheologii AN USSR.

_____. 1985. Semenovskii mogil'nik epokhi Eneolita-Bronzy. In *Novye material' i po arkheologii severo-zapadnogo prichernomor'ya*, ed. V. N. Stanko, pp. 45-95. Kiev: Naukovo Dumka.

_____. 1978. O sinkhronizatsii pamyatnikov kul'tury Gumelnitsa v nizhnem Podunav'e.

In *Arkheologicheskie issledovaniya severo-zapadnogo prichernomor'ya*, ed. V. N. Stanko, pp. 29-41. Kiev: Naukovo Dumka.

Summers, Geoffrey D. 2001. Questions raised by the identification of the Neolithic, Chalcolithic, and Early Bronze Age horse bones in Anatolia. In *Greater Anatolia and the Indo-Hittite Language Family*, ed. Robert Drews, pp. 285-292. Journal of Indo-European Studies Monograph 38. Washington, D.C.: Institute for the Study of Man.

Sutton, Richard E. 1996. The Middle Iroquoian colonization of Huronia. Ph.D. dissertation. McMaster University, Hamilton, Ontario.

Swadesh, M. 1955. Towards greater accuracy in lexicostatistic dating. *International Journal of American Linguistics* 21:121-37.

_____. 1952. Lexico-statistic dating of prehistoric ethnic contacts. *Proceedings of the American Philosophical Society* 96:452-463.

Syvolap, M. P. 2001. Kratkaya kharakteristika pamyatnikov Yamnoi kul'tury srednego podneprov'ya. In *Bronzovyi vek vostochnoi Evropy: Kharakteristika kul'tur, khronologiya i periodizatsiya*, ed. Y. I. Kolev, P. F. Kuznetsov, O. V. Kuzmina, A. P. Semenova, M. A. Turetskii, and B. A. Aguzarov, pp. 109-117. Samara: Samarskii Gosudarstvennyi Pedagogicheskii Universitet.

Szemerényi, Oswald. 1989. The new sound of Indo-European. *Diachronica* 6:237-269.

Szmyt, Marzena. 1999. *Between West and East: People of the Globular Amphorae Culture in Eastern Europe, 2950-2350 BC*. Baltic-Pontic Studies 8. Poznań: Adam Mickiewicz University.

Tatarintseva, N. S. 1984. Keramika poseleniya Vishnevka 1 v lesostepnom pri Ishim'e. In *Bronzovyi Vek Uralo-Irtyshskogo Mezhdurech'ya*, pp. 104-113. Chelyabinsk: Chelyabinskii gosudarstvennyi universitet.

Telegin, D. Y. 2005. The Yamna culture and the Indo-European homeland problem. *Journal of Indo-European Studies* 33 (3-4): 339-358.

_____. 2002. A discussion on some of the problems arising from the study of Neolithic and Eneolithic cultures in the Azov-Black Sea region. In *Ancient*

Interactions: East and West in Eurasia, ed. Katie Boyle, Colin Renfrew, and Marsha Levine, pp. 25-47. Cambridge: McDonald Institute for Archaeological Research.

_____. 1996. Yugo-zapad vostochnoi Evropy; and Yug vostochnoi Evropy. In Neolit severnoi evrazii, ed. S. V. Oshibkina, pp. 19-86. Moscow: Nauka.

_____. 1991. Neoliticheskie mogil'niki mariupol'skogo tipa. Kiev: Naukovo Dumka.

_____. 1988. Keramika rannogo Eneolitu tipu Zasukhi v lisostepovomu liboberezhzhi Ukriani. Arkheologiya (Kiev) 64:73-84.

_____. 1987. Neolithic cultures of the Ukraine and adjacent areas and their chronology. Journal of World Prehistory 1 (3): 307-331.

_____. 1986. Dereivka: A Settlement and Cemetery of Copper Age Horse Keepers on the Middle Dnieper. Edited by J. P. Mallory. Translated by V. K. Pyatkovskiy. British Archaeological Reports International Series 287. Oxford: Archeopress.

_____. 1982. Mezolitichni pam'yatki Ukraini. Kiev: Naukovo Dumka.

_____. 1981. Pro neolitichni pam'yatki Podonnya i steponogo Povolzhya. Arkheologiya (Kiev) 36:3-19.

_____. 1977. Review of Markevich, V. I., 1974. Bugo-Dnestrovskaya kul'tura na territorii Moldavii. Arkheologiia (Kiev) 23:88-91.

_____. 1973. Seredno-Stogivs'ka kul'tura Epokha Midi. Kiev: Naukovo Dumka.

_____. 1968. Dnipro-Donets'ka kul'tura. Kiev: Naukovo Dumka.

Telegin, D. Y., and James P. Mallory. 1994. The Anthropomorphic Stelae of the Ukraine: The Early Iconography of the Indo-Europeans. Journal of Indo-European Studies Monograph 11. Washington D.C.: Institute for the Study of Man.

Telegin, D. Y., A. L. Nechitailo, I. D. Potekhina, and Y. V. Panchenko. 2001. Srednestogovskaya i novodanilovskaya kul'tury Eneolita Azovo-Chernomorskogo regiona. Lugansk: Shlyakh.

Telegin, D. Y., and I. D. Potekhina. 1987. Neolithic Cemeteries and Populations in the Dnieper Basin, ed. J. P. Mallory. British Archaeological Reports International

Series 383. Oxford: Archeopress.

Telegin, D. Y., I. D. Potekhina, M. Lillie, and M. M. Kovaliukh. 2003. Settlement and economy in Neolithic Ukraine: A new chronology. *Antiquity* 77 (296): 456-470.

_____. 2002. The chronology of the Mariupol-type cemeteries of Ukraine revisited. *Antiquity* 76:356-363.

Telegin, D. Y., Sergei Z. Pustalov, and N. N. Kovalyukh. 2003. Relative and absolute chronology of Yamnaya and Catacomb monuments: The issue of co-existence. *Baltic-Pontic Studies* 12:132-184.

Teplova, S. N. 1962. *Atlas SSSR*. Moscow: Ministerstva geologii i okhrany nedr SSSR.

Terrell, John Edward, ed. 2001. *Archaeology, Language and History: Essays on Culture and Ethnicity*. Westport, Conn.: Bergin and Garvey.

Terrell, John Edward, T. L. Hunt, and Chris Godsen. 1997. The dimensions of social life in the Pacific: Human diversity and the myth of the primitive isolate. *Current Anthropology* 38:155-195.

Thieme, Paul. 1960. The Aryan gods of the Mitanni treaties. *Journal of the American Oriental Society* 80:310-317.

_____. 1958. The Indo-European language. *Scientific American* 199 (4): 63-74.

Thomason, Sarah Gray, and Terrence Kaufman. 1988. *Language Contact, Creolization, and Genetic Linguistics*. Los Angeles: University of California Press.

Thornton, C. P., and C. C. Lamberg-Karlovsky. 2004. A new look at the prehistoric metallurgy of southeastern Iran. *Iran* 42:47-59.

Timofeev, V. I., and G. I. Zaitseva. 1997. K probleme radiouglerodnoi khronologii Neolita stepnoi i iuga lesnoi zony Evropeiskoi chasti Rossii i Sibiri. *Radiouglerod i arkheologiya* (St. Petersburg) 2:98-108.

Todorova, Henrietta. 1995. The Neolithic, Eneolithic, and Transitional in Bulgarian Prehistory. In *Prehistoric Bulgaria*, ed. Douglass W. Bailey and Ivan Panayotov, pp. 79-98. Monographs in World Archaeology 22. Madison, Wis.: Prehistory Press.

Tolstov, S. P., and A. S. Kes'. 1960. *Nizov'ya Amu-Dar'i, Sarykamysh, Uzboi: Istoriya formirovaniya i zaseleniya*. Vol. 3. Moscow: Materialy khorezmskoi ekspeditsii.

Tovkailo, M. T. 1990. Do pitannya pro vzaemini naseleniya Bugo-Dnitrovskoi ta ranne Triplil'skoi kul'tur u stepovomu po Buzhi. In *Rannezemledel'cheskie poseleniya-Giganty Tripol'skoi kul'tury na Ukraine*, ed. V. G. Zbenovich, and I. T. Chernyakov, pp. 191-194. Tal'yanki: Institut arkheologii akademiya nauk.

Trifonov, V. A. 2001. Popravki absoliutnoi khronologii kultur epokha Eneolita-Srednei Bronzy Kavkaza, stepnoi i lesostepnoi zon vostochnoi Evropy (po dannym radiouglerodnogo datirovaniya). In *Bronzovyi vek Vostochnoi Evropy: Kharakteristika kul'tur, Khronologiya i Periodizatsiya*, ed. Y. I. Kolev, P. F. Kuznetsov, O. V. Kuzmina, A. P. Semenova, M. A. Turetskii, and B. A. Aguzarov, pp.71-82, Samara: Samarskii gosudarstvennyi pedagogicheskii universitet.

_____. 1991. Stepnoe prikuban'e v epokhu Eneolita: Srednei Bronzy (periodizatsiya). In *Drevnie kul'tury Prikuban'ya*, ed. V. M. Masson, pp. 92-166. Leningrad: Nauka.

Tringham, Ruth. 1971. *Hunters, Fishers and Farmers of Eastern Europe, 6000-3000 BC*. London: Hutchinson.

Troy, C. S., D. E. MacHugh, J. F. Bailey, D. A. Magee, R. T. Loftus, P. Cunningham, A. T. Chamberlain, B. C. Sykes, and D. G. Bradley. 2001. Genetic Evidence for Near-Eastern Origins of European Cattle. *Nature* 410:1088-1091.

Trudgill, Peter. 1986. *Dialects in Contact*. Oxford: Blackwell.

Tuck, J. A. 1978. Northern Iroquoian prehistory. In *Northeast Handbook of North American Indians*, ed. Bruce G. Trigger, vol. 15, pp. 322-333. Washington, D.C.: Smithsonian Institution Press.

Uerpmann, Hans-Peter. 1990. Die Domestikation des Pferdes im Chalcolithikum West- und Mitteleuropas. *Madrider Mitteilungen* 31:109-153.

Upton, Dell, and J. M. Vlach, eds. 1986. *Common Places: Readings in American Vernacular Architecture*. Athens: University of Georgia Press.

Ursulescu, Nicolae. 1984. *Evoluția Culturii Starčevo-Criș Pe Teritoriul Moldovei*.

Suceava: Muzeul Judeţean Suceava.

Vainshtein, Sevyan. 1980. *Nomads of South Siberia: The Pastoral Economies of Tuva*. Edited by Caroline Humphrey. Translated by M. Colenso. Cambridge: Cambridge University Press.

Van Andel, T. H., and C. N. Runnels. 1995. The earliest farmers in Europe. *Antiquity* 69:481-500.

Van Buren, G. E. 1974. *Arrowheads and Projectile Points*. Garden Grove, Calif.: Arrowhead.

Vasiliev, I. B. 2003. Khvalynskaya Eneoliticheskaya kul'tura Volgo-Ural'skoi stepi i lesostepi (nekotorye itogi issledovaniya). *Voprosy Arkeologii Povolzh'ya* v.3: 61-99. Samara: Samarskii Gosudarstvennyi Redagogieheskii Univerditet.

Vasiliev, I. B., ed. 1998. *Problemy drevnei istorii severnogo prikaspiya*. Samara: Samarskii gosudarstvennyi pedagogicheskii universitet.

_____. 1981. *Eneolit Povolzh'ya*. Kuibyshev: Kuibyshevskii gosudarstvenyi pedagogicheskii institut.

_____. 1980. Mogil'nik Yamno-Poltavkinskogo veremeni u s. Utyevka v srednem Povolzh'e. In *Arkheologiya Vostochno-Evropeiskoi Lesostepi*, pp. 32-58. Voronezh: Voronezhskogo universiteta.

Vasiliev, I. B., and G. I. Matveeva. 1979. Mogil'nik u s. S'yezhee na R. Samare. *Sovietskaya arkheologiia* (4): 147-166.

Vasiliev, I. B., P. F. Kuznetsov, and A. P. Semenova. 1994. *Potapovskii Kurgannyi Mogil'nik Indoiranskikh Plemen na Volge*. Samara: Samarskii universitet.

Vasiliev, I. B., P. F. Kuznetsov, and M. A. Turetskii. 2000. Yamnaya i Poltavkinskaya kul'tura. In *Istoriya samarskogo po volzh'ya s drevneishikh vremen do nashikh dnei: Bronzovyi Vek*, ed. Y. I. Kolev, A. E. Mamontov, and M. A. Turetskii, pp. 6-64. Samara: Samarskogo nauchnogo tsentra RAN.

Vasiliev, I. B., and N. V. Ovchinnikova. 2000. Eneolit. In *Istoriya samarskogo povolzh'ya s drevneishikh vremen do nashikh dnei*, ed. A. A. Vybornov, Y. I. Kolev, and A. E. Mamonov, pp. 216-277. Samara: Integratsiya.

Vasiliev, I. B., and Siniuk, A. T. 1984. Cherkasskaya stoiyanka na Srednem Donu.

In *Epokha Medi Iuga Vostochnoi Evropy*, ed. S. G. Basina and G. I. Matveeva, pp. 102-129. Kuibyshev: Kuibyshevskii gosudarstvennyi pedagogicheskii institut.

Vasiliev, I. B., A. Vybornov, and A. Komarov. 1996. *The Mesolithic of the North Caspian Sea Area*. Samara: Samara State Pedagogical University.

Vasiliev, I. B., A. A. Vybornov, and N. L. Morgunova. 1985. Review of *Eneolit iuzhnogo Urala* by G. N. Matiushin. *Sovetskaia arkheologiia* (2): 280-289.

Veenhof, Klaas R. 1995. Kanesh: An Assyrian Colony in Anatolia. In *Civilizations of the Ancient Near East*, ed. Jack M. Sasson, John Baines, Gary Beckman, and Karen R. Rubinson, vol. 1, pp. 859-871. New York: Scribner's.

Vehik, Susan. 2002. Conflict, trade, and Political development on the southern Plains. *American Antiquity* 67 (1): 37-64.

Veit, Ulrich. 1989. Ethnic concepts in German prehistory: A case study on the relationship between cultural identity and archaeological objectivity. In *Archaeological Approaches to Ethnic Identity*, ed. S. J. Shennan, pp. 35-56. London: Unwin Hyman.

Venneman, Theo. 1994. Linguistic reconstruction in the context of European prehistory. *Transactions of the Philological Society* 92:215-284.

Videiko, Mihailo Y. 2003. Radiocarbon chronology of settlements of BII and CI stages of the Tripolye culture at the middle Dnieper. *Baltic-Pontic Studies* 12:7-21.

_____. 1999. Radiocarbon dating chronology of the late Tripolye culture. *Baltic-Pontic Studies* 7:34-71.

_____. 1990. Zhilishchno-khozyaistvennye kompleksy poseleniya Maidanetskoe i voprosy ikh interpretatsii. In *Rannezemledel'cheskie Poseleniya-Giganty Tripol'skoi kul'tury na Ukraine*, ed. I. T. Cherniakhov, pp. 115-120. Tal'yanki: Vinnitskii pedagogicheskii institut.

Videiko, Mihailo Y., and Vladislav H. Petrenko. 2003. Radiocarbon chronology of complexes of the Eneolithic-Early Bronze Age in the North Pontic region, a preliminary report. *Baltic-Pontic Studies* 12:113-120.

Vilà, Carles, J. A. Leonard, A. Götherdtröm, S. Marklund, K. Sandberg, K. Lidén, R. K. Wayne, and Hans Ellegren. 2001. Widespread origins of domestic horse lineages. *Science* 291 (5503): 474-477.

Vinogradov, A. V. 1981. *Drevnie okhotniki i rybolovy sredneaziatskogo mezhdorechya.* Vol. 10. Moscow: Materialy khorezmskoi ekspeditsii.

_____. 1960. Novye Neoliticheskie nakhodki Korezmskoi ekspeditsii AN SSSR 1957 g. In *Polevye issledovaniya khorezmskoi ekspeditsii v 1957 g.*, ed. S. P. Tolstova, vol. 4, pp. 63-81. Moscow: Materialy khorezmskoi ekspeditsii.

Vinogradov, Nikolai. 2003. *Mogil'nik Bronzovogo Beka: Krivoe ozero v yuzhnom Zaural'e.* Chelyabinsk: Yuzhno-Ural'skoe knizhnoe izdatel'stvo.

Vörös, Istvan. 1980. Zoological and paleoeconomical investigations on the archaeo-zoological material of the Early Neolithic Körös culture. *Folia Archaeologica* 31:35-64.

Vybornov, A. A., and V. P. Tretyakov. 1991. Stoyanka Imerka VII v Primokshan. In *Drevnosti Vostochno-Evropeiskoi Lesotepi*, ed. V. V. Nikitin, pp. 42-55. Samara: Samarskii gosudartsvennyi pedagogicheskii institut.

Währen, M. 1989. Brot und Gebäck von der Jungsteinzeit bis zur Römerzeit. *Helvetia Archaeologica* 20:82-116.

Walcot, Peter. 1979. Cattle raiding, heroic tradition, and ritual: The Greek evidence. *History of Religions* 18:326-351.

Watkins, Calvert. 1995. *How to Kill a Dragon: Aspects of Indo-European Poetics.* Oxford: Oxford University Press.

Weale, Michael E., Deborah A. Weiss, Rolf F. Jager, Neil Bradman, and Mark G. Thomas. 2002. Y Chromosome Evidence for Anglo-Saxon Mass Migration. *Molecular Biology and Evolution* 19:1008-1021.

Weber, Andrzej, David W. Link, and M. Anne Katzenberg. 2002. Hunter-gatherer culture change and continuity in the Middle Holocene of the Cis-Baikal, Siberia. *Journal of Anthropological Archaeology* 21:230-299.

Wechler, Klaus-Peter, V. Dergachev, and O. Larina. 1998. Neue Forschungen zum Neolithikum Osteuropas: Ergebnisse der Moldawisch-Deutschen Geländearbeiten

1996 und 1997. *Praehistorische Zeitschrift* 73 (2): 151-166.

Weeks, L. 1999. Lead isotope analyses from Tell Abraq, United Arab Emirates: New data regarding the "tin problem" in Western Asia. *Antiquity* 73:49-64.

Weisner, Joseph. 1968. *Fahren und Reiten*. Göttingen: Vandenhoeck and Ruprecht, Archaeologia Homerica.

_____. 1939. Fahren und Reiten in Alteuropa und im alten Orient. In *Der Alte Orient* Bd. 38, fascicles 2-4. Leipzig: Heinrichs Verlag.

Weiss, Harvey. 2000. Beyond the Younger Dryas: Collapse as adaptation to abrupt climate change in ancient West Asia and the Eastern Mediterranean. In *Environmental Disaster and the Archaeology of Human Response*, ed. Garth Bawden and Richard M. Reycraft, pp. 75-98. Anthropological Papers no. 7. Albuquerque: Maxwell Museum of Anthropology.

Weissner, Polly. 1983. Style and social information in Kalahari San projectile points. *American Antiquity* 48 (2): 253-275.

Wells, Peter S. 2001. *Beyond Celts, Germans and Scythians: Archaeology and Identity in Iron Age Europe*. London: Duckworth.

_____. 1999. *The Barbarians Speak*. Princeton, N. J.: Princeton University Press.

White, Randall. 1989. Husbandry and herd control in the Upper Paleolithic: A critical review of the evidence. *Current Anthropology* 30 (5): 609-632.

Wilhelm, Gernot. 1995. The Kingdom of Mitanni in Second-Millennium Upper Mesopotamia. In *Civilizations of the Ancient Near East*, vol. 2, ed. Jack M. Sasson, John Baines, G. Beckman, and Karen S. Rubinson, pp. 1243-1254. New York: Scribner's.

Wilhelm, Hubert G. H. 1992. Germans in Ohio. In *To Build in a New Land: Ethnic Landscapes in North America*, ed. Allen G. Noble, pp. 60-78. Baltimore, Md.: Johns Hopkins University Press.

Willis, K. J. 1994. The vegetational history of the Balkans. *Quaternary Science Reviews* 13: 769-788.

Winckelmann, Sylvia. 2000. Intercultural relations between Iran, the Murghabo-Bactrian Archaeological Complex (BMAC), northwest India, and Falaika in the field of seals. *East and West* 50 (1-4): 43-96.

Winn, S. M. M., 1981. *Pre-Writing in Southeastern Europe: The Sign System of the Vinča Culture ca. 4000 B.C.* Calgary: Western.

Witzel, Michael. 2003. *Linguistic Evidence for Cultural Exchange in Prehistoric Western Central Asia.* Sino-Platonic Papers 129:1-70. Philadelphia: Department of Asian and Middle Eastern Languages, University of Pennsylvania.

_____. 1995. Rgvedic history: Poets, chieftans, and polities. In *The Indo-Aryans of Ancient South Asia: Language, Material Culture and Ethnicity*, ed. George Erdösy, pp. 307-352. Indian Philology and South Asian Studies 1. Berlin: Walter de Gruyter.

Wolf, Eric. 1984. Culture: Panacea or problem? *American Antiquity* 49 (2): 393-400.

_____. 1982. *Europe and the People without History.* Berkeley: University of California Press.

Wylie, Alison. 1995. Unification and convergence in archaeological explanation: The agricultural "wave of advance" and the origins of Indo-European languages. In *Explanation in the Human Sciences*, ed. David K. Henderson, pp. 1-30. Southern Journal of Philosophy Supplement 34. Memphis: Department of Philosophy, University of Memphis.

Yanko-Hombach, Valentina, Allan S. Gilbert, Nicolae Panin, and Pavel M. Dolukhanov. 2006. *The Black Sea Flood Question: Changes in Coastline, Climate, and Human Settlement.* NATO Science Series. Dordrecht: Springer.

Yanushevich, Zoya V. 1989. Agricultural evolution north of the Black Sea from the Neolithic to the Iron Age. In *Foraging and Farming: The Evolution of Plant Expoitation*, ed. David R. Harris and Gordon C. Hillman, pp. 607-619. London: Unwin Hyman.

Yarovoy, E. V. 1990. *Kurgany Eneolita-epokhi Bronzy nizhnego poDnestrov'ya.* Kishinev: Shtiintsa.

Yazepenka, Igor, and Aleksandr Kośko. 2003. Radiocarbon chronology of the beakers with short-wave moulding component in the development of the

Middle Dnieper culture. *Baltic-Pontic Studies* 12:247-252.

Yener, A. 1995. Early Bronze Age tin processing at Göltepe and Kestel, Turkey. In *Civilizations of the Ancient Near East*, ed. Jack M. Sasson, John Baines, Gary Beckman, and Karen R. Rubinson, vol. 3, pp. 1519-1521. New York: Scribner's.

Yudin, A. I. 1998. Orlovskaya kul'tura i istoki formirovaniya stepnego Eneolita za Volzh'ya. In *Problemy Drevnei Istorii Severnogo Prikaspiya*, pp. 83-105. Samara: Samarskii gosudarstvennyi pedagogicheskii universitet.

____. 1988. Varfolomievka Neoliticheskaya stoianka. In *Arkheologicheskie kul'tury severnogo Prikaspiya*, pp. 142-172. Kuibyshev: Kuibyshevskii gosudarstvenii pedagogicheskii institut.

Zaibert, V. F. 1993. *Eneolit Uralo-Irtyshskogo Mezhdurech'ya*. Petropavlovsk: Nauka.

Zaikov, V. V., G. B. Zdanovich, and A. M. Yuminov. 1995. Mednyi rudnik Bronzogo veka "Vorovskaya Yama." In *Rossiya i Vostok: Problemy Vzaimodeistviya*, pt. 5, bk. 1: *Kul'tury Eneolita-Bronzy Stepnoi Evrazii*, pp. 157-162. Chelyabinsk: 3-ya Mezhdunarodnaya nauchnaya konferentsiya.

Zaitseva, G. I., V. I. Timofeev, and A. A. Sementsov. 1999. Radiouglerodnoe datirovanie v IIMK RAN: istoriya, sostoyanie, rezul'taty, perspektivy. *Rossiiskaya arkheologiia* (3): 5-22.

Zbenovich, V. G. 1996. The Tripolye culture: Centenary of research. *Journal of World Prehistory* 10 (2): 199-241.

____. 1980. *Poselenie Bernashevka na Dnestre (K Proiskhozhdenniu Tripol'skoi kul'tury)*. Kiev: Naukovo Dumka.

____. 1974. *Posdnetriplos'kie plemena severnogo Prichernomor'ya*. Kiev: Naukovo Dumka.

____. 1968. Keramika usativs'kogo tipu. *Arkheologiya* (Kiev) 21:50-78.

Zdanovich, G. B., ed. 1995. *Arkaim: Issledovaniya, Poiski, Otkrytiya*. Chelyabinsk: "Kammennyi Poyas."

____. 1988. *Bronzovyi Vek Uralo-Kazakhstanskikh Stepei*. Sverdlovsk: Ural'skogo universiteta, for Berlyk II.

Zeder, Melinda. 1986. The equid remains from Tal-e Malyan, southern Iran. In *Equids in the Ancient World*, vol. 1, ed. Richard Meadow and Hans-Peter Uerpmann, pp. 366-412. Weisbaden: Reichert.

Zelinsky, W. 1973. *The Cultural Geography of the United States*. Englewood Cliffs, N.J.: Prentice-Hall.

Zhauymbaev, S. U. 1984. Drevnie mednye rudniki tsentral'nogo Kazakhstana. In *Bronzovyi Vek Uralo-Irtyshskogo Mezhdurech'ya*, pp. 113-120. Chelyabinsk: Chelyabinskii gosudarstvennyi universitet.

Zimmer, Stefan. 1990. The investigation of Proto-Indo-European history: Methods, problems, limitations. In *When Worlds Collide: Indo-Europeans and the Pre-Indo-Europeans*, ed. T. L. Markey, and John A. C. Greppin, pp. 311-344. Ann Arbor, Mich.: Karoma.

Zin'kovskii, K. V., and V. G. Petrenko. 1987. Pogrebeniya s okhroi v Usatovskikh mogil'nikakh. *Sovietskaya arkheologiya* (4): 24-39.

Zöller, H. 1977. Alter und Ausmass postgläzialer Klimaschwankungen in der Schweizer Alpen. In *Dendrochronologie und Postgläziale Klimaschwangungen in Europa*, ed. B. Frenzel, pp. 271-281. Wiesbaden: Franz Steiner Verlag.

Zutterman, Christophe. 2003. The bow in the ancient Near East, a re-evaluation of archery from the late 2nd millennium to the end of the Achaemenid empire. *Iranica Antiqua* 38: 119-165.

Zvelebil, Marek. 2002. Demography and dispersal of early farming populations at the Mesolithic/Neolithic transition: Linguistic and demographic implications. In *Examining the Farming/Language Dispersal Hypothesis*, ed. Peter Bellwood and Colin Renfrew, pp. 379-394. Cambridge: McDonald Institute for Archaeological Research.

_____. 1995. Indo-European origins and the agricultural transition in Europe. *Journal of European Archaeology* 3:33-70.

Zvelebil, Marek, and Malcolm Lillie. 2000. Transition to agriculture in eastern Europe. In *Europe's First Farmers*, ed. T. Douglas Price, pp. 57-92. Cambridge: Cambridge

University Press.

Zvelebil, Marek, and Peter Rowley-Conwy. 1984. Transition to farming in northern Europe: A hunter-gatherer perspective. *Norwegian Archaeological Review* 17:104-128.

Zvelebil, Marek, and K. Zvelebil. 1988. Agricultural transition and Indo-European dispersals. *Antiquity* 62:574-583.

찾아보기

ㅊ

ㅋ